Self defense is a human right

THOMAS RABINO

美国战争文化

De la guerre en Amérique

[法] 托马·拉比诺 著　陈沁 安康 胡茂瑾 译

上海社会科学院出版社
SHANGHAI ACADEMY OF SOCIAL SCIENCES PRESS

图书在版编目(CIP)数据

美国战争文化 /（法）托马·拉比诺 (Thomas Rabino) 著 ；陈沁，安康，胡茂瑾译 . -- 上海 ：上海社会科学院出版社，2016

书名原文：De La GUERRE En Amerique

ISBN 978-7-5520-1619-2

Ⅰ. ①美… Ⅱ. ①托… ②陈… ③安… ④胡… Ⅲ. ①战争史－研究－美国 Ⅳ. ① E712.9

中国版本图书馆 CIP 数据核字 (2016) 第 266275 号

上海市版权局著作权合同登记号：09-2015-1026

美国战争文化（De La guerre en Amérique）

著　　者：[法] 托马·拉比诺（Thomas Rabino）
译　　者：陈　沁　安　康　胡茂瑾（ChenQin AnKang HuMaojin）
出 品 人：唐云松
责任编辑：董汉玲
特约编辑：赵　静
装帧设计：谷亚楠　朱海英
出版发行：上海社会科学院出版社
上海市顺昌路622号　邮编：200025
电话：021-63315900　销售热线：021-53063735
http://www.sassp.org.cn　E-mail:sassp@sass.org.cn
排　　版：上海万墨轩图书有限公司
印　　刷：上海信老印刷厂
开　　本：720×1020 毫米　1/16 开
印　　张：33.25
字　　数：516千字
版　　次：2018年1月第1版　2018年1月第1次印刷

ISBN：978-7-5520-1619-2/E · 009　定价：86.00元

政治语言……注定使谎言成真、让屠杀可敬，

固虚无缥缈以形。

——乔治·奥威尔（George Orwell）

忘记历史者注定重蹈覆辙。

——温斯顿·丘吉尔（Winston Churchill）

一直以来，美国人热衷于战斗。

——巴顿将军（Général Patton）

纪录就是用来被打破的。

——伍迪·艾伦（Woody Allen）

万墨轩图书
WIPUB BOOKS

序

奥古斯特·孔德认为，战争过后将迎来工业社会，工业社会的现代性终将把人们带入一个幸福时代，使战争成为人类历史的过去式。然而，第一次世界大战及随之而来的第二次世界大战终结了他的这一预想，但他最后还是给我们留下了一丝“理想”，那就是：战后，民主国家在世界范围内雨后春笋般出现，并或许终将引领我们步入一条富有人权的发展轨道。世界从纪尧姆二世、俄国沙皇、希特勒、日本军国主义分子，以及法国、英国殖民势力手中解脱出来后，和平笼罩寰宇。后来，随着这些国家财政赤字的出现、军事预算的削减，其武装实力有所下降。如今，欧洲人的精神状态已十分接近孔德的这一理想。他们笃信和平，甚至都不愿看到自己的盟友、庇护者，同时也是他们理想中的民主国家——美国，倒向完全相反的方向，他们不愿看到孔德为人类发展所规划的理想蓝图被彻底击碎。

然而，本书作者托马·拉比诺最终决定还是选择直面事实。他在书中从全球视角问诊美国社会的军事化倾向，研究美国的国际行动，而没有流于俗套地仅限于观察美国在中东或其他地区为控制石油而进行的激烈战争。《美国战争文化》这部作品内容丰富，可列为必读书目，它不仅是美国的一段社会史和文化史，同时也是美国的一部外交史和军事史。

在书中，拉比诺怀着一股垦荒者般的热情，围绕美国战争文化展开了全面的研究：

各大军工企业的关系、国会中退伍老兵代表的问题、学校等场所国旗摆放的位置、美国的玩具和电子游戏，以及电影-军事联合体（艾森豪威尔总统任期临近结束时提出了军事-工业联合发展的问题，而电影和军事的结合，则是对这一问题在文化方面的有益补充）。他研究了军队对拍摄军事类题材电影所作出的贡献、电视连续剧中的虐待酷刑、军事联络负责人乐于使用的不文明词汇，以及弹药中的贫铀是否有可能危害公共卫生的争论，等等。在研究过程中，他会尽可能地针对那些具有重要意义的现象之演变给出统计数据。

在美国，舆论是富于变化的，是具有爱国主义情怀和民主情愫的，也会根据时局的变化受控或抵制、依附或排斥官方言论。民意调查的行为和结果影响并引领着舆论的波动。虽然美国一直明显处于战争状态——庞大的军队数量、巨额的军事预算、众多的军事基地、持续不断的武装干涉行动，这些都是最好的证明。但是，这个国家仍然是坚决的反对殖民主义的民主国家。美国的战争文化不同于通常意义上的帝国主义战争文化或者法西斯战争文化，甚至与老派欧洲的战争文化也大相径庭。老派欧洲的战争文化，其历史也极其悠久，悠久到战争对他们来说就像天气预报一样必不可少。而美国却从未停止他们追求缔结和平盟约的步伐，只不过是采用武力的方式。在此过程中，美国人民被认为是应该追随、赞同、参与其中的，他们甚至可以迫使军方取消行动，迫使美军从越南和伊拉克撤兵，如今，美国民众的力量越来越大。

拉比诺会关注具有较长时效性的现象，把我们从那些描述美国战争文化时惯常使用的新闻短语中解放出来。在关于伊拉克萨达姆·侯赛因的报告中，他对美国对外政策持续性的描述让人印象深刻：从第一次海湾战争写到美国通过联合国、利用禁运控制伊拉克的石油出口，一直写到禁运造成的可怕的人道主义后果，危机随之升级，武力进攻因此成为必然选择。在拉比诺看来，“9·11事件”并非是一个转折点，而是一次偶然事件，这次事件并不能从根本上影响美国人行动的持续性。历史学家有不被一时的情感或者天花乱坠的电视节目左右的“特权”。

尽管如此，后“9·11”时代仍然标志着某种提速——利用恐惧操纵舆论的现象加速出现，利用敌人的非人道主义行径鼓励使用武力的现象加速出现。

今天的我们走到了哪一步？一心盼望永恒和平的欧洲人情愿相信，奥巴马的当选标志着布什时代的插曲结束了，标志着偶然偏离到军国主义和反人道主义航线的终结。而拉比诺却对此持怀疑态度。在本书的结尾部分，他在某种程度上认为，奥巴马美好的愿望和动人的演讲都没有真正地影响美国军事行动的根本，凌驾于奥巴马行为之上的是美国厚重的军事文化，认识到这一点，应该会让我们变得更为谨慎。对美国的批判往往是与其经济制度、不平等现象有关，而拉比诺研究得更加深入，描述得更加精准。他告诉我们，未来的美国，终将是一个军事国家。这个国家将以战争为生，并为战争而存在，我们必须保持对美国的警惕之心。

埃玛纽埃尔·托德（Emmanuel Todd）

2011年12月27日，载于Marianne.fr

目录
contents

导言

美国战争文化

自 1774 年开始，美利坚和战争之间的关系就像一对伴侣，尽管偶有失和，但仍是牢不可破。当然，所有的帝国，甚至包括像英格兰和法兰西在内的大殖民国家，纷纷在那些追求霸权抱负的岁月里寻求过武力的帮助。没有任何一个国家的繁荣离得开或引人注目、或鲜为人知的冲突。美国两个半世纪的历史自有述说：参演 60 余场不同的剧目，从海军任务到空中打击再到派出大量军队，这个国家平均每 4 年就卷入 1 次战争。冷战时期，美国登上经济与军事双料霸主的宝座后，这种现象愈演愈烈：珍珠港被袭后，美国向海外派军 25 次，也就是说 1941—2003 年，频率达到每 30 月派军 1 次（不包括秘密行动）。这并不是骇人听闻的统计数据，记录是不可改变的：战争已经成为这个国家历史中不可分割的一部分。如果说美国从建国开始便一直进行战争，倒不如说是战争本身造就了美国。让我们说得更清楚一些：美国所打的战争成就了今天的美国，也将塑造未来的美国。

独立战争时诞生，致印第安部落和邻国于死地的扩张主义中成型，堪称第一场现代武装冲突的南北战争时重振旗鼓，两次世界大战中登上顶峰，并且于 2001 年 9 月 11 日后发动“反恐战争”的美国要求并获得了世界领导地位，其海外常驻军队继续获得稳固。1945 年以后，历届美国政府都在为可能采取的行动部署力量。德国和纳粹主义、苏维埃集团、“流氓国家”以及伊斯兰恐怖主义提供给美国精英们一份敌人目录，促使他们产生称霸的意愿，然后再为它披上合法的外衣。随着苏联轰然倒塌，美国终于踏上“超级大国[1]”的最终阶段。美国展现出一幅独一无二的场景，那就是一个国家既遵循民主制度又拥有过分可怕的军事实力，同时还缺乏真正的竞争对手。在一个不论好年头还是坏年头均有上百万士兵服现役，并且半个多世纪以来，将近 50% 的财政预算拨付国防领域的国度，民用和军用之间的界限就算没有变得虚无缥缈，至少也变得千疮百孔了。这种现象导致出现了艾森豪威尔在 1961 年 1 月 17 日其著名的告别演说中预言的情景[2]：经过 40 余年的军备竞赛，国防工业、五角大楼和美国国会间错综复杂的利益纠葛变得越发紧密。大型军工企业通过依法资助党派以及各级候选人的形式对政治生活施加空前强大的影响。除此之外，这些企业还影响着美国公民，不管这些人是否直接依靠军工工厂的生产活动维持生计。无论涉及人员还是装备领域，军事问题对美国社会和美国经济造成的影响都是其他任何国家所无法比拟的，即便是那些转瞬即逝的和平时期也无一例外。

从罗马帝国统治下的和平到“中东民主化”，和过去那些帝国一样，大国特有的战略利益与其军事实力的维系甚至增长密不可分。从墨西哥——1848 年美国扩张主义的牺牲品，到巴拿马——控制这里等于手握一张巨大的贸易王牌，再到伊拉克——自从这里的黑色黄金被开采出来以后，这个国家就成为各方势力觊觎的目标，这样的例子比比皆是。确保领土增加、控制原材料以及国民生产的销售市场问题同样至关重要，有时候也需要使用武力才能实现。20 世纪 70 年代，美国经济进入相对衰落期，贸易逆差出现爆发性增长，90 年代以后，美国国民生产总值占世界的比重下降，出现了像中国[3]这样的竞争对手，致使巩固并延展战略地位对美国来说变得比以往任何时候都要生死攸关。用军事理论家克劳塞维茨的话来说，战争难道不就是“用其他方式延续的政治”和“政治的真正手段”吗？使用军事工具除在美国外交运作中占据优先地位之外，还在美国社会本身的管理中举足轻重，因为从本质上而言，美国军队适龄人员来自社会。要知道，任何一个民主国家都不会把诉诸武力的真正原因摆到台前，这是一个很简单的公式：如何让一群身上留有自身争取解放战争痕迹，并因此犹豫是否支持一切具有殖民倾向的行动的人民改造成一个尚武的社会群体？如何说服舆论牺牲自我去入侵一个主权国家？

对政府来说，把自己的人民卷入战争需要通过发表演讲的形式为战争行为的合法性进行辩护，确保获得大多数人的支持。从前，殖民列强们以文明开化为由奴役了印第安部落，而之后，战争的拥趸们又再次以美利坚创国先贤的普世理想以及救世主和开化者的教条说辞作为参照，包括或者说尤其是在那些明显具有侵略性质的战争时期："对于非律宾人来说"，副总统西奥多·罗斯福宣称，"我们为他们带去和平以及……自由……在其他的情况下，他们无论如何也无法得到[4]"。经过为期 4 年，20 多名菲律宾人付出声明代价的战争后，美国于 1902 年确保控制住这个为获得独立、在战略上同中国十分亲近的群岛。随着国防重视程度的提高，同类型的范例在美国历史上薪火相传。谈到侵略战争，2003 年的伊拉克事件达到此类事件的真正顶峰。美国的权威政治圈对此垂涎已久[5]。

保守党智囊团中杰出人物将在布什政府中担任核心要职，著名的"新美国世纪计划"厚颜无耻地反推出政府作出选择的机制："2001 年 9 月 11 日，袭击发生不到 5 个小时之后，唐纳德·拉姆斯菲尔德命令助手们收集能够证明进攻萨达姆·侯赛因具有合法性的罪行证据。尽管没有任何证据表明萨达姆牵涉其中……拉姆斯菲尔德清楚，自己获得了梦寐以求的机会……用有效手段加强美国对世界能源资源的控制，向那里灌输民主[6]。"抛开被揭露出来的优先顺序——"控制资源"先于"民主"——让我们想一想，按照政府战略家们常用的措辞来说，此处提及的政体形式就应该是"美国的朋友[7]"的同义词。这样的标准同样适用于"流氓国家"的定义。

然而，每次迈入战争大门的时候，除某些特例情况之外，顺着早已确定好的敌人的方向舞动辩驳大旗并不足以获得民众的一致同意。另外还有一些传播媒介更深奥，同时也更不容易被察觉，它们是孕育官方演讲蓬勃发展的心理沃土。这些媒介具有说服力，它们就是战争文化[8]。

迈入大国行列之后，由美国引起的冲突的激烈程度呈现出曲线特征。从小型战役到越来越重大的冲突，作为世界第一流武装力量的源泉，美国人民扑向大量的武装冲突。每代人，或者说几乎每代人都吞食过战争引发的政治、经济和社会动乱所带来的恶果。“倒行逆施”进而“文明破产”[9]，这是诺贝尔和平奖得主罗曼·罗兰（1916年）给出的顺序。科技的进步总是带来更高的效率。在这样的宣传背景下，战争难逃立法破坏自由、政府专制、军国主义传播以及习惯用暴力对抗不人道的敌人的命运；间谍法（1917年6月）、拘押日裔美国人（1941—1945年）、麦凯锡主义式的歇斯底里、越南战争期间的征兵、各种各样的审查与自行审查均遭遇冲击，而冲击的影响之广远超过了上述事件发生时的那个时代。建立在关塔那摩的法律真空区，向独裁国家秘密转移被认定为恐怖主义分子者，违背诉讼程序监禁嫌疑人，美国国家安全局的非法监听以及阿布格莱布的严刑拷打同《爱国者法案》决议一样引发巨大争议，这些事件为后“9·11”时代烫下深深的烙印。媒体和某种治愈一切战争狂热的舆论甚至认为这些打击美国民主政治的行动是有罪的。无论是从司法角度还是道德角度，这些行动都留下了或深或浅的印迹。战争情况周而复始，于是出现一种统一体，包括政治学说、立法文本、行为、信仰、表演、演讲、审美以及充满战争思想的其他物质产物，在极大程度上标志着这个社会。这种统一体就是战争文化，它随着冲突的进行建设与重建，并在现代性引领下改变与复苏。

从战争中汲取营养的广义的战争文化，反向……浸入整个社会，对社会的运转施加影响。从前被舆论所拒绝的战争思想通过自身的渠道变得令人接受起来。尽管战争无处不在，但在和平时期，战争文化的潮水也会周期性地倒流，而且变得越发谨慎，同时它仍然坚决主张为缺乏批评声音的国家历史辩护，坚信存在着开化他人的使命，坚持主张激进的民族主义，坚持崇拜强大的军事实力。战争文化被写进了时间里，它已经为接下来的冲突准备好了新的一代人。官方机构唤醒了战争文化，并使之与大众情感相结合。参与者的异质性构成战争文化的力量源泉。随着新一场战争的临近，在政府部门和媒体机构的共同影响下，舆论经受了多种多样的刺激，霸权主义的活力尽数注入这种昏昏沉沉的文化中。大多数人都沉浸在与战争相关的日常氛围中，最终将接受行政当局的意图。行政当局的意图本身服从于经济和战略利益，只不过被粉饰成从道德或者安全角度考虑罢了。顶着例外情况的光环，最极端的措施——受限的个体自由以及向国境线以外派驻军队——最终将获得批准。

20 世纪初叶，这种情况在欧洲大国中间十分普遍。第一次世界大战期间，战争文化在欧洲达到顶峰。这种文化生根发芽，具备增长甚至额外增长的能力。在长达 4 年的时间里，它通过一种奇特的悖论方式，促使这个星球上最"文明的"国家在史无前例的暴力大爆发中彼此对抗。在每个阵营中，促进联盟的主旋律——如捍卫文明、吹捧牺牲、英雄化战士以及野蛮化敌人——就是战斗到死的代名词。伴随争夺世界霸权的脚步，从 1939 年开始，大西洋彼岸更大规模地屠杀和破坏再次出现。屠杀和破坏逐步战胜了欧洲从前的战争文化。美国人与他们在旧大陆的"表亲"不同，他们从来没有真正体会过战争对本土的创伤，但拜同一套战争文化所赐，他们接纳了这样的创伤。因此，如今战争文化的蓬勃发展为战争文化所有的衍生品开辟了一条道路。

世贸中心依旧冒着浓烟的废墟之上，美国战争文化重新升腾。在 18 个月的时间里，美国入侵并占领阿富汗，紧随其后的是伊拉克。整个这段时期内，此种文化固有的多重症状达到某种全新的扩散水平。

每个人似乎都在从政治工具化角度探讨"9 · 11 事件"。从 2002 年开始，从国家创伤中汲取的经验以及"对抗恐怖的战争[10]"所面临的多重分岔路已经变成出版潮流中反复出现的题材。结合"9 · 11 袭击"后的氛围来看，有一种根深蒂固的观点认为，伊拉克大规模杀伤性武器事件将被用于说服舆论支持一场所谓的预防性战争。然而令人感到棘手的是，这个问题长期不受欢迎。在美利坚的象征化为灰烬之前，单单是设想在一个面积大如加利福尼亚般的国家执行军事行动、并在当地维持数量庞大的军队便已经足以狠狠触动越南战争的溃败留给这个国家的伤痛记忆了。1983 年 10 月 23 日进攻贝鲁特期间，241 名美国海军陆战队队员阵亡，亚洲泥潭的恐怖已经对美国舆论造成过一次剧烈冲击。尤其是 1993 年发生的索马里灾难：奉命逮捕艾迪德将军的美国"游骑兵"特遣队在 24 小时之内录下 19 人死亡，84 人受伤的情景。与此同时，特遣队队员尸体被人在摩加迪沙街头拖行的画面在美国"广播电视网络"上循环播放[11]。如果说黎巴嫩的灾难还能被数日后入侵格林纳达所取得的胜利驱散的话，1993

年后却什么也没有发生。《陆军时报》的军人跨出预备役军人的职责，甚至用“不作为[12]”形容美国的外交政策。此后，只有占据空中优势的行动，例如针对塞尔维亚（1995年）、“沙漠之狐”战役中的伊拉克、阿富汗、苏丹（1998年）和科索沃的空中轰炸才为美国当局博得一些好感。后面提到的这些速战速决并且几乎没有造成人员损失的行动容易获得民众的赞同。然而一旦涉及需要派出地面部队的情况时，民众就会显得十分犹豫。

这样的趋势可以追溯到1970年代。当时的尼克松政府选择实行战争越南化和大规模轰炸相结合的策略，其着眼点在于降低美国的损失。因为损失的程度决定着反战运动的规模。数十年后的1995年底，向波斯尼亚-黑塞哥维那派出一支2万人的军队的决定在美国民众中的支持率仅为38%，况且这些人对这次任务能否取胜还持悲观态度[13]。甚至面对是否在科索沃出动部队出现分歧时，62%的美国人“反对——1999年3月——使用部队终结争端”[14]。

然而出乎意料的是，“9·11事件”带来的冲击并没有对伊拉克的局势造成直接影响：最初，反击袭击者的念头引发民众狂热的动武意愿，将近80%的人持有这样的观点[15]。然而随着时间的推移，联合国开始对布什当局表现出失望，在此重压之下，选择军事手段获得的支持越来越少[16]。在战争开始前的那个夏天里，大量民意调查显示：绝大部分美国人——时常达到3/4——坚持反对一切单边行动[17]。距离行动开始不到两个月的时候，行动仍未获得过任何一次一致同意。更耐人寻味的是，2001年10月进攻阿富汗期间共和党人与民主党人已经弥合的分歧再次出现，两党分别有44%和77%的人更愿意使用外交途径解决这个问题[18]。接下来的几周内，随着军事准备工作的开展以及官方演讲的发表，武装介入变成不可避免的结果，于是主战倾向不可抑制地占据上风。整个过程不禁令人想起1914年8月的法国：紧随抗议彻底失败而来的是一种甘愿接受的态度[19]。最初的几次大规模行动发出了团结爱国的信号。绝大部分人在这段转折时期都选择同政府站在一起，支持在行动现场大展身手的“小伙子们”。通常这种大规模的支持与以前的统计数字不相上下：1991年海湾战争的最初几次进攻赢得了90%的支持者，然而这次的比例却停滞在70%左右，并且这一比例仍在不断下降。

从2003年11月开始，找不到伊拉克的军火库成为头条新闻，占领似乎变成泥潭。几个礼拜之后的“伊拉克自由行动”获得的支持就已经寥寥无几了[20]。

美国从来没有过在获得如此稀少同时又如此脆弱的内部支持下决定参与战争的经历。2003年4月初，当被战争冲昏头脑的唐纳德·拉姆斯菲尔德威胁叙利亚和伊拉克时[21]，人们指责他患上与刚刚被推翻的伊拉克独裁政府一样的病。赞同他的人还不到1/4[22]。因此，我们不能说战争就能激发起广泛的热情，甚至显著的胜利也不能做到这一点。然而，尽管民众有所迟疑，但发动对伊拉克的进攻还可以指望人们拥护更具全球性的思想——“反恐战争[23]”思想。绝大部分人赞同“反恐战争”思想。这与媒体和官方耐心的说服工作密不可分。未来我们将会看到，这项工作既要感谢最可靠的宣传手段又不能忘记美国的历史文化遗产从中所起的作用。最终的章节——“9·11事件”令它羽翼丰满。

“9·11事件”后，随着当局的一声令下，美国进入战争状态。欧洲国家倾向于依靠警方耐心的调查工作制止袭击的制造者。美国与欧洲国家不同。布什当局选择把这一事件归入纯粹的战争逻辑中去。这种逻辑就是用完全非常规的方式对袭击以及对敌人作出回应。遭受重创的舆论对此表示赞同。按照战争新状态的说法，背景发生了变化，战争这一公设所包含的一切，用政治、社会、道德混乱来形容的一切就都发生了变化：某种战争文化随着这种选择自动复活，重现历史经验的同时增加了新世纪所特有的时局及技术特性。经过这次的有效训练，新战争文化进入社会各个阶层中，经历高度发展，创造出一种更容易接受随后几次出兵的心理氛围：阿富汗和伊拉克。

因此，同意动武的深层次原因应该在政府操纵的战场之外寻找。联系到后“9·11”时代的“新常态[24]”，上面提到的有效战场以及被证实的谎言漏掉了从历史角度审视事实的方法：消费、广告、文化产品和娱乐正式变成历史对象，分析它们为研究进入战争的机制带来新的视角。新战争文化不仅扩展了同意动武范围的主要媒介，它还对武装冲突本身产生影响。在布什连任期间，冲突导致了数十万伊拉克人成为牺牲品，4000余名美国士兵丧生以及至少4万名伤员。我们将会看到，军事行动的合法化、重要性以及对手的表现影响着部队的态度。“战争竞赛”看起来很像一个战争矩阵，而个体在矩阵中厮杀。而个体首先来自很容易受到尚武氛围影响的人民，然后才能被当作职业军队的志愿者和预备役。

美国人和战争之间有着怎样的关系？如何在21世纪的今天将这个国家特有的战争文化具体化？美国的战争文化同20世纪交过手的大国所创造的战争文化之间的异同点有哪些？“9 · 11事件”造成了哪些政治和社会动荡，长期的影响有哪些？

本书并非是从“‘9 · 11事件’发生前与‘9 · 11事件’发生后”展开研究的教条化的官腔演讲。后者认为“之后的一切都不一样了”。然而若把美国历史本身特有的机制考虑在内的话，后“9 · 11”时代的美国与有时显得十分遥远的历史之间便会显现出千丝万缕的联系。揭露事实的新闻时间过后，应该进入的是点亮新世纪战争黎明的历史时间。

第一部分：新神圣同盟，新战争

I. NOUVELLE UNION SACRÉE, NOUVELLES GUERRES

一

政治—媒体的渗透

美国的避难地神话

“前 9 · 11 时代与后 9 · 11 时代”——人们习以为常的表达方式。这种表达方式几乎成为人们探讨著名的“黑色星期二”，发表相关演讲、辩论、文章、报告或者书籍时的必选词汇，个中原因不言自明。仅寥寥数语，令人震惊的语句变成被政客以及记者们使用、滥用的教条，他们甚至对此津津乐道。没有任何人会怀疑这一事件将会带来沉重的后果，但是，除了明确指向备受怀疑并获得缓刑的塔利班政权以外，人们对华盛顿方面会作出何种性质和幅度的反应完全不得而知。不过，这些恐怖行动标志着“新纪元”来临，它们构成某种零点，超越零点的“一切都将不同以往”。这样的论调听得人耳朵都要磨起茧子。抛开最初的背景，这种大杂烩式的用语——和前面的说法一样避无可避——足够令人惊讶：后“9 · 11”时代饱受争议的行动，《爱国者法案》破坏自由的人身限制，再到关塔那摩里的专横控制，当政府为这些行动辩护时，这种说法就会有条不紊的再次浮出水面，当然，可别忘记了，单方面决定推翻萨达姆 · 侯赛因政权的行动也属此行列。

如果这是一次危险的演习，那么用阶段分割历史就不会显得如此急迫。面对陷入火海的摩天大厦以及被撞破的五角大楼，没有谁可以经得住诱惑。袭击带来的震撼萦绕在每个人的脑海中。“9 · 11 事件”立刻被提升到“新千年历史转折点”的高度。从这句断言中延伸出诸多基本想法，其中有一种想法占据主流地位，那就是美国人从那时起意识到了自身的脆弱性。他们对世界的认知不可避免地产生了彻底的变化。身为一贯秉承干涉主义立场的超级大国，身份地位的变化影响着事件的进程。从第一印象来看，这种分析很是吸引眼球。但也仅限于第一印象而已。

1993 年 2 月 26 日，一颗炸弹在同一座世贸中心的地下室爆炸，推测袭击过后会现骚乱的预言便开始在媒体圈[1]和大政治人物圈中盛行。当时，新泽西州州长詹姆斯·弗罗里欧认为这是“书写美国生活方式全新篇章的起点，从前从没有遭受过‘这种类型的损害’[2]”。纽约州州长马里奥 · 科莫完全同意詹姆斯的观点，他补充道：“从来没有任何国家或者任何外部势力对我们做过这样的事情。直到现在，我们仍然是无懈可击的”[3]。最后这一句话如愿以偿地被提升到名言警句的高度，除了将因此次事件产生的心理地震变成现实之外，似乎再没有其他愿望。然而起初的公设——突然发现这个国家的“脆弱性”——是有失偏颇的：湮没了年逾 200 岁的美国的全面历史。1812 年英美战争以及不列颠军队摧毁华盛顿公共建筑的历史我们就不提了，单回忆 1945 年 3 月 5 日这一天，日本人的飞弹在俄勒冈州的布莱附近爆炸[4]，造成 6 人死亡（也就是说，死亡人数等同于 1993 年 2 月 26 日纽约第一次遭袭的死亡人数）：为在敌国制造恐慌气氛，战争临近结束的时候，日本军队试图创造性的借助于平流层气流，即“高速气流”的力量，利用其轨迹推动气球，装载炸药袭击美国。“发射的”9000 只气球中有 300 只命中目标，引发数起森林大火，但只有 1 只气球造成人员伤亡。

如果说从军事角度看，此次事件虽不算严重，但它的象征意义却是巨大的：自从第二次世界大战结束后，仅仅过去不到 50 年的时间，美国“本土”就丧失了其避难地的地位。此外，没有遭受轴心国的重大打击，更多的是因为这些国家物质条件不具备，而不是因为美国有能力阻挡这些进攻：日本、德国和意大利舰队缺少战略轰炸机足以解释美国为何幸免于难。成为世界第一强国以后，美国将有义务维持这种建立在核末日威胁基础上的“恐怖平衡”状态。20世纪80年代初冷战复苏期间，拜建立卫星网络所赐，战略防御倡议计划被认为能够保护美国领土免遭苏维埃导弹袭击。这一计划还有一个更广为人知的名字——“星球大战”计划。“星球大战”计划试图赢得坚信美国的不可侵犯性的人民拥护。人们时常会忘记“星球大战”计划的复活始于克林顿时代的1998年。当年，一个以唐纳德·拉姆斯菲尔德为首的委员会成立，保罗·沃尔福威茨[5]也是委员会的成员之一。“国家导弹防御系统”用一种相当自相矛盾的方式提振了不可侵犯之感。然而“9·11事件”把这种感觉撕得粉碎。同样充满悖论的是，对抗“9·11事件”类型袭击时的束手无策促使“星球大战”计划迈入真正畅通无阻的发展阶段。不过，虽然美国把战火烧向世界的不同角落，但美国人民却没有在自己的家门口遭受到战火的洗礼。于是，国家外交政策的参与者与美国民众心照不宣。在此之前，人民没有遭受过战争之苦，他们也总是倾向于支持掌舵人作出的选择。

从这个角度来看，“9·11事件”是一次地缘战略的偶然事件，与过去的行动不可分割。人为的形容成一种断裂等于遗忘了事情的连贯性。然而每件事都具有其严密性，事情的根源也就由此可循：中东地区多国的独裁统治，美军经过一连串巧妙地操作后在圣地驻扎以及20世纪80年代对抗苏维埃敌人时爆发的非典型性的高尚之战。土库曼油气资源的未来之路本应该是一条经由阿富汗绕过俄罗斯的输油管道。然而塔利班分子却成为控制未来之路的障碍。输气线路的计划是由优尼科公司提出的[6]。该公司的经营顾问之一——哈米德·卡尔扎伊将被任命为一个拥有帝国主义传统的国家的元首。这是一种罗马意义上的帝国主义。

激烈的修辞是种歪曲的表达，但却激发了人们的兴趣。这部分被歪曲了的表达也正是上述回忆所特别强调的。1993年和2001年恐怖主义分子所犯的两次重大罪行留下了严重的情感负担。主流思潮开始渐渐地否定历史事实。“大苹果”最高的摩天大楼的一声巨响以及随后的遍地瓦砾把历史事实盖得严严实实。有失偏颇的评论将明显的谎言灌输进人们的脑海里，创造出带有倾向性的集体记忆。近几十年来美国年轻人接受的随意且生硬的历史教育也要为此负上责任[7]：恐怖主义的影响被扩大化。“最初”

的错误——歪曲促使媒体倾向于将这一事件概括为“历史转折点”。考虑到各家媒体竞相争取受众的大环境，这种倾向便不仅是政治上的，同时也是经济上的。从这方面来看，“9 · 11 事件”的结果是尽人皆知的事情：特殊情形，特殊处理。出现“新威胁”、“新战争”……以及“预防性”。

让我们回过头来再看看 1993 年的袭击事件：克林顿总统只不过是借着第二天的每周广播讲话的机会简要地提到几句而已。这次讲话主要涉及的问题还是经济问题。克林顿在讲话中提到“战略”，向死难者以及救援人员致敬，然后他宣布开展联邦调查，接着他的话锋就转到经济计划上去了[8]。在相对低估此次事件的背后——只不过是在 1994 年的联合国演讲中提到“试图利用恐怖令大城市瘫痪的狂热分子”[9]——克林顿的言论完全看不出地缘政治冲突全面爆发的预示。

布什总统及其幕僚在着手解决这一问题时采取了完全不同的方式。当然，两次袭击的影响也不一样。1993 年袭击的破坏性与“9 · 11 事件”不可同日而语。在整个政治阶层和媒体阶层眼中，解读“9 · 11”的焦点集中在事件可能出现的影响上。仿佛 8 年前失望的“等待”在这一次终于以某种方式成为现实。纽约的两次袭击事件有所区别，中间间隔了 8 年之久，强度的变化不可言说：1993 年 2 月 16 日的袭击导致 6 人死亡，1000 余人受伤，造成 5 亿美元的经济损失。2001 年 9 月 11 日的袭击造成的死亡人数是之前一次袭击的 400 多倍，将这个国家的两座地标性建筑夷为平地，并撞破了另一座建筑。这一切都令美国人民甚至全世界的人们目瞪口呆。乍一看，只有曼哈顿的地平线不再“一如从前”。狂热气氛加上政治和社会动荡导致美国在 18 个月之内打了两次战争，为与“关键事件”[10]相关的投机行动大开方便之门；“新时代”由此开启，这个时代的特点是美国海外干预级别的明显变化。乔治 · W · 布什秉承共和党的孤立主义理论恢复了他在总统竞选宣传中承诺削减的海外干涉行动[11]。不到一年之后，同一批分析者又开始挥舞起伊拉克的例子，伊拉克的事例被放在预防性战争学说的筛子中仔细筛查，同时该理论本身由因无处不在的“恐怖主义威胁”而死灰复燃。“最近 100 年以来最重要的对外政策”[12]中最基本的政策，即布什政府在国家问题上表现出来的不妥协肯定会导致伊拉克将承担“9 · 11 事件”的直接后果。美国人有选择性地刚直不屈——朝鲜是一个完美的反例——重创从前的理论。萨达姆的统治将“对美国和全世界构成威胁”[13]。因此，纽约和华盛顿出现的恐怖要求再也不能容忍此种类型的危害存在。因为独裁鼓吹的军事手段将助长准备发动其他袭击的组织。

然而伊拉克的独裁者并非是第一个被美国推翻的国家元首，不论是独裁的还是非独裁的。伊拉克也并非是第一个遭受美国军事力量单边入侵的国家。从再次陷入强大军队炮火中的美索不达米亚人方面来看，在前所未有的背景下，难道地缘政治的变化会为他们规划未来，而不是让他们重新陷入直到海湾战争时才结束的殖民主义的过去中吗？对伊拉克人来说，往事“重演”难道不是更恰当的说法？

视“9 · 11 事件”为新型政治之关键时刻的阐释自身就站不住脚，以至于美国中心的主观观感寻求利用媒体和宣传。观察当时的调查报告不难发现，对“9 · 11 事件”地缘战略上的独特之处的评估属于一种受感情支配的短暂的精神状态[14]。“9 · 11”的“断裂”首先是心理层面上的断裂。迅速自我定义为牺牲者的人民经历并不断经历的袭击重创他们的心灵和意识。媒体直接对这些袭击进行特别报道，人民因此重温了那些艰难岁月的印记：团结在总统本人周围。电视塑造出一个集神圣团结和大众支持于一身的总统形象。

“9 · 11 事件”，正在上演的打击

飞机撞击北楼之后，大量电视设备迅速被运至现场，确保事件的后续进展获得即时报道。尽管远达不到细致入微的程度，但摄像机的存在也已经将人们心理层面的影响成 10 倍地放大了。第一次大型坠机，联合航空的波音飞机出现在南楼，紧接着世贸中心轰然倒塌，越来越多目瞪口呆的美国人看到这一幕，亲历这一幕。他们或在家中，或在工作场所，或在马路上，亦或在 hi-fi 器材连锁店，所有的人都愣在原地。经过几乎所有频道不间断地转播，收视率达到前所未有的峰值：惊愕夹杂恐惧猛烈地冲击着人们，“双子塔”被撞击，接着轰然倒塌的画面每小时被播送 30 次，相当大一部分的

人心中留下了烙印[15]。“‘9·11事件’是一次冲击”，纽约作家阿莱特·卡恩表示，“3个小时的时间里我没有离开过我的电视，一直在哭泣”[16]。

国家象征毁于一旦：世贸中心——国家经济实力的象征，五角大楼——代表军事力量的形象，几千人暴亡的世界末日般的景象——有的人跳下大厦当场死亡，有的人被困火海或者被埋在残垣断壁之下——更常见的是当时的场面引发的全面混乱以及情感的脆弱导致的心理层面的影响，专家们将其定义为创伤后应激障碍。悲剧发生5天后，超过90%的美国人抱怨在他们的身上出现了通常在士兵或者普通老百姓在面对战争的暴力行为……或者面对袭击时才会有的症状[17]：焦虑症发作、因恐惧而痛哭、睡眠障碍、抑郁状态、反复做噩梦，如果不是分析问题的能力有所损害，这些症状也不会出现。当惊心动魄的悲剧猛烈袭来的瞬间，目击者必须努力听别人解释甚至运用想象力才能理解这些堪称人间悲剧代名词的画面所蕴含的意味：人民的心理状态与当日媒体亲历的场面之间的联系是显而易见的，远不止报道袭击的新闻那么简单[18]。其他的因素，例如解说的角度以及信息的延续也在事件进展过程中占据重要地位。

在3天的直播期间，信息快速滚动，用新闻工作者的话来说，有点接近“娱乐”和宣传的大杂烩。这种从1980年代—1990年代开始普遍出现的现象随着“9·11事件”的出现发生了变化。

一开始，新闻专业人员首先考虑的是严格、谨慎以及某种程度上的克制。“双子塔”的镜头还只是远镜头，评论也未加任何修饰。随着时间的推移，形式和内容都发生了变化：伴随大规模传播开展，从世贸中心脚下拍摄到新的画面，特写镜头出现慌乱的人群，肢解的尸体横躺在空地上，喧嚣嘈杂，恐惧的尖叫，镜头中的曼哈顿弥漫着微白灰尘，警报声以及被清理出来的第一批遇难者的面孔令人们感到一种实实在在的恐惧，给了他们沉重的一击。从9月12日开始，转播某些路人的电话录音以及他们拍摄的照片，还有与他们的亲朋好友有关的问题加速了新闻报道向脱口秀中常见的记录可怜人的形式变化的步伐。遇难者的故事、轶事以及家庭的证词攀上传媒开发的众多主题的第二把交椅，特别强调“打击”并且以“愤怒”为前提。尽管当时任何的民意调查，哪怕是局部的调查都尚未开始，美国民众已经感受到了这种愤怒[19]：主持人毫不犹豫地让他们敞开心扉，迎合民众亦真亦假的期待。与“爆心投影点”①的零距离接触导致新闻界报道事件所必须的空间和时间距离丧失殆尽。由于问题意识的缺失，导致电视、报刊杂志以及广播陷入一种局限于团结运动框架之内的逻辑中，即将到来的神圣团结也因此初露雏形（人民围绕在政府机构和政治家周围），媒体为这种逻辑的建立以及后来的维持作出了贡献；官方机构发布的消息本应该经过分析，但却被宽容对待。作为观众的国民——已经处于打击之中——被剥夺了拥有客观观点所必不可少的信息元素。更为严重的是，谎言和遗漏的大潮强行为阅读戴上枷锁，为参考限定框架。

从 9 点 17 分，距离第一次撞机之后不到 30 分钟开始，奥萨马 · 本 · 拉登的名字重新占据所有的频道，闪电般成为家喻户晓的知名人士[20]。美国有了一个新的敌人，一个作好一切准备的人格化了的敌人。事件以这种方式与死难者的命运联系在一起，占据了人们的注意力，显而易见的事情却因此无人重视，否则经过深思熟虑的国民可能会有可观的分析潜力：美国的袭击同样卑鄙，美国军队在地球不同地区造成的破坏和平民死亡并不比这次袭击少。从那时候起，针对中东地区的狂热泥潭或者国家政治展开大规模反思的理想时机似乎到来了。然而，如果说掩饰这种类型的事实在政权代言人们的口中被视作合乎逻辑的话，那么在以大白事实于天下为职业的人身上可是完全不同的另外一回事。不过，手拿冲锋枪的形象始于描绘本 · 拉登的一系列电视专题。这种将视线集中在符合理想敌人条件的人物身上——本 · 拉登，被放逐的极端民族主义者，用财产资助最邪恶计划的亿万巨富——在美国中情局的授意下，忽视了本 · 拉登的一般性历史（只有美国国家电视网的一个频道于 9 月 12 日重播了一部具有强烈意义的教育片[21]，该片获得一些杰出报社的热烈欢迎），并且导致一个幻想中的敌人诞生：他的组织——基地组织——被形容成手眼通天、结构严密的组织，并且创造出类似神秘部队这种与事实相去甚远的陈词滥调。从 11 日起直到伊拉克事件为止，迅速开始说服人们当地政府已经“逃亡”的美国主流媒体在宣传过程中挖掘出了意味深

① Ground Zero 指世贸中心遗迹。——译者注

长的后续节目，托拉博拉的山洞，曲折的山洞蜿蜒深入，经过简单整修和改建，组成迷宫般但又不失舒适性的“掩体堡垒”网络，因为“苏维埃计划”的前车之鉴，所以这张网以不可攻克闻名于世——为了增强说服力，还采用了三维分析图像[22]。这些报道创造出一个符合美国通常对战争的幻想的敌人，类似1945年希特勒在阿尔卑斯山区修建的恐怖堡垒的传说[23]：“他们的武器将在能够躲避轰炸的工厂中制造，补给和装备将储存在巨大的地下洞穴中，经过特别筛选的青年军将被训练成游击队”[24]，当时的美国方面是这样认为的。遥远的战争不再是某种电影的标准，托拉博拉的“堡垒”走进现实生活，预先为政府的战略进行了辩护。战争的消息重新浮出水面。

指控本·拉登一上来就带来了一个重要的常识性问题：在袭击发生之前数小时、数日、数周、数月前就收到10余次警报的情况下，怎么能如此之快地指定罪犯，而且预先没有流露出可靠的迹象？直到2002年底相关委员会成立时也没有任何一次官方调查将这些警报作为调查对象。某些职业新闻工作者言辞激烈将话锋对准“彻头彻尾的反恐斗争的失败”，然而大部分新闻工作者更愿意关注航空安全的减弱。不到15分钟之后，政府的表述就出现了自相矛盾：大约9点20分时，美国广播公司（ABC）的权威记者约翰·麦克维西得到“官方”消息，在广播中证实“没有任何的信号，也没有任何的情报”能够提前预知这次袭击。这种几乎没有可信度的肯定陈述立刻传向其他媒体，并且变成“事实”。这番谎言得到大量证词支持，比如国务卿科林·鲍威尔以及于12日和17日发表相同讲话的联邦调查局局长罗伯特·穆勒[25]。政府明显的粗心正式曝光于天下，震惊公众，为高级政府部门未来的行动留下了致命的无法胜任的印象。面对本·拉登和塔利班，人民在短时间内还无法结成神圣的团结联盟，反而对白宫的占有者颇有微词。正好适得其反。总统长时间不在白宫而在几个基地之间奔波证明了惊讶之情已经扩散最高决策层，同时，总统还将选择一种新的方式返程。

电视标准几小时之内就已经形成了，并且一直沿用了2年之久，直到2003年3月19日发动的“自由伊拉克”行动时达到顶峰。由于主流媒体最初没有深入思考，因此他们想当然地利用神圣团结：他们不仅远远没有体现自己的观点，反而是对杜撰作出了贡献。

随着事件的进展，例如在向媒体转化过程中，该起事件电影般的特性给人们留下了深刻的印象。署名基地组织，摄自美国，这部灾难片回归了好莱坞大银幕电影的传统，即很久以前便开始迷恋幻想中大都会的不堪一击。公众喜欢看到在《旧金山》(1936年)、《火烧摩天楼》（1974年）、《地球浩劫》（1979年）、《虎胆龙威》系列、《天地大碰撞》（1998年）、《绝世天劫》（1998年）、《哥斯拉》（1998年）、《全面包围》（1999年）或者60余部同类型的长片中闪闪发亮的摩天大楼身陷险境或者惨遭摧毁的场面。拜“9·11事件”所赐，电影中的恐怖画面变成亲眼目睹的事实，通过屏幕现场直播。对于没有经验的人来说，这样的镜头更多地是存在于大预算的科幻电影中，而不是切实发生的事件中。想象与现实相互碰撞、分割、纠葛、质询，把这次“现场秀”推向最高峰。

第一次坠机导致出现开放性的叙述，其中掺杂了媒体的艺术加工以及政府的回应。事件的后续按照戏剧叙述的节奏展开（撞击北楼、南楼、五角大楼，在宾夕法尼亚摧毁第4架飞机，大火吞噬大楼，然后轰然倒塌），随之而来的问题挥之不去，媒体相信官方或半官方的信息，并用这些信息回应出现的问题。不过，各权力机关释放这些消息时可谓惜字如金。这是一次事故吗？这个疑问直到第二次坠机时才得以解开。多少架飞机离开航线？超过3小时的时间里，人们一无所知。有多少死难者？根据纽约市市长预订的裹尸布数量来看，或许有3万人罹难。劫机者是何许人？巴勒斯坦民主解放阵线的战士、基地组织，这个神秘的本·拉登是何许人？已经有一名沙特亿万巨富为100余名美国人的死亡负责。还有其他建筑倒塌吗？或许吧。可能还会有其他的袭击发生吗？不可能已经发生了，所有的一切都使人相信还会有袭击发生。一时间，美国的领空，大量的大学和商铺已关闭，摩天大楼人员疏散一空，纽约的电话线路受到干扰或者处于忙音，体育赛事以及其他庆典仪式被取消，整个国家已经处于瘫痪边缘。恐怖但很快又被辟谣的消息满天飞，尤其是美国国务院以及联邦首都的其他著名场所附近有炸弹爆炸的消息，最终导致混乱的气氛趋于戏剧化。

荧屏上，画面和问题披上一件电视的外衣，确保本·拉登的剧本从制片、导演以及推销层面均与他的极端放肆达到同一层次。辐射超过8000万家庭，滚动播出资讯的福克斯新闻频道（FOX News）走在改编“9 · 11事件”的最前列。从9月11下午开始，福克斯新闻频道姿态高调，该频道原本已经算得上激烈的图像画面变得惊世骇俗：以“被袭击的美国”作为开篇，激烈、嘈杂，同时吸引人的眼球，色调以带有攻击性的红、黑渐变为主；紧凑的剪辑，嵌入泛红天空映衬下的国会大厦的穹顶；背景音乐达到好莱坞大片的水准——资深专家作曲[26]——以嘹亮的铜管乐和尖锐的电子音乐为基础，时而舒缓时而疯狂的节奏增强了音乐的效果，依电视语言来看，放大了播映画面中惊心动魄的方面。电视画面时不时地分成几个画框，同时转播世贸大厦遗址、五角大楼、曼哈顿人群四散逃亡、站在白宫屋顶的美国特工处特工以及其他一些不同寻常的画面。起到将打击推向极致的效果。从10点49分起，福克斯新闻频道以标题栏形式播送《新闻速递》。标题栏滚动播放实时要闻标题，并采用黑底黄字的样式，即警察围挡犯罪现场时所用的胶带的颜色。

鲁伯特 · 默多克麾下电视台的风格和腔调引领观众风潮，是竞争对手争相模仿复制的对象。福克斯、美国有线电视新闻网（CNN）和微软全国广播公司节目（MSNBC）的标题打满整个荧屏，从电影领域看来，这些标题均属佳品（福克斯台9月11日—12日先是播出《恐怖日》，然后播出《袭击美国》，第二天又播出《美国团结一致》，从15日开始播出《战争中的美国》）。每次打出标题时均配有动态的星条旗。随着烟气盘旋上升，星条旗还会时不时地飘动起来。9月11日夜里，依旧是福克斯频道，在动作电影的音乐声中，插播令人震惊的袭击画面，交替出现的还有大量跑过屏幕的人影：“9 · 11事件”的观众沉浸在一个当时尚只能从虚构中得来的世界，各大电视频道不恰当的处理方式加剧甚至确认了观众的这种感觉。上午发生的事仍然难逃追求耸人听闻之嫌，旨在增加轰动性的技巧似乎有些不合时宜。电视媒体对事件的表现糅杂了表演界和新闻圈的客观联系，呼唤军事反击是其本能，与“第七艺术”①的某些规则不谋而合。当集体判断缺失局面出现时，美国人的反应空前地符合好莱坞剧本的

① “第七艺术”，指电影艺术。——译者注

规律。迈克尔·贝执导的《珍珠港》于3个月前上映，电影中的最后几分钟画面就是例证：为报复日本的空袭，一个英雄小组对日本进行轰炸，标志复仇完成。未来人们将会看到，编故事的传统会在总统讲话中显露端倪。因为人们立即就会拿“9·11事件”同珍珠港事件进行对照。

各类融合达到高潮，电视镜头吸取电影预告片的诀窍，以至于每个人都想观看这部电影。对布什政府的信众来说，源自著名的“新美国世纪计划”的剧本已经书写完毕，大戏即将上演[27]：战争准备结束，美国将打响一场为期19个月的伊拉克战争。悲剧发生之后，电视每日新闻中很少出现的诸如“美国人民团结一致”之类的大标题与其说是新闻，倒不如说是口号。

过早的战争动员

新闻与政治权力之间是完美的相互影响的关系。其实，说相互影响首先是因为从政府方面得到的消息构成了新闻最初的素材；其次，爱国主义的影响涵盖大部分人民，大量坐落于曼哈顿中心的美国媒体把这里定位成媒体中心强化了这种渗透；最后，具有实际意义的影响，尤其是对报业而言：形势的不同导致报业近20年来失去1000万读者[28]，紧跟潮流变得生死攸关，此时的潮流就是爱国主义和民族主义。

甚至早在总统正式发表讲话之前，政府的言论就已经传开了。言论打着新闻来源的幌子——有的是“官方人士”，有的则是匿名“政府成员”——多名已退休的政治人士毫不掩饰地表示强烈支持。例如老布什政府国务卿詹姆斯·贝克，前中情局负责人文森特·坎尼斯特拉罗以及副国务卿劳伦斯·伊格尔伯格。这些人依旧活跃在政府机构周围，多家电视台拍下他们充满虚假评估的赞美之态。必须进行报复行动这一主题占据支配地位。

政府内幕方面，开战不再是问题[29]。“我们已经进入战争状态”[30]，9点30分左右，乔治·W·布什一带而过。15分钟之后，副总统理查德·切尼、唐纳德·拉姆斯菲尔德以及各幕僚如法炮制[31]。记者被紧急派遣进不同权力圈子——其中13人登上“空军一号”——收集经过顾问替换、复述、评论的官方言论。9点30分，美国全国广播公司(NBC)当红主持人汤姆·布罗考抛出两句轰动一时的名言:“美国的面貌已经改变”，当评论第二次袭击时，他斩钉截铁地说，“恐怖分子已经向美国宣战”[32]。不幸未能在共和党内总统初选中获胜的参议员麦凯恩是第一个公开把此次袭击视作“战争行为”的政治大佬[33]。形形色色的人在电视、广播、报纸上大声疾呼，与身居最高位的人物一道要求动用军事力量，因此，拜美国强大军事实力所赐，恰当的回应不可能不涉及军事领域。

激进的战争号召总是老一套，似乎成为一种制式。以霍华德·斯特恩为例，他是一位电台主持人，以煽动能力闻名于世。他轻而易举地与官方言论保持完全一致。“我们已经进入战争状态”，他表明态度。过了几分钟，他又补充道，“这次与越南那次有所区别。这样的话，我情愿投身后者”[34]。12日，《时代周刊》推出的特刊上刊载一篇署名为记者兰斯·莫罗的文章，题为《盛怒之下，惩罚之时》[35]。文章鼓动美国同胞找回“被仇恨遗忘的功效”，鼓动“美国通过定向的暴力政策发掘更多的执行‘法特瓦’①的可能性，以此作为回敬”。在共和党色彩浓郁的福克斯新闻台上，比尔·奥莱利认为“美国应该让阿富汗的地面设施化为灰烬”[36]，同时不要忘记“炸碎伊拉克和利比亚”。《纽约时报》曾经的中流砥柱，安德鲁·罗森塔尔发表意见，他倾向于针对提及率最高的国家实施大规模轰炸。但他的目标名单变为伊朗、叙利亚和苏丹[37]。《纽约邮报》记者斯蒂夫·邓利维号召“打死这群杂种”，同时他的同事里奇·洛利判断，“毁灭大马士革或者德黑兰的一部分……作为解决办法之一”[38]。最后，丹·拉瑟向《今夜娱乐》栏目的电视观众亮明观点：“如果（总统）需要我穿上制服，只需要告诉我地点和时间就够了”。如此的自愿入伍从一位年逾花甲的著名媒体明星口中说出来，指明了美国人以及在他领导下的团队应该遵循的航向。全面盘点涉及开战的

① fatwa，即伊斯兰教宗法审判。——译者注

妙语属于冒险的举措，妙语的数量和形式足以形成一次宣传运动。电视观众因此增多，纸质媒体的注册读者也因此增长了3倍[39]，确保传播范围得以扩大。

好战风潮涌动，激进言论横行：矛头指向穆斯林世界，穆斯林世界这个名字包括一切与之近似的对象。美国人的复仇行动，正如美国那些评论员设想的那样，将导致平民牺牲和大量建筑被毁。然而在他们看来，伤亡报告与“9·11事件”登记在册的死亡数字相比根本不值一提。美国的媒体与其说是在传播新闻，倒不如说是在大规模灌输信息。

新闻界战前奏响的如此旋律拥有悠久的历史。1846年，在美国再三挑衅之下爆发的墨西哥战争掀起一阵身份认同的评论高潮：“墨西哥必须受到严厉惩罚。支持我们的军队，让全世界知道……美国懂得如何实施打击”[40]，美国诗人兼作家沃尔特·惠特曼惊呼道。这种现象并没有出现任何新意。然而，后“9·11”时代的替代现象在一个至关重要的方面有所分化：各类新信息技术让消息通过无数渠道替换成为可能，同时带来超强的冲击。当“战争”一词还没有被各式各样的同义词替代时，作为时代标记的纸质媒体拒绝使用这一词汇，这样的媒体达到十几家：“美国战争”[41]“国家领土之战”[42]“这是一场战争”“21世纪第一场战争”“我们处于战争状态”[43]“作战行动”[44]“美国作好战斗准备”[45]。另外还有一个日报媒体上的话题也需要提起注意，那就是乔治·W·布什宣战的缘由，即高频词汇——“恐怖”。

“9·11事件”统治时事新闻长达6个月之久：通讯社60%的电讯与此有关[46]，并且因为毛细作用的存在，导致与之相关但没有直接关系的其他事件被置于放大镜下：从中东到炭疽信封事件再到著名的伊拉克问题。袭击引发的共振越发深入。

总统介入的时机与此完美同步，为事件定下基调。

二

乔治·W·布什——“重生总统”，因战争而荣耀

时势造英雄

“‘9·11事件’之后，我和其他很多人一样，深切地感受到了这个国家的团结……我支持介入阿富汗的行动”，歌手布鲁斯·斯普林斯汀声称[1]。历史上曾经与对社会不满的左派联系紧密的人物有此忏悔。只此一句，便是当时美国人民对神圣团结的热情以及对政府军事计划的赞同的集中概括。然而直到9月10日时，大量观察员仍然认为乔治·小布什的总统任期将难逃他父亲的宿命：4年任期，未能连任。

小布什进入白宫之路走得一波三折。入主白宫后长达8个月的时间里，他并没有获得传统上的荣耀地位。人民在乔治·W·布什问题上产生了比以往任何一位总统都更大的分歧[2]：88%的共和党选民对他表示满意，但2001年6月时，这位国家首脑却仅仅获得31%的民主党选民的支持[3]。2000年选举以及政府预算选择的混乱和复杂更加极端化，同时总统的人品和严重过失招致批评、调侃和嘲弄，甚至有受此启发的讽刺节目播出。2001年3月，仅有25%的民主党选民承认他入主白宫的合法性，其中78%的人质疑他处理国际危机的能力[4]。从来没有哪位总统身上能凝聚如此程度的矛盾感觉。美国社会也几乎没有像这样分裂过。

“9 · 11 事件”以戏剧般的方式逆转了整个趋势：乔治 · W · 布什的好感度跃升 40 余个百分点，这回打破了那些比他更著名的前任们所保持的受欢迎记录。颠覆性的冲击大发神威，甚至有些观点认为这像变戏法一样：人人震惊，尽管不清楚牺牲者的数量，但对罹难者的关注掀起同情的巨潮，数百万如斯普林斯汀般公认的和平主义者、其他土生土长的民主党人士以及曾经的左派斗士卷入巨浪，这些人容易迸发出爱国主义冲动并且表现出令人钦佩的团结，他们选择同那个曾经被自己不断揭露过的政府站在一起。携舆论 90% 的好感之利，乔治 · W · 布什获得“天命之人”的地位。赋予他如此地位的正是被这场席卷整个国家的变故震撼的人民：事已至此，全社会已经完全信赖布什，认为他有能力保护这个国家；被不可思议的 1940 年溃败重创的法国人投入凡尔登战役的胜利者——贝当元帅的怀抱；28 年后，国家面临崩溃的危险时，人民又把同样的信任赋予了戴高乐将军，后者同样是国家拯救者的象征。在美国，宪法的稳定性要求舆论支持一个已经在位的人，然而这个人的过去却并不比我们前面列举的这些模范更加光荣。“总指挥”的职能要求这个人必须提前作好准备，准备好回应正在寻求令人安心的光明前景的本国同胞的期许，确保权力个人化的同时保证其实效性，这就是美国政治文化的核心内容。最高法院作出不利于民主党人阿尔 · 戈尔的判决，因此，2000 年 12 月 12 日，“总指挥”这个角色被赋予了乔治 · W · 布什。

布什同样赢得了媒体的好感。无数举足轻重的人物声称喜爱这位国家领袖，其中的标志性人物就是在哥伦比亚广播公司（CBS）拥有 3 档位列全国最高收视率电视新闻栏目的主持人——丹 · 拉瑟：“乔治 · 布什就是总统”，这位记者参加超高人气的“大卫 · 莱特曼秀”时重复道。“决定权在他，我随叫随到”[5]，他毕恭毕敬地补充道。事实上，乔治 · W · 布什以“时势造英雄”的形象示人，他只需要同未来战争的倡导者们站在同一阵线就足以配得上他“天命之人”的属性了。

在一段时间之内，所有获悉外族侵犯本国主权象征的人民都会同意国家政策转向战争。1898 年 2 月，“缅因”号巡洋舰在哈瓦那港爆炸，事实上是一次意外。1915 年 5 月 7 日，“卢西塔尼亚”号被一艘德国潜艇的鱼雷击沉或者日本袭击珍珠港相继说服美国人民形成神圣的团结，放弃他们的孤立主义倾向，坚决地转向战时态度：

1917年恢复服兵役时并未爆发类似1863年纽约“征兵暴动”的动乱。1964年8月，越共袭击“马多克斯”号驱逐舰激怒了约翰逊政府，声势浩大的国家团结运动由此拉开序幕，一切都朝着有利于军事介入越南的方向展开。支持“新美国世纪计划”的美国鹰派视“黑色星期二”为“新珍珠港事件”[6]，这是4位敏锐的鹰派领导人期待已久的开战理由，足以为极大增加的军费开支和战争计划辩护。然而只有一次事件应该是远远不够的，它能起到的作用只不过是为了完善复杂的说服过程而已。同样的情况还有“格莱维茨事件”，1939年8月31日，纳粹政权伪造了波兰袭击德国电台的事件给了德国入侵波兰的合法理由。

从精神状态层面来看，“9·11事件”带来的创痕与上述事件是没有可比性的。尽管只能看到二手的、十分适合媒体报道的证据，但人民也已经被动员起来了。影像带来的感官冲击以及在这个上午，恐怖主义行动的数量和各式各样的死灰复燃在美国人的集体记忆中为恐怖主义行为单独开辟出一块领地。政治上的反应同样成比例放大。“我们已经进入战争状态，不管我们对布什作何感想”，一位公民表示，“我们都应该尊重他，祈祷他拥有足够的勇气和智慧领导我们，领导自由世界走出悲痛”[7]。

人民的真实反应？困惑、痛苦和愤怒

袭击当晚进行的民意测验显示，90%的受访者宣称“赞赏乔治·W·布什作为总统进行的工作”[8]。然而由于时间紧迫，获得压倒性多数选票通过的行动可以概括为联络和通知两项。人民是彻底的健忘症患者，他们的评判建立在两项因素之上：布什“具有特殊威信的权力”——重拾马克斯·韦伯的概念，这一概念最初来自他身上背负的人民的期待——以及针对这次末日的修饰行为。总统发表全国讲话前1小时，还仅仅只有60%的人“赞同他”[9]，尽管如此，与9月10日相比，也已经算是表现出明显又非比寻常的爆发了。到了11日晚上，90%的满意度意味着30个百分点的变化。这与传统意义上的误差系数相差甚远，不能说明演讲的全部效果。

当布什发表演说时——9 月 11 日以及后来的 3 次——所有人的注意力都转移到他身上，以至于他延期返回华盛顿，加上行踪的模糊不定并没有引发混乱。直到袭击发生当晚，总统只是发表了几次简短的演说表达自己的观点：9 点 30 分那次是直播；然后 12 点 30 分那次是在第二次攻击发生后，在巴克斯代尔军事基地所在地区录制的，并于 13 点前后播出，20 点 30 分在椭圆形办公室发表正式演讲。

这位国家元首在新闻媒体上的头几次讲话离不开白宫的舆论导向专家，他们调整了总统说话的方式。总统的语句言简意赅又斩钉截铁，肯定会在媒体中间高速流传。说到底是卡尔 · 罗夫和丹 · 巴特利特这些总统讲话撰稿人在遣词造句，确保“总指挥”重新出现在美国人身边。极精确的讲话中还应该加上乔治 · W · 布什容易动情的个性。“总统明显震惊了”，ABC 的评论员在评论布什的第一次演讲时指出。布什当时正在艾玛 · 布克小学访问。除了表面上的果决以外，他一本正经的神情、他噙住的眼泪、他的沉默、他的迟疑和他颤抖的声音都表明了他的不舒服。正是这种不舒服帮助他站到美国同胞中间。因为不打算掩饰自己的状态，这位当时因为笨拙而饱受争议和嘲笑的总统表现出一种令人动容的真诚。这个被恐惧震惊的国家只能因此而感动。支持他职务的人占压倒性多数，他代表了所有人的悲痛，但却没有因此表现出沮丧或者缺乏谋略。“他看起来似乎十分悲伤。尽管如此，他还是决心不惜任何代价追捕袭击行动的始作俑者”[10]，一位匿名的美国人通过网络论坛如此总结道。“他的演讲既强硬又充满怜悯之心”[11]，人们对此深表赞同，没有人忘记，2000 年，乔治 · W · 布什参选靠的就是他的能力，人格化一个勤劳、传统并且尽可能脱离精英阶层的美国的能力。不管是否出于被迫，这位模仿天才玩转了“9 · 11 事件”。

两则堪称“儿戏”的简短讲话不断播出，终于，万众瞩目的演讲给这疯狂的一天画上了句号。20 点 30 分，再次被围得水泄不通的白宫现场直播总统演讲。美国未来两年的逻辑要素都能从这次演讲中一窥端倪，听众已经作好领会的一切准备。在 7 分钟的时间内，布什总统努力与美国人民保持一致。如果总统的演讲中缺少涉及情感方面的内容，新的行动计划就会失去强大的理论支撑，教化层面的效果也将大打折扣：“飞机压碎世贸双塔、火光冲天以及摩天大楼轰然倒塌的影像让我们陷入难以置信的状态，陷入严重的悲伤状态，但同时，我们保持了沉着，愤怒之情不可取代”[12]，乔治·W·布什提醒道。他一心想要重现当天上午的剧情，重温当天上午的情感。通过不断使用人称代词“我们”，他强调自己的情绪同人民的情绪保持一致，都来源自此次袭击。这种言辞方法还有另外一种作用：利用话语的魔力给所有美国人披上“保持沉着，愤怒之情不可取代”的外衣，模仿国家元首已然体会过的情绪。我们将注意到，在那几天里，“悲伤”和“愤怒”这两个并列出现的概念在总统所有的活动中均有所体现。例如，乔治·W·布什现身袭击现场时曾动情地袒露心声：“来到这里，（我）满怀悲伤……怒火冲天”[13]。9月20日，他在国会上再次说道：“我们的悲痛已经转化为愤怒，我们的愤怒不可取代”[14]。同情、疑问、团结夹杂着复仇的冲动——受到政府讲话的鼓舞——受到创伤的人内心深处对复仇的渴望正是这次演讲要努力倾吐的。美国媒体解读网友讨论时例证了这种现象：“我祈祷美国展开反击，无论这次卑鄙的恐怖行动的主谋是谁。尤其不能赦免任何一个核心人物，因为他们……没有赦免过任何人。”“美国从不屈服，我们，我们美国人，将不惜一切代价铲除恐怖分子。”“我不知道该怎么解决，但的确必须进行武力还击。”“正义……要求我们向敌人复仇。”“我们应该找出几个典型，轰炸他们的国家，直到夷为平地为止。”[15]

9月11日19点30分（美国东部时间）开始的舆论调查比总统正式讲话提前一个小时，因而可以听到另外一种声音。如果说82%的受访者表示“对牺牲者及其家人感到悲伤”，代表人们最普遍的情绪的话，那么被调查者中表示“愤怒”和“渴望复仇”的仅仅分别占到42%和34%[16]：在那一刻，复仇远远不能代表大多数人的愿望。同样再回到互联网上，此时并不缺乏温和的反应，某位名叫罗恩的网友是其中的代表，他说：“用暴力手段回应不是很好的解决途径。此举只会让暴力无休止地持续下去，最终将带来新一轮的恐怖主义浪潮”[17]。尽管规模不大，但一些自发的游行活动将会把这种缓和的意愿带到纽约和某些大城市。

向好战转变的基础是愤怒，这种转变并非是恐怖主义袭击的直接贡献。几天后，事态向有利于战争的方向演变：9月20日—23日的问卷调查显示，2/3的美国人宣称准备好支持军事报复行动，打击此次袭击的资助者，即使“数千无辜平民必将因此而丧命”[18]。从那以后，舆论表现出真正的复仇意愿。官方主流讲话所灌输的愤怒孕育出如此的愿望。总统只提到了撒向袭击始作俑者的“愤怒”，却损害了同样属于合理范畴的另一种情感。这一次，让人们感到悲伤的还有安保部门的懈怠以及诱发袭击行动的深层次根源，其根源与美国近几十年来执行的对外政策是分不开的。官方言论统统否定了这些假设。官方言论存在的使命就是捕获人们的情感，以便在接下来的时间里更好地引导他们。因此，信息已经很清晰了：白宫的房客认为，美国人应该既“悲伤”又“愤怒”。本着这样的目的，在全天的电视转播过程中，可以感受到演讲重心向同情心方向偏移：“罹难者死在飞机上，或者自己的办公室里——秘书、商人、士兵和公务员，母亲和父亲、朋友和邻居。”这绝不是一次幼稚的讲话。通过“口头复述”的方式重复人们看到或者回想到的影像有显而易见的好处，这种好处不是别的，正是让“9 · 11 事件”深深扎根在人们的心坎上。

多亏罗斯福“珍珠港事件”后发表的演讲再版，布什才能从人们的记忆遗产中发掘可参考的对象，可惜罗斯福的措辞惨遭恬不知耻地抄袭。1941 年 12 月 9 日，罗斯福如是解释道：“强大的……匪徒联合起来，向全人类宣战”；2001 年 9 月 20 日，布什重复道：“基地组织属于恐怖组织，黑手党属于犯罪组织……其目的在于改变世界，迫使所有人接受他们那种激进的信仰。”1941 年 12 月 7 日，罗斯福保证道：“作为国家领导人……我命令可以采取一切手段确保我们不受侵犯”。9 月 11 日，布什证实说：“我已经启动了我们的政府紧急计划。我们军力强盛，军队作好了战斗准备。”历史的回忆远比我们举的这些例子要多得多[19]，我们只不过是强调受翻版事件启发导致出现战争的结果是符合逻辑的：“美国人从来没有……在本土经历过战争，除了 1941 年的那个星期天”[20]，乔治 · W · 布什在提醒的同时还十分注意不去明确地引述情节。这个“留下永久性耻辱印记的日子”把当时的美国推向战争。这一天具有象征意义，人们开始呼唤有关这一天的记忆。1957 年，苏联成功发射人造卫星被定义为“技术上的珍珠港事件”，美国因此必须在军备竞赛的道路上付出加倍的努力。1980 年，罗纳德 · 里根运用同样的历史工具再次推动人们对社会主义政治集团产生巨大的恐惧：虚构的“美国的衰落期”——鉴于军事影响力持续下降作出的定义——把这个国家置于“比珍珠港事件发生第二天时的情况……还要危险的境地”[21]。单凭这一点，援引历史就可以影响听众并构成令人目瞪口呆无法辩驳的论据。从“新珍珠港”的军事和政治潜力层面为发布于2000年的“新美国世纪计划”作辩护就是一例。也正是因为同样的原因，“9 · 11事件”也将会变成别的事件紧贴不放的参照对象……

国教

以虔诚的“重生基督徒”信奉者著称的乔治 · W · 布什于9月11日当晚建议以宗教的情感解读当天发生的事件。表面上是本能的反应，实际上是沟通策略在起作用：美国政府依靠本国传统并利用宗教的信心安抚满心疑虑的人民。很多时候信仰和教义成为人们的避难所，甚至以一种自我防卫的姿态示人：每当国家性的灾难沉重打击人民时，人民总是自发地表现出对宗教的强烈渴望，尤其当涉及那些历史上宗教的渴望对社会起举足轻重作用的国家时表现更为明显。“教会的长女”，1871年时丢掉阿尔萨斯-洛林的法国开始赎罪。多亏了全国性的认购募捐，战败的法国精英阶层和法国人民在自古以来就是圣地的蒙马特尔高地上建立起一座“献给耶稣之圣心的圣殿”。在历史上，类似的计划也曾经成行过，例如在里昂的富维耶山，在里尔、南特、昂热、纳韦尔。此时的美国未能例外：袭击来临，至少90%的美国人转向宗教[22]，同时2000—2001年信教者数量增加了81%。“9 · 11事件”的创伤促使信教者从统计数字上提高到了1991年的水平[23]。在宗教热情强化的背景之下——9月12日，国会把圆形大厅变成为守灵和为死难者亲属祈祷的场所[24]——在反复追寻事件“为什么会发生”这个问题时，本应该得出的是经过深思熟虑的地缘政治角度的答案，但人们得到的却是摩尼教的假设。这其中蕴含的就是美国这个国家。自从1954年，美国“受上帝保护”的宣誓词加上“宣誓效忠国家和国旗”的语句之后，美国就成了世界上唯一一个既实行民主制度，同时世俗宪法又从未放弃过宗教超验性的超级大国。这种传统是中古时代的王国或帝国的特点，直到20世纪初期，欧洲各国政府也有过这样的传统，它体现出面对即将到来的战争时这个国家最不幸的一面。这一回，“这是打击美国的痛苦”，总统信誓旦旦地说。因此，站在演讲台上的总统如最高等级的神父一般，用格言般的语句虔诚呼吁：“今夜，请你们祈祷，请为所有因亲友离去而哭泣的人祈祷，请为全世界惊慌的孩子们祈祷……我为你们祈祷，祈祷比我们自身力量更强大的力量降临，带给你们勇气”。接着，这个国家的最高领导者引用《圣经·诗篇》第23篇：“我虽然行过死荫的幽谷，也不怕遭害，因为你与我同在”。

他重申计划定于9月13日开展国家祈祷日活动[25]——遵循这个国家早期战争的传统——通过此举，国家的领导人摆出一副精神领袖的姿态。他对信奉基督教的国民的祈祷表示“感谢”，仿佛他能够评估这样做的价值似的。难道他不是主动引用“个人与上帝之间的关系”来给人一种自己的政策正是受此启发之感吗？就像很久以前一样，以总统为代表的世俗权威借此增加自己的威望和权力，其中包括面对教会机构的时候。原因在于，教会机构并非是微不足道的：几个月以后，大部分的美国神职人员，其中包括卫理公会在内（乔治·W·布什就是卫理公会成员），宣布反对伊拉克战争。这段《圣经·旧约》的引文以及总统讲话中无处不在的对宗教的引经据典具有象征意义，象征讲话人处于上帝的保护之下，并受到上帝的启发。同样，2003年3月宣布对伊拉克宣战的讲话中多次提及“为了和平的目的”[26]。灵感汲取自效法圣·奥古斯丁（公元354—430年）的虔诚尚武传统。按照这一传统，混乱的武装冲突追求的目标是和平，和平本身就是“上帝的女儿”[27]。然而，不论是从社会层面还是从军事层面，这种古老的姿态却从未能够像这样一般与新时代融合共存。总统成为传教士，说服大众信奉战争思想。

惯做蠢事的小布什总统面对的是美国人遭受的有史以来最严重的袭击，他个人的历史在这次声名鹊起中扮演了决定性的角色。当身处关注的焦点位置时，个人角色所占的比重加剧了这种不一致。从那之后，布什将成为受国民欢迎的战争领袖，对待敌人满腔仇恨又冷酷无情。这种变化本身就具有独一无二的故事性，遵循的是一种名为“讲故事”的沟通现象。自20世纪80年代以来，这种现象风靡美国政坛[28]。舆论听取的不再是论据和分析，而是“一段告诉人们国家是什么以及（作者）如何看待它的故事”[29]，1992年帮助比尔·克林顿取得成功的竞选运动负责人之一詹姆斯·卡维尔解释道。这段时期之后，讲故事的专家们，尤其是某些专业的电影编剧开始在总统公关领域下功夫。“9·11事件”创造出一个新的故事，乔治·W·布什极其巧妙地把自己融入这个故事里。有关袭击的现实与虚构含混不清，受此影响的公众沉浸在最初的官方评论中，而这些官方评论中混杂了许多带有典型好莱坞编剧风格的元素：在处理这样一次如此电视化的袭击问题上，当局让观众走进一部美国大片的内部。长期以来，当局已经掌握了个中规则。直接勾起孩提时代的回忆，总是举“好人”同“坏人”斗争到死的例子显得有些幼稚，同时也有把复杂至极的情况简单化之嫌。几代人对这些电影的刺激有着特殊的反应。这些人从小就沉浸于“善人”与“坏蛋”逻辑之中，逻辑的基础是电子游戏、漫画或者其他分别代表世界两极的消遣活动。因此，再听到参加“永久自由”和“伊拉克自由”——极具好莱坞风格的军事行动——的人用小孩子的口吻指定他们的敌人时我们就不会感到惊讶了。在这个充满宗教感的上午，真相被篡改，篡改动力就是虚构化繁为简的力量。“我们的力量已经被动员起来了”，总统大声疾呼。很快，他在发出“对抗邪恶力量的神奇之战”的呐喊前又保证“会追捕并惩罚有罪之人”。军队严阵以待，每个人都希望展开反击，目睹美国动用自身力量击败躲在“老窝”里的恐怖主义分子。所有的表达均取材于数量众多的这种类型的电影。在这些电影中，如《飞机》（1989年）、《水晶陷阱》（1988年）、《独立日》（1996年），多亏了美国英雄的拯救行动，遭到袭击的美国才能进行反击并取得胜利。那么这一回，谁来扮演英雄这个角色呢？是总统本人吗？“I am a good guy（我是个好人）”9月11日当晚，乔治·W·布什眼含热泪地说道。对白宫的发言人来说，行政首脑口中很少出现这种类型的坦白。人们对这位国家元首做下的蠢事的讽刺随之烟消云散，并为他塑造了一个罕见的形象。大场面电影按照公众遵守的惯例运转：击倒这个国家的悲剧通过救赎的方式充当了启示者的角色。厄运将临时，前1秒钟还是平淡无奇的人物，摇身一变获得英雄的地位。通过赋予总统及其团队中曝光度最高的成员前所未有且无法想象的精神高度，新的神圣同盟把这个支离破碎的社会共同体重新焊接到一起。剩下要做的就是把全国团结一致的热情转向战争热情。

安抚、颂扬、开战

9月11日当晚，总统讲话结束后，笼罩全国的战争状态正式确立。总统讲话批准并巩固了神圣团结的同时又赋予了它一层新的含义：举国家之力投身到一场轮廓模糊的军事行动中去，即9月11日当晚提及的“反恐怖主义战争”或者从9月16日开始的讲话中明确提出的“反恐怖战争”[30]。

白宫发言人们对此说法慎之又慎。罗纳德·里根的时代历史重演，这种百年一遇的表达用隐晦的词汇概括了布什政府意识形态方面的新内容。词汇的隐晦性有利于所有与此有关的阐释。历史上第一次有一个政府为自己的战争命名，命名的方式与电影编剧在市场营销专家帮助下为自己的电影命名的方式如出一辙。到处都在重复这个词组，但它的模糊性却没有因此而减少一分：怎么领导一场战争，敌人如“恐怖主义”般抽象？借力“恐怖”或者“恐怖主义”具有偶然性，属于同一种“含糊不清”：当人民感到“恐怖”的时候，政府因此策划发动一场“战争”成为唯一可能的回应。让我们举几个传递战争思想的正面代表：林登·约翰逊宣称“向贫穷开战”；尼克松决定“向毒品开战”，同时，他甚至还“向癌症开战”。一切的前提是每个问题都能够用战争的方式解决，无论是象征性的战争还是实际的战争。

从1977年开始，卡特、里根、老布什以及后来的克林顿，历任政府都采用特殊战争的形式打击恐怖主义。1981—1986年，反恐在当时3家大型电视台（ABC、CBS、NBC）的资讯类话题中所占比重较其他诸如失业或者贫困之类的社会问题都要大[31]。只有另外一件由此直接引发的局部事件，即伊朗绑架美国大使事件（1979—1980年）导致美国好战分子、民族主义者以及种族主义者大规模示威：“轰炸伊朗”的不干胶贴满汽车后挡，示威者要求卡特当局把在美国的“伊朗人驱逐出境”。接下来的几年间，一条“法律原则”生效，根据这条法律原则，一切反美国的恐怖主义行动都将会引发军事回应：1986年柏林一家美军士兵经常光顾的迪斯科舞厅遭遇袭击，事后美军针对利比亚城市的黎波里和班加西展开报复性空袭。1993年6月26日，美国军舰的“战斧式”

导弹向伊拉克齐射，以此报复神秘的基地组织在一次试图谋杀前总统布什的行动中所扮演的角色，同时也是为了回应——用比尔·克林顿的话来说——“恐怖主义行动”。然而他却展示不出更多的细节。对于美国人民来说，有关“恐怖主义行动”最近的例子要追溯到1993年，也就是“世贸中心”第一次遇袭4个月以后[32]。1998年肯尼亚和坦桑尼亚针对美国外交官实施的爆炸袭击以及2000年亚丁“科尔号”巡洋舰遇袭事件都将遭受制裁，苏丹和阿富汗将遭受轰炸。

抽象（作为感情方面的恐怖或者作为斗争方法的恐怖主义）与具象（战争）结合，“反恐战争”的政治口号带有虚假承诺的效果：这样的一场战争不会因停战协定或者和平条约而明确终止，更何况当这场战争的设计者们介绍它时宣称这是一场“比冷战持续时间还要长的战争”。国务卿约翰·福斯特·杜勒斯将之定性为“持久的威胁”。除此之外，这还是一场“世界性的”战争：奔赴总统指定的61个国家或地区完成任务者可以获得颁发给战士的勋章——“全球反恐战争远征勋章”[33]。最后，“反恐怖战争”这一词汇表示，政权将动用武力铲除人们自己心中的恐惧；因此，人民赞同国家新的选择。

11日当晚，总统发表的讲话无论是从策略选择还是沟通技巧方面均进行了良好的计划：《圣经》“好”与“坏”的价值标准复兴，切中越简单越能令人安心的要害。国家身份认同危机潜伏，“为什么”会遭受袭击的问题加剧了这种危机。全世界各地或多或少带有理想主义味道的观察者从中读出质疑利用强权的希望，读出美国开始真心实意地关心南方各国以及苏联衰落后，美国放肆傲慢的经济的终结。“世界其余国家再也躲不开美国的主权了”[34]，《精神》杂志主编奥利维耶·蒙欣判断说。对那些观察者来说，创伤让这个世界第一强国显露出更多的谦恭。官方逻辑一经分析，这种经过多起袭击事件反复打击形成的假设就将不复存在。

对当局来说，最紧要的就是恢复美国人的信心，相信政府有能力保障他们的安全。尽管过去的几个小时证明了政府的惨痛失败。国家领袖保证国家实力强大，重申自己的良好意愿以及正当理由源自完全不同的意义领域。乔治·W·布什祭出所有说服别人的雄辩技巧。“我们的生活方式，我们珍贵的自由已经受到侵犯”[35]，他在演讲中开明宗义。“美国已经成为袭击目标，因为我们是自由最光彩夺目的象征”，他直截了当地说道，并从这点上引出一项很快风靡全球的思想基础：“美国人害怕面对事实。事实是，相当数量的世界人民痛恨美国，痛恨自由，痛恨我们为自由而战的事实……痛恨我们的生活方式？”[36]肖恩·汉尼蒂在福克斯新闻台上如是指出。因此，紧随全面战争是救世主老套论调之后，文明成为关键利害。1914年8月28日，在习惯战争的法兰西，议会中的社会党团体，以及《人道报》的常务委员会和行政委员会宣布：“我们坚信，战斗不仅是为了祖国的存亡，也是为了祖国的强盛，为了自由，为了共和国，为了文明”。美国人的措辞照搬了导致20世纪第一次大屠杀的思想。

一些民意调查显示这些言论引起满意度提升，由此我们可以推测出，听众们预先倾向于听到这样的论调。然而，乔治·W·布什从来就只会重复前任总统们（从建国之父们开始）集体秉承的主义[37]，无论是战争时期还是和平时期，秉承著名的“美国例外主义”，这个国家必须依“昭昭天命”[38]完成自己的使命。这一主义诞生于建国伊始，通过飞速扩张的新闻业得以传播。19世纪40年代，早在这个国家适应实现成为新的世界大国的野心之前，坚定地向前迈出必要的步伐，向西部扩张国家领土的信条激起精神上的抗争，面对这样的情况，例外主义进一步强化。动武为经济发展服务，动武演说中的全部侵略性都应该用高贵的目的来体现。对听众接受演说有帮助的宗教考量强化了目的的高贵性。例外主义直接思想源头是抵达新世界并承载着“使命”的移民者的先锋思想。欧洲殖民者言谈话语里的美国精神与民主和自由精神旗鼓相当[39]。约翰·菲茨杰拉德·肯尼迪在就职演讲上向与会者以及全世界宣布：“愿所有国家都知道，不论是对我们抱有善意的也好或是抱有恶意期许也罢，我们将不惜一切代价……确保……自由的胜利”。“现在”，乔治·W·布什仿佛是在回应肯尼迪一般，“我们起来保卫自由，保卫世界上一切的善意和正义……伟大的人民已经为保卫伟大的国家动员起来了”。布什总统补充道，“恐怖主义袭击可以动摇我们高楼大厦的地基，但是无法触及美国的根基。恐怖主义行动可以斩断钢铁，但是无法斩断美国钢铁般的意志。”[40]演讲前几个小时展现出来的爱国热情和团结热情得到他的歌颂：“今天，我们的国家看见了罪恶，人类世界最邪恶的罪恶，我们回应罪恶的是一个最好的美国……这是见证的一天，见证所有美国人……为我们和平与正义的目标团结一致”。布什的演讲有些类似中古世纪的风格，演讲中的分析重新塑造了整个事件，甚至没有提到反对“和平与公正理想”者的比例。理想是总统专属，包含在对神圣团结的颂扬之中。我们注意到，“9 · 11 事件”被形容成某种考验，某种具有净化和救赎作用的考验。当考验结束时，重生后的国家将表现出自己为善的本质。布什的演讲有点类似丘吉尔的语气。这只“狮子”向英国人，向德国轰炸的牺牲者发表演讲，措辞与布什十分接近：“被轰炸的城市屹立不倒就是胜利……文明世界的证明……自由制度之功效的证据……淬过火的证据从某种意义上而言复活了整个大不列颠所有男人和女人的人性”[41]。有了这样的榜样，不论偶然与否，乔治 · W · 布什的演讲丝毫没有忽视受到侵犯的人民爆发出来的团结，因此能取得什么样的效果都将不会令人感到惊讶。

虽然听过演讲并受到鼓舞但却仍旧满腹狐疑的国民体验到一种高度的国家自豪感。撞击发生数小时之后，其中大约 70% 的国民均表示“对美国的历史感到十分骄傲”——1996 年时这一数据还不到 50%，80% 的人表示“对本国的军事实力感到十分骄傲”——5 年前这一数据只有 47%[42]。人民和领袖之间签订了一份精神合约，接下来认可这份合约需要一个过程。1944 年冬，戴高乐将军以压倒性多数的优势当选。随即，一个等待主义色彩比大规模地下斗争色彩还要浓重得多的国家获得了“抵抗运动”的专属标签。

“我们的军队战无不胜，已经作好准备”，总统保证道。他在演讲最后阶段表明了自己的意愿：“打赢这场反恐战争”。这场新战争——这个名词传遍世界——的目的可以总结为“找到（袭击的）负责者，并送上法庭”。由于肩负维护联邦的重任，因此这里有条基本的原则：“恐怖主义分子……与为恐怖主义分子提供庇护者”无差别对待。如果说塔利班政权似乎被处缓刑的话，那么从当时下定如此决心开始，理论层面似乎有把伊拉克囊括进恐怖主义问题的趋势。

不论是阿富汗还是乌萨马 · 本 · 拉登都未获提及。乔治 · W · 布什并没有隐晦地指责，他只不过是宣布“展开调查，锁定恶劣行动背后隐藏的人物”。“双子塔”依旧高耸入云，而本 · 拉登这个名字也已经妇孺皆知。2 天后，总统将正式确认这位著名的罪犯的身份。因此模棱两可的言语必不可少：即便是在乔治·W·布什提到的“情报来源”已经指向基地组织的情况下，预防措施的第一项仍然是掩饰最初的谎言。这些措施在未来将获盛赞。此外，沉默孕育期待。当局自身态度果决，摆出一副先进行严格调查，然后再公布报复目标的态势。期间，目标定位到塔利班政权身上——这次是媒体的定位——塔利班领导人残忍野蛮的性格无所遁形。刻不容缓，已经到了必须开始行动的时候了。阿富汗遭受美国首波攻击之前，布什总统于9月20日在国会发表了一篇著名的演讲。他在演讲中宣布了“反恐战争”的主线：“美国人预计开展的的不应该是一场战斗而已，而是一场长期的战争……非常有可能制造惊心动魄的空袭，通过电视播送到千家万户”[43]。形势尚未明朗之前，这种心照不宣的承诺以及略带超现实主义色彩并且轰动一时的新影像延续了这场从9月11日便开始拍摄的“电影”。电视机给美国人带来了恐惧；通过同一个频道播出的反击场景也将给他们带来享受，这位美国总指挥妙语连珠。承诺将会兑现。功劳归于随军记者。

因此，除了引起激动之外，总统的地位获得最高程度的肯定：战争。明确的只有方向，敌人是谁却模糊不清。当时，布什式的辩证逻辑成为计划和口号：在美国人的脑海里，意味着同基地组织、为“9·11事件”负责的罪犯，甚至包括为同样的计划进行准备的其他组织作战。面对人民的不安，布什在演讲中当机立断。这种信任对一位惯做蠢事而饱受批评的总统来说是件新鲜事。他因此获得更高的领袖地位。根据形势变化，多次的痛苦体验令人民的信任落地生根。

因此，可以说官方演讲按照以下三条主线进行了动员，把美国的现在、过去和未来交织在一起：为了牺牲者国家应团结一致、美国肩负历史使命以及粗略宣布美国下一步的军事计划。

反对者退避三舍：沉睡的民主

国会是最早正式宣告神圣团结已经形成的机构：9月11日19时30分左右，国会议员聚集在国会大厦门前的台阶上，用同一种声音高声唱响《上帝保佑美利坚》，这首救世主降临的歌曲被布什总统的演讲赋予联邦象征的意义。“民主党人与共和党人为对抗袭击美国的邪恶并肩作战”[44]，丹尼斯·哈斯泰特激动地说道。参议员克里斯托弗·多德代表他的民主党同僚表示，民主党议员将“全部站在总统身后”。他说：“过去，我们的观点有所差异，但是，经历了如此的一天以后，我们将团结在我们的总统和我们政府周围”[45]。各派代表争先恐后地效仿多德，公开表达自己的信任。布什的任期由此进入一个新的阶段。布什总统在其伟大的演讲中从未忘记过赞颂议会的作为。议会几乎是以民主党的立场支持他的领袖地位不受质疑。“整个美国都被感动了……民主党人和共和党人携手站在国会大厦的台阶上，高唱《上帝保佑美利坚》感动了他们”[46]，他说道。直播时，评论员们赞美这幅“政治团结的壮观画面”[47]。画面中的演员们彼此拥抱，相互鼓励。

摒弃政治对立——鲜有唯恐天下不乱者持有异议（众议员辛西娅·麦金尼和参议员拉斯·法因戈尔德）——增加了新形成的团结的力量。如果民主党阵营仅限于狭隘地表现一种民族团结，同时拒绝将这种团结转化成战争竞赛的动力的话，那么下一代人还会记得“9·11事件”吗？或许不会了吧。议会对于成立“9·11事件”专门调查委员会的冷漠态度就是明显的例子。直到2002年5月才有某些声音出现[48]，并最终于同年11月27日得以成行。可以找到很多件事为如此长期的沉默作出解释：首先，针对情报部门的指责的矛头本可以转向攻击指责的煽动者，克林顿时期对恐怖分子的管理无可指摘，克林顿任命乔治·特尼特为中情局局长，布什认为换人有害无利；其次，初现端倪的冲突即将催生国防预算的爆发性增长：解禁400亿美元，军工行业幸运之极。军工行业政治献金[49]——当选者不容忽视的部分——的合法受益者回应了慷慨捐助者的期待。民主体系的失灵揭露出该系统的根源。然而这并不妨碍同一种失灵在军事动员方面创造出可观的高效率。

如同所有名副其实的神圣团结一样，两党制以及凌驾于两党制之上的民主辩论，甚至民主本身的运转实现了政治上的融合。直至《爱国者法案》通过以前，大量的法律获得几乎一致的通过。一时间，其体量和应用领域均打破历史纪录。人民的代表用最明显的方式放弃了宪法赋予他们的全部特权：总统的抉择再也没有引发任何的争议。

通过观察1914—1918年以及1939—1940年民主国家（英国、法国、美国）的政治生活，我们可以发现，伴随战争初期的神圣团结时刻总会诞生配得上“国家团结”之名的政府[50]：战争时期，号召人民团结起来时，同一行政当局内部政治领袖的团结是第一位的团结榜样。团结还可以确保当局拥有几乎完全的行动自由，免受参与国家事务管理的反对派的批评。共和党长期占据优势导致美国政坛出现一党制的特点。源自后“9·11”时代神圣团结的政治结构显得水土不服。如果说存在一个能够赢得国家团结的政府的话，那么这种团结也仅限于“民族”角度的团结。因为组成美国人口的所有少数民族均在美国政府占有一席之地。这样的情况的确存在很长时间。

当时，扮演反对党角色的民主党全体一致支持布什总统。这种支持是自发的，同时也是无条件的：乔治·W·布什并没有因此而改组团队，为这些人打开通往行政当局的大门。依靠议会赋予的全权委托，政府的大佬们开创了一套全新的决策程序。程序的组成以及隐晦性都是全新的。理查德·切尼和唐纳德·拉姆斯菲尔德组成的拍档位居国家最高层。这两位伊拉克战争的杰出拥趸以神秘的政府机关的姿态赢得威望：切尼—拉姆斯菲尔德二人组的形式在法律上是不存在的，因此可以避开民主党的监督规则。二人组可以享受总统赋予的行动自由。彻底背离地缘政治在全世界的重要性。类似内阁的二人组依靠国家安全委员会[51]成员磋商和共同决定，然而确定下来的措施却不能在各机构的运转中奏效。随着权力的扩大，二人组的行动不再征求总统的意见。总统的工作仅剩签字而已[52]。由于并非合法选举上任，即便内部有人反对这种非正式的双人执政也是徒劳而难以察觉的。国务卿科林·鲍威尔办公室主任威尔克森上校的言论便是佐证。劳伦斯·B·威尔克森认为，这种“违反常理的折衷”[53]体系“与其说属于民主倒不如说属于独裁”[54]。拉姆斯菲尔德和切尼未来将成功地把他们的观点强加到对伊拉克战争的迫切需求上，损害了立场更加温和的鲍威尔“阵营”的利益[55]。

一般来说，战争状态特有的政治惯例，民主政治的衰弱先于战争出现。然而从以上例子中可以看到，阻碍权力平衡的正是战争。总的来说，布什政府本身具备“尚武”

的风尚。因此在时机成熟的时候，阿富汗战争，尤其是进攻伊拉克的行动应运而生。以缺乏政治辩论、国家和宗教重叠以及破坏自由式的控制国民为特点，国家管理滑向越来越偏右翼甚至反动的方向。这似乎就是神圣团结的必然结果。沦落成白宫既定政策教育机构的立法机构认识到，白宫内部的反对力量只能勉强维持在最低程度。不过，人民似乎对局势十分满意。2001 年 10 月进行了多次民意调查结果显示，心照不宣的一党政权聚集了 84% 的满意率[56]。“为向我们伟大的祖国致敬”，一位公民如此形容“9 · 11 事件”，“今天，我们应该努力发出自己的声音。证明我们都是美国人。团结，高昂着头颅”[57]。

这条领导路线是通向好战机制的传送带之一，它获准行政当局快速壮大。类似 1917 年威尔逊任总统以及 1941 年罗斯福任总统时的情况。11 日当天大约 10 点左右，理查德 · 切尼就扩大总统权力的可能性征询意见[58]。14 日，政府获得参议院和众议院一致支持——如果把民主党众议员芭芭拉 · 李排除在外的话——获准以极大的行动自由诉诸军事力量：由于获得了立法机构的无限授权，布什总统可以自由地“使用所有必要和恰当的的力量对抗他认为与 2001 年 9 月 11 日突发的恐怖主义袭击有牵连的国家、组织和个人……”[59] 宣布进入紧急状态，5 万名预备役军人被征召起来。16 日，美国国务院公布了一份名单，名单上列举了大部分的“流氓国家”和“恐怖主义分子”。伊拉克位列这份名单的第 2 名。经由“反恐战争”的概念稀释后，美国的下一场军事行动浮出水面。在安抚人心的共和党的支持以及前反对党——民主党的配合下，神圣团结似乎已经经受住了所有的考验，进入稳固期。好战路线如日中天，没有给当局留下任何可以选择的余地。往日冲突中出现过的形势再次显现，并且立刻被人接受：“没有任何一位杰出的政治家……愿意拿自己的民望以及自己政党的声望冒险……公开反对这场战争。几乎所有人都不愿意不择一切手段捍卫和平”[60]，1848 年，记者兼政客弗雷德里克 · 道格拉斯加入美国赴墨西哥军队时一声悲叹。若以这种观点来看，2002 年参议员英霍夫表明的立场很有教育意义。当被问及预先进攻伊拉克是否恰当时，这位共和党当选议员回答说：“我认为，不管怎么说，美国总统都是我们的领袖，如果他得到未经媒体传达的机密消息，消息显示我们的某座城市正身陷险境的话，他要为此负责任”[61]。当“危机”笼罩时，“领袖”是唯一必须了解危机的人。禁止批评和意见有利于以盲目服从“领袖”为中心的信条。应该被国民了解的信息成了无关紧要的附属品，而这些信息正是整个民主政治的本质之所在。

如同以总统支持率缓慢且稳定增长为标志的舆论一样，议会的神圣团结在2002年第二次会议期间出现裂痕，但并未出现“9 · 11事件”发生前的那种意识形态上的鸿沟。团结削弱最明显的信号出现在国会通过“决心批准动用军事力量对抗伊拉克”[62]的决议时。等于说，不早不晚的，正好是在获准缓期进行的宣战需要立法权力机关后续支持的时候。61%的民主党众议员以及42%的民主党参议员反对白宫提出的决议。只有很小一部分的共和党当选议员试图争取反对党。反对党寻回了自己的特色，挑起争论，从本质上把神圣团结排除在外。

看上去无可避免的冲突日益临近，滋养了反对的动力。几乎没有任何一位当选议员准备正面反对军国主义浪潮。2002—2003年，军国主义浪潮吞噬媒体圈和政治圈。2003年3月初，也就是“自由伊拉克”行动开始前15天左右的时候，参议员拉斯 · 法因戈尔德和爱德华 · 肯尼迪，众议员罗伯特 · 伯德以及10月份时投票支持“伊拉克决议”的参议院少数席位领袖，民主党人托马斯 · 达施勒表示对战争持保留态度。对抗是激烈的：实力强大的众议院多数席位领袖托马斯 · 戴利劝说托马斯 · 达施勒“适可而止”[63]。抨击新的“持不同政见者”所用的粗暴言语以及无情的个性与支持战争的多数派十分契合。然而多数派只是在数字上强大而已，基础却极其脆弱：这一次，反对派的众议员和参议员反对伊拉克计划反映出舆论正好处在怀疑期，正遭受主战阵营的攻击。

三

控制另一个美国

爱国主义浪潮涌动？

如果说历史上只有住独立小楼的美国普通居民倾向于用星条旗装饰庭院的话，袭击出现后，国旗如雨后春笋般的遍地开花着实只能用令人惊叹来形容。遍地的国旗颜色的不干胶、小旗帜、T 恤衫、小徽章等物品令这股爱国主义热潮表现得更胜。人们会记得出现在电视荧屏上的这一切。纪念碑、草坪、窗台、汽车以及衣服成为国家团结的载体。直到当时为止，规定了 20 余个带有军事色调的纪念日，包括“纪念日”“老兵日”“军事力量日”“独立日”“爱国日”等。自 1916 年以来，有一天是专门献给旗帜的日子，即“旗帜日”[1]，后来变成“国旗周”。乔治 · W · 布什从 9 月 11 日晚上开始竖起星条旗，此举掀起一股时尚潮流：新闻界模仿布什政府的成员，形形色色的达官显贵以及数以千万的美国人民紧跟布什的步伐。街市上，临时摊点向过往行人兜售尺寸各异的国旗。与此同时，线上商店遍地开花。

袭击发生当晚，纽约的消防员在临近“爆心投影点”的一座大厦的墙面展开一幅巨大的国旗，引起救援队队员以及志愿者的热烈欢呼。12 月 21 日，五角大楼的撞击爆炸点也被国旗所覆盖。揭开覆盖在为国捐躯士兵棺材的“国旗”，可以看到美国强大实力带来的双重耻辱。平日里就已经被装扮过的纪念碑、联邦的建筑物以及地位重要的高楼大厦被装点上更醒目的颜色。巨大旗帜盖住纽约证券交易所的考林辛风格的圆柱，随风飘扬的三面旗帜令纽交所的形象更加鲜明。种族主义融合的牺牲品——锡克出租车司机在自己所驾车辆的侧面贴上不干胶贴。不干胶以星条旗为背景，融合自己的血统出身与对美利坚民族的忠诚热爱[2]。9 月 21 日，一场向死难者致意的盛大流行音乐演唱会启幕。演唱会的背景当然也离不开国旗的装饰。至于登台演出的红人们，大部分也都严格按照红、白、蓝三色穿着以及按这三种颜色装饰乐器[3]。当时发行的大量乡村音乐唱片大获成功。唱片封面就是这几种永恒不变的颜色：我的姐妹组合、托比·凯斯、橡树岭男孩、达里尔·沃利、李安·莱姆斯、阿伦·迪平的唱片装点着大卖场的音乐柜台。9 月 21 日当天，那座著名山坡上的“Hollywood”字母的第二个“o”被披上一面国旗。美国国家航空航天局（NASA）甚至把象征美国的“红、白、蓝”三色送上太空，并且宣布，在宇宙飞船上放置了 6000 面国旗，准备用来送给千万个家庭，隐晦地向美国强大的实力和团结致意[4]。向国旗宣誓属于日常活动的学校同样有所触动：2002 年假后开学时，下曼哈顿区的一所小学要求学生们穿上国家颜色的制服[5]。随着时间的推移，几个月以后，物品种类依然丰富，但国家颜色却已经逐渐淡漠，例如毛绒玩具熊、移动电话或者隐形眼镜。爱国热情的明确指数——爱国主义商品市场的数字能够说明问题：2000 年美国制造的产品销量下降，不过这一年是选举年，2001 年销售了 1.13 亿面星条旗，其中主要是 9 月 11 日—12 月 31 日期间销售的[6]。面对强劲上升的需求，经销商大批量地从中国进口旗帜。从 2000 年购买 74.7 万美元的旗帜到 2001 年购旗款涨至 5170 万美元。随后几年间，这一数字将仅剩下 1/10，稳定在每年 600 万美金元左右。因此，“9·11 事件”成为经济爆发的助推者，把 2002 年各式旗帜销售的国际市场提升至 2.72 亿美元的规模。随后的 2004 年又涨至 3.49 亿美元[7]。从 2004 年开始，这条曲线便开始与官方的民意调查背道而驰了。在所有说得通的解释中，除去选举年的影响，对布什政府最忠实的拥趸来说，购进和展示国旗的作用就是增加信心，坚信国家将取得一致同意。

某种政治控制的形式减弱了以上行动的自发性：从 2001 年 9 月 13 日开始，国会一致通过一部法律，规定“鼓励每位美国公民在家中、工作场所……公共建筑物以及宗教场所……悬挂美利坚国旗”[8]。“为了回应恐怖主义袭击……”该法律文本补充，“美国公民应该团结起来，保卫国家及其力量象征，为国家争光”[9]。“为了怀念死去的人”[10]，国旗变成哀悼用具——这可比黑色的臂章要好得多——为爱国主义感情外露提供了温床。与此同时，美国众议院于 9 月 14 日通过决议，给每个袭击罹难者家庭分一部分在美国国会大厦飘扬过的国旗碎布条[11]，这些碎布条已然变成珍贵的纪念品：对国家而言，国旗是宣传国家精神的媒介，同时也是拥护神圣同盟以及国家政策的显耀符号。不论是顺势而为还是超前出现，这样的一条法令第一次表现了无条件支持政府决议机制的具体效果。同时，爱国主义式的推销出现在这场运动中，爱国主义的延续性——“9 · 11 事件”发生 6 个月后，销售全面打破纪录——以及私营部门对国家意志的（有效的）支持得到保证。这一次，不吝支持与国旗有关的礼仪性法律。国家颜色的亮相统一了国家格局和思想。如果官方消息未经媒体转播的话，国旗只会出现在一座大厦的墙面上，绝不会遍地开花。

宣传私有化

媒体与权力一样，均因“黑色星期一”得到强化。接下来的 2 个月里，几次研究结果均表明美国人对资讯媒介的信任度大幅提高[12]。即使报刊界的龙头《华盛顿邮报》和《纽约时报》因担心媒体发表意见千篇一律[13]而开办论坛，大众传媒在整体上也仍然谈不上客观。在此期间，塔利班政权在闪电战打击下土崩瓦解。战争获得近九成舆论的一致支持[14]，媒体的报道在很大程度上要依靠五角大楼释放的消息。9 月—10 月，69% 的公众支持新闻界所持的爱国主义论调，同时，公众赞同政府和军方控制新闻报道[15]，支持率分别达到 53% 和 50%[16]。“对美国有利的东西对整个世界以及对整个民主都是有利的”——这就是美式帝国主义的基本思想。根据这个思想，被“控制”的信息将完全不失其价值。然而尴尬的是，在 2001 年 9 月—10 月的受访者中，64% 的人认为信息应该保持中立，甚至73%的受访者表达出统一各种观点的意愿[17]。也就是说，很明显，公众将违反原则的媒体报道定性为“好的”，甚至是“非常棒的”[18]。因此，当某种宣传机制的本质非常真实时，舆论会拒绝执行。舆论最开始的轻视态度反而在极大程度上提升了新闻报道的信任度，官方声明因此更深地介入新闻报道。

面对所有争夺观众的竞争者，福克斯新闻台秉承“公正和平衡”——尽管已经被四处剽窃——的座右铭，成为最受美国人喜爱的新闻频道，站在不断高涨的民族主义和保守思想的第一线。由于布什与多位传媒大亨关系紧密（CNN 的鲁伯特·默多克和泰德·特纳以及 ClearChannel 无线电集团的托马斯·希克斯），所以当局以一种有效的手段改头换面。然后，通过相互串通、影响或竞争的方式，媒体系统中其他的“火车头”也在为官方意识形态服务：深受对美国持批评态度的半岛电视台新闻频道的刺激，美国政府开始监管 CBS、ABC、NBC、CNN 以及 FOX，所有镜头都来自上述这些频道，尤其是乌萨马·本·拉登的录音[19]。思想范围的严格限制清晰可见。如果民族主义的浪潮没有退却，2002 年 2 月，《纽约时报》揭露“战略影响办公室”[20]的文章——负责误导外国舆论，间接引导美国人——将对人民造成更巨大的影响。《华盛顿邮报》和《纽约时报》于入侵前几天刊文追忆从前中央情报局（CIA）与萨达姆之间的联系[21]。尽管这些日报颇有声誉，但同样的文章却没有对读者与这些行业巨擘间的关系造成影响。

福克斯新闻台专挑不利播放的日子播送被认为毫无价值的反战游行。从 CBS 到 ABC 再到 NBC[22]，这些电视台运用的方式与福克斯新闻台类似，比如说仅仅拍摄游行队伍稀稀拉拉的队尾，以达到贬低游行影响范围的效果：2003 年 2 月 15 日曼哈顿和平游行的组织者认为，参加游行的人数达到 50 万人，但福克斯新闻台报道时仅余 2.5 万人。更识大体的做法是，始终如一地支持政府，例如著名的辛克莱广播集团。作为地方频道的领导者，辛克莱广播集团深入 1/4 的美国家庭。2001 年 9 月，辛克莱集团的 62 家分公司网站在最显眼的地方打出旗帜鲜明的标题“我们的团队支持布什总统的行动，支持我们的领袖终结恐怖主义”[23]。此外，多位主持人还在电视上反复提到这条抛弃了全部伦理道德意义的前进路线，“我的国家现在正在打仗，我支持我的祖国”或者“因存在而主观，而骄傲”就是神圣同盟其中的几大保证，强调了人们的介入感。国家倡导非新闻体裁：在当时沙文主义膨胀横行的背景下，重要的是吸引那些被神圣同盟牢牢拴住的观众，吸收那些尚未接受神圣同盟的观众。电视行业领头羊福克斯新闻台成为竞争对手的参考标准。争夺观众的竞赛把各台的内容拉到同一水平线上，并为之确定方向，越来越“福克斯新闻化”，比较明显的有 CNN、MSNBC 或者 NBC 新闻台，这些电视台均从福克斯新闻台得到启发。福克斯新闻台宣扬全知全能的美国，这种表态看上去似乎是迎合了美国公众的期待，因此被赋予新闻台影响力轴心的地位：福克斯新闻台实行强制审查制度[24]，自觉配合政界，其用语在所有电视台中最像苏联方式，帮助该台成功登上了国家电视台的宝座。福克斯新闻台的董事长兼总经理罗伯特·艾尔斯就是老布什竞选时的中流砥柱之一，他与总统顾问卡尔·罗夫保持着最亲密的朋友关系。因此，福克斯新闻台有着只手遮天的实力：其所有者鲁伯特·默多克在美国、英国以及澳大利亚拥有 1000 余家公司，包括出版社、报社、杂志社、大型电影院以及其他的电视台。保守思想从来没有享有过如此崇高的威望，甚至 1991 年战争期间也没有达到如此程度。当时占主流地位的是 CNN 电视台，默多克及其合伙人批评 CNN 电视台的论调过于“自由化”。

袭击发生后的审查与自我审查体系建立的基础并非是专制或者具有特殊强制性的司法文件。如果说有例外的话，那就要提到从 1991 年开始，禁止拍摄和传播战场牺牲战士棺椁的图片。“传递假消息的机器”的运转超越了广义爱国主义的范畴，这是美国经济结构的直接结果。越来越多的国家开始仿而效之：各大传媒巨擘同时资助政党的机制绝非无关紧要。我们能期待通用电气集团 NBC 新闻有线电视台上发布什么客观的消息呢……NBC 新闻台可是通用电气控制的。通用电气在“反恐战争”的背景下为军队制造武器。同样需要关注的对象还有 MSNBC 电视台。“9 · 11 事件”发生之后，MSNBC 实现全速跃升。该电视台为 NBC 所有人与微软公司共同持有，此外，MSNBC 电视台还吸收了数亿美元的公共资本，并最终借此躲过了 2002 年的反垄断法诉讼，避免了被强制分割的命运[25]。

美国媒体与专制政体的信息喉舌有所区别，它依靠卓有成效的私人化资本维持运作。私人化的宣传模式比国家从整体上对媒体进行普通控制的模式更为高效。因为私人化的宣传模式保留了民主制度和独立的“第四种力量”的民主模样。不过有一点是可以保证的，那就是美国国防部（2004年）无偿交付各有线运营商或者卫星运营商播放五角大楼的电视台——五角大楼频道并不会出现这种公私混合的情况。

当时美国电视台播送的消息直接源自政府机构，其中充满谎言与欺骗。政府机构负责消息的处理和成型，除非消息来源是专为电视观众准备的“官方”来源[26]：五角大楼炮制试听资料的程序与新闻记者的拍摄程序类似，在这一点上，五角大楼声名远扬。获得同样头衔的还有美国国务院。公共资金为宣传的影像买单，其中还包括本地电视台[27]。本地电视台在地理上的亲近构成一种信任上的保证。如果说克林顿任总统时代宣传的手段都算有所发展的话，那么和向恐怖主义宣战一比，后者宣传的规模算得上被低估了。4年内，布什政府花费2.54亿美元维护“公共关系”，这一数字是前任政府的2倍。美国当局指责萨达姆政权掌握武器、美国的反恐行动以及反恐行动对阿富汗和伊拉克平民带来的积极影响，数百份棘手程度不逊于萨达姆政权的报道被插入“传统”记者团队制作的节目中。

2002—2003年，影响舆论的方法不拘一格：利用退休高官享有的威望。对他们而言，年龄就是智慧的代名词。当局暗中召集了至少75名将军——有的将军受雇于兵器公司——打着虚假的独立旗号，在媒体上传播亲战观点。与对国内“专家”的拥护态度相比，媒体对这些人的态度比较谨慎[28]。然而“美国信息与教育交流法”（1948年）或称“史密斯·蒙特法案”之类的强制措施被认为避免美国公民受到虚伪的国家宣传影响[29]。

由于大部分舆论已经受到误导，所以只能赞同来自“高层”的言论。“高层”的言论在各大主流媒体反复重播。今后人民听到的都将是永不屈服的声音。

顽强的反对者，新的敌人与关键人物

越南战争期间，挑剔的美国公民没有预料武装冲突会造成不计其数的美国年轻人死亡。从1965年起，随着战事的逐步升级，美国40多座城市就已经开始出现反对者的集会了。尽管数量十分稀少，但为未来的运动奠定了基础。袭击发生第2天，美国人，包括共和党反对派最顽固的大本营在内，在面对预计将出现的战争时一致动员起来。

9月11日袭击发生的当日，几位报界和媒体界要人发声反对出版界误入歧途和盲目轻率，因为他们是事件的目击者。其中几个人发表讲话或者撰写文章揭露民主计划中被判定为危险的部分，表达自己对恐怖袭击的理解以及评论政府作出的回应。这些人距离达成一致意见还有一定的距离。然而几个小时以前还属于一贯反对布什总统阵营的知名人士，例如布鲁斯·斯普林斯汀，却达成了一致。

“阿拉伯人把美国人当作以色列的同谋，他们认为美国人合作参与了残酷镇压巴勒斯坦人渴望的行动”，袭击发生次日，随后被赋予“挑衅者”称号的记者吉姆·伍顿在ABC上评论道，“认为以色列控制耶路撒冷的伊斯兰圣地，美国军队驻守沙特阿拉伯，出现在圣地附近，对伊拉克实施经济制裁”[30]。9月17日，电视节目“政治不正确”的主持人比尔·马赫为这档在ABC电视台播出的节目进行辩护。节目邀请的嘉宾，美国企业研究所保守党党员迪内希·德·索萨从一个最没有争议的角度提到劫机者：“这完全是一群已经决定献出生命的家伙。没有任何一个人退缩……他们是一群战士”。他认为，1998年打击苏丹时，美国“是软弱的，在距离2000英里远的地方发射巡航导弹。这就是软弱。待在撞击摩天大楼的飞机上……这才叫不软弱”[31]。9月24日，以积极反对越南战争而闻名于世的知识分子苏珊·桑塔格在《纽约客》上发表专栏文章，文章进一步延展了她在“政治不正确”节目上发表的讲话内容。“这不是一群懦夫”[32]，谈到恐怖主义分子时她写下了与总统的形容相类似的文字。桑塔格对“9·11事件”的主要评注引起大家的反感，她揭露了“一场旨在愚化民众的运动”，嘲笑总统的可信度，挖苦神圣同盟是“苏维埃议会式”的团结，自问“有多少美国人意识到接下来将对伊拉克实施的轰炸”，拒绝接受袭击的目的在于“对抗‘文明’和‘自由’……或者‘自由世界’”的说法。“必须发起大规模的反思”，她判断道……“反思美国情报部门的愚蠢行为……反思美国外交政策的不同选择……反思何为巧妙的防御程序”[33]。然而另外还有一些左派知识分子，比如历史上一贯反对麦卡锡主义和越南战争的亚瑟·米勒（1915年-2005年），语言学家诺姆·乔姆斯基，历史学家霍华德·津恩（1922年-2010年）以及"动画片专家"泰德·拉尔，毫无保留地谴责基地组织的袭击，同时竭尽全力拆解并开启恐怖的内在机制[34]。更具"先锋精神"的记者兼作家亨特·S·汤普逊投身当下十分流行的阴谋论阵营，同时嘲笑总统的政策。军队内部也有一些人准备表达自己的不同意见。例如57岁的安·赖特上校辞去美国国务院的职务，用这种方式表达自己的抗议。

这些知名人士摆出一副尚未引起别人注意并且受到限制的少数派代言人的架势。根据民意调查，2001年9月至10月，少数派的比例约为10%[35]。于是，互联网论坛成为一块为那些搞不清楚总统意图以及媒体消息的美国人而设置的空间：在《旧金山纪事报》的网站上，有人缓和了周遭的好战主义氛围："因为某些人的行径去轰炸整个国家，这其中的逻辑何在？"[36]还是在这个网站上，另外一位美国人表现得很有预见性，他评论道，"我怀疑'达不溜'①将轻而易举地获得武器资金以及情报花销"[37]。同时，还有一位参与者试图平息辩论："没有证据就不要指指点点。想想俄克拉荷马城(1995年遭遇蒂莫西·麦克维的袭击)以及成千上万遭遇不实指控的阿拉伯裔美国人"[38]。

超越上述这些假定的样本，一个与从前大不相同的美国开始表现出一种具体而不失协调的创造性。左派，尤其是那些最具激进色彩的左派代言人集会，试图掩饰全国动员的部分特点而未遂：长期以来，揭露塔利班的暴行，在当权的"信教博士"的驱除思想和阿富汗平民遭受沉重损失的担忧之间摇摆不定是一种趋势。受到撞击惊吓的共和党支持者并未响应号召，他们融入了神圣同盟。其余的人试图利用互联网新媒体[39]聚集人气，深入诞生于这个时代的运动中去[40]。不合常规的党派联盟带有浓郁的左派色彩，亲近巴勒斯坦的倾向，时常不能免除反犹太立场的嫌疑。2001年9月14日，ANSWER（Act Now to Stop War and End Racism），即"立刻行动停止战争以及终结种族歧视"组织成立。该组织于2001年9月29日在华盛顿进行第一次游行，据估算，

① 小布什的谐称。——译者注

约有 8000~25000 人参加了游行。如果同 2003 年 2 月数万名反对者齐聚联邦政府首都参加反对伊拉克战争游行的人数相比，这一数字几乎没有出现任何增长。2001 年 9 月 29 日，纽约、旧金山、洛杉矶，数千名和平主义者络绎不绝地涌入集会地点。反对派势力依然力不从心，但其坚强的领导内核已经形成。2002 年初，“别打着我的旗号”（NION）组织崭露头角，参加该组织的不仅有响当当的左翼知识分子，例如诺姆·乔姆斯基和霍华德·津恩，还有在美国处于边缘地位的社会主义小团体。此外还出现了一些其他的只有愿望但却未能付诸实践的运动，例如“停止战争”运动。2002 年 4 月 20 日，当官方的介入散发出一股伊拉克战争味道的时候，约 7.5 万人参加了新的游行日活动[41]。然而进步是明显的，除了表达强烈的激动之外再没有其他行动。不过，随着军事进攻逐渐明朗，游行的人数越来越多，范围越来越大。2002 年 11 月，一个名为“军人家属有话要说”（Military Families Speak Out）的新兴运动问世。截至 2003 年 3 月底，该组织共吸纳了近 400 个因战争拥趸而身陷泥潭的家庭[42]。由于士兵必须承担预备役的责任，所以他们的配偶、父母以及子女开始揭露他们在战争中极不公正的地位。2003 年 3 月，这一团体发起一场——注定会失败——状告总统及其国防部长的司法诉讼，控诉对方在尚未取得议会支持的前提下发动伊拉克战争。

在这场新兴运动中，互联网扮演了十分重要的角色。多元表达的载体，被社会边缘化的观点的避风港，网络为诸多小型信息组织提供了一处自由的空间，例如创办于 1998 年的 AlterNet 或者自 2000 年起便致力于处理几乎或者完全不受保护的时事话题的 Truthout。负责调查这些时事新闻的记者属于新闻界中的左派。此外还出现了一批十分活跃的网站：例如乔希·马歇尔以博客的形式创办于 2000 年 TalkngPoints 网站。这位刚过而立之年的中年人毕业于历史专业，拥有在独立且高质量的新闻报刊上发表文章的权力[43]，比如说 2001 年年底出现的《有条件的战争》和《持不同政见者的声音》。很快又有其他 10 余家可供选择的活动中心加入这一行列，组成了在知识界具有颠覆性作用的国际互联网领域。多亏有了网络，反对者朦胧愿望终于以斗争的形式实现。斗争首先围绕着反宣传运动展开，这次反宣传运动得益于 20 世纪 60 年代超过 4000 家“地下”刊物无可比拟的传播方法。当时的“地下”刊物是需要付费的，或多或少有些昂贵，并且仅限于地区或者城市读者[44]。对那些后“9 · 11”时代潮流的推动者们来说，奔走呼号可定义为抵抗运动，目的就是唤醒深受官方交流策略打击的人民的意识。尤其是互联网为往复的政治潮流提供了转换以及重新聚集的方法。这一次的假想对象和规模与20世纪60年代的那一次大不相同，抗议者从战争一开始就掀起了引人注目的运动：平民拒不顺从，并于最初几天涌入纽约、华盛顿、旧金山和芝加哥。游行者多次试图封堵交通，以此证明激进主义分子的坚定决心。游行者组织“静坐抗议”，这是一种非暴力的游行示威方式，1965年公民权利运动时开始风靡美国。这一次，示威者拒绝“拟死示威”——示威者占据公共场所摆出死尸的姿势——的方式。示威运动期间，全国共计逮捕约1万名示威者[45]。

2003年1—2月期间的趋势是，超过100个市议会，并且绝不都是最不重要的市议会（纽约[46]、旧金山、洛杉矶、芝加哥、底特律、费城[47]……）发表声明反对伊拉克战争以及联邦当局的单边行动。尽管这些市议会的决议在很大程度上是象征性的——这些城市在外交政治方面不享有任何特权——但还是证明了当地大部分选民支持作为反对党的民主党，而不是执政党。例如《洛杉矶时报》或《纽约时报》之类的日报社接棒市议会发表声明，与华盛顿高涨的战争狂热划清界限：“我们的城市强烈要求支持洛杉矶市议员艾德 · 雷耶斯，我们不应该使用国民收入和联邦税收轰炸及屠杀其他国家的人民”[48]。与此同时，美国教会也表示坚决不接受战争。甚至包括卫理公会[49]——乔治 · W · 布什就是卫理公会教徒——也不赞同该公会最著名的信徒的态度。

完全超乎预期的积极性同样证明了反对势力的顽强。电影导演加入了抗议者的行列，用一种多少有些正面的方式向主流思想发起进攻。马丁 · 斯科塞斯执导的《纽约黑帮》（2002年）用美国南北战争时期的排外主义和激进主义重塑了饱受无政府混乱之苦的故乡，影片并不缺乏历史基础，它摧毁了某些神话：留给饱受折磨的城市的疗法将会是反潮流的，与神圣同盟以及随之而生的独一无二的思想背道而驰。导演在剧本中屡屡向当局及其领导人伸出利爪。“重要的不是选票而是数选票”，堕落的政客带着嘲笑的口吻宣称。棘手的佛罗里达选举事件帮助乔治 · W · 布什获得总统职位。

影射该选举事件属于一种大胆的预谋。

对比诞生于1965年的学生抗议，校园的沉默颇令人感到吃惊。反战运动曾经的中流砥柱无能为力，这一切都应该从社会结构的变迁中寻找原因：美国政府从大学生运动中吸取教训，于20世纪70年代实行压制政策（将学生领袖登记造册、监听、开除、）依靠成套的新法律将造反的学生移送刑事法庭[50]。政府的行为造成了悲剧性的沉痛后果。例如，1970年5月，肯特州立大学爆发枪战事件。略带左翼色彩的学生运动憧憬一切形式的试验，然而后来政府采取预防性的手段迫使学生保持沉默。尽管从1960年开始，美国中高级大学生数量大幅增加，但由于政府于1973年废除为国服役的制度，学生们开始远离军事问题，变得守起规矩来。1966年起，处在不平等地位的青年学生加入越南战争期间非常活跃的组织，例如“学生争取民主社会组织”（1969年分裂）、“学生非暴力协调委员会”、“停止越南战争学生动员委员会”。自从学生加入后，这些组织以及其他一些地方性组织便因此丧失了存在的理由，至少是失去了战斗的动力。此外，后来的学生还不得不为大学注册费用的上涨埋单。2005年，美国学生平均注册费用达到1.6万欧元[51]。1970—2002年，美国一所类似得克萨斯州立大学的学校，某些院系的入学费用上涨了232%~422%[52]。由于被迫签约贷款或者勤工俭学，美国大学生逐渐遗忘了美国大学特有的持不同政见的倾向[53]，以至于乔治·W·布什再度当选美国总统后，2001年底从曾经的“民主与教育运动”演变而来的“国家青年和学生和平联盟”最终销声匿迹。

然而，军事征兵的困难在2001年以前有利于裹胁学生——规定家庭条件最不富裕的学生若想获得大学的助学金必须从国旗下走过，同时学校组织必须向征兵机构敞开大门，否则有可能失去联邦的津贴：征募穷人改变了整个牌局，抗议重新出现在校园中，只不过是以一种新的形式出现。在捍卫和平运动和教授联盟支持下，斯坦福大学和乔治敦大学准备运用司法武器展开反击，通往成功的道路将持续超过3年的时间。哈佛大学的艾琳娜·卡根院长反对这种始于1979年违反大学原则的行为。她的做法被载入备忘录，被她的学生和教授们广为传唱[54]。

至于音乐领域，当吉米·亨德里克斯无数次重复演唱过的《星条旗》足以令一个保守的美国尖叫呐喊时，就不必再憧憬21世纪会出现摇滚乐和流行乐黄金年代时的那种魔鬼般的特点了。音乐产业通过无害的产品营销改造了那些对现实不满的音乐家的唱片，例如特雷西·查普曼[55]和本·哈珀。人们曾经猜想这些人将继承“琼·贝兹那一代人”的衣钵，然后将之永远保存下去。但在“娱乐品”的大商店中，他们已经难觅踪影，并没有带来令人疯狂的销售数字。随着伊拉克战争的临近，特别的创作热情成倍增长，但9月份的袭击发生之后，用词变得相当谨慎：1991年，伦尼·克拉维茨创建“和平合唱团”，汇集了不少于40位音乐家（皮特·加布里埃尔、辛迪·劳帕、肖恩·列侬、小野洋子、小理查德、伊基·波普、扎帕），翻唱约翰·列侬的《给和平一次机会》，该唱片由维京唱片公司发行。2002年9月，克拉维茨发行《我们渴望和平》。这首歌是他与伊拉克歌手卡吉姆·艾尔·萨希尔的合唱作品，只能在互联网上收听，排在下载榜榜首。此外，除了某些小众音乐团体扮演了一部分对现实不满的角色之外，其余再没有任何值得注意的主要角色了。21世纪初的反战赞歌将永远不复存在。

强行一致与新一轮的排除异己

随着战争形势的逼近，政府公关部门开始神化总统，把全国牢牢地团结在总统本人周围。爱国主义信仰的柱石——崇拜总指挥，接受他的政策，坚信落到国家肩上的“使命”，信任起防卫作用的军队的实力——再也没有受到过任何的质疑，以至于在“打击邪恶的战争”中，尊敬这些柱石成为救赎美国人民的代名词，成为身份确认的代名词。从此以后，叛逆者们又将何去何从呢？

《苏珊·桑塔格是个懦夫》[56]，《纽约客》一篇文章的标题如是写道。这本杂志的记者的创作相当自由（意思是中间偏左）。查尔斯·克劳萨莫在《华盛顿邮报》以及约翰·波德霍雷茨在《纽约邮报》上均发表过言辞激烈的文章，矛头同样直指苏珊·桑塔格。“当5000名美国人同一天死去，猥琐地批评美国就显得不合时宜了”[57]，两个人中有一位坦诚不公。同时，另一位认为桑塔格是一个“仇视美国”的人。

记者圈子里的牺牲品不在少数：9月17日，ABC记者比尔·马赫发表观点，认为给美国以穆罕默德·阿塔的同胞为对象的轰炸冠以“懦弱”的形容词十分恰当。他的文章被白宫发言人斥为“不爱祖国”。因此他主持的节目中最大的几家广告赞助商（西尔斯和联邦快递）解除了与他的商业赞助合同，同时其节目被多家地方性电视台拒绝播放[58]。地方媒体层面，《每日快讯》（俄勒冈州）记者丹·格思里9月15日发表一篇文章，嘲笑布什总统“（袭击当天）坐飞机飞遍全国，就好像一个从噩梦中惊醒的小孩到母亲的床上寻找庇护一般”。《每日快讯》的老板因此把丹·格思里炒了鱿鱼[59]。类似不幸的遭遇还发生在《得克萨斯城太阳报》记者汤姆·古廷的身上，这位记者也是因偏离官方“爱国”路线而遭遇解雇的新闻从业人员之一。阿富汗战争期间（2001年），自“水门事件”丑闻发生后便开始主持PBS台《新闻时间》栏目的吉姆·莱勒因拒绝别上国旗颜色的徽章而名声大噪。莱勒为了强调自己饱受争议这一客观事实[60]，断言说“要与政府保持一定的距离”[61]。指责这位记者及其“不爱国”的团队的信件像潮水般涌入PBS的编辑部[62]。后来，莱勒重回集体怀抱，保证效忠与自己的电视生涯更加一致的共和党阵营。NBC电视台伊拉克战争新闻报道特派记者皮特·阿奈特被辞退，官方理由是因为他接受伊拉克国家电视台的采访，非正式的理由是他向电视观众解释说，“阻力迫使战争计划无法按照预计展开”；面对巨大的压力，这位因报道越南战争获得普利策奖的名记不得不进行自我批评。“我缺乏判断力”，阿内特叹息道。最后，丹·拉瑟也吞下了这段时期的恶果，尽管他在“9·11事件”这一问题上无条件支持政府，但这位媒体明星仍然难逃被辞退的命运。2005年初，他在CBS明星栏目《夜间新闻》做完一期对战争阵营尤其不利的——2003年2月24日采访萨达姆·侯赛因时，他扮演了揭露乔治·W·布什军事部门虐待丑闻的角色——新闻原创系列报道后被解雇。

1966年，约翰·列侬宣称“自己比耶稣更受欢迎”引发强烈反响。批评政府政策的音乐家的创作如火如荼，收到的反响与约翰·列侬有异曲同工之妙，虽并不连贯但着实声势浩大。美国传统烙印最深厚的那批人竖起毁灭类似乡村音乐电台

“ClearChannel”[63]或者保守网站“自由共和国”之类的媒体的大旗。这些媒体的地位被鼓吹神圣同盟的媒体取而代之。家喻户晓的乡村音乐女子乐队——南方小鸡的例子就有很好的象征意义：在2003年3月10日举行的演唱会上，女歌手向观众坦诚生活在由乔治·W·布什领导下的国家感到“耻辱”。“南方小鸡”的言论传回美国后，人们纷纷指责她们“叛国”，电台及公众呼吁封杀“南方小鸡”，成堆的唱片——销量过100万——被粉丝丢弃，她们陷入社会制裁的重围。甚至南卡罗来纳州议会通过决议要求“南方小鸡”免费为军队开演唱会以示歉意。事件最终以乐队主唱娜塔莉·麦恩斯道歉而告终。好莱坞反对党领袖肖恩·潘丢掉了本已经得到的《为什么男人不能结婚》一片中的角色，并且被列入网上盛传的多份黑名单。这些名单中还有马丁·辛、斯派克·李、芭芭拉·史翠珊、达斯丁·霍夫曼以及其他一些被Celiberal网站披露的明星：“我们管理人员宣布，勇敢地检举这些主张自由的著名人士……他们除了批评美国，批评捍卫我们生活方式的勇敢的男人和女人之外别无他长”[64]。Celiberal.com的负责人匿名重现了某些麦卡锡主义观点，随着互联网的来临，麦卡锡主义被“私人化”：每个公民都可以发布自己的黑名单，成为这位著名参议员的现代信徒。许多组织（亲共和党的组合，老兵协会）并没有就此放弃。威胁笼罩着那些卷入最深的人。例如英国乐队Radiohead的毒舌歌手汤姆·约克就认为“领导美国的是一群欺骗选民的狂热政治顽固者”[65]。“看到布什政府把人民的怜悯、善良和同情心改变到了这种程度，我简直惊呆了。他们变得醉心于战争”，2003年4月他呵斥采访者之前说道，“每次都是一样。你们，写文章的是你们，受到死亡威胁的却是我……一开始，人们在得克萨斯焚烧我的CD，我一笑置之。几天后，这样的行为大幅减少”[66]。约克和他的乐队创造了许多反战的流行语。2002年9月—2003年2月，他们灌制了一张名为《向小偷致敬》（*Hail to the Thief*）的唱片。尽管他们并不承认，但这张唱片依然被认为借鉴了2000年乔治·W·布什获得选举胜利时反对派创作的口号，歪曲了“向领袖致敬”的口号，歪曲了自19世纪50年代以来向美国总统表示敬意的“颂歌”。这张广受期待的唱片实现了400万张的灌制量。封面显眼处印着的意义沉重的句子非常类似怂恿暴力反应的政治行为。一一盘点牺牲者是很枯燥无味的事情，因为他们的特点各不相同。然而我们可以提一提英国人乔治·迈克尔的例子。这位政治倾向不太出名的歌手在2002年的时候选择站在反对伊拉克战争的立场上。在单曲《射杀小狗》的歌词和短片中，歌手批评并取笑了托尼·布莱尔夫妇。一句“达不溜”导致这张专辑招来默多克集团麾下媒体机构的猛烈炮轰，并且被ClearChannel频道——国家首席操盘者——旗下的1213家电台封杀。

随着阿富汗战争以及接下来的伊拉克战役日益临近，起排除异己作用的狂热爱国主义表现得越发强烈。越南战争期间已经获得充分证明的现象——反战的众议员朱利安·庞德被逐出佐治亚州议会（1966年）或者默罕默德·阿里丢掉世界拳击冠军头衔（1967年）——又一次夹裹全部威势卷土重来。由于几乎未遭对手袭扰，并拜其威慑潜力所赐，新一轮的排除异己为好战主义单向升级开辟了一条道路。

人民重新投入神圣同盟的怀抱，不过绝大多数人反对一切形式的审查。一系列的问卷调查均对此有所体现：如果不把2001年9月—10月这段时间包括在内的话——这段时期内，表态反对批评总统作出的军事决议的受访者微弱领先（54%）——从11月开始，比率开始出现逆转[67]。更进一步的是，71%的受访者认为战争的反对者应该有权和平表达自己的诉求[68]。出现这样的结果促使政府开始思考“排除异己”以及战争宣传是否应该继续加强，以便阻拦心怀良知的那一批人民……

手握影响力，舆论的制造者们强行灌输总统的思想。每一个公民都只能进行二选一的抉择：“要么与美国人并肩作战，要么反对他们”。本来警告的范围只针对涉嫌支持恐怖主义的国家，但很快便把反对者囊括在内。方法与当年越南战争时支持者质询反对者如出一辙，“热爱美国还是离开它”。里根时代出现的口号在“9·11事件”发生之后重现人间。倾向于赞成向右派偏移的当局、当局的支持者以及媒体诽谤、侮辱对手，指责他们“支持恐怖主义”。五角大楼顾问，鹰派中的鹰派理查德·珀尔因此视西摩·赫什为“更亲近恐怖主义分子的美国记者”[69]。从调查美军分队在越南美莱实施大屠杀开始，右派和“好战分子”便把这位《纽约客》的著名笔杆子，1970年普利策奖获得者[70]视作眼中钉、肉中刺。西摩·赫什属于那类尚未将神圣同盟的伦理性抛之脑后的记者[71]，他的文章矛头直指布什政府操纵情报以及某些新保守派的幕后操纵者间的利益冲突[72]，因此招来诽谤性持续谩骂。骂他的人以福克斯新闻台主持人格林·贝克为代表，这群人甚至把辛迪·希恩——一位儿子死在伊拉克战场的母亲——说成是“悲惨的婊子”，或者号召谋杀纪录片导演迈克尔·摩尔[73]。知识分子诺姆·乔姆斯基也受到充满敌意的攻击。“对我来说，看到大学里教授乔姆斯基的东西就跟教授希特勒和斯大林的东西是一样的”，2002 年 9 月，新保守派记者丹尼尔·派普斯放话说[74]。通过合成摄影或者只是简单地把肖像并排放置的方式，关键人物的形象与乌萨马·本·拉登和萨达姆·侯赛因之流的“美国敌人”并列出现。24% 的美国人赞成禁止一切争议的声音。9 月 11 日，某位网友在《今日美国》论坛上贴出的帖子就是确切例证：“我们处于战争状态……公正……强烈要求我们向敌人复仇……不要忘记，在我们的国家，还有人支持恐怖主义”[75]。然而在这段时期，对那些激进分子而言，如果不盲目地赞同布什政府的计划完全等同于“支持恐怖主义”。

然而这些激烈的反应并非是出自本能的行为：作为诽谤的媒介和始作俑者，媒体有责任突出一个实力比肩鲁伯特·默多克集团的团队的权势。从著名知识分子到各式各样的“艺术家”，没有任何一个反抗神圣同盟的人能够幸免，仿佛每个公众人物的主张都会阻碍战斗的准备。任何逾越这条心照不宣的规则之人都将付出代价：满身军功却不幸截去手臂和大腿的越战退伍老兵，民主党参议员马克思·克莱兰表达了自己的疑虑，他对投票通过介入伊拉克的法理依据表示质疑。很快，马克思·克莱尔也成为猛烈的诽谤活动所攻击的靶子。谣言严厉斥责他“面对恐怖主义时摇摆不定”。同时，电视上的合影——参议院选举时他的对手，萨克斯比·钱布利斯提供资金——显示他站在乌萨马·本·拉登和萨达姆·侯赛因身旁。2002 年，惩罚从天而降，马克思·克莱尔丢掉了自己的职位。污蔑的洪流更多地指向选民，而不是钱布利斯的声明。因此，佐治亚州的警察们应该有权“逮捕所有跨过美国国境线的穆斯林……”[76]

从 2002 年民主党执政初期开始，克莱兰的例子以及先前辛西娅·麦金尼的例子就是典型的代表，委顿不振的政府视后者为致命的敌人，其他的政治人物因此降低自己反对战争的动力，以免遭遇痛苦的媒体封杀，以及接下来的政治封杀。“2003 年战争竞赛期间，所有的反对者都被肃清。这些人被斥为不爱祖国”[77]，美术图案设计者弥尔顿·格拉泽回忆道。神圣同盟经历过无数次的变形。每当有人稍有批评声音就会被贴上“反美国”（非美国或者反对美国）的修饰词时，把政治对手排除在国家共同体之外，指责对手与最重要的敌人相互勾结的手段就已经达到白热化。这个词有点类似20世纪“反法兰西”一词的味道，但远未达到20世纪30年代—1975年著名的反美行动委员会的程度，只不过是在书面上剥夺了指称对象的国籍而已。标准被强制推行。根据标准，“做美国人”必须赞同总统的政策，而且必须还要有头脑发热式的忠诚。因为祖国的福祉以及世界的和平是总统政策推行的唯一追求，至少，这是美国建国200多年来最根本的信条[78]。

拥有如此精神状态的人最终间接迫使别人接受一切批评都等于怀疑军队的思想。不过，被越南战争重创的军人形象在战后几十年间日益得到改善：受带有复仇色彩的里根主义影响但却与里根主义不尽相同——决定在记忆和经济均受质疑的一段时期推动一个强大的美国——以及受“从越南回国”题材电影的影响，例如《回家》（1978年）、《猎鹿人》（1979年）、《兰博》和《兰博II》（1982年和1985年）、《鸟人》（1984年）、《野战排》（1987年）或者《生于7月4日》（1989年），舆论面对沉浸在战争恐惧中的人们时会有一种负罪和怜悯的感受。这些人回国之后被当成“婴儿杀手”，然而他们中的大部分人只不过是遵照部队职责进行战斗而已。《兰博》（《第一滴血》）的票房获得巨大的成功。该片很具代表性，讲述了一位患有创伤后心理压力紧张综合症的“战争英雄”，一位“绿色贝雷帽成员以及国会荣誉勋章获得者”运用自己的作战技术对抗粗鲁的警察以及冷淡的小镇居民的故事。小镇隐喻的就是美国。数以百万计的观众怀着愧疚的心情对电影里的这位退役老兵青睐有加。尽管有时候产生负罪感并非刻意为之，但这种负罪感很快就与干净利落地战胜内部分裂的苏联的需求联系到一起。人民支持军队采取一切行动的意愿越来越强烈，以至于到了迫不及待地喊出“支持我们的军队”这样的口号的程度。1991年起，反恐战争的新口号就已经开始传播了。从这一层面看，美国并非是唯一一个一直这样做的国家：1991年，法国也出现了类似的情况，出现这样的情况完全要从法国战火纷飞的过去，从集体记忆里这段历史的浸淫中寻找原因。1991年1月22日—2月22日，按照平均每日2.5万~3万份信件和包裹计算[79]，海湾地区的军中邮局共处理了266吨邮件，其中有242吨包裹的收件人为军人。这个国家全面卷入战争旋涡。

在美国，沿着第一次海湾战争时期诞生的运动的轨迹，2001年以后，超过80家与"支持我们的军队"口号保持一致的协会应运而生，给人以一种团结一致的印象（"支持我们的军队行动""为战士送温暖""向他们道声谢谢""感谢你们的战士""支持我们的英雄""建筑工人支持军队""军队援助行动""军队需要你""带着来自家乡的爱""致军队""支持美国的军事力量"[80]……）这些协会或是在某些人的驱动下成立，或是2004年11月在五角大楼积极的倡导下建立（"美国支持你"）。大量的衍生产品：海报、胸章、项坠、T恤衫以及所有常见的载体承载着这种爱国主义的迫切需求。1991年被人们戴在显眼地方的黄丝带趁势再次出现。同时，那句流传已久的名言——"如果你不站在我们军队的背后，那就站在他们面前"（*If you don't stay behind our troops, feel free to stand in front of them*）——找到了一块有利于自我表达的摩尼教沃土，面对内部敌人的威胁时发挥出巨大的作用。从某种意义而言，半岛电视台将为这句口号付出代价，其驻阿富汗和伊拉克的工作场所将成为美军攻击的目标，该台大量记者将死于非命。

不论是在欧洲还是在美国，法律以"失败主义"或者"煽动骚乱"的不同借口判处反战言论发起人有罪的时代已经彻底变革。1918年的《镇压叛乱法案》禁止传播"不忠于、侮辱、辱骂……美国政府、国旗或者军事力量的"文章。1920年，调查局（FBI的鼻祖）根据这部法律把200万被视作"不忠诚者"的美国人登记在册[81]。这部法律于第二年被废止，此后再有没有出现过类似的法律：第二次世界大战期间，敌方政权的性质决定新闻界的自我审查具有合法地位，媒体的自我审查已经足够满足要求。然而朝鲜战争，尤其是越南战争鼓励依靠使用高雅词汇的媒体表达抗议。这种趋势的逆转促使里根政府和老布什政府，入侵格林纳达（1983年）、巴拿马（1989年）、伊拉克（1991年）的始作俑者严密地限制战争情报外泄。后"9·11"时代更像是近几十年的大杂烩：官方审查持不同政见者的文字，司法起诉其作者的行为已经不再流行。但大多数媒体都屈服在与当局关系紧密的股东制定的规则之下。2002年，在一些因自由立场闻名的大人物要求下，当著名连环画作家阿特·施皮格尔曼向《纽约时报》《纽约书评》和《纽约客》介绍自己专门为解读“9·11事件”以及美国政策创作的插画时，三家机构的负责人均拒绝了他。“（他们）发出白尾海雕的尖叫”[82]，施皮格尔曼解释道。当媒体拥有制造和摧毁美名的至高权力时，以出版边缘化为武器和以诽谤中伤为武器所起到的效果几乎完全一致。出版边缘化比损害言论自由的成套法律更显谨慎，或许也更有效。如果离开预先的包装，这种非正式的机制就无法运转。更确切地说就是，诞生于往日战争中的机制依旧深谙赢得普遍且出于本能的爱国心之道。

广播电视谈到最后，让我们再回到道德秩序上。某些道德秩序在以下方面得到明显地普及和推广：社会保守主义在堕胎方面获得胜利，新教教会取得巨大成功，同性恋权利之争以及数月之后某些上帝造物主义理论获得官方支持。“智慧设计论”企图再度质疑进化论的科学认知。经过保守团体为使教育倾向基督教价值观而做的几十年的不懈斗争，“智慧设计论”终于获准在教学中被提及的权力。反动思想大发展以及政治选择极端化是神圣同盟时期的特点。1914年以及1939—1940年这两段时期，法国人也经历过类似的情形。2004年美国总统大选期间，道德、经济、军事问题用同样的方式鼓舞了美国的传统价值观，后者因此——珍惜共和基础但并不仅限于此——发挥了巨大规模的影响[83]。由于布什大张旗鼓的介入，这项精神“路标”以及好战的氛围被隐藏于严重的经济和社会问题之下。如果说美国最后一次开展大型军事行动——在越南的时期等同于“伟大社会”时期，等同于文化解放时期，等同于社会进步时期，同时其实现的基础源自公民权利的支持者对政府作出让步的话，那么“反恐战争”打响的这些年则走出了完全相反的轨迹：从来没有过一个处于战争状态的国家同意削减税收，促使社会部门与国家脱节的情况成倍出现，维护了最富裕阶层的利益。里根时代的改革要想获得人民的支持同样必须依靠复活国家情感。然后自那之后，若想获得人民的支持还必须提供至少能在统计学层面体现出来的经济增长以及几近腰斩的失业人数。不过，21世纪头几个年头对应的是一段经济衰退的时期：2001—2002年，失业率超越5%的杠杆线，于2008年直抵6%[84]。顺便提一句，2004—2006年，战争赋予经济活力的传统形式曾帮助情况有过暂时性的好转[85]。与此同时，生活在贫困线以下的人口数量从 3100 万人上升到超过 3700 万人[86]。

心理构图

9 月 11 日后，大约 200 首歌曲从 ClearChannel 通信集团控制的几乎全部 1213 家广播电台的歌单中消失。根据由这些电台的母公司统一编纂的备忘录记载[87]，这些受指责的歌曲——与“Stairway to Heaven”（齐柏林飞艇乐队）、“Aeroplane”（红辣椒乐队）、“Jump”（范 · 海伦乐队）、“Hells Bells”和“Safe in New York City”（AC/DC）同样流行的乐曲——因歌词重新勾起人们有关袭击的记忆而被排除出无线广播之外。美国摇滚乐队暴力反抗机器（RATM）精通发表具有颠覆性和极端性的歌词。近十年来这支乐队登上排行榜榜首之后，开始视唱片分类目录为一张废纸。1992 年发表的第一张专辑，乐队使用南越僧人释广德为抗议亲美的吴廷艳的独裁统治而自我牺牲的著名照片作为封面。乐队获得的成功与遭遇的诋毁同样可观。他们第二张专辑的封面（1996 年）恶搞了一张苏联的宣传画，增添了一些美国的象征，例如超人。这张专辑参考里根指代苏联时的用词，定名为“邪恶帝国”。第三张专辑《洛杉矶之战》回忆了 1992 年那场骚乱，封面上清晰地表现了一个高举拳头者的剪影。由于政治色彩浓郁或左派情节严重的歌词日后被无线广播封杀，暴力反抗机器乐队同野兽男孩乐队一道，沦为新型审查体系的牺牲品。保守派迅速利用背景环境的有利条件，禁止自己的眼中钉暴力反抗机器乐队发表意见。与好战野心不相符的歌曲遭遇一并封禁：路易斯 · 阿姆斯特朗的“What a Wonderful Wolrd”、约翰 · 列侬的和平颂歌“Imagine”、凯特 · 斯蒂文斯的“Peace train”以及越南战争期间分别由埃德温 · 斯塔尔和黑色安息日乐队创作的反战歌曲“War”和“Warpigs”遭遇了同样的命运。

1996 年《电信法》的颁布减轻了对媒体格局的规束，同一间公司可以拥有超过 30 家电台。作为改革的受益者，ClearChannel 通信集团始终追随共和党阵营：该集团副总经理，得克萨斯人托马斯 · 希克斯在乔治 · W · 布什致富的道路上扮演了不容忽视的重要角色。该集团每周辐射超过 1.1 亿重视收听大众或专业频道的听众，向各个子公司派发规程，子公司则对文化生活产生重要影响。因此 ClearChannel 母集团成为政府的助手，甚至堪称无线广播领域的福克斯新闻台。

ClearChannel 派发的备忘录把不允许质疑政府的选择、批评美国模式、不尊重当局掌权者的表达氛围模式化。鼓击乐队是一支冉冉上升的纽约年轻乐队。其专辑 *Is This It?* 的美国版——2001 年 10 月发行——删掉了“New York City Cops Ain't So Smart”这首歌。“9 · 11 事件”发生后，“大苹果”的警察被视为英雄。在这样的氛围中，声嘶力竭地呐喊“纽约警察并不是太聪明”等于挑衅，足以摧毁任何人的职业生涯。随后，轻浮的麦当娜凭借专辑 *American Life* 投身抗议阵营。专辑中的同名单曲被认为带有反战色彩，因此，麦当娜决定不发行这首单曲的短片[88]。在“道德卫士”的支持下，公共权力与大型私人公司联姻，以格式化视听格局为使命，肆无忌惮地插手媒体具备心理构图的特性。

一切从总统形象的神圣不可侵犯性开始的讽刺都是不受欢迎的。“9 · 11 事件”次日，原定播出的《这就是我的布什！》[89]——《南方公园》作者（马特 · 斯通与泰瑞 · 帕克）创作的一部讽刺、诙谐的喜剧连续剧，剧中演员蒂姆斯 · 伯特姆斯生动地塑造了一位显得滑稽可笑的总统形象——被突然取消。美国喜剧中心频道——CNN、维亚康姆与鲁伯特 · 默多克团队的共同产业—负责人以近期发生的“事件”为理由强制取消节目。类似的题材还有拉里 · 芬克拍摄的照片，他把酷似政治人物的人放在不合时宜且轻松滑稽的环境中进行拍摄。2001 年底，《纽约时报》取消刊发拉里 · 芬克照片的计划[90]。面对被神话的总统，似乎无法想象各出版社的负责人会以芬克的作品为榜样——在一间富丽堂皇的封闭房间内，布什团队的成员喝得醉醺醺的，兴高采烈地站在总统身边，乱摸一位衣衫单薄的妓女——把滑稽模范政府的作品呈现在读者面前。自行禁止嘲讽，甚至自行禁止向魏玛共和国艺术家致敬式的嘲讽构建了一种沉闷的道德秩序氛围。政治权力的全能性因此更进一步。勇敢展览芬克作品的理海大学杜布瓦画廊主任在 80 个小时之内就收到了上千件抗议信和抗议电话[91]。

美军身兼保护者和解放者双重职责，神秘色彩辐射全社会。两次世界大战的胜利以及苏维埃联盟的解体进一步巩固了它的神秘色彩。受驱逐逻辑影响，国家机构再一次与向国家致敬联系在一起，批评国家机构就等于侮辱“为抗击罪恶而战的勇敢战士”，也等同于“支持恐怖主义分子”。触及出版业和历史认知领域的自我审查源自以下这份笔录：《武力侵占：第二次世界大战期间掠夺与在欧洲的美国大兵》（*Taken by Force：Rape and American GIs in Europe During World War II*，法语版标题译成中文为《美国大兵不为人知的面孔》）。大学学者罗伯特·丽莉的这部社会学著作损害了美国士兵清白的勇士形象。2003 年初，正在被运往各大销售点的途中时，该书问世的时间就已经被迫延后了。预计上柜台的日期赶得十分不凑巧：“自由伊拉克”行动迫在眉睫，“支持军队”强化了饱含救世主降临意味的氛围。以上所有的事实都促使我们相信，面对爱国主义的碾压，出版社都是渺小的，每家出版社都害怕自己的公司被列入日益增加的“反美公司”名单而被抵制。因此，究竟是什么让这篇论文带有如此的倾向性呢？不外乎是国家记忆和美国政治神话消亡殆尽，就像 1945 年以来我们所经历的那样：《美国大兵不为人知的面孔》[92] 再次质疑被理想化了的美国士兵在诺曼底登陆的形象。本书作者从已经归档的资料出发，向人们展示了美国军队对文明的人民施加的暴行，暴行的存在及其范围直到今日仍不为人所知。文明的人民对等级制度相当满意，倾向于首先惩罚黑人士兵。然而，自从推翻萨达姆政权被提上议事日程以后，美国大兵的解放者以及反抗纳粹压迫者的自由斗士形象再度鲜活起来，这种形象被搬到伊拉克战争的环境中。尽管范围仅限于第二次世界大战，但有关大规模军事存在导致暴行的解释饱受争议并且获得证据支持。此类悲剧有可能会重现的疑问萌生枝桠。军队介入国家争议与战争中名叫“解放”的所谓的益处之间还存在着巨大的差距，军队一旦进入，亲战的全部论据都将被推翻。

掩饰有可能损害民族神话的历史争论在大多数国家都是一种经典的做法。然而在“9 · 11 事件”发生之后的美国，强化掩饰效果的意味多过原创的意味。有的历史学家靠质疑 1945 年原子弹爆炸的拯救性质出名。他们的作品向来传播力偏弱。两座日本城市遭遇灭顶之灾后四个星期，记者乔治·韦勒撰写了一系列通讯，报道了核爆炸给日本人民带来的可怕后果。他的作品立刻就被占领政府没收，直到 60 年后才重新与世人见面[93]。1947 年 3 月起，“原子弹伤亡委员会”内部就爆炸对受辐射者及其后代的影响展开医学研究。在 40 余年的时间里，研究一直在秘密状态下展开[94]。只有约翰·赫西于 1946 年 8 月 31 日在《纽约客》上发表的有关广岛的报道引起了媒体的震惊。尽管受杂志发行量的限制，但这篇文章仍然在《纽约时报》《时代周刊》《哈泼斯杂志》《新闻周刊》以及 ABC 广播电台上引发赞誉或者批评之声。通过阅读这期特刊，人们的良知受到巨大冲击，原子武器非道德的方面被凸显出来。在知识界和政界均有影响力的大人物们竭尽全力“在自己的语境中避免使用核轰炸这样的词汇”[95]。

取消伊拉克冲突中对手参加资格的行动延续到国外，最早开始于法国。法国准备在安理会上动用否决权，否决一切授权动用军事力量的解决方法。法国作为“和平主义”潮流的领军国家投身反战神圣同盟——某些精英服从于不一致的战略利益——于 2002 年底至伊拉克战争打响之前这段时间内，蒙受了敌视法国者的歇斯底里的猛烈抨击：当法国领导人曾经与基地组织的亲密关系（并不具唯一性）为他们招来一片倒彩时，康多莉扎·赖斯答应“惩罚法国”；美国的当选者要求美国海军取消与世界农产品加工业巨头索迪斯已经签约的合同；针对与敌对国家有关联的消费品或地名的战时态度再次出现，在一位众议员的煽动下，为国会提供餐饮服务的部门把传统名称“法国炸薯条”更名为“自由炸薯条”，全国范围内的大量机构开始仿而效之（直到 2006 年冬天才重新启用最初的名字[96]）；把埋在诺曼底的美国大兵遗体运回国内的计划被列入议事日程[97]，抵制法国产品（几乎没有下文）的号召愈演愈烈，一些来自法国本土的学生发现自己的实习期被取消，几次局部范围但通过媒体宣传报道的民间游行把矛头直指被倾倒进排水沟中的法国红酒以及被砸得稀巴烂的老古董“标致 505”[98]。

这场运动与其说是归纳出了某些经济结论，倒不如说是巩固了好战主义的阵线。法国变成美国的垫脚石：当法国人因拒绝支持战争被指责胆怯时，美国公民就有表现出勇敢和发动战争的责任；痛斥 20 世纪 80 年代法国与伊拉克的亲密关系时，忘记了今天的鹰派分子在同一时期与伊拉克缔结的关系；被美国大兵从纳粹主义的铁蹄下解放出来的人民忘恩负义，提醒着人们有多少美国士兵正在为民主服役……依靠安理会的席位，法国，一个中等国家享受着“大国”的权限，并且自称“人权的母国”，依然与美国在意识形态上存在竞争关系。从1798—1800年以及年轻的美利坚合众国与它的第一任盟友间爆发的“准战争”（*Quasi-War*）海战开始，直到双方建立起一种奇特的“爱恨交织”的关系，两国间外交和社会的紧张气氛再三出现：1966年，当戴高乐在金边发表演说的时候，他所倡导的民族独立政策以及反对越南战争的立场达到最顶峰；法国总统希拉克以及2003年2月法国外交部长多米尼克·德维尔潘在联合国发表的气势雄浑的演讲（戴高乐主义的气势）突然表现出一种坚定的态度，戴高乐主义就此重出江湖，至少是表面上重出江湖。再看美国方面，否决和激化一直存在。两国之间的对抗孕育出一种反法的文化倾向，这种情形时而风趣幽默，时而充满沙文主义色彩。两国在普世主义抱负层面的对抗催生出的多次诽谤行动不仅激烈——2002—2003年达到的程度可谓绝无仅有——而且呈现出一种周期性特点，但双方几乎并不记仇：当2008年奥斯卡封后的玛丽昂·科蒂亚尔忏悔自己支持有关“9·11事件”的阴谋论时——丑闻爆出[99]——她刚刚开启的好莱坞生涯并未因此夭折，她的道歉足以博取原谅 。但若是在5年前，被排除出电影计划之外将是她要面对的必然结果。

毕恭毕敬的好莱坞

2001年11月11日，总统的贴身顾问卡尔·罗夫在比佛利山的半岛酒店会见50余位好莱坞电影制片厂和美国各频道的负责人。这次会见的目的在于：严格按照1941年《宪章》制定“第七艺术”和电视从意识形态上支持战争的战略目标[101]。

对普通老百姓来说，电影就是他们参与战争的方法，至少也能保证他们不会对战争一无所知。在这样的背景下，英雄主义、为正义而战以及美的形象一直凌驾于痛苦感之上。不论重大与否，不论是在古代还是在现代，每次冲突都能催生出一部或者多部电影。电影以一种反作用的方式在战争期间，甚至是战争结束数月、数年或者几十年之后完成拍摄。1917年，孤立主义的终结被拍成10余部电影，这些电影肩负着努力维持战争（查理·卓别林的《从军记》和《债券》）或者把目标转为激励人民的使命（《德皇：柏林的野兽》）。好莱坞与军界之间全凭经验的合作已经开始走向制度化。

自从默片出现以来，国防部长就从未停止过巩固与好莱坞之间关系的步伐。双方之间正式建立联系是从 1927 年的《翅膀》一片开始。该片讲述了在战壕上空作战的战斗机飞行员的生活。所有大型电影制片厂都推出了这种长度类似长片的特殊题材的战争电影。从 1940 年开始，战争电影以及以战争为背景的电影呈几何倍数增长：美国尚未进入战争，但重启征兵、国际大环境以及好莱坞巨头们的自由主义倾向有利于电影摄制工业突然转向出产更具意识形态意味的作品。依靠的还是那些仅凭自己的名字就能吸引观众的明星。天赋异禀的导演们时代的嗅觉极其敏感，他们拍摄基调微妙的作品以唤醒人们的意识。有时候，他们采取喜剧的方式，其中以恩斯特·刘别谦的《存在还是毁灭》（1942 年），或者是迈克尔·柯蒂斯导演的更接近浪漫戏剧风格的著名电影《卡萨布兰卡》（1943 年）最为典型。其他起正面宣传作用的电影也都通过精巧的剧本结构清楚地表明影片的意图：1940 年摄制的《海军生涯》以及戏剧二重奏《现在你参军了》和《大明星从军记》（法语名：*Bon pour le service militaire*）表现的都是一些担心参军的人或者就像大多数人一样，起初战斗思想有所保留，最终成长为爱国主义楷模的故事。依照 1941 年罗斯福总统明确提出的要求，直到取得最终胜利为止，特征迅速被定性的楷模形象经历了超过 140 次的反复变化。1945 年的胜利也没有停下电影拍摄的脚步：这是美国历史上第一次继续征兵，因为当南北战争和第一次世界大战结束时，美国是终止征兵行动的。继续保持半紧急状态的合法性需要继续坚持动员精神[102]：冷战状态和朝鲜战争（1950—1953 年）巩固了好莱坞和军队的同盟。敌对期间，17 部电影应运而生，临近 20 世纪 70 年代的时候，又出现近 50 部电影：《枪上刺刀！》、《潜水艇命令》、《美国佬在韩国》（1951 年）、《撤退，该死！》、《战区》（1952 年）、《战斗队》以及《天空突击队》（1953 年），这些电影沿用了多年来的固定程式，拍摄时享受了国防机构的技术支持，赞美了美国的军事介入行动、军队的上下部门以及战士的个人英雄主义；向负责核武器军人致敬，詹姆斯·斯图尔特的《战略空军》（1955 年）或者相同题材但票房未获成功的《雄鹰聚集》（1963 年）就是典型的在五角大楼的协助下拍摄的电影，类似的还有《最长的一天》（1962 年）。

尽管作品有能力进行辛辣的批评，但好莱坞同样也是传播政府政治路线效果最显著的工具。通过把国内外的威胁搬上大屏幕，赞美国家机构本身成为一种高尚的行为，同时影响着所有类型电影的主题[103]。

制片人和电影编剧在开始拍摄之前，就会把剧本提交给电影联络处的专家以换取物资、器材、军事人员以及通常需要付出昂贵代价的顾问。电影联络局隶属于负责公共事务的国防部副部长。该机构于1942年成立，办公地点在洛杉矶威尔希尔大道19880号，内部设有美军四个军兵种（陆军、空军、海军、海军陆战队）的“娱乐”部门，每个部门均拥有一支特殊的排[104]。6~10周之后[105]，经局长和娱乐媒体负责人同意，接收剧本的专家们有权决定五角大楼是否予以支持，能否获得支持取决于是否满足形象宣传和征兵宣传的意图[106]。编剧和军方并不总是能够和谐相处：让我们以雷德利·斯科特的《魔鬼女大兵》（1997年）为例，片中的女主角迫切希望加入一个由精英士兵组成的协会，按照五角大楼顾问的要求，该片的剧本本应该放弃这个协会厌恶女性的特点，但五角大楼顾问的要求遭到拒绝。因此，五角大楼停止了对这部电影的支持。在“制片办公室”的监管之下，为了享受便利的工作条件并削减预算，导演和制片人们作好了放弃定调自由的准备。但弗朗西斯·福特·科波拉和罗伯特·泽米吉斯为了拍摄电影《现代启示录》和《阿甘正传》——智商受限的主人公认为参军就是“如鱼得水”——选择了一条完全相反的方向。

花纳税人的钱达成经济—宣传协定违背了捍卫表达自由的《第一修正案》。不过，上述协定的形式化始于1964年颁布的命令（于1988年得以修改）。命令规定国防部长助理负责电影和电视作品[107]，通过和约的方式确保制片人和导演受到尊重。然而这条命令从来没有呈递给国会，却把一项占优势的要素变成了“国家利益”，强迫所有剧本必须进入此应用领域，“促进征兵，维持（士兵）服役”或者“促进还原个人、军事行动和历史事件”，最后这一点仍然属于纯粹的主观层面：人们说，不论叙事的依据是什么，“魔鬼女大兵”和性别歧视的“战友兄弟”并不惹人喜欢。相反，所有“（涉嫌）支持（反对）美国政府政策的影片”均不予考虑。执导《奇爱博士》的斯坦利·库布里克以及执导《野战排》和《生于7月4日》的奥利弗·斯通也被纳入这一范畴，并与其他导演一道，形成了好莱坞的“自由”倾向。协定赋予军方使用电影片段开展不同行动的权力，内容涵盖从培训到征兵宣传的各个领域；2004 年，针对报社、广播、电视台的预算相当庞大，达到 20 亿美元的规模（2009 年为 47 亿美元）——这笔钱同时以一种隐蔽的方式资助了民间媒体——军方公共关系部门及其 27000 名雇员[108]因此有理由借助于一种模式（电影或电视）传播自己的观点，然而事实上，这种模式的使用者应该是普罗大众。军国主义利用这种体系渗透进黑暗的影厅，渗透进小小的电视荧屏。代表美国大电影制片厂利益的美国电影协会可以使用无数的方法分享阶段性的成功[109]：从 1966—2004 年，美国电影协会长期处于主席杰克 · 瓦伦蒂的领导下。在此期间，电影协会根据电影画面或者对白制定了电影分级制度并创办起电影分级机构。然而暴力镜头有时候执行着不同的标准，裸露镜头的执行情况则显得要好得多。概括来说就是，犯罪分子犯下的暴行总是被限制观看，但军方执行任务时的暴力镜头则更容易获得谅解。

1941—1945 年，好莱坞与五角大楼的关系达到第一次亲密的高潮。然而到了 20 世纪 60 年代后半叶，双方的关系呈现出一种特殊的趋势。受越南丑闻的拖累，军方的声誉一落千丈，电影的动员能力不知不觉间被削弱了，例如亲战电影——约翰 · 韦恩的《美国佬在越南》（1964 年）和《绿色贝雷帽》（1968 年）或者其他为“正义”战争辩护的传记电影——《巴顿将军》（1970 年）和《中途岛之战》（1976 年）。20 世纪 70 年代，电影工业在一代大师级导演（马丁 · 斯科塞斯、布莱恩 · 德 · 帕尔玛、弗朗西斯 · 福特 · 科波拉、迈克尔 · 西米诺）的引领下，投身去神话化的事业。20 余年间，国防部负责公共关系事务的副秘书不得不同五角大楼电影联络局携手展开反击，重塑军方的正面形象。举一个鲜明的范例，托尼 · 斯科特的《壮志凌云》享受到了五角大楼的后勤保障，摄制组获准进入几乎所有的军事基地，接触几乎所有的军事设施：顶着冷战遗迹光环的有关战斗机飞行员和 F14 喷气式飞机的圣徒列传可以被看作是一部被拉长至 120 分钟的征兵宣传片。当时的新闻界和好莱坞持有不同的政见，盛行拍摄脏兮兮的士兵在越南丛林里被吓破胆的镜头。然而就在这样的一个时代，《壮志凌云》颂扬了美国海军先进的技术，表现了一群对抗俄罗斯敌人时成为“英雄”的美国健儿。这部电影取得了巨大的成功。成功属于制片人，同时也属于美国海军。入伍率连续下降多年之后，终于于电影播出当年[110]，提高了40%。20世纪80年代是一个最商业化的电影转入里根主义轨道的年代。走进全世界电影院的电影主人公们扛起了美国强大、自豪、正义的大旗：1985年，费城贫民窟走出来的拳王洛奇穿着“红、白、蓝”三色运动短裤走进人们的视线。他在苏联的拳击场上击败服用兴奋剂的苏联红军上尉伊万·达拉格；兰博从越南战场回国，“这一次……为赢得”因“官僚的卑鄙”而失败的战争，美国人掀起“另一场战争，一场对抗士兵，对抗越战退伍老兵的战争”，“老兵们回到这里，他们抛头颅，洒热血，只希望（他们的）国家能（像他们爱这个国家一样）爱（他们）……”每一次如约而至的成功都少不了带有完全政治倾向的演员。

如果确定所有受军事及宣传干涉影响的电影和电视作品的数目是不可能完成的任务，那么我们可以记录下这些作品的增加量：仅考虑1989—2003年，就有超过100部[111]。电影、电视片或者音乐短片在表现美国军队的装备和人员时严格遵守明确的审美规则：直升机编队盘旋、航空母舰起飞编组以及士兵演习表演随处可见。有关这个问题，还可以提一提好莱坞明星通过参加有组织的——通常穿着类似制服——媒体访问军事基地活动，直接参与了给予军队精神支持的计划。属于这一范畴的明星有：“二战”时期走进“男孩们”的加里·库珀、亨弗莱·鲍嘉和玛琳·黛德丽，赴朝鲜的简·曼斯菲尔德、埃罗尔·弗林和玛丽莲·梦露，赴越南的约翰·韦恩，赴阿富汗的罗宾·威廉姆斯以及2003年与其他人一道赴波斯湾的罗伯特·德尼罗和加里·西尼斯。

袭击发生之后，干涉主义的影响力成倍增长。60年前开始运行的结构作好了开足马力的准备：伊拉克计划亟须要做的首先是驱除越南的幽灵。越战噩梦般的回忆继续压抑着舆论的军事冒险主义。越战的伤痛成为人们的普遍意识。那些轰动一时的作品或引人瞩目，或饱含争议，承载了越南的回忆，创伤始终没有褪去。20世纪70年代以后，人所共见的是，有关越南的记忆转向直接同情那些越战退伍老兵。作为在集体记忆中占据战略地位的标志，越南、士兵、退伍老兵始终未被电影作品（电影和纪录片）和电视作品抛弃，每10年就会有一批新的作品问世。

袭击之前拍摄地，又十分凑巧地于2001年12月28日播映的狂热民族主义影片《黑鹰坠落》（*Black Hawk Down*）再次撕开1993年留下的索马里伤疤：电影删掉了美军士兵尸体在摩加迪沙街头被拖行的画面，把这场战斗表现成一场准胜利之战，并且信誓旦旦地在片头字幕中宣称“1000多名民兵死亡”——专家对这一数字表示怀疑——相比较而言，特种部队方面记录在案的只有19人死亡。“这不是在伊拉克，这儿的情况要复杂得多”，影片一开始，加里森将军（游骑兵特遣队指挥官）说道。评论认为加里森将军把布什团队执意发动的战争当作活动筋骨。对美国政府来说，这又是一个代价沉重的主题。影片的前几分钟特别强调了联合国在面对这位控制了全世界食品援助的暴君时的无能为力。观众们将会把这一切都搬到萨达姆的伊拉克中去。

好莱坞踏准神圣同盟的时机，当即当着摄制官员的面提议拍摄可以提高民族自豪感的长片。例如兰德尔·华莱士的《我们曾是战士》就属于这种情况。该片上映于2002年3月1日，又一次把人们的视线拉回了越南战场。在这部电影中，美国士兵表现出来的英勇达到极致，以至于给人一种美国才是这场战争的真正胜利者的错觉。《兰博II》以及后来大量的替代作品都曾使用过这种伎俩。2002年上映的电影《风语者》唤起了人们对太平洋战争的记忆，突出了纳瓦霍印第安人伍军人的爱国主义情怀。“我是美国人。我愿意为了祖国，为了我们的人民而战”，其中一位作好最终牺牲准备的纳瓦霍印第安人如此解释道。电影拍摄全程受到五角大楼监管。当出现被判定有损美国军人的理想形象的情节时，吴宇森导演的剧本被迫作出重大改动：人们没有看到美国海军陆战队员从日本人的尸体上拔掉金牙的场景，也无法看到美军军官明确要求，一旦有可能出卖电台传输密码的纳瓦霍人被俘就要将其处决的情节。在其他电影中，场景细节都要强调日常生活中的爱国主义：《蜘蛛侠》的摄制组在影片的最后1分钟加上了原版剧本中没有的一组镜头——电影的主人公挂在美国国旗的旗杆上。身陷宣传旋涡的新闻界也面临类似这样的情况：筛选释放的信息时，很难确定究竟哪部分责任取决于政府的“规则”，哪部分取决于不想错过神圣同盟这班快车的意愿。后者抓住了这段时期所有的纯商业和牟利属性。

气氛变得过于沉重，好莱坞方面的商业策略和艺术选择都颇受此影响。好莱坞拍摄批评及抗议类长片的传统并没有多久：杰昆·菲尼克斯领衔主演的电影《蛮牛战士》预计于2001年上映，但该片的发行商米拉麦克斯公司不得不额外多等待了2年。为什么？采用负面视角描写冷战之后驻扎在西德的美国士兵，军中非法交易犯罪横行。由于害怕被贴上“反美国”的标签，哈里森·福特拒绝了电影《辛瑞那》（2003年）的男主角一职。这是一部论战类电影，揭露了政界、秘密机构、石油公司与海湾君主制国家之间的罪恶勾结，不落俗套地重新处理了一位被推向恐怖主义的普通人的人生轨迹[112]。入侵伊拉克之前几周，安德鲁·尼克尔为拍摄《战争之王》四处寻找基金支持。这部电影讲述了一位玩世不恭的军火商人的故事，他四处行贿，获得了美国军方的支持。该片通过一个曲解了好莱坞式道德的苦涩“欢乐大结局”毫不让步地表现了各大国在大批武器扩散过程中所负的责任，其中首当其冲就是美国。祖国作好了针对一个所谓拥有大规模杀伤性武器的国家发动一场预防性战争的准备，在这样的背景下，电影剧本有点不合时宜。“我深切地感受到，我们的剧本显得有些不爱国”，安德鲁·尼克尔说。因为，影片通过拐弯抹角的台词把2000年乔治·W·布什存在争议的当选与非洲某些独裁者的弄虚作假相提并论[113]。尽管影片的演员阵容引人瞩目，电影票房有所保证——尼古拉斯·凯奇接受男一号角色——但是电影剧本中包含的尖锐批评足以令一个又一个制片人不敢亲近。电影人不得不把目光转向欧洲。法国人菲利普·鲁斯莱提供的资金支持令电影计划得以顺利开展。电影《辛瑞那》也遇到了同样的困难，直到拍卖网站eBay的创始人，加拿大亿万富翁杰弗瑞·斯科洛决定支持电影计划。

拍摄中被修改剧本（经常延期拍摄）或者被删掉世贸中心画面的电视剧和电影超过12部。对尊重公众敏感性的关注还可以归纳出其他意义，比如说，面对进入“一切都和从前完全不同”的新时代的事实和意愿，这种关注更像是一种逃避的方式。很多知名电影就是如此。某些导演拒绝蚕食他们的工作，其中以斯蒂芬·斯皮尔伯格、卡梅伦·克罗和马丁·斯科塞斯为代表。

已经经过充分磨合的体系被继承了下来，新世纪充满带有意识形态和军事美学色彩的电影作品。在这些电影摄制背后，我们总能找到负责公共关系事务的国防部长助理的身影：2002年1月—4月，美国网络有线电视台录制《格斗任务》节目，这是一档类似真人秀的节目，共有24名参加者，这24名“美国英雄”来自军队和中央情报局的各个兵种和分支机构。参加者在完成任务过程中（解救人质、抢救俘虏……）展示他们的勇气、效率以及爱国情感。节目的拍摄地选在加利福尼亚州的莫哈韦沙漠。那里的地形令人联想起阿富汗和伊拉克。“是时候打一仗了”，其中一位“士兵候选人”在节目预告片中宣布。节目的预告片同样也可以成为下一场战争的预告片。包括《壮志凌云》《黑鹰坠落》《珍珠港》在内的一众电影的制片人杰瑞·布鲁克海默同时投资了另一档名叫《前线肖像》的“军事类电视真人秀”。ABC电视台于2003年2月27日开始播出这档与五角大楼合作录制的节目：在入侵伊拉克迫在眉睫之时，节目建议电视观众去体验特种部队士兵在阿富汗以及其他抗击恐怖主义的战场上体验过的生活，这档节目分12集，制作人是一位共和党死忠。根据这档“真人秀”的观点，阿富汗部队与训练阿富汗部队的美军之间只要合作完美，成功就能接踵而至。作为美国人民的样本和模范，被选定的“肖像者们”显然被当作“英雄”一样看待，他们的献身精神配得上人们热烈的支持：首先由他们的家庭介绍他们心怀勇气与“保家卫国”的感情离开家庭。谦虚、果敢、令人心生好感的战士们体现了模范的价值。皮特·萨维斯下士就是其中的典型人物。2001年9月11日，这位年轻的退伍老兵再次进入军中服役，此时距离他的婚礼刚刚过去3天。电视事件被几乎不会引起批评的传媒节目替代[114]。最初的几集《前线肖像》实现了良好的收视率，但当人们直接面对伊拉克战争的画面时，这种情感、爱国主义与“伪现实主义”的混合体就难以为继了。

政界一时的宣传愿望与媒体赚钱的憧憬形成几乎完美的联盟——融入大型产业和资本集团——为领会官方演讲提供了有利的条件，然后通过一切现代化的交流渠道推销战争，把战争变成一种全方位的产品，最后贩卖给公众。在巨额预算的支持下，这种军事一电影联合体收效甚大，创造出一种思想背景，塑造了许多人民代表：好莱坞仍然热衷于再次阅读历史，热衷于五角大楼推动的战争心理要素。与此同时，五角大楼也在发掘好莱坞的宣传能力。作为美国主流的文化工具，美国电影通过在全世界范围内获得的巨大成功，把人民与国家道德，与完成文明开化使命的责任牢牢地捆绑在一起。

纪念：绑架死者，间接劫机

尽管出现明显的削弱，但美国人并没有就此停止支持战争定位在反恐怖主义这个方向上：2008 年大选开始两个月前，仍然有 62% 的人认为他们在战争中获得了令人满意的结果[115]。政府维系的，尤其是通过有关袭击的记忆维系的好战主义的根基依然生命力顽强，“9 · 11”这组数字意味着一个不会有丝毫误解的悲剧，被赋予重大的历史意义。在美国，后者的根基是某种被过早付诸实践的特殊的记忆策略。

官方的纪念仪式于袭击同一天开始，成为名副其实的国家精神治疗仪式。如果说纪念日是用来强调某特殊事件的时限的话，那么 2001 年每逢一种日期划分周期到来（一天、一周、一个月、一季度、半年[116]）就组织一次的纪念活动纯粹属于记忆结构逻辑的范畴。也正是在那段时期，国旗销售市场呈现爆发性增长态势。

通常而言，纪念习俗反映的更多的是社会的情况而不是相关事件的情况。纪念活动的使命是创造国家团结，这是它单一的定义。根据当前的利害改造历史，通过遗忘和选择运转，记忆仍然是一种主观行为。更何况我们这里谈到的还是一种官方的记忆。当局把事件占为己有，优先进行阅读，然后引导人们的感情，把一切争议消灭在萌芽状态。同样的例子还出现在法国。维希法国里通敌国的过去在很长一段时间内把戴高乐虚构的人民英勇抵抗的历史压得喘不过气来。

纪念性的演讲若想被舆论所接受，充当某种主义传播的媒介，必须刺激集体无意识的普遍感知，不能依靠对事实的理解，必须依靠天然的情感：哀悼时的悲伤、爱国主义的自豪感、愤怒、复仇的渴望以及对国家有能力展开反击的信任。

“未来，忆及他们时，我们想到的将是英雄”[117]，袭击发生一个月后，国防部长唐纳德 · 拉姆斯菲尔德在华盛顿的纪念仪式上一字一句地说道。政府、大批政治人物以及媒体并不接受他的老生常谈。面对被伤害的民族自豪感，美国开始寻找楷模。于是，寻找甚至创造英雄成为政府公关部门的一条战线。但是，被恐怖主义分子屠杀不需要任何特殊的英雄主义。“英雄”的头衔以牺牲行为和高尚思想为前提，而牺牲行为和高尚思想则必须获得认可。认可远非政府的重要人物下定义，然后新闻界和舆论据此执行那么简单。从传统词义而言，英雄这个词意味着那些拜勇气所赐做出杰出行为的人。如果说谈到93号航班上的“起义者”或者死去的消防员、警察和救护人员时，人们称他们为英雄——应国会要求，整个10月，这些“真正的美国英雄”[118]纷纷获得勋章[119]——但当谈到撞机事件发生时出现的曼哈顿和五角大楼的职员时，英雄这个词又显得有些不合时宜了。喜欢滥用措词的纪念策略并不担心语义上会受到限制。建立规模庞大并且可行的英雄崇拜变成一种政治需求。

9月20日，乔治·布什站上国会的演讲台发表演说，歌颂坠毁在宾夕法尼亚州的93号航班上的“起义者”，赞美他们鼓起“勇气”，拯救了几百条生命，拯救了白宫、核基地[120]或者国会山。总统确实下令击落联合航空公司的波音飞机，但与正在塑造过程中的国家历史相比，这项命令立刻相形见绌。天真的公民被改造成战士，死者被改造成英雄[121]。9月12日后，这37名乘客、5名空姐和服务人员、1名机长及1名副机长惊醒了陷入沮丧的情报部门以及恐怖分子防卫部门[122]。他们的亲属四处作证。在一个已经拿起武器的美国，此举无疑将这些人推上新反恐战争先锋的位置。国家宣传把他们塑造成人民追随的榜样。乔治·W·布什向国会介绍了参与反抗的乘客之一——托德·比默的遗孀。当选的代表们起立欢呼。

2002年3月，为“93号航班”建立纪念园的想法以法律文本的形式确定下来，9月10日获得投票通过，并于纪念日当天，被新闻媒体报道[123]：包括坠地地点[124]在内的8.9平方千米的区域正式成为“美国爱国主义的深刻象征，平民英雄本能的领导力的深刻象征”[125]。纪念园最终落成时恰逢灾难发生10周年纪念[126]。英雄主义的意识形态在各地的纪念场所找到了可供表达和流传的题材。例如，纽瓦克机场（93号航班就是从这里起飞的）变成纽瓦克自由国际机场；2007年9月，航班坠落所在地的宾夕法尼亚州政府考虑到“93号航班上的英雄的荣誉”，把一段重要的高速公路改名为“93号航班纪念高速公路。“每一个经过这段高速路的人都会再次想起乘客们的大无畏牺牲精神”[127]，该州交通秘书肯定地说道。

无名氏变成新的战争英雄替代了演讲的作用。这种转变有时会引发狂热的反响：

2001 年 9 月 14 日开始，总统移步至世贸中心废墟，“向英雄们鞠躬致敬”。总统受到人群的热烈欢迎。人们有节奏地高呼着“美国！美国！”，就好像是一群异常狂热的粉丝[128]（10 年后，宣布本 · 拉登的死讯引发了同样的反应）。群情激昂通过电视荧屏传到千家万户。这种在敌人的攻击下产生的狂热使人联想到 1940—1945 年身陷敌人炮火轰炸的英国和德国。破坏性攻击不仅远远没有挫伤打击目标的士气，反而巩固了国家的团结，促使人民一致站在政府背后。宣传当然扮演了重要的角色，第三帝国当时的领袖，戈培尔博士发表的向平民死难者致敬的演讲就是最好的例证。戈培尔认为这些平民死难者“阵亡在光荣的战场上”[129]。伴随着造英雄运动和军事导演的出现，向“9 · 11 事件”致敬时同时出现了平民与士兵混合的情况：在不同的场合，恐怖主义的牺牲者都被融入一种军事仪式中，呼应了未来的行动，进一步加强了美国进入战争的思想。从“爆心投影点”拖出来的尸体都裹着星条旗，与在战场上光荣牺牲的士兵享受完全相同的待遇。然而后者表现出一种不同，那就是从战场上运回的不是尸体而是棺材，军队并不让这些棺材示人。袭击到来时出现，随后又参加救援行动的“救火战士”的待遇也是按照“救火战士”这个词组的本意执行。实际上，“救火战士”代替了战士的工作：“9 · 11 事件”过去 6 个月以后，乔治 · W · 布什在椭圆形办公室展示了一张纪念邮票，这张邮票共计印刷了 2.05 亿枚。邮票的收益将归帮助牺牲者家属的基金会所有[130]。“2001 美国英雄”的邮票选取了一张三名消防员站在世贸中心废墟上升起美国国旗的照片。这张邮票可谓是那张著名照片（《国旗插在硫磺岛上》）的翻版，阿灵顿纪念碑的灵感源泉就是这张照片。“半周年”纪念或者说是 6 个月纪念日时另一件引人注目的事情就是总统下令创建“美国国土安全警报系统”（HSAS）[131]。该体系分为 5 级，用于面临恐怖分子袭击危险时警告人民：HSAS 系统导致著名的恐怖主义威胁更频繁的出现在美国人民的日常生活中。

国家进入战争状态：纪念日来得恰到好处，唤醒了人们的记忆，把前因后果阐释得清清楚楚；2001 年 12 月 11 日，即事件三个月纪念日的第二天——几天前就是珍珠港事件 60 周年纪念日——炭疽信封事件正持续升温，政府已经调集好接种疫苗的设备待命[132]，证明政府有能力保护好自己的同胞。政府善于玩弄符号。2002 年 9 月 11 日，政府宣布逮捕拉姆齐·比纳尔·谢赫。拉姆齐是恐怖袭击的“关键人物”之一，逮捕拉姆齐证明总统许下的诺言提前一年践约。还有其他更能突出反恐怖战争取得“胜利”的日子吗？第二天，尽管乔治·W·布什在联合国大会上把话题转向伊拉克战争赤裸裸的威胁，并把这种威胁与纪念仪式的背景联系起来。但在这样的情况下，纪念仪式依然获得媒体报道。后来，眼见一年之后民意支持率日渐下降，政府继续积聚情感：2003 年 9 月，纪念日前 4 天播出的文献电视片《特区 9·11：危急时刻》属于另外一种形式的重复注射：在白宫的全力支持下完成拍摄，这部电影从政府的奥秘谈起，一步步呈现出袭击的全过程。一位反应迅速、镇定自若同时一丝不苟地履行自身职责的总统支持重写历史。舆论中立场坚定的一部人开始提出质疑。“谁控制了过去，谁就控制了未来”，阿道司·赫胥黎写道；伊拉克战争打响后，布什总统第一次同意拜访受伤军人时，正好是值得铭记的具有象征意义的日子，即 2003 年 9 月 11 日。“劳拉和我来到这里”，乔治·W·布什态度明确，“是为了感谢在反恐战争中英勇负伤的军人，他们乐意牺牲自己，以确保类似‘9·11 事件’那样的恐怖袭击再也不会出现”[133]。2005 年，布什政府遭到评论界的批评，唐纳德·拉姆斯菲尔德组织了一次反击式游行，目的在于论证军队所获支持的范围；拉姆斯菲尔德给这次行动取名为“自由游行”。9 月 11 日，星期日，游行开始。冒着行为被曲解的风险，组织者决定把队伍的出发地点设在五角大楼。

纪念日之前不久，9 月 11 日被确定为“爱国者日”[134]。国会已经投票通过了确立“国家纪念”日的原则[135]，为留待政府确定的名字定下基调：“爱国者日”应该促使人们产生民族自豪感。纪念仪式调动起人们的民族自豪感，“蜡烛、降半旗、宗教弥撒和默哀”在爱国主义情感上是相通的。10 月 11 日“退伍老兵日”的对称感——第一次世界大战爆发第二天设立——似乎更明显一点，官方文件使用了相同的专用语：“自豪”和“勇气”这两个词与胜利的记忆紧紧地捆绑在一起，变成“牺牲”意识的始作俑者，有了它们就会“出现一个更强大的国家，唤醒这种希望的是拥有民族自豪感的人以及真正的爱国者”[136]。作为定向回忆的人质，2986 名逝者进入“英雄”的行列，他们在九泉之下呼吁“美国人民继续团结下去”，鼓舞了这个遭受重创的国家。

通过人为地赋予被消灭的生命以意义，把战斗中牺牲的战士与被恐怖主义杀死的平民之间混为一谈。这种混淆促使战争成为回应袭击最好的方式。保留在世贸中心废墟上的命运也将走向同样的方向：曼哈顿正中心的“爆心投影点”变成一处触目惊心的纪念地。世贸大厦的部分钢材（7.5 吨）成为循环再利用的对象，应该做些有纪念意义和高度象征意义的工作，2002 年 9 月 6 日，海军部长戈登 · 英格兰宣布[137]：“双子塔”遗留下来的金属废料被运往位于路易斯安那州埃文代尔的造船厂，被用于“USS 纽约号”军舰的建造。“USS 纽约号”军舰属于新型两栖登陆舰，专为打击恐怖主义建造。同其他美国海军的军舰一样，这艘军舰被冠以一句格言：“在牺牲中锻造出来的力量，永远不应该被忘记。”[138] 这句话在不同的场合多次被提到过：蓄水、官方下水仪式、中途停靠纽约港、牺牲者家属以及后来的全体公众公开参观日。世贸中心融入军舰的制造过程，来自“爆心投影点”的金属在使用的全部钢材中占比约为 0.03%，这样做所追求的目标是一种唯一且同一的意识形态：把向最尖端的武器求助变成指引反恐战争的要素，把牺牲者塑造成爱国主义“牺牲精神”的创造者。因军事意图而工具化的“黑色星期二”使用起来并没有显得更方便多少。

纪念逻辑充当了说服别人的武器，强制规定从学术上解读事件等于解除了政府的直接责任（面对众所周知的警报时麻痹大意）和美国普通权力机关的间接责任（20 世纪 80 年代美国中情局与本 · 拉登的关系）。后者负责制定了许多对大量南方国家来说堪称灾难的政治和军事政策。为使有关“9 · 11”的记忆摆脱严密的自圆其说的限制，当局弃用了相当多与袭击问题相关的要素。因为这些要素与政府开战的愿景格格不入。

最后，掌控回忆等于进一步巩固了诞生于反恐战略的神圣同盟，神圣同盟因此得以永存。对国家英雄的新崇拜尚未消失，国会投票通过一系列决议“表示敬意”，对象包括“为安全殚精竭虑的”国会山警卫、哥伦比亚特区的国民卫队、纽约秘密机构的成员、各慈善协会、空中管制人员、为五角大楼翻新工作大花力气的建筑人员，最后还有某些众议员和参议员本人……以示团结。美国人民选举出众议员，众议员们利用国家团结以及悲剧发生后出现的大量团结行为强调公共行业和私人行业的大融合。由此可见，“9 · 11 事件”带来的考验——用总统的话来说——唤醒了“一个更好的美国”。

2001 年 10 月 11 日，在袭击事件发生整 1 个月后的新闻发布会上，总统重申了这种思想。“9 月 11 日以前”，他解释说，“我们政府准备主动发起所谓的‘特点共通’。目的在于帮助父母培养孩子们的品德，巩固公民身份意识……‘9 · 11 事件’使得这种主动性变成了自然而然的事情。人民表现出一种对祖国无限的热爱……”[139] 官方演讲与摩尼教联系密切。这种记忆格式成为好战原动力的支撑。2003 年 3 月 19 日，“自由伊拉克”行动开始打响时，好战动力达到最顶峰。

除了人们经常出入的一战结束后建造的“记忆场所”之外（军人公墓、各种纪念碑……），2001 年 9 月间，还出现了无数石碑和无数新型的纪念碑：每家电视台和每家报社都在其官方网站上专门为在悲剧中丧生的人开辟了《照片档案》专栏。随着逝者的数据越来越精细，专栏的内容也越来越丰富。2001 年 9 月 15 日—2001 年 12 月 31 日，《纽约时报》每天刊发一篇感人的罹难者生平简介，2002 年春天，刊发频率变成每周日刊发一次，再后来又变成不定期刊发一次。围绕个人特点和轶事展开的介绍触动了读者的痛苦神经[140]。报社和电视台重新拾起了这种思想，把集体哀悼的逻辑又向前推进了一步。用数字缅怀阿富汗战场和随后的伊拉克战场上被杀的士兵，刊登逝者样貌的方法迫使阅读陷入同一种模式：平民死难者与军队死难者的情况比较类似，因此都被归入同一范畴，形式上都与“9 · 11 事件”、阿富汗战争以及很快到来的伊拉克战争有着一定的联系。布什政府一直不停地构建这样的联系；在完全不同的环境中被杀的美国人全部因为相同的原因成为“英雄-烈士”。如此伎俩成为了政府施行政策的保证。进攻阿富汗的头几天——因平民牺牲而产生的批评声音日渐增多——这种具有代表性的方式在美军导致的间接损失与“9 · 11 事件”中丧生的美国人之间摇摆不定。

明星与“星条旗”

除了官方的纪念规划之外，传媒艺术界也多次举办活动，为这个遭受创伤的国家建立起一份蒙难者名册：2001 年 9 月 21 日，一大批音乐家（布鲁斯 · 斯普林斯汀、尼尔·扬、史提夫·汪达、爱尔兰乐队U2……）和演员（汤姆·汉克斯、罗伯特·德尼罗、克林特·伊斯特伍德、汤姆·克鲁斯……）在乔治·克鲁尼的带领下来到一间录影棚，参加一次慈善活动的录制。乔治·克鲁尼几乎很少被人怀疑与共和党人过从甚密。此次非官方慈善盛会的名字——“美国，英雄颂歌”——为官方路线浸淫的程度作了最好的注解。此次盛会在四家电视台反复播出，中间不插播任何广告：用“电视马拉松”的方式向袭击罹难者致敬。节目海报必然会重现国旗的元素，同时，演出的节目都把爱国主义的象征摆在最显眼的位置：《上帝保佑美利坚》和《美丽的美利坚》作为整场活动的压轴大戏。10月20日，纽约麦迪逊广场花园迎来了一场相同的表演，这场表演的组织者是日后获得一致赞誉的保罗·麦卡特尼。这位前披头士成员身边不仅站着英国伙伴（米克·贾格尔、基思·理查兹、谁人乐队……），还站着美国明星（Jay-Z、天命真女……）。他与超过60位“当红巨星”一道，投身巩固神圣同盟的事业，共同为一场初露端倪的复仇运动谱曲。如果考虑到这是一场带有共和党性质的演出，60位明星的阵容远超预估（伍迪·艾伦、马丁·斯科塞斯、斯派克·李、苏珊·萨兰登）。10月21日，华盛顿肯尼迪体育场举办第三场大受欢迎的演唱会——“我们团结起来：我还能再给些什么”，用半天的时间传播演唱会想表达的讯息。无需慷慨陈词，25位不同时期、类型迥异的天皇巨星携手实现了人们孜孜追求的“团结”：穿着亮眼的星条旗颜色或美国鹰植绒的演出服，站在铺着国旗的舞台上放声高歌。詹姆斯·布朗、迈克尔·杰克逊、贝特·迈德尔旁边是摇滚乐队史密斯飞船和Goo Goo Dolls，说唱歌手吹牛老爹以及被认为是R&B曲风继承人的玛利亚·凯莉和亚瑟小子。所有的粉丝也都穿着美国颜色的衣服。在这场混杂着各种类型的音乐、致敬、民族主义大爆发以及推崇战争宣言的演出中，观众们情感相通。最为经典的画面就是吹牛老爹穿着军装站在人群面前掷地有声地狂喊着“我要同你们战斗……恐怖分子！”[141]迈克尔·杰克逊与大量歌手共同演唱的歌曲《我还能再给些什么》为这场演唱会画上了句号。演唱会以专辑的形式发售。这不能不令人联想起“拯救生命”那种类型的慈善演唱会以及“流行音乐之王”的流行音乐巨作——“We Are the World”。后两者传递的信息是合法性以及美好的人道主义意识。还有几位地道的美国歌手也把宝押在悲情领域，其中以阿兰·杰克逊和他的抒情歌曲“Where Were You”（*When the World Stopped Turning*……）为典型代表。这首歌占据同类歌曲销售排行榜的榜首。

身为百万粉丝追随的偶像，明星们在新的神圣同盟中扮演了火车头的角色。娱乐业不同的艺术家和演员象征着美国遭受重创但仍英勇无畏的形象。他们昂首阔步地迈进神圣同盟。

93号航班的乘客托德·比默在诀别电话中说的最后几个字立刻成为惹人注目的永恒。冲向劫机者之前，比默大喝一声：“行动起来吧！”这一句平平常常的呼喊在好莱坞老式西部片中十分普遍，证明当个体处于最危急的关头，某种文化的浸淫会立刻在记忆中重现。这句话已经成为勇气、英雄主义和忘我牺牲的同义词，因此，许多人把这句话占为己有：嬉皮文化的代表性人物尼尔·扬偶尔也支持共和党[142]。不止一个美国乐团（2002年9月，贝拉米兄弟乐队、LA Guns乐队、DC Talk乐队）用自己的方式纪念了这一事件。尽管他们都创作了同名歌曲，但取得的成功却不尽相同。除了音乐之外，这句话变成一句口号，两次出现在总统的讲话中——2002年1月20日那次美利坚合众国的演讲大受欢迎——出现在网上论坛的标题中，出现在极端保守的安·库尔特的社论文章中，同时还出现在美国空军的飞机机身上（“行动起来，而不是滚到一边”[143]），此外还成为了某只足球队的座右铭，甚至出现在纳斯卡大奖赛冠军车手鲍比·拉邦特的参赛座驾上。再看商业层面，24位企业家试图向美国专利与商标局提请这句话在不同产品的独家使用权而未果。除了逝者遗孀创办的托德·比默基金会的明确申请外，专利与商标局拒绝了其余全部的申请[144]。在阿富汗，比默的话变成了美军士兵的战斗口号[145]。2002年8月1日，《纽约时报》专门以此为题发表了一篇文章，文中介绍了伊拉克战争期间网民对此持有的不同观点[146]。2009年9月11日，《华尔街日报》再次以“让我们滚到一边去”[147]为题发表文章。文章显示，围绕阿富汗战争的怀疑越来越强烈。这场战争迫使奥巴马总统付出了高昂的代价。

2006年，93号航班“起义者”的传奇故事被拍成电视片（《93号航班》）。这部电视片与2005年9月11日播出的新闻纪录片（《抗争的航班》）以及电影

（《93 航班》[148]）共同分流了各式各样的观众。尽管广受好评，但电影《93 航班》却并未大卖（票房 3140 万美元[149]）。与此同时，还原这次事件的电视片吸引了相当多的观众：电视片的播放平台——美国有线 / 卫星电视频道（A&E）记下了观众人数历史纪录，约有 600 万人次观看了这部电视片。对有线电视台来说，这已经算是一个非常不错的成绩了。因为与吸引了数以千万计美国人的著名电视剧相比，电视片被认为是二流作品。由于对国家神话持谨慎对待的态度——尤其是从这部电视片中可以得知，美国空军的超音速飞机并没有追上已经转向的波音飞机——电视片《93 号航班》重播了无数次。奥利弗 · 斯通的《世贸中心》也证明了这一点。这部电影的票房尚且说得过去，但也没有达到惊人的程度（同年登陆院线，全美票房 7000 万美元，影片拍摄预算为 6500 万美元[150]）。美国人对新英雄的喜爱之情并没有体现在票房“纪录页”上，即使是像尼古拉斯 · 凯奇这般受欢迎的人物担任男主角也不行：大多数人反感看到娱乐业利用创伤做文章，同时电影质量参差不齐——这就是公众持有保留态度的原因。

先前这些创举的多样性和持久性广受赞赏，它们均传递了同一种也是唯一的一种信息，一种以美国的名誉为担保释放的信息，一个被神化、富有同情心、团结、带有英雄主义情节、以自由为权威的美国。所有与“9 · 11 事件”有直接联系的领域，国家都付出了巨大的努力（法律、游行、演讲、纪念仪式等），说明人民赞同相关事件的官方解读，拥护军国主义的目标并非是理所当然的事情。

四

恐惧因子

为达成共识服务的记忆反射

袭击发生之后，美国现当代史中所有由官方记忆加工的部分突然重新出现。面对恐怖主义威胁，被本国政府拖向一场新战争的美国人民想起了那段被迫与世界上最可怕的敌人交手的岁月。

概括来说就是，纳粹德国及其轴心国盟友（日本、意大利）作出了选择——鉴于美国参战合乎道义的特点——美国及世界上其他国家因此团结起来。萨达姆的独裁统治把与伊拉克接壤的邻国、美国和全世界都笼罩在威胁之下，为了建立与之类似、甚至完全相同的对照物，那么后“9 · 11”时代的集体记忆中就会重新浮现出这段历史时期：撕毁《慕尼黑协定》，欧洲民主国家放弃捷克斯洛伐克。“整个20世纪，有的人在面对手上沾满无数鲜血的独裁者时选择执行绥靖政策，威胁因此转化成种族灭绝和战争”[1]，2003年3月17日，乔治 · W · 布什在全国讲话中评价道。在这次讲话中，布什向萨达姆 · 侯赛因下达了最后通牒。差不多一年之前，唐纳德 · 拉姆斯菲尔德也发表过相同的讲话。“想想看吧”，他解释道，“所有那些嘴上说着‘我们没有足够的证据’的国家请想想看吧……哎，你们的含糊其词要了几百万人的性命”[2]。鹰派的论据中随处可见这种旨在令伊拉克战争的反对者颜面扫地的长篇大论。而后者的主要立足点就是缺乏与伊拉克拥有大规模杀伤性武器相关的证据。人们狂嘘1938年奉行另类“绥靖”政策的法国外交官，他的政策很快就被拿来与伊拉克总统的立场作比较。比较伊拉克与第三帝国有些不合时宜，等于把联合国的外交努力钉在了耻辱柱上。对主战阵营来说，“绥靖”的印记就是懦弱和耻辱的代名词。重塑历史是书本的工作：哪怕是比喻，也不能忘记“新希特勒”——萨达姆·侯赛因像纳粹德国[3]般，只不过是小了一号——享受了美国无所谓政权性质的经济援助。亲战演讲的立足点并不在差异与理解上。真相已无处可觅。

如果不把吉米·卡特包括在内的话，从1945—2000年的所有美国总统都利用过希特勒式的类比为美国的外交政治活动进行过辩解，或者就亲战倾向达成共识[4]：1950年，杜鲁门为了给朝鲜战争找到一个合法理由，认为“（那里的）共产党人的活动完全就是希特勒……曾经用过的那一套”[5]；杜鲁门的继任者艾森豪威尔认为盟国“失败就失败在没能及时行动……逮捕裕仁天皇、墨索里尼和希特勒”[6]；导弹危机期间，约翰·肯尼迪认为“20世纪30年代给我们上了清楚的一课：所有被我们容忍的攻击行为……最终都将导致战争”[7]。越南战事逐步升级时担任美国总统的林登·约翰逊声明“撤离越南……正好让人想起内维尔·张伯伦的所作所为”[8]。张伯伦担任英国首相时批准了《慕尼黑协定》。距离我们更近一些的里根总统为日益增加的军费开支以及他的南美政策辩解时提到“在大国之间的平衡破坏后，在毫无怜悯之心的敌人阿道夫·希特勒出现后，堪称本世纪最大的悲剧之一就此发生……下决心惩罚[9]”。最后，伊拉克入侵科威特后，乔治·W·布什的父亲宣布：“如果有些事情是历史教会我们的，那么这些事情就是我们必须反抗侵略，即使冒上自由被摧毁的代价也在所不惜……就像20世纪30年代所发生的那样，萨达姆就是那个威胁邻国的好斗的独裁者。”[10]

“9·11事件”发生后，唐纳德·拉姆斯菲尔德以这种反历史的逻辑为借口把乔治·W·布什比作温斯顿·丘吉尔[11]，面对萨达姆时的美国第43任总统就像反对希特勒时的丘吉尔一样毫不动摇。由总统顾问大卫·弗拉姆创造的词组“邪恶轴心国”出现在2002年1月的美利坚演讲中，这种表达实际上是第二次世界大战时法西斯“轴心国”与 20 世纪 80 年代唐纳德 · 拉姆斯菲尔德描述的“邪恶帝国”的缩合。这种建立在形象重合基础上的称谓是用来指代伊拉克、伊朗和朝鲜的。这一称谓从历史和情感层面唤起了美国有关最恶劣之敌的记忆，尤其是有关那些交过手的国家的记忆：对抗纳粹和日本人的战争难道没有导致共计 41.8 万名美军士兵牺牲吗？

众所周知的保守派分子——英国历史学家保罗 · 约翰逊在 2003 年 3 月 11 日的《华尔街日报》上坚称，元首可能拥有“超越希特勒和斯大林二人合并起来的摧毁能力”的破坏潜力。被黩武主义俘获的约翰逊传达了一种不合理的（但传播范围很广）信息，即伊拉克有能力在短期内给美国造成严重的损失。第二次世界大战的记载一直到绞刑为止，战争的拥趸们一直引用解放法国时，人群欢呼迎接美军过境的例子说服舆论相信“儿郎们”在伊拉克也必将受到欢迎。

如此辞令再现了经典的“鼓动宣传”手法：通过突出敌人的恶劣特点来吸引支持。8 年后，奥巴马成为类似的比较对象：当奥巴马试图强行推行医疗体系改革时，几位共和党的大佬（社论作家拉什 · 林博、前副总统候选人萨拉 · 佩林）把他比作“纳粹计划”的始作俑者[12]。在游行示威过程中，改革的反对者们制作了布告牌，牌子上的新总统身穿纳粹棕色衬衫，戴着卐字袖章，留着希特勒式的胡子。经由民主党阵营披露，甚至不止他们，某些少数舆论也无法准确描述纳粹主义的特点，这完全不令人感到意外：据不管哪一种可能性分析，这个政权的极权事实以及控制群众的方式依旧不为人所知。历史的无知标志着思想的贫瘠，使得这种类型的对比得以存在。对历史的一无所知阻碍了人们理解不同的政府通过宣传或者军事行动会表现出相似的行为特点这一事实。操纵标准[13]以及颠倒价值总是循环出现：美国通过军事干预的手段在越南、巴拿马和伊拉克推行侵略且致命的政策，与那些最坏的独裁者推行的扩张主义政策大同小异。尽管有些荒唐，但这些类比根据与之相适应的精神状态——盛行于 1941 年到 1945 年间，经战争加冕的理想化的精神状态——造就了舆论。

这些以宣传为目的的类比拨动了舆论的心弦，但也损害了舆论的反思能力。从美军设在伊拉克，由美军士兵自己决定的基地名称中便可以找到这些比喻的痕迹：很多基地的名称再现了某些著名军人的姓氏以及美国所取得的伟大胜利的战役名，其中比较典型的有“李奇微营地”和“中村营地”——太平洋战争的产物——以及“诺曼底营地”[14]，全部都是美国国家自豪感的参照物。

我们不会改变珍珠港在美国的集体无意识中所占的地位：“9 · 11”之后，向记忆寻求帮助的情况——回忆一段突如其来但却造成大量伤亡的袭击——屡见不鲜。恐怖袭击所带来的视觉冲击——这正是日本攻势所缺乏的——促使超过 65% 的美国人认为“黑色星期二”是一次“比珍珠港事件还要恶劣的”袭击事件[15]。然而，两者的情节是无论如何也无法同日而语的：一边是一系列针对军事目标并且造成数千名美军官兵牺牲的军事空袭；另一边是恐怖主义袭击。不过，尽管被混为一谈，但两者最终导致的结果都是相同的：战争是必然的结局。

冷战时期，在占据主导的“恐怖平衡”的维系下，因缺乏攻击性，不依靠所谓的“战术”原子武器（威力“较弱”或“中等”）——与“战略”核武器（用于打击一个国家的核心地带）相对——在军事冲突阶段经常遭到质疑。这种趋势已经获得证明：1996 年首份《核态势评估报告》出炉，这份报告明确了美国在何种条件下可以使用核武器协助后冷战时代的本国战略。2002 年，美国的核主义发生了变化。自此以后，“邪恶轴心国家”以及处于中国和俄罗斯势力范围内的城市更容易遭受打击。简单的威慑范畴已经被打破。“自由伊拉克”行动开始几周之前，唐纳德 · 拉姆斯菲尔德跳出诉诸核武器的伪禁忌——自冷战初期时出现分歧，后在朝鲜战争白热化期间因麦克阿瑟将军的鼓动而再次出现分歧，或越南战争期间由共和党总统候选人巴里 · 戈德华特提出异议——多次提及使用“迷你核弹”的可能性用来“打击躲藏在地下蜿蜒数百米的恐怖分子”。给人们留下深刻印象的已经远远不是战术和战略轰炸的区别那么简单了，而是诉诸核武器。《概述不可想象的秘密计划》，2002 年 3 月 10 日的《洛杉矶时报》[16] 刊发标题如上的文章。《洛杉矶时报》和它的竞争者们一样，从大量细节翔实的泄密文件中获益。唯一促使美国考虑使用在广岛和长崎使用过的武器的事情加剧了紧张氛围，紧张的氛围给反恐战争戴上一圈光环。恐怖主义分子升格成与俄罗斯和中国军队同一水平面的敌人。美国政府站在 1945 年的背景下思考问题，努力重建当时的形势——根据官方说法——重建迫使杜鲁门总统使用原子弹来避免数十万美国士兵在日本沿海登陆过程中葬身沙场的形势。原子弹一下就切中了集体无意识中迫切需要取得胜利的思想。核武器库和在美国本土的核武器“考古遗址”成为美国的遗产，人们认为这些地方并无恶意并且充满魔力。大量核导弹发射井被改造成或多或少显得有些奢华的地下居所[17]。

频繁出现在人民想象中的冷战时期和“共产主义威胁”乍看上去并不是特别受欢迎。更多的还是记忆扩散的结果：在1941—1945年的不间断战争期间，冷战以及它所牵涉的一切对政权的无条件支持孕育了持久性战争的背景。同时，这种支持仅限于对外事务范畴，还遭受过破坏，典型的例子就是越南战争。

1947年3月12日，杜鲁门第一次正式提及笼罩在“美国安全”头上的苏联“威胁”。美国最初正面对抗苏联以1948年6月支持希腊和土耳其——在苏联的势力范围内可能会被颠覆——的信贷决议为标志，这次决议在美国议会几乎获得一致通过，表明神圣同盟的动力需要长时间的保持。1945年5月，舆论表现出一种完全不同的精神状态。取得战争胜利的美国人民希望把注意力重新拉回到自己的国家上。因此，在政治和经济精英的影响下，人民对苏联及其领土野心的不信任感与日俱增。值得注意的是，美国人也并没有因此就把苏联人的祖国当成自身安全的威胁：1945年9月，74%的美国人表示不支持杜鲁门政府和斯大林政权中的任何一方，足以说明他们存在巨大的分歧。第二年，副国务卿约翰·希尔德林为美国的对外政策感到遗憾，“人民对美国是否留在国际舞台上持保留意见”[18]。美国肩负起把自由撒向全世界的“明确使命”，20世纪初期初露峥嵘的“红色”威胁复活。乘此东风，美国当局改变了事实的状态。

两大强国的公开辩论是文明的，辩论的核心是捍卫被人民视作重中之重的价值观。苏联敌人应该因此感到害怕，因为美国人宣称所谓的领土不可侵犯：1949年后，美国的领导人们宣称拥有威力更加强大的武器库——事实上，美国拥有3倍于苏联的核弹以及5倍于苏联的战略轰炸机。新生的“红色”恐怖催生出一种总体上倾向于防御反应表现的氛围。反共产主义特别立法适应战争的规格——当然，是冷战的规格——施行起来几乎毫不费力。与此同时，1941—1945年国防拨款逐年上涨，以至于达到甚至超过联邦预算的50%。战争状态创战争经济，其中以“辉煌30年”的繁荣最具象征意义。

“辉煌30年”的繁荣实际上等同于“美国生活方式”的繁荣。全体人民珍视这种繁荣，并有责任捍卫它免遭敌人侵犯。正是出于这样的目的，政府把对抗轴心国时期采取的措施制度化：统一国防部；在1942年建立的战略服务办公室的基础上成立了情报机构——中情局（CIA）；成立国家安全委员会。“9·11事件”发生后，美国安全体系最重要的改革就是成立了国土安全部。国土安全部的多个前身部门颇具先验性地通过了特别法案——《爱国者法案》。1975年，美国联邦调查局局长克拉伦斯·凯利不是也鼓励同胞“准备好为了其他人的自由牺牲掉一些人的自由”吗？冷战时期产生了一种偏执的反应，这种偏执的反应又在后“9·11”时代的氛围里重新出现，并且给凯利的话带来一层新的含义。“如果你准备好为安全感而牺牲掉一些自由的话，那么你既不配得到安全也不配得到自由”，著名的立国先贤托马斯·杰斐逊颇具哲理地说道。可惜，他的话最终被人们遗忘了。

今天，我们几乎不能想象1949年苏联掌握着核武器给人们带来的恐惧感。在超过40年的时间里，美国人民顶着压力，生活在苏联的核武器有可能摧毁美国的危言耸听中，看着大量表现对苏战争危害的电影和电视剧：所有这些作品中，真正配合宣传、深入发掘最出乎意料的题材的作者——例如《美国入侵》（1952年）、《红色噩梦》（1962年）、《小街的毁灭》与《霹雳大火拼》（1977年）、《第三次世界大战》（1982年）、《红色黎明》（1984年）——组合起潜伏特工遍布美国领土、被轰炸以及被苏联人占领的形象。这种威胁与集体记忆的遗产融为一体。于是，为加剧恐怖主义的威胁和伊拉克的危害，美国政府通过激活具有代表性或者态度具有参考意义的材料，令这些反苏联的言论重见天日。

“大规模杀伤性武器”的问题与模糊记忆战略相结合：冷战持续的几十年间，首先由美国使用、用于指代原子武器、生物武器或者细菌武器的“大规模杀伤性武器”一词自20世纪90年代后[19]开始与假想中的伊拉克以及其他的“流氓国家”联系在一起。这些国家替代了有可能导致美国军事影响力下降的苏联敌人的位置。“舆论导向专家”或者官方公关顾问用强大和大屠杀的同义词来形容这个二流敌人，把伊拉克说成是一个既危险又可怕的对手，把“世界第四大军事强国”的名头强加给对方，甚至1991年伊拉克被击溃之后也不例外[20]。2001 年 12 月 13 日，“9 · 11 事件”一季度纪念仪式过去仅仅 2 天，美国政府正式单边退出 1972 年与苏联签订的《ABM 条约》（《反弹道导弹条约》），条约禁止安置违反恐怖平衡规则的反导弹防御系统。布什用里根式的冷战口吻，把宣称捍卫美国领土不受“流氓国家”核武器袭击变成了不受“邪恶轴心国家”核武器的袭击，并具体化了何为针对公民的紧急情况。在充斥着记忆大杂烩的时代背景下，我们不禁想起美国的公关负责人一直以来都把恐怖主义行为同共产主义联系在一起：1981 年，国务卿亚历山大 · 黑格指责苏联“训练、资助、装备国际恐怖主义”。黑格的措辞——虽有凭有据，但忘记了中情局的行动——将同样适用于伊拉克。另外一条“记忆脉冲”也能从黑格的思想中寻找到根源，即“恐怖主义必须取代人权在美国关切（序列）中的位置，因为恐怖主义最侵犯人权”[21]。单从概念层面来看，当前的敌人与曾经的敌人之间连接的纽带没有发生变化，拒绝遵守国际惯例的前期准备也还是老样子。最后，对手批评民主党人对待恐怖主义时软弱无力，从前民主党人对待共产主义的态度也遭受过同样的批评。

有关第二次世界大战和冷战的回忆在美国现当代史中发挥着持续的威力，这种威力已经被毫无保留地工具化。害怕幻想中的敌人、拥有超强武器的必要性以及反恐战争条文均源自一种传统，后“9 · 11”时代的形势赋予了这种传统新的突出特点并且恢复了传统的现实意义。

基地组织的“第五纵队”

尽管总统获得的支持足够广泛，但支持的程度却慢慢地减弱了。2002 年 1 月，在一次瞄准伊拉克为“邪恶轴心国家”的著名演讲结束后，乔治 · W · 布什获得了 60% 的满意度。虽然依旧很高，但这次的得分应该拿出来同 9 月中旬调查得出的 90% 的支持率作一比较。从袭击发生到 2003 年 1 月为止，布什的民意评价以每月平均 1.8 个百分点的速度持续下降[22]，最终，因混乱而迸发出的一致支持缩水了 1/3。袭击之前的两极化不可避免地再次出现。因此，支持率的下降并非是线性的。受到几次焦点事件的影响，布什的支持率停滞不前，甚至出现反转："自由伊拉克"行动以及伴随行动出现的爱国主义反应把布什的民众支持率从 58% 提升至 71%，逮捕萨达姆 · 侯赛因促使他的支持率出现另外一次蹿升[23]，政府宣布袭击威胁时产生的压力变化顺序与之完全相同。

若少了某种必不可少的要素——恐惧因子，神圣同盟则无以为继。从本质上看，令人感到恐惧的不仅只有恐怖主义，人们对"9 · 11 事件"的表述也令人感到恐惧。只有当认为受到威胁时，人民才会走进战争[24]。然而，2002 年 11 月时，90% 的美国人认为将会出现另外一场袭击[25]。"9 · 11 事件"造成的情感冲击依然要靠"藕断丝连"作用去感知。"藕断丝连"作用不停地把"9 · 11 事件"的悲剧重新拉回与之相关的时事内部，我们将在许多不同的事件中看到这样的情况出现。

所谓的"炭疽"事件或称炭疽杆菌感染信封事件便是集体癔症爆发的恶果，而集体癔症的始作俑者就是当局和媒体。纽约和华盛顿遭遇袭击一周之后，17 人感染"炭疽病"（其中 5 人生命垂危[26]）。美国政府宣布展开"有史以来最大规模的调查"，作为军医、生物专家以及国家安全领域的负责人正式进行日常介入的依据。多家新闻台滚动播出危言耸听的通报，涉及感染地点、孢子扩散的风险、接受抗生素治疗以及疫苗闲置[27]等丰富的细节。趁机成立的"美国炭疽特遣队"审核了数千人，同时着手开展了数千份环境分析[28]。直到伊拉克战争开打的头几个小时为止，依然有不计其数的有关"可疑白色粉末"的假情报穿透恐惧的铜墙铁壁，之所以恐惧是因为共计有 7 件邮包确实受到感染。大量新闻快讯宣布在国会、各部委、医院、本土各大城市以及各领事馆发现病毒孢子[29]。十余家分拣中心被关闭[30]，邮政运输受到影响，警察部队穿着巨大的密封连体衣，这只有在电影中才能看见的画面不断地出现在电视荧屏上：比恐怖分子本身更恶劣的恐怖危险遍布全美，影响了公民的日常生活，影响力甚至波及最偏远的地区。人民的精神状态也被迫受到影响。对美国普通居民来说，敌人无处不在，甚至每天清晨从信箱中取出的邮件也难逃厄运。尽管所有的警报最后都被证实是假消息，但留下的痕迹却难以磨灭：一项心理学调查表明，在特定的背景下，受特殊的记忆残留影响，受假消息蒙蔽的人民，当假消息并非在第一时间被辟谣后，更倾向于记忆最初的叙述版本而不是经更正的版本[31]。经过三个月的辩论，政府决定向美国人提供炭疽疫苗[32]。此举加剧了民众的担忧，疫苗攻势的景象绑架了人民。总的来说，每个个体的生存取决于政府。用后者的话来说就是，“控制住了局势”。

与“9·11事件”正相反，“炭疽进攻”看不见也摸不着，隐匿于时间和空间之中。在劫机的背景下，生物恐怖主义的幽灵煽动向药学发起进攻，以寻找猜想中的药剂。“第五纵队”的传说又从这些粉末中复活了。飞机变成导弹，邮件带毒的事件发生后，食品又成为下一个进攻目标[33]…… 11月初，乔治·W·布什利用一次每周广播讲话专门叙述这个问题。总统提到“恐怖主义袭击的第二波浪潮”，尽管他的表述有所保留，但仍与9月发动袭击的恐怖特遣队有关系[34]。然而副总统切尼并没有因总统演讲的不谨慎而畏手畏脚，他在一档电视节目中表示，“最明智的做法是考虑这些事情与自杀式袭击之间的关系”[35]。乔治·W·布什在一份有关向恐怖袭击罹难者捐助及提供帮助的法律文本上签下自己的名字，其中就包括“袭击……9月11日袭击以及因吸入炭疽病毒患病或死亡（的人）”[36]。参议院和众议院一致投票通过了另一项法案——“嘉奖哥伦比亚特区的国民卫队、国民卫队办公室以及国防部各部门协助国会山的警察和国会应对2001年9月和10月的恐怖主义袭击及炭疽病毒袭击”[37]。至此，混编找到了法理上的正统性。2002年6月12日投票通过的另一项法律，规定“提高美国预防、准备和回应生物恐怖主义的能力”[38]，因此威胁最终被具体化，同时延伸至全国范围。罗斯福政府关心的是避免因爆炸气球事件诱发狂热情绪，而布什团队的公关却引得议论纷纷。很难让人不注意两者处理问题的区别。当然，面对生物恐怖主义“袭击”，共和党政府选择公开透明。不过，这种透明在未来将会暴露出这是一种有选择性的透明。

指认嫌疑人的逻辑与沃伦委员会在肯尼迪事件中所使用的逻辑如出一辙。李·哈维·奥斯瓦尔德被怀疑是“共产主义破坏分子”[39]。冷战强迫接受一种定向的可能性，与针对敌人间谍活动展开的调查不无关系。大约30年后，联邦调查局局长罗伯特·米勒被勒令把炭疽病毒信封与基地组织联系在一起[40]。2001年，面对反恐战争，披上囚服的正是恐怖主义组织，这件囚服有时候还会被裁剪成能塞进萨达姆政权的版型。由于缺乏哪怕是处于萌芽状态的证据，公众只能选择信任媒体[41]和当局，后者灵活地运用了那几个著名信封中所包含信息的模糊性："2001–09–11：这就是续集，现在快吃盘那西林（盘尼西林误写成盘那西林，原文如此），美国该死，以色列该死，真主至上"。此外，寄件人——失败了——的目标包括所有的政治（参议员达施勒和参议员莱希）和媒体权势集团（CBS、NBC、ABC、《华盛顿邮报》……）等令人信服的部门。

调查开始3年后，调查的方向距离伊斯兰恐怖主义越来越远：姗姗来迟的线索指向布鲁斯·伊文思。这位受雇于美军实验室的科学家几乎没有成为美国媒体的报道对象[42]。2008年7月29日，随着伊文思的自杀，调查也宣告终结[43]，调查结果显示，恐怖的源头来自国内。这是美国当局轻视1972年签署的《禁止生物武器公约》的结果。

炭疽病毒狂热过去一年之后，"华盛顿狙击手"成为热议的话题。10月，杀手的梦魇持续了三周的时间：杀手在联邦首都地区漫无目的，不计时间地杀人。美国政府无视另外一些已经在美国或其他地区行动起来的类似的"杀人狂"，反而提到"与基地组织相勾结"，并且动员军事力量[44]：根据1878年的《民团法案》规定，除非出现特殊情况，军队不得进入平民区域，然而当时的美国政府无视这条法案，把战火烧尽华盛顿中心区域。手握10条人命的神秘杀手被认为是乌萨马·本·拉登组织的新成员。2002年10月24日，凶手落网，身份被确认：约翰·艾伦·穆罕默德于2002年4月皈依伊斯兰教。媒体总是报道他的宗教身份，这并没有多少法律上的意义。真名叫作威廉的约翰·艾伦·穆罕默德并没有向社会大融合敞开怀抱。不过，反复强调姓氏里的伊斯兰内涵帮助官方推测出凶手，并且排除了凶手参加海湾战争的经历导致其精神错乱的假设，因为威廉曾经参加过海湾战争。

虽然缺乏有说服力的迹象，但政府和媒体机构竭尽全力让人民相信：这个再次被攻击的国家比以往任何时候都更容易遭受攻击。尚未从9月份的自杀式飞机带来的惊吓中缓过神来的美国舆论又被烙上了"新威胁"的烙印，或模糊不清，随着恐怖主义的警报不断变化，或清晰明确，就像炭疽病毒信封与"华盛顿狙击手"事件中所表现出来的那样。政府故意向媒体泄露秘密。因此，媒体在越来越激烈的竞争影响下，跳出最低级的“非正式的”禁锢，以这些秘密为原材料写就大量危言耸听的文章，或者仅仅是作为最新特别快讯的精彩环节。使用引文出处时的谨小慎微——经常是“匿名”，但“来自高层”“政府的”“秘密的”——增加了媒体论述的可靠性，尽管其中有些论述更像是传闻。“匿名”[45]官方人士公布所谓的“秘密”消息是最经典的宣传方法，又一次成为理论家和类似戈培尔之类的宣传大师开出的灵丹妙药[46]。在人民的想象中，情报界或多或少都有些魅力。围绕着消息来源的晦涩不明生成一种真实性远大于人工性的印象。同时，真实的事件增加了政府论点的信用度：2001年12月，英国人理查德·瑞德试图在一架巴黎飞往迈阿密的航班上引爆装有炸弹的鞋子；2002年5月，持美国国籍的若泽·帕迪里亚涉嫌准备实施“脏弹袭击”，被判处17年监禁；9月，拉克万纳（纽约州），6名也门裔美国人因参与巴基斯坦圣战营的“培训”而被捕；2003年5月，长途大货车司机伊曼·法里斯经过类似的专业训练后准备袭击布鲁克林大桥，被判入狱20年。每隔一段时间就会有一些人被逮捕。不过，有的时候逮捕是基于错误的证据，此时被逮捕者就会被释放。被逮捕者大多是拥有美国国籍中东裔人士：普遍感觉是，基地组织在美国全境唤醒了许多沉睡的细胞，加剧了恐怖主义的恐惧感和“第五纵队”的影响，就像加强版的麦卡锡主义一般，影响力一直渗透到军队[47]。

袭击预报

红衣主教雷茨（1613—1679年）曾经说过：“在所有的情感中，最能削弱人判断力的就是恐惧感。”2004年1月，在一档真人秀节目中，布什政府的一位杰出成员承认，“恐惧因子”在投票问题中扮演着头等重要的角色。美国人民的焦虑沦为夸张讽刺的工具，尤其是在理查德·切尼支持下，人民在可能参加总统选举的约翰·克里与美国遭受更大的“新一轮攻击”的“危险间摇摆不定”[48]。“作出最佳的选择绝对是最至关重要的事情”，这位政治“诡辩”专家、副总统说道。布什政府不断积聚纽约和华盛顿袭击的影响力，最终煽动起人民的恐惧。

"我们唯一应该恐惧的事物只有恐惧本身"[49]，富兰克林·罗斯福在自己第一次就职演说中如是宣称。乔治·W·布什变成比这位"新政"实施者更得民心的总统。他散布了许多自相矛盾的消息。"恢复正常生活"，众多众议员及当局的其他盟友争先恐后地再三表示，同时呼吁"准备迎接比'9·11事件'更大规模的恐怖主义袭击"。在公共场所、办公地点、工厂和港口加强安全法规和规章制度促使威胁四处传播。甚至就连高速公路旁的灯光广告箱上也写着只有在可疑事件发生时才能拨打的紧急电话[50]。

"黑色星期二"过去6个月以后，被粉饰成新型恐怖主义警报系统的五级体系——国土安全警报系统（HSAS）每日向公众提供一次类似天气预报的袭击预报：为回应"9·11事件"而成立，美国国土安全部掌管这一套系统，这套系统赋予了新部长控制媒体和政治领域的手段。正如它的名字一样，"国土安全"部强行推行一种国家笼罩在持续的威胁之下，必须使用新的方法与之对抗的思想。国土安全警报系统以此为名义"可视化"恐怖主义危险：国土安全部规定，国土安全警报系统的运行规则完全不透明。因此实现从"高"（黄色）到"很高"（橙色）再到"严重"（红色）的危险等级依据的评估方法只有"有关下一次袭击的秘密情报"这一条。此外，在HSAS体系运行的9年间，"微弱"（绿色）级别和"一般"（蓝色）级别从来没有被使用过。

美国公民可以根据各个警示级别应用"指令"预测威胁的范围：在2002年3月12日—2004年8月1日，"黄色"级别出现过5次，共计411天，该级别要求"确保成套生存设备（食品、探照灯、电池、急救箱、手提电话、收音机、面具、哨子、地图……）完整而丰富"，"检查用于接收全家撤离警告时使用的电话号码是否可用"，"使用备用线路上班或者上学"，"留意可疑行为，并把情况通知当局"；2002年9月10日—2004年11月10日，"橙色"级别出现过6次，共计192天，除了重复上一级别的内容之外还建议"重复家庭紧急情况计划"并"提醒邻居"。"恐怖主义信息和预防系统"（TIPS行动）构成了极权的后果：从2002年8月开始，TIPS在其官方网站上呼吁从事可以进入客户家庭的职业的美国人向当局揭发一切可疑的要素。TIPS行动与东德的斯塔西体系相类似，既是恐惧感的传播媒介，同时也是监视的工具。正是这种相似性引起了媒体、舆论和政界的批评并最终导致 TIPS 于 2002 年 11 月被废除。

加利福尼亚的一项医学研究显示，“黑色星期二”之后，有些家庭决定应用该体系，所有打扰这些家庭日常生活的预防措施都加剧了潜在的心理失衡，促使某些人针对恐怖主义的担忧更甚于前[51]。另一方面，恐怖主义预警等级成为了潜在的政治工具：2002—2005 年，根据民意测验的结果，预警等级的提升与美国人忧虑情绪的增加是一致的，同时与总统民众好感度的提升也是一致的[52]。例如，“9 · 11 事件”的首个周年纪念日就被提升至“很高”级别；与此同时，民意测验显示，乔治 · W · 布什的民众支持率提升了将近 4 个百分点[53]。2005 年 7 月 7 日后的记录同样也是如此：短暂止住了下跌趋势，赢得 3 个百分点，从 46% 提升至 49%[54]。从 2004 年 8 月 1 日—2004 年 11 月 10 日，预警等级根据政府的命令提高，与可能的袭击有关的情报没有多大关系，2001—2003 年担任国家安全部首任部长一职的汤姆 · 里奇曾披露过这一情况[55]。这段时期涵盖了总统选举大战中最后也是起到决定性作用的几周以及 11 月 2 日的“选举日”，乔治 · W · 布什赢得第二次总统任期。

随着时间的推移，反复警报的效果日益减弱：熟悉当局的操纵后，舆论变得不太敏感了。大部分人已经习惯了生活在持续的恐惧气氛中，这是“美国新常态”[56]的关键因素。恐怖的化身，本 · 拉登通过录像带和录音的方式，定期出现在人们的日常生活中——2001 年 12 月、2002 年 11 月、2003 年 2 月——他在录像带或录音中威胁要针对美国政府的运动施加更多的暴力。

www.ready.gov 网站是一家每个美国公民都会访问的网站。该网站提供了一张威胁全球概略图，这些威胁均是由布什政府煽动引发的。然而，2004 年底，这家网站的访问量达到峰值，与 HSAS 系统的顺序保持一致[57]。这家“预测性”[58]网站的菜单从整体上详细展示了“有可能到来的”灾难：“生物”、“化学”及其他的“爆炸”“威胁”，特别是“核”威胁，此外还有“辐射”的载体。另外，不能忘记“自然灾难”[59]这个完全不输于恐怖主义灾难范畴的灾祸。这些网页虽然具有提供情报和预测的性质，但却几乎很少考虑由它们所引发的焦虑，其中典型的就是有关细菌传染的症状、效果以及其致命性的解释。这种狂热传导至更渴望信息的电视媒体，变成冗长的危言耸听式的消息："基地组织将发动袭击，我们要作好准备，袭击可能是毒气、小型脏弹或者改装核武器。准备好大水桶、电池、罐头食品、贝兹、探照灯，尤其要准备好被称作“强力胶带”的加强型粘性胶带……”[60]通过足以催眠的频率反反复复地讲，一条讯息深深地扎进人们的思想，使之不能分身：当袭击无法避免时，必须“作好准备”，“保持警惕”，到袭击商店去采购储藏品，或者最简单的就是，根据国土安全警报系统运行时发出的行动指令待在家中。相当多的措施都是借鉴自从1950年开始实施的“民防系统”：苏联拥有原子弹一年之后，核大战的可能性变成了现实。在联邦的资金支持下，多部反映这类信息的短片问世：《原子弹攻击中幸存》在令人恐慌的背景音乐下，展示了“一个事实，根据这个事实，（美国的）城市将成为原子弹的攻击目标”，然后给出了一系列的基本建议：储备罐头盒，准备探照灯、收音机……画外音的解释既郑重又令人放心，极力降低辐射的影响力（大部分人对此深信不疑），强调了爆炸的冲击波“像广岛一样”将不会破坏“最近才建造的坚固大楼”。“如果广岛和长崎的居民懂得我们所了解的这些事情，那么当时将会有数百人幸免于难……来吧，行动起来吧，您的生命取决于此”，短片最后总结道。瞄准最年轻人群的《鸭子与被子》从1950年起就开始风靡各大小学：“面对新的危险，我们必须作好准备：原子弹！……不知道何时原子弹会爆炸……我们应该每天都作好准备，每个小时都作好准备！”直到20世纪80年代，此类型的短片仍在介绍必须遵守的姿势（平躺在地上、手放在颈后、成胎儿状蜷缩在桌下面或者抵在墙角），尽管这些姿势的实际效果有待商榷。定期发布警报造成的心理影响在更具现代气息的短片拍摄过程中完成程序化，并且获得更新。为完善这些宣传攻势，一系列生存手册在聚光灯的闪烁下横空出世[61]。人们更好地理解了可能碰到的共鸣现象，例如2002年9月，关于伊拉克核潜力的“布莱尔”档案，“我们有能力在55分钟之内派出核作战部队。”

反恐战争的背景已经根深蒂固。然而，如此一场大灾难同现实生活中出现的危险相比简直不成比例：美国统计学显示，公路事件和大气污染引发癌症，癌症导致的死亡人数（每年4万人）大幅高于“恐怖主义威胁”所造成的死亡人数（2001年9月11日之后仅有2989名牺牲者）。这种相当浅显易懂的纪录并没有在线上被互联网网站传播，这些网站劝人戴上防毒面具，免遭工业废气或者二氧化碳污染……布什政府拒绝减排二氧化碳，并且废除了美国在《京都议定书》上的签字。

真实恐惧与虚拟恐惧：从《24 小时》到《危机四伏》——当电视节目危言耸听的时候

周遭警示信息如潮水一般涌过，虚拟领域也不甘落后。2001 年 11 月 6 日，电视剧《24 小时》在鲁伯特 · 默多克的福克斯电视台上映，大获成功。该剧主人公杰克 · 鲍尔供职于虚构的“反恐局”（CTA，*Counter Terrorist Unit*），在 24 小时之内对抗准备袭击美国的恐怖敌人。2002 年 10 月 29 日起播出的第二季更甚于拍摄于“9 · 11 事件”发生之前的第一季，具有鲜明的时代特色：这一次，伊斯兰恐怖主义组织——不能不让人联想到基地组织——准备使用核武器袭击洛杉矶，美国总统和大量政府人员竭尽全力阻止袭击发生。恐怖主义组织的目的只实现了一部分，因为 CTA 的特工把核弹运送至莫哈维沙漠，在荒野上引爆。紧张的节奏和大量的悬疑确保了这部电视剧在 2001—2006 年间获得巨大的成功。这部电视剧向公众提供了一种审视反恐战争内部的虚拟视角，剧中的主人公都是如假包换的美国人，他们前赴后继，为了自己的祖国不惜自我牺牲。通过这部电视剧的性质以及特别的播出长度（现实世界的时间）可以看出，该剧不仅反复向电视观众灌输威胁美国的灾害，同时还向公众阐述了由权力引发的危险。尽管在这部电视剧中，我们可以注意到揭露操纵舆论的剧情有限——这样的剧情被设置为：总统在误导下发动战争，官员准备从中渔利——然而“好人”最终的胜利在相当程度上抹杀了这些剧情的影响效果。

2001 年 9 月 30 日，ABC 电视台播出美剧《双面女间谍》。该剧延续了 5 年的时间，获得了与《24 小时》相当类似的成功。剧中的女主人公西德尼 · 布里斯托供职于中央情报局，她的工作就是打击不同领域的恐怖主义敌人。剧情比《24 小时》更温和的《危机四伏》（*Sleeper Cell*）也加入了这次运动。2005 年 12 月 4 日，《危机四伏》在美国娱乐时间电视网开播，非裔美籍穆斯林达尔文·阿尔-萨伊德的冒险故事被搬上荧屏。达尔文受雇于美国联邦调查局，打入一个以洛杉矶为攻击目标的恐怖主义阴谋组织内部——虚拟故事特别喜欢把洛杉矶作为极端伊斯兰教徒的攻击目标。该剧在第二季的时候把副标题《朋友、邻居、配偶、恐怖主义分子》变成《城市、郊区、机场、目标》，反映了后“9·11”时代人们的恐惧，声援了国土安全部发表的讲话。

电视剧《执法悍将》（JAG）开播于1995年。剧中的主要角色活跃于军界。该剧也受到后袭击时代的忧虑的影响。2002年4月30日在CBS电视台播出的第155集讲述了策划“9·11事件”的头目进入军事法庭受审的故事。剧中的司法形式被《人身保护法》的辩护人质疑，在给予这种司法形式合法地位的过程中，这起诉讼案件揭露了造成大规模死伤的“9·11行动”的准备过程。随后，5月21日播出的那集讲述了恐怖主义组织使用“脏弹”的问题，与政府的警告遥相呼应。

综艺频道和新闻频道已经披露了恐怖主义危机的范围，数百万美国公民得以看到类似的虚构的人物形象。有时，虚构这些形象的正是共和党的忠实粉丝：例如，《24小时》是乔·苏诺的“宝贝”，而乔·苏诺正是极保守派分子拉什·林博[62]的好友。既然“黑色星期二”在相当大的程度上磨平了现实与虚幻之间的界限，那么就有必要自问如此大规模的思想灌输究竟有何效果，同时动机何在：是时局所致，亦或是加剧氛围？2006年6月23日，思想库——传统基金会内的共和党保守主义者正式为电视剧《24小时》“授勋”，并组织了一场名为“《24小时》与反恐战争中的美国形象：事实、虚幻，哪样重要？”[63]的会议。与会者有该剧的部分演员、制片人和国土安全部部长迈克尔·切尔托夫（2005—2009年）。当然，不能忘记另外一名参会者——极右派社论主持人拉什·林博。虚幻从现实中获取灵感，反过头来又影响着舆论：2003年10月，以“华盛顿狙击手”为题材的电视片在广受欢迎的美国网络电视台USA Network上播出，该片名为《狙击手：恐惧23天》（*Sniper: 23 Days of Fear*），采用官方介绍此次事件的视角，生动地再现了那段令人焦躁不安的日子。

美国的电视剧数量众多，且预算庞大，容易受到时代氛围的影响：不谈那些提及频率甚高、热情展示美国遭遇苏联军队入侵的灾难巨制，我们还可以列举出：《战役！》，这部电视剧制作于古巴导弹危机期间（1962 年），提醒人们不要忘记美国大兵诺曼底登陆的英雄史诗；《耶利哥》（1966 年），讲述了第二次世界大战期间美国秘密探员的故事；《加里森敢死队》，题材类似，1967—1968 年越南战争期间播出，在一个年轻人重新质疑美国模式的时代再次唤醒 1945 年的记忆。最后，大量主人公（1980 年的《私家侦探玛格侬》、1983 年起的《天龙特工队》（*The A-Team*）、1984 年的《激流》和《迈阿密风云》）都是获得平反的越战退伍老兵。在里根主义的时代氛围下，虚构历史的意义远远超过重写平反昭雪的"婴儿杀手"的历史那么简单，但其宣传能力永远也达不到当代题材的电视剧所能达到的程度。面对后"9 · 11"时代的"新常态"，今后似乎一切皆有可能。除了信任政府，还能做些什么呢？

专制普遍化[64]——一个不讲理国家的国家道理

"9 · 11 事件"标志着新的立法起点。在 13 个月的时间内，44 部法律或者撤销令作为"9 · 11 袭击"的直接结果以及反恐战争的"法律"基础，获得议会投票通过。

受益于 21 世纪科技的全部精华，直接源自第二次世界大战和冷战的安全选择再次浮出水面。通过信息技术手段以及布什政府拥有的其他拦截手段，后"9 · 11"时代破坏自由的方法比 20 世纪 40 年代和麦卡锡主义狂热盛行时代所采取的方法更进一步。因为敌人被认为已经融入群众中，所以政府官员不再是唯一被监视的对象：所有的人民都包括在内。

当重要的冲突来临之际，公民的自由总是会经历弱化阶段。20 世纪 20 年代"红色恐慌"时期以及第二次世界大战结束以后，联邦调查局的渗透能力已经达到惊人的程度，有时甚至是不合法的：验明某些期刊订阅者的身份、给某些被判定为具有破坏性的协会的会员登记造册、无许可的搜查、监视体系[65]……大量被滥用的权力隐藏在民主法治的美丽外衣下，因《美国爱国者法案》而焕发了第二春。

尽管紧张与缓和交替出现，但 40 余年的冷战也还是给人们留下了一笔法律和精神遗产：约翰逊发起“混沌行动计划”，尼克松时代该计划被进一步巩固。但中情局在美国本土非法使用本计划——既定的禁止中情局进入的领域——目的是加强对持不同政见者的行动及其活动分子的控制（监听、入室盗窃……）。1956 年至 20 世纪 70 年代初，在“反间谍计划”（*Counter Intelligence Program*）的背景下，联邦调查局引领了一次类似的行动，行动的目标是打击三 K 党。先是隐藏，然后迫于调查的压力浮出水面，对自由的定期侵犯促使美国决定放弃，至少是暂时放弃完整地履行公民权利。

因此，《爱国者法案》成为了反动派梦想的结果。这部号称例外法的法律在其生效期间一步步地实现了全球登记造册的幻想：垄断庞大资源的政策——国土安全部拥有 17 万工作人员，每年预算达到 400 亿美元——把人民排序、分类并编目，不利于专门针对恐怖主义细胞的潜在调查。为促使人民接受如此荒唐的计划，公关部门也不甘落后。把一切争议扼杀在萌芽状态的首字母缩写“U.S.A. P.A.T.R.I.O.T Act”——《提供合适的必要工具拦截和阻止恐怖主义，团结和巩固美国法案》（*Uniting and Strenghthening America by Providing Appropriate Tools Required to Intercept and Obstruct Terrorism Act*）继承了那些精选术语的衣钵，将“爱国主义”的珍贵标签贴在了破坏自由且反民主的法律文本上。这种方法同 20 世纪 80 年代初为导弹贴上“爱国者”的标签如出一辙。当每位公民都应该表达出一种与布什政府所定义的背景相一致的持久不衰的“爱国主义”时，对“爱国”法律的任何批评都等同于“反美主义”。经过为期 6 周的国会讨论，仅有极少数反对者（66 位众议员、参议员拉斯 · 法因戈尔德投反对票，参议员玛丽 · 兰德鲁弃权），这部共有 342 页的复杂的法律文本于 2001 年 10 月 26 日正式开始实施。

《爱国者法案》的应用极其广泛，因为它触及了美国和美国人假设的对手：顶着反恐调查的帽子，联邦调查局拥有更宽泛的搜查权（医疗机构、学校、书店、图书馆），而查封的动机却可以不被正式告知。恐怖主义行动的定义向外延伸（“入侵信息系统”“损害财产和经济基础”），除了这一事实之外，民主受到严重威胁，不难甚至很容易地想见，这种假设将会导致大量激烈的社会斗争。由此而生的观念广泛传播，以至于出现了根据政府 2004 年编订的技术性文件，用更加模棱两可的方式确定“恐怖主义分子”的情况。“某组织的任何同情者或者成员……同时不忠于甚至敌对美国政府……将其判定为‘恐怖分子’都将是有效的”[66]，一位军方恐怖主义分子研究调查报告撰写者解释道。由于缺乏“不忠于”和“敌对”的具体所指，任何的阐释都是可以预见的。

拜一段时间的放肆行动所赐，官方权力干涉人民的生活变得合法化。随着政治博弈的加剧，法律表现出一种彻底的专制性：2004 年夏天，美国总统选举激战正酣之时，联邦调查局利用互联网和电子邮件收集未来反战游行组织者的信息。和平主义活动分子也被请进这个联邦机构，被询问他们的政治活动[67]。在纽约，一位毫不客气地发表反对布什总统言论的人遇到了相同的麻烦。同样的情况遍布各处。损害言论自由的行为带有威胁性，原则上作为专制政体现行武器的政治警察并未远去，为威胁行动的资助者提供有力支持。围绕在活跃于二十世纪五六十年代，例如马丁·路德·金或者马克西姆·X 之类的黑人领袖身边的政治操纵找到了现实性外衣。

从 2001 年开始，联邦调查局、美国国家安全局（NSA）奉政府的命令执行了数百起甚至数千起、脱离于法定手段之外的电话监听和电子邮件监控。这些监听和监控没有获得任何司法授权，与 1978 年的《外国情报法案》所示的条件也不相符[68]。2001 年 9 月 14 日，经过一个半小时的辩论之后，参议院投票通过了《打击恐怖主义法案》，批准联邦调查局可以在未获得司法授权的情况下监控电子邮件往来[69]。同联邦调查局一样，国家安全局在概括归档的工作过程中获得了多家大型电话公司的支持，后者在尚未获得法律嘱托的情况下，向国家安全局移交了客户的完整通话清单[70]。除了少数几个例外情况，作为美国资本主义风向标的企业都变成了美国过度安全政治的狂热助手。情报非正式的私有化从广义层面向经济自由主义的总体改革敞开怀抱，国家把部分至高的任务赋予了某些企业。1974 年的《隐私法案》禁止联邦机构设立美国公民的数据银行[71]，因此自那之后，这些联邦机构寻求向企业获取这些数据，其中以 ChoicePoint 为典型代表，这些公司擅长存贮不同的信息[72]。从 2001 年开始，美国联邦调查局以及其他联邦机构在完全秘密的情况下与ChoicePoint公司达成了卓有成效的合同，向这家企业购买对方收集到的新型情报[73]；2005年，美国政府给予此类活动的预算高达3000多万美元[74]。随着社交网络Facebook大获成功，大量的网站会员自行建立个人档案，情报机构渗透的程度只能增强：Facebook创始人马克·扎克伯格的经济模式的基础是，出售呈递给网站服务器的个人信息以获取广告收入。因此，《爱国者法案》的制度准许联邦调查局、中情局、国家安全局或者其他政府机构从中谋得最大利益是符合逻辑的。政府和私营企业间达成几乎共生的情投意合，《老大哥》（真人秀节目）式的限制人民的行动仍将继续。

2003年，尚武的气氛终获加冕，《爱国者法案》完成几项激进的修改：例如，被判犯恐怖主义罪的美国公民会被驱逐出境并且剥夺国籍。紧张准备动武的前夜，舆论表现出很高的支持率：2002年1月，49%的美国人支持政府的选择，当时他们的基本自由并没有受到束缚——据我们的观察，情况远非如此——同时47%的人宣称准备好为此认捐，尽管这些人的自由刚刚受到限制[75]。舆论大范围地盲目赞同，却并没有意识到上述的“自由”从今以后将被“限制”的事实。

行政当局在司法方面的优势注定将会给权力的平衡带来不幸，专制体制由此而生。更严重的是，联邦调查局和中情局的干涉及占据优势的影响力展现了平民和民主机构增加的规模：国家安全局——隶属于五角大楼，局长是一位将军——获得的特权完全不受议会所控制。事实上，国安局准许美国军队在美国领土上对美国公民采取行动，这对禁止类似吞并行为的法律来说是一种嘲弄。

我们目睹了民主在某种程度上的自毁长城：经袭击重创之后，大多数美国公民甘愿放弃父辈立国者们创立的部分珍贵的价值观。1940年法国战败期间，人民放弃了自我身份与共和传统中的精华部分，事实上，类似的过程导致了这样的放弃。人所众知，放弃的结果更加悲惨。

仇外与政治

可以看到的是，“9 · 11 事件”发生之后，仇外反应变得越发浓烈。电视福音传道者、电台主持人或者亲近极端右翼分子的社论作家均发表了反穆斯林和反阿拉伯的批评，更不要说那些网络匿名作者了。侵犯行为的牺牲者都是那些长着中东面孔的人，破坏的对象直指清真寺和伊斯兰教的中心机构：“黑色星期二”过去 9 周之后，可统计的暴力事件就发生了超过 700 起，这一数字比前几年增长了 400%[76]。令人尊敬的神甫杰瑞 · 福尔维尔在 CBS 电视台上支持“默罕默德是恐怖分子”的论调；2002 年 11 月，“基督教联盟”的创始人，派特 · 罗伯森神甫向信徒保证，“恐怖分子完全没有歪曲伊斯兰教，他们只不过是在运用它而已”。“9 · 11 事件”发生后，当我们审视精神状态变化的要素时，信任福音传道体系的观众不应该被轻视，更何况随着约翰 · 阿什克罗夫特被任命为“司法部长”，美国政府内部的这种情况进一步强化。

让我们抛开那些种族主义的反应来看一项政策，尽管这项政策在未来将会煽动起这一反应：布什团队某些成员坚守混杂着极端保守主义、民族主义和极端宗教信仰的领地，但布什政府不仅限于此，还就与伊斯兰教、“阿裔美国人”或穆斯林的关系问题发表了极其矛盾的讲话：从 9 月 11 日开始，布什总统要求同胞提防一切伊斯兰教与恐怖主义之间的的勾结；9 月 15 日，众议院投票通过了一项秉承此种主张的决议，参议员也作出了同样的决议[77]。反恐战争开启了一项不受这些担忧所束缚的政策。

2001 年 9 月，联邦调查局获准在门户网站 Hotmail、AOL 和 Earthlink 上安装电子邮件监控软件，编目了包含“阿拉”姓名的所有邮件[78]。2002 年 6 月，根据美国国家安全出入境登记制度（NSEERS），要求出生在中东地区的男性及年满 15 岁的穆斯林前往移民局进行登记（照片、指纹）和各项核查。同时，从 2002 年 11 月起，伊拉克裔的美国公民成为特殊关注的对象；作为对 1941 年《外国人注册法案》的回应，数千名阿拉伯裔的年轻人受到警察机关的召唤，与此同时，从阿拉伯地区赴美国的学生获得签证的难度比来自其他地区的学生要大得多。据美国公民自由协会（ACLU）估计，

2001 年 9 月—2004 年 4 月，以随机方式被选中参加询问的人数量应在 1.3 万人左右，询问的重点是这些人经常出入的清真寺中说教的内容[79]。2002 年 1 月 8 日，联邦调查局针对等待被驱逐的 6000 余名近东侨民展开询问[80]。数千名在没有任何证据却被怀疑从事恐怖主义活动的人——2004 年约有 3000 人[81]——根据“有罪推定原则”惨被收监。逮捕行动没有授权也未准许律师介入。这些人通知亲属的权力被剥夺，有些人被迫等到有证据证明其无罪之后才会被释放[82]；其他的人则在经历了长达几个月甚至几年的牢狱之灾后被驱逐出美国领土，美国当局拒绝公布以违反国际协定的方式逮捕的人员名单。然而，尽管被监禁的人中没有罪犯，美国司法部仍然在其官方网站上提出“根据‘9 · 11 事件’的调查”驱逐数百名移民[83]。只有那些消息灵通的公民才会明白“调查”使驱逐那些已经违反法律或者签证到期的移民成为可能，并非仅限于恐怖分子。

在麻痹了的舆论眼中，警方的行动以及行动的总结表明，750 万名来自阿拉伯地区的美国人中相当大一部分人都应该受到监视。相比于辨别行为或表现，警方更注重把出身和宗教作为研究和质询的第一标准[84]。美国人，甚至是社会的边缘人士都对这一人口数字表示恐惧和怀疑，恐惧感和怀疑感因此找到了急速夸大化的理由。穆斯林信教者达到美国总人口的 1%。2001 年 10 月，39% 的美国人对这些人持反对意见，47% 的人坚持不抱有偏见，另外 13% 的人没有发表意见。10 年后，报告出现逆转[85]。

以“国家安全”为由，注意力集中在移居美国的中东人身上，不禁令人想起曾经的做法: 1917 年，敌国公民登记部门负责监视国内的德国群体，未来的联邦调查局局长，年轻的约翰 · 埃德加也是该局的成员之一。在美德国人总数约为 100 万人，其中 45 万人被监视居住，6000 人身陷囹圄[86]。另外还能想到：第二次世界大战期间以及“二战”结束之后，美国司法部在防止共产主义和无政府主义“传染”的战役中，对东欧移民执行逮捕和驱逐。现实同样再现了 1941—1945 年的“第五纵队”，被软禁的 12 万名日裔美国人中有 2/3 是无辜的。差别极其细微：对日战争中，美国政府面对日本，后者的同谋或者说是在美国本土的活跃分子很难与广大公民与日裔侨民区分开。这种确定对象的方式再加上其他的判别要素，对大量来自亚洲的移民，对“亚洲脸”造成侵犯。

后者的命运与黑人类似，都是长期不幸命运的牺牲者[87]。然而，面对潜在的恐怖分子，任何民族都不能明确表达本民族没有成为目标。由此导致对恐怖主义问题最广义的恐惧，也就是说中东裔问题。预防恐怖主义的政策为一切政治大杂烩提供了生长的沃土，用敌意来防守的想法得到进一步发展。敌意构成了预防性战争学说的基础。

1950年，偏执狂渐成传染之势。“今天的美国存在大量共产主义分子”，司法部长宣称，“他们到处都是，工厂里、办公室里、屠宰场里、商业行当里。他们中的每个人身上都带有能把我们这个社会置于死地的病原体”[88]。随着大批人沦为枉费心机的调查的对象——1947—1952年，约有超过600万人[89]——追捕共产主义间谍和苏维埃走狗的行动变成了普遍性的行动。自从布什总统宣布全国各地都存在基地组织的“沉睡的细胞”以后，对“内部敌人”的恐惧愈演愈烈。向联邦调查局揭发邻居“可疑行径”的行为证明猜疑已经蔓延开来。

自第二次世界大战以来的不断发展，种族主义的法律被废除，乔治·W·布什任命不同种族来源的人赴与国务院和国家安全局同属中央序列的机构担任职务，给带着仇外主义遗臭的政策以反种族主义的借口。隐藏于美国价值观背后的多民族聚合变成了国家信条的一部分，阻止了所有像默罕默德·阿里一样来自少数民族的个体宣称“永远不能像曾经对待黑人那样对待任何一个伊拉克人”，阻止了人们质疑战争的理由。美国公民应该求同存异，应该把怨恨的矛头对准国外，或者对准国内的外国敌人。2009年夏，这种怨恨的感觉将转向围绕所谓的“‘爆心投影点’的清真寺”——向所有人开放的中心社区，预计将在两片废墟的基础上建造“世贸中心1号大厦”——展开的论战[90]。笼罩在国内敌人的恐惧下，针对移民的严酷政策似乎因此变得可以接受了。在其他行动领域，最极端的选择也被纳入考虑范围之内。

虐待：辩论与电视

阿布格莱布丑闻爆出两年前，公共辩论中出现虐待的推测就已经十分常见了。几十年前，虐待几乎完全是机密性问题。1963年，中情局刚刚开始被卷入越南战争时，编订了一份秘密手册——《库巴克反情报审讯指南》[91]，其中第9章详细介绍了“对不合作者实行强制性情报审讯”[92]。手册包含五花八门的指令，强调必须“剥夺感官刺激（视觉、听觉、味觉、嗅觉、触觉[93]）”、“威胁和恐惧[94]”、依靠毒品[95]以及“痛苦[96]”，同时考虑对“个体……及其性格影响”[97]的限度。1983年，《库巴克》变成《人力资源开发手册》[98]。后者总结了不同的审讯技巧，可视作类似——尽管手册的编辑们极力予以否认[99]——虐待行为，尽管梗概中仍留有身体部分的内容，但正文中这部分内容似乎被删除了。由于极端右翼分子的南美盟友的翻译活动，以及1997年《巴尔的摩太阳报》要求最终解除秘密等级，这两本手册构成了后“9·11”时代司法手段的资料来源。尽管美国批准了反虐待的《宪法》，但从1988年里根总统时代开始出现倒退，1994年时确实出现过虐待行为。手段的不透明一直围绕着中情局。20世纪80年代，美国中央机构在秘密战争（尼加拉瓜、洪都拉斯、危地马拉[100]……）中寻求施行暴力“审讯”之后，1994年，美国政府定性“虐待”一词时，秉承有限制性的定义，其中并不包括当时在关塔那摩流行的剥夺睡眠或者扭曲感官。为激进手段辩护的人经常谈到“加强型审讯”。“加强型审讯”一词源自1937年6月4日盖世太保的一篇通报[101]：婉转地说，官僚的羞耻感使得一个词汇难以启齿，创造出一种改变事实的标准。发生泄密事件时，对执行者来说，它的可行性变强；对身处政府权威之下的人来说，它的接受度提高。克林顿政府并不认为发掘美国机构在虐待方面的秘密行为是一件有意义的事情，因此后者对大部分公众来说仍然是一个陌生的领域，甚至从某种程度而言是一个不真实的领域。直到2006年年底，有关“虐待”的定义才被收录进五角大楼的《军事术语词典》[102]。

同其他领域一样，反恐战争冻结了人类的进步，延续了某些从未被否认过的官派做法。这一次，必须越过的话题轮到了虐待：“黑色星期二”之后，一些受人尊敬的知识分子投身面向公众的货真价实的合法化运动。当时，哈佛大学教授亚伦·德萧维奇因其有利公民权利的积极入世态度而名声大噪，他在《旧金山纪事报》从2002年起开辟的专栏上，应一位行政官员的请求，自称虐待的支持者[103]。自从赴阿尔及利亚后便成为虐待问题专家的奥萨雷斯将军于这一时期收到了一档电视节目的邀请。在美国军队中享有颇高知名度的奥萨雷斯以教官的身份出现在北加利福尼亚州布拉格堡的军校中。军校中的军官从奥萨雷斯有关阿尔及利亚战争经验的演讲中汲取营养，1957年，后者担任各情报机构协调人的职位[104]。

与媒体宣传同时进行的是，隶属司法、国防和总统秘书处的法律专家们以反恐战争的名义提交了一系列的秘密备忘录。备忘录中表明允许合法的刑事法庭严重违反了国际法。从公共领域来看，有关虐待的观点是开放的，但具体的实施却是秘密的。这种思想与民主主义奠基人们秉承的思想背道而驰，承载这种思想的二元性以预防性的方式缓解了公众的严厉谴责。因此在虐待照片事件中，还可以认为，震惊美国公民的与其说是对“9 · 11事件后”有争议的做法的大曝光，倒不如说是虐待照片本身。拜电视领域以及2002年夏天以后的《华盛顿邮报》披露文章所赐[105]，人民已经对此习以为常了。在相同的动机驱使下，播出美国大兵在费卢杰战役中对待受伤的反抗者简单粗暴的画面引发了全国性大讨论[106]。所有的战争都是简单粗暴行径以及虐待大显身手的舞台。伊拉克战争是第一场几乎把虐待画面搬上现实世界的战争。

直到《盾牌》《双面女间谍》《24小时》播出，虐待行为才在电视剧中出现：为迫使犯罪分子或者恐怖性袭击的煽动者开口交代实施袭击的地点，电视剧的主人公不择手段，其中就包括粗暴的审讯。《24小时》的中心概念同时也是原动力——获悉炸弹藏匿在未知的公共区域，从被捕的恐怖分子那里获得的消息能够阻止爆炸发生——因替虐待辩护而被重新提上台面。这部电视剧由共和党巨头鲁伯特 · 默多克麾下电视台向美国观众播出（2001年11月6日—2003年5月30日）。千余万电视观众收看的前两季通过把严刑拷打搬上荧屏涉足虐待行为，甚至就连电视剧的编剧也承认[107]，从中情局的手册中获取了灵感。“《24小时》的男主人公杰克 · 鲍尔并不是一位施刑者”，该角色创造者乔 · 苏诺解释说，“他只不过是一个懂得在必要的时候表现得令人信服的公民而已……他甚至可以说是法律的化身，是每个人私底下梦寐以求的杀人机器。因为杀人机器只会去惩罚社会的渣滓”[108]。被乔诺定性为“爱国主义者”[109]的节目主人公鲍尔成为理想探员的原型，同时也是“公民”的榜样——由于不能进行效仿，所以我们必须给予拥护。这种过于简单化的推理忽略了剧情（每一季的每一集都再三重复）的不真实、虐待获取的信息缺乏利用价值、虐待行为性质上的不合法以及虐待导致的道德缺失。面对虐待时，虚构的“定时炸弹”的两难境地因此给人们留下深刻印象，但这必须以在集体无意识中形成使用暴力审讯手段本可以阻止“9 · 11 事件”发生的印象为前提。阿布格莱布丑闻表明，施刑者没有犯罪的意识，忠于另外一种“常态”。之所以可能出现虐待行为，是因为他们坚信自己进行的是合法的行为，是受人尊重的行为。“大量证据表明年轻的士兵效仿电视上看到的审讯技巧”[110]，“黄金时段”计划负责人大卫 · 丹泽解释道。“黄金时段”意在反对在收视率最高的时段播出虐待情节。

“黄金时段”播出的美国虚构作品多次出现虐待情节，虐待的实施者和辩护者均被认为是美国的捍卫者。任何时代出现的虐待情节都没有“9 · 11”袭击发生之后多：根据“美国电视家长协会”计算，1999 年有 4 次，2000 年有 42 次，2001 年有 55 次，2002 年有 127 次，2003 年有 228 次，2004 年和 2005 年有所下降，分别为 146 次和 123 次[111]。10 年前，差距显得更加惊人：从 1996—2001 年，同样也是在收视率最高的时段，电视观众只看到了 102 次的虐待场景，而在 2001—2005 年则看到了 624 次[112]。虐待问题属于更宽泛的美国的屏幕暴力问题体系，既存在于电影银幕也存在于电视荧屏。自从电影《喋血船长》（1935 年）、《黑天鹅》（1942 年）出现虐待画面，阿尔弗雷德 · 希区柯克执导的《惊魂记》涉足谋杀后，凶杀和暴力场景的播出只增不减[113]。娱乐媒体和新闻媒体反映的是一个掌握军队的权力源自《宪法》的社会，这两种媒体以一种前所未见的方式迫使个体——其中包括最年轻的人——直面习以为常但又样式多变的死亡画面。

有关虐待的全国性大讨论重回视听领域。谈论支撑了虐待的实际行动，随着讨论的深入，直到 2004 年仍处于保密状态的虐待行为趋于大众化。因此，堪称时代标杆的手段（关塔那摩，基地组织嫌疑成员的非法身份，军事法庭……）和问题（虐待，使用“微型原子弹”）促使人们容易接受极端的选择，而这一点，一直延续到战争开始。

后“9 · 11”时代引出一种“新常态”。根据布什总统签署的一份备忘录所示，“新常态”意味着采纳“一种新的思考方式”思考“有关战争的法律”[114]。2008 年 2 月 7 日，总统否决了一项禁止“加强型审讯方法”的法律，等于承认了这种变化。“危险仍在持续，我们必须确保情报部门的负责人拥有一切必要的办法（对抗）恐怖分子”[115]，乔治·W·布什解释道。对他来说，“这些技巧被证实有能力确保美国的安全”[116]。法国军人刚刚把从阿尔及利亚经历的反暴动的残酷手段教给美国同仁。美国军队不仅在做法上与法国军队相同，就连论据也与法国军官当时使用的论据如出一辙。曾经当过中尉的众议院让-玛丽·勒庞是“安抚政策”的支持者：“打击恐怖主义的过程中仍要保持人道主义意识，但没有更多的空间留给经典战争的规则……如果必须使用暴力手段来获取炸弹的安放位置，如果必须虐待1个人才能拯救100个人，虐待不可避免，并且在非常规条件下要求我们行动起来的话，那么虐待就是合法的”[117]。同样类型的论调还现于安东宁·斯卡利亚之口。安东宁·斯卡利亚自1986年起担任美国联邦最高法院法官，是公认的保守派。2007年7月，当参加一次在加拿大举办的会议时，斯卡利亚法官借《24小时》的主人公，鲍尔探员的英雄事迹为施行虐待辩护。“杰克·鲍尔拯救了洛杉矶”，他提出，“他拯救了数十万人的生命……你们要谴责杰克·鲍尔吗？指责他违反了《刑法》吗？……陪审团会判杰克·鲍尔有罪吗？但是我并不这么认为。[118]”这位热情支持布什政府的大法官抱着不合逻辑的逻辑，用虚构替不道德辩护，以电视剧的荒诞结局为基础创立法律原则，而电视剧本身的灵感来源就是反恐战争。讲道理的时代已经过去了。

五

从“黑色星期二”到伊拉克

石油、制裁与地缘政治

源自“9 · 11”的机会主义的历史分期及其主旋律——“前所未有”——彻底摧毁了历史，其中包括历史最新的进展。面对“恐怖分子的挑战”，袭击所造成的震颤切断了“9 · 11 事件”发生之前的历史情节。赋予 9 月 11 日这一天中心地位是一种制式的解读，不应该用这样的观点考虑这段历史。难道袭击事件真的改变了美国后“9 · 11”时代的政策吗？难道推翻萨达姆 · 侯赛因就代表这些政策完美了吗？

完全不是。伊拉克、“9 · 11 事件”以及 2003 年 3 月的行动之间的关联性绝非透过“反恐战争”这一受抑制且与时代不符的视角能够看清楚的。“黑色星期二”引发深刻变革，美国政府打击伊拉克领袖的意愿被视作是印证了这种变革，并把我们带回到那个地缘政治专家亚历山大 · 阿德勒宣称已经过去了的“旧世界”[1]。在美伊关系的长期历史中，前“9 · 11”时代与后“9 · 11”时代有着千丝万缕的联系，以至于很难把紧随“9 · 11 事件”发生而作出的决定与先前作出的决定割裂开来。通过梳理 10 年之内发生的事件的脉络可以发现，美国所采取的策略的关键词仍然是延续性。2002 年 10 月，即“自由伊拉克”行动发起前 5 个月，乔治 · W · 布什谈到美国地缘战略时特意强调了问题的恒定性："两届政府，即本届政府和克林顿总统的政府（1992—2000年），最终都得出结论，推翻伊拉克政权是必不可少的"[2]。然而，比尔·克林顿却亲口承认自己属于老布什一派。

1998年10月31日，"沙漠之狐"轰炸行动开始1个半月前，国会占大多数的民主党投票通过《伊拉克自由法案》[3]，以法律文本的形式落实了1993年克林顿总统所做出的承诺："在伊拉克政策方面追随前任总统"[4]——老乔治·布什。看到一手缔造1991年战争的小布什政府的中流砥柱们——迪克·切尼、唐纳德·拉姆斯菲尔德、保罗·沃尔福威茨——赞同一场以占领伊拉克阵地为使命的战争，任何人都不会感到惊讶[5]。在这一点上，美国的政策有时候显得有些自相矛盾——以禁运为基础，联邦政府从1991年开始资助伊拉克反对派组织，然而数次政变相继失败：从1993年开始，拨付给反萨达姆组织的经费从每年1500万美元增加到了每年4000万美元[6]，1998年获得法律认可后，激增至每年9700万美元。如果说"政变"预算的增长给人感觉美国政府希望尽快解决萨达姆的话，同时这一目标享有优先权的话，那么必须区分其中的细微差别：尽管"支持伊拉克实行民主过渡"[7]是美国人从1991年以来的主线及制度性路线，但一旦关系捍卫到国家战略利益时，任何事情也不能阻止白宫抛弃这条路线。克林顿政府模仿老布什团队的做法通过《伊拉克自由法案》以后，反对撤销针对入侵科威特行为的联合国制裁。从宣传"替代萨达姆·侯赛因政权"的意图角度来看[8]，像这样阻挠议事进程的行为似乎有悖常理：除了造成人道主义灾难之外，制裁长期以来并没有能够赶走萨达姆，反而因为国家机构几乎垄断了食品的分配导致萨达姆的阿拉伯复兴社会党对人民的控制日益增强。

作为伊拉克政权幸存的保证，外交操纵符合美国方面维持现状的意愿。由此可以自然地联想到"新美国世纪计划"的那些固守者，所以"与伊拉克之间没有解决的争端为美军驻扎海湾地区提供了直接辩护。在海湾地区驻扎比萨达姆·侯赛因政权的问题来得重要得多"[9]。除此之外，20世纪90年代末，寻求新的石油供应起了决定性的作用：通过"石油换食品"计划迫使伊拉克的出口处于联合国的领导之下[10]，被削弱的萨达姆·侯赛因掌权使得联合国委员会——美国的影响力非同小可——能够规定伊拉克原油的价格并且影响原油在世界上的价格。由于多次毫无科学依据的变动，“石油换食品”计划最终的结果被歪曲，但美国的外交官们仍向自己的国家保证可以大规模地控制美索不达米亚人的地下资源[11]：2001年，基尔库克石油矿床30%的石油以及巴士拉地区提取的80%的轻质原油最终都被不同的进口商以免税通过的方式送进美国的汽油泵中[12]。就这样，“石油换食品”计划从某种程度上变成了“石油换独裁”。美国确信自己赢得了赌注：当萨达姆面对经济制裁仍然牢牢地操控着大部分美索不达米亚的碳氢能源销售时，成功地掀起军事叛乱，支持反对派可以保证美国优先进入这个石油储量世界第二的国家。

21世纪前几年是关键的转折点，废除制裁的可能性威胁着美国的政策。各个政治倾向的和平主义压力集团施加了强有力的压力（经济压力集团以适当的方式予以支持），博得了美国舆论和世界舆论的同情。有关伊拉克普通老百姓悲惨命运的报告令人不安，几十万遭受有史以来最严厉之一的制裁制度惩罚的牺牲者发出越来越多的声音[13]。以此名义，1967—1969年的司法部长、越南战争的坚定反对者、共和党鹰派分子的猛烈抨击者、同时也是美国法律专家的拉姆齐·克拉克秉承的行动主义扮演了相当重要的角色。拉姆齐·克拉克用“战争罪犯”和“反人道主义罪犯”[14]来形容小布什、理查德·切尼和科林·鲍威尔。2000年1月，他在联合国安理会上公开提交一份报告，引发舆论哗然[15]。“每3分钟都会有1个伊拉克人因遭受制裁的生活而非自然死亡”，拉姆齐从伊拉克调研返回之后写道，陪同他进行这次调研的还有一个美国公民代表团。前后两任联合国驻伊拉克人道主义行动协调员丹尼斯·哈利迪和汉斯·冯·施波内克相继辞职引发巨大轰动，伊拉克的灾难性现状呼之欲出。可以从运动方面谈一谈动员的范围：在美国，宗教组织、世俗机构——不论其本质是否和平——各界社团组织、左派、吸收大量政要的人道主义组织、媒体、艺术界和电影圈都在披露大批死亡的事实[16]。在联合国安理会上，坚持重新启动禁运遭遇冷落：美国政府和石油施压集团尚未下定决心恢复阿拉伯复兴社会党政权销售碳氢能源的自由：伊拉克政府与法国（道达尔·菲纳·埃尔夫公司）、中国（中国石油天然气集团公司）、俄罗斯公司（卢克石油公司[17]）签署了大量石油勘探及开发的预合同。在这些国家与伊拉克关系正常化的趋势背景下，美国维持有利于禁运立场的全部希望因此落空。克林顿政府以及随后的布什政府走入绝境。

1963 年，相同的情况曾经出现过一次。当时当政的是 5 年前推翻了亲英的哈希姆王朝的“自由军官组织”领导人，卡塞姆将军。1958 年 7 月 14 日宣布成立伊拉克共和国的“奠基之父”，阿卜杜勒 · 卡里姆 · 卡塞姆决定把一份丰厚的石油合同给予一家法国公司，这一坚决举措打破了英美通过伊拉克石油公司（IPC[18]）在国家碳氢能源领域的主导权的垄断，因此，未获得国家前主人们的首肯。与强大的伊拉克共产党结盟，退出《巴格达条约》组织——地方版的“北大西洋公约组织”——以及苏联的军事援助已经令伊拉克被列入危险名单，卡塞姆仍然冒险再次质疑盎格鲁 - 萨克逊人优先购买美索不达米亚“黑色黄金”的“权力”。半个世纪以来，盎格鲁 - 萨克逊人一直自认为是此优先权的唯一授命者。因没有实现诺言而在国内不受欢迎的扎伊姆沦为军事政变的牺牲品，发动军事政变的是获得美国中情局支持的阿拉伯复兴社会党[19]；“这份合约刺痛了其他西方国家，尤其是刺痛了促成这次政变的美国”，被流放至伦敦的伊拉克反对派议员艾哈迈德 · 艾尔 - 巴亚提回忆道[20]。事实上，令“美国人”紧张不安的或许并非这份合约本身，而是这份合约向伊拉克政权展示出来的前景：如若不作出任何反应，IPC 的垄断就会有又被卡塞姆创立的“替代”合约策略逐步蚕食的风险。这种蚕食可以追溯至 10 年前，伊朗摩萨台总理政权实行的十分可怕但却无法避免的国有化。摩萨台政权先是遭遇禁运，而后又被中情局颠覆。卡塞姆提出的石油特许权所扮演的角色并未过度发展，特许权引发的反应充分说明了能源因素在美国干涉主义制定秘密政策中所处的地位。五角大楼二号人物，保罗 · 沃尔福威茨为此证明。“朝鲜与伊拉克最大的不同，”2003 年 6 月，沃尔福威茨在一次于新加坡召开的峰会会场外解释道，“就在于，从经济观点来看，我们别无选择，因为这是个沉浸在石油海洋中的国家”[21]。后来，2003 年 3 月攻势的第一个名字——“伊拉克自由行动”（*Operation Iraqi Liberation*）[22]，尤其是其首字母缩写“OIL”（油）属于政府发言人们宁愿弃之不用的公开透明范畴：这些人将无法无视伊拉克石油部大楼虽幸免于难但却被包围的情况，与此同时，巴格达方面因此获得了与“石油战争”的对手进行对质的素材[23]。

“战争无非是政治通过另一种手段的延续”，大约200年前，克劳塞维茨的名言像是为2000—2003年的伊拉克量身定制一般。在禁运期间，美国支持伊拉克政变、工具化联合国的制裁并且实施了一系列轰炸。很明显，“9 · 11袭击”并没有颠覆美国针对伊拉克的战略，反而趁此机会加深了两国间始于1991年的鸿沟。世贸中心和五角大楼西翼楼的轰然坍塌绝非是某种断裂，而是某种导向，导向“其他方式”的追寻，追寻10年来对峙逻辑占主导地位的政治。

战争的12年

2003年3月19日开始的第二次海湾战争与乔治 · W · 布什发起“最初的军事行动”的宣言[24]一样恶名远播。1991年1月开始的战争并没有因为同年2月28日的停火宣言而画上休止符：1992—2003年3月19日，英美军队发起了约17万次空中行动，覆盖这个古老的美索不达米亚之国全境，1996年，法国派军队施以援手。其中，1998年12月—2002年5月间，2.4万次空中行动的目标集中在该国的南部地区[25]，官方说法是为了确保生活在伊拉克南部和北部地区的什叶派及库尔德人的安全。1991年，什叶派库尔德人的起义被萨达姆军队镇压。美国、英国、法国援引联合国安理会有关保护少数派库尔德人和什叶派的第688号决议，采用单边方式在北纬36°以北地区及北纬32°以南地区设立“禁飞区”，后来“禁飞区”又扩大至北纬33°以南地区。随着时间的推移，“伊拉克自由”行动开始数月前，美国和英国政府坚持——1998年法国撤军——把伊拉克拒绝承认本国半壁领空被划割的情况视作“再三违反”联合国安理会第688号决议：尽管精确度尚有欠缺，但阿拉伯复兴社会党政权仍下令向侵犯本国主权的飞机进行系统打击。“盟友”方面，在伊拉克库尔德斯坦地区、南部什叶派地区以及中部地区执行的军事飞行任务更像是监视和作战任务。对峙的表现形式为缓慢侵蚀伊拉克的军事设施，一直持续到2003年进攻开始之前。同期，美国各种航空器平均每天执行750次任务[26]：雷达中心、导弹发射台、飞机场、指挥台以及防空炮台都是优先打击的目标[27]，无论这些设施是否位于“被禁止”的区域。

2001年2月，当被问及24架英美飞机对巴格达实施一系列轰炸行动的话题时，布什总统提到“常规任务”[28]。长期以来，媒体仅限于通过简讯的形式展现交战的情况，其中包括数十架西方世界的飞机将机上的导弹射向不同的伊拉克基地，除此之外再也没有更好地方式来定义交战状态了[29]。因此，美国人从来没有表现出准备好支持地面派军的姿态。尽管他们的政府分别在1994年、1996年、1997年和1998年派遣过地面部队。潜伏的冲突确实存在，恰恰证明了伊拉克威胁的持续性。

维系心照不宣战争状态的是变换不定的辩护词：“保护邻国（沙特阿拉伯、科威特、卡塔尔）和库尔德人”（在伊拉克境内被美国的盟友——土耳其军队镇压）、“阻止萨达姆·侯赛因”——与1993年老布什总统提出的伊拉克秘密机构意图发动袭击的假设意见相左、独裁者的“大规模杀伤性武器”带来威胁[30]等论调轮番为反复出现的敌对状态撑腰。面对沙特阿拉伯人，为维持“圣地”的战略军事基地，对抗没落政权的非典型性战争同样需要借口。因此，从1991年开始，临时状态一年又一年地延续了下去。除去1994—1995年这段轰炸似乎全面暂停的时间之外，在接下来的几年间，美军飞机的巡航逐步变成目标范围不断扩大的进攻任务。尽管直到1998年12月“沙漠之狐”大规模行动开始前很难获得确切的统计数据，但“侧面”的牺牲者仍数以百计甚至千计。伊拉克当局消息称，从行动开始之日起直到2000年年底，这场非典型性的战争以及为期4天的“沙漠之狐”密集轰炸造成311人死亡、927人受伤[31]。尽管这组数字获取得十分谨慎，与美国轰炸结束后各大新闻机构搜集到的数字并不存在数量层面的差别，但从2001年起，伤亡数据越来越大。从那以后直到2003年战争开始以前，伤亡总结上出现数百人死亡以及超过200人受伤[32]的增幅。

轰炸频率的规律性增长也曾出现密度峰值，例如出现与联合国解除武器检查相关的紧张局势时：1998年是发动“沙漠之狐”行动的一年，62小时的战争快如闪电。期间，美军战舰的所有武器以及军机在英军的支援下向伊拉克发射巡航导弹，发射量2倍于为期41天的“沙漠风暴”空中行动[33]。从1999年1月至8月，超过1100枚导弹打击了360处伊拉克地点；阿拉伯复兴社会党40%~50%地对空防御系统被摧毁，比例远远超过 1991 年的统计数据[34]。1998 年以隆美尔元帅的绰号命名的行动开始后[35]，较小规模的空袭就再也没有中断……一直持续到 2001 年 9 月 10 日[36]。24 小时后，随着“9 · 11 事件”的发生，军事行动才暂告一段落。这件事确定后，我们将注意到针对纽约和华盛顿的袭击并没有明显中断美国的伊拉克政策。如果说中断过的话，也只不过持续了不超过 10 天而已：9 月 20 日，伊拉克的地面设施开始遭受新一轮的密集轰炸[37]，轰炸直到 2003 年 5 月，战胜萨达姆 · 侯赛因的军队后才结束。很难不用特殊冲突形势的视角审视 1991 年 3 月—2003 年 3 月这段时期。严格意义上而言，这段时期类似一场没有明确宣战的消耗战。

1990 年夏天宣布的和“沙漠风暴”行动之后维持的两次禁运具有相同的流程：对伊拉克战争结束后蒙受损失的伊拉克经济继续滑向深渊，以至于“光荣 30 年”期间录得的进步毁于一旦。禁运期间，伊拉克人民获得的食品量仅够基本生存之用。数年间，伊拉克人口减员 50 万 ~150 万人[38]。尽管情非故意，但平民的命运已经超过了军事设施，变成战争的关键因素：大量领域退回到明显不发达的水平，同时人民饱受暴力摧残——伊拉克当局的大人物们并没有遭遇物资短缺之苦——这种倒退通常在一个处于战争状态的国家才能看到。

意识到这位 20 世纪 80 年代的盟友对伊拉克的“黑色黄金”怀有浓厚兴趣后，伊拉克独裁者为缓解制裁，祭出自己唯一能够给对方施加压力的手段：多次下令大幅削减石油开采量，削减到足以影响石油价格，进而间接影响依靠伊拉克碳氢能源维持的美国经济。美国用军事领域的加倍打击伴随致命入侵回应阿拉伯复兴社会党国家。事实上，人们尴尬地发现，每次伊拉克石油部减产时，英美军队都会实施轰炸以示惩罚[39]。死神游戏的牺牲品仍然并且永远都会是平民，同时引发了激烈的政治谈判。

在此期间，美国动员了 1.5 万人 ~2.5 万人[40]，其中主要是海空部队。这场美国发起的消耗战被国防部编入预算。1991 年 3 月—2003 年 3 月，为适应伊拉克行动舞台的需求，施展军事能力（200 架飞机和 20 艘军舰），共计花费 129 亿美元[41]。尽管开销总额低于“伊拉克自由行动”花费的数额，但这笔军事运转经费在和平时代是绝对不会出现的。

1991—2003 年这 10 余年间，美伊危机与紧张局势形成一个均匀的事件循环，足以证明海湾地区敌对状态的持续性：12 年的消耗战对伊拉克剩余的防御设施来说是致命的。回想起来，这 12 年的消耗战仿佛是在为军事入侵作着准备。与大规模杀伤性武器相关，从“9 · 11 事件”视角入手的讲话说服人们接受这样的观点：“9 · 11”袭击事件造成的创伤给世界末日般的预言带来了前所未有的反响，预言就是：萨达姆把人们猜测中的军火库移交给了乌萨马 · 本 · 拉登。

“伊拉克威胁”与美国心理：大规模杀伤性武器

美国自称在伊拉克获得胜利一个月以后，即 2003 年 5 月 30 日，五角大楼二号人物保罗 · 沃尔福威茨承认，布什政府仅仅是依据“官僚主义的原因”，就把大规模杀伤性武器当作了亲战的全部论据基础[42]。“在（这个）问题上，我们彼此统一了意见”，他补充道，“因为这是大家唯一可以达成一致的理由”[43]。面对后“9 · 11”时代的背景，鉴于对袭击的主流解读，这种引发人心惶惶的主题完全有机会击中要害。聚焦袭击的冲击容易导致人们遗忘近十几年来，即从第一次海湾战争期间直到发起军事进攻前这段时期，精心准备并且不断丰富的宣传基础。不要忘了，赌注极其高昂：1992 年美国总统大选就是揭露乔治 · 布什与萨达姆 · 侯赛因之间真诚关系的好时机。怎么能忘记如此多证明美国政策表里不一的证据，忘记美国政策的某些制定者，例如唐纳德 · 拉姆斯菲尔德继续占据舞台的前排位置呢？

大规模杀伤性武器的论断在前“9 · 11”时代便已屡见不鲜，几乎成为美国第 41 任和第 42 任总统发表针对伊拉克讲话时的中心词汇。老乔治 · 布什和比尔 · 克林顿两位总统都依据熟稔的礼仪规范，在椭圆形办公室直接发表讲话，为他们诉诸武力对付巴格达的意愿辩护，强调必须“摧毁萨达姆 · 侯赛因可能拥有的核武器……和化学武器”[44]。这两次内容类似的宣言在政客中激起巨大的恐慌，恐慌最先从共和党内的新保守派党员开始。1998 年 1 月 26 日，包括唐纳德 · 拉姆斯菲尔德和理查德 · 切尼在内的24位“新美国世纪计划”（PNAC）成员积极投身亲战游说集团阵营，发表致总统公开信，强调不可能“监视伊拉克生物武器和化学武器的生产”，并将其定性为“威胁美国及其盟友”[45]。1998年1月30日，“新美国世纪计划”的杰出人物罗伯特·卡根和威廉·克里斯托尔在《纽约时报》的论坛上补充道：“轰炸伊拉克已经不足以保护我们……免遭生物武器和化学武器袭击。”[46]此番论调一个月后再次出现在《华盛顿邮报》的专栏上[47]，并且从1996年起，就在每周一期的节目《福克斯周日新闻》中反复出现。威廉·克里斯托尔多次作为嘉宾参加这档由托尼·斯诺担任主持人的节目，直到后者被任命为白宫新闻秘书。民主党阵营也不甘落后。“伊拉克远在天边，”克林顿时代的国务卿玛德莱娜·奥尔布赖特认为，“但那里发生的事情带来了严峻的问题……一个流氓国家的领导人使用核武器、化学武器或者细菌武器袭击我们或者我们的盟友，这是我们的安全面对的最严重的威胁之一”[48]；“萨达姆·侯赛因”，民主党众议员南希·佩洛西于1998年解释道，“着手发展……大规模杀伤性武器，意味着对整个地区造成威胁，同时使（联合国的）调查进程显得滑稽可笑”[49]。“他将再次使用大规模杀伤性武器”[50]，同年，克林顿总统的国家安全顾问塞缪尔·理查德·“桑迪”·伯杰预测道。1998年10月9日，民主党参议员莱文、达施勒和克里给克林顿总统写了一封公开信，信中的内容深受“新美国世纪计划”影响：“我们真诚地恳求您，征询过国会意见之后，并且在符合美国法律和宪法规定的情况下采取必要的措施（如有必要的话，其中包括空中打击伊拉克的可疑地点）回击伊拉克拒绝停止大规模杀伤性武器计划所带来的威胁。”[51]民主党阵营和共和党阵营凝聚合力推动惊慌程度不断升级。受此影响，美国公众已经从大体上知晓了老布什总统反复强调的论断。

从2002年开始，乔治·W·布什政府超高速运转，不断清晰地声明伊拉克永久拥有“核武器、生物武器和细菌武器”所体现的“威胁”。即便不把以五角大楼二号人物保罗·沃尔福威茨或者中情局局长乔治·特尼特为代表的政府“第二层次”要员的讲话考虑在内，乔治·布什、理查德·切尼、国防部长拉姆斯菲尔德、国务卿鲍威尔和国家安全顾问赖斯在共计125次的公开场合露面时（2002年3月17日—2004年

1 月 22 日）也发表了 237 次类似的论断[52]。新闻电视台循环播放，专家和记者反复评论，数万次重复后，美国人民被迫接受了这些谎话。国家谎言根据谎言的始作俑者希望激发的情感而变化。这些人明显更倾向于恐惧之感：“多亏了伊拉克的帮助，杀死几千或者几万美国人就将令恐怖分子的野心感到满足”[53]，政府官员在讲话过程中信誓旦旦地说道。人们习惯借用德意志第三帝国情报与宣传部部长约瑟夫·戈培尔的格言，受益于现代媒体的活跃性，戈培尔的名言——“谎言重复一千次就会变成真理”——如影随形。认识到某些指控不准确的特点——尼日利亚的铀、浓缩管事件、45 分钟之内展开核导弹发射架——并不能阻止政府团队以此为据为战争计划进行辩护。联合国与国际原子能组织（AIEA）专家所采取的立场没有造成任何影响。布什政府及其支持者的指控不容任何改变和倒退，围绕着三条简单的主线：第一点，“伊拉克威胁迫在眉睫”；第二点，“伊拉克拥有大规模杀伤性武器”，独裁者将把这些武器“移交给恐怖主义组织”；第三，因为伊拉克独裁者“支持基地组织”，所以他更容易把这些武器移交出去[54]。统一口径的宣传仍然是成功误导的基础。直到 2005 年，美国中情局的网站上依然可以查阅到一篇晦涩难懂的报告[55]，官方确认行动结束一个月之后，乔治·W·布什肯定地表示：“我们找到了大规模杀伤性武器”[56]。2006 年，以上论调以一份部分解密报告的摘要形式重出江湖。传播这份报告的是国家情报局新任掌门人约翰·内格罗蓬特。这份报告把 2003 年发现的“500 件已失效的”化学武器弹药作为依据[57]。尽管后者已经失去使用价值，但福克斯新闻台和其他电视台一样，仍然以这些残余弹药为基础，宣布“在伊拉克找到某些大规模杀伤性武器”[58]。

宣传领域的大师级人物戈培尔极力主张“宣传……同一形式的……把人民领上歧途，没有什么方法比不清不楚更有效了……目标不是将一整套既全面又有可能性的论据摆在普通老百姓面前。宣传的精髓不在真相中，而在强烈程度和持之以恒中，有了强烈程度和持之以恒……我们就可以使用最多的方式把（我们的）思想反复灌输给大众”[59]。美国行政当局一次接一次地发出指责，其持之以恒的精神与戈培尔博士的秘方有异曲同工之妙。大量使用断章取义或者通篇杜撰的资料[60]，在不入流的特殊领域部门合作下，假消息和误导都是故意的行为——秘密的谣言作坊负责制作情报。

2001年10月，炭疽病毒事件来的正是时候，这一事件被指将伊拉克打造成了理想的恐怖怪物：当美国人民一天接着一天持续关注“新型恐怖主义袭击”的进展时，听到消息的著名政治人物和专家们将矛头直指萨达姆·侯赛因的伊拉克。经过简单地情报拼凑后，似乎把事件同本·拉登的网络联系起来是错误的，后者并非致命邮件的责任人：《纽约时报》记者朱迪斯·米勒最先把伊拉克列为“主要”怀疑对象，他的全部论据助他位列媒体误导运动的急先锋，2005年，由于论据缺乏严密性，米勒身陷批评旋涡不能自拔；前联合国武器销毁观察员理查德·巴特尔在同一份报纸上作出解释，后又被CNN电视台以及各大主流网络转播，他阐明了“伊拉克与最近出现的炭疽邮件之间存在联系的可能”[61]。严肃认真的《华尔街时报》甚至还发出了是否“伊拉克正在用生物武器攻击美国”的疑问[62]。同时，恰好是在“9·11事件”发生整整一个月之后，前联邦调查局局长詹姆斯·伍尔西——此外还是“新美国世纪计划”的成员——重新考虑使用“伊拉克联系”的说法。为了支持自己的说法，他提到了一条与会面有关的假消息。消息称，“9·11”自杀式袭击者的领袖默罕默德·阿塔与伊拉克特工人员在布拉格会面，会面期间，炭疽病毒被转交给恐怖分子[63]。捷克情报部门对此予以否认[64]。事件过去很久以后，类似的情节将在政治和媒体领域重现。因近来的袭击而变得脆弱的集体无意识保留着这段记忆。有了这样的背景，2003年2月5日，科林·鲍威尔面对着联合国安理会成员摇晃手中装满仿造白色粉末的小药瓶，其实是在提醒舆论不要忘记2001年10月邮件“袭击”留下的深刻印记。从5月22日开始，赶在伊拉克地面行动以前[65]通过媒体宣传强制为“男孩”接种对抗炭疽杆菌的疫苗也会落得同样的结局：除了证实官方宣传以外，这种医疗行为还会把人们带回那段创伤的时期。

伊拉克拥有大规模杀伤性武器的信念深深根植于美国人民的思想中，在相信的同时不应该忘记多少次民意调查和舆论快照掩盖了引出结果的过程。10余年间，人民被大量的情报所包围，但他们却更加渴望得到有关伊拉克武器库的“情报”。当美国政府及其西方盟友作为情报供应者时，大规模杀伤性武器的情报显得有理有据，但自从联合国调查任务结束后，大规模杀伤性武器的论调就再也没有立足之地了。除此之外，每10年一次的美伊冲突在民意代表身上留下痕迹，政府的讲话因此受益。其影响是巨大的，促使舆论转向有利战争的方向。对“任凭伊拉克独裁者及其军队摆布的美国人民”（乔治·W·布什的武断说辞）[66]来说，大规模杀伤性武器问题变成了一个生死攸关的问题。因此可以说，伊拉克武器问题本身并不足以赢得人民的一致同意：一旦入侵进展顺利，90%的美国人都会宣称继续支持战争，即使从未发现任何大规模杀伤性武器也在所不惜[67]。官方谎言的败露将会破解这种几乎一致同意的局面。但是，另外一些强烈而又久远的意识同样也会对好战主义的复苏起到一定作用。

第二部分：透视混乱

II. PERSPECTIVES DE CHAOS

六

让敌人泯灭人性

想象中的恐怖主义分子

自20世纪80年代起，美国人民自编自导了一出戏，硬是给自己捏造了一个不共戴天的敌人：伊斯兰恐怖主义分子，他们是民主思想的敌人，与“流氓国家”沆瀣一气。伊拉克则被定义为恐怖主义的典型代表。

随着苏维埃社会主义共和国联盟的解体，美国的军备竞赛自此失去合法性，同时战略构成上的敌人也已不复存在。1991年，时任参谋长联席会议主席的科林·鲍威尔证实财政紧缺令他的位子突然变得岌岌可危：“我急缺魔鬼，我急缺叛徒。我该对卡斯特罗和金日成的所作所为感到知足了[1]。”虽然卡斯特罗和金日成一贯敌对美国，但这两位国家领导人不足以成为——正如鲍威尔所叹息的那样[2]——维持和原来一样庞大的军事开支的合法理由。从海湾战争开始，“流氓国家”概念到处生根发芽，比如总统里根任期内在对待有关利比亚的问题上。“流氓国家”这种说法是指与强大的美国为敌的国家。美国政府假定这些国家难以掌控、不遵守国际法，并且会从事非理性的危险行动。新的划分方式带有主观性和非确定性。美国外交政策的利益一旦变化，敌我阵营也会随之改变：巴基斯坦长期被列入“流氓国家”黑名单，但“9·11事件”

发生后，巴基斯坦接受了美国提出的合作要求，随即，巴基斯坦从黑名单上消失了。2004 年，美国与利比亚的关系亦是如此。1994 年，国家安全事务助理安东尼·莱克[3]发布一系列标准，明确“流氓国家”的特征（首当其冲的就要属伊拉克、伊朗和朝鲜），其中是否建立大规模杀伤性武器的军事储备，是否支持恐怖主义显得至关重要。受指控的政府遭到经济（古巴、朝鲜）或军事报复，甚至遭遇经济和军事双重钳制。2000 年 6 月 18 日，美国国务院正式弃用“流氓国家”这一称呼，改称“邪恶轴心”，焦点转向带有宗教情感烙印的社会。冷战结束后，反恐战争逐步迈向思想成熟的阶段，“9 · 11 事件”结束后，又过渡到实践阶段。

尽管美国政府从未起草过任何一份关于“流氓国家”的官方清单，但在带有侮辱性质的划分方式中，人们还是能够识别出大部分自 1979 年起每年都会被统计进名单的“流氓国家”。恐怖主义问题突然出现的那一年正值伊朗的人质危机，然后 1983 年，贝鲁特又发生了针对海军的袭击事件（造成 241 人死亡）。恐怖主义问题孕育出一部电影作品，成功地将新的“坏人”形象具体化。尽管类型千差万别，但拍摄于大制作预算年代的电影《真实的谎言》（1994 年）以及电影里虚构的圣战组织，或者《全面包围》（1998 年）都表现了由中东人组成、准备炸毁美国城市里的大楼并且有能力使用核武器的恐怖主义组织。2000 年上映的电影《交战守则》替美国军队在人质危机现场杀害了数十名也门公民的罪行辩护，而《剑鱼行动》（2001 年 6 月）则展现了同恐怖主义斗争，降低其激进性的方法：“他们要炸毁一座教堂，我们……就炸 10 座清真寺。他们要挟持一架飞机，我们就拿下一座机场。他们要处决美国游客，我们就轰炸整座城市。”

伊斯兰恐怖主义的定义不断反复与诉诸大规模动武之间，后“9 · 11”时代战争演讲的言下之意已经浮出水面。战斗时刻来临之前，就出现了传播布什思想的产品，包括连环漫画、玩偶，以及普及程度更高的方式，例如官方演讲和电视传教，其目的在于灌输意识。危险的苏联人一时间被电影《红色角落》（1997 年）中凶恶的中国人所取代，这给几乎随处可见的蒙面敌人留下了机会，例如 1995 年的俄克拉荷马城悲剧，168 名罹难者成为极右派退伍老兵的牺牲品。

按照留着大胡子、偶尔穿一穿风帽长袍的贝都因人的形象拟人化恐怖主义将导致——事实的确如此——2003 年 3 月美军向前推进时，出现危险的大杂烩式结构。

从语言暴力到军事暴力：国家，军队框架

“9 · 11 事件”促使好战者的诅咒如潮水般汹涌而出，诅咒来自政界和部分舆论，指向不同的目标，例如塔利班政权、巴勒斯坦当局、伊拉克、伊斯兰教或者阿拉伯世界。从阿富汗到“伊拉克自由”行动，在当局决策者的眼中，反恐战争的头几个月以言语暴力逐步升级为特点，给这一段历史时期定下了基调：在战争环境里，措辞都变得好斗。反之，好斗言论进一步增强战争的气氛。

2002 年，乔治 · W · 布什发表国情咨文，在提及伊拉克之前几秒时重申了“消灭恐怖主义寄生虫的必要性[4]”。除了格外粗俗的称呼（要消灭的寄生虫）之外，值得思忖的是，美国军队在战场上如何从普通公民和正规军中识别出“恐怖分子”敌人。然而没人提出这个问题：布什政府认为自己的战争目的具有合法性，意图解救的是面对攻击的美国以及人民的安逸生活。形势确立后，任何阻击美军前进的阿富汗人和伊拉克人都会被视作从事“恐怖主义行动”，注定要被“消灭”。因此人们几乎总能看到有人死于军队误伤。我们在这里又重新看到了柯蒂斯 · 李梅将军“无区别”言论的影子。越南战事逐步升级时（1961—1964 年），柯蒂斯 · 李梅将军曾任美国空军指挥官：“不存在什么无辜的人民。他们都受到政府权力机关的管辖，同你作战的是一个民族，不仅仅是一支军队。因此，杀死所谓的无辜旁观者完全不会令我感到困惑。”[5]尽管他的观念已经有所缓和，但对民众采取极端暴力军事行为的思想仍然活跃于我们所处的这个时代。

唐纳德 · 拉姆斯菲尔德因极其粗鲁的言论而闻名。他在讲话时反复提到动词“杀死”：在 2001 年 12 月的一场演讲中，这位国防部长在短短 35 分钟的讲话里就说了 9 次“杀死”[6]。“尽可能地杀死他们”，他向派遣到阿富汗战场上的士兵们下达

命令：他的演讲与温和对待和塔利班敌人混居的普通民众的号召相去甚远，形式上与1209年7月西都会修士和教皇使节阿尔诺·阿莫里的劝诫没有区别。“杀光所有人，上帝认可他们的罪行”，在贝济耶犯下阿尔比派大屠杀的弥天大罪前，十字军发表如是言论。我们相信，正是拜这番严厉回答所赐，阿莫里才让质疑如何能在善良的天主教徒中分辨出异教徒的人们闭嘴[7]。国防部长速战速决的论调跟中世纪的蛮横言行大同小异，战争发展成为复仇者惩罚敌人的远征。“我们搜寻他们，努力找到他们，……逮住他们或者杀死他们”[8]，他再次呼吁如此对付基地组织头领和塔利班领导人。暴力杀人的号召重出江湖逐步灌输了这样一种思想，即为了胜利，美国军队必须“尽可能地杀人”。“我们不能靠防守来保护一个民主社会……和2.85亿人口。保护美国人的唯一方式就是杀死那些想要致我们于死地的人”[9]，2002年5月，美国陆军二号人物约翰·基恩将军（1999—2003年）明确指出这一点，此人后来努力经营伊拉克的占领军。

失控——最终得到控制——为唐纳德·拉姆斯菲尔德（从那以后被人们戏称为“拉米”）创下前所未有的民意评价新高度，2001年12月时支持率达到78%。舆论不在乎他曾经的政治经历，尤其是与萨达姆饱含意义的握手，舆论欣赏他的直言不讳，欣赏他预示美军将进行军事演习回击“9·11事件”。“在阿富汗”“持久自由”行动开始一个月之后，拉姆斯菲尔德说道，“我们的军队正要给基地组织的恐怖分子一个教训……这是他们在训练他们杀戮的军营中所学不到的”[10]。“拉米”坚称不要否认美国人的复仇心理：“即将要发生的不同于任何一场国际冲突”，在“持久自由”行动的前几天他亮明观点，“这场行动诉诸的武力将超越以往我们所见过的所有战争的规模”[11]。拉姆斯菲尔德反对定点轰炸的惯有逻辑，他预示这场战争将会前所未有的激烈并且会派出最强火力。他直截了当地声明，这正是他的部分同胞想要做并且要求做的事情。

局势远没有达到被扭转的程度，占领伊拉克反而加剧了局势发展。自此以后，拉姆斯菲尔德的雄辩成了官方形象推广的一部分：2003年夏天，当美军伤亡数字不断增加时，乔治·W·布什选择祭出好斗的腔调：“让他们来吧！”[12]他喊道，似乎是在强调美军的优势。可以发现，乔治·W·布什很关注以与美国民众保持一致的形象示人——至少要与神圣同盟中最坚定者保持一致——付出的代价就是必须使用通俗甚至民主的口头表达方式。2004 年 4 月 15 日，舆论接受了美军陷入困境的事实，参谋长联席会议主席梅尔斯将军坚称“在战争史上还从未有过……比联军指挥得更人性化的战争”[13]。几天后，梅尔斯将军又称叛军重镇法卢加是“必须要肃清”[14]的“鼠窝”。他的说法与总统口中的“要消灭的……寄生虫”一脉相承。海军少将詹姆斯·马蒂斯和他的上司梅尔斯将军一样，一点都不担心语义的束缚，2005 年，他明确表示在攻打伊拉克战士的行动中找到了“杀人的乐趣”[15]。圣地亚哥会议中心参会的 200 名观众对他的措辞报以笑声与掌声。“说真的，打仗其实非常有趣”，他补充道，“……哀嚎令人发笑。我很喜欢打斗。……你们会看到小伙子揍自己的妻子……因为她们拒绝戴上面纱。……这种男人实在是没有一丝人性，因此杀掉他们是一件多么感到令人愉悦的事情”[16]。他的演讲虽受到某些同僚贬低，但军队体系并没有施以惩罚。由此可以看出入侵伊拉克期间一名指挥海军陆战队第 1 师的军官被放纵以及缺乏抗命观念已经到了何种程度。尤其是，如何不去想马蒂斯少将的精神状态会对整个指挥链条以及听命于他的 2 万名士兵产生影响呢？2003 年 10 月，大多数士兵辩称“杀死伊拉克人”让他们“感觉很舒服”[17]。显然，在这个问题上美国海军并不孤单：美国陆军第 1 骑兵师中校曾在法卢加说过要“斩草除根”并“彻底灭绝暴动者”，而且把“一帮无业游民”定性为“残忍的杀人犯[18]”。

从 2001 年起，这条粗鲁又充满仇恨的言论在被布什总统收回之前一直以对抗恐怖主义的“十字军东征”为参照。作为“受上帝保护”的国家，美国吹嘘自己自建国后便受天主力量的庇佑，努力遵循上帝首肯的道路前行。事实上，各式各样的宗教场合里能看到各级政界人士，甚至还有虔诚笃信宗教的人和新教徒——乔治·W·布什在表明自己“和上帝的关系”这个问题上毫不吝啬——成为军队干部：时任国防部部长的唐纳德·拉姆斯菲尔德的某些文件和呈递给总统的文书中充斥着宗教引文[19]；狂热并带有种族主义思想的“重生基督教徒”博伊金少将曾担任布拉格堡陆军基地司令，后又升任专管情报工作的国防部副部长。2002 年 6 月他当众保证反恐战争符合“《圣经》的本质[20]”。就连军队中级别最低者身上都可以看出宗教主义产生的趋势——基层小分队在上战场前几乎从不会忘记先向上帝祷告：2003 年 3 月 31 日，在一张摄于入侵伊拉克后 10 天的照片中，美国大兵驾驶坦克行驶在沙漠中，照片上写着圣徒保罗写给希腊哥林多基督教会的书信中的一节："因为我们争战的兵器本不是属血气的，而是凭着神的能力，能够攻破坚固的营垒。"另外一张无法确定日期的照片拍摄了一个戴着头盔的美国大兵，头盔上面潦草地写着《圣经 · 诗篇》第二十三篇第 6 节："我一生一世必有恩惠慈爱随着我；我且要住在耶和华殿中，直到永远。"[21] 表达犹太 - 基督教教义信仰变战争为传教。除了"上帝之军"带来的冲击外，在战场上还出现了"文明的冲击"。

抛开"十字军东征"一词的意义（来自中世纪拉丁语 crusesignatus，是"十字架"的意思），在美国人的想象中，这个词带有神秘的中世纪的痕迹——同样也是发生在几个世纪以前的战争年代——证明摩尼教的代表在后"9 · 11"时代正在发挥作用。通过操纵语义迁移，那些不赞同"民主"美德，不推崇"善意"的人自此以后都被束缚住了，就如同从前的异教徒一样。布什政府一向因传播崇尚"自由"的宗教信仰而沾沾自喜，但"恐怖分子"则被明确定义为必须与之死斗的"邪恶"恶魔化身。

这种说法存在潜在的双重政治含义，即谴责外族敌人并且将敌人假设成阿拉伯人。如此一来"十字军东征"就能激起某些美国极右派、白人至上主义者、新纳粹主义者以及其他激进教派组织的共鸣：我们还发现，这些人占候选军人的比例明显提高[22]。但根据官方报道的模糊表述，他们的比例仍停留在"极小的"层面，并且没有超过 2001 年 10 月 ~2008 年 5 月间区区数百人的参军人数[23]。美国和大多数国家一样，无论是在实践方面（在部队可以学会如何使用武器并且学习战略技巧）还是在思想层面（听从命令，守纪律，靠武力解决问题），军队都是上述各方势力天然的汇集地[24]；法兰西共和国遣往印度支那或朝鲜战场"打击共产主义"的军队中出现了反对布尔什维克主义的前法国志愿者军团新兵和前武装党卫军成员都在提醒我们注意这个现象。突然，战争的某些方面被叠加上排外和反阿拉伯的教义，这种教义在遵守既定秩序、但缺乏传布信仰之热情的氛围中通过军队的形式表达出来，最终集中成为对军人职业造成致命威胁的理论。尽管在这个问题上，官方的征兵程序非常清楚[25]，但如果应征入伍的候选人身上穿军装的地方纹有卐字标，这种行为被军队视为一种无伤大雅的审美选择，候选人也将不会有不及格的风险[26]。2004年和2005年，为了达到目标，征兵负责人遭遇的工作难点将是降低征兵标准。

被妖魔化的敌人

设置关塔那摩监狱、像虐待畜生一样虐待关押在3平方米笼子里的囚犯、创作“非法战斗人员”身份以免受《日内瓦公约》束缚，以及设立政府拘留机构和军事法庭[27]共同构成了饱受争议并且引人关注的整体，具有妖魔化敌人的特性。满怀深意的警告暗示：敌人表现出来的危险性足以证明与之抗争并消灭他们的一切手段都是正当且合法的，包括上述违反法律规定和伦理道德的情况。在这样的背景下，拒绝服从成立于2002年7月国际刑事法院（CPI）的审判也是必然结果。同样，一个月以后，美国国会通过了《美国军人保护法》，允许美国军队通过战争的方式解放经国际刑事法院判决扣押的美国公民或美国军人[28]，并要求国际刑事法院认可美国的行动自由权且不受到任何限制。即使不太可能出现来自国际刑事法院所在地海牙的抨击，传递给整个世界和美国舆论的信息再清楚不过了：美国人永远理直气壮。

2003年3月10日，当伊拉克攻势似乎日益临近之际，联合国秘书长科菲·安南特别强调“不符合联合国宪章的战争都是非法的”。他的说法得到了众多法学家的支持。主战派方面断定美国的意志将导致联合国的声明无效。他们的确信是建立在多次先例的基础之上。其中最近的例子可以追溯到1995年的前南斯拉夫战争。1998年，当“沙漠之狐”行动暴露出联合国安全理事会成员关系紧张时，美国国务卿玛德莱娜·奥尔布赖特通告说：“只要我们愿意，我们就会采取多方面的手段，但当我们判定有必要时，我们会采取单方面行动。”同年，克林顿总统认为伊拉克发动的战争是一次侵犯行为，美国因此有“单方面决定于何时、何地，以何种方式进行反击的权利”[29]。2003年，“超越联合国宪章”的军事力量已经超出人道主义范畴。在公众眼中，第二次海湾战争被烙上美国的第一大特点：生死关头，既然国家准则已经因恐怖主义的威胁而失去作用，那么就不必再缩手缩脚了。为了让被大多数公民否决的单方面决议获得接受，布什政府在最大程度上把大量美国人对联邦政府的不信任转嫁到联合国身上。在此基础上，保守者认为联合国成员国不是共和党就是民主派，好像束缚美国神圣主权的枷锁[30]。由于未获联合国的合法许可，美军尝试一切手段以修饰攻打伊拉克的国际合法地位，例如，通过组建势单力薄的"志愿联盟"。面对联合国的无能，"志愿联盟"遵循20世纪90年代的方式，召集49个国家（包括密克罗尼西亚联邦和所罗门群岛）——超过了海湾战争34国联盟。如果必要，战争将会超越法律，但符合领导者——美国的某种思想。违抗法律的事例达到顶峰。

思维方案延展过程中，从道德上贬低敌人的举动被拿来对付伊拉克。最早的妖魔化敌人是从情感层面发挥作用，媒介源自萨达姆·侯赛因的挑衅："9·11袭击"发生的第二天，巴格达方面毫无怜悯之心的举动，在美国新闻界引起巨大反响。"中东地区唯一没有吊唁的政权"[31]为此受到新闻媒体的严厉批评，并且在爱国热情的渲染下，批评之声成倍增加。然而，针对这种明显的人道主义缺失行为展开阐述的舆论却绝口不提信息发布的背景，舆论重拾至关重要的分析精神，神圣同盟的敌人以及那些很少因极端主义思想而受到怀疑的个人赋予了美国这样的精神。如果有些人像萨达姆·侯赛因似的用晦涩的词眼表达："美国人已经收获了其领导人播撒在全世界的刺"[32]，那么大多数人则认为，以独裁元首为代表："美国需要的是……智慧，而不是武力"[33]。独裁者以极其鄙视的口吻向布什政府提议派遣救援队"专门从事解救埋在废墟里的幸存者的工作"，这不能不让人联想起自1991年以来，美国飞机的不停轰炸袭击，事实上促使伊拉克在这一领域获得了一定的专业技术。

美国政府措辞激烈地强调反恐战争和伊拉克战争属于同一个也是唯一的问题。从这个角度来看，"邪恶轴心"的说法把恐怖袭击的头目和阿拉伯复兴社会党政权联系在了一起。从一开始，"9·11事件"就被美国总统描述为"邪恶的场景"[34]，把"邪恶"三兄弟视作恐怖主义阴谋的有关方是再正常不过的逻辑了，其中首当其冲的就是伊拉克。"9·11袭击"与阿拉伯复兴社会党独裁者之间修辞层面的关联由此建立。

总统形容阿拉伯社会复兴党政权为“最糟糕的政权，（配备）最烂的军队”。伊拉克的复杂局势没有被人充分认识。为使美国人民免遭涂炭而不得不打的战争同时也是一场为文明而战的新战争。伊拉克成为个中关键因素。

伊拉克领导人为西方国家企图侵占美索不达米亚地区的石油资源设置障碍，恐怖主义的指控随之而来：1972 年，经过碳氢化合物国有化的小插曲后，萨达姆·侯赛因政府被美国国务院判定为“不可信赖的”政权。美国国务院怀疑萨达姆政权是“恐怖主义政权”，并转而支持亲美派领导人统治的伊朗。几年后，萨达姆开始疏远苏联，并着手恢复与西方列强越来越紧密的贸易关系：石油资源的意外收获使萨达姆政权拥有了配置军用装备的能力，大量民主国家热情地将装备卖给萨达姆。1979 年被美国列入“支持恐怖主义国家”的名单，伊拉克在随后的几年间赢得了尊严：攻打伊朗时，伊朗国王刚被伊斯兰运动的拥护者——霍梅尼推翻，两伊战争符合美国的战略目的。因此，1982 年，伊拉克从美国“支持恐怖主义国家”的名单上消失；阻止美国向巴格达提供军事装备的法律障碍也随之消失。美方向伊方提供了后勤和卫星支援，重要食品的供给支持以及惊人的财政支持。然而 1990 年，美伊联盟关系宣告破裂，当时伊拉克吞并了科威特——布什政府似乎在这一问题上给出了外交上的“绿灯”[35]——使伊拉克独裁者手中的石油储备占到世界总量的 25%。伊拉克再次被列为危险对象登上“支持恐怖主义国家”名单，“9·11 事件”之后更是上了一个新的台阶，针对石油出售实施的制裁制度出现缩水，阻碍了美国的利益。

智囊团策划了一系列破坏伊拉克形象的事件：1990 年，“公民为自由科威特”组织委托（替被放逐的科威特政府表达意愿）伟达公共关系顾问公司（听令于美国老布什任副总统时的办公室主任）花费 1070 万美元策划了一场运动，目的是让民众接受美国武装干涉萨达姆军队的方针——直到 1991 年 1 月[36]之前，舆论主体都持否决态度。“婴儿保育箱事件”——伊拉克士兵在科威特医院的产科抢走新生儿，把他们扔在地上再杀死他们[37]——引起了巨大的轰动。1990 年 9 月 7 日，《洛杉矶时报》[38]发表的第一篇文章开启了毒化舆论的进程，文章中充满大量调查细节。散布这些细节的正是伟达公共关系顾问公司的假证人。他们甚至在联合国的面前也是这套说辞，国际特赦组织无意间成为他们的担保人。10 月 10 日，面对美国国会人权委员会，科威特护士娜依拉 · 阿尔-沙巴眼含热泪证实了故事的真实性。经媒体和大量政府负责人引述后，总统明白了，保育箱事件的情节已经和美国人民广泛接受战争的态度不再没有关系了——也顺便证明了面对野蛮时挺身而出的罕见倾向不是假的。无论如何，这场战争终将打响，设想中的敌人卑鄙、不道德。伟达公共关系顾问公司策划声明，伊拉克人犯下杀死早产新生儿的罪行后无所顾忌。1914 年，法国新闻界流传德国士兵砍断孩童双手的形象与此次伊拉克士兵被硬套上丑恶嘴脸的情况相差不远。即使到了 1992 年 1 月，“婴儿保育箱事件”的欺骗行为已经被曝光于大庭广众之下时（“护士”娜依拉其实是科威特驻美国大使的女儿），媒体对真相的报道也是寥寥无几。而其他的指责早就已经替换上岗了。

1993 年 2 月 26 日世界贸易中心遭遇袭击时，克林顿政府的作为给伊拉克涉案披上了怀疑的面纱。在随后 6 月份的多次打击期间，克林顿政府强调阿拉伯复兴社会党进行的“恐怖主义活动”[39]。布什政府保持模棱两可的态度，使用同样手段把伊拉克嵌入“9 · 11 事件”之中。此前的 20 世纪 90 年代是不断指责的年代：“如果萨达姆政权利用伊斯兰运动拥护者……炸毁世界贸易中心，那就要谨慎考虑他们会不会再来袭击的问题”[40]，《波士顿环球报》以及 1995 年出版的多份报刊上可以读到类似的内容。尽管没有充分的理由，但 2001 年后类似指控又重新恢复了活力：10 月，前美国中央情报局局长兼任“新美国世纪计划”成员的詹姆斯 · 伍尔西宣布，1993 年 2 月袭击事件的策划者拉姆齐 · 尤塞夫曾为伊拉克机密部门工作[41]。还是在 1993 年，一次指控问讯断定，伊拉克机密部门在试图刺杀美国前总统布什的行动中扮演了重要角色[42]。1993 年 6 月 26 日，克林顿总统发表发动打击伊拉克的演说，在这场演说中克林顿坐实了上述事件的真实性[43]。20 世纪 90 年代，恐怖分子针对美国的每次行动都会引发同类说法[44]。随着“9 · 11 事件”发生以及伊拉克战争日益临近，类似的声明鲜活起来：2002 年，《华尔街日报》甚至宣称伊拉克与俄克拉荷马城袭击事件（1995 年[45]）有关系。《华尔街日报》的报道宁愿相信案中的蛛丝马迹也不相信调查结果。随后，多家新闻媒体对此大加报道。于是，在美国人的心中，伊拉克就成了多起创伤性事件的主谋，而萨达姆本人自然也就成为了美国最可怕的敌人。1996 年，玛德莱娜·奥尔布赖特难道没有在参加非常火爆的电视节目《60 分钟》时声明，伊拉克死去的 50 万孩童是牵制独裁者的挑衅意愿所“付出的代价”吗？

伊拉克与萨达姆·侯赛因成为外交政策上争论的焦点，只不过是不太受大众欢迎的焦点而已。1992 年以后，历届总统候选人在伊拉克问题上都一再重申类似的观点。伊拉克领导人的出境频率非常高，就此成为流行文化的一部分，被融入各式各样的电影作品中，如《独立日》（1996 年）、《大人物勒布斯基》（1998 年）以及动画片《南方公园》；电影《世界末日》对想象中的威胁进行了好莱坞式的诠释。影片的对白展现了伊拉克是如何占据了美国人的集体意识：当陨石雨砸向纽约全境时，影片中的一个人物吼叫着：“战争打响了！萨达姆·侯赛因朝我们张开血盆大口了！”

如果留意“伊拉克自由”行动开始前一年里（2002 年 3 月—2003 年 3 月），乔治·W·布什、理查德·切尼、唐纳德·拉姆斯菲尔德、科林·鲍威尔和康多莉扎·赖斯在媒体上发表的讲话，不难发现这些人提到了整整 61 次伊拉克与基地组织之间的联系[46]，并且放言称伊拉克政府卷入了“黑色星期二”。“伊拉克和恐怖主义之间的关系早就存在了”[47]，国务卿科林·鲍威尔如是说。上述声明被新闻报刊和多名其他大会的发言人传播、评论和重述，以致于大部分美国人都深信，伊拉克在“9·11 事件”中扮演了积极的角色。罗织的新罪名虽然缺乏证据，但在上文提及的伊拉克的负面事件的基础上，司法保证让罪名更具可信度：2003 年 5 月 5 日，联邦政府法官哈罗德·贝尔谴责伊拉克在 2 名袭击牺牲者家庭身上挥霍 1 亿零 400 万美元；基于美国中央情报局前局长詹姆斯·伍尔西和前克林顿总统顾问劳里·迈尔罗伊的证词——在宣传活动中起到非常积极的作用——以及 2003 年 2 月 5 日科林·鲍威尔在联合国的演说内容，法官判决伊拉克“合作或支援（在物质上）”[48]“9·11 袭击”的准备工作。得到法庭确认后，指控具有了判决的效力，尽管支撑判决的证据是虚构的，但官方的讲话因此得以落实。

萨达姆·侯赛因政权被看作是恶魔附身的政权。对泡在谎话中的民众来说，伊拉克与最恶劣的国家惨剧有关系的说法听起来似乎言之有理。“我坚定不移地信任这场战争”，一位参战士兵的父亲纳尔逊·卡曼如此说道，“恐怖分子向我们宣战。他们恨我们。他们恨我。他们恨我们的生活方式。他们恨我们的存在”[49]。正因为他们“恨”像美国这样的国家，因此“好战分子”认为不能用对待人类的方式对待这样的敌人：剥夺反占领斗争志愿者的合法性一直困扰着美军新闻处，新闻处因此引述一位不知名的伊拉克证人的话，后者认为这些志愿者都是“邪恶的畜生”[50]。阿布格莱布监狱实施酷刑、性暴力甚至是谋杀。如此灭绝人性的策略造成的自然结果就是逼迫全世界承认：“我们让他们单独待一会儿，这些牲畜都做了些什么，你们瞧瞧吧”[51]，一个施虐者说道。“我记得他们都很团结，所有来到这个残忍监狱的人都很团结”[52]，在阴森的监狱里，一名派来进行审讯工作的军人说道。这人还说：“90% 的人……都是无辜的”。但面对的是仇恨自己的伊拉克人，是时常把自己当作袭击目标的恐怖分子时，狱卒们便更加坚定了自己的判断。既然是命中注定的“罪魁祸首”，那么敌人就没有资格享受任何人道主义的对待。

国家谎言的事与愿违

“伊拉克战争的胜利意味着从2001年9月11日开始打响的这场战争获得了胜利”，2003 年 5 月 1 日乔治·W·布什在亚伯拉罕·林肯号航空母舰的甲板上表示[53]。如果说这句简短的概括只起到了鼓励受创民众亲战的作用的话，那么它同样也将影响“伊拉克自由”的军事行动，以及随后占领行动的顺利开展。

因此美国人民和志愿兵在心理上统统作好了备战的准备：大规模杀伤性武器“迫在眉睫”的威胁以及对萨达姆和基地组织沆瀣一气的假设定格了战争的思想轮廓。自2002年起，强调“人道主义”战争将导致独裁者倒台，受益的是伊拉克、是民众。紧接着，“多米诺骨牌理论”影响了整个中东地区的格局。然而第一张牌完全压倒了第二张：总统及其团队无法把同胞“提高到”可以对抗独一无二的阿拉伯复兴社会党政权的同时，还能分辨出哪些是萨达姆的狂热信徒——被描述成“基地组织盟友”——而哪些又是渴望向“解放者部队撒花”的伊拉克民众。更何况2003年3月至4月，美军的进攻挫败了之前的种种预测——被视作忠诚的南部伊斯兰教什叶派教徒爆发了最为激烈的战斗——此外，占领行动还被爆出上百甚至上千的美军伤亡。

“职业”军人是人民的样本，而年轻人在职业军人中所占比例过高。“9·11事件”发生后应征入伍的[54]都是受到军队政治教育误导的民众。老百姓和军人之间仅有一线之隔，这种差别比国民警卫队和预备役之间的差别还要更小。他们被看作是军队的“临时工”。在亲战派大肆宣传的重压下，61%的美国人深信“伊拉克为基地组织提供了直接援助[55]”。2003年夏，美国国民中甚至有69%的人相信萨达姆·侯赛因与“9·11袭击”事件相关[56]。从2001年9月13日[57]起，类似的测验结果多次出现，有时数据比例甚至更高。表明支持恐怖主义的国家——部分原因与付款给巴勒斯坦自杀式恐怖袭击者的家人有关——给大众留下了多么深刻的印象。派遣到“两河之国”的部队中有相同比例的士兵支持类似的谎言：2006年年初，军队唯一的内部意见调查显示——部分内容涉及这一问题——90%的受访军人视这场战争为“针对萨达姆在‘9·11袭击’事件中所扮演的角色实施的报复”行动[58]。因为，没有任何一支军队会在内部尚未煽动起仇恨敌军情绪的前提下送士兵上战场。入侵伊拉克的部队，无论是排级、连级、营级还是团级，接受的都是平民宣传的加强版。

回头再看2003年9月9日[59]，派遣至伊拉克战场的美国海军陆战队连长贝克（第7团第1营）的创举表明，军队内部混乱盛行。他手下的战士保持立正姿势排成直线、定位，为了传达一条从天空中可以读到的信息：“9·11，我们将永远铭记”，同时一封由空军上士乔布署名的信被寄往不同的媒体。多家媒体争相报道了这封信的内容：“贝克连长麾下勇猛的士兵想要向战死沙场的战友致敬……我们摆出了阵形期望能够表达（他们的）精神状态……请在报纸上刊登这一消息，如此一来，全世界都将知道‘我们永远不会忘记他们’，而且我们因可以为国家服役而感到自豪”，空军上士在信中写道。把“9·11袭击”事件和伊拉克战场上牺牲的战友联系在一起的做法渲染了复仇的气氛，错误的概念表达得再明白不过了：“……为了纪念在‘9·11事件’中作出最大牺牲的人……我们将继续战斗……我们永远不会忘记我们为何而战”，照片拍摄者休恩梅克中尉如此写道。此外，一名“黑色星期二”受害者的父亲来信要求士兵们在准备用于打击伊拉克的导弹上写下他女儿的名字，士兵们欣然应允。在美国武器上写上想要说的话是战争时期美国空军历来的传统。战士们的行为遵循相同的准则：德万 · 巴尼斯驾驶战斗机 F-18 从航空母舰亚伯拉罕 · 林肯号起飞，实施针对伊拉克的军事行动，机身上的显眼位置处标注着“9 · 11 事件”被挟持飞机的航班号以及坠毁地点（“美国航空公司 175 次航班，上午 9 点，世贸大厦南塔；美国航空公司 77 次航班，上午 9 点 45 分，五角大厦；美国航空公司 93 次航班，上午 10 点 37 分，宾夕法尼亚克斯维尔镇”），上述标语被写在发射导弹的美式喷气式飞机正面醒目位置，并且用大写字母写道：“有本事来劫持这架飞机！！！”[60]

在同一种纪念冲动驱使下，美国陆军第 1 旅的士兵把自己在拉马迪附近的军事基地称作“曼哈顿营地[61]”。他们想通过这样的做法来表明，发生在这座位于纽约的岛屿上的悲惨遭遇永远不会从他们的脑海里消失。伊拉克战场上传出来一则轶事，可以引向相同的结论：巴格达垮台的那一天，当美军装甲车在城市干道上鱼贯而行，泪流满面的伊拉克女性质问坐在坦克回转炮塔上的士兵：“为什么呢？究竟为什么你们要这么做？”她一边问着一边用手指向还冒着烟的废墟。士兵愣了一下，然后狠狠地回击道：“9 月 11 号你在哪儿呢？”

美军部队给自己起的某些绰号特别能够说明问题：这些绰号由最有资历、军衔较高以及其他凭战斗经历影响部队的军人挑选，能够概括部队的精神状态。a4-64 装甲部队绰号“杀人连”[62]。取这样的绰号既因为该连战士拥有强大的火力，同时也因为他们消灭了大量的敌人。美军军事基地很少以驻地所在地命名，他们的名号常常出现在酒吧的招牌上，彰显着因大量杀伤敌军而产生的自尊：“猎头营”“斜挎左轮枪营”[63]“屠夫营”或者“侩子手营”[64]。当地官员只能从这些起好的名号当中寻找这场解放战争的出路[65]。

作战装备同样也充当了士兵们表达精神状态的载体：坦克的炮筒位置上写满坦克驾驶员的话，他们给自己的坦克起外号：“布什和科林”“巴格达的噩梦”“宝贝伯莎”“大爆炸”“愤怒狂人”“炭疽病毒”或是“世界末日”。这种做法起到了发泄的作用，最早见于第一次世界大战时期，名气最大的就是指挥官博萨特[66]在施耐德坦克上写下“欺骗死者”的事件。1942 年，出兵北非的英国士兵传承了这个传统，他们在炮弹上写下“为了考文垂”[67]的字样，替 1940 年 11 月 14 日遭受狂轰滥炸的考文垂“报复”。在伊拉克，导弹和大炮上都写满了反映战士心理状态的信息：“尝尝这个吧，臭婊子”，“侵犯我的家人，摧毁你的国家”[68]；当坦克在已经沦陷的伊拉克境内穿梭时，美索不达米亚人看见的标语已经婉转了许多——“我爱纽约”；导弹当然也有被“喷标语”的事例，征兵广告中就播放了发射导弹的画面，导弹弹头被喷上了那句名言“让我们开始行动吧”。

最后，2003 年，赴伊拉克士兵专用网络讨论版上出现的网名反映出相同的形势：选择虚拟身份可以表明士兵个人生活或是性格中的某些方面。数百名军人起名叫作“伊拉克杀手”，人们将不会反思为什么他们会渴望战斗。“我急切期盼着在战场上为祖国报仇血恨”[69]，出征伊拉克的一名士兵解释道。

美军抵达波斯湾，入侵伊拉克之前的数周时间里，美军士兵都在加大训练强度，为可能在伊拉克开展的核战和生化战争作准备[70]。训练证明了美军的实力，鼓舞了军队的士气。因此，并不存在“毁灭”一个“国家”的问题，有的只不过是给巴格达一个“噩梦般”的惩罚而已。布什政府的宣传演说显然已经达到——把伊拉克和“9 · 11事件”联系在一起——甚至超出了预期：政府的论调激起民众的仇恨，仇恨的情绪以文字的形式落实在武器上。如果说官方说辞起到了挑动大多数民众支持战争的效果的话，那么这套说辞同样也发酵出美国人民对伊拉克及伊拉克人民的彻底敌意。1991 年海湾战争爆发时，美军曾经给敌军起过各种绰号，诸如“沙丘上的邦布拉”“骆驼污蔑者”“阿卜杜尔”“阿里巴巴”“到麦加朝圣过的伊斯兰教徒”“沙漠黑鬼”或是类似的说法“沙丘黑鬼”：2003 年，美军也给对手伊拉克起了同样多的带有侮辱性质的绰号，暴露出美军面对敌方时残酷无情的心态。两次世界大战时期美军管敌军叫“德国鬼子”“野人”或是“德国佬”；冷战时期又给对手起“波波夫”“伊凡”和“农民”的绰号；越南战争时又管敌人叫“柠檬”和“柚子”；攻打索马里时称对手为“骷髅”。战时保持针对敌人的侮辱态度与国际冲突固有的暴力属性是分不开的。因此，虽然美国官方宣传要解放伊拉克人民，但2003年美军的军事行动则展现出仇恨伊拉克人民的态度。

有关开火的规定过于理论化，不可能使士兵面对杀戮行为时不胆怯，随着反占领组织带来的威胁感不断增强，紧张的心态愈加严重：军车尾部保险杠上悬挂清晰的标语（“请与车身保持50米的距离，否则将会动用致命的武力”）；在检查站，靠近30米还没有刹车的车辆将遭到机枪扫射。巡逻队员杀死手上拿着手提电话的伊拉克人，生怕手机的作用是开启爆炸物[71]……

由于宣传的大幅简单化，美国大兵深信凡是对抗美军前进和战斗的，或者仅仅是表现出怀疑的所有美索不达米亚战士都在替已经垮台的伊拉克元首或基地组织效力，抑或是同时为两者效命。这样的观点被不断放大，进而延伸到反对占领伊拉克的民众身上。大量远征军士兵距离越雷池仅一步之遥，老百姓的死亡率可以为此证明。印度支那战败后远赴阿尔及利亚战场的法国士兵身上也出现过同样混乱的局面，造成过类似的结果。经历“9·11事件”的屈辱，一些美国士兵的身上出现强烈的报仇情绪；此外，阿尔及利亚战争中，法国军人尝试了一种反共的新行动，后来这种行动又被用在对付恐怖主义威胁上。

“杀人列车”

如果培养一个士兵总是要经过严格的程式化培训——学习军事知识，抵抗严酷环境——那么强化致命的暴力行为就是入伍后8~15周新兵训练的主线。技巧培训依赖于根据“军事训练”守则而疯狂地重复练习动作和操作。从18世纪普鲁士王国开始，“军事训练”已经成为所有军队的共识。普鲁士的“军事训练”与古希腊的军事传统同样出名。受竞争思想的影响，产生于该阶段的心理作用带来一系列的反射效应：服从指令、行动高效、面对暴力完全抑制解除胆怯。除了编录在册的练习之外，一些教官实行令人吃惊的教学方法：“他们拿着羊的膀胱，里面装满了血”，一位年轻的士兵讲述这段经历时说道，“我们必须要……拿刺刀刺破这个装满血的囊，所有血都喷在我们身上……我们还必须继续穿着这身带着恶心气味的衣服。……这样做是要灌输给你们杀人者的本能[72]！”

军事训练不被承认的目的就在于此：目标不是培养普通士兵，而是要创造完美的战士类型。完美的战士必须具备射击的反应能力和面对杀戮行为时为避免受伤倾向使用武力的素质。正如美军皮尔森少校明确指出的那样，一个完美的战士是“真正的杀人者[73]”，他们所扮演的角色在战斗中起到决定性作用。这样的形象总是出现在一些战争电影里，往往对应了那些反社会的形象类型，“控制好这一类人，他们会是战场上的大杀器……”这位军官还强调，很多这样的人为美国服役，针对这类人进行心理辅导的工作还为他在1997年赢得“麦克阿瑟三等奖励”，“但事实上，他们带着挑衅杀死敌人，并且毫无愧疚之心”。在美国男性公民中，具有反社会倾向的男性占到总人数的3% ~4%。让这类人过普通百姓的生活可能会带来危险。但理论上，这样的性格特征应该在新兵中大力推广，并且应该对他们进行严格的管理。“所谓的‘新兵训练营’项目中，我们每一个人都必须服从‘让自己残酷无情’和‘对使用暴力无动于衷’[74]的技能训练”，前海军军官，后积极投身反战事业的吉米·梅西解释道。因为缺乏实战经验来磨炼这些技能，学习只能依赖“军事培训”，整套价值体系的浸淫[75]以及军队和各军兵种（美国军队、美国海军、美国海军陆战队等）所特有的模范的渗透。在整个修辞体系被反复提及并且被简化的美国“信条”塑造了士兵的身份认同，给了战争、“战争的道德合理性”[76]以及残酷性一个合法的解释：“人生来就是一种具有攻击性的动物并且……准备好了要杀生……就算社会始终在演变，攻击性仍然是人类固有的属性”[77]，某参考书目如此论证道。释放情绪的反应已经有了合理的解释，只需要将其融入命令逻辑体系即可——宪兵队、军队的命令逻辑——并且让它为明确的目标服务。充满暴力因素的社会和主流意识形态起了重要的铺垫作用，负责训练的教官对此非常重视[78]。

在越南战争教训的基础上，《士兵信条》被再次提出。新兵参加训练初期被要求将“士兵信条”熟记在心：“我是一名美国士兵／我是美国军队的一分子，美国军队是世界上最强大国家的捍卫者……／我为我的祖国和美国国旗而自豪。”赞颂天命之选且卓越不凡的国家使命——过去的几个世纪里，那些强大的国家也出现过类似的情况——出现在《美国陆军军歌》（陆军勇往直前……）以及至少100年以前的军事诗歌里。它专属于各军兵种，往往以贴近日常生活的方式歌功颂德，出现在每次训练前的仪式上[79]，甚至是每天入睡前。此外，《士兵信条》中还包含规定士兵行为准则的口号：“无论我身处何种坏境，我将永远不会为了享乐、利益或者个人安危而做出使我这身军服、部队和国家蒙羞的举动／我将尽我所能……阻止我的战友做出令自己或军队蒙羞的举动。”2003年5月，参谋部最高负责人认为到了要重新调整《士兵宣言》的时候了。来年正式卷入伊拉克战事之前，他丰富“战士精神风貌”（“战争文化”）的诗句：“我是一名美国士兵／我是一名战士，是团队里的一员。我为美国人民服务，我遵守美国的社会准则／我始终将任务放在首位。我永远不接受失败／我永不言弃。我遵守纪律，身心强壮，我训练有素并且能够胜任军队培训和战争使命……／我是军事专家，我是职业军人。我随时准备开战……并摧毁美国的敌人……。我是美国人民自由和生活方式的捍卫者／我是一名美国士兵。”删减士兵道德层面特点的段落，转而强调士兵变成了一名“战士”——自此，“完成任务成为第一要务”——如此改写强调了军人气质、作战意志（“消灭敌人”）以及战争文化意义的重要性（“美国人民自由和生活方式的捍卫者”），同时特许美军以遵守“美国社会准则”的模糊概念为标准。然而，军队某些文件显示，为让士兵领会以上原则，应该“培养战争文化中的文化、信仰和行为认同感……并且让士兵浸透在战争文化之中[80]”。战争文化被定性为“强者文化”，向诸如斯巴达军人……或是美国海军陆战队之类的典型寻求历史借鉴。这回，军队的口号“永远忠诚”（*Semper Fidelis*）汲取自拉丁语的传统文化[81]。如果用更长远的眼光看待这个问题，可以发现，这种言语上的强硬化态度源自，至少部分源自伊拉克战场的棘手战况：相当数量即将奔赴战场的新兵再次陷入消极心态，消极情绪应该得到矫正。

美国海军陆战队是一支精英部队，是军事组织把个人变成杀人机器的典型代表。在2003年入侵伊拉克的部队中，海军陆战队占比高达25%[82]。这支精锐之师的组织结构成为其他部队的楷模。自20世纪开始，美国海军陆战队得到了很大的发展，经过第一次世界大战重大战场的考验，1940年改组，之后又经历了朝鲜战争和越南战争——因斯坦利·库布里克导演的《全金属外壳》（1987年）而闻名于世——海军陆战队的训练是所有美军部队中最严苛但却最有效率的。在如此庞大的一支队伍中，没有任何人可以逃避军事训练。2002年，海军陆战队战士数量就超过17万人。

根据海军陆战队行为规范，即便是身处绝境，一名优秀的海军陆战队队员永远不应该成为“自己的主人”。若没有相当程度的狂热崇拜，断然不可能走上这样的道路。因此，重要的是，要把强制性的命令根植在士兵心中，并且要插得足够深。如此一来，战士的恐惧感才不会让他们冒被摧毁的风险。和其他部队一样，海军陆战队队员不停地反复声明，他们的任务是为国家而战：“我将永远铭记我是美国人。我为自由而战”，志愿参军者用同一个声音说道。这些战士受到前辈足迹启发，受到部队威望和精英政策激励：“曾经登陆釜山（韩国）的海军陆战队队员大多都是没有真正意义上实战经历的年轻人……”，培训课本上这样写道，“他们由老兵带领，那些老兵都曾经历过最血腥的战役……他们还有另外一个巨大的优势……他们是海军陆战队队员[83]。”当在意识层面进行重复和大规模灌输时，“最初的灌输”[84]阶段显得尤为重要。

标准培训必须双管齐下：官方教学涵盖技巧和理论两个方面，并围绕尊重战争法则[85]的军事教材进行，同时它还以宣传使命同属意识形态领域的教材为基础：20世纪80年代，为证明“永远不能放任自己随心所欲”的强制命令而列举的事例往往出自越南战场，这些例子激起否认战败的思维趋势：“越南战争期间，飞行员沃尔什上尉从他驾驶的飞机中被弹了出去……他降落在敌军阵地上……立刻掏出手枪……朝敌人开枪，杀死了一个敌人。被俘之前，他继续射击直到打光最后一颗子弹……为表彰其勇敢行为，沃尔什获得铜星勋章[86]。”自此以后，美军的口吻再未发生过变化：“超过220年的胜利和传统让海军陆战队在美国人心目中占据了一个特别的位置”[87]，这句话多次在教学资料中被提起。然后，新兵下连后开始模仿前辈“英雄”的态度，展现对价值观的忠诚：“荣誉、勇气与牺牲精神”……

见习新兵需牢记所在部队自18世纪以来的战绩——以海军陆战队最为明显——

熟记前辈“曾参加以赢得（越南）民众支持为目的的和平计划”。同样，他们也要牢记前印度支那战场上取得的胜利，以及第二次世界大战的胜利[88]。战争的合法地位得到确立，战士受人敬重，此两者共同构成了“自豪感”。而“自豪感”被认为是战斗动力的第一来源。“自豪感”和“部队精神”都是部队凝聚力必不可少的因素。研讨会应该在培训中开展，由每一级的“领导者”指挥，根据厚厚的教材设定讨论的主题[89]：“价值观”、“历史”、对个人和社会而言入伍有益的特性、“战斗中的极端暴力”、如何控制恐惧的情绪以及“打仗时的决心”或多或少按一定的规律重复出现。为让以个体为单位的军人遵守按集体与国家观念行事的“职业”操守，可以注意到恐怖主义的定义被反复灌输给新兵——“使用价格低廉、危险系数小、高效的技术，是弱小的国家、个人或是组织（渴望）用来挑衅相对强大国家的方式[90]”——显然，轻视了与大规模杀伤性武器有关的国家恐怖主义基本概念。“9 · 11 事件”发生 1 周后，海军陆战队公布了一则培训通知，允许士兵“了解”恐怖主义，其他部队紧随其后[91]：现在并不是分析对方行动原因的时候，重要的是给对方的示威行动确定一个带有政治倾向的定义，刺激针对被打上恐怖主义烙印的所有实体保持敌意。无论如何，通知的制定者根据预设的宽泛定义对比了“民族主义”和“恐怖主义[92]”，却闭口不谈既定事实。这个既定事实就是许多独立组织和抵抗组织都曾求助于恐怖主义政权[93]。这一问题的论据被简化为更为朴素的表达方式，同时融入了摩尼教的素材：同一份文件显示，“恐怖主义分子”对 1983 年袭击贝鲁特海军陆战队军事基地负责。不过，美国士兵积极地与空袭制造者不共戴天的仇人站在统一战线的举动事实上已经构成战争行为。“（攻击事件）对撤走贝鲁特基地海军陆战队的决定产生了影响，并且普遍认为恐怖主义取得了胜利”[94]，文件直截了当地写道。士兵们应该知道“自由射手”组织抵抗军队的所有行动都属于恐怖主义的范畴。此外，如果从刑事案件的角度来看待整个问题的话——正是德国军队占领欧洲期间或法国军队在阿尔及利亚战争期间所采纳的观点——游击战与恐怖主义行动毫无分别。第二种观点也可以轻易地转化为以下观点：美军的任何一次撤军行动都可以被看作是恐怖主义取得了胜利。

军训的另一个方面是半官方、多方面的。培训的内容通过口述传达[95]给这些大多都刚满 17 岁的新兵，通过激发与士兵道德标准相矛盾的行为直抵其内心深处：和其他部队一样，按照规定中的要求[96]，捉弄和侮辱新兵可以得到军事体系某种程度上的宽容处理。军事等级制度倾向用这种手段来培养部队的精神：新兵们可以从中体会到预备海军陆战队队员的敌意，使他们更有激情冲向未来的敌人。按照惯例，新兵们要完成严苛的培训。经过培训后，候选者变成“祈祷和平的死亡领路人[97]”……

向新兵灌输思想大多数情况得到了教官的首肯。教官向士兵们传递一种特殊的文化：日新月异的行话（比如说“伊拉克斯坦”就是指中东地区和中亚地区大多数的穆斯林国家[98]）、座右铭、口号（“先发制人”）、祷告（“海军陆战队祷告词”）以及 19 世纪以来的流行歌曲成为国家和军队道德标准的载体。士兵们需要熟记这些内容并达到整齐划一背诵的程度。更为突出的是，为培养士兵的集体感和荣誉感，必须消灭志愿入伍者的个性。培训刚一开始，新兵就不可以再使用单数第二人称，必须改用代词“他（们）”或“新兵”的名字。

与海军或陆军的《军歌》不同，海军陆战队拥有一首自己的《赞歌》。《赞歌》诞生于 19 世纪 50 年代，唱出“为正义和自由而战”的豪情。海军陆战队甚至还会唱出专门针对武器的传统“宣誓誓言”：“我的枪是我的挚友。它就是我的生命……枪和我都是祖国的保卫者”，战士学员知到，武器的自由流通——有时从他们上小学时就开始了——让他们养成了使用步枪或手枪的习惯；歌曲《血染伞绳》来自“二战”时期的美国空降师，同样属于此类带有身份归属感的赞歌，通过训练和资深老兵的流传——每日传唱军歌以传递价值观[99]——战士身上应该具备蔑视死亡的态度：“流血吧，让血流吧，这是多么神圣的死亡方式”，《共和国战歌》的副歌部分重复着这句歌词。“杀死”对手的能力和美国人的道德优越感在这 10 多首“进行曲”或“朱迪口令”（Jody Calls）中均有所体现。教官、新兵以及战斗时的士兵们创作并改编了这类军事歌曲，涉及多个主题：军事生活、男女问题、敌军的残忍、团结、爱国情怀、暴力与对死亡的蔑视。越南战争期间，这些主题迅速传播开来：“拂晓出发至死亡山谷，这里的太阳不再闪耀／最坚强勇敢的战士已被创造／一手持 M16 型步枪，一手点燃了手榴弹”，海军陆战队队员高呼道。越南战争时期，《紧握凝固汽油弹的孩子》中的十几个唱段表明人民接受了武力行为，并且给予集体赞颂。反恐战争的“Jody Calls”的灵感来源于此：“冲上前杀吧／我们杀，杀，杀！”；“是什么让青草长高／是血，血，红色的鲜血！”[100]，或者“祈祷吧，别在我的地盘上撒野，因为我的M16步枪会让你裹着裹尸布滚回去…”；“我恨伊拉克／我不会再踏入伊拉克一步／……那里比地狱还要动荡／那些人发出阵阵恶臭／……他们用炸弹代替花园里的小塑像／……他们朝我们开枪，我们像兔子一样四处逃跑”，参与“伊拉克自由”行动的士兵高唱军歌以期重振旗鼓：“当我来到伊拉克，萨达姆问／‘你是怎么来到这里的……只用了一天？’／我回答他说／带着满腔怒火／流了血，破了肚，经历了一些危险。”同样具有代表性的还有《打倒赴麦加朝圣过的伊斯兰教徒！》：“第一点！占领阿富汗！第二点！杀光塔利班分子！第三点！冲向巴格达！第四点！让到麦加朝圣过的伊斯兰教徒倒下！”，甚至还有“跑吧，快跑吧，伊拉克人，快去跑吧／我扣下扳机就是为了寻个乐子／死吧，去死吧，伊拉克人，去死光吧”……诸如此类的战争歌曲具有鲜明的时代特色，不断被改编和丰富，从一个小分队传播到另一个小分队，从一支部队流传到另外一支部队，同时在网上的军事论坛里流传开来[101]。

“战争文化”的民间歌曲首尾相连，组成针对士兵的意识形态教育。野蛮形成体系，在个人转变的过程中得到颂扬的杀戮行为最终证明阿纳托尔·法朗士（1844－1924年）的观点是正确的，“军队（是）培养罪恶的学校”。外部影响即社会环境的影响起了类似的作用：比方，在电视剧《24小时》[102]中的所有手段——包括那些超出法律和其他国际公约范围的方式——只要是用于对付美国敌人的就是合法的。重新包围伊拉克时，《24小时》起了一定的作用。情报部专家、帕特里克·芬尼根[103]旅长对此深信不疑。

“要论潜入某地方然后将其彻底摧毁，我们是全世界最厉害的部队”，被派往伊拉克战场的战士的话不无道理[104]。尽管此类观点并没有影响到所有的士兵，但这些人已经在某种程度上获得了成功：自2002年起，像美国进入战争阶段时一样，海军陆战队的人数规模重新开始扩大：2007年，海军陆战队的人数从173733人增长到超过20万人，再到2010年超过24万人。尽管美国从伊拉克和阿富汗地区撤兵，但

2013 年美军军力仍然维持在同一水平线上[105]。

美军培训的范围并不仅限于军事生活方面：培训当然也必须“把平民百姓改造成士兵……能上战场，但也能‘融入社会’[106]”，战争文化如是灌输：越来越多的退伍老兵在公共机构的鼓励下改行加入“特种武器和战术”组织（SWAT）或者精英团体。退伍老兵越来越多地被转化成类军事力量加以使用，这些人身上存在某种把同胞看作潜在敌人的倾向[107]。

七

第二次海湾战争，第二次综合征

战争与公共卫生丑闻

2002—2003 年，应该开诚布公地回忆那个与前一次伊拉克冲突紧密相关的话题：“海湾战争综合征”。

人们仍然记得：20 世纪 90 年代，“海湾战争综合征”事件引发议论纷纷。执行完“沙漠风暴”行动回国后不久，参战军人就开始遭遇健康问题（疲劳、健忘、关节疼痛、癌症），甚至有些还会波及子孙后代，致使后代成为先天性畸形的受害者。很快，“综合征”就被用来指代各种病理的总称。“海湾战争综合征”这一现象不断扩大，直至 2000 年 1 月 1 日为止，触及全部 696628 名赴海湾战争战场人员的 1/4。6 年后，这一数量增长至 25.6 万人[1]。同年，根据官方数据显示，1.1 万名退伍士兵去世，其中有一部分人并不清楚综合征的后果。这一数字远高于越南战后因“橙剂”而造成的死亡数字[2]。1991 年，如果考虑到近 70 万名“盟军”士兵中有 43.6 万人与交战地点有过实质性接触的话，受疾病袭扰的退伍老兵比例将上升至 58%。然而，在科威特的沙漠里驻扎数周，翘首盼望返程之前，这些人只不过在伊拉克待了 4 天而已。在“伊拉克自由”行动中，一些美国军队展开兵力长达 2 年的时间。

能够代表海湾战争特点的要素即将在2003年重现。在这些要素中，使用贫铀弹药显得尤为醒目。美军装甲部队和空军使用贫铀制作导弹、炮弹和子弹的弹头[3]。近几十年来，大量科学界人士揭露了这种高密度的材料。这种应用于航空负载工具的材料同时也可以被用于核工业和放射中心的防辐射反射层。贫铀因其低廉的成本被武器工业循环利用。这种重金属其实是民用核工业将铀238浓缩成同位素235后的边角废料。“贫”铀这词其实是不恰当的：剩余的残渣仍保留有铀235大约60%的放射性，因此贫铀的“贫化”只是一个相对的概念。由于具有自燃的特性，所以由这种金属组成的发射物击穿目标时会出现燃烧的特点。击穿目标时，深入目标的弹头主体将会在15米至数百米的半径内衰变并汽化，升起贫化铀氧化微粒烟雾。扩张并且极易沉降的放射性烟雾散发进每个身处污染区域同时缺乏防护措施的人的机体内。发射物残片分散并遍布撞击地点，粉末深入土层，侵入含水层，进而污染食物链。这幅黑暗的画面中还要加上铍合金的毒性。铍合金的毒性在20世纪50年代以后获得明确证实。贫铀弹头外覆铍合金的目的在于防止因空气摩擦导致贫铀弹头过早燃烧。在实验室或者使用贫铀的弹头工厂里操作这种金属时必须遵循严格的安全措施。因其危险性，尤其是作为肺部纤维化的诱发因素，这种金属不再被考虑应用于战争领域[4]。

1991年，据不同调查显示，盟军使用了320~1000吨由核工业副产品加工得来的弹药打击被派往科威特、伊拉克南部及巴格达的伊拉克部队[5]。2003年3月—2003年4月，尤其是城镇、大型公共工程、各部大楼以及阿拉伯复兴社会党的所有地面设施都沦为密集轰炸的对象。美军投下1000~2500吨经过再处理的铀弹头[6]。使用的全部武器中有60%含有上述材料。从开始实施打击起，追捕萨达姆·侯赛因便成了使用这种足以摧毁几米厚混凝土的武器的理由。最新的说法是预先测验这种武器打击托拉博拉山洞的能力。因为反游击战行动的需要，弹药总用量不断上升。拥有老旧俄式坦克的伊拉克装甲部队在2003年3月~4月的打击中被这种类型的弹药彻底摧毁。“8个月后”，一名特派员证实道，“烧焦的躯壳还在那儿，成百上千，遍布整个国家”[7]。

使用贫铀武器并未引起舆论明显的批评真可谓政府的壮举。然而在10年前，这种武器还被划入引发公共健康问题的武器范畴。以“爱国主义自我审查”为特点的时事处理方式禁锢了类似“美国海湾战争退伍老兵协会”这样的机构表达客观事实及肩负披露信息职责的自由。致力于为“海外战争综合征”获得官方承认而斗争使“美国海湾战争退伍老兵协会”因此失去了发声的权力。“今天（在伊拉克的）那些人……将使用相同的贫铀炮弹”[8]，发起军事进攻前几天，该协会一位负责人警告说。2001年10月，一份美国科学研究证实了先前的假设，尽管报纸上也有几篇报道文章[9]，但仍然没有引起公众的广泛重视[10]。从2003年1月开始，为给这一主题扫清障碍，美国政府组织了一场目标明确的媒体运动。美国政府概括性地公布了萨达姆·侯赛因实施的“误导和宣传”行为，贫铀问题被等同于伊斯兰教工具化问题[11]。可以注意到的是，整个国际社会几乎保持沉默。沉默的国家包括法国、俄罗斯和中国，因为这些国家均依然把贫铀作为头等重要的军事材料。2003年冬天，荷兰议会担心看到本国1100名赴伊拉克参战的士兵[12]被置于污染的危险下，于是引发一场争论，但争论最终无疾而终。贫铀的效果依然未获公认。第一批“海湾战争综合征”爆发以及捍卫退伍老兵利益的协会开始行动以后[13]，五角大楼否认所使用的武器带有危险性，驳斥与此主题相关的研究的有效性。一方面，美国国防部、北大西洋公约组织（为军事干预南斯拉夫后出现的“巴尔干综合征”负责）以及国际卫生组织的研究人员提到这种材料含辐射和毒性的风险微乎其微[14]。另一方面，一些独立的科学家试图证明相反的结论[15]。2003年5月，当新闻发布会上突然出现——几乎从未发生过——争议武器相关的问题时，五角大楼的负责人采用十年如一日的辩护方法予以否认。“至少从目前我们的认知水平来看，（贫铀）绝对没有危险性”，美国空军第五航空队军医，西蒙中校宣称[16]。除了游行队伍里出现一些反战标语外[17]，公众很快就把这件事情遗忘了，以至于没人会注意到这种明显的谎言行径。

美国贫铀弹药的大发展始于1959年前后[18]。然而，至少是从1974年开始，人们便已经意识到贫铀材料军事化对健康和环境带来很高的危险性。第一发“U238”导弹“初航”射向伊拉克17年之前，“军队弹药效率协调小组”的一份技术报告提到，“大规模使用贫铀弹药的战争状况导致吸入或者摄入贫铀的概率非常高”[19]。1980年，原子物理学家伦纳德·迪茨用实验清晰地证明了贫化铀粉末的污染能力以及在大气层面长距离传播的能力[20]。迪茨供职于——1983年退休——隶属武器制造商洛克希德·马丁公司的诺尔原子能实验室（纽约），并且已经与美国能源部签约[21]。当时，出现了许多警告信号：例如，洛斯阿拉莫斯原子实验室（新墨西哥州）的研究员约翰·格里斯迈耶、约翰·埃尔贝和马文·丁克的工作，参加过越南战争和海湾战争、1996年"辞职"的军方物理学家、退伍老兵道格拉斯·罗克少校[22]的工作以及从1980年起的10年内发表的大量科学文章[23]。还是在1980年，纽约州最高法院终止了一处"国家主导产业"工厂的运行，从启动到被下令关闭[24]的22年间这位贫铀的消费大户造成了巨大的污染。海湾战争开打数月前，一份关于"贫铀烟尘……潜在的辐射和毒性效果"[25]的内部报告惊醒了美军的高级军官们。尽管已经发出预防性的警告，但美国能源部从20世纪80年代起仍存储了85万吨贫化铀准备供给加利福尼亚的航空制造业工厂。航空制造工厂生产供"疣猪"——A-10反坦克飞机发射的30毫米贫铀PGU-14炮弹。贫铀供应链有利于其他制造商以及美军所有部门类似的大口径弹药生产，但这条供应链大规模运转需要10余年的时间[26]。预防措施到位了吗？有足够的时间吗？丝毫不具备当机立断的条件。造价更低廉并且加工难度更低的钨作为军事材料具有财政方面的优势，再考虑到军备竞赛的大环境，1989年，美国国防部终于承认拥有一座名声不佳的兵工厂。

从在"士兵试验品"身上进行最初的原子弹爆炸试验开始，直到在越南使用剧毒的落叶剂为止，漠视危险的例子比比皆是。美国以及其他军事强国没有什么分别。20世纪50年代前半叶，美军每次进行核爆炸试验时都会命令士兵在距离爆炸中心3千米处搜集观察数据，完全无视原子能委员会制定的规则。尽管原子能委员会已经放开了制定规则的尺度，但仍然竭力主张远离爆炸中心点11千米。1961年开始的10年间，美军向越南的森林灌撒一种落叶剂。这种落叶剂有一个更广为人知的名字——"橙剂"。1984年，数万名罹患各种疾病的退伍受害者获得了价值1.8亿美元的赔偿协议。但是直到1991年2月6日《橙剂法案》的颁布，国会才支持这种化学产品与退伍老兵的疾病间存在因果关系的说法[27]。截至2010年，这些疾病的范围仍在不断扩大。不管是核武器也好，还是橙剂也罢，获得从化学工厂领取报酬的科学家[28]支持，官方辟谣长期以来已经成为一种常态。1984 年，《退伍老兵二恶英与辐射暴露赔偿标准法案》获得通过，算是从象征意义层面为海湾战争效仿的做法画上了一个句号。事实上，这部法律的唯一贡献似乎仅限于恢复了参战者的信心而已：后越南战争时代，最大规模的军事行动结束后通过了《橙剂法案》，传达了一种将历史翻页的政治意愿。

一场“常规”战争除了导致常见的结果外，还为武器和剧毒产品写好了结局。从 1914 年的毒气武器到越南战场上使用的橙剂，战士与目标对手付出了同样的代价。唯一的区别在于：使用贫铀弹药的行为仍在继续。

遗忘贫铀

2003—2004 年，被摧毁的伊拉克坦克附近显示出的辐射水平值高达正常值的 2500 倍[29]。肉眼可以看到，巴格达南部地区残留着大量成堆的贫铀粉末，每分钟衰变超过 11500 次，是美军卫生机构规定的可容忍阈值的 2 倍[30]，尽管美军规定的阈值已经有所放宽——与广岛和长崎饱受争议的幸存者样本身上提取的观察数据[31]相比。遭受污染的区域位于人口十分稠密的中心地区，例如巴格达、纳贾夫和巴士拉[32]。

人们往往会认为，美军无仗可打，人员几乎没有更迭，而且与美军健康状况相关的信息对“准士兵”的数量会起到特别大的抑制作用。然而情况完全不是这样。2000 年 1 月 1 日，9592 名患“海湾战争综合征”的退伍老兵死亡，超过战争期间记录在案的人员折损数量约 20 倍[33]；同时，从 2000 年开始的趋势就是，美军每年招募士兵的数量均超过预期目标，“9 · 11 事件”只不过进一步强化了这种趋势而已。2004—2005 年出现的征兵困难与人们意识到贫铀的危险性没有任何关系，而与伊拉克僵局有关，也与支撑就业的美国经济背景相对改善有关。退伍老兵的死亡未对征兵运动造成影响势必需要一个解释。

以克林顿政府为首的相关政府从混淆各国职责的多种因素中获益。从 1991 年开始，由多个机构操纵的调查“防火墙”开始发挥作用：创伤后心理压力紧张综合症成为作战人员患病的罪魁祸首。除此之外还有一些假设：摧毁海米斯亚武器库时产生大量飘散物，针对伊拉克人民使用同类武器造成污染，萨达姆·侯赛因下令焚烧科威特数百座石油井产生剧毒浓烟[34]——这些假设均被视作足以解释疾病问题的因素。有种运行良好的逻辑认为，某些从科学角度而言尚无定论的实验记录已经上升到辩护论据的高度。因此，从1993年开始，“海湾战争综合征”及其根源吸引了媒体的全部注意力。同年，退伍老兵组织联合议会一起向五角大楼发难。后者被驳斥得哑口无言，同意“从整体上”对海湾战争参战人员“进行测试”[35]。克林顿政府与前几任政府保持一致，尝试分散媒体的注意力，也取得了不错的效果：根据美国卫生部的指令，仅有几十名退伍老兵被选中参加了医学测试。关注此事的媒体认可了这种无理的对待，甚至介绍这些医学测试时使用了胜利这种字眼。5年内，多个小型退伍老兵团体分批出现在电视机镜头前，给人一种——尽管他们的病情十分严重——污染涉及部队的百分比微乎其微的感觉[36]。没有轰动性，事件的新闻性也随之消失：每年从年度关注度最低的话题入手撰写著作的记者皮特·菲利普将贫铀检测事件列入1997年的“十大话题”[37]之一。1998年，激情的氛围有所减退，五角大楼最终承认“没有尽到监管武装力量的责任”[38]。这一年，国会投票批准成立调查海湾战争退伍老兵疾病的委员会。该委员会以极其有限的方式触及了贫铀问题，但并没有形成任何结论[39]。1999年，美军宣布实施针对贫铀的军事训练，但贫铀的危险性以及在全军普及针对贫铀的防护措施都没有被考虑在内[40]。“沙漠之狐”轰炸行动开始以前很长一段时间内，为使人们相信国家忽视贫铀有其历史根源，出现了程度有限、时间延后并且预先经过盘算的承认过失行为，但却有加倍地安抚人心的效果[41]。1998年年底，三天内超过400枚导弹命中伊拉克的领土。美军并未展开地面行动，没人认为此时适合谈论“海湾战争综合征”或者在外科手术式打击的神话保护之下生活的平民百姓将有何结局。此外，军方卫生机构负责人基尔帕特里克博士到处发表安抚人心的演讲。他的演讲听上去给人一种老生常谈的感觉，陈旧得甚至可以追溯至现代全面战争刚刚开始的时代。1999年的一份报告质疑了基尔帕特里克博士以及“海湾战争综合征”事务特别局（OSAGWI）的可靠性，引证“800例癌症与贫铀弹药有关系”[42]。同年，基尔帕特里克博士参加了一场在巴尔的摩医院举行的会议。会上，他当着同僚们的面否认了针对可能吸入贫铀的情况展开监视计划的合法性，并且“强调对五角大楼来说，这是一个关键问题”[43]。

通过故意制造的误会巧妙地维持含糊不清的状态，拖延计谋已经达到了目的：丑闻初登舞台就变成了一场专家间的争论。舆论打乱了争论的思路。极左翼小团体把贫铀事件打造成恶意批评美国外交政策的旗帜性事件，因此贫铀事件被社会边缘化。最后，“反对贫铀”的积极分子被视作与萨达姆·侯赛因和斯洛博丹·米洛舍维奇无二，他们披露美军使用贫铀弹药打击自己的军队。为之奋战的积极分子既激进又不失克制，纷纷退回到互联网上。大量著名的研究中心出具科学的担保证明了某些协会的合法性，但或多或少有些反美倾向的网站以及追求捐款为目的的诈骗犯倍出，这些协会因此被纠缠得焦头烂额。政府机构垄断了话语权，努力开辟出一块不被质疑玷污的天地[44]。

现代战争与政治献金

1991年冲突爆发的第二天，开始再次质疑贫铀弹药这一“流行”问题遭遇了一个更重大的问题。运动演变成一场逆流，与国家强有力的原动力逆势而为，其根源在于军事工业部门进入了新的循环周期[45]。随着苏联的解体，美国国防预算经历了一段持续下降的时期。1999年，趋势发生逆转，克林顿总统宣布三年内增加国防开支1100亿美元。乔治·W·布什再接再厉，将国防预算从1999年的2724亿美元提高到了2004年的4000亿美元，2008年又提高到了6700亿美元[46]。以弹头技术革新为核心的国防预算增长应该加强甚至突出武装力量装备的进步。从这一点上来看，配备贫铀穿甲体的“破甲”炮弹代表了利害关系的焦点：将目标调整为拥有一支有能力打穿层层碉堡保护，击中敌军指挥中心并且快速赢得战争胜利的常规打击力量[47]。一旦关系到维系美国的军事霸权，“贫铀弹药便被赋予……巨大的优势”[48]，2004年，五角大楼一位负责人说道。此外，“防御转换委员会”认为，美军新一代的武器应该把民用技术和军用技术更紧密地结合起来[49]，辐射材料的回收再生满足了这一要求。

在这里，我们不能忽视武器工业与联邦机构之间的紧密联系。这一现象在冷战结束15年的美国显得尤为突出。五角大楼站在政治、经济、军事利益的交叉口，把全部赌注都压在提高研究和发展（R&D）的预算上。其中，拥有穿透能力的强力制导炸弹属于享有优先权的研究方向之一。R&D预算项目影响着相关公司价值的同时，还决定了军事潜能的科技进步，因此影响着美国军事霸权的程度；私人公司突破历届政府各自专属国防选择的藩篱，大型武器公司通过政治资助方式与美国民主体系犬牙交错，在整个体系运转过程中扮演了极其重要的角色：2000—2004年，身为行业巨无霸之一的雷声公司向共和党捐献了1288270美元[50]。该公司的商品目录上提供了一连串配有贫铀穿甲体的“智能炸弹”：“战斧式”导弹以及其他“‘铺路式’加强型制导炸弹单元”。在伊拉克战场上使用以前，这些导弹已经经过了塞尔维亚和塔利班战场的检验。从2001年开始，用该公司年度报告的话来说就是，“铺路式导弹的生产大幅增加”[51]。美国通用动力公司作出相同的评估，用于制造作战坦克装甲的金属从回收核材料中提取：在此期间，美国通用动力公司向乔治·W·布什所属的党派豪掷255万7247美元[52]。制造工艺以贫铀为基础的主要国防企业——名单涵盖范围很广，其中还包括波音公司和麦克唐纳·道格拉斯公司[53]——2000—2004年，共计向权力当局献金数额超过1000万美元。如果算上游说活动，现金总额还要翻一番[54]。

此类“不干净”的游说能够奏效是有先例的：以美国石油企业为例其积极性源自80余年来碳氢燃料中所含铅的（众所周知的）有害性[55]。自20世纪20年代开始发展壮大的掩饰手段——反复质疑警报、疯狂重复无害性、援助支持自己观点的研究、财政上控制科学中心——只不过是适应了新问题而已。

民主国家的脏弹

近年来，军队新招募的战士忘记了或者说是被说服了，以为他们的参谋部不会犯相同的错误。军方机构谈到这一问题时提到的透明……完全是相对的：萨达姆·侯赛因倒台前几天，多名目击者报告称在巴格达南部近郊，埃尔杜拉区的高速公路连接线附近目睹美军士兵特遣队翻搅被毁坦克周围的土壤[56]。这些人穿着特殊的连体服，带着防护面具，隶属于污染设备逆行分队，或者称为“陆军污染设备逆行团队”（ACERT）[57]。显而易见的是，被贫铀弹药报废的伊拉克装甲车恰好停在美军给养卡车行进的道路上。美军的干涉被认为降低了辐射风险，然而根据现场的记录显示，干预行动却并没有起到多少作用[58]。ACERT 离开该区域之前，用阿拉伯文在坦克上写下警示标语：“危险，远离这片区域”[59]。

1991 年，数万名低估手中弹药特殊性的士兵靠近刚刚被摧毁的伊拉克车辆骨架。“沙漠风暴”行动结束后编订的文件现已解密，文件中强调“大量不知道危险性的人探查……坦克燃烧时身陷险境”[60]。多个排的美军战士全体与被炸毁的敌军坦克拍摄了致命的纪念照。获悉自己人身陷危险消息的最高指挥部[61]努力杜绝此类事件的发生。大量人接触到的残余辐射均来自被焚毁的俄式坦克，因为这些坦克被视作战场的战利品。从 1997 年开始，已经开始有了相关的命令[62]，尤其是 2002 年面向高级军官颁布的 700-48 号规定：某些段落劝诫人们在没有配备防护装备的情况下不要进入被贫铀弹药摧毁的车辆；扣押“战利品”时严格遵循规章制度。然而，这份文件的双重性特点给人留下了深刻的印象：文章说明安全程序（“请您远离……污染区域 100~2000 米”）的同时又极力弱化危险性（贫铀的辐射仅仅比土壤放射出的辐射量……稍高一点）[63]。面对命令中诸多矛盾的地方，负责传达命令的下级军官依靠本能解决问题。命令上传下达，只不过方式不一：贫铀问题仍然是禁忌话题，所有的一切都令人相信，指挥部害怕提及存在污染区域会放大本国部队及伊拉克部队的怨恨情绪。因此，命令与其说是实际的预防措施，倒不如说是一种公关：面向已经很难安抚的城市，公布透明的信息将导致混乱，然而军事方面将会引发相反的效果。当士兵们必须坚持保密时，任务自然就落在已经抵达现场的人道主义组织头上[64]。“摧毁目标后……我们绝对不能靠近，因为有罹患癌症的风险”[65]，一位不愿意透露姓名的“布拉德利”坦克成员吐露实情。一边是参谋部安抚人心的说辞，一边是各色退伍老兵协会不遗余力释放的消息，驻扎伊拉克的士兵陷入彻底的不确定状态。此外，游击队促使辐射风险被置于次要地位。对于战士来说，只有生存才是每天最重要的事情。“在伊拉克，危险的东西实在太多了”[66]，一位海军陆战队队员在谈到预防贫铀风险的措施这一话题时如此回应道。胆怯者遭遇逐级警告。他们的理解力被其他的信息所扰乱，比如说美国军队信息处（AFIS）2004 年 10 月 19 日发布的公告：这篇文章以近期的一项研究为基础，强调“即使极端情况下，暴露在贫铀‘气雾’中，也并不代表会对健康造成威胁”[67]。用美国军队信息处的话来说就是，“五角大楼保证贫铀在 30 年内是安全的”[68]。

尽管美国军队信息处的座右铭是“保持部队消息灵通”，但该部门旗下出版物却避而不谈那些相互矛盾的结论[69]。美国军队信息处的公告发布时恰逢在美国 Starmet 公司（前核金属公司）的工厂场地上采样第一批提取物。长期作为“穿甲体”制造业龙头企业的 Starmet 公司在 20 世纪 90 年代变成了周边居民的梦魇[70]。长期的司法斗争终于开花结果，但土壤分析和环境恶化调查却增强了居民的怒气和担忧。密苏里州、马里兰州、南加州、北加州、内华达州和密歇根州被军事试验污染的土地均被记录在案[71]。我们更好地领会了美国军队信息处发布的公告的内涵。从 2003 年冬天起慢慢传出来的一些报告与美国军队信息处发布的公告在时间上略有重叠。这些报告针对的是部队中间出现的大量可疑病例。以赛马沃、迪瓦尼耶、纳贾夫为基地的第 442 军事警察部队战士抱怨头痛、呕吐和腹部疼痛。一系列测验显示他们的尿液中含有贫铀成分。这则新闻沉重地打击了五角大楼负责人明确提出的理论，即贫铀弹药可能的危险仅限于战争存在期间：这支部队包含大批并未参加军事进攻的预备役警察和消防员[72]。相反，占领巴格达之后几周的时间里，这些人都驻扎在一间被改装的仓库周围。就在这间仓库附近曾经爆发过一场坦克战[73]。如果这些人吸入了辐射微粒的话，那么在他们身上必然会出现和他们参加“重大行动”的同事一样的结果。与铀相关的论战日趋表面化[74]，罹患“第二次海湾战争综合征”的首批病例也已经统计完毕[75]。

没有任何一名患病士兵接受过军方辐射医疗团队专家的检查[76]，这是违反相关规定的行为。只有当撤离人员回到美国时污染问题才会被考虑。2004 年 9 月，希拉里 · 克林顿率领 23 名参议员质询美国国防部[77]。逼宫之前，民主党众议员吉姆 · 麦克德莫特曾提交过一份法律计划，规定要为所有海湾战争退伍军人进行体检[78]。在国会的435位众议员中，这项法案仅获得32位的支持。他的提案成为一纸空谈。此事不禁令人回忆起1993年，未来的民主党总统候选人、马萨诸塞州参议员克里放弃了同类法案的创制权。被弹药工厂严重污染的土地得以继续存在。

布什团队的掩饰战略选择了比官僚作风的“健忘症”更拐弯抹角的道路：围绕着美国占领军坚持拘押胡达·阿马什博士的灰色地带是最能说明问题的例子。2004年9月，随着“西蒙娜绑架事件”的发生，这位伊拉克科学家的名字出现在时事新闻中。2004年9月7日，两名意大利“人道主义者”被绑架。阿曼伊·艾尔-扎瓦西里的手下要求释放所有伊拉克在押人员以交换两位人质的自由。21日，阿拉维政府否认向要挟屈服的同时，宣布释放两名囚犯，其中就包括生物学家胡达·萨利赫·马赫迪·阿马什。然而第二天，美国官方排除了这种可能性：不向绑架者妥协。此外，阿马什博士身为“生物实验室领导人”，在“20世纪90年代萨达姆·侯赛因的生物计划复兴运动”中扮演了十分积极的角色。她的所作所为为她赢得了——尽管当事人并不承认——“炭疽博士”的绰号：这位得克萨斯大学微生物学硕士学位获得者、1983年密苏里大学微生物学博士学位获得者位列联军搜寻的55位倒台政权重要人物“扑克牌名单”中的第53位。然而这份履历并不完整，因为履历中避而不谈这位得克萨斯大学学位获得者针对贫铀在伊拉克的影响展开的分析。胡达·阿马什撰写了一篇题为“有毒污染、海湾战争与制裁”的研究文章，发表在美国出版的《包围下的伊拉克》上。这本书由集体创作，聚焦1991年海湾战争的后果[79]。2003年5月6日，当胡达·阿马什心甘情愿地向美国占领军表示屈服时，迪尔费尔的报告尚未确认——实际开展于1991年——伊拉克大规模杀伤性武器的库存已经被销毁[80]。监禁“炭疽博士”可能证实存在大规模杀伤性武器。然而与在哈拉卜贾释放毒气后被冠以“化学阿里”绰号的阿里·哈桑·马吉德不同的是，2003年5月5日阿马什被捕前从来没有任何人提到过所谓的“炭疽博士”[81]。查看当时的电讯可以发现，最早散布这一化名的源头正是美国[82]。与科林·鲍威尔面对联合国安理会成员时摇晃手中假的炭疽药瓶如出一辙，我们可以从“炭疽博士”这一绰号中读出唤醒深受2001年10月

"邮件袭击"事件影响的集体无意识的意味。最后，联合国监测、核查和视察委员会（UNMOVIC）武器销毁检察员并不认为听取伊拉克前国防部长之女的意见有什么用处，认为她参与制造化学武器的证据已经足够多了。胡达·阿马什并非第一个在没有控告罪名的情况下被美军拘押的人。拘押她是为了平息层出不穷的与贫铀问题相关的科学活动。中毒事件被误导的阴影所笼罩，注定要为亲战的论据服务：大部分美国人始终相信开战前伊拉克某地储存有大规模杀伤性武器[83]。强加给胡达·阿马什的绰号与阿拉伯复兴社会党的武器库一样毫无根据。2005年12月，为期两年半的监禁结束后，没有被任何罪名指控的胡达·阿马什重获自由[84]。

事后想起来，前几例"第二次海湾战争综合征""至关重要"的利害关系只不过是更加明显一些而已。全国上下的意识已经开始显现出轮廓：国民警卫队中凡是订阅了"非政治"家庭帮助协会周刊的成员均通过2004年4月6日刊获悉"美国军队（成为）高科技武器的受害者"[85]。出现重大伤亡的2004年4月过去以后，坚持否认立场的五角大楼认为已经到了终止投机行为的时候了。因为这些投机行为有败坏部队士气的风险。更何况部队已经十分脆弱了。怎么可能让麾下众将士接受长期以来，指挥部的漫不经心对他们造成的风险比敌人造成的风险还要大这样的观点呢？

第442军事警察部队的例子说明五角大楼极力鼓吹的预防措施无效：负责清点贫铀污染区域[86]的所谓美国陆军辐射控制团队（RADCON团队）甚至无法全面控制可能出现危险的区域，更遑论消除辐射危险了。任重而道远：A-10"疣猪式"飞机的机关枪拥有1分钟发射3900发子弹的能力，最常见的是每次喷射1~2秒钟，期间就会有大约130发、每发携带300克贫铀的30毫米子弹倾泻而出。1/3的子弹击中目标，同时其余的子弹分散在一条长约100米的"走廊"区域中。介于战争行动与"友军火力"[87]的区域不计其数，多到根本无法盘点清楚。RADCON是种新生事物：有效地消除污染需要庞大的资金投入，2006年仅Starmet公司位于波士顿的一处弹药生产及测试场地就耗资800万美元之巨[88]。此外还需要担心的是奉美国过渡政府之命从"新伊拉克"的废墟中提取的用于再利用和出口的金属[89]。

军事预算同样也是政治考量的结果，从这个层面而言，RADCON手段匮乏也就情有可原了：官方的明确总结揭露了不加选择地使用《日内瓦公约》严令禁止的弹药的程度。还有一个重要的问题：美军秘密文件显示，某些游击队组织回收了大量尚未爆炸的炮弹：拉马迪与费卢杰之间的地区发现了被制成爆炸装置或者手工简易火箭弹的贫铀爆炸残片[90]。将此类信息分级表明参谋部陷入了困境：否认放射性材料的全部危害后，又认识到使用贫铀对麾下将士不利。

每场战争都会带来致命的新生事物。1914—1918 年的毒气武器、越南战场上的橙剂以及海湾战争的贫铀之后，“伊拉克自由”行动过程中将会有哪些新鲜事物崭露头角呢？入侵伊拉克期间，实验性地使用了“E- 炸弹”或称微波炸弹[91]。这种炸弹能够在不伤及人员的前提下瘫痪通信流，引发一时间没有解决办法的问题。

避蚊胺（DEET）丑闻

贫铀并非“海湾战争综合征”唯一受到怀疑的元凶：另外还有一种化学产品制成的致命混合物。

每年 3 月—10 月，伊拉克南半部携带硕大利什曼原虫的蚊子成灾，传播利什曼原虫病。经过一段时间的潜伏期之后，脸上或者手上开始出现小面积的透明脓包，有时还会出现溃烂的情况，同时溃疡面积还会大幅扩大，化脓期症状类似麻风病。尽管长期以来，利什曼原虫皮肤病的治疗并不存在问题，但这种病例的检出却并非如此。2003 年 3 月以来，高危地区不再局限于伊拉克的沙漠地区：被轰炸摧毁的城市地带为寄生微生物的繁殖提供了十分有利的条件[92]。使用夜视设备进行夜间巡逻时长期暴露在野外环境中增加了被叮咬的风险。2004 年 3 月，官方公布的患病士兵数量为 500 人，然而其他的观点倾向于认为至少有 2000 例病患[93]。感染利什曼原虫病者占部队总人数的 1%[94]。如果“巴格达疮”——士兵的说法——造成的医学和心理后果没有对部队的士气造成更大影响的话，这个数据似乎显得不值一提。

为了自我防护，每名士兵都接到命令，要求每隔一段时间必须使用避蚊胺洗剂——

更常见的名称是“DEET”——以及瓶装长效除虫菊酯。根据参谋部的命令，这两种以杀虫剂为基础的“防护措施”应该“大规模”[95]应用于身体各部分，不论是暴露在空气中还是穿着制服亦或是待在蚊帐里。

1946年为驻扎在热带地区的军人调配的DEET从1957年开始逐步商业化。由于近期“西尼罗病毒”呈向温带地区蔓延之势，购买以DEET为主要成分的化学驱蚊剂重新开始出现，美国体现得尤为明显。针对购买化学驱蚊剂展开的论战已经存在了很长一段时间：10余年来，科学家群体中的一部分人披露了除虫剂在海湾战争退伍老兵所患疾病中扮演的角色。多位著名专家发布消息，类似“绿色和平”之类的组织或者“有机消费者协会”[96]内的环境保护主义者已经拉响警报，提醒注意驱蚊产品被皮肤吸收而积存于体内脏器的危险性。

避蚊胺研究的先锋名叫詹姆斯·莫斯。1993年，当“海湾战争综合征”涉及越来越多从伊拉克战场回国的士兵时，这位与美国农业部签约的研究人员偶然间发现了DEET、长效除虫菊酯与溴吡斯的明(PB)——一种供参加“沙漠风暴”行动的士兵注射，以防毒气攻击的物质——在机体内的相互作用。部分引发“海湾战争综合征”的因素被验明正身。尽管被实验室体系勒令终止研究，但莫斯却固执己见。莫斯结论的确切性给“老兵委员会”主席、参议员洛克菲勒留下了深刻的印象，后者于1994年5月6日在国会组织了一场听证会。6月30日，美国农业部取消了莫斯使用的试验设备，双方的合同也未再获更新。官方的说法是因为他不遵从等级体系的命令[97]。潘多拉魔盒已经被打开，更多的科学家一头扎了进去：从1996年开始，在阿布-多尼亚教授的带领下，杜克大学药理学与生物学系进行了20多次试验研究，发现“经常持续使用”DEET与“控制肌肉运动的……脑细胞死亡”之间存在关联。根据他们的研究结果可知，大剂量地使用DEET可能会导致“记忆力衰退、腹痛、乏力、肌肉虚弱及疼痛、颤栗和呼吸衰竭”[98]。研究人员发现，实验室小白鼠的“行为衰竭”与“海湾战争退伍老兵（的行为衰竭）……一模一样”[99]。另外一些平行和延续性研究[100]证明了剧烈且持续暴露在避蚊胺下会导致神经系统[101]、心血管系统病变以及先天性畸形[102]。其中潜在的癌变也是讨论的话题之一[103]。最后，针对定期使用75%浓缩驱蚊剂的士兵和国家湿地公园（佛罗里达）的雇员进行检查后发现各种皮肤和黏膜疾病以及其他与退伍老兵症状类似的功能紊乱。“谨慎的建议是避免过量使用这些产品”，2001 年，魁北克公共卫生国家研究所的西尔维 · 莱萨尔总结道[104]。加拿大抗寄生虫斗争管理局（ARLA）从 2005 年 1 月 1 日起禁止所有被指控杀虫剂含量超过 30% 的产品，同时其他的产品从市场下架。

在美国，这一话题成为军事话题。人们的反应有所不同：1998 年，美国环境保护局开始关注这个问题。该局的专家拒绝把 DEET 与其他除虫剂相互作用引发的风险视作重新考虑产品许可的充分理由[105]。当时，此类产品与浓度值等于 100% 的 DEET 一样可自由使用。不过，该机构建议在使用期间采取防护措施[106]。

美军后勤部门并未参与这次仍显谨慎的论战[107]，而是通过 Safessport 公司出售军用盈余品中储存的防蚊剂，后者避蚊胺的含量能够达到 71%[108]。人们忽视了 2003 年大量产品在武装部队内部流通的情况：部分伊拉克驻军配备的 3M 驱蚊喷雾含有 33% 的 DEET，建议从 3 月到 10 月开始每天两次喷于驻军的手臂和脸上，持续时间远远超过各类研究人员建议的为期数周的关键期。

2003 年 3 月—4 月，观众在电视上看到大量海军陆战队队员展示自己满布脓疱的前臂，控诉自己的粘膜刺激感强烈。“萨达姆 · 侯赛因可能使用了化学武器”，随军记者反复强调说。这些人忽视了 DEET 对机体的影响，几个月后又将阐述驱蚊喷雾的技术说明；美国军队卫生机构防止专家们传达警告。参谋部考虑的是眼前：保证不胜游击队袭扰的部队保持相对平静，驱蚊产品优先考虑预防效果，违背了预防措施的全部原则。在这样的逻辑驱使下，“军方杀虫剂管理领导局”（AFPMB）于 2003 年 11 月决定取消认证未添加 DEET 成分的驱虫剂，例如被证实的确有效的 Repel’em[109]。

为什么军方和五角大楼的负责人表现得好像一切都无关紧要似的？为什么大量专家的结论——某些结论遭到另外一些专家的反驳——依旧仅限于停留在科学层面，而伊拉克、利什曼原虫病以及“海湾战争综合征”的记忆却必须成为热门话题？面对大量的警报信号，销售驱蚊喷雾并向军方供货的 3M 集团（明尼苏达矿物及制造业公司）代表了顶级势力：携 2003 年 180 亿美元营业额之势（2010 年为 230 亿美元），这家跨国集团旗下的子公司业务范围涵盖整个制药、电力、电子及电信产业。依靠与美国政府签订的50余份合同，3M公司成功地染指了饱受争议的伊拉克重建市场。从2001年开始，美国国防部与明尼苏达矿物及制造业公司签署了8份总额高达25633912美元的抗寄生虫喷雾军需供应合同[110]。2000—2004年通过“政治行动委员会”向共和党以及其他为企业游说的机构捐款347305美元帮助这家公司赚了个盆满钵满[111]。从2005年起担任3M公司总经理的小詹姆斯·麦克纳尼以及5名政府顾问经理均表达了对共和党候选人的好感，因此6人每人签下一张2000美元的支票——法律允许个人捐款的最高数额[112]。

一份名为《3M公司商业行为策略》（《3M公司如何进行商业活动》）的文件曝光，除了合同外，游说活动也为公司形象和“声誉”的保存立下汗马功劳。“我们不会容忍任何有可能与3M公司利益存在冲突的外部影响”[113]，我们可以从这份报告中读到如上文字。测试DEET毒性的检测被纳入这一范畴了吗？或许吧。某些科学家危言耸听，威胁到3M公司在杀虫剂市场上的地位。自从1999年纽约发现最初几例“西尼罗病毒”（VNO）后情况开始愈演愈烈：疾病跨越回归线，在疾病阴影的笼罩下，2003年，仅美国一国[114]登记在册的死亡人数就已经达到184人。与此有关的新闻报道却与死亡人数呈反比。针对“西尼罗病毒”的信息十分匮乏，只是介绍了“以DEET为主要成分的杀虫剂”是唯一有效的保护措施而已。CNN网站发动的研究得出大量相当具有说服力的结论：1996年3月17日—2004年9月4日之间，超过95%的国民提到“DEET”一词采用的是积极的方式，相反，其余4.8%的人提到这种驱虫剂时是站在“海湾战争综合征”的背景之下。

DEET含量最高达到100%的抗寄生虫产品屈服于不断增长的需求之下：2003年，拜这场出乎制造商意料的宣传运动所赐，厂商的销售不断井喷，仅美国一地销售总额就已经达到2亿美元之多[115]。正是在这种狂热的背景下，军方后勤部门对3M公司的产品青睐有加。至少在2004年之前，杀虫喷雾技术认证尚未被废除，不协调又有致命风险的药剂-化学混合物（DEET、长效除虫菊酯甚至PB）虽然饱受研究界杰出人物的抨击，但在伊拉克战争的背景下仍然得以继续使用：军方用DEET含量为9.5%的

Skintastic 代替了 3M 驱虫喷雾[116]。涉及 3M 驱虫剂的联邦合同继续有效[117]。军队官方供货商的身份成为公司广告宣传中最引人注意的部分，公司把“军方测试”当作吹嘘的资本[118]。

八

政治和社会军国主义

当军事扑向政治

在不知不觉中，战争开启了美国政治生命的军事化倾向。我们首先注意到，乔治·沃克·布什致力于披上“军人总统”的外衣：频繁巡视军队期间，站在“男孩们”旁边，他会特意穿上标有姓名牌的军用夹克，也总是佩戴绒面“三军统帅”衔章，衣服上挂满了军功章或是臂章[1]。为了把军事思想灌输给内心向往着民主与和平生活的百姓，这些军事标志往往承载着特殊意义：2002年2月4日，乔治·W·布什在佛罗里达州埃格林空军基地进行演讲。他为演讲挑选了一件军用夹克，夹克黄褐色的颜色——通过“变色龙”效应——呼应了站在他身后的一排排士兵。军人的审美观突出了这次呼吁神圣同盟的政治演讲。“美国人民”用这篇演讲“表达团结”：为此，乔治·布什鼓励“美国国会将军事预算和美国国防预算放在重中之重的位置上[2]”。在一次会议期间，布什总统干涉立法权的表态动摇了其军队首脑的地位，为了赢得选票，布什请全体官兵作证，并压上所有的砝码，支持五角大楼再追加480亿美元的军费开支。2003年5月1日，媒体登上“亚伯拉罕·林肯号”航空母舰。“胜利演讲”仍然是军国主义姿态的高光时刻：美国总统抵达这艘刚从伊拉克战场返回的珍贵美军军舰实际上是加强版表演的产物。为了这场表演，国家元首穿上整套战斗机飞行员制服，承受了本不必承受的飞机在甲板降落时的晃动之苦：当时，航空母舰正在加利福尼亚湾附近海域巡航。国家元首的公关顾问团队把布什塑造成为一位“战争总统”。乔治·W·布什本人也希望自己被如此定义。穿着飞行服，仿佛置身于战斗情境里，制服的魅力给这位白宫的住客添上一层光环。甲板上站满参与“伊拉克自由行动”的老兵，他们齐声呐喊，高呼总统是引领他们取得胜利的领袖：布什竖起手指，比画出胜利的手势。“总统英雄”不停地与人拥抱，脸上一直挂着微笑。如果不仔细看他的脸，人们可能会以为，这位正在和自己打交道的人是一位海军勇士，刚刚完成了棘手的任务荣归故里。这场战争电影的“完美结局”同样让人浮想联翩，以至于导演这一幕要向托尼·斯科特指导的《壮志凌云》求助。

慰问仪式远不仅是激励军队的方式那么简单，它会让人联想到专制政体的仪式。服装的选择帮助乔治·W·布什成为美国全民偶像：制服上佩以象征美国的标志，不系传统服饰中的领带，而是别上一枚美国国旗颜色的小徽章。风格的混搭有可能会模糊民用、军用以及各个领域专属特性之间的界限，这是政治感染力通过战场实践获得的毋庸置疑的结果。

从乔治·华盛顿开始，美国从未发生过类似的事情—格兰特总统（1869—1876）和艾森豪威尔总统（1953—1961）都以名誉作担保，不会穿着将军制服[3]——而在其他国家，客串军人的现象往往发生在危机或紧张时期。1961年4月的一个傍晚，夏尔·戴高乐发表针对阿尔及尔将军暴动事件的总统演说时选择以如此形象示人：戴高乐无视国家元首的非军人身份，穿上将军制服，向卓越历史，向那段“法国拯救者”的历史寻求帮助，军事素养为他增色不少，表明他从形象上比“一小撮退役军官”组成的叛乱分子更具优势。然而戴高乐总统为了以军人的形象示人，可以利用自己曾经的军人生涯，但乔治·W·布什则完全不同，2003年5月1日上演的这一幕就是一场彻头彻尾的欺诈。

2010年3月28日，奥巴马总统首次访问阿富汗，在军中上演了极其相似的一幕：奥巴马特意穿上饰有绒面“空军一号”徽章（对应搭载总统的飞机代码）以及刻着“总司令”铭牌的飞行员夹克。当政 13 个月后，贝拉克 · 奥巴马延续了美国总统关注能否以真正的战争领袖形象示人的传统。与 10 万名首次被派往阿富汗战场的士兵代表合影留念，奥巴马同样也是在向美国人民发表演说，劝说人民支持 2009 年年底部队扩编 2 倍的决案。2009 年 12 月，不论是从选择上还是从行动上，这位乔治 · W · 布什的继任者通过新闻发言人声明愿意承认同样的“战争总统[4]”头衔。

战争背景导致 2004 年美国总统大选以及政治生活都转向军事化。乔治 · W · 布什和约翰 · 克里一样，都特意从民俗传统和军事辞令中汲取营养，以便在美国人眼里表现出最有能力保护他们安全的样子。布什和克里加大向军队致敬的力度，因此大批官兵、有威望的退伍军人和受敬重的军官围绕在二人周围。“我，参议员克里，在此向各位汇报”，这位民主党派候选人面带凝重，站姿立正，说出演讲的开场白。“表演”的第一部分，美国军队前指挥官克拉克将军拥护克里的立场。共和党总统候选人提名大会时，另外一位军队的高级将领——汤米 · 弗兰克斯将军被动员起来以支持“三军统帅”。军队价值观和战争词汇干预选举战场是众所周知的事情：“我们将打赢反恐怖主义战争！”马萨诸塞州的参议院与总统一起一字一句地说道。后来这个说法变成选举运动的口号。军事专用词汇变成政治和选举用语。拜其退却立场所赐，2004 年民主党派失败的原因显而易见：由于接受了对手的战争语言逻辑和伊拉克政策的大政方针，克里参议员的参选团队没能在共和党阵营已经打上自己标签的领地赢过对手。4 年后，总统候选人奥巴马的公关团队将会把精力集中在与全体选民的关注点相契合的经济和社会问题上，避开以上障碍，同时也不会否认共和党政府确定下来的词语标准。

战争记忆的冲击

2004 年夏天，克里的拥趸围绕着本方杰出领袖的服役情况进行了一次演讲（在湄公河上，克里多次冒着生命危险指挥登陆艇）。而对面阵营里的未来“战争总统”乔治 · W · 布什的经历模棱两可——已经成为 2000 年的争议性话题——经不起比较：得惠于父亲的干涉，布什“躲藏”在得克萨斯州国家警卫队，他的出勤率也几乎可以忽略不计[5]。民主党派人士又围绕引起轰动的詹姆斯·丹·奎尔事件玩了一招，丹·奎尔是老布什任内的原副总统，1988年被爆料为了躲过兵役和去越南作战当了一名逃兵。四年之后，轮到威廉·杰斐逊·克林顿的“躲藏”事件遭受来自保守党派人士的批评。与政客服兵役相关的丑闻被不停地提及，证明了一个担当总司令角色的总统候选人应该要入伍参军，理论上更应当参战。

共和党阵营组织进行回击，促使竞选运动不再在回忆场所问题上作过多的纠缠。布什总统的支持者认为，必须摧毁克里的“军人”威望——1969年，克里因解救下属性命而获得银星勋章的殊荣——并且制止对本派候选人的攻击。在布什家族的亲信、得克萨斯州“大象”基金会主要出资人，即大富豪鲍勃·佩里[6]的资金支持下，布什总统的支持者频频展开反攻，包括电视广告和记者访谈，并且在最短的时间内出版了一本多位共和党退伍军人署名的论战书籍，成立“越战巡逻艇退伍老兵和战俘寻求真相”（SVPT）组织。这些退伍老兵把克里担任海军中尉时勇敢的行为定义为“谎言”，声称克里的奖章是通过非法途径得到的，并谴责其在20世纪70年代的和平主义立场，说他是“叛徒”。各项民意调查显示，克里先前的明显优势化为泡影。随着共和党总统候选人提名大会在纽约召开，“越战巡逻艇老兵及战俘寻求真相”组织掀起的攻势标志了一个转折点，“新肯尼迪”①就此由盛转衰。

选举运动之所以能带来巨大的冲击，完全是因为利用了与美军遭受第一次重大挫败相关的记忆，与常见的诋毁行为比起来显得巧妙得多。分析一部介绍“越战巡逻艇老兵及战俘寻求真相[7]”组织的视频短片可以更好地了解这场共和党反击的机制所在。这部短片被谨慎地命名为《他们曾为国家服役》：扣人心弦的小提琴曲背景音乐突出了军队质朴的韵律，摄影机镜头缓慢推移到一群大约五六十岁的陌生人身上。庄严的画外音响起，那个声音说道：“他们曾怀着勇气与荣誉感为国服役”。布景已经搭好：

① 克里全名的缩写同为JFK。——译者注

美国人会以他们参加越南战争为荣，从国家的最高利益出发促使他们相信叙述者的话："这些人正是与约翰·克里一同服役的人……包括……与他同一艘巡逻艇（船）的炮兵。"这些细节激起了大众的好奇心：原来那些在屏幕上一闪而过的脸都是民主党候选人的旧相识。作为掌握第一手证据的人，他们的话不会被人质疑："多年以后，沦为原维也纳共和国俘虏的正是这群人"——言下之意就等于说，这些老兵的痛苦经历应该赢得最高的敬意。旁白准确地一语道出整部影片的全部含义：因为，如果说这群退伍军人饱受各种虐待，等于是在告诉我们，都是"为了拒绝承认约翰·克里控诉他们曾犯下的罪行——战争罪犯"而受的磨难。突然，集体记忆被这样一条信息彻底激活：20 世纪 70 年代，年轻的约翰·克里曾经是反战运动的领导者之一。

从越南回国后，海军中尉克里面对参议院时表态，详细列举了"经军队高层完全同意、以系统方式、日复一日地犯下的战争罪行"[8]的性质，向知名人物的方向跨出了第一步。通过突然出现的历史闪回，"越战巡逻艇老兵"广告短片的解说词歪曲了事实：克里年轻时并没有表现出对尼克松政策的强烈批评，他的话是在谴责大量应征入伍的士兵，甚至把他们的行为说成是背叛。大部分美国公民对这些曾经当众受辱的越战退伍老兵心怀负罪感，"越战巡逻艇老兵"广告片传递的信息迎合了这种心理。通过诱导听众指责克里，"越战巡逻艇老兵及战俘寻求真相"组织给每个人一次向这一代战士赎罪的机会，同时挽回了美国军队因在东亚所犯暴行而丧失殆尽的声誉。

导演的选择促使观众作出决定：这群"为人之父"甚至"祖父"的人站得笔直，好像阅兵时的军人，显得既普通又多样，多样是因为这些人衣着打扮各有特色，并且来自不同的社会阶层（"教授、农夫、商人、牧师"）。这些体面的美国人神色庄重，走到哪里都会收获欢迎的微笑，给每位观众留下一种他们正在看着自己眼睛的感觉，按理来说这些人不应该受到任何指责。评论明确指出："他们都是……获得过荣誉勋章的人，其中一些人以最不可思议的方式获得荣誉。"片中的逻辑似是而非，因此观众都是见证者：无论如何，美国都不会给予战争罪犯大量的军功荣誉。宣传的深度在于言外之意和混淆是非："但他们保留了自己的奖章"，画外音接着说道。带有诋毁意图的言论再次把观众拉回到历史中去，帮助观众回忆约翰·克里的行为。克里在美国国会大厦的台阶上象征性地扔掉勋章，摇身一变成为越南老兵反战组织的发言人。上述评论没有忆及，如此表达抗议的方法不仅仅代表着政府政策瓦解的迹象，更代表了不计其数的退伍军人的心声。“越战巡逻艇老兵及战俘寻求真相”组织的成员从未因自己曾执行过的战斗任务感到羞愧。相反，与这群人崇高的品质比起来，前文提到的冷漠将置克里于完全相反的境地。

短片的创作者努力激发观众否决的冲动：通过维护纯洁的形象——光荣的退伍军人成为美国人的典范——在民众不经意间，成功地把愤慨、轻蔑和憎恶的感受灌输进民众的躯体里，并且把这些情绪集中到他们指定的目标，即道德败坏行为的责任人身上，具体来说就是参议员克里。随着镜头从站成三排的 80 来个人身上一带而过，民众的印象全靠片中的信息，信息的真实性经过战争英雄认证。这些人放弃退休生活，站出来直面克里——东海岸权势集团的代表人物。影片在结尾部分，为履行与节目资助者签订的协定书，“越战巡逻艇老兵与战俘寻求真相”组织的成员并没有因为担忧而止步不前：他们满怀自信，重新开始质疑一件本来已经盖棺定论的事情，从来都没有提过一次“说谎”这个词：在越南战争经历这个问题上，克里并没有完全说“真话”。

这部宣传短片——风格简单到令人叹为观止——比起简单地诽谤民主党候选人要厉害得多。如果说这样的诽谤最终可以深入舆论的话，究其原因，首先靠的就是有关大量伤亡的集体记忆，其次还调动了国家层面上的评判标准——对退伍军人的尊重，拒绝承认越南战争失败的意义——短片的激化作用使得战争时期的强烈的爱国主义情怀蓬勃发展。事实上，军人、退伍老兵和部分选民，大多数人都认为“越南战争本应该打赢”。以一篇发表于 2003 年 7 月的《美国军团杂志》——美国大型退伍军人组织旗下的报刊机构——上的文章为例：“若非政客不幸失败，（这场战争）本应该取得胜利。对大多数人来说，越南战争已经结束了。但是对于那些曾经战斗过的人来说，这场战争将永远不会结束。我们为正义而战，我们为此付出过努力。我们已经打赢了战争。失去平静的是美国国会[9]。”从这个角度来看，约翰·克里成为典型的战败的替罪羊，他被设计成从政治上在背后“捅了”得胜战士“一刀”的人。伊拉克战争以向不公平命运报复的面目示人。“这意味着不能再次像越南战争时那样，战争结束后夹着尾巴逃跑。这可能会是美国和世界的末日。我们绝不允许自己输掉这场战争”[10]，负责2000—2003年阿富汗战争和伊拉克战争作战计划的中央司令部二号人物——迈克·德龙将军斩钉截铁地说道。

除了毁掉克里的名声之外，“越战巡逻艇老兵及战俘寻求真相”组织的短片还宣传了共和党形象公关的主线：今日一如往昔，国家处于战争之中。如果约翰·克里在越南战争中说了谎，那么他在当今的战争中难道不会再次说谎吗？《他们曾为国家服役》的设计者呼吁美国人民要以即将奔赴伊拉克服役的士兵为荣，弥补他们对越战退伍老兵的亏欠。前印度支那的经历颠覆了美国的意识形态，也让为自由而战的民族神话化为泡影。紧随里根主义之后，“越战巡逻艇老兵及战俘寻求真相”组织中的共和党人士继续持相反意见。

对比伊拉克冲突和越南战争超出了简单的选票策略范畴。通过面对面的辩论，一对存在竞争关系的记忆狭路相逢。为了抵消反克里运动造成的灾难性影响，民主拥趸再次把矛头指向乔治·W·布什军旅生涯中的污点，期待用这些污点对抗传统意义上属于共和党的有威望的退伍老兵选民。民主党派改编了“越战巡逻艇老兵及战俘寻求真相”的宣传短片，“得克萨斯州老兵寻求真相”委员会用同样的方法对付现任总统，揭发后者在得克萨斯州国民警卫队服役时期经常缺勤、不守纪律的情况[11]，委员会一切所作所为的目的都在于把共和党候选人打造成典型的“鹰派胆小鬼”。民主党的反击把乔治·W·布什归入与美国“中产”阶级中的和平主义者以及“富人家的孩子”一样受人鄙视的行列，后者依靠父母的人脉，被编入那些一旦加入就等于免于赴越南服役的部队。如此指控着重强调了不公平的征兵现象。赴伊拉克战场的军队里，比重失衡的现象同样不可小觑。家境富裕的年轻男女只占极其微小的比例。这就是民主党组织诋毁运动时的背景：卸任总统时而被称作“特权之子”，时而被称作“幸运之子”，以便更好地在总统与美国人民之间画出一道鸿沟，在总统与那些上过战场但却从来没有上过前线的人之间画出一道鸿沟。

退伍军人与权力

美国的政治集团聚集了大批退伍军人。频繁的战争以及军队在社会中的重要性以无意识的方式造就大批退伍军人参选人：1774—2010 年，退伍老兵占众议院的比重摇摆于 13%~22%，其中 20 世纪 60 年代末，退伍老兵的比重达到顶峰，为 72%。1969—1971 年，众议院 435 名议员中有 329 名都是退伍军人，参议院的比例与之类似，每 100 名参议员中就有 69 名退伍老兵。同时期的尼克松政府拥有 92% 的退伍军人；1979—1981 年，据统计，240 名众议院当选议员来自军队，同时有 58 名军人进入参议院，在随后的参议员换届中，退伍老兵比例达到顶峰——73 名退伍老兵进入参议院。1973 年以来，结束征兵制度对政治 - 军事精英产生的影响是循序渐进的。例如从社会总体而言，退伍军人的比重——从未超过总人口的 20%——不断减少[12]：1991 年，美国国会当选议员中有一半经历过部队锻炼，其中大部分人甚至曾参加过战斗。9 月 11 日，聚集在美国国会大厦台阶上的议员中有 153 名退伍军人，占当选者总数约 35%；2006 年，据统计，众议院中有 106 名退伍老兵，参议院中另有 28 名老兵。尽管退伍老兵从政比例出现衰退，但仍维持了较高水平：事实上，当选议员平均年龄的增大[13]限制了从前依靠征兵制度选拔出来的几代人政治生涯的结束。如果说 2010 年拥有军队资历的美国公民占美国总人口的 9%，其中 23% 就在美国国会，而这些人中只有极少数是在 1973 年以后出生的职业军人。

两次呈下降趋势的阶段分别出现在 1815—1860 年以及 1890—1917 年，直至后来出现的重大国际冲突逆转了这一现象。不论是依靠数万名预备役军人和还是依靠被动员起来的国民警卫队，“反恐战争”的结果都没有什么区别。新一代精英分子崭露头角，造就这些精英的是各党派的策略和他们的社会出身。2004 年和 2006 年，民主党派授权越来越多的退伍军人（所有的战争都算在内）参选众议院议员：2002 年，74 位退伍老兵成为候选人，2004 年，83 位，2006 年，则有 95 位。行动的目的在于：证明还有相当多的士兵不赞成共和党政府，同时通过政治和制度上的战斗精神反对共和党的政策。从伊拉克和阿富汗战场上返回的退伍军人被召集进“作战退伍军人协会”（跟美国极端共和党走得很近）或者竞争对手“今日老兵”组织。这些退伍老兵以各自党派成员的标签现身美国国会。2008—2010 年，被打上“反恐战争”烙印的当选者的数量至少翻了一番，从 4 人增加到 9 人[14]（人数依旧稀少，这个数字只能在微弱的比例中显现出增长的趋势）。

军事和政治领域之间此消彼长的连通器原理不仅出现在大多数的专制制度中，同样也存在于备战状态下的年轻的民主国家。印象中，法兰西第三共和国的战争部长就是从将军们中招募来的。自独立以来，美国及其社会精英符合这一模式：美国政府和国会几乎长期拥有比重相当大的退伍军人，这一比例远高于退伍老兵占美国总人口的平均值[15]。从南北战争开始，以及后来整个 20 世纪，这样的情况一直延续，其发展趋势与美国强盛的时期同步出现。

军队享有的威望直接导致了这样的结果。1945 年，这一情况达到了史无前例的程度。每代人都必须“履行义务”，无论身处何种阶级。尽管共和党比竞争对手更能吸引退伍老兵，但作为上升阶梯的重要因素，对一切选举的（或者政府职位的）候选人来说，军旗下的经历确保了他们自身的公正和爱国主义情感，这两点超越了社会阶层的划分。在一个重视军队达到这样程度的国家，军人在政治上的晋升过程要经过对作战问题的反复鉴定。科林 · 鲍威尔就是很好的例子。他任海、陆、空三军统帅在先，担任国务卿在后。这些人都是从兵卒干起，然后一步一步才成为著名人物；就算不追溯从独立战争时期的大陆军总司令一直做到美国首任总统的乔治 · 华盛顿，也不提及美国南北战争时期担任联邦军总司令，之后又入主白宫的尤利塞斯 · 格兰特，我们也可以联想到曾任欧洲盟军最高统帅，1952 年登上权力最顶峰前，被共和党和民主党奉为圭臬的艾森豪威尔将军。2003 年，毕业于西点军校、越南战争中负伤、科索沃战争中任北大西洋公约组织盟军的最高司令的韦斯利 · 克拉克将成为迈克尔 · 摩尔式的布什主义反对派的使者，布什主义的反对者一厢情愿地号召韦斯利 · 克拉克参加民主党初选。还有一些颇有名望的退伍军人，例如约翰 · 麦凯恩。2008 年，约翰 · 麦凯恩获得共和党正式提名，然而并非是在他智者的形象上做文章，而是为他赢得军功章的实战锻炼。还有一些名气稍逊的人，例如民主党国会议员伦纳德·博斯韦尔。自1956年开始服兵役以来，伦纳德的军旅生涯堪称辉煌。他从一名普通士兵做起，一直做到中校。后来他成功钻营，谋得地方官员职位，然后一路不断升迁，终于从1984年起开始担任国家官员。然而，渴望进入政界并非一定要寄希望于隶属军官名流阶层：某些前士官也做到了，不过这些人往往得益于自身富裕的社会地位。

不管对于参、众议员，还是对于内阁部长而言，甚至对于总统和副总统来说，军功章和荣誉加身的军旅生涯是一种占比例相当大的常见的晋升方式。伟大战士的光环——例如布什政府中的科林·鲍威尔——足以掩饰2000年越战老兵缺席受委任的内阁部长行列的事实。同样关键的职务，例如军事委员会的席位也深受相当大比重退伍老兵的欢迎。在同属联邦范畴的州长和国会当选议员也共享了相同的条件。回想古罗马时期，那时（富有的）公民若想为官必须先战斗，这样的评定方式首先源自现实状况：强制服兵役的时期容易出现丑闻，领导者一般都经历过战火的洗礼。出身优渥阶层的政治-军事精英——比如约翰·克里——最有可能是为国服役的产物，从前的为国服役人人平等，而今早已不见踪影。军官职业化制度的来临限制了军人进入民选政府任职的可能性。因此，2004年，只有不到10名国会议员的子女参军[16]。新征入伍者从社会最底层选拔的比例前所未见。

退伍老兵在立法机构与司法机构中的分量显然不能算是无足轻重：虽然政派混杂，然而一旦有情况，他们就会抛开民主原则，采取军事组织特有的等级服从态度；神圣同盟下议会的反应因此得到新的解释，这样的情况在美国历史中比比皆是。国会议员支持历届政府的战争选择也是出于同样的原因。更令人吃惊的是，当选者曾经的军旅生涯并无助于给予战士命运决定性的关注，就好像面对橙剂丑闻或者“海湾战争综合征”诉讼案时，这些人也表现出了相对消极的态度。

美国和其他地方一样，退伍军人官员与文职官员之间存在对立关系。但在诉诸武力的方式问题上，这种对立表现得更加顽固一些：退役军人官员方面，传统的倾向是希望限制政治插手管理武装冲突；文职官员方面，更容易考虑选择使用武力，不过武力必须受到限制，可惜参谋们对这种限制深恶痛绝[17]。面对这样的背景，忠于模范军人的政客与服从模范军人的政客之间预先达成了一致。经政治圈以及政治圈的选举策略开发后，这些模范军人同样得到了全体人民的支持。

军事化的消费社会

2002 年底，美国视听领域占优势地位的广告开始贴合神圣同盟的军事营销。这些广告具有亲战性质。

“9 · 11 事件”发生后不久，深受航空领域危机影响的美国联合航空公司发布一则广告，吹嘘“随我心意，自由出行”。最终，公司的口号变成“我们是美国人，我们团结一心”。广告短片的构思建立在“爱国性质”的文字游戏基础上，利用了当时十分流行的词组——“团结就是力量”（*United we stand*）。神圣同盟的颂歌在美国联合航空公司那里找到了回应：以经过美化的航空环境图片为背景，台词一句一句地出现：“我们是美国公司——但很明显——我们不仅如此，我们是一种生活方式。自由——来往，不分地点——不分时间——完全可以放心……我们是一家美国公司——我们为自己的名字而感到骄傲——美国”。为了给航空客户的不信任感施压，美联航利用了“美国孤立主义”的思想根源以及爱国主义情感的再生。广告所代表和兜售的主要对象依然是刚刚被植入特殊背景里的产物（乘飞机旅行）。在另外一些广告里，好战方面的考量已经超过了商业因素。

淹没整个国家的爱国主义潮流以及对军事力量的大规模支持把士兵变成了一种万能的对象。公共机构迅速抓住了时代精神，并从中获益。士兵深受赞誉并且出现在每个身陷战争阴影中的人的思想中，然而士兵其实就是销售员。例如，2003 年，软件制造商——联合电脑公司把公司形象同身着作战服的战士的特写镜头结合起来，再配上公司口号：“准备好，志愿者和有能力者[18]，联合电脑公司为你们提供支持[19]”。这种情况曾经出现过，尤其是在 1940 年的法国——“老佛爷”的服装广告变成了军装的广告[20]——这种变化以它大量的、思想层面的特点给人留下了深刻的印象，从中可以看出公司的股东与权力的亲近关系。

当一种男用化妆品的商标出现后，爱国主义商品达到顶峰。化妆品的制造者将其命名为“勇敢的战士”。2000年起，贩售这款化妆品的加利福尼亚的公司开始挪用理想战士的价值观，诱惑顾客通过购买自己的产品来接受这种价值观。“变强大、变善良、变智慧、变勇敢。勇敢的战士，超越极限的表现”[21]，商品上的口号宣传道，背景配以手拿头盔的美国大兵剪影。其中传递的信息本来应该为军方招募公司所用，“勇敢的战士”的公关人员却把它用作产品销售的说辞，并且在神圣同盟的思想中，起到一箭双雕的作用：战士的现身使广告传递的内容更有说服力，同时也为战士带来了一层无与伦比的光环。虽然同五角大楼的合作并没有赋予该公司军事上的合法性，但“勇敢的战士”的创始人仍然以军事形象为生产准则，并且以此作为唯一的营销参照。美国大兵是国家的形象，陷入“士兵崇拜”的狂热，复苏国家形象的威望确保“9 · 11事件”发生不久后创立的新系列获得空前的成功[22]。

致敬战士的视听镜头趋于同质化和普遍化。不同类型融合：如果说广告在内容上契合“军人”，那么军人就可以求助于广告为招募公司服务：导演维克多 · 米尔特为麦当劳、美国运通公司、高露洁、汉堡王和美国空军工作。广告宣传赚的并非产品质量的钱，而是赚的制造商与国防部关系的钱。企业与战争机器之间的联系足以向公众展示这家企业出众的能力：突出企业给予军队的支持就能吸引被“爱国主义”消费活动诱惑的客户。购买行动中起作用的行为逻辑——提供产品反映出的形象的同时也提供产品本身——被前所未有地开发利用。广告人利用了公众期望证明自己爱国主义情感的意愿，其中包括借力保护消费者权益活动。所有的爱国主义广告使用的都是同一套秘诀：国旗或者在音乐和民间俗语中出现“美国”的名字。1987年，汽车制造商普利茅斯公司发布一则广告短片，短片通过与“诞生于美国”的概念拉上关系，抬高了该公司四门轿车的出身。电视观众听着背景音乐中乡村歌手肯尼 · 罗杰斯演唱的“里根式”歌曲“The Pride is Back”，看到该公司的汽车出现在国旗和兴高采烈的牛仔中间。战争打响的1991年充斥着各种爱国主义的广告，例如被所有美国人视为平民象征的雪佛兰皮卡的广告——从农民到牛仔再到军人和退伍军人。

这里，我们几乎可以触及广告的宣传能力。缺乏起关键作用的鉴赏空间却仍出现在观众面前，在这样的背景下，广告唯利是图和政治宣传的目标得以更高效地实现。相反，号召活跃的名人揭发战争的广告宣传很快就被叫停了：受雇于 MCI 电话公司的演员丹尼·格罗弗缺席 2003 年 5 月该公司商标的广告短片，否则该公司的商标就要面临被抵制的威胁[23]。

正是从这个层面来看，美国多家大型公司恢复善意的举措以及“作为爱国者”的仁慈以迎合公司预备役雇员的期待是十分合时宜的。与最尖端的广告宣传相比，慷慨宽容的冲力同样灵验。美国的跨国公司（微软、IBM 以及其他 103 家公司……[24]）利用新闻通稿宣传，即使处于亏损的状态，公司也将为那些响应号召入伍的的雇员补足工资，让这些人的家庭也能享受和先头部队家庭一样的预算收入。经过充分的大众传媒宣传后，这些措施被纳入“雇主支持国民卫队和预备役”组织（ESGR）的范围，该组织隶属于五角大楼管辖，负责企业与参加国民警卫队或者预备役的雇员之间的协调工作。2003 年，这部分人占美军总体人员编制的 46%[25]。ESGR 创办于 1972 年（为了提前终结计划于一年后实施终结的征兵制度），是一个战时职业市场管理机构：成千上万的企业和雇主（2005 年约为 1.1 万人）签署《支持协议》，确保被动员人伍的职员的权利，保证社会维持相当的和谐，这一点在战争年代起到非常大的作用：1914 年的法国，内务部长和劳动部长创立“比利时和法国失业者及避难者调动中央委员会”，在仲裁调解常设委员会的帮助下注意维护工厂内部的相对和谐。在今天，面对社会干涉主义时的政治迟疑是近来美国历史的一大特点，然而这种迟疑也出现了明显的例外情况。

为了突出行动的效果，ESGR 每年都会授予参与经济活动程度最高者以奖项：获得认证的爱国主义标签——“爱国者奖”“超越奖”“爱国奖”和“国防部长雇主支持自由奖”——每年数千名新任获奖者在进行形象推广时都会强调这些奖项，同时这些奖项彰显了经济参与者对国防的忠诚。2003 年，布什政府秉承相同的思想逻辑开创“军人配偶雇佣合作计划”（ASEPP）：国防部与美国最大的雇主签订协议（通常位列“财富 500 强”行列），在此基础上，这项计划“为军人的妻子提供达到财政安全的机会”[26]。

该计划尤其巩固了战时经济的基础。部分劳动力被配置到战场上，企业并没有忘记把战士的配偶当作替代人物加以利用，顺便收获了关心战士家属的形象。

2003 年，美国资本主义的巨头们表现出的关怀不再受到限制：通信业巨头 AT&T 公司免费提供电话交换局，以便战士们可以与自己的亲友尽可能多地联系[27]；洲际酒店集团把 1% 的收入注入军人救助机构[28]；以德科公司为代表的职业猎头公司被发动起来为战士的妻子寻找职位[29]；幼儿机构“男孩 & 女孩俱乐部”免费向美国大兵的子女敞开大门[30]；2004 年，西尔斯百货连锁店发起“紫色”运动，向 1000 余名战士妻子提供空缺的岗位[31]。从 2002 年“退伍军人节”之日起，3400 家零售业巨头沃尔玛的连锁店成为战争的催化剂：每家连锁店的入口处都摆着“荣誉墙”，以便战士家属可以在上面张贴事先由活动的合作伙伴——柯达公司快照翻拍的自己家里“英雄”的照片。摆放在连锁店尽头的留言簿欢迎沃尔玛的顾客留下支持和感谢的话语[32]。总而言之，大部分工作部门都从这次“军事 - 社会”行动中获益。同时，之所以“爱国”企业寄存着舆论的好感，被与战争的竭尽全力联系在一起，并不是因为纳税，何况例如微软或者 IBM 之类的行业巨擘每年偷税数以几十亿美元计[33]，而是因为这些企业亲战的家长式作风：派发赠品力求缩小部队外派的社会影响，此外，这些企业还协助宣传接受政府发起的战争，巩固神圣同盟。与此同时，相关机构（军队、内阁部门……）还在公告中通报了这些非正式国家助手提供的“支援”之创举，并加以极高赞赏。公告成为一种国家出资的新颖的广告形式，这些企业从中获益匪浅[34]。“支持军队”的评语与企业的名字捆绑在一起，成为独立的标签。数百家与“美国陆军与空军联合服务部”（AAFES）签约的企业把标签摆在显眼的地方，其中以星巴克、必胜客和麦当劳为代表。创建于 1895 年的“美国陆军与空军联合服务部”的任务就是向士兵及其家属提供优惠的价格以及能够刺激士气的活动[35]。

消费品的情形基本雷同。作为“美国生活方式”标志的美国汽车制造业是非常显眼的范例：战争文化的同化作用在 Jeep 品牌上优势明显。Jeep 在军事 - 爱国词汇中为两款肩负扭亏为盈使命的车型命名——“爱国者”和“指挥官”：作为品牌商业定位的标志性车型，伴随“指挥官”诞生的是克莱斯勒公司与“感恩行动”协会的合作伙伴关系。创立于2001年“9·11事件”发生之后的“感恩行动”协会是一个向战士寄送包裹的活跃组织。为给自己的新车型营造更大的轰动效应，克莱斯勒公司把自己的代理商网络打造成“感恩行动”的捐赠募集平台[36]。考虑到充分利用这款可追溯到第二次世界大战时期的军用鼻祖——吉普威利斯的车型，车辆制造商空投了一辆四驱的“指挥官”，车上载满了部队期盼的包裹。制造商利用这样的方式通报此次合作。此外，制造商还以“军事-人道主义”行动为背景宣传该车发动机的军用质量。从2003年起为美国市场设计的“爱国者”和“指挥官”追赶了通用公司最早发起的时尚潮流，后者于2002—2010年间销售美国军方用车——著名的悍马汽车——的“民用”衍生版车型。从军用悍马车型衍生而来、复制了悍马H1方方正正外形的悍马H2和H3车型售价更低。得益于军事形式无处不在的新模式，这两款车型包围了美国大城市的主要干道。军事气息涌动的氛围中，戴勒姆-克莱斯勒公司的子品牌道奇公司向顾客公布名为“口径”①、“马格南”、“大黄蜂”（模仿美军著名的战斗机——F/A-18“大黄蜂”）的车型。另外，同样具有爆炸性的新闻是，道奇公司推出“硝化甘油”②车型。福特公司也不甘落后，推出名为“突击者”皮卡进行反击。“突击者”这个名字属于有能力根据任何战场情况作出改变的——车也一样——美军精英战士。豪华品牌林肯汽车公司利用四驱车型“领航员”丰富自己的产品线，这个本来不带感情色彩的名字赋予这辆外形魁梧的汽车浓重的战争色彩。

服装领域也参与了这场运动：2002年春，纽约和洛杉矶时装T台给军事风预留了相当大的份额：“伪装”布料、军装外套以及其他作战服的变种构成当时的重大潮流趋势之一[37]。入侵各大城市的卡其色不再意味着20世纪60年代末越南战场退役老兵表达不满时穿着的军用外套。相反，从里根当政以及美军胜利入侵巴拿马开始，军事服饰容许其所有者——极度敏感——表达对“男孩们”永恒不变的支持。军方对此理解的十分透彻，通过“海军陆战队商店”和军用品商店向有意愿者提供获得新式军装

① Caliber，国内译作酷博。——译者注
② Nitro，国内译作“翼龙”。——译者注

的可能性。大量服装设计师回归军事风格应该感谢市场营销机构和“潮流工作室”的建议：负责为大品牌利益感知时下潮流的顾问出现于20世纪90年代中期，任务是“通过观察街头、个体生活和个人意愿……捕捉社会中正在酝酿的潮流”[38]。好战的背景绝逃不过这些人的直觉。通过持续的观察发现，顾问的行为属于恶性循环。因为这些人通过风格指导有利于加强平民在服饰层面的军事化：得益于这一现象，身居魅力高峰的高级时装业为成衣业做出了表率。

拜企业家和其他设计师所赐，与“伊拉克自由行动”相关的术语找到市场：所谓“震慑与恐吓”的军事学说的意思是入侵伊拉克前预先实施轰炸。2003年3月—10月，美国专利与商标局[39]记录下29项与专有词汇“震慑与恐吓”相关的登记及使用申请。提交商业申请的有电子游戏、能量及酒精饮料、拳击手套、高尔夫俱乐部、杀虫剂、辣椒酱、食品添加剂、系列内衣、洗发露、安全套以及婴儿玩具[40]。“震慑与恐吓”唤起消费者积极的感情色彩——在制造商看来——因此，看起来好像能够提升任何一种产品的价值似的。

从“爱国主义”歌曲到战争歌曲

与被ClearChannel查禁的歌曲正相反的是，随着“9·11事件”的发生，掀起了一场爱国主义歌曲的热潮：大量本土歌曲被抹上星条旗的色彩，唱片销量数以百万计。2001—2005年，总统的名望大幅跌落，超过65首以战争为主题的歌曲占据了各大广播和新闻媒体。发行的大部分都是乡村歌曲，其中29张为“单曲唱片”，即从专辑中选取歌曲以不同的形式出售（CD、数码形式），用于广播播送或者配上音乐短片后在电视上播放。有些歌曲只通过广播播放——有时高频率地循环播放——并没有印制“单曲唱片”。唱片行的目的在于吸引听众购买专辑。当时，17首“单曲”进入乡村歌曲榜前40名，2首进入前10名，10首歌曾夺得过乡村音乐或流行音乐销量榜冠军，同时15首歌曲入选“美国公告牌100单曲榜”，并且大多数位于前40名。“美国公告牌100单曲榜”是所有类型音乐混合的畅销唱片排行榜，由专业杂志《公告牌》创办。

在亲战音乐现象中，“乡村音乐”的商业潮流占据主导地位。“乡村音乐”在美国非常流行，乡村音乐明星（加斯·布鲁克斯、比利·雷·塞勒斯、托比·凯斯、克林特·布莱克、蒂姆·麦格罗、肯尼·切斯尼）的唱片可以卖出近1000万张，这在世界其他地区是不可理解的事情。“乡村音乐”从流行音乐、饶舌音乐、电台摇滚、硬摇滚和“南方”摇滚中吸收了大量主题。“乡村音乐”这个称呼不仅源自地理因素，同时也源自100余年的政治倾向。这种音乐形式起源于拓荒者的民俗以及远西部的传说。乡村音乐的演唱者几乎都是白人，身上带有明显的牛仔特征。他们热情歌唱信奉基督教的理想美国，为国家价值观奉献自我，信仰本国的大学，首先受到触动的是美国内部具备相同意识形态和地域定位的听众。喜欢乡村音乐的听众拥有专门的广播电台，继承了前南部邦联电台的衣钵。二十世纪五六十年代，正值黑人解放运动风起云涌之际，乡村音乐广播电台成为播放向老南方致敬的歌曲的阵地[41]。尽管著名艺术家与之划清界限，但作为繁荣的商业资源，爱国主义以及爱国主义的变体几乎就变成了乡村音乐的固有特点。

音乐方面表现出来的爱国主义随着时局的变化而变化。战争时期和政治局势紧张时期表现得最为多产。美国南北战争期间，成为双方阵营价值观的歌曲为战争动员伴奏：南方团结在“Dixie”周围——流传至今的官方赞歌；北方“the Battle Hymn of the Republic”废奴主义的歌词在军队和平民阶层中流传，后来，人们赋予了这首歌国家赞歌的光环，只有在最隆重的场合才会被要求播放。1917年，美国参加第一次世界大战孕育出歌曲“Over There”。从诞生之日起，这首歌就被纳入美国通俗文化的范畴。直到现在，我们依然可以从不计其数的电影、电视剧和广告的配乐中找到这首歌。

自从广播拓展了传播的可能性之日起，战争歌曲便开始向全社会宣传歌曲里的信息：比如说“奇怪的战争”时期的法国[42]，第二次世界大战孕育出大量爱国主义歌曲，数量之多前所未有，观众可以通过广播或电唱机听到这些歌曲。随着音乐产业的突飞猛进以及美国军事介入行动的日益增多，影响大众的音乐从未中断过成长：1966年，当琼·贝兹和鲍勃·迪伦反战且捍卫公民权的“抗议歌曲”呈现井喷态势时，巴里·萨德勒的乡村歌曲“Ballad of th Green Berets”响起了不同的旋律，激发精英战士的勇气。在长达5周的时间里，这首歌雄踞“美国公告牌音乐榜”榜首的位置，唱片卖出900余万张。4年后，梅尔·哈加德演唱歌曲“The Fightin' Side of Me”，矛头直指对现实不满的浪潮，赢得乡村音乐销量排行榜冠军。1973年，约翰尼·鲁塞尔向公众献出一首大热的乡村歌曲——“Rednecks, White Socks and Blue Ribbon Beer”（获得格莱美奖提名）。在美国当时的背景下，歌曲探讨了“中部”和南部各州（红脖子生活的州）的问题，与国家色彩（“红”“白”“蓝”）和军队（“缎带”是一种军人饰品）联系密切，引起了持极端自由主义立场的年轻人的反感。随后的一年里，政治“水门”丑闻发生，约翰尼·卡什发布专辑，埃尔维斯·普莱斯利翻唱他的歌曲“Ragged Old Flag”献给永恒的爱国主义情怀。同时期的真相尘土乐队创作歌曲“Stars and Stripes Forever”进一步加深了这种情感。20世纪80年代这10年间，乡村音乐的销量出现爆发性增长，反映了里根时代冷战的复苏。德黑兰美国大使劫持危机发生后（1979—1980年），老乡村歌手查理·丹尼尔斯创作热门歌曲“in America”致敬聚集在政府身后的美利坚合众国。忠实的共和党人詹姆斯·布朗于1985年创作歌颂民族自豪感的灵魂乐歌曲“Living in America”。这首歌大受欢迎，获得了世界性的成功（有倾向的歌曲很少出现这种成功）。此外詹姆斯·布朗还操刀真实反映冷战的电影《洛奇IV》的原声大碟。1991年，海湾战争促使另外一些同样模式的歌曲获得成功：埃迪·拉比特的“American Boy”精心刻画了一个典型的美国人形象——生活方式简单、劳动者、家里的父亲、准备好为国而战（1996年总统大选候选人，极端保守的鲍勃·多尔在自己的选举集会上播放这首歌）；获得成功的歌曲还有9次获得白金唱片称号的“Some Gave All”，这首向战士致敬的歌由乡村音乐明星比利·雷·塞勒斯创作；李·格林伍德的专辑《美国爱国者》（*American Patriot*，1992年）以及乔治·琼斯的《50000个刻在墙上的名字》（*50000 Names Carved on the Wall*，1997年），后者表现了越南战争期间战死沙场的战士的勇气。10年之后，克雷格·摩根受入侵巴拿马（1989年）启发创作出“Paradise”，歌中的唱段提醒人们“为山姆大叔赢得胜利”。

“9·11”时期，反恐战争和伊拉克战争的行程发起了一种音乐现象。当然，现象源自传统，但是在激烈程度上却不及从前：2001 年 9 月—12 月间，爱国主义歌曲集中了一把火力，相继有 3 首爱国主义旋律的歌曲进入乡村音乐销量榜的前 10 名，另外还有 10 余首相同类型的乐曲烘托气氛。从 2001 年至 2005 年，多首“爱国”歌曲远远超出传统意义上的听众范畴，获得“综合性的”《公告牌音乐排行榜》认可，吸引大量类似歌曲紧随其后。歌手——主要是乡村歌手——面对尚武的热情不甘落后，他们着手创作不同的主题，这些主题往往是混杂在一起，但有时候也泾渭分明。

李 · 格林伍德创作的代表性歌曲“God Bless America”发行于 1984 年。歌词描绘了自由的捍卫者——美利坚永恒的伟大。“9 · 11 事件”以及随后的“伊拉克自由”行动（2003 年更名为：“God Bless the USA”）之际，这首歌又一次焕发新生，只不过根据每次事件的背景进行了一些删改。歌曲的成功从未中断，毫不费力地合上爱国主义和机会主义的节拍：“我想要感谢星条旗 / 到今天为止仍在这里 / 因为旗帜永远为自由高高飘扬 /……我为我是美国人而自豪 / 在这里我知道我永远都是自由的 / 我永远都不会忘记那些死去的人 / 那些为了替我赢得自由权利而死去的人 / 从明尼苏达州的湖泊到田纳西的丘陵 / 越过得克萨斯州的原野，从一片海洋再到另一片 /……每个美国人心中都充满自豪……”2001 年 9 月 22 日—9 月 29 日，这些歌词被美国的广播电台播放了 2605 次，覆盖大约 5500 万听众[43]。2003 年 5 月底，美国自行宣布获得伊拉克战争胜利一个月之后，《美国偶像》的 10 余位歌手学员翻唱了这首热门歌曲，大获成功。翻唱版本一经推出便雄踞单曲排行榜榜首。

2001 年底，尼尔 · 戴蒙德利用自己的明星身份帮助歌曲“Amercia”获得了类似的成功。世贸大厦废墟余温未了，小汉克 · 威廉姆斯翻唱了一首从前的热门歌曲“Country Boy Can Survive”，将歌名变成“America Will Survive”，给了人们重新阅读“神圣同盟”的机会：“你们吓不倒我们 / 你们也无法赶走我们 / 我们是满怀自由和欢乐的男男女女 /……我们在加利福尼亚州之北，阿拉巴马州之南 / 所有，所有他们能做的就是聚集在国家周围 / 此刻，再也没有‘美国佬’和‘叛逆者’之别 / 只有团结和聚集起来的人民。美国将会永生。”尼尔 · 麦考伊着迷于细节上的细微差别，于 2003 年署名创作了另一个版本的“Amercia Will Survive”，歌曲中的思想同样存在于兰迪·特拉维斯的歌曲“Amercia Will Always Stand”中。

随着爱国主义歌曲的发展，涌现出大量带有救世主降临意味的歌曲：2001年10月，“布鲁克斯与邓恩二人组合”重新演绎了单曲“In America”，连续33周登上乡村音乐畅销榜榜首宝座，成就美国梦的传说。包含“In America”的专辑被命名为*Steers and Stripes*，于2001年5月发行。这张专辑借着“In America”的东风出现在各大排行榜上，《公告牌前200强》上榜66周，乡村音乐销量榜上榜140周。与之并驾齐驱的还有，查理·丹尼尔斯的“In America”（2002年）、马克·法纳德的“Red、White&Blue Forever”（2002年）、罗尼·金博尔的“Liberty（An Anthem For A Free World）”（2003年）、戴尔斯的“My Lucky Stars and Stripes”以及查理·丹尼尔斯的“This Ain't No Rag，It's A Flag”（2004年），拉长了致敬国旗歌曲的名单；卢克·斯特里克林的“American By God's Amazing Grace”、戴蒙德·戴奥的“In God We Still Trust”（2005年）、Lonestar（孤星乐队）翻唱的“Living in a Promise Land”虽命运不一，但都在努力更新格林伍德的成功格局。不过，“God Bless America”（2001年）、“Colors”和“Freedom And Justice For All”（2003年）各自的歌唱者黎安·莱姆斯、橡树岭男孩以及查理·丹尼尔斯拒绝接受概念专辑。2002年，丹尼斯·马拉多恩创作的歌曲“America We Stand As One”被拍成短片，成为互联网上的一个热门话题，数百万人点击观看。

专门写给战士的歌曲往往带着军队进行曲的旋律。从第二次世界大战到伊拉克战争，所有的退伍老兵都会被赞颂——或分别，或同时——反映了当局珍贵的历史沿革。主要被利用的角度有三个：向逝者致敬、责任意识以及家庭分离。

2001年9月底至10月，“Riding with Private Malone”让大卫·巴尔重新找回了溜走超过5年的成功：这首歌曲凝聚了爱国主义乡村音乐的精华，登上专业排行榜第2名以及“美国公告牌100单曲榜”第36名的位置，上榜时间超过20周。它讲述了一个故事，故事中的主人公只花了几个小钱就买到一辆传奇的1966年款雪佛兰科尔维特。车内手套箱里留有一封信，写信的是这辆车的上一任主人，被派往越南战场的士兵马龙。“他为国家而战，再也没有踏上归途”，信上虽然只有只言片语，但是这样的一封信一直摆在驾驶者身旁，体现了后者最大程度的“自豪感”。对战士深深的敬重、对军事行动的支持以及与传奇轿车传递的单纯的价值观保持一致，这些都是此种类型歌曲绕不开的主题。

每首致敬“像英雄般死去”的战士的歌曲都以相同的套路运行：歌颂“牺牲”，吩咐亲属和人民表示“感恩”。爱国主义的悲歌符合国家的战争意识形态以及随之而来的纪念仪式的气氛，消除了哀悼的痛苦之感：菲儿·瓦萨的“American Child”（2002年）在“公告牌乡村音乐榜”上停留了29周，最高达到过第5的位置，并且登上过“公告牌热歌100榜”第48名；达斯汀·埃文斯的“If I Die Before You Wake”（2003年）为战士的家庭定下了“爱国主义式的”行为准则。两年后，特雷西·劳伦斯携“If I Don’t Make It Back”紧随其后。

还有一批歌曲强调一旦国家面临威胁，“卓越的美国人”会迅速集结到国旗下：阿兰·杰克逊的“Where Were You（When the World Stopped Turning）”突出了“9·11事件”发生后国家的团结。阿兰·杰克逊笔下的国家团结变成战争时期国家的标志。这首歌连续5周雄踞“乡村音乐排行榜”榜首，“公告牌热歌100榜”第28名。“你是否曾为国旗感到过一阵自豪/是否曾为执行任务牺牲的英雄感到过自豪？”杰克逊写道。倡导国家团结的另外一组象征人物、最著名的基督乐队——DC Talk在“9·11”悲剧发生一年之后推出“Let’s Roll”。阿伦·迪平用“Where The Stars And Stripes And The Eagles Fly”中的经典歌词宣告归顺紧随“黑色星期二”出现的这种趋势。“我在上帝的恩泽下出生/生在一块神奇的土地上/这里星条旗和老鹰一起飞翔/我忠于这面旗帜/……如果你感到自豪，你也将会一样”，迪平喊出神圣团结的音乐口号。乡村音乐的歌迷对此趋之若鹜。很快，这首歌便登上排行榜第2位以及“公告牌热歌100榜”第20名。

单数第一人称是爱国主义歌曲经常使用的文体修辞格，因此赋予了歌词一种命令式的特点。2003年年底，托比·凯斯的“American Soldier”继承了用声画组合，向美国偶像，特别是向战士致敬的传统："我想做一名父亲，养大一个女儿和一个儿子 / 做他们母亲的爱人 /……/ 我为他们的未来作好准备，这是我的责任 /……/ 我拼命工作直到假期来临，有时通宵达旦 /……/ 我会永远履行我的责任，无论代价如何 / 我已经计算过代价，我知道需要牺牲 / 哦，我不会为了你死去，除非需要我死去 / 我将会带着荣誉死去，因为获得自由从来不会毫无代价 / 我是一个美国战士，一个美国人……""美国人"把这首歌推上乡村音乐畅销榜榜首长达 4 周时间，同时位列"公告牌热歌 100 榜"第 28 位。同时，歌曲的演唱者获得第 38 届乡村音乐学院奖"年度歌手"大奖。"伊拉克自由"行动开始前几天，克雷格·摩根发行"God，Family And Country"，激动地呼唤爱国集结，刺激集体记忆："他长大的那个时代 / 小学教育 / 就已经足够 / 在家庭农场干活 /……/ 有一天，他跟自己的小城说了'再见' / 穿上军装 / 前线那些艰难的时刻 / 在潮湿的纸上写信 / 信上没有一句他看到的恐怖的事 / 他属于那一代人 / 只响应号召却从不疑问 / 他们知道必须要赢 / 因为他们战斗是为了……上帝、家庭和国家……"退伍战士科尼·托马斯把类似的要素融进自己的专辑《父辈的旗帜：一个战士的故事》（*Flags of our Father：A Soldier's Story*，2003 年）中，向 1941—1945 年的老军人和越南战争退伍老兵致敬。此外，还有 4YOU 乐队的《骄傲地站立，笔挺地站立》（*Stand Proud，Stand Tall*，2004 年）。

2003 年，一向重视赞美军队和军人的当红电台摇滚歌曲也在追赶这股热潮，例如 3 Doors Down 乐队的"Citizen Soldier"、林纳德 · 斯金纳德乐队的"Red，White and Blue (Love it or Leave)"、梅尔 · 哈加德的"The Fightin' Side Of Me"、迈克尔 · 钱恩的"Spirit of the Free"、加里 · 艾伦的"Tough Little Boys"或者埃里克 · 霍纳的"Prayer Warrior"。爱国主题的变化版本似乎无穷无尽：例如蒙哥马利 · 金特利的"Somethin' To Be Proud Of"，以及随后山姆博士的"Before You go"、马克 · 利兰的"Red，White and Blue Americans"和杰夫 · 休斯的"Soldier For The Lonely"。

动员号召还有一些激进的版本，愤怒的美国的赞歌同样吸引了相当多的歌迷。多张白金唱片获得者托比·凯斯便深谙此道。2002 年，托比·凯斯创作出"（Courtesy of the Red White and Blue）The Angry American”，这首歌获得乡村音乐畅销榜冠军，“公告牌排行榜”第 25 名，并且连续 8 周在榜。歌中的歌词表达了与乔治 · W · 布什关于“9 · 11 事件”的最初几次讲话相同的“愤怒”，只不过用词更加露骨：“我珍视的国家遭遇攻击 /……/ 自由女神的雕像开始亮出拳头 / 老鹰将会飞翔 / 将会变成地狱 /……/ 正义将被伸张 / 战斗将如狂风而至 / 你们将会后悔向美利坚合众国发起挑衅 / 我将会猛踹你们的屁股 / 用美国人的方式……”在这首“主打歌曲”的拉动下，托比·凯斯的专辑在风格五花八门的专辑中夺得冠军，唱片一年之内卖出 320 万张[44]。习惯站在共和党立场上创作歌词的凯斯还赶在入侵伊拉克前写出“Taliban song”，歌词把这首歌描绘成了“爱国主义歌曲”：“布什先生拿起电话听筒，打给伊拉克和伊朗，对他们说‘现在，狗崽子们，你们再也不许同塔利班有任何来往……’”还是在 2001 年，口水乐队发行“Pride”，痛骂袭击的资助者：“给我们的敌人带个信 / 千万不要同需要为最后的自由而战的人开玩笑……/ 美国的骄傲，就是看到你们眼中的恐惧。”Buzz Wigby 乐团的态度更加鲜明，他们在 2001 年年底的节日期间推出“All I Want For Christmas Is Bin Laden On A Stick”；2003 年 3 月，阿富汗美军军事基地巡回演出结束后，超级巨星克林特 · 布莱克发行个人版本的尚武宣言“Iraq and Roll”，在各大广播电台无限循环播放[45]。“我们不能忽视罪恶 / 它卷土重来为了制造更多罪恶 /……/ 伊拉克……我回来了，我是高科技武装特种战士 / 我为和平而祈祷，（我）为战争作好准备 / 我永远都不会忘记 / 自由的代价不会过于高昂”，布莱克唱道。他更进一步地，痛斥那些“被挑唆与萨达姆站在同一立场上的”反对者。另外一首主要的亲战歌曲是达里尔·沃利的“Have You Forgtten”。这首发行于 2003 年的歌曲囊括了所有为伊拉克战争辩护的常用论据，把伊拉克与“9 · 11 事件”之间的联系作为歌词的主要动力：“我听人说我们不需要发动这场战争 / 但是我说有些东西必须为之奋战 / 例如我们的自由以及这片疆土 /……/ 难道你们忘记了那一日的感受吗？ / 目睹祖国的大地熊熊燃烧 / 祖国的人民罹难 / 难道你们忘记了帝国大厦倒塌的时候吗？ /……/ 有人说这个国家只懂寻求战争 /……‘9 · 11’之后……我认为这好极了。”歌曲的 MTV 穿插出现“9 · 11”袭击的镜头以及音乐家在录音棚欣赏士兵照片的镜头。

在大量的细节中，我们注意到了歌星身上穿的T恤衫，上面印着头戴斯泰森毡帽①的乔治·W·布什的头像，头像上方写着“Fighting Side”的口号，T恤的背景必然就是星条旗。这首歌上榜乡村音乐排行榜20周，并于2003年4月5日—5月17日（伊拉克战争打响以前、期间以及之后）位居第一。同名专辑上市第一周“热卖”214000张，直抵“公告牌排行榜”第4名。

沃利的大热歌曲充满危险的信条，他自称继承了第二次世界大战期间萨米·凯的“Let’s Remember Pearl Harbor”的衣钵[46]；随着传播手段的持续飞跃式发展，这个时代盛产激动人心的歌曲“We Are The Sons of The Rising Guns”，甚至充满仇恨情感和种族主义的歌曲“We Are Gonna Find A Fellow Who Is Very Very Yellow And We’re gonna Beat Him Til He’s Red, White And Blue”[47]。面对2003年年初的战争氛围，我们发现第二阶段的全部情感都已经消失殆尽：尽管克莱图斯·T·贾德的“Don’t Mess With America”是一首可笑的公然模仿之作，尽管（或者说由于）十分夸张，但是渴望散发极端爱国主义气息歌曲的公众还是从字面意义来理解这首歌。听众赞同歌曲中“自由女神雕像依旧矗立/F-15以及特种部队……/捍卫自由，保护国家”的思想。

在第三部分也是最后一部分向美国大兵致敬的歌曲中，大多数歌曲的歌词都描写了战士与家人分离的痛苦。战士的配偶和孩子虽然痛苦但是也勇敢地接受了分离。奔赴战场是表达“自豪感”的机会，而“自豪感”来自身上的军装，以及对战士永恒的支持。如果说第二次世界大战时，人们只是看到弗兰基唱着《再见妈妈，我要去横滨》，那么反恐战争中，将前所未有地涌现出许多新的歌曲，内容重复冗沓。

孤星乐队于2001年推出的“I’m Already There（Message From Home）”触动了敏感的公众。一对夫妻因战争而分别感动了他们：这首歌占据“乡村歌曲畅销榜”第1名的位置长达6周，在“热歌100榜”上排名第24位；为了获得同样的成功，托尼·戴安娜的

---

① 斯泰森毡帽，指牛仔帽。——译者注

“Thank You”、萨利·马德的“The Soldier Song”以及克林特·丹尼尔斯的“The Letter（Almost Home）”竞相抬高身价。作为军人的父亲，洛基·林恩赶在伊拉克战争开始之前，创作出一张没有任何概念特点的概念专辑《战士之歌》（Songs For Soldiers）。“I Kissed My Son Goodbye”中，他举了一个父亲的例子，这个父亲亲吻了自己将要离去“拯救自由”的儿子。我们可以在2004年的“Bumper of My SUV”一歌中找到相同的情愫。切利·赖特在这首歌中替自己选择在大型汽车上粘贴“支持我们的军队”的行为辩护，“我的兄弟在上面”，她唱到。2005年，前巨星约翰·孔利携一曲“They Also Serve”赞颂这个处于战争状态的国家，他在歌中唱道：“母亲与父亲们，女儿与儿子们/他们没有穿上军装，没有拿起武器/但是他们也身处战争中”。面对“大后方”和军人家庭表现出来的道义支持，孔利十分感动。2004年，电视系列节目《美国偶像》当红明星，24岁的年轻歌手乔希·格拉桑携一曲“The Other Little Soldier”投身这场运动之中。这首歌停留在战士子女生活这一问题上，歌手用“小战士”来形容那些与被仰慕的父亲分离时表现出勇敢的孩子们。

3 Doors Down 乐队用更加“摇滚”的曲风把“When I'm Gone”推上“公告牌音乐排行榜”第4名的位置，在无线电广播的支持下，这首歌上榜时间长达45周：“伊拉克自由行动”开始一周之前，这首单曲就已经成为播放次数第5多的歌曲。位于2004年乡村音乐排行榜第2名的约翰·迈克尔·蒙哥马利的“Letter Form Home”把听众带入一位父亲的生活中，这位父亲写信给自己被派往伊拉克的亲爱的儿子，称“以他为傲”。书信类歌曲出现时，大量家庭正在翘首以盼战士的归程，许多歌手喜欢重新演绎这类歌曲：位列十大歌曲的克雷格·摩根的“Almost Home”、SHeDAISY组合的“Come Home Soon”（公告牌乡村音乐排行榜第14名）、Mrs Project的“Comin' Home”以及马克·舒尔茨的“Letters From War”与其他一些歌曲共同表现出一种收效不甚显著的趋势，有时这种趋势还会转换为对从前战争中退伍老兵的追忆，比如说杰瑞·卡洛的“Letters From Home”和“Tribute to Veterans”。接下来就到了突出感恩的时间了，例如利兰·马丁的“Our American Heros”（2004年）及其歌词中军人家庭父亲对儿子的老生常谈，或者马克·欧文斯和斯蒂夫·威尔伯合唱的“Thank You”（2005年）。战士载誉归来被写成音乐（或者在音乐录影带中被拍成画面）为感人的久别重逢提供了舞台。描写老话题的歌曲巩固了战士安然无恙归来的形象，标准化的形象最后变成1976年鲍比·文顿的一曲“Coming Home Soldier”。当时，从越南战场返回的战士普遍精神压抑，整个国家仍然没能从这种打击中走出来。2003—2004年，爱国音乐家希望驱散伊拉克战争失利的幽灵，比如约翰尼·普罗克特和他的“Your Soldier Is Coming Home”。此类音乐家的终结楷模——达里尔·沃利在“I Just Came Back From A War”中探讨了“英雄”回国后，尽管参加的战争拯救了社会，但却被反对战争的社会误解的话题。相反，我们试图在畅销歌曲排行榜上找到献给伤兵的歌曲的所有痕迹，然而这种寻找却是徒劳的。

民族主义的重压以及尚武的背景直接对某些歌曲的含义产生影响，这些歌曲的演绎随着时代环境的演变而产生变化：1984年，当干涉黎巴嫩演变成一场灾难时，布鲁斯·斯普林斯汀看着自己的歌曲“Born in the USA”，献给回国后受到苛待的越南战争退伍老兵）变成共和国再次利用的对象；奥利塔·亚当斯的抒情歌曲Get Here成为第一次海湾战争的赞歌，然而这首歌只不过探讨了两个相爱的人彼此分离的故事。越南战争以来，最强大的军事动员把这首歌打造成为一首战士与其家庭之间痛苦但仍被接受的分离的悲歌。美军中东军事基地组织的演唱会上，女歌手受到热烈欢迎。发行15年后，菲尔·柯林斯的“Take Me Home”（1986年）遭遇了相同的命运。2002年，南方小鸡乐队演唱了“Travelin' Soldier”，描写一位女服务员和一位即将踏上征途的战士之间的柏拉图式的爱情：尽管并没有爱国的腔调，但在当时的时代背景下，这首歌也被吸纳进这场爱国主义运动中。“乡村音乐排行榜”第1名，连续25周上榜“公告牌排行榜”，排名第25名，“Travelin' Soldier”的名字出现在热心全面清点“爱国”歌曲的美国网友所列出的100余份相关名单上。总的来说，正是这些献给离别的歌曲把公众拉入战争：2003年，尼克尔巴克乐队的“Far Away”帮助这支乐队攀上“公告牌排行榜”前10名。

为了让这些音乐出名，不计其数的网友拍摄视频短片，多少经过加工后上传到视频分享网站上：在前面提到的每首歌曲中叠加不同姿势的士兵照片，美其名曰“向军队致敬”，这样的镜头被数以百万的网友审阅和评论。微宣传的出产地可谓多种多样，战争言论因此得以强化。

诸如 ABC 电视台或者福克斯新闻台之类的大型频道播出特别节目是为了获取高额的收益。爱国主义的多样性受到乡村音乐公司和主流唱片公司（华纳唱片、索尼唱片、梦工厂公司、环球唱片、埃皮克公司）的支持。这些公司之所以这样做，完全是因为被市场所吸引。2001 年 10 月底，哥伦比亚公司开售“God Bless America”的合集，专辑的一部分收益捐给纽约市市长创立的“双子塔基金会”。专辑登上“公告牌排行榜”榜首，第一周售出 18.1 万张，销售的主力是沃尔玛或凯马特的连锁店[48]。效果立竿见影，哥伦比亚公司运用商业运营手段恢复了 1941—1945 年在同样的标签下高度发展的“战争歌曲”[49]。哥伦比亚公司获得成功后，大量的爱国专辑——全面列举是不可能的——开始涌现[50]：每次包装的图形规则都是，歌手专辑封面出现的必须永远是国旗的颜色。

初次接触，缺乏新意的歌词给人留下想象的空间。唱的都离不开已经形成体系并且被无数次重复的词汇领域，面向的是人民大众，其中 20% 的人因爱国主义而不是实用主义走进军营[51]，“好战的”音乐录音带促使听众融入历史，进入角色，成为守法公民和理想家庭成员的典范。战争歌曲被献给那些容易真心给予认可的听众，并且在广播电台上不断循环播放，有时中间会插上几段“不问政治的”间奏曲，甚至影响部分舆论：乡村音乐的地图与征兵能力强大的“大南方”各州的地图保持一致。具体表现为：2003 年，这些州自愿参军人数约占全国自愿参军总人数的 44%，然而这些州的人口占全国人口的比例不超过 38%[52]。

通过出售“美国中心”和军事音乐合集，歌手们用爱国主义的色彩描绘了一幅音乐蓝图，把自己打造成宣传的倡导者，宣传的受众为接受进攻最终购买专辑，购买行为表达了一种形式上的承诺。战争音乐财富中的当红歌曲成为标准，反复侵入广播以及后来的互联网。实现这一目标靠的是其思想灌输潜力。在这一点上，战争类型歌曲配得上“民族主义”的称号，因为唯一的指向目标只有美国听众。在战争歌曲的激励下，美国听众通过支持音乐的方式支持了战争。

作为权力心照不宣的助手，音乐家变成政治积极分子：南方小鸡乐队对总统的批评式评论激怒了托比·凯斯，后者在自己的演唱会上发布了一张通过经典合成手段制作的南方小鸡乐队乐手与萨达姆·侯赛因拥抱的照片。另外需要指出的是，2003 年，退伍乡村音乐歌手查理·丹尼尔斯发表《致好莱坞纳粹分子的公开信》，他在信中为布什政府进行辩护。同年，他在一本题为《这不是碎布条：自由、家庭与国旗》的书中反复强调自己是保守主义观念的捍卫者。伊拉克战争打响的那一年，迈克尔·W·史密斯应歌迷乔治·W·布什的邀请，创作一首歌曲以回忆“9·11 事件”：这首名叫“There She Stands”的歌曲获准在 2004 年共和党国会上表演。又是在 2004 年，马克·舒尔茨在白宫演唱了自己的歌曲“Letters From War”。后来，达斯蒂·德雷克借着另外一次机会演唱了“Homeland”。

爱国歌曲的定位赢得五角大楼以及国防经济重要参与者的积极支持，伴随而来的是五角大楼和国防经济参与者的推销行为：自从第二次世界大战结束后，官方独立机构“美国劳军联合组织”（USO）组织“爱国”歌手赴美军驻扎营地和伊拉克或阿富汗的美军军事基地巡回演出。资金来自与五角大楼签约的各大跨国企业：某些公司获得相当多的战争红利（军工企业：波音公司、诺斯罗普·格鲁门公司、洛克希德·马丁公司、BAE 系统公司、AT&T 公司和微软公司），另外一些公司参与到接受的进程中（2002 年之后的 ClearChannel），或者在集体无意识中，与推广美国的生活方式维持紧密的联系（可口可乐——USO 最早的赞助人之一[53]）。专门负责“战士及其家属娱乐问题”的美军娱乐部完善了这项活动。大部分 2007 年来到美军伦道夫空军基地“鼓舞新入伍战士”[54]的当红明星——例如多诺万·查普曼——用自己的名望和才气从精神上支持部队。

歌曲的视频短片是真正意义上的宣传小电影。国防部部长通过公共关系部和负责“协助电影、电视节目和音乐录影带制作”的办公室予以干涉，并施以援手：约翰·孔利在拍摄 *They also Serve* 的录音带时获准进入拨给 101 空降师使用的坎贝尔堡军事基地进行拍摄，录影带中的战士家人手举着军人的照片；托比·凯斯在 F-16 飞机库里高歌“American Soldier”，加里·阿兰出现在直升机基地的停机坪上，3 Door Down 乐队借拍摄 *When I' m Gone* 录影带之机登上“乔治·华盛顿号”航空母舰。乐队面对战士观众在军舰起飞甲板上演唱的画面以及喷气式飞机起飞的镜头交替出现。歌颂“军中兄弟”团结以及世界上最强大军事力量的影片尽可能地美化作战装备，这些作品常常以“献给为国服役的兄弟姐妹们”作为总结陈词；溺水池乐队的“Soldiers”出名的方式与之类似，影片中战士们齐声重复“没有妥协，只有牺牲”。最后，“美国劳军联合组织”号召拉拉队的女孩儿们在战士们面前以类似 JD 丹纳的“Thanks to the Brave”之类的军人歌曲为背景有节奏地舞动脚步。

大部分在这样的舞台上表演过的先行者都在军事慈善行动上倾注了大量的精力：基督摇滚音乐家戴安娜·纳吉募集了 150 万美元寄给军队。有时候包裹里的物品纯粹是意识形态上的东西：2007 年和 2008 年，Five For Fighting 在五角大楼负责兵员“精神支援”的美国陆军与空军联合服务公司支持下，拍摄并发行了 2 张唱片以迎合战士们明确的期待：每张唱片灌制量超过 2 万张，并且提供免费下载服务。CD for the troops 和 CD for the troops II 毫无悬念地成为“最佳”爱国乡村音乐专辑。在此之前，前“游骑兵特遣队队员”科尼·托马斯已经把专辑《父辈的旗帜》的部分收入划到英雄基金会的账户上。后者通过“特别行动战士基金会”资助父亲战死沙场的孩子读书。歌手们的支持也可以用其他的方式表达：在军方的请求下，多张白金唱片拥有者——摇滚小子授权美国国民警卫队使用“Warrior”作为招募运动的背景音乐。3 Doors Down 乐队也着手进行了同样的事情，因为乐队的单曲“Citizen Soldier”也被与围绕这首歌展开的招募行动联系在一起。

从 1942 年开始，音乐产业里最具影响力的专业人士被吸收进“美国作曲家、作词家和发行人协会”，与音乐战争委员会一起努力支援战争。后者隶属于战争情报办公室，职能则是大量出品宣传歌曲[55]。21 世纪则再也没有出现过类似的情况，此时，“爱国主义”歌曲的创作源自作者极度的敏感、商业逻辑以及官方机构支持之间的巧妙和谐。就像从前各个时期表现出来的那样，即使神圣同盟垮台，“爱国主义歌曲”也不会消失。即使歌迷变卦，爱国歌曲仍然被公认为是民族主义潮流的大众载体以及共和坚强内核的民俗粘合剂。

体育——理想的旗手

体育的影响力更为广泛。作为大众传媒强力宣传的对象，棒球、篮球、美式足球、冰球、纳斯卡赛车以及其他稍显小众的体育运动带有民族主义、高涨的军国主义和战争的多种痕迹。

美国多家大型体育协会投身到纪念“9 · 11 袭击”的活动中去。“9 · 11 事件”迫使大部分预计于当周进行的体育赛事延期举行。在一整年的时间里，以及随后每年的纪念日到来时，“9 · 11 事件”的记忆挥之不去：体育场是供人群宣泄热情的封闭场地，因为体育赛事和纪念音乐会的举办，体育场成为成千上万人达到国家情感相通的唯一空间。从 2001 年 9 月起，各大协会、运动队、赛车队，特约经销商、运动员和赛车手汇集了大笔有宣传作用的捐赠[56]。悲剧发生 10 天后，体育赛事重开，看台和场地上早已经充满了爱国主义热情：2001 年，所有美式足球的赛季运动衫都被加上红白蓝的盾徽标志，唤起人们对“‘9 · 11 事件’死难者的记忆”。“我们不会忘记”的口号开始出现在棒球赛场上。周年纪念仪式上，多块棒球比赛场地被铺上巨型国旗。此外，这句口号还以标语的形式出现在国旗颜色的条幅饰带上，与 1991 年后人们佩戴用来表明支持军队的饰带类似。比赛场地和游戏区域在整个 2002 赛季都挂着这句标语。由美国职棒大联盟（MLB）设计的印有纪念性首字母缩合词的 T 恤被分发给各个球队的球迷手中。球员们用挥舞国旗的方式庆祝“全垒打”或者“触底得分”；军方代表在赛场上或者赛场周围参加纪念仪式。至于节目表演部分，有的地方是武装直升机，有的地方则是身着军装的部队[57]。战争延伸到纪念仪式上。

谈到支持战争，阿富汗以及后来的伊拉克仍然成问题。1917 年路易斯维尔强打者以及其他特约经销商麾下的棒球球员进行基地巡回表演，直到今天仍然是爱国主义体育计划之一，不过其中融入了大量规则。极其热爱军队的体育明星传达了主流思想：“我们可以成为你们最喜欢的体育明星，可以被称为英雄，但是你们才是真正的英雄”[58]，前棒球运动员、解说员约翰 · 克鲁克面对士兵时解释道。这种谦卑的论断是任何运动员在面对战士时所必须有的。作为所有体育联盟中最顶尖的一个，MLB 热情充沛："美国职棒大联盟身为一个机构，将通过所有方式优先支持我们军队"[59]，MLB 主席巴德·塞利格表示。在美国，还有另外一种已成制度的体育运动："改装车"大赛以及那些功率强大但内饰简陋、每周在椭圆形赛道上以 300 千米 / 小时的时速驰骋 4 个小时的高速赛车。在全国运动汽车竞赛协会（NASCAR 纳斯卡赛车协会）的管理下，赛车比赛场场爆满，每场比赛都吸引了数万名观众入场观看。20 世纪 80 年代开始，NASCAR 的管理者开始在竞赛与军队之间建立起一种亲密无间的关系：从那时候起，赛道中央的赛前表演开始组织直升飞机、坦克和跳伞的军事演习。军事表演演变成体育运动的传统。"如果你看一场纳斯卡赛车比赛，你将会看到军队在其中占据了相当大的比重"[60]，协会主席布莱恩·弗兰斯提醒道。如果列举的话，可以在比赛周边区域发现大量支持战士的行为：在协会和汽车俱乐部共同支持下筹划的"一百万次感谢"行动获得了五角大楼创立的"美国支持你"计划的资金支持，足以体现 NASCAR 的受欢迎程度以及车迷的爱国程度。从 2001 年起，"一百万次感谢"行动收集到数百万封写给部队的感谢信[61]，甚至还收到了比赛中使用固特异轮胎的驾驶员亲笔签名的轮胎，轮胎侧翼刻着"支持我们的军队"[62]。NASCAR 车赛诞生于南方，是一项素以保守著称的娱乐体育运动，赛车手们有时把赛车喷涂成"沙漠"风格的军用迷彩色，例如百威车队的车手在"阵亡将士纪念日"的比赛时就是这样做的。甚至有车手在车身上贴满辐射状的"我们支持军队"的不干胶，还有人贴上战士的剪影。军队在这项体育赛事中扮演了最高等级的角色：2001 年，美国海军赞助了"全国系列赛"的一支车队[63]，避免冒上超越参加 BUSCH 系列赛的美国海军陆战队车队的风险[64]。2002 年登记参加 NASCAR 杯赛的美国陆军竞速车队"参赛是为了致敬……保卫国家的兄弟姐妹"[65]。一定程度上沦为反恐战争牺牲品的国民警卫队也组建了国民警卫队竞速车队参加比赛。

民族主义的典型并不仅仅局限于"大众"体育领域。1991 年，海湾战争的影响力遍及全国，甚至影响了莱德杯高尔夫球赛的进程。欧洲和美国最顶尖的高尔夫球手彼此争夺这座极具吸引力的奖杯。在美国总统的鼓励下，高尔夫球手的行列中涌现出一批高呼热爱祖国的人，例如科里·帕维穿上贴着“沙漠风暴”的植绒迷彩服，在公众沙文主义的欢呼声中来到南加州。人们支持他参加选拔赛，在一片国旗的海洋中阵阵高呼“USA！ USA！”几个月间，“小伙子们”与萨达姆大战了一场。美国选拔赛高尔夫球手保罗·阿辛格在评论自己的胜利时——1983 年以来的第一次——用里根式的军人口吻说道：“美国人的骄傲又回来了。我们奔赴远方，痛打伊拉克人。我们现在重新夺回了莱德杯。我为我是一名美国人而感到骄傲。”[66]

这些活动繁荣的基础十分牢固：作为大众娱乐和吸引全民的要素，体育向表演方面发展始自工业革命时期。在美国，体育与战争以及与军事机构的多重联系比在其他地方更为紧密。所有的国家级或者地方级的体育赛事都为军队提供了一次自我展示的机会，战士作为嘉宾参加并且受到热烈欢迎，展示了军队的良好形象。每次的“印第安纳波利斯 500 英里大奖赛”都会举行一次奇特的仪式：身穿制服的的军人摆出适合做俯卧撑的姿势趴在砖制的地面上——古老赛道唯一的遗迹，同时亲吻路面[67]。多亏大量的广告打断了转播的进程，军队得以出现在为每种运动的观众改编的短片里：短片用好莱坞的方式抬高了战士的精神面貌和身体素质，并配以 1981 年出现的招募口号——“成为你想做的那个人”[68]，与推销体育用品的广告并不冲突。

战士从事的是一种典型的体力职业，因而可以被看作职业体育运动员对待，令人折服的是战士自己对成绩的追求以及他们强健的体魄和旺盛的斗志。然而自从诞生之日起，国家体育赛事，尤其是国际体育赛事就成为了强大的竞争对手通过运动员、运动队、赛车手或者高调喷涂成国旗颜色的赛车展现自身优势的方式。没必要重新考虑专制政府统治下的体育工具化（纳粹与 1936 年的柏林奥运会，“银箭”的传说），亦没必要深究美国和苏维埃集团之间的“奖牌大战”。在此期间，从“旧欧洲”载誉凯旋的美国大兵重新开始过上了平民的生活。有的人则进入专业运动队，这些运动队因为军人的存在而充满爱国主义情怀。

体育界也有自己的战争英雄。这些人身上既有运动员的光环，也有——更偏重于精神层面——祖国保卫者的光环：纽约巨人队的球员杰克·拉姆斯（死于硫磺岛）以及底特律雄狮队的炮手莫里斯·布瑞特（一只手臂截肢）是仅有的 2 名获得国会荣誉勋章的美式足球运动员。还有其他20多位阵亡于1941—1945年的运动员的名字被刻在战士纪念碑上[69]。在体育的世界里，这些人各自成为了被崇拜的对象。英雄运动员或者英雄化运动员的传统仍在继续：2002年6月，足球运动员帕特里克·蒂尔曼已远远不止拥有大量球迷，而是成为家喻户晓的名人：拒绝360万美元的诱人合同而选择参军入伍把他打造成新时代的尼尔·金内克。后者也是一名美式足球运动员兼战斗英雄：身为1939年的海斯曼纪念奖得主的金内克在参加美国海军前就已经因为一句"很荣幸为国效力"而尽人皆知了。多亏有了大量的纪念活动，前辈榜样继续鼓舞着那些随后被媒体谈论的专业运动员出身的志愿者，例如，前美式足球运动员杰里米·施塔特就是受到了金内克的启发[70]。1941年之后，军事动员期盼已久的结果出现了，大量运动员把军队放在心中。2007年，足球界内部曾经参过军或者家庭成员中有一名或者多名军人的达到47人[71]。如果我们再加上教练和特约经销商的干部，总数将超过100人[72]。

体育本身，尤其是运动队，需要军队职业中常见的纪律和团结一致。美国军事培训的设计者们从19世纪末期就已经敏锐地注意到了这一问题：最早在学生的课程表中给予体育重要地位的高等教育机构——20世纪初——就是军事大学和军事学校。随着战争的增多，军事培训场所的数量，其重要性和影响力也在不断地加强。美式足球的传奇人物文斯·隆巴迪（1913—1970）开始在西点军校（久负盛名的美国军官学校）培养自己的教练才能，然后再把自己的经验运用到其他"非军事的"运动队中，塑造出一支传奇的冠军队伍。同一时期，一直参加传统锦标赛的西点军校精英——"黑骑士队"连夺1944—1946年三届国家冠军。战士和战士的战争行为准则被提升到典范的行列，所有项目都被注入不同级别的比赛中，参加比赛的有海军、空军以及其他军兵种的队伍。另外还有一个重要的事实：从19世纪末期以来，军队在体育规则正规化的过程中扮演了重要的角色，棒球就是很好的例子。在退伍之前渴望娱乐活动的战士必须遵守这些规则——而不是酗酒或者进行其他的"不道德的"消遣活动 。体育与战争联合的顶峰就是形成某种归属感，例如美国的经典项目——棒球就曾被用来揭穿完全不懂游戏规则也不认识任何球员的德国间谍。无论是从实际效果还是从象征意义角度来看，体育都是军事文化不可分割的一部分，反之也成立：体育场内庆祝国家性的和军事性的节日（“阵亡将士纪念日”），届时，运动队会穿上特殊的服装，戴上特殊的配饰[74]。

体育与军事的共生在很大程度上要归功于体育赛事引发的痴迷。在这里，体育是一种群众性事件，因此也是一种权威性且有影响力的事件。从20世纪50年代开始，体育在经济领域的影响力不断增强，并且最近1/4个世纪以来呈现加速增长的态势，最终成为美国经济中收益率最高的行业之一：2006年，体育行业累积收入超过2000亿美元，是美国汽车工业产生的收益的2倍[75]。总而言之，体育在美国社会占据中心位置。因此，军队引入了体育的逻辑。对军队来说，国内的比赛同时也是高级的娱乐方式。

某些体育运动的爱好者绝大多数都是男性。体育运动以及刺激体育迷的激情复活了一种民族主义的思维方式：人们支持某支体育队并不是因为他们选择了这支队伍，而是因为他们偶然出生在这里。出生在匹兹堡的美式足球迷会选择站在钢人队身后，这支队伍承载着这座城市的身份认同。球迷接纳了球队的队旗、队歌以及面对对手时以刚毅之心肩负的传统。人们可以提出反对意见说这不是例外情况，大部分国家的体育观众都是这样运作的。差别在于背景层面：如果说其他国家的人民，尤其是欧洲人，把体育完全当成民族主义的宣泄途径的话——从前的战争年代有所体现——那么在美国，体育已经成为民众接受民族主义的一种方式，反复出现的战争与体育之间维持的政治关联性则把体育领域变成民族主义的催化剂以及完全独立于军国主义机制的要素。同样，当匹兹堡钢人队向军人表达敬意的时候，钢人队的球迷也被鼓励做出同样的举动。因此，体育赛事进行期间显露出来的民族情感和意识形态比骚扰他人的球场暴力表现出更多的组织纪律性。当经典的体育对抗被引向当时的外国敌人时，球场暴力蓄势待发。

最后，美式橄榄球内在固有的暴力也不甘落后，它是美国最流行的体育项目，对南方的球迷来说，橄榄球甚至已经成为一种准宗教。面对橄榄球参与者要求的传承思想，橄榄球运动求助于战争：军人般的外形，戴头盔、穿上真正的盔甲让球员的装束更接近战士。球队以“码”为单位向对方阵地前进粗暴的身体接触也从整体上赋予了这项运动一种战斗姿态。20 世纪初期由现代足球的先驱率先接受的战争比喻于 20 世纪 70 和 20 世纪 90 年代普及整个评论界以及国家足球联盟的宣传电影中；“我们愿意自相残杀。这是一场你死我活的战斗。我们都是战士”[76]，20 世纪 60 年代的一位球员解释道。意义还不仅限于此，橄榄球教练实施“把自己的意志强加给敌人”的战略；球队被视作穿着“军服”而不是运动衫的“部队”，发动“破坏力强大的恐怖进攻”以及“密集爆炸声”下的“闪电攻势”；“四分卫”（负责进攻的强大球员）获得“球场将军”的绰号，“线卫”肩负着“寻找与摧毁”的防守重任——参考越南战场上实施的搜索歼敌战术——同时其他球员待在“狙击位置”（散兵坑[77]）上各司其职，以便拦截敌人。反之亦然，似乎听到军队负责人介绍作战计划时使用橄榄球专用词汇是完全符合逻辑的。例如 1991 年，施瓦茨科普夫将军在形容关于绕过伊拉克军队的大胆计谋时使用了“Hail Mary”[78]一词，该词是橄榄球专用词汇，一般用来形容在十分艰难的情况下取得成功才会运用的传球战术。总而言之，美式足球使用军事词汇，同时军队也在使用美式足球的词汇，彼此的代表由此建立起一种完美的联合。

保守主义者可以指望“超级碗”：这场全美收视率最高的体育盛事是一场各个方面都达到极致的表演。每年大约有 1 亿名观众收看“超级碗”。从 1966 年诞生之日起，“超级碗”最后一个周日的比赛已经变成一组爱国主义情感相通的长镜头，根据国际背景或多或少发出军国主义的腔调。60 分钟的比赛和赛后简短的仪式需要转播 4 个小时。比赛开始前，大量歌星相继亮相，一则向《独立宣言》致敬的短片也会在赛前播出，时长大约为 7 分钟。短片中时而出现一些著名政治人物，他们激动地提及这个国家的价值观以及国家有生力量的团结；时而出现一些美国平民和军人，他们聚集在一起背诵这部奠定美国根基的《独立宣言》。任何政治上的不和谐都不会被容忍，审查在前期就已经进行过了：2006 年中场表演秀的明星滚石乐队没能演唱他们的新歌“Sweet Neo Con”，因为这首歌遭到 NFL（美国国家橄榄球联盟）禁止[79]。广告也是庆典活动不可或缺的一部分：比赛经常会被不断出现的暂停所打断——每隔 15 分钟的加时，以及中场休息——因此十分适合播放商业短片，这些短片大多数时候会打幽默牌，但有时候也会打爱国牌。2002 年，职业招聘网站 Monster.com 把自己的广告位提供给纽约市市长鲁道夫 · 朱利亚尼，后者在以纽约城为背景的大屏幕上颂扬了“国家的团结”。出现在所有体育运动中的百威公司同样懂得如何挑动人们的爱国主义心弦。“百威啤酒”是典型的美式啤酒，从百威公司 1920 年的广告开始，“百威啤酒”就成了热爱民族传奇和国家伟大时刻的代名词（开拓者精神、征服西部、1936 年的“承诺之地”、1943 年的神圣同盟、1945 年的英雄归来）。2002 年，百威在“超级碗”比赛上的广告影片表现了几匹拉车的高傲的马在自由女神雕像面前低下头颅以及被截去世贸中心的曼哈顿地平面，人群掀起巨大欢呼。每届“超级碗”期间，50 多家投广告的公司都会仔细雕琢届时播放的视频。战时，“美国精神”和英雄士兵的冒险行动都会成为啤酒、汽水以及汽车品牌在广告视频中赞誉的对象。此外，“超级碗”还会出现一些传统的节目，例如总统访谈或者通俗歌手演唱国歌。1991 年，轰炸伊拉克的行动已经开始，第 25 届“超级碗”的主持人冲着布满星条旗和致敬士兵标语的观众席宣布：“荣誉属于美利坚，更属于所有在波斯湾以及全世界各地英勇为国服役的兄弟姐妹们，请所有人心中默唱国歌，领唱者是……惠特尼 · 休斯顿”。爱国主义的热情也传到了军营，因为美军电视台一直在转播“超级碗”的赛事。球迷不断地看到战士们观看现场直播的镜头。受到邀请的军人穿着军装走进赛场，当他们的面容出现在大屏幕上时，人群报以热烈欢呼。

“超级碗”同美国军方以及五角大楼都保持着密切关系。“NFL 有支持军队的悠久传统”，“超级碗”的发言人布莱恩 · 麦卡锡解释说，“我们非常感谢参军的人，我们很荣幸可以把军队和‘超级碗’联系在一起”[80]。从 1968 年起，美国空军“雷鸟”飞行表演队或者美国海军“蓝天使”飞行表演队几乎每年都会在体育场上空进行飞行表演，完成各种飞行动作。在地面上，比赛开球前的猜硬币正反面环节有时会由一位高级军官抛币，例如 2009 年就是由中央司令部司令大卫 · 彼得雷乌斯抛币。总而言之，“超级碗”就是美国战争文化的缩影。

美式足球与其说是一个例外，倒不如说是触及民族主义蔓延到体育界的第五元素。

联盟、经销商和球员长期以来为战争贡献力量：1941—1945 年，棒球球手们曾经把部分薪水兑换成战争债券。从娱乐角度来看，整个体育世界与美国劳军联合会这一非政府机构以及其官方对应机构——美军娱乐部关系紧密，二者与娱乐产业基金会一道为战士们提供精神支持。多位著名演员于 1942 年创办了娱乐产业基金会，该基金会被认为行事考虑穷苦阶层的利益。对抗邪恶轴心国的战争期间，篮球[81]、棒球、美式足球和拳击比赛以及高尔夫巡回赛经常被各式慈善活动所打断；战士则享有穿军装免费入场观看棒球比赛的特权[82]。早在 1966 年以及“超级碗”大赛创立之初，美国国家橄榄队联盟（NFL）与美国劳军联合会（USO）便颇有先见之明地缔结了合作伙伴关系，规定球员探访执行任务的部队和慰问军队医院。今天，巴尔的摩乌鸦队的球员通过亲临现场的方式支持为战士献血的活动[83]；匹兹堡钢人队组织的“名誉比赛”以赛前退伍老兵的出席而著称，这些老兵来自 1945 年以后的历次战争，球队把这些老兵请到现场接受欢呼[84]；USO 建立“行家大战特种部队”计划，让驻扎在伊拉克和阿富汗的美军士兵可以通过互联网与足球、篮球、棒球和纳斯卡赛车明星较量电子游戏[85]；USO 邀请 NFL 的拉拉队女孩访问美军驻中东基地，这些姑娘成为“士兵的甜心”，她们身着“迷彩”或“爱国色”内衣变成士兵的日历，收益用于为战士制作邮包[86]。2003 年，终极格斗冠军赛发起实实在在的活动，动员自由搏击选手支持“无畏的阵亡英雄基金会”[87]，自由搏击选手“战士般”的轮廓使得海军陆战队的推销工作变得更容易。

在经销商以及与球队和城市联系在一起的运动员支持下，体育创举和体育传统为站在军队背后的国家性协会编织了一张国家地理网络：每座市级或者州级的运动中心及其经销商和运动队似乎都被纳入这张网。除了被从众效应强拉入伙之外，各体育联盟与五角大楼相关机构缔结的伙伴关系似乎没有给体育迷们留下其他的选择。从众效应影响力巨大，在体育界听不到任何批评的声音。很少有著名运动员会反对战争：尽管与乔治 · W · 布什是好友，但得克萨斯自行车手兰斯 · 阿姆斯特朗仍然站出来反对战争。拉夫 · 阿尔斯通和来自加拿大的篮球运动员、恶人史蒂夫 · 纳什代表了一个与其他联盟不尽相同的 NBA[88]。不过，NBA 对劳军联合组织持支持态度。

大量例子证明，政治和军事领域已经彻底深入消费社会内部，一个完全转向战争的思想共同体已经形成。体育公关属于政府宣传的一种，是一切战争所特有的动力的组成部分。因为体育能够把国家的全部有生力量调动到独一无二的精神层面上。不同的体育部门均告知舆论，自己有责任感激和尊重军队。支持军队必然是无条件的，这种支持切断了一切深刻反思其合法性的源头。宣传的进程指向明确，直指美国的年轻人。

九

年轻人：当前的冲突与未来的冲突

战时教育

在1914年以前的美国欧式传统教育中，学校领域一直是传播传统主义和军事主义价值观的强大媒介。从这点来看，美国奉“旧式欧洲”的象征——法国为榜样的说法经得起考察：崇尚战争思想、敬畏权威当局、尊敬军队和军服、责任意识以及爱国主义思想构成了目前美国学校课堂的基本原则，而这些原则正是法兰西第三共和国历史课程的基本内容。

20世纪初，法国初级教育改革者、历史学家欧内斯特·拉维斯极力赞扬学校培养战士，他的观点得到当时权力当局的认同：“我国士兵的勇敢令人仰慕，第一次世界大战之前我们接受的是这样的教育……我们的先辈英勇地履行了保家卫国的责任……今天，我们的士兵依旧勇猛。”[1]法国利用1870年战争失利的创伤、对复仇的渴望以及强国的地位为本国教育学说的好战底色辩护。教科书以及占压倒性多数的教师均为这种尚武的教学理念服务[2]。不论是“美好时代”时期“美好而崇高”[3]的法国，还是美国，教育理念中都存在着一种肩负拯救世界上其他国家人民的救世主信念。第二次世界大战增强了上述信念，激励美国大量教育专家努力建设某种体系，一种能够传播

“国家文化、教育和道德原则，激励年轻人为美国而大展宏图”的体系[4]。设置历史课、重新重视体育教育、充实爱国主义仪式为这种变化做出表率[5]。1945年取得的胜利、超级大国的地位、动员武装力量在全球各地南征北战以及政府的干涉主义在很大程度上诠释了何为向来以“公民信仰”为信条的教育。冷战期间，主要的几家教师工会声明自己的爱国主义情怀；面对麦卡锡主义的风起云涌，教师们宣誓效忠国家。同时，受一贯表现活跃的组织影响，例如保守的“国家家长与教师协会”，学校的计划和工作遭到排斥[6]。

联邦层面并未对计划施加强制性规定。计划内容由学校委员会制定，各郡选举产生学校委员会，学校委员会汇集了家长、教师、各协会和各小组的代表以及“道德多数派”中的自由党或者保守党人士，并于20世纪80年代获得了里根总统和“基督教联盟”的支持，拥有超级强大的政治影响力。教育必须在教材方面保持相对的一致性，而教材则由各出版业巨头出版：书本构思前必须经过多次预备版本征询会，征询会由出版业、各协会——有时甚至由“美国退伍军人协会”的退伍老战士参加——以及其他游说集团领袖组成。由于存在宗教、科学、经济和两性问题，历史主题身陷争论的旋涡，往往达到非对簿公堂不能解决的程度，几乎不受学生们的欢迎。教科书可以成为撤销诉讼的请愿书[7]，例如针对侵犯越南退伍老兵回忆的诉讼。小学与中学的20余本参考书目中，战时机制或者对前印度支那平民施展军事暴力的事实均被一笔带过。除了极个别的特殊情况外，共识仍是主流：国家传说与爱国主义幻想在发行量最大的教科书中占据了巨大的篇幅。这些教科书书名中透露出的民族优越感——《伟大的共和国》《诺言之地》《美国之路》《美国传统》以及《生命与自由》[8]——非常能够说明问题。与此同时，近30余年来，90%的美国学生就读于公共学校系统，20世纪80年代，公共学校系统遭遇不断加重的“精神贫瘠”[9]以及总体水平的下降——在美国并非特殊情况——惊醒了所有不同倾向的专家[10]。文化参照的减少以及批判精神的缺失对民主国家来说是一种危险的信号，容易塑造出大批不完整的国民。美国教育大辩论中最令人担忧的因素——转归学校承担的多文化社会的同质化任务中充满了大量相当出乎意料的方法。

国防教育体系被认为是熟悉军事领域的程序，同时也是武装力量发展的工具。以上就是1958年国会通过《国防教育法案》的目的，这部法案规定联邦向各个大学提供经费，回击苏联利用人造卫星征服太空方面的科技进步。第2年，美国便把自己的人造卫星送上太空轨道。一位大学校长认为，大学及其他高等教育机构代表了"（美国）国防的支柱，重要性不亚于超音速轰炸机"[11]。1973年废除征兵制度后，对美国武装力量的年度更迭来说，国防教育政策起到了不可替代的作用。

从20世纪70年代开始，引用拉维斯的话说就是，募兵行动专家毫不犹豫地把课堂设想成"向年轻人反复灌输责任意识和国家共同体意识"[12]的场所。应该根据国防的迫切需要塑造年轻人的精神世界，以便未来每个学生都能够成为为国献身的战士。从2001年9月11日起，美国开始进入战争状态，国防教育计划掀起新一轮的活力。

事实上，联邦政府非常关注分配给国家庆典日的课程内容，尤其是每年11月11日的"退伍老兵日"以及从1949年起每年5月第三个星期六的"军人节"，此外还有"阵亡将士纪念日"。通过教育部与"退伍军人协会"的斡旋，这些纪念日为联邦提供了给教育内容烙上"国家"印记的机会。在当局的鼓励下，任何一位中小学校长[13]以及教师可以登陆联邦机构网站，从20世纪90年代末开始，他们可以在网站上找到致他们的信，信中的指示将他们的课程指向了将国家及其军队神圣化的角度。

2001年以后更甚之前，教育部和"退伍军人协会"[14]提议在"退伍老兵日"开展的历史课程升格为军事教育：美国儿童从出生到5岁为止，庆祝"退伍老兵日"和"军人节"期间必须参加全部系列活动，以便塑造他们强烈的爱国主义意识。学校里可以看到总统的讲话，定下纪念仪式的基调，向"退伍军人的勇气、爱国情怀与牺牲精神"致敬，将退伍老兵定性为年轻人的"榜样"[15]。可在互联网上下载的"儿童版退伍老兵事务"（VA-Kids）趣味程序紧紧围绕着老兵主题，用于激发青少年对国家榜样的痴迷[16]：一只笑眯眯的吉祥物（除了"卡通版的"美国鹰，再没有其他更适合的吉祥物了——猎食者帝国的经典象征）讲述星条旗的历史，在介绍过程中，用有趣的声音反复灌输固有的教规："一根旗杆上悬挂着一面或者多面旗帜时，美国国旗应该悬挂在最顶端"[17]。毋庸置疑的口气敬国旗若神明，其中的优越感体现得淋漓尽致。与"退伍老兵日”相关的命令也将星条旗崇拜摆在中心位置上：规定在操场上或者体育活动开始前，奏国歌并举行“效忠国旗”仪式；食堂大量安插国旗，进行“爱国主义装饰”；甚至孩子们利用预先印制的纸质制服扮成士兵的模样[18]。

秉承相同的思想，“儿童版退伍老兵事务”程序向孩童推荐多款隐含军事爱国主义色彩的游戏[19]：一系列儿童风格的填涂画册除了表现总统山、国会山、自由女神雕像、自由钟之外，还呈现了航空母舰、巡洋舰、V1 轰炸机、艾布拉姆斯主战坦克以及阿帕奇武装直升机等各种各样的美国象征。军事装备比肩最著名的历史纪念建筑，鼓励孩子们用相同的爱国主义自豪感崇拜这些武器装备。在其他“有趣的活动”中，还能发现一些可以使用关键词（“英雄”“荣誉”“勇气”“英勇”“自由”）“自己组合和盖戳的勋章”以及可更换式的绶带。“儿童版退伍老兵事物”程序根据其军民两用品质树立了创造性的标杆，成为儿童领域的参考对象。

武器装备通用化在高年级中继续进行：“6~12 岁”[20]的儿童能够从重新排列字母顺序组成词语的游戏中获得与盖戳勋章类似的乐趣。更进一步地说，军队（“海军”“空军”“海军陆战队”“预备役部队”）、军事程序（“服役”“战斗”“胜利”）以及价值观（“英勇”“家庭”“保卫”）词汇轮流出现，构成了非平民教育课程的特点，类似后来欧洲人的用法，只不过是供军事之用而已。

其他一些以“自由课程”为主题的会议忽视了从初级教育优先“认知国家及其价值观”的历史机制[21]。然而，这里的“价值观”入门要通过退伍老兵部的讲话实现：根据部长的指示，教育必须鼓励学生们在自己的家庭中寻找退伍军人[22]，或者“与一名退伍军人交朋友”，让这名退伍军人在课堂上讲述自己的战争经历。但是，任何历史文献的证明都离不开准确的分析工作。官方命令中对此没有给出任何参考，这一步骤似乎完全交由教师评说[23]。如果说这一计划表现出“通过退伍老兵的眼睛看历史”[24]的意愿，那么它的宣传兴趣点就依然具有倾向性：老兵的叙述与先前的认知不存在冲突，因为那只不过是一种主观观点而已，叙述中留下的是个人情感与时代影响的印记。被指定参与上述计划的退伍老兵官方组织有“境外战争退伍老兵组织”、“美国退伍老兵协会”以及“世界战争军令组织”，这些组织向学生们展示了自己的保守主义政治路线。最后，历史工作部分局限于完成作业而已，作业的名字叫“退伍老兵的生活”，其实就是提交一份问卷表，需要填写的内容都是事先约定好的：“‘珍珠港事件’或诺曼底登陆时您在哪里？”“爱国主义事件对您的家庭造成哪些影响？”[25]

如果遵从官方的指令，学生们离开课堂时就会带着有所删节和歪曲的对“退伍老兵生活”的认知，证人的回忆也可能如此。教育部和退伍军人部并没有谋求培养孩子们的批判性思想，而是倾向于奠定崇拜战士的基础，因此退伍老兵的话应该被理解成永恒不变的神圣真理。所有背离此条规则的原创活动都必须由教师负全部责任。这部分教师的灵魂和良知告诉他们，应该教会学生对参战者遗漏的内容保持敏感性。进一步从总体的层面来看，“自由课程”这一统称会促使人们产生“自由”总是与战争实践相关的印象。尤其这些课程的学习强加给学生们一种观点，即美国诉诸武力行动总是取决于防御的迫切需求，同时服从于普世理想，例如正义与和平。

课程的内容替曾经参加过的所有军事行动作了辩护，散发出一股士兵伦理的意味：课程赞颂军队的牺牲、勇气、好战的理念，以及由此产生的尊重武力和接受暴力冲突的思想。2004 年，“退伍老兵历史研究”计划启动，研究建立在解读当局支持下编订的作品之基础上[26]：《永远的战士》和《战争之声：后方和前线服役》用史诗般的方式叙述战争[27]。两本书的字里行间采用一种赞美和理想的视角看待国旗下的集结号，任何历史批评都不能产生干扰；细分到每个章节，《战争之声》每章的标题都是命令式，仿佛德育课般引发反响[28]：第一章“响应号召”收录了一些热情且“诚实、自发地”表达“自我责任意识”的年轻战士的证词。由于缺乏历史眼光，1917 年退伍老兵的讲话与越南战争退伍老兵的讲话被摆在同一水平面上；便于记忆的勇者语录中迸发出一种坚贞的爱国主义情感，这本书得以继续存在的基础正取决于此。“我知道我必须去那里”，当其他人都在表达对后方“贪生怕死者”的厌恶之情时，一位老兵说道，“战争在越南，我不愿意被派往德国”[29]。表面上的冲动永远都无法面对随之而来的极度失落，这种情况在越南的雨林里体现得尤其明显。第三章（“战火洗礼”）的情况与第一章类似，并没有表现远离战斗中心的战士的极端焦虑，而是强调参战引发的“加速向成年过渡”、“智慧”以及团结表现[30]。回忆越南时——“对大部分（美国大兵）来说，一段非常积极的经历”[31]——或者一位服役7年却从来没有提及见过受苦或者死亡病例的护士作证时，缓和战争事实的情况仍旧存在。名为“他们也在为国服务”的章节真真正正地颂扬了全面战争，国家团结的思想没有被忘记：“武力并非赢得战争的唯一手段，赢得战争离不开为军队工作的男男女女……：情报机构、护士、科学家和地图绘制者、商人和艺术家都在战争这个大型舞台上扮演着自己的角色”[32]。当把战争看作一场表演后，学生们明白，“胜利”也会出现在“国内战线”[33]，需要国家动员生力军，而他们有朝一日也会成为生力军之一。

画面再一次被拉回到古老的欧洲诸强身上，勤奋好学的学生因此沉浸在军事—爱国主义外加经过完美渲染的救世主降临说中而不能自拔。“退伍老兵日”被赋予的宣传功能被视作第一次世界大战初期法国政府宣布实施的“爱国日”的纯粹翻版[34]。从2004年开始，趋势有所加强：总统下令，当时仅限于在上课日举行的“退伍老兵日”纪念仪式从此以后被拉长至从11月7日到11月13日。所谓的“退伍军人国家意识周”[35]期间，负责实施“纪念计划”的教师再三强调“经第二次世界大战、朝鲜战争、越南战争、海湾战争以及反恐战争……的退伍老兵们认可的牺牲价值”[36]。为了“（美国的）安全以及世界和平”，美国官方下令把伊拉克重新列入确定继续作战的名单中。上述修辞花招是官方演讲的精华之所在，反复向新一代灌输了“9·11事件”是反恐战争起点的思想，为简单地打消人们的顾虑，伊拉克之战被纳入反恐战争的范畴。

为了更加具体地认识相关概念，学校每年组织参观被改造为博物馆的“莱克星顿号”航空母舰。“有时，最好的课程是在课堂之外”，美军战舰公关人员解释道，“全国范围内的童子军和青少年团体登上战舰……拥有了与众不同的冒险经历……（学校）团体将以领航员的身份作好战斗准备……这是一次无与伦比的爱国主义课程”[37]。从1992年起，据博物馆设计师计算，超过20万儿童来到航母上过夜，完成了“创造团结之感，鼓励爱国之情，同时兼顾娱乐游玩”[38]的计划。另外一项由学校组织的外出活动就是参观竖立着超过28.5万座石碑的阿灵顿公墓[39]。每年参观阿灵顿公墓的游客超过400万人，其中数万名年轻学生，在老师的陪同下向死者墓碑鞠躬，或手捂在胸前，或毕恭毕敬。爱国的坚强核心由此形成。

“孩子们”的FBI、CIA、NSA与DIA

1999年起，联邦调查局（FBI）的网站向“年轻人”开放，引得中情局（CIA）、国家安全局（NSA）以及专业的军事情报部门——国防情报局（DIA）从2001年起竞相效仿。这些机构为孩子、家长和老师准备好了有趣的吉祥物、可供下载的军用装备资料以及按照不同年龄层次分类的趣味程序（“飞行器照片分析”“拼图游戏”“解码游戏”……）。

引人关注的是“儿童版”的中情局：中情局的著名人物（领导者、英雄）享有被歌颂的权力；属于秘密探员的迷人天地唾手可得，只需要访问“中情局虚拟博物馆”即可：新奇装置（微型设备、摄像机）、作战装备（极其先进的飞行服、U2间谍飞机）及战利品（基地组织的防毒面具）、“训练手册”塑造了该机构的形象。中情局“儿童网页”上提供填字游戏的格子，推荐孩子们找到“勇气、乔治·布什、总部、荣誉、智慧、内森·黑尔（活跃于18世纪的美国第一位间谍）、《爱国者法案》、卫星、秘密、美利坚合众国”[40]等词语。并置类似词语塑造出一个完全忠于国家政策的精神天地：2007年4月12日发表在线文章之后，中情局官网开始向孩子们反复灌输“中情局是独立的政府机构，为美国的领导人们提供与国家安全有关的情报，以便他们在完全知情的情况下作出重要的决定”[41]。乖顺的青少年可以在网站上读到与最近的轰动性新闻相关的鲜为人知的描述内容。即使是年纪最小的孩子也能发觉中情局探员的特点是“爱国且忠于职守”，是对抗恐怖主义的终极保护者。

孩子们通过寓教于乐的方式系统地了解了每个机构的“大量职业”。从2001年开始，联邦调查局、中情局、国家安全局和国防情报局的雇员人数持续增长，2005年时总计达到97500人，创造出一种有利于人员结构更新的良好环境：例如，袭击发生前，国防情报局招收新成员7500人，10年后新成员则有16500人。在这个问题上，年轻人同样是至关重要的因素[42]。从2005年12月起[43]，就同领域而言，美国国家安全局的网站成为最受青少年欢迎的网站：年龄最小的孩子们可以找到卡通图片网站，网站上出现很多类似迪士尼世界的“动物化”人物形象。网站被命名为“Cryptokids——美国规则未来的设计者与破坏者”：网站的许多板块要求“创立自己的秘密规则”，解释了“如何……替国家安全局工作”。因为国家安全局负责数量庞大的不合法的家庭监听，所以通俗化该机构的做法是一种正确的选择。相反，参议院的网站并没有推出“儿童版”，而众议院网站的“儿童版”似乎也显得有些平淡如水。

学校系统中的军队

军国主义文化对美国学校系统的同化远非上一堂官方历史教育课那么简单，联邦政府同时还采取大量手段方便军队闯入教育机构。

通过参加“国家少年预备役军官训练营”（JROTC）的方式，11岁以上孩子的军事化教育以体育和军事活动实践为基础。与体育教育课程不同，JROTC还辅以“战斗”历史教育，干部队伍中既有志愿者教师，也有军方代表。JROTC或在专业学校中开展，或直接在各所学校中进行。2004年，已开办3184家训练营，大多开在条件较差的社区[44]。

从1862年美国南北战争开始，美国的教育机构打着教育抱负和“公民”志向的旗号，协助青少年习惯战争，尊重等级制度，鼓励“秩序、自律（和）荣誉感”：“儿童”志愿军每周一次或者两次穿上自己“服役”军种“部队”（海军、空军、海军陆战队、陆军、海岸巡逻）的制服，来到学校参加阅兵游行仪式，并且奔赴军事基地参加为期一到两周的夏令营活动；JROTC旨在通过“尊重军队在执行国家任务时所扮演的角色”[45]以此培养“公民意识和爱国主义”。“准备投身军营”就必须要有这样的价值观，陆军参谋部前参谋长、2000—2004年担任国务卿的前JROTC成员科林·鲍威尔曾有过以上论断[46]。总而言之，JROTC接纳人员的设置开了即将进入青春期的少年非强制性服兵役之先河，而入伍理论上应取决于父母双亲的许可。1916年因《国防法案》而确立下来的机构令人不禁联想到法国的“学生营”，1870—1892年，法国的年轻男孩们进入“学生营”，按照准军事方式进行体能活动。作为募兵工具（28.1 万名“军官学员”中有 30% 的人于 2004 年参军入伍[47]），JROTC 的预算从 2001 年的 2.15 亿美元增加到 2004 年的 3.26 亿美元，再到 2007 年的 3.4 亿美元[48]。“军队”，一份招募报告明确指出，“必须找到其他的方式向年轻人和他们的父母展示军人生活中的积极方面”[49]。JROTC 消耗大量贷款，造成联邦救济短缺，暂时掩饰了传统教育的失职。参加训练营的学生大多来自贫困阶层，奖金被鼓励拨付给那些成功完成训练课程和准备投笔从戎的军官学员当作薪水[50]。因此，贫困学生向军事职业大量集中。

军事机构努力通过提供专业的就业指导服务树立威望：“军队职业倾向测试”（ASVAB）是一份提供给学生的六级多项选择调查表，目的在于“根据个人兴趣给出引导”。然而在实际操作中，候选人往往优先被导向与军事生涯相关的职业[51]。负责招募的官员组织“军队职业倾向测试”，测试可以获得“具体的个人信息”，预先选择出“适合服役”[52]以及适合紧急情况下奔赴海外的人员，因此具有战略层面的意义。最后，那些热衷于旷课逃学，三三两两在学校的公园里闲逛的学生也没有被遗忘：国防部租用数十辆半挂式卡车进行“大卡车”巡回：“军队电影院大篷车”“军队冒险大篷车”“空军漫游者”以及“海军展览中心”相继出现在教育机构面前，通过在公共场合展示炫目的色彩以及有趣的设备（电子游戏、飞机模拟器、坦克模拟器、电影……）来吸引年轻人的注意力。宣传短片尚未被用来唤醒爱国主义情感之前，编排短片的主要目的在于刺激年轻人参军。从 20 世纪 80 年代起，宣传短片开始模仿动作电影，后来又开始借鉴电子游戏。五角大楼操纵的短片镜头兜售战争画面，配以堪称电影《兰博》台词式的口号：“问题不在于你是否知道将要去参战，而是何时去参战”；“认为美国年轻且身体瘦弱的人一定没见过我们的海军陆战队员早上 3 小时的搏击训练”；“他们的脸上挂着微笑，毫不犹豫地奔赴战场。他们把自己最好的部分献给这个国家”，“9 · 11 事件”发生后，宣传短片中的一位士官证实道。

军事思想同时还必须出现在远离学校生活的郊区：让我们联想到因犯轻罪被判监禁 12~30 个月的年轻人从 1983 年开始可以进入名为“青少年训练营”的矫正营，进行为期 3~6 个月的训练。训练营的行为限制和军事纪律被设计成监禁的替代品。根据法律规定，国民在其他活动之外还应该参加“带有军事训练特色的仪式”[53]，该仪式类似于军队新兵“训练营”，同时也是一种教学办法。同样是在私人公司的倡议下，“冲突”培训班也利用自己独有的存在方式展示了武装力量的正面形象，虽然培训结果仍然是争论的主题。

冷战以来，军队在校园里变得越来越引人注目，随着征兵制度的终结——1968年宣布，1973年执行——更是以一种意味深长的方式进一步加强。为履行职责，招募官员获得了一份特别明确的指南：《校园招募手册》事无巨细地介绍了能够“确保常驻教育机构”，“激发学生、家长和教育工作者的兴趣”以及深入学校市场（原文如此）的“技巧”[54]。《校园招募手册》充满营销学的方法，向招募官员提供了一套工作中必备的技巧材料：熟知各教育机构校内外的活动时间表以便当学生聚会的时候参与其中；能够融入教师队伍，认出“学生”和“具有影响力的人物”（“运动员”“班级代表”）以便与后者维持良好的关系[55]。

20世纪90年代开始，一些独创的法律判决助长了军队代表在教育领域的发展壮大。通过财政讹诈原则，《所罗门修正案》——附属于1995年通过的一项军事方向的法律——《不让儿童掉队法案》以及《哈钦森修正案》规定向那些充分合作的院系、大学、高中和学院支付由联邦以教育、健康、劳务和交通政策名义拨付的补助金：教育机构的领导者必须允许招募官员“自由接触17岁及以上的学生”，1999年被拒绝19228次[56]；同时，教育机构必须告知当地招募办公室每位注册学生档案上的“姓名、住址、电话号码、出生日期及地点、教育程度和学历程度”[57]，涉及学生总数超过3000万人[58]。每个学期，国防部长都会“列一份……教育机构的名单”，上榜的机构被判犯有“反对……入伍行为”的错误，如果发生这样的情况会被罚取消联邦贷款[59]。同样，国防部和教育部要求抗命的校长遵守秩序[60]。

布什政府把《不让儿童掉队法案》描绘成其教育政策的指导性措施。670页的法案[61]重拾《所罗门修正案》的思想，充满了带有军国主义色彩的条款。两者只有两点细微差别：其一，数百万贫困阶层的年轻人[62]也成为目标——逻辑上来看，“联邦特别补助金”应该流向不同社区的机构——其二，当时仅面向大学的招募机构今后开始向低等级的学校扩展。

前面提到的几部法律给依靠政府恩赐的公共教育机构造成了损失，而同级的私营教育机构遭受的损失则较小。倾向于底层社区年轻人的原因可以理解，也符合军方的招募政策，因为大部分公立学校的学生都来自这些社区[63]。军方强烈要求得到部分年轻人的档案资料，同时从20世纪90年代开始，五角大楼主导了多次涉及募兵最优化的社会研究[64]，极力倡导营销技巧，因此相关法律成为移植营销技巧的必然结果。数据基地可以编制从每家教育机构传送过来的信息，多亏有了它们，军方“猎头”的任务变得容易了很多：私下了解学校的档案后，容易确定哪些学生对军事推销敏感。从越南大溃败后的第二天开始，美国走过一条不平坦的道路：刚刚完成职业化的军队不得不向年轻人大规模放弃军事价值观妥协。五角大楼为了更好地同学生的这种不满作斗争，主导了一系列深入的分析[65]来完善“青少年态度跟踪研究”（YATS）结果，YATS以16~24岁的年轻人为调查目标，从1975年起每年举行一次[66]，制定宣传和指南方面的招募战略均建立在信任这项研究的基础上。《所罗门修正案》和《不让儿童掉队法案》将行为调查研究个人化，并建立起整体的档案，帮助军方渡过渴望了解美国年轻人风俗习惯的难关。

2004年3月，美国教育部秉承相同的逻辑宣布实施记名制数据库计划，并将该计划的范围扩大到全国的学生：对与我们息息相关的法律文本来说是一个理想的补充。“国家学生数据记录系统”（NSLDS）由“（教育）部门和其他联邦机构可以在研究范围内使用的信息”组成[67]。此“联邦办事处”与五角大楼关系密切，NSLDS系统替它毫无限制地收集资源且日渐合理化。因此，人们可以不费吹灰之力地想象到该办事处从中获得了多大的利益。再补充一点，合法的美国军事服役基地大多于1948年以后设立，1975—1980年又都消失殆尽了：《义务兵役制度》尚未废除，强行要求美国年轻人18岁生日后30天内完成注册，虽以民用为目的，但难逃与联邦规划和军事计划的干系。正是出于这样的目的，大量资料被交付给由五角大楼于2005年创立的“公关与市场营销调查研究委员会”（JAMRS）。该委员会的宗旨是：“研究美国年轻人的倾向、信仰与态度”[68]，组成对募兵工作有用的数据基础。有些公民视相关法律为自由破坏者，并走司法程序反对这些法律，而NSLDS和JAMRS的情报相互交叉印证，在化解司法程序方面具有优势[69]。“9 · 11事件”发生后，美国存在实施人口限额的动力，其中就包括国家采集个人信息的意愿，面对如此情况，《爱国者法案》应运而生。

招募官利用新的工具说服游说对象：学业失败的年轻人以及没有足够资金支撑大学学习的优秀高中生。一旦盘查完成，这些学生就会接到电话或者遇到上门推销。把军队提供培训、职业和奖学金机会当作诱饵依次抛出后，招募官仍手握重磅王牌，足以完成指派给他们的秘密任务。

招募体系实际上就是变相的不平等的征兵体系。招募官员强行插手象牙塔，颠覆了与职业军队有关的规则：志愿者自己不会走向军营，而是拥有优先接近权的军方努力吸引人员，甚至努力在日常生活中的熟人圈子里吸引人员。军方吸引的是那些幼稚、脆弱的青少年，之所以说他们既幼稚又脆弱，是因为他们还在寻找定位，几乎没有能力评估参军入伍的内涵：就更不消说当从趣味、运动或者“饱览祖国山河”以及逃离不稳定生活环境的方法角度来描述参军入伍了。这就是麦肯 · 埃里克森公司组织新型参军宣传运动时所采取的角度。麦肯 · 埃里克森公司已经与麦当劳、迪士尼和任天堂的公关部门签约[70]，后三者均是最受适龄年轻人喜爱的品牌。拿着联邦所有公共开销中占比最高的预算项目[71]——12亿美元——军方演讲压缩了老式爱国主义宣传的地位。走下神坛的兵役契约采取更注重实效的推销模式，提供进入花费高昂的大学进行学习的资金支持，同时给予变成老练的成年人所必不可少的心理培养——“刚正不阿、坚韧不拔”[72]。

1974年，废除兵役制度一年之后，为了杜绝上述愚蠢的行为，《家庭教育权利与隐私法案》出炉。该法案的宗旨是保护学生免受外部煽动[73]，尤其是军方的煽动。20世纪90年代，由于长期的财政赤字，许多学校与大型企业间签约，课堂里充斥着各种带广告的教学器材，《家庭教育权利与隐私法案》也因此遭到破坏，该法案的效力只有在那些务必严格将其贯彻执行的州才得以保存。联邦政府通过《所罗门修正案》重新插手教育，而《家庭教育与隐私法案》则解决了政府的麻烦。立法者打着教育改革的旗号成功地满足了五角大楼的要求，因此在教学领域安插招募官员成了“战略计划”的一部分[74]：《不让儿童掉队法案》以法律的形式确定了军队在小学生培养领域的优先权，同时补救了新入伍年轻人数量下降的问题[75]。以这样的观点来看，这部“教育法”选择的名字另有深意：“不让任何一个儿童掉队”……军方办公室。不过，这个名字与战士们的座右铭倒算得上是相得益彰：“不抛弃任何一个人”。

国防部获得了干涉教育系统管理的权力。国防部享受特权意味着教育部、劳务部、卫生部和运输部部分职权被剥夺[76]。这部法律心照不宣地赋予了五角大楼否决议会通过的教育开销的权力，改变了宪法的平衡[77]。认可军事事务具有最高优先权的国防部长手握优势，损害了教育系统的质量。《不让儿童掉队法案》与《所罗门修正案》一脉相承，并且简化了《所罗门修正案》规定的取消贷款的程序：今后，取消联邦特别资助不再需要国防部部长本人介入，只需要更灵活的运行委员会参与就够了。如果以上指导在国家身陷险境的特殊背景下仍能自圆其说的话，那么问题的关键就在于不管在1995年的环境下还是在2001年9月11日出现的情况下这种判断都不能获得认同。

“挪用”联邦补助金源自共和党主导的一场反对福利国家干涉教育体系的——始于1965年约翰逊总统当政时期——代价高昂的斗争。出于显而易见的政治原因，1990—2000年的国会议员不再去质疑当时的决定，而是把它当作军队招聘的辅助。

共和党占大多数的国会通过了《所罗门修正案》，从司法上反击了跟军队招募唱反调的“自由派”大学采取的措施。全能的五角大楼以切断预算来源作为威胁，大部分不顺从的大学重新变得规矩起来。相反，当背景换成后“9 · 11”时代的战争前夜之时，当任何举措都有可能增强军队及国防部长的影响力时，比前任法案更具强制性的《不让儿童掉队修正案》获得几乎全票通过。2003年，国防领域获得的预算约为教育领域获得预算的6倍[78]，有利于战争机器的教育平衡符合这样的预算逻辑，同时表明军事问题在国家管理与根深蒂固的战争文化中占有举足轻重的分量。战争文化蕴藏于政府、议会和军方精英阶层中，给美国领导人作出的政治选择打上了深深烙印。就像我们在前文中了解到的那样，军事指导法案——包括《所罗门修正案》——吸纳了许多影响教育政策的条款，同时专用于教育领域的法律文本——《不让儿童掉队法案》

包含有利于军事问题的措施。最后，所有这些法案对1974年通过的《平等教育机会法案》来说都是一种嘲讽，后者承认所有在公共教育体系接受教育的孩子均有“在教育方面获得相同机会的权利”。不同类型法律的混合难以更进一步。

玩具，战争文化的副产品

娱乐产业通过玩具参与到军国主义同化全体人民的过程中。玩具透过肤浅的外表传递信息，把自己打造成珍贵的历史记录者。“自身属性决定”，专家弗朗索瓦·泰默写道，“玩具卑躬屈膝地完全贴合社会的演变与缺陷，向有兴趣研究的人提供一面镜子”[79]。2001年年底，玩具世界在美国的地位有所提升，这一过程在大部分经历过战争的国家中都曾经发生过：经典的小型士兵模型以及其他的“战争”游戏与当时的政治时局完全契合。阿富汗以及后来的伊拉克“反恐战争”催生了新一代的玩具，获得急剧发展的玩具市场的认可：2001—2002年节日庆典期间，士兵玩偶卷土重来，销售额比2000年增加了36%[80]。玩具市场冲击了相当低迷的经济形势，大商场中的游戏柜台被新的系列玩具装点一新——“美国自由战士，来自阿富汗前线”[81]。其中的明星款模型——被命名为“托拉博拉泰德”的三角洲特种部队成员——是该类产品中最畅销的。竞争对手也都不甘落后：孩之宝公司经典且更常见的玩偶“特种部队，美国真正的英雄”，有“非裔”“西班牙裔”“亚裔”版等多种版本，体现了美国军队的种族混杂；此外，市场上还充满阿富汗战士的化身，其中以蓝色盒子玩具公司的“自由力量”系列产品为代表。

彻底“爆发”的商品还有埃斯蒂斯公司出品的仿真武器以及“儿童专用”微缩版导弹模型：产品以疯狂的速度销售一空，明显最受欢迎的是具有代表性的“爱国者导弹”。具有美国特色的体育专属收藏卡片向“反恐战争”敞开大门：竞争者竞相模仿的行业领头羊Topps公司[82]并没有推出传统的棒球球队，而是推荐了以“9·11事件”袭击为中心的系列收藏卡片——“持久自由系列卡”，并且划分出多个主题：例如“美国团结系列”“国家领袖系列”以及“捍卫自由系列”，除了颂扬美国军队光辉形象的卡片外，还包括印着布什总统“安抚国家”“重整军队”“在办公室工作”或“拥抱急救队员”的卡片[83]。与该系列代表的“好人”相反，“美国棋牌贸易有限责任公司”出品的“恐怖分子卡”把乌萨马·本·拉登、卡扎菲上校、萨达姆·侯赛因和亚西尔·阿拉法特杂乱地介绍成“地球决不能容忍的最可恶的人”[84]。上述产品其实就是向年轻人灌输当下的对外政策。Topps 公司出品的“爱国者”系列卡片回溯了 1991 年战争的历史：然而，当时传播的政治信息远没有达到 10 年后入伍高潮时的程度。

相隔 2 个世纪，这些卡片原样复原了埃皮纳勒曾经的图片理念，当年，拿破仑政权为了把自己打造成传奇[85]，重新利用过这一概念。然而在 Topps 公司这里，波拿巴的战斗被布什总统的“伟大时刻”所取代，相同的夸张手法为这些卡片定下了不平凡的基调。作为战争标志——20 世纪 40 年代的德国应该也出现过类似产品[86]——各种玩具产品的性质，例如战士的小模型，与宣传工具无异：收集方式与著名的运动卡片相同，美国年轻人被号召在娱乐课上收集、交换因态度和言论而受到赞美的政治人物的肖像卡。当局向年轻人灌输的思想是，9 月份的袭击至少在相当程度上动摇了成年人的世界。

如果除去那些在欧洲销售的冷战糟粕式的美国玩具，“旧大陆”自 1945 年后就再也没有出现过这样的宣传方式。研究第一次世界大战期间儿童领域如何通过特殊的玩具受到战争画面的熏陶：集体游戏“进军柏林”、新编“小红帽”的故事、“和平祖母”和“德国饿狼”哄骗了年幼的孩子。这些儿童将来会成为战士，参加 1939 年的大战[87]。类似逻辑依然存在于美国，人民的爱国主义坚守始终不渝。随着生活水平提高，以及玩具产业化和发行大众化，儿童娱乐业被赋予了相当重大的教育和宣传意义，因为每次军队外派都会造就新一代各式各样的玩具。举例不用回溯至 19 世纪，从越南战争开始情况就已经如此——1964 年，著名的“特种部队”[88]人偶模型新版不再穿着当时的服饰（失败所致）——直到两次海湾战争期间出现大量参战的微型的悍马车、艾布拉姆斯主战坦克和阿帕奇武装直升机。政府在教育领域作出的努力（军队世袭化、军人鉴别）与游戏柜台的供货之间存在着延续，甚至互补的关系。

20 世纪 80 年代，孩之宝公司市场营销部申请对一组孩子进行调查之后，决定推销“敌人”团体——名为“坏人”系列——年轻的顾客们在一整套系列衍生产品（连环画、动画片……）的帮助下学习辨别敌人。促销媒介问世后，孩子们可以导演自己的角色，操纵“特种部队”与“坏人”作战[89]。产品的多样性为这些关节可活动的简单玩偶提供一种“传记内容的深度”，已经过期的商品因此重振活力。从 2001 年开始，“美国自由战士”的生产商首次放弃了以虚构为基础的方法，转而以神圣同盟麾下媒体持有的带有主观性的事实为基础：孩子们从新闻中汲取玩耍时的剧情：媒体对世界的演绎将会在孩子们身上造成深远的影响，我们有权这样设想。就像 1914—1918 年模仿挖战壕的孩子一样，美国的小孩子进入了围捕本 · 拉登的精英战士的角色。产品供应达到了前所未有的高度：只需要拿到血迹斑斑的人偶就能享受消灭萨达姆 · 侯赛因的长子——乌代 · 侯赛因的乐趣。想玩抓捕倒台独裁者的游戏，胡子拉碴的人偶模型是极好的玩具[90]。布什总统和唐纳德 · 拉姆斯菲尔德造型的新款人偶模型上市后[91]，联邦领袖及其助手的玩偶占据了孩子们的世界以及其他战争玩具的市场。更进一步的是，这两款微型玩偶不仅在销量上超过了著名的“特种部队”，同时还夺走了对方“美国真正的‘战斗英雄’”的称号[92]。会说话的款式不断重复讲话摘录——“自由受到攻击”“恐怖主义不会胜利”，通过这样的小花招，总统的讲话进入孩子们的记忆中。库存迅速清空，竞争对手争相效仿[93]，“会说话的总统”公司在本公司的商品样册中加入了行政当局领袖的其他衍生产品：身着飞行员制服或者军用夹克再配以“感恩节”背景的总统玩偶[94]让孩子们在自己的房间里就可以重温经典的布什行动场景，从举世瞩目的着舰“亚伯拉罕 · 林肯号”航空母舰，到宣布“伊拉克战争获得胜利”（2003 年 5 月 1 日）再到某“感恩节”（2003 年 11 月 27 日）突然访问美国军队。产品计划创始人约翰 · 沃洛克竭力推崇无限崇拜总统[95]。这些玩具都是个人崇拜和权威崇拜的产物，其直接鼻祖是第二次世界大战即将爆发时出品的人形玩偶：1939 年，法国齐拉吕公司出品甘末林将军的铅制士兵玩具，与此同时，Tipp&co 公司在莱茵河的另一岸生产希特勒及其豪华汽车玩偶。

女孩子们并没有被遗忘：因其极端主义思想而被保守派阵营视为女谋士的安 · 库尔特[96]被做成会说话的洋娃娃，洋娃娃的尺寸会让人把它同该行业世界领军企业——

美泰公司出品的“芭比娃娃”搞混，后者在第一次海湾战争结束一年后就已经推出过身穿军服、佩戴军功章和中士军衔的款式，被命名为“海军陆战队中士芭比”[97]。“国会议员珍妮弗”以女性版“特种部队”的面貌示人[98]。

行业巨头们也不甘落后：对电子游戏产业来说，最近的新闻就是在仿真战争游戏中重拾同样带有民族优越感的现实主义。游戏中出现大量阿拉伯城市的布景（《全能战士》《美国陆军》《使命召唤之现代战争》），游戏的目标是完成由美军履行的使命：《库玛战争》在游戏过程中插入效法 CNN 电视台或者福克斯新闻台的新闻快讯，推出带领一支小分队负责消灭乌代和库塞，逮捕萨达姆或者收复费卢杰的游戏模式[99]。如果从成人方面来看，新闻台继续利用大量的背景音乐和电影字幕以娱乐的方式发布新闻。反观儿童领域，提供给孩子们的娱乐活动反而恢复了新闻的活力。现实与游戏的边界变得模糊不清。

生产商躲在背后窥伺着各种趋势，回应扩大的需求：玩具带有浓郁的政治意味，体现了爱国英雄主义的理想。玩具在商业领域获得的成功不仅取决于成年人的购买选择——成年人在这方面受心理环境影响很大，还取决于青少年的购买欲望——孩子的购买欲望很大程度取决于广告、从众心理以及模仿大孩子的需求而引发的时尚效应：从教育原理来看，模仿就是传播好战价值观的渠道。儿童根据摩门教的强制性标准并且以趣味的方式复制成人的行为——战争的暴力——就是近几十年来美国战争文化延续无可争论的表现方式。幼童习惯支持军队，习惯赞成总统。总统融入孩子们的想象，进入无法触及的英雄的虚幻世界。如同约翰 · 洛克从 17 世纪末开始论证的那样，玩具对智力的培养作出了贡献。因为玩具有强行塑造正面或者负面习惯的能力[100]。通过类似《前沿指挥部》[101]这样的游戏——“装满洋娃娃的房间”以及房间内的家具均被毁之一炬，布满密密麻麻的弹孔，房内已经人去楼空，被一位全副武装的美国大兵改造成“前沿阵地”——正是冲突造成的残垣断壁和平民伤亡终结了继续挑动 5 岁以上孩子的愤怒的许可[102]。《前沿指挥部》让人联想到射击游戏《当心 75》封面上印制的燃烧中的居民楼。这款游戏于第一次世界大战初期在法国销售。可以注意到，游戏的名字暗示了国家武器带来的骄傲感。比如“75”，比如 1940 年一款德国游戏中轰炸城市的斯图卡轰炸机[103]，再比如反复出现的美国大兵。孩子们置身祖国阵营，操纵着“祖传的”武器，武器的破坏潜力被大加颂扬。与官方讲话中传递出来的战争本身的传说既相似又矛盾，趣味战争游戏的再次出现被未来成年后将参加武装部队的孩子们所接受。就像19世纪时那样，当内部精巧、原景重现的洋娃娃房给了资产阶级精英向后代灌输装饰和家居技巧的机会[104]，那么《前沿指挥部》则教会孩子们“破坏”是不可避免的。

“军事”玩具的包装潜力吸引了五角大楼的注意，五角大楼与多家大型武器制造企业签约，参与到后者产品设计的每个阶段：国防部部长的附属办公室给予制造过程中所必须的建议和资料，保证现实主义处于孩子们兴趣的中心点。国防部从中获得双重利益：心理层面，上述的战争暴力在儿童层面的普遍化；现实层面，拜人机工程学的预塑功能所赐，操作上述的玩具与操作武器极其类似。2001年，玩具世界与政府高层以一种意味深长的方式联结成谨慎的共生关系，享受了政治与商业唇齿相依的好处：作为最大的玩具制造商之一的孩之宝公司吸收国防部副部长保罗·沃尔福威茨为公司行政顾问[105]。

拉人入伙的电子游戏

世纪之交时，电子游戏与好莱坞展开财政与受众竞争[106]。该领域在军队公关战略中所占据的比重越来越大：电子游戏除了取乐的目的以外，还具备多维度媒体的诸多特点：游戏情节电影化之后，电子游戏通过其人机交互性传递信息，在电影画面的帮助下超高效率地把信息送至接收者那里。不要忘了，适龄青少年作为这种娱乐活动的忠实拥护者正是入伍招募运动的目标。

美国国防部打算进一步参与供公众使用的模拟游戏的设计环节，因此作出更多的努力：军方与南加州大学达成合资协议，于1999年成立“创造性技术研究院”（ITC）。电影编剧、特别专家、游戏程序编写员与军方顾问共同在研究院中工作[107]。ITC在其本部制作了大量针对战士的仿真程序以及虚拟战争场景。最出色的产品随后进入商业化阶段。

新的研究方法在后“9 · 11”时代的背景下成为现实：从 2002 年 7 月 4 日开始，隶属于五角大楼网站序列的“america's army.com 网站”提供同名游戏的免费下载。绘图清晰度以及细节详细化令该款游戏显得十分写实。《美国陆军》游戏属于当时非常流行的“第一人称射击”游戏类型，即以第一人称的视角扮演武装角色来对抗大批敌人。

可在互联网和军方网站自由使用的《美国陆军》是一款不断进化的游戏，每隔一段时间就会有可供下载的更新版本。这款耗资 600 万美元的原创程序由 MOVES 研究所（建模、虚拟环境与仿真研究所）的行业专家合作开发。MOVES 研究所是国防部从公共资本中开支，从无到有创立的机构。如果说电子游戏公司和电影业巨头直到此时还在享受军方“后勤”支持的话，那么当拍摄“军事—文化”作品时，后者就不会拥有受自己直接控制的摄影棚了。由于有了 MOVES 研究院，艺电公司、育碧公司和任天堂公司的竞争关系已成既定事实[108]。这家“娱乐”机构创造出一种全新的总体制作与传播的过程。五角大楼的干涉主义战略在宣传史上跨进一个新的阶段。

针对军方招募活动中心的愿望而配置的《美国陆军》是 MOVES 研究所设计的第一款游戏，用设计者自己的话来说，这款游戏是最有效的“招募工具”[109]。1999 年，当该游戏计划启动时，军队还在为吸引年轻人而大伤脑筋[110]。3 年后，当游戏可供下载后，几年前出现的“9 · 11 事件”和神圣同盟创造了改变趋势的条件：一旦《美国陆军》的开发者们把与“反恐战争”相关的任务融入游戏剧情中，成功就是顺理成章的事情了。3 年间约 550 万网友选择了下载[111]。这款游戏程序与竞争对手的不同之处在于真实——被贴上“美国陆军官方游戏”的标签——免费以及兼容一般的计算机设备。在微软公司和索尼公司平台的力挺之下，这款游戏的传播得到了电子游戏分级机构的照顾。机构准许 13 岁的孩子玩这款游戏，而竞争对手以及其他暴力程度相当的游戏均禁止未成年人使用[112]。游戏供免费下载，免费下载制约了游戏效果的稳定性：任何东西都不能阻止一个会上网的孩子走得更远。

《美国陆军》游戏设计者的意图非常明确："接受写实化的训练，体验'美国陆军团队'的归属感"，美国陆军官方网站上如是写道。

国防部公共关系部以游戏的名义掌握了一件巧妙之极的工具：这款集趣味性、宣传性于一体的游戏吸引美国年轻人走进招募办公室，领取办公室分发的游戏光盘[113]；招募办公室设在学校机构附近，设在展览会和体育盛会里。拥有大量《美国陆军》游戏复刻版的巡回展台号称最大的电子游戏大厅，招募官主动向受此吸引而主动前来的青少年推销这款游戏。但是，除了看中此类娱乐游戏的联合企业外，美军的"冒险大篷车"也只是提供免费版而已[114]；面对180度的屏幕，游戏者坐进液压千斤顶升起的军车模拟器中，为最大化地贴近现实，玩家使用的是红外线瞄准的M16步枪。效果激动人心：由于出现阿拉伯城市的布景，完全给人一种往来巴格达的感觉。在一片爆炸轰鸣声中，"恐怖分子"成为被消灭的目标。战争以游戏的姿态示人，我们投身其中却不用冒战场上必然会存在的危险。体验过有趣的经历，危言耸听的战争恐惧论相对弱化。玩《美国陆军》的青少年舒舒服服地窝在家里就能"虚拟地"[115]选择军人职业。通过训练，军兵种的选择、分派职位、动员、待完成的任务，"志愿兵"悄然溜入军事生涯。如同其他能在互联网上召集大批拥趸的"多玩家"游戏一样，任何时间的限制都不能令游戏不再继续下去。在这个所谓的"置身其中"的平行世界里，每个人选择承担一种虚拟身份，能否升级取决于勤奋程度和战绩。

众所周知，游戏模式会带来成瘾现象和心理影响：网友们沉浸在电子替身的存活和升级中去，对他们的校园生活造成不利影响[116]。为了使自己的游戏角色一直存活，网友除了躲在电脑屏幕中的像素世界里成为骑士类游戏的狂热爱好者外别无选择。《美国陆军》形成的局面有所不同，因为驾驶悍马汽车和坦克属于军兵种特有的专业技能：《美国陆军》的玩家永远都有把个人生活与虚拟角色相统一的可能性。经过研究后，官方网站的互动区——在这里可以定期下载必要的更新——向超过1/3玩家的电脑推送对话框，点击对话框可以与最近的招募办公室取得联系。仍然是在虚拟层面，在线注册时选择角色的过程促使人们产生一种刚刚真的完成参军注册的感觉。"欢迎来参加美国陆军"，我们收到官方网站推送的电子邮件。完成注册程序相关的一系列指令后，最后会推送一条激励“游戏”的充满节日气氛的讯息：“好啦，士兵，还在等什么？冲吧！”多重标准是网站设计时最大的干扰，军方特有的板块从一开始就参与其中。网站的内容也确实混合了多种类型：通过对《美国陆军》或者军方的官方网站进行了解后发现，两者使用了相同的词汇，这是显而易见的，另外网页上的标识也完全一样。虚拟“军队”以“绝不可能阻挡的队伍”的形象示人——“队伍”一词的意思是多个线上玩家结成的同盟——团队成员“面对出现的挑战时，利用自身的训练、技巧以及所获得的支援变得更强大，去克服这些挑战”[117]。以上定义使用几乎相同的语言复制了美军公关部门习惯在广告宣传片使用的语言：“加入一支胜利之师吧！”一则陆军广告激励道[118]。在美国，2/5 的《美国陆军》玩家抵挡不住这种趋势。

《美国陆军》释放出来的军事参照无处不在，渗透玩家群体的语言习惯[119]。由于对游戏的喜爱，并且通过模仿，数百万游戏玩家采纳了部队的行为标准。最后，游戏开发者并没有忘记升华救世主降临的双重思想，提醒《美国陆军》玩家，他们加入的是“虚拟的战士队伍，互联网上的自由捍卫者”[120]。等于说，通过两句话，美军战士信条中的精华就出现在大量的游戏中，例如畅销游戏《使命召唤：现代战争 2》：“我们是人类有史以来最强的武装力量”，游戏介绍短片亮明观点，“每次战斗都是我们的战斗，因为在别处发生的都有可能突然在这里发生……学习使用现代战争武器区分了什么是为人民带来福祉的工具，什么是起毁灭性作用的工具。我们无法给你们带来自由，但是我们却可以给你们赢得自由的本领……英雄时代已经到来，传奇时代已经到来”。从军事观点来看，与暴力战争的亲密无间已经成为战争游戏的主线之一：2010 年上市的《使命召唤之黑色行动》允许玩家求助于凝固汽油炸弹，炸弹的实战效果获得玩家好评，最后促使他们支持在伊拉克使用这种违反战争法的武器装备。

借宣传技术进步的东风，“9 · 11 事件”发生以后，针对年轻人的思想灌输被调动起来并且不断扩大。在五角大楼顾问的配合下，《冲突：沙漠风暴》于 2002 年推出。这款游戏没有留给玩家选择阵营的权力：在游戏中，玩家必须扮演美国士兵的角色与伊拉克敌人作战。由“创新技术研究所”具体操作、军方基金支持同时获得军方专家明确建议的《全能战士》的使命是训练队伍长官[121]，这款游戏具有同样的逻辑，而且这次是以行业巨头微软公司的操作平台为基础。慢慢地，从21世纪初期开始，美军各军兵种都有了大量的电子游戏（《空军三角洲风暴》、海军陆战队的《未来战士》《SOCOM：美国海军海豹突击队》），其中很多游戏都进入了商业化阶段。

美国国防部在电子游戏领域取得的成功激励大批行业内的专业人员向军方程序员确定的标准看齐：从《SOCOM：美国海军雪豹突击队3》到《幽灵行动：尖峰战士》，一些《美国陆军》的变体游戏——两部后续作品分别诞生于2003年和2008年——涌进游戏专区柜台。五角大楼用符合当局思想的娱乐方式维系美国年轻人的意愿，为极权的战争文化服务：建立在市场竞争机制上的影响方式引领了孩子们的娱乐消遣。玩家通过角色扮演努力接受游戏中的价值观。因此，参谋部将会拥有一批心理特征明显的士兵，这些人更容易受官方简介的影响，倾向于使用暴力。武器的强劲发展将永远不会停下倍增的脚步。既然今天的游戏参与了未来公民的塑造过程，那么后“9 · 11”时代的娱乐活动传递出的信息为人们接受接下来的战争提前打下了基础；20世纪90年代末期出现大量阿拉伯布景的电子游戏，这就是不久后几场军事行动的预告信号。2006年，《库玛战争》——作为训练平台，同样获得美国军方的采纳[122]——推荐扮演美军特种部队成员，在“反恐战争的背景”之下，负责“向伊朗发起进攻”[123]……在接下来的几年间，其他一些电子游戏也吸引了大量的公众注意，其中具有代表性的就是《战地3》。

连环漫画，战争模范

“反恐战争”滋养着连环漫画——定期更新的美国漫画，其中最著名的漫画每月能吸引约7000万名狂热者。

恐怖袭击迅速融入大量故事。相互竞争的出版社（图像漫画、混沌！漫画、黑马漫画和DC漫画）把这些故事集中到多部作品中公开出版。对连环漫画来说，神圣同盟体现在经济和技术层面，包括艾伦 · 摩尔、弗兰克 · 米勒在内的140位剧作家和画家结成联盟，为了遵循国家团结的传统，迅速放弃了研究漫画这种几乎无定式的作品类型时采取的不尊重传统的方法。“9 · 11 事件”发生后的第一部作品是《9 · 11：艺术家的回应》。第二部出版物《9 · 11：世界最佳拍档漫画书作者和艺术家讲述值得记忆的故事》的封面上出现最早的超级英雄之一——超人，以及当时的英雄人物——救护人员。因此，英雄主义的狂热趋势很快获得承认，例如突出超人和肌肉紧绷的易怒巨人“浩克”站在双子塔的废墟上挥舞国旗的形象。以这些获得较高褒奖的作品为榜样，加入迪士尼集团的美国漫画业巨头——漫威漫画公司于 2001 年 12 月出版漫画集“荣耀”，并承诺这部漫画集所获的空前收益用于慈善事业[124]。在出版社同行的竞争中脱颖而出——不包括超人和蝙蝠侠，这两位超级英雄因为版权属于 DC 漫画公司而被排除在外——漫威公司的漫画集，例如《英雄》（《世界上最伟大的超级英雄制造者向 2001 年 9 月 11 日世界上最伟大的英雄致敬》）或者《沉默时刻》，在几个月的时间里积极歌颂美国的大团结，并且找来纽约市市长鲁道夫 · 朱利亚尼作序。“我们明白，现在不需要阅读虚构作品去寻找英雄主义的模范。美国日常生活中的真英雄们从未离开”[125]，纽约市长写道。还是在漫威公司，《神奇蜘蛛侠》第 36 集表现了袭击发生后，超级英雄群体中的精英——蜘蛛侠、超胆侠和美国队长回归，展开万众期待的复仇行动。事前，英雄们颂扬了国家的团结：“近几年来，我们的人民存在……某些分歧。但是这一次我们团结一心。我们的国旗出现在出人意料的地方，眼泪与果决令祖国大地复苏”。在一部名为《英雄复活》（2002 年 6 月至 2003 年 2 月）的系列冒险漫画中，“美国队长”听到了乔治 · W · 布什号召恢复正常生活的呼吁（然而这些呼吁自相矛盾）。这位所有战士中最“爱国的人”定居纽约，一座饱受磨难的城市。面对美国人的询问，蜘蛛侠亲口承认不明白袭击出现的原因，但美国、中东与中亚之间的关系史可以解释个中缘由。超级英雄们答案的缺失支持了总统的言论。

乔治 · W · 布什在《复仇者联盟》中永远是“战争总统”的形象，变成了复仇者们的代言人：这部让 DC 漫画公司大获褒奖的漫画作品中的一个人物在“9 · 11 事件”发生后宣称“这个国家需要另外一种战士……这不是我祖父那辈人经历过的战争。这是一场与老鼠的战争。追捕老鼠……追捕藏在洞中的老鼠只有一种办法”。此人从反恐战争的性质、托拉博拉的山洞以及兽性化敌人等方面用不同的方式再现了官方讲话。当我们使用“犯罪的”手段打击敌人时，敌人的性质给了我们合法的理由，生于第二次世界大战期间并时刻准备好再次为国效命的绿灯侠如是强调说。“超级间谍”尼克·弗瑞也有着同样的逻辑，他认为“当战争来临时，没有时间，也没有欲望讨论道德问题”，斥责“遵守别人没有能够遵守的外交规则”之行为，他认为这些外交规则必须为大量无辜死难者的死亡负责。

伊拉克被与恐怖主义的代表联系起来，漫画中的伊拉克或多或少有些失真：《美国正义会社》系列——2004年1月到11月间——围绕着一个名叫“坎达科”（Kahndaq）的中东国家的入侵行径发展故事情节。这个国家的居民手捧鲜花欢迎自己的解放者。在2004年4月—2005年12月出版的《秘密战争》中，同属漫威公司的超级英雄组成联盟，目的是推翻一个向敌对组织提供现代化武器的政权。2004年12月—2007年5月推出的《终极战队2》依然是漫威公司的作品，这部漫画表现了一支团队肩负着赶在战争开始前攻入伊拉克的任务。诞生于1992年，类似“美国队长”但却更加激进的“超级爱国者”也参与了这次行动；2006年，新漫画系列《特遣队1》讲述了“超级战士”在“9·11事件”发生后的世界里冒险的故事。与此同时，天才漫画家弗兰克·米勒决定让蝙蝠侠对垒基地组织。马克·米勒新作《战争英雄》呈现了国会被袭击后，约翰·麦凯恩总统用超能力武装战士的场面。后来的漫画《钢铁少女1》模仿了这种形式。

“战争漫画”或是战争连环画册重新向明晰自身职责的战士奋勇引领下的战争道义致敬。这种题材的漫画繁荣于第二次世界大战，一直到越南战争时再次活跃，再到20世纪70年代时销量出现压缩。20世纪末，系列漫画《我军宣战》（1952—1977）、《我们的战斗队》（1954—1978）、《战斗的海军陆战队》（1955—1984）、《战斗的陆军》（1956—1984）、《洛克中士》（1959—1988）、《无名战士》（1970—1982）、《越南》（1986—1992）以及其他10余部歌颂好战主义的漫画作品与它们的出版公司——查尔顿漫画公司一起消失了。“伊拉克自由行动”期间，记者卡尔·津斯梅斯特“融入”行伍，后来又成为布什总统的幕僚。2005年，漫威漫画出版了卡尔的《作战地带：美国大兵在伊拉克的真正传奇》，这部作品复活了“战争漫画”题材。2002年，出现了以剧中人物洛克中士为原型的“特种部队”玩偶。

在超过30年的时间里，公众漫画的创作受到统一管理：漫画代码管理局（CCA）是由最有实力的出版社出资组建的自治机构。1954年，漫画代码管理局在其“声明”中要求所有出版社必须遵守规定，例如禁止“用容易引起人民不尊重公认的政治当局的方式描绘警察、法官、官员以及政府机构”[126]。任何忽视规则的“漫画”都要冒上被停止发行的风险。与此同时，各大书商几乎一直拒绝推荐销售没有加盖CCA印章的出版物。因此，自我审查在相当程度上限制了创作自由与立场的选择。

“9 · 11事件”发生后，这套过时的做法仍然在运行：“好人”，由美国人扮演，而“坏人”的特征一直没有变化，总是胡子拉碴的伊斯兰形象。“好人”与“坏人”展开一场你死我活的殊死战斗。

“漫画”中的英雄自打诞生之日起就要冒上政治风险[127]。从这一点来看，后“9 · 11”时代的英雄属于传统英雄：1938年6月，第一位超级英雄——超人诞生。超人就是该类型“动漫”的典型形象。6年前，年轻的美国编剧杰瑞和他的朋友，加拿大画家乔 · 舒斯特共同创造了这个人物。飞去拯救全球的超人启发了后来的美国队长、绿灯侠以及所有轰动一时的伸张正义者。不到两年后，珍珠港事件的爆发以及美国突然参加世界大战给美国社会各个层面都烙下了深刻印记。面对其他娱乐领域的中流砥柱，“漫画”已经承担起政府宣传活动中最重要的角色[128]：超级英雄的类型以及支配超级英雄冒险历程的习俗为所有剧情的发展提供了有利的思想支持。另外一出重头戏是，“美国超级英雄”参战比罗斯福政府参战早好几个月。

令人没有想到的是，超人的成功开启了一个现象，打开了一段“黄金时代”，彰显了公众的期待。如果说灵感来源可以定位到世纪之初的欧洲（隐形人、千面人方托马斯），甚至美国本土（佐罗……）的话，那么这些人物的特点奠定了漫画风格的基础，突出了美国的平民文化：超常的体质、超自然的能力以及特别的心理素质让超人可以面对任何情况。作为寡妇、孤儿、贫苦之人以及正义事业的捍卫者，超人这个人物形象承担着双重身份：普通人同时又是拥有超能力的外星人，关键时刻穿上特殊的制服，突出自己的肌肉组织。1939年1月起，超人开始在媒体中以“连环漫画”的形式出现，超人“连环漫画”大获成功，并且历史上首次出版了专门的单行本。不到3年的时间里，超人成为大众偶像，超人故事的单行本发行超过1200万册，甚至美国海军陆战队队员在自己的背囊中都不可或缺地留上一本。

在成为神奇的错误纠正者以前，超人的身份是克拉克·约瑟夫·肯特——一名典型的、来自移民潮的美国人。这些移民建设了这个国家。当时的美国仍然深陷“经济大萧条”中不能自拔。地位卑微的老百姓克拉克憧憬着在社会上获得成功，为此，他不停投入地工作着。这样的形象实际上就是无数美国人的形象，同时也是这个社会大熔炉的虚拟产物。不过，克拉克·约瑟夫·肯特藏着一个秘密：他拥有超能力，以及不灭之身。当他对抗为祸美国各大城市的犯罪和下流社会时，这些优势起了决定性的作用。超人变成真正的明星，归纳并且进一步发展了美国人特有的价值观（野心勃勃、勇猛无畏、英雄主义、爱国主义……）。不久后，斯蒂夫·罗杰斯，别名“美国队长”再现了超人这一模范。“美国队长”生于一个移居美国的爱尔兰家庭。后来又有很多人物形象仿而效之。

第一段冒险故事把超人带到了华盛顿，引导他挖出涉及参议院的腐败行为。在第二段冒险故事中，超人与间谍以及军火商展开较量，军火商妄图在San Monte正在进行的内战问题上对政府施压。San Monte是一个虚拟的南美洲国家，在很多方面与西班牙非常相似。故事的结尾表现了当时美国占主流的精神状态：在超人的命令下，对手解决了彼此的纷争。欧洲爆发战争期间，国际冲突最初的影响波及“超人连载漫画”。1939年11月13日—1939年12月16日间，多家报纸刊载“超人连载漫画”，但第一次世界大战并没有占据漫画情节的主要地位。12月17日以后的故事中开始出现与超人对抗的外国特工人员。这些人能力强大，肩负着把美国拖入战争的使命。若不是依靠超人，依靠这位“超级美国人”，就无法挫败敌人的阴谋。其中恰恰体现出了一种孤立主义的倾向：漫画情节表明，美国的军事介入源自某些金钱帝国组织的阴谋。20世纪20—30年代有关第一次世界大战的各类畅销书曾经对此有过类似的阐释[129]。超人的冒险故事容易受到时局震荡的影响，因此故事中避免提及国家或者独裁者的名字：影射就已经足够了。其中非常具代表性的是一个名叫卡尔·沃尔夫的人物，他发表了一番替“优越人种”辩护的言论。

20世纪40年代初期以后，DC漫画出版社开始意识到，系列漫画不仅吸引了传统意义上的公众——例如嗜好新奇冒险故事的孩子和青年人——的注意力，同时还吸引了驻扎在军营中的军人的注意力，可想而知，其中还有一些军官。突然，超人故事的基调发生了变化。1940年2月27日，交战国深陷“奇怪的战争”的泥潭而无法自拔。“超人连载漫画”描绘了超人掐住纳粹头子的脖子，然后把他拖到“国际联盟”面前与斯大林一道受审的情节。本期漫画的封面公开表现了超级英雄拳打希特勒的画面。漫画的意图变得更加激进：例如超人系列中反复出现的敌人——莱克斯·卢瑟是超人必须消灭的绝对邪恶轴心的独裁者。纳粹党卫军敏锐地意识到这个越来越出名的人物给人们——其中包括德国人——的心理造成了巨大影响。因此1940年4月25日，党卫军在其机关报《黑衣军团》周刊上刊文反击，强调两位作者——西格尔和舒斯特的犹太血统，突出二人“心理和生理上都已经完成割礼”。对超人的崇拜者来说，这种耻辱是难以容忍的：超人编辑认为，超人形象受到尼采的“Uber-mensch”（超人）启发，Uber-mensch概念本身经过大量修改和调整后被纳粹主义理论家回收利用，借以赋予“优越人种”学说哲学上的合法性。所有紧随超人步伐为美国服务，同时也为民主制度服务的超级英雄均来自这个概念。

《超人》与《黑衣军团》的出版之争开始几个星期之后，法国军队垮台。这场激变震惊美国舆论，美国舆论慢慢地决定打破自己珍视的中立立场。当这个国家为下一场总统选举作着准备的时候，候选人秣兵厉马，作好了战斗的准备。自从希特勒上台当政之后，美国的态度问题给知识界和美国社会带来了越来越大的压力；苏台德危机以及捷克斯洛伐克解体加剧了因日本出兵中国引发的忧虑感。1938年5月，美国国会投票决定大幅提高国防预算。德国入侵波兰后，白宫的主人宣布11月11日为“普拉斯基日”，将这一天设计成团结的标志。不到一个月之后，针对向英国交付重要物资的武器弹药禁运令被废除。面对1940年6月法兰西军队溃败引发的一系列战略动荡，罗斯福当机立断，加大针对英国的援助力度。抛开这些措施不谈，寻求第三次总统任期的罗斯福许诺说，他不会坐视“任何一个美国人赴国外作战”。

1939 年 10 月在漫威漫画 001 中初次登场的霹雳火与罗斯福背道而驰。霹雳火是霍顿博士创造的。这位转向正义理想的合成人把自己的能力集中到对抗轴心国上。1940 年以后，漫画的读者不断增多，出现一大批同法西斯战斗的英雄人物：哈里 · 肖顿和欧文 · 诺维克创作《神盾局》系列漫画，讲述了身着美国国旗颜色制服的超级英雄——乔 · 希金斯的冒险故事。乔 · 希金斯是职业化学家、军人的后代，父亲因纳粹分子的草率行径而丧命。希金斯毫不犹豫地决定利用知识增强自身力量，并且加入了联邦调查局；我们目睹一位类似加强版山姆大叔的超级英雄横空出世，被刊登在著名的《国家漫画》上，同时也是对抗纳粹的女英雄（代表美国国旗精神的“美国小姐”）。从 1940 年起，“海王子”纳摩出现在《漫威漫画》第 4 期的封面上。封面上的纳摩站在潜水艇甲板上，带着饰有骷髅头的十字架，正准备在法国的军舰上放火。超级英雄纳摩抓住 2 名德国海军士兵，运用自己的超能力同时令 2 名士兵丧失战斗能力。别名“绿灯侠”的阿兰 · 斯科特自 1940 年 7 月问世之日起便大受欢迎。这位被英国情报机构选中的美国工程师利用所拥有的超自然能力挫败了轴心国特工在英国本土主导的行动。在完成任务的过程中，绿灯侠得到了别名“蝙蝠侠”的布鲁斯 · 韦恩——从 1939 年 5 月诞生后便吸引了越来越多的读者，与别名“闪电侠”的杰伊 · 加里克——另一位同期诞生的超级英雄的帮助。

1941 年 1 月至 2 月间，漫画大战白热化：《超人冒险故事集》第 14 集中，超人公开自己的民族和爱国属性，例如一只手臂上站着老鹰，另一手拿着“星条旗”盾牌。一支由超级英雄组成的军队和超人一道挺身而出，力战野蛮人。新姿态反映了由美国民主政府，特别是由美国总统发表的著名广播讲话开启的进程，12 月 29 日，罗斯福总统宣布美国进入战时经济状态，目的在于把国家变成“民主国家的兵工厂”。1941 年 1 月 6 日的《国情咨文》以同样的逻辑给了罗斯福阐明“四大自由”的基本特征的机会，“四大自由”从本质上与法西斯独裁相对立。媒体和舆论一厢情愿地把罗斯福的讲话解释成迫不及待走向战争的强烈信号。“这次讲话只会得出一个结论”，《底特律自由新闻报》解释道，“那就是我们将进入战争……为了拯救英格兰”；“总统提供的信息”，《洛杉矶时报》强调说，“表明我们肯定会进入抵抗独裁者的国家阵营参战。我们将向这些国家运送武器。我们已经作好了承担结果的准备”。《费城报》的用语更加尖锐，高呼“山姆大叔不再开玩笑了”。

在乔·西蒙与杰克·科比的共同努力下，标志性的“美国队长”诞生于 1941 年初，为前面的宣言作了最好的注释。美国队长身着饰以国旗颜色的制服，手上拿的盾牌也能令人联想到国旗。美国队长的力量更强大，当战斗时，他象征并且鼓舞了爱国主义精神以及应该在美国人民身上表现出的决心。敌人的身份很明确：1941 年 3 月，在第一期《美国队长》的封面上，超级英雄在到处都是纳粹卐字的环境里，面对纳粹军人的交叉火力，一记勾拳重重地砸在德意志第三帝国元首身上。一张美国地图，几份入侵计划坐实了纳粹主义笼罩在这个年轻的民主国家头上的威胁。《美国队长》漫画售出近百万份，同时也为其作者招来大量的敌意信，写这些信的人都是孤立主义的支持者。4 月份出版的第 2 期的封面上清晰地表达了类似的信息。随后的多期漫画同第 2 期一样，重复着相同宣传和绘画要素，直到珍珠港事件导致美国参战为止：这一次，日本人被画成漫画，被绘成时刻准备背信弃义的类吸血鬼恶魔形象。

亦名“超人”的克拉克·肯特与这条战线保持一致。超人在每段冒险故事中都会换下记者的衣服，换上反应美国星条旗元素的超级英雄服饰。其中的隐喻显而易见：这一次，轮到美国人披上充满国家象征的服饰——制服——变身自由的捍卫者，打击威胁文明的轴心国势力：1940 年 9 月，《选择性培训与服务法案》恢复了征兵制度。到了 20 世纪 90 年代，讽喻变得更加直率。某些人扔掉了自己的“戏服”，扔掉了受军队启发制造的未来盔甲。至于超能力则可以代表美国的无限行动力以及经济实力。1941 年，超过 200 家报纸刊载了编剧规则和表演标准，刺激 DC 漫画公司供给大量多样性的作品，与漫威公司的相互竞争也为其带来了许多可借鉴的灵感。

娱乐化的漫画体裁帮助公众作好战争准备。读者依旧并且总是被要求进入角色——以美国队长为榜样，变年轻人的身份为站在反法西斯战斗最前沿的英雄的身份。这样的手段起了作用：粉丝们聚集在名为“自由哨兵”的酒吧，声援军事干涉行动支持者们提出的代价高昂的观点。

所有有关超级英雄们提前参加战争的解释中，可以注意到其中一种解释，即大量著名的作者，例如西格尔、舒斯特以及真名为雅各布·库兹伯格的美国队长之“父”杰克·科比或者“闪灵侠”的创造者威尔·艾斯纳转向被边缘化的自由主义阵营，甚至犹太阵营。他们的家庭都是纳粹的受害者，因此容易针对纳粹的反犹太行为展开复仇。1938 年 11 月“水晶之夜”事件发生后，罗斯福总统愤怒声讨希特勒的政策，召回了美国驻柏林大使。出版界的形势也是一样的：后并入 DC 漫画的全美联合漫画出版公司的所有者、“超人”的出品人哈里·多宁菲尔德和他的朋友雅各布·利波韦茨位列国家联合出版公司股东行列。DC 漫画公司的竞争对手——漫威漫画公司当时的领导人是马丁和亚伯拉罕·古德曼。对西蒙来说，独立主义者的潮流就是拒绝承认事实。“战争的反对者经过周密地组织”，他解释道，“我们愿意赞扬我们的观点”。

1941 年 12 月 7 日，偷袭珍珠港事件确认了美国向轴心国宣战。12 月 18 日，《战争权力法案》决定成立审查办公室，从整体上筛查出版物和娱乐作品。与文学、广播和电影一样，繁荣的漫画市场也不例外。作为当时潮流的领军人物，超人及其替代者为美国的未来战争提供了令人激动的意识形态基础：因为有了例如“我的字典里没有后退这个词”（超人）这样的对白以及为一场遵循美国座右铭（“真理、公平与美国精神”）而打的战争服务的自豪且果敢的态度，所以超级英雄成为榜样，鼓舞人心的榜样。被认为肩负女性利益重责的“神奇女侠”从 1941 年起便开始与轴心国势力展开较量。1941—1942 年，超人的故事被弗莱舍工作室拍成动画片。超人动画短片包围电影院，在电影院里享有优先放映权，有效地进行战争宣传，宣传呈现多维度并且遍地开花的态势。1945 年，战争宣传通过漫画覆盖超过 7000 万名美国人，其中有一半是美国老百姓。经过这场正义的战争动员后，漫画的影响结构得以永存。

冷战时期，出版界的模范经历过一场胜利的战争洗礼后继续发挥作用；日本人和纳粹分子的位置被共产主义者所取代，例如为苏联效命的恐怖骷髅头——“红骷髅”，或者与“美国队长”作战的“苏维埃超级战士”。“注意了，你们这些间谍、叛徒、外国特工，你们这些家伙，美国队长将在所有自由并且光明磊落的人的帮助下把你们统统抓住”[130]，超级英雄有言，同伴兄弟群起跟随。与此同时，更加写实的人物——“特种部队”源自诞生于 1942 年的漫画，绘画这部漫画的人是新手戴夫·布雷杰。“特种部队”作战的地点同美军实际的作战地点完全相同，至少这部漫画的创作者从未把“特种部队”派往虚构的国家：1970年，前印度支那土崩瓦解后，故事中的政治渗透从经济层面来看显得有些冒险，直到里根时代到来以及漫威公司恢复“特种部队”后，这种阅读的角度又复苏了一段时期。多重但是趋于简单化，甚至过于简单的宣传把对共产主义阴谋的恐惧感传播到这个国家的所有层面，滋养了一代又一代美国年轻人的阅读兴趣。随着美国多次打响战争，“漫画”中的敌人不断涌现，给未来的公民以及未来的士兵留下了深刻影响。同玩具一样，这种拉人入伙的机制并非美国征兵机制的主体：在世界大战期间的欧洲，尤其是在法国，正处于摸索阶段的连环画中的英雄形象也印刻着同样的战争观点，例如《战争中的贝卡西娜》（1916年）、《贝卡西娜在盟国》（1917年）或者《被动员入伍的贝卡西娜》（1918年）。美国漫画闻名于世靠的就是情节的延续性、“肌肉发达”的风格以及大规模的工业化。

第三部分：从完美战争到现实战争

III. D’ UNE GUERRE ESTHÉTISÉE À LA RÉALITÉ DES COMBATS

十

“好莱坞”式战争：“五角大楼”版大片

“嵌入式”报道的耸人听闻及战争信息

从1965年开始到1968年初的（越南）春节攻势期间，CBS和NBC电视台晚间档节目所披露的战地信息中约有86%的内容是围绕着战争技术展开的，其口吻和措辞也经常是乐观的[1]。而在伊拉克战争期间，五角大楼亦实施了将战地记者编入到一线部队中的策略。尽管一切看上去都是透明的，但其真正意图其实与当年如出一辙。他们在信息报道问题上所能发挥的作用与罗伯特·卡帕的做法相比相去甚远，后者当年被《生活》杂志直接选派编入了参与登陆奥马哈海滩的一线部队中。

越南战争时战地记者们所享有的报道自由在伊拉克战场上则受到了管制。正如社会学家马歇尔·麦克卢汉在1975年时所指出的那样，“越南战争并不是输在了战场上，而是输在了美国的‘起居室’里”。如果说在伊战初期的2003年3月—5月，美国民众在同样的“起居室”里对伊战的支持态度经历了间断性变化，那么导致这种变化的原因正是这些战地记者们的“嵌入式”报道：美利坚无敌舰队所向披靡！与此同时，有关战争对伊拉克城市所带来的影响却鲜有关注。除了CNN（最终被伊拉克当局剔除在外）之外的全美各大电视台均无一例外地遵从了政府的旨意，派遣记者前往伊拉克进行一线报道。这种不平衡性是显著的：报道的焦点从此只凝聚在美军的“小伙子们”身上，而以往只在影视剧中才能看到的有关战争的陈词滥调，现在又通过大量电视真人秀节目显现了出来。

“嵌入式记者”的想法首先是由制片人贝塔曼·范·蒙斯特及其同事——“大片”专家和共和党人——杰瑞·布鲁克海默在一档名为《前线档案》（*Profiles from the Front Line*）的军事电视真人秀节目中首次提出来的，二人共同向国防部公共关系事务部提交了在参战美军内部进行摄影的创想。这一建议后来得到了军方的采纳，倒是两人所在的 ABC 电视台[2]并没有一开始就将这一想法付诸实践，不过该创想的原则一直得以保留了下来。

在对伊拉克的进攻行动中，共有 775 名记者被直接编入了美军各战斗部队中，这在历史上尚属首次。布什总统本人亦曾在“9·11 事件”发生当晚表示，美国民众将成为反恐战争和“通过电视播出的（……）大规模突击行动”[3]的独家见证人。类似的事例古已有之，在南北战争期间的 1861 年 7 月 21 日，就有数以百计拥护联邦政府的家庭应邀前往一些特设的场地和观礼台上，以便亲眼目睹“第一次布尔河战役”的进行。服务于战争场面与失实信息，这种官方纪实镜头的手法其实与旧时战地电影放映员的历史一样久远，它成功地让那些醉心于寻找其他报道资源的媒体们将视角集中于第一次海湾战争的管制报道中来。这样一来，这些被认为利于向公众传播的内容便有待观察了。

在南北战争期间，北军摄影师马修·布雷迪便透过其作品中政府军敌人的尸体“向全体国民展示了战争令人战栗的现实一面”。然而在第二次世界大战爆发后的不到一年里[4]，基于军内爱国主义的自动审查机制，同时也出于对军纪的维护，包括在诺曼底海滩登陆的通信兵团在内的美军一线士兵便停止了对己方阵亡人员影像的拍摄，应该说，这一禁令着实白白浪费了大量的珍贵胶片。后来，尽管战争已经步入了数字时代，但军方的行为管制仍与从前类似。这其中的唯一例外来自当时的伊拉克当局，后者通过半岛电视台向外界传送出了在 2003 年 3 月的战事中难得一见的美军士兵的尸体影像，而半岛电视台的这一做法也随即引发了美国当局的强烈不满。值得一提的是，这些阵亡士兵在后来的2005年也成为了热播剧《那时那地》中的主人公，而该剧自身所蕴含的一种论战特质也在一定程度上显示出了社会对官方长期影像管制行为的违逆。事实上对于美国当局而言，一直在采取一切手段避免“摩加迪沙事件”中美军士兵身首异处的景象再度被投向公众视线中。即便遭受了人员上的损失，官方也会在回避报道或进行少量报道的同时，刻意美化战损情况报告中的内容，并一概不透露伤亡人员的名单。这样一来，一切因这些伤病员僵硬身体的画面所带来的冰冷的负面影响都得以规避，民众对战争的支持度进而也就不会因这一残酷的现实而受到影响。至于战争中“附带损害”的受害者，当局亦会以“9 · 11事件”中死难者的画面来平衡其影响。

不过，我们可以将其称为审查吗？其实也不完全是这样。CBS和CNN电视台也会播出一些被俘、受伤或者阵亡士兵的画面，但是他们会谴责对方所实施的这种伤害行为。与之相对的是，全美各大电视台都会将那些被囚和死亡伊拉克士兵的影像投向荧屏。这种选择性的愤怒事实上是对官方口径的一种复制，媒体进而会将其最终演绎成为更深层次的爱国主义，然而这种做法正印证了浸淫在美国人头脑中的那种二元论思维，同时让他们强烈的愿望显露无遗，即指出敌人的野蛮残忍，卑鄙无耻，嗜血成性，以及他们沉醉于英勇解放者的痛苦之中。在这样的思维背景下，审查就已显得不再重要了，或者说是无用的、画蛇添足的。

2003年2月，来自军方高层的相关命令要求对战地记者的报道进行“最小化限制[5]”：“我们应该在其他消息误导媒体之前如实报道战场事实，无论它们是好的还是不好的[6]。”这些命令并没有重申战地指挥官对士兵言论进行管制的传统（也是困难的）义务，只是认定对受伤及易辨认的士兵进行身份泄露或图片曝光的行为属于“敏感行为”，并禁止向公众透露士兵的“服役规定”，亦禁止对其进行评论[7]。这种信息管制的做法是极其有害的：“我没有受到任何逼迫和管制，再也没有人想了解我所报道的内容了[8]”，一名曾三次被编入美军内部进行报道的法国记者说道。毫无疑问的是，这种“嵌入式”的信息体制成为了美国民众的首要信息源，尽管其他国家的相关观点大都是反战的，但他们却不会动摇这一体制的地位。

在全部的775个准入席位中，预留给外国记者的名额只有100席。让本国记者与自己的士兵一起同吃同住，这在道德层面本身就会产生问题，两者之间的关系客观上成为了造成信息延迟的障碍。抛开这个不谈，这种做法在其他层面上也会产生问题：对这些被国内主要新闻巨头们派遣到前线的记者们来说，围绕在他们身边的是一种类似战前部署阶段的神圣同盟的气氛。无论是在报纸上还是在电视镜头里，映入眼帘的永远都是那些宣扬美军装备精良场面的影像，仿佛就是一场实时的战争电影。一家名为《纽约邮报》的小报在其头条标题的正上方配上了一幅萨达姆的照片，标题的名称为“已死之人”。《今日美国》更是将这位独裁者放置在瞄准线上。而在另一档电视新闻节目中，片方模仿电视剧《24 小时》的手法设立了一个倒计时牌，将美军发动总攻前的每时每分每秒都记录了下来，最后时刻更直接变成了对敌人的最后通牒。

从没有哪一场战争能像伊拉克战争一样充满了如此之多的“娱乐元素”和极端民族主义情绪。在美军最后通牒截止前的最后 1 小时，美国全天候新闻频道 MSNBC 的主持人艾布拉姆斯说道：“向全体为我们而战的英勇的美军士兵致敬，我要对你们说声‘谢谢’，愿上帝护佑你们”。而在战事初期，福克斯电视台的明星记者谢帕德 · 史密斯亦用强势的口吻评论道：“这一次，这场解放伊拉克并让它缴械的战役终于开始了”[9]；3 月 20 日早，纽约《每日新闻报》投出了头条标题《早安巴格达》，字里行间无不充斥着一如越战时的复仇意味；而在 CNN 这边，一名“嵌入式”记者也在为“世上最致命的杀戮机器”而痴狂不已。3 月 22 日，《纽约邮报》同样打出了“横扫千军，美军击毙 300 名伊军士兵且无一人伤亡”的标题。

在官方公关战略家的眼中，这些派往一线的记者是“成熟”的，至少，他们在人数上具有压倒性的优势，而这其中又以来自全美三大收视率最高的电视台（福克斯、CNN、MSNBC）的记者居多。“记者们总会在开始采访前问我，希望通过他们向观众传达怎样的信息”，前海军陆战队新闻官乔西 · 拉辛承认道，“他们知道观众们不想看到一名穿着军装的大兵在各种攻击性问题面前不知所措”[10]。记者们所发回的有关战事和士兵日常生活的报道几乎处于一种实时被国民所消费的状态，因此他们所关注的焦点也都是局限于纯军事层面，以及从各次作战行动中所挖掘出的英雄主义这一层面，而从不会对导致这些战地新闻发生的背景进行剖析，亦不会用一种批判性文化的眼光进行审视。这是一段充满了军服色彩的时期，也是报道口径高度一致的时期。

在入侵行动正式开始的前几天，媒体的用词还都仅限在一场常规冲突的层面，即两个国家间的军事对抗。不久后，有关这场战争的表述就转变成了反恐战争和对基地组织的打击，而所谓的敌人，就是伊拉克。正如这一时期各大电视台的片头标题所列出的那样：MSNBC——“目标伊拉克”（*Target Iraq*），CNN——“伊拉克之战”（*War on Iraq*），ABC 电视台——“与伊拉克交战”（*War with Iraq*）。与此同时，亦有不少的表述会使人联想到一个处于战争状态的民族，比如 CBS 电视台的标题“美利坚在战斗”（*America at War*）。不过，在 5 月 1 日总统发布了“大规模战事已结束”的声明后，大多数的电视频道于声明第二天随即摒弃了“伊拉克战争”这一说法。可以说，很多军事用语在报道层面都已变得程式化了，它们依据宣传的规则而制定，从而成为了各大主流媒体的专利，至少在战事白热化的时期是这样。在 1936 年国际纵队志愿者的问题上，美国媒体同步进行了声援，然而面对时下的伊拉克问题，媒体的态度却是大相径庭的：一切与伊拉克人并肩作战的人都被视为是“外国恐怖分子”，他们所攻击的是一支前来“解放伊拉克”的军队，并且从此以后，他们将与“所有反伊拉克的武装力量”为敌。除了上面提到的表述之外，另一些惯用表达却被禁止使用了，比如“占领”（occupation）一词，至少说这个词暂时来看是不合适的。除了它自身所包含的一定的负面含义外，这个词也会让民众认为美国并非是这场战争的胜利者，从而刺激到他们的神经、引发他们的抗议：一项 2003 年 4 月进行的民调结果显示，有近一半的美国人在接受采访时认为他们的士兵们最晚一年后便会回国，28% 的人认为这一时限不会超过 2 年，而认为会超过 2 年的受访民众只有 21%[11]。

在入侵行动的最初几日，军方各发言人的表态被记者们原封不动地引用：直到多日之后人们才在报纸上发现，原来美军依然没能拿下乌姆盖萨尔这座伊拉克的门户城市，也没能攻下巴士拉，正如军方所承认的那样。上述两座城市的居民大部分都是敌视萨达姆政权的什叶派穆斯林，然而他们同样也对当地的英军表达了反感，从这一点上不难看出，伊拉克人的这种民族情结也同样会让美国人在伊的二元存在更显复杂。

不过对于那些有良知的记者而言，他们依旧无法在媒体平台上表达其他观点：我们依然记得在阿富汗战争期间，所有那些与国家立场不一致的记者都被要求就此道歉，而言论过于具有抨击性的记者甚至会被直接解雇。同样，在伊拉克战场，国家广播公司（NBC）的记者彼得·阿奈特也因为接受了伊拉克电视台的采访而遭到了公司的解雇，他也自费上了这生动的一课：原来伊拉克和阿富汗都是一样的。新闻报道的客观性要求记者就战争在人道层面上的影响进行报道，然而这一点却成了最稀缺的美德。对于这些记者来说，报道"伊拉克自由行动"中受害平民的行为等同于步半岛电视台的后尘，后者在美国政府眼中就是基地组织和伊拉克独裁当局的喉舌[12]。因此，记者们必须与这种行为划清界限，要秉持与国家利益一致的价值观，正如军队每次在对数十名伊拉克人进行完血腥轰炸后所做的那样——重新找回克制，甚至还要在目睹了伊拉克陷落的画面后放声大笑、手舞足蹈，正如 MSNBC 电视台的特派记者和他的同行们在美军中央司令部的"媒体"间里所做的那样[13]。另一方面，对于那些在行事上更为独立的报纸，比如《琼斯夫人》杂志，或者是像《洛杉矶时报》那样一直秉直新闻客观性的媒体而言，一旦他们的雇员所发回的报道被怀疑具有"反爱国主义"色彩，那么这些记者永远都只会被安排在远离前线的补给车队上，再或者，他们的文章也会被大量充满民族主义意味的报道所湮没。只有一次，当美军坦克漫不经心地对巴格达的巴勒斯坦酒店进行炮击并直接将数名记者打死在房内后，军方和政府发言人模棱两可的解释引发了部分严肃媒体的愤怒浪潮，比如《纽约时报》，然而即便如此，这一事件亦没能带来与那些媒体巨头相比肩的影响力。因此，"嵌入"记者行动最终在诸多方面上付出了代价：与第一次海湾战争期间新闻消息的模糊性所不同的是，"伊拉克自由行动"自始至终充斥着大量的画面，只不过公众对于这些画面的认知模式充满了混乱。

除了对这些"嵌入"记者进行管制的命令外，这些记者自身也彰显出了一定的自我审查能力。他们会主动拍摄一些取材自联军的照片，当然这些照片的情境都是提前设定好的，而官方的新闻官们更会精心地对这些照片加以利用。从这一点上来说，自从照相机被引入到战场上后，游戏规则就一直是这样的，尽管当伊拉克战争进行到 3 月底和 4 月初时就已经引发了不小的论战，但论战本身并非是围绕战争的合法性展开的，而是因为战场信息被认定缺乏透明性。

不管怎样，尽管冲突的外衣已在官方宣传的重压下支离破碎，但另一方面又在严肃媒体力求满足那些强烈的反战少数派的意愿下得到了充实，透过这一切，我们依旧可以依稀看到纷争的一面，并且听到另一种声音的存在。战事开始10天后，在NBC、CBS和ABC电视台记者们发回的一线报告中也开始引入了伊拉克民众的观点。对于当局和军方而言，应对这种新闻道德回归的方法只有一点，即向公众感情的血管中注入爱国主义的血液。

大型剧目的剧本：“需要拯救大兵林奇”和“一位名叫蒂尔曼的英雄”

4月1日，正当民众的爱国热情因美军部队所造成的杀伤与毁灭而日渐降温之时，国防部向外界发布了一条有关美军在敌后成功实施了一次营救行动的简要通讯：杰西卡·林奇，来自美军勤务连的一名19岁女兵，在敌军于2003年3月23日针对美军车队实施的一次伏击行动后被宣告“失踪”。营救行动将杰西卡成功救回[14]。很快，大量相关消息融入这起事件，直至引起全体国民的关注。在此基础上，五角大楼和一些不具名官员补充了相关的细节信息：4月2日，他们向外界流出了一条这次救援行动的短视频[15]。随即，热情的火焰便在媒体中间点燃了，如《华盛顿邮报》和《纽约时报》这样的“新闻机构”率先发声:“杰西卡·林奇……奋勇作战，射杀了多名敌军士兵，……直至耗尽了最后一发子弹。……哪怕身上中了多处枪伤，哪怕眼睁睁地看着多名连队战友倒下，她依然向伊军士兵奋力射击。……杰西卡殊死战斗，她不想被敌人生擒。……此外，她同样也被敌人的匕首刺伤了”[16]；被俘后，“她八天滴水未进”[17]，被敌人殴打[18]、折磨[19]甚至遭到了强暴[20]。而正在此时，军方高层、政治要员及总统本人再次登场[21]：接到了一名伊拉克线人的线报后，军方出动了数十名士兵参与营救，全体营救人员在中央司令部司令弗兰克斯将军的指挥下，发动了一次令人叹为观止的营救行动，其作战形式在二战结束后的历次行动中也尚属首次。在成功救出林奇并将她转移到了在敌军火力下艰难建起的临时医院后，人们立即在她身上披上了星条旗，而这一切也都被摄像机记录了下来。随后，林奇被运回国内。身体依旧虚弱但却奇迹般活下来了的她此时受到了全体国民最热烈的欢迎，同时还收到了大量的贵重礼物[22]，媒体更是将她称为“美国英雄”：“她是一名斗士，她所做的一切完全符合我曾对她的期许”[23]，在谈到女儿殊死抵抗的经历时，林奇的妈妈这样说道。而其他的“勇士们”[24]——所有参与了本次成功营救行动的来自海豹突击队、第75游骑兵团、海军陆战队和空军的官兵们——也同样获得了嘉奖。此外，为了表彰那名伊拉克线人的人道主义精神，他和他的家人亦被举家接到了美国。就这样，对于这名年轻女兵的各种赞美和颂扬顷刻间接踵而至：这位全民楷模来自弗吉尼亚州的一个仅有5000名居民的小镇，她是家中的第二个孩子。她的所有兄弟姐妹都参军服役，而她本人也选择了通过参军赚钱来完成幼儿教师的学业。这一系列的光环吸引了电影人的关注，后者随即根据她的曲折经历拍摄了电影。对林奇而言，这是一个“美好的结局”，或者说是个不错的结局。

不过从5月中旬时开始，通过BBC电视台、《洛杉矶时报》及其他国际知名媒体机构的采访我们得知，这段美丽的故事其实完全是官方的新闻专家捏造的。自始至终，这个有关杰西卡的神话都是在造假：林奇在被俘前并没有开枪射击；而那些所谓的“刽子手们”非但没有伤害她，事实上，他们把她送到了医院，那里的伊拉克医生们全力以赴地对林奇进行了施救，从而保住了她的性命。此外，他们还想方设法联系美军来到医院接回林奇。而在等待美军救援部队赶来的时候，医院的大门是敞开着的，医院里也并没有伊拉克政府的军人，因为此时的他们早就消失得无影无踪了。然而，应约前来接走林奇的美军部队却举着M16卡宾枪肆意扫射并炸毁了医院的一扇大门。“一切就好像是好莱坞电影里所演的那样”，一名当时在医院工作的医护人员回忆道，“美国人叫喊着‘Go，go，go！’，个个身上都荷枪实弹，到处都是爆炸声。他们好像真的是在演西尔维斯特·史泰龙和成龙的（经典）动作片一样（……）”[25]。事实上，官方之所以这么做是因为，面对国人心中那份已然深为质疑所扰的爱国主义情怀，他们需要“小伙子们”英勇和胜利的姿态，以及星条旗高高飘扬的景象，没有什么比这更能提振他们的士气了。

不过，尽管出现了这一丑闻——五角大楼一直极力否认[26]，但这却没有妨碍林奇——8个月后，她向公众揭露了军方的“夸大其词”[27]和“扭曲事实”[28]——最终被军方授予了紫心勋章，林奇同时收获的还有她的传记，以及一部根据她的“经历”所拍摄的电影，该片于2003年11月9日在NBC电视台播出：在这部名为《拯救女兵林奇》（*Saving Jessica Lynch*）的影片中，制作方宣称该片“基于真实故事拍摄”，但与斯皮尔伯格导演的纪实电影《拯救大兵瑞恩》相比，该片有着浓重的参考印记。不过，林奇当年所造就的神话至今依然存在，哪怕7年过去了，当年专门为她开设的纪念网站也还时不时会有人访问[29]。而她也一直会收到一些活动邀请，比如2010年的“退伍老兵日”就邀请了林奇参加[30]。

这一事件依旧显示出了这样一个事实：尽管美国人心中（但不只是美国人自己，因为世界上几乎没有人会对官方的说法产生怀疑）的好莱坞式幻想已然是陈词滥调，但它的力量依旧强大，美国人的内心在面对新闻记者的事实披露时依然存在抗拒心理，而官方也依旧有能力利用这一点来向国民讲述“历史”——无论是在“历史”这个词的自身含义层面还是它的政治层面，这种“编故事”的手法可以说在这里已达到了顶峰。事实上，“杰西卡·林奇事件”只是一系列戏中戏的一幕而已，它不禁使人们回想起了电影《摇尾狗》（*Wag the Dog*，1997[31]）中的桥段：总统的顾问们——这些剧中人后来也为“科威特婴儿保温箱事件”的策划者们提供了灵感——簇拥在一名好莱坞制作人的身边请求良策，为了寻找一个足以撼动民意的事件，这些半虚构的“大人物”们最终想到了一个办法，他们杜撰了一个虚假的人出来、一个绝对典型的先锋人物：“他是一名英勇的美军战士……曾一个人落入敌区……是一位英雄！没有了英雄，我们打不了仗！（……）他曾经被囚禁过！”片中的新闻专家们继续为他造势道。由是我们不禁要问，现实在哪里？虚假又在哪里？其实它们无处不在。唯一的区别在于，人们为了向杰西卡·林奇致敬，为她专门创作了至少两首歌，如乡村歌手埃里克·霍纳在2003年4月23日创作的“She's a Hero（And A Woman Too）”[32]，以及寂寞岭蓝草乐队的“The Jessica Lynch Song”。

而有关交战的深层次问题，以及与之同等重要的南部什叶派穆斯林的抵抗问题，统统被林奇的命运问题所取代了，因为她是国家的新英雄、一名为了美国的正义事业献身的人。林奇事件的影响也触及了另一个问题，那就是人们心中对那些在越南战场上被宣告失踪的士兵们的回忆。他们也许成了战争囚犯，并且在美军从越南撤退时被永远遗弃在了那里。不过，林奇的故事却让整个国家对于这些士兵所抱有的犯罪感得到了修复，甚至还会被点缀上一个“美满的结局”，正像许多在1970—1980年间拍摄的有关这一题材的电影中所惯用的手法那样[33]。尽管这些战争囚犯的真实存在性很可能已被历届政府所掩盖，但所幸的是，林奇的故事却让有关他们的记忆转向了另一个方向、一个与美国人的理想化思维和军队的公正性相吻合的方向。其实对于很多美国人来说，不管参议院特别委员会在1993年1月公布的最终调查报告做出了怎样的结论，也不管曾作为越战老兵的约翰·克里和约翰·麦凯恩[34]就此事作出了怎样的保证，许多退伍军人组织的极端行动已经让他们意识到了，越南遗留囚犯丑闻其实是真实存在的。不过官方的新闻专家们在2003年时依旧反复强调道：“美国不会丢下她的英雄不管”，“应该需要勇气，（……）并坚定不移地相信你的国家会来把你接走”[35]，参议员罗伯茨就此解释说。

随着故事的推进，杰西卡·林奇的经历向人们传达出了一系列信息：美利坚的士兵们，无论男女，都会在战场上英勇奋击直至弹尽粮绝；而那些试图在美军的征程上与之对抗的伊拉克人，只不过是一些随时准备挥刀乱砍的野蛮人，他们对美军女兵的凌辱正满足了自身低劣的本性；一旦成为了他们的囚徒，所有人都要忍饥挨饿、受尽折磨，但是美国军队不会丢下自己人不管不问，一些英雄遭受了磨难，另一些英雄就会挺身而出前往解救。美国的战争胜在公正性，美国的士兵也胜在战斗力。在战争面前，整个国家都会团结一心，并会赋予他们的军队以殊荣。

而差不多一年之后，在士兵帕特里克·蒂尔曼阵亡的问题上——2004年4月22日突然在阿富汗山区牺牲，军方基于同样的目的再一次向公众进行了粉饰和隐瞒：蒂尔曼死后只留下了他的遗孀，以及他同样也在军中服役的同胞兄弟。不过事实上，蒂尔曼生前早已是美国著名的爱国主义标杆人物：作为收入不菲的橄榄球明星，蒂尔曼手上曾握着高达360万美元年薪的巨额合同[36]，然而“9·11事件”后，他却毅然选择了参军入伍。最终，他也像他的很多战友一样，被友军误击死亡，然而来自高层的命令却下令销毁相关证据[37]，转而将他塑造成了一个在荣誉战场上光荣牺牲的英雄：其实，好友眼中真实的蒂尔曼同其他士兵一样，已经加入了反对伊拉克战争的行列（他甚至都安排好了和诺姆·乔姆斯基的会面），并旨在以此表明自己拒绝成为当局宣传工具的决心[38]。他的死让他成为了为国家事业英勇献身的楷模，虽然这些事业中不乏费卢杰溃退和虐囚丑闻这些标志性的事件：作为一名穿着军装的全民偶像，蒂尔曼死后被推升到了民族英雄的高度，不但成为了媒体争相报道的对象，连总统本人亦对其事迹发表了感言[39]：“蒂尔曼曾挚爱着他的橄榄球，但他更深爱着他的国家”。他的死和他的葬礼在全国上下引发了一系列的纪念活动，人们专门成立了一个以蒂尔曼名字命名的基金会，此外，还有不少地方也以他的名字重新命名。

需要看到的是，这种在爱国主义的炮口下制造忠实英雄的做法其实在20世纪初便开始了，只不过其手法略有差异：约翰·布拉德利，艾拉·海耶斯和雷内·加侬是著名照片《国旗插在硫磺岛上》里活下来的几位主人公，曾经参加了这场太平洋战役中最艰难一战的他们后来受到了当局的百般奉承和推崇，最后成为了官方的宣传工具；而另一位真正的战争英雄奥迪·墨菲（1924—1971）也是如此，尽管墨菲自己的身材并不高大，然而在官方的宣传中，他却被塑造成了一名优秀战士的楷模、一名随时准备为了他的国家和他的战友赴死的士兵，这也让他成为了二战中最为荣耀的军人，甚至后来还成为了知名电影演员。1945年，美国政府公开在报纸上对他进行了表彰，四年后，他的个人传记也得以发行[40]。而到了1955年时，首部以他为原型进行取材的电影一经公映也获得了巨大的成功。由于墨菲是真实存在的，官方对于他的塑造自然也无须进行欺骗和演绎，其幕后的策划也花费了很长的时间，不像林奇和蒂尔曼的“造星”过程那样仅需几个小时就得以完成了。对于后者来说，他们只是通过战争宣传被创造出来的新式英雄而已，他们的存在也仅仅是为了进行战争宣传，要知道战争宣传本身就是为了对各种“事实”设计时间表的。

萨达姆铜像：为了革命和民主的画面

“解放”巴格达后，官方的新闻伎俩又演绎了另一出插曲：首先是2003年4月9日，海军陆战队下士爱德华·陈——他后来也因此举而成为了名人——在位于阿尔法多斯广场的萨达姆铜像上插上了一面美国国旗。紧接着，这尊铜像便在美军的后勤支持下被一群狂热的伊拉克人损毁了。这一幕其实结合了两个历史景象，一个是拍摄自硫磺岛上的那幅照片，另一个则让人想到了欧洲铁幕被划破后，那些在苏联统治时期被竖起的独裁者铜像再度被纷纷推倒的场景。对于美国人来说，发生在伊拉克的这些画面正是胜利的表现。作为回报，兴奋的伊拉克人为美军的士兵们献上了紧紧的拥抱，正像1944年夏天法国人迎接美军到来时那样。“我希望多米尼克·德维尔潘和雅克·希拉克能看到这一切”，福克斯新闻台的一位评论员在节目直播中直言不讳地说道。“啊！这是多么美妙的象征！”另一位天空新闻台的同行也感叹地说。而CBS电视台更是就此评论道：“对于陆战队队员们来说，这一刻，他们所有的牺牲都突然拥有了十足的意义。（……）这一天，巴格达是一座被希望所主宰的城市，而它的明天肯定会更美好”[41]。历史就这样在美国公众的面前被创造了出来：随着这尊威严的铜像的轰然倒地，一个暴政政权也就此被彻底推翻，美国政府此前的预言最终得到了验证。

在情感层面，本次行动的实施收到了与1991年时一样的效果。当年，刚刚被从伊拉克的占领中解放出来的科威特人挥舞着美国的小旗子迎接山姆大叔军队的到来。在兰登集团这家高效的咨询机构的运作下，这些小号的星条旗迅速被分发到了群众手里[42]——其数量之多在那时并不是一件稀罕事，这使得各大电视台面对此情此景无不联想到了那些曾经的场面——再一次唤起了对二战往事的回忆，加上爱国主义心绪的点缀，这一切都被认为是一种工具，一种向国人显示他们的国家是何等受爱戴的工具。

当巴格达陷落后，很多因素其实都能吊足那些在电视机前目睹铜像被推倒的观众们的胃口，而记者们的表现更是锦上添花：这尊被推倒的铜像是在巴格达市内全部的十几尊类似塑像中被精心挑选出来的，就在它被推倒时，大批的媒体记者正挤在巴勒斯坦饭店的阳台上进行报道，而他们所处的位置恰恰就在铜像上方——多么煽情的巧合！此外，最初前来欢迎"救世主"的伊拉克人其实是不多的，只有 100 多人，要知道巴格达可是一座拥有 500 万人口的城市，这样的人数根本无法实现此前所预想的"蜂拥而至"[43]的场面。显然，我们完全可以对美国人臆想的计划提出异议，因为一直对零星战斗心有余悸的巴格达市民此刻肯定更想待在家里躲避战火，只有那些最不要命的人才会无视这四下里的危险。当然，如果说伊拉克人没想过在哪一天推倒这些专制暴君的塑像的话，这种想法也是不切实际的，但对于他们来说，他们身上所饱含的民族情感也是强烈且骄傲的。早在殖民时期，这种美索不达米亚式的爱国主义情怀就驱使着伊拉克人发动了一系列的暴动和起义，他们对为了民族独立而献身的烈士的赞颂也同样是这种情怀的体现，这一切都决定了伊拉克人无法凑合着接受自己在美国人的大炮下被解放了的事实，更何况美国人也曾对自己的同胞施放了枪林弹雨，这是横在他们心头的屈辱。说白了，向伊拉克人开火也是美国人在后来一系列事件中的目的所在：蔑视伊拉克人的爱国情绪，否认反美气氛的存在，并给世人造成一种和平占领的假象。

另一方面，美军士兵门很担心来自伊拉克人弹的袭击，但欢迎当天的他们都很淡定从容。这会不会是因为，当天走上街头欢迎美军的人——至少是一部分人——都是跟随着美军来到伊拉克的亲美团体的人士呢？事实上，很多在 4 月 9 日当天出现的面孔也同样在美军士兵的一些照片中出现过，这一点基本上支持了这种猜测。应该说，这一幕的发生正是军方心理战的结果，《洛杉矶时报》7 月份开始的报道中确认了美军心理战行动的存在[44]，而一份在一年后得以解密的军方报告也再次印证了这一点[45]："海军陆战队中校（分遣队指挥官）将萨达姆的铜像看作是一次机会，并决定把它推倒。"

这次在阿尔法多斯广场进行的行动达到了多个目的：它既向世人展现伊拉克人在旧政权被推翻和美军到来后所表现出的极大热忱，又逆转了来自国际社会的反对声音，并且通过这种损毁敌人的象征物、并自发地用一面直接来自五角大楼殉难者的国旗进行重新裹覆的方式，一洗"9 · 11 事件"带给美国人的耻辱。正因为这一景象复制了历史上的那些大场面、成为了“电视镜头里的重大时刻”，因此它也和布什总统2003年5月1日空降航母——颇有电影《壮志凌云》的味道——的画面一起，成为了为这次战争所铭记的影像，与之相比，那些因战争而罹难的平民以及他们的家属悲伤流泪的画面倒显得没那么重要了。

追捕旧政权成员：战争的纸牌游戏

公关人员在抓捕萨达姆·侯赛因及其亲信的问题上继续为这段“历史”编造着理想的下文。为了抓到萨达姆，美军不惜开出高价，用电影情节的标准发布了一幅寻人海报：在这幅以红黑为底色且色彩渐褪的画报上，印着一幅萨达姆本人的半侧像。画像旁，海报的作者还用不断渐变增大的印字强调道：“萨达姆·侯赛因/2500万美元/通缉”。在字的下面，萨达姆两个儿子的头像也被印了上去，因为他们已经死亡，因此头像上面也被画了叉。此外，在具体标明了赏金的同时，海报也把提供情报时可联络机构的联系方式印了上去——再次在这张电影海报上设计着自己的威信。（战争的）制作人们一直在吊着人们的胃口。

萨达姆在2003年12月13日的被俘把这出戏延长：“我们抓住他了！”（*We got him!*），布雷默总督兴奋地宣布，至此也为这场令人窒息的抓捕行动画上了一个“西方式”的句号。至于抓捕的结果，则是一个“不再具有伤害能力”的蓬头垢面的老头，虽然一幅十足的流浪汉模样，但他仍被认为是反联军武装的指挥者。在能见到的影像中，被捕后的伊拉克前总统被一只又一只带着橡胶手套的手摆弄着，时而剥开他的嘴，时而又检查他的头发，就好像是在替他抓虱子一样，相信此情此景无论对美国人还是对伊拉克人而言，都包含了万千的分量。萨达姆被描述成了一个与人民为敌的暴君，这一点还算是恰当的，不过与此同时，他亦被视作是整个伊拉克的致命危害，并且还要为一系列袭击事件负责，这样的说法就未免是在说谎了。不过无论怎样，等待他的都是与电影中极刑犯一样的命运，对他行刑的画面也被摄影机镜头记录了下来，这种拍摄行为本身就是有违《日内瓦公约》的。“他曾经剥夺了数百万人的司法公正，而今天他将面对的正是来自这一正义的判决”，行刑后的第二天，窃喜于支持率骤然回升的乔治 · W · 布什总统如是表态道，同时一并借用电影台词般的说法委婉地形容说：“他的路走到头了”。而作为此番讲话的结束，他又总结道：“我们依靠耐心、决心和行动力最终迎来了这一刻”——十足将萨达姆的被俘描绘成了是一出戏的延伸、或者说是一个欢乐的结局，而这出戏的剧本正是以“9 · 11 事件”为发端的。其实每个人都清楚，这所谓的“正义”本身才是致命的，因为它会让战胜者随意按自己的想法编造历史。此外人们也都知道，这位胜利者自己就曾在 10 多年的时间里一直支持这位独裁者，后来甚至上升到了战略同盟的高度。它曾同其他西方国家一起向后者提供了大量的先进武器，以确保对伊拉克的掌控、换取这个国家的稳定，从而使之成为对抗伊朗伊斯兰革命运动的桥头堡[46]。我们还记得在 1988 年时，部分参议院议员为了回击伊拉克政府对哈拉卜贾的库尔德人进行毒气攻击的暴行，联名提交了《防止种族屠杀法》（*Prevention of Genocide Act*）草案，以此希望对伊拉克政权进行严厉的制裁[47]，然而最后，正是当值总统罗纳德 · 里根及其副总统老布什出面冻结了这一提案。而当“伊朗门事件”——美国当局秘密向伊朗出售武器的事件——及 1991 年海湾战争爆发后，因美国政府——包括现政府——的双重标准和勾结串通行为而导致的丑闻事件便在媒体上层出不穷，结果反而让每一次丑闻事件的影响力都维持不了 10 年的时间。

就这样，美国政府不断地刻画着伊拉克的不同形象，而美国民众对于伊拉克的态度也急速地在电影和游戏之间来回摇摆：“游戏结束了”（*The game is over*），在提前几个月写给萨达姆的最后通牒中，布什这样说道。“伊拉克自由行动”其实是一场纸牌游戏，当伊拉克政府刚刚被推翻后，美国马上就开始了下一局：军方发言人于 2003 年 4 月 11 日宣布美军将全力抓捕 55 名伊拉克旧政权的高级官员，以便凑齐所有的纸牌[48]。这些牌的正面印着被通缉官员的画像，同时标注了他们的姓名和职位；而在牌的反面，人们透过“伪装”的底色所看到的都是军事的印记。这些纸牌不禁让我们回想起了南北战争期间所发行的游戏纸牌，它们的出现是为了让人们熟悉那些身着军装和佩挂军衔的士兵们；此外还有二战时创作的纸牌，目的则是为了让人们牢记敌军军机的图案。不过这套 2003 年版本的纸牌却有别于前两者：它的主创人员是 6 名年龄在 27~31 岁之间不等的情报部门的士兵[49]。在具备了基本的通缉功能的同时，它更巧妙地将这一社会流行游戏与 Topps 公司及 LLC 公司旗下的“卡片收集”系列产品结合在了一起，后者在“9 · 11 事件”之后发行了一套总数为 42 张的“恐怖分子卡片”（*Terrorist Cards*），这其中就包括萨达姆 · 侯赛因，此外还有卡扎菲和本 · 拉登。敢肯定的一点是，许多刚刚成年的美军士兵之前都收集过 Topps 公司发行的篮球球星卡。这种将旧政权人物画像以一种游戏的形式进行分发的做法除了具有一定的实践意义外，它更是战争自身娱乐性的一种继续，而透过这一娱乐性，我们所看到的则又是一种预设好的野心，就像那场为人所乐道的针对纽伦堡审判后的纳粹分子所进行的“追捕行动”那样。

这款 2003 版的游戏纸牌在社会上的流通力度远比在军队内部要大得多：在中央司令部召开新闻发布会的一周后，只有 200 盒纸牌被提供给了部队，原因在于那些狡猾的承包商和老牌生产商[50]只在一个条件得以满足的情况下才同意启动生产，那就是五角大楼必须将此前已发布到网上的高清数码版本一一收回，要么就是能够秘密地提供独家采购合同，就像专业游戏广告卡片商“自由扑克牌公司”（Liberty Playing Card Company）公司那样。总而言之，经过上述多种途径的传播，上百万套卡片出现在了网络以及各种商店和柜台里[51]，这还不包括那些被各路藏家所争抢的首印版[52]。作为一种爱国纪念品、一个“伊拉克自由行动”的片段，这套“55 人通缉卡”纸牌让当局在社会上所制造的战争氛围得以继续延伸：所有这些由情报部门收集而来的人物画像——令人不安的人物画像——都会让美国人记住这些十恶不赦的敌人的脸、这些从此以后已经进入了美军子弹射程之内的敌人的脸。

十一

战场真相

战略："高新技术"野蛮行径

第二次海湾战争的第一阶段开始于3月19日的空袭，并以"震撼与威慑"（*Shock and Awe*）之名予以介绍。这一说法通常被翻译成"冲击与惊愕"或者是"冲击与震慑"，它借助于"冲击"制造出一种"夹杂着恐惧的敬畏"。沿着这样的思路，我们便能就其指向性作出如下解读：这一由美国国家战略研究所的哈伦·厄尔曼、詹姆斯·韦德[1]和其他一些专家于1996年提出的"震撼与威慑"军事理论，旨在以密集火力击毁敌人、在敌军阵营制造出"惊愕"及"恐惧"的效果，并在极短时间内瓦解敌人的反抗意志、解除他们的还击能力[2]，从而"实现快速占领"。因此，这就需要借助于"闪电战"的理论基础，将美军的军事霸权发挥到极致，以期取得速胜。然而，尽管这一理论的作者们寻求一种"革命"[3]的意义，不过"震撼与威慑"战略却仍然很经典，因为在其有关空军运用的层面，意大利将军朱利奥·杜黑[4]早在1921年时便发表过类似的观点——这一观点随后便被美国空军将军威廉·米切尔的理论所替代——并在轰炸格尔尼卡城镇时被德国秃鹰军团所运用，随后"二战"的其他交战国也纷纷付诸实践。"震撼与威慑"理论重新采用孙子与克劳塞维茨军事理论的基本原理，并从20世纪的战争冲突中汲取经验。总而言之，这是一个“有关火力运用的古老的好办法[5]”，正如在费卢杰战斗中一名海军陆战队军官所深信不疑的那样。

除了敌军的军事能力和通信能力外，“震撼与威慑”也将对手的“交通工具、食品生产和水源补给[6]”列为了攻击目标：被剥夺了诸如原材料在内的日常补给线路的平民出现在攻击目标范围内。尽管该理论的倡导者们就此会进行自我辩解，并强调这样的摧毁“在道德层面不可接受[7]”，但这些“附带的损毁”在战争时期是不可避免的，它们同样也是该理论的组成部分。“震撼与威慑”理论的创始专家团队中有大量来自军队的将军和司令，他们在定义“快速占领策略[8]”时援引了相关事例进行参考，包括“一战空袭幸存者的冰冷回忆”，“向日本（……）投射原子弹后带来的巨大冲击”，或者是“越南战场（……）得到的经验教训”以及“地毯式轰炸”。虽然该理论的编撰者们辩称“震撼与威慑”有一定的理论局限性，但在他们看来该理论仍该被用于部分“极端情况[9]”。布什政府对伊拉克存在的威胁进行了大肆宣传，这便使第二次海湾战争纳入到了上述极端情况的范畴。“快速占领”另一个从未言明的核心方面在神经超级敏感的美国民众身上找到了根源：民众对战争的支持态度会随着战事的拉长而不断弱化，因此以最快的速度在战场上取得优势，才能减缓负面舆论的影响，最大程度上延续有利局面。

在伊拉克入侵行动两个月前的2003年1月中旬，五角大楼通报了美军未来的作战策略，同时事先确定了日后空袭的规模：日投弹量将“介于300~400枚巡航导弹之间”，超过了“第一次海湾战争开始后40天内的总和[10]”。五角大楼的一位官员对CBS电视台表示，“巴格达将有不止一处攻击目标”。入侵行动开始后，“震撼与威慑”重新被投入实践，尤其通过3月22日CNN的新闻报道，观众知道了“美军已在伊拉克开启了‘震撼与威慑’战[11]”；“美国及其盟友已开始了大规模空袭（……），伊拉克首都开始了持续的爆炸”。

“震撼与威慑”论作用于两种不同方式：首先，袭击计划的心理战层面（“摧毁对手的作战意志”）已在很大程度上被媒体的另一个说法所取代，即“一旦‘震撼与威慑'投入实战”，CBS电视台在2003年1月的一档新闻节目中如是说道，“美军将无须进行地面作战[12]”。尽管这一说法本身就有明显的自相矛盾之处，但从字面上看来，它却极大地缓解了公众的不安情绪，因为后者正因是否应该支持军方部署杀伤性武器而犹豫不决。其次，这一理论的名字本身也像是一个纲领或者一句口号引起反响：经过媒体的过滤，“震撼与威慑”变成了“战役[13]”，其含义得以扩大，既具有军事意义也蕴含传媒意味。从这个角度来说，美军应凭借其所拥有的强大火力制造“震撼”与“惊恐”，他们的行动实际上代表的是全体美国人民，因为后者在“9 · 11 事件”中事实上充当了另外一次“震撼”行动的攻击目标。美军所实施的“震撼”行动应使受害者们陷入一种持续的“惊恐”状态中，并根据以血还血、以牙还牙的原则，最终施加到其假定的煽动者身上。以这个角度来看，伊拉克既然已被怀疑参与了对美国发动的袭击——这一说法已被大多数美国人所接受——那么美军披着复仇外衣所采取的军事行动便很可能得到民众的支持。于是，一如那些目睹刽子手即将对自己行刑的赴死鬼一样，美国民众被邀请坐到电视机前，见证自己的军队是如何对这个“邪恶轴心国家”进行山呼海啸般的军事打击的。3 月 19 日，美国电视台的摄影机以固定长焦的镜头，向全民直播了美军深夜空袭巴格达市区的实况。直播时，主持人有时不作任何评论，但透过镜头，听见的是间或震耳欲聋的爆炸声，映入眼帘的是由爆炸引发的火海和青灰色的烟柱。2001 年 9 月 21 日，布什总统在国会发表了演说，想必那些依然记得此次演讲的人当时都会因总统的承诺而深感欣慰，他说道：对那些被怀疑对美国发动袭击的国家进行的“大规模空袭”将“通过电视进行直播[14]”。

通过其潜在的暴力倾向，“震撼与威慑”论紧紧依附于一种口口相传的传统，自越战以来，这一理论便深深地在政界、军界要员乃至舆论制造者中深入地传播开来。1965 年时，前美国空军参谋长柯蒂斯 · 勒迈将军曾表态说：与北越对话的唯一方式就是威胁将他们一仗“打回石器时代”。多年后，其短暂的继承者米歇尔 · 杜根将军亦曾在 1990 年 9 月初就伊拉克事态发表过类似言论。随后，在美阿双方针对海湾局势所进行的最终回合谈判中，美方高级代表、国务秘书詹姆斯 · 贝克再一次借用了上述言论，只不过稍加以改变。他对伊方代表塔里克 · 阿齐兹说道：美军的威胁在于会将伊拉克“送回工业化前期”，然而这番表态却又与战争开始 2 小时后美国总统的讲话内容相互矛盾，后者说道：“（美国领导人）为被卷入战争的无辜伊拉克民众祈祷[15]”。近期，美国著名的鹰派人士、记者安·库尔特又鼓吹美国应将从前的做法照搬到叙利亚问题上[16]。这种延续性强调出一种倾向，借助于美国强大的军力制造恐慌气氛，尤其是在“外交”层面，同时又要赋予美国民众一种其价值观被强烈捍卫的感觉。伊拉克战争向外界传达出了美国政府欲将战争制度化的讯号，并显示出了已完全与其多次重申的自由愿景大相径庭的暴力倾向。

在“闪电战”开始的三周内，美军大肆放纵自己的暴力行为。在向巴格达推进的过程中，美军在所经城市中展开了“武装侦查”行动，对此，军方参照自越战以来所实施的数次“闪电突击[17]”行动，将本次行动称之为“迅雷突袭[18]”。不过，与英国殖民军1941年镇压伊拉克民族主义者拉希德·阿里的武装起义行动相比，美军的这次行动显然已经上升到了另一个层级。

从2003年4月5日开始，美军的艾布拉姆斯重型坦克和其他装甲车纵队在空军的掩护下，重新驶上了伊拉克的主干道，而道路两侧之敌早已在美军的枪林弹雨下被击得粉碎[19]。战地记者雷米·乌尔丹曾在其报道中说道“他们向一切移动的目标进行射击，向一切可疑的目标进行射击。这完全是在‘随意开火’！（……）军队根本没有开火的纪律可言，射击的主动权交给了士兵们，交给了这些20岁的小伙子们”[20]。尽管美军官方已明文规定，要求士兵们在遵守“4S（Shout, Show, Shove, Shoot[21], 即警告、出枪、警告射击、击毙，可根据时间分配情况进行压缩）”程序的基础上进行警告射击和弹幕射击[22]，但在“迅雷突袭”的所经之处，仍有大量混杂在伊军士兵中的平民成为了美军随意射杀的牺牲品。对此，一名中尉评论道：“这样繁琐的射击流程简直谬不可言，现在根本不是装优雅的时候[23]。”在伊拉克的城市巷战中，敌军的子弹从各个方向射来，而配备更高级装备的美军士兵同样用子弹回敬对手，以期得以推进并求得自保。而当大举进攻时，一位美军官员在谈到一个保卫巴格达的伊方兵师时形容说，这个师的官兵已深陷到了一个“绞肉机”中。作为实践“震撼与威慑”理论的地面组成力量，这些陆军飞车党们的心理状态一如美军中央司令部作战部司令吉恩·雷努阿特所明确指出的那样：“我们要向敌人传达一个信息，联军已抵近巴格达，伊拉克政权已失去了对局面的控制[24]。”而传递这一“消息”的信使就是美军 30~50 辆超现代化的装甲作战车辆，它们在空军强大火力的支援下迅速突破了伊军的防线。这一“消息”震慑了对手，也震慑了普通的伊拉克平民，从而加速了现政权的崩溃。然而，它却并未能消灭其全部的抵抗力量，后来一些人消失在了茫茫人海之中。

美军在伊肆意开火的现象是其既行战术的结果，在此情况下，便不可能指望士兵们在使用武器时进行自我管控。历史上，美军曾在越南战场上采取过“搜索与歼灭”等策略，也曾创设过“自由射杀 / 开火区[25]”，但事实均证明，这些激进的措施只会让那些已然陷入恶性循环的过激残暴行为更加过火[26]。正是在“搜索与歼灭”策略实施过程期间，超过 300 名越南平民在 1968 年 3 月的“美莱村屠杀”中罹难。

在“震撼与威慑”和“迅雷突袭”之后，美军实施了“心灵与精神（hearts and minds）”战术策略。后者旨在让伊拉克民众接受美军的介入以及国家目前被托管的现状。事实上，“心灵与精神”这一表述在美国历史上屡见不鲜：从美国的开国之父一直到罗斯福新政[27]时期，它都是一个高频词汇。冷战时期，出于对外事政策的考量以及对增强“自由世界”影响力的考虑，“心灵与精神”这一观念一度被遗弃。而在此后的越战过程中，这一政策首先作为反暴动联合军事行动的一部分而存在。当约翰逊接替肯尼迪继任美国总统后，美军的越战行动逐步升级，并在 1964—1968 年曾进行了多达 28 次的“心战与精神战”[28]。基于这样一种内在的矛盾，这些自称为救世主的美军士兵连同他们所采取的各种手段一样，无不给在当地的占领行径定下了血腥的基调，无论是在伊拉克还是在越南。

野蛮战争：另一个时期的构想

在美国政界和军方高层的授意之下，美军在伊拉克实施了一系列暴虐、非法拘禁和就地处决等行为：五角大楼授权军队在伊实施虐囚行为并将其系统化，在白宫支持下，美军在关塔那摩监狱的很多既有做法被照搬到了伊拉克[29]。应该说，如果不是军队内部有人接受并主动迎合这种虐囚命令的话，这一切本是不可能发生的。在本书之前的章节中也已提到过那些美军的战俘——不管是不是伊拉克人——是如何饱受非人的折磨和摧残的。

实际上，美军一手炮制的虐囚惨剧可以从战争爆发的前几个月、前几年，甚至是几十年前便追述到其根源。在阿富汗战争的最初几周内，五角大楼便制订了“孔雀石计划”，该计划旨在允许驻阿美军对囚犯进行心理和精神方面的施压，以便从他们口中获取到更多的情报信息，同时，人们很容易会忘了这一措施的另外一个目的：在阿富汗民众当中散布恐怖气息。那些从阿布格莱布监狱中被释放的囚犯们便见证了美军的审讯场面，也曾听到了被虐囚犯痛苦的惨叫，他们的抵抗由此便逐渐弱化。而在具体实施层面，美军那些已然臭名昭著的审讯手段又因种族主义因素的加入而继续升级，这些做法部分是从法国人于 1844 年汇编的殖民统治文献[30]中得到的灵感，根据这些文献的说法，暴力是取得阿拉伯民族理解的唯一手段，而“性”摧残则是一种无可比拟的劝服武器[31]。在所有这些偏见之中，尤其要提一下拉斐尔·巴泰的人类学著作《阿拉伯精神》（*The Arab Mind*），该书于 1973 年出版，并且已然成为了“新保守主义者的圣经[32]”。在美国中东问题研究所所长德·阿特金上校的倡导下，该书也同样被作为教材使用，借以对数百名军人、特种部队士兵以及警员进行培训[33]。这一依托约翰·F·肯尼迪特种作战中心 & 学校开展的研究计划在美军布拉格堡军事基地进行，该基地自 1961 年起便邀请曾参加过印度支那战争和阿尔及利亚战争的法军教员来此授课，后者在位于基地内的训练中心向美军学员讲授反叛乱的施刑手段；其中，法军在阿尔及利亚使用过的“湿拖把”就曾在后“9·11”时代被美军效法[34]，这种方法能给囚犯制造出窒息的感觉。

法军当年在阿尔及利亚的作战，无论其最终结果如何，对美军的部分权威知识分子而言都是一次参考。如果说这些酷刑手段最初是服务于美军在南越（最终获得失败）以及后来在拉丁美洲（取得了部分成功）所进行的秘密行动的话，那么美国对部分穆斯林国家的政策进行重新定位是在法国的经验上加以修改：2003 年 8 月 27 日，由意大利和阿尔及利亚两国合拍的电影《阿尔及尔之战》（1966 年）首次在美面向军方高层和普通民众公映[35]，影片向观众展示了1957年1月—9月法国伞兵部队向阿民族解放阵线士兵施加酷刑的情景：《阿尔及尔之战》展现了上述酷刑手段的军事效用，在高压酷刑的摧残下，阿独立斗争人士的行动网络最终被摧毁。美军特种作战司令部在其印发的电影公映式邀请函上写道："为何赢得了反恐战争却输掉了精神之战？孩子们抵近士兵后向他们射击，妇女向咖啡里投放炸弹，所有阿拉伯人均展现出了强烈的敌意。就此您怎么看呢？法国人有他们的计划。在战术层面上，他们的计划是成功的，然而在战略层面上看来，他们却失败了[36]。"另一个有关法国的例子是作家让·拉泰吉的小说《百人队长》（1963年），这部小说受到了美军驻伊和驻阿富汗部队最高指挥官彼得雷乌斯将军和麦克里斯特尔将军的推崇[37]。该书以阿尔及利亚战争和法军所实施的反暴乱行动为背景，首次提出使用"定时炸弹"暗机关应被施以酷刑。

伊拉克战争和阿尔及利亚战争之间有诸多可以相互比较之处：反抗军的作战方法，或者说反抗阵营的可渗透性——很多人加入了反抗军，也有很多人退缩，这些使得美军的指挥官相信，美军应从法军当年所采用的诸多非对称战争手段中、以及美军自己曾在20世纪60年代的南越所进行过的实践中汲取经验，尤其是当年的"凤凰行动"。在那次行动中，美国中情局（CIA）特工、美军特种部队以及南越盟军协同作战，共同摧毁了大量敌军设施并击杀了众多敌军人员，但也有数千甚至数万平民因此罹难[38]。"他们显然正在筹建为完成类似'凤凰计划'那样任务的部队"[39]，前美国国家安全委员会、五角大楼及中央情报局情报总监（1984-1991年）文森特·卡尼斯塔罗就此评论说。部分伊拉克平民在西方部队和由美国培训并武装起来的伊拉克新军所展开的突击行动中丧生，可能正是其结果[40]。

2009年，麦克里斯特尔中将被任命为驻阿富汗美军和北约国际安全援助部队最高指挥官。此后，以伊拉克为基地，他所确立的行动目标（"绥靖政策"）却与其为达成该目标而采取的手段之间持续矛盾："只有劝服民众才能赢得胜利，而不是摧毁敌人"[41]，在一次讲话中，麦克里斯特尔说道。同样是在这篇讲话稿中，他也列举了一些不甚守旧的例子："让我们回顾一下法国人利奥泰和加卢拉留给我们的经验！"关于阿富汗问题，麦克里斯特尔特别提及了这两位高效殖民治理的主导人。在他眼中，他们首先因其所创造的殖民神话而蜚声海内，其次，他们当年的功绩也深为美军高层人士所赞赏，因为其殖民理论曾多次在美军的理论文献中得以引述[42]。美军的反叛乱理论与阿尔及利亚战争一脉相承[43]，作为该理论的忠实奉行者，麦克里斯特尔"是法军的超级拥趸，他对法军在印度支那和阿尔及利亚所采取的行动进行了细致研究[44]"。或许在其所亲自指挥[45]的 Task 6-26 特遣队所运用的酷刑手段不正是这一崇拜的结果吗?

通过使用占绝对优势的军事装备及对相关国际公约的蔑视（贫铀弹，效果相当于凝固汽油弹或白磷弹），美军将形成体系的虐囚手段带到了殖民战争和征服战争中，但更为普遍的是出现在了美军直接与对方敌对民众之间的冲突中，以及其所谓的"捍卫"文明的战争中，这些战争无不充斥着大量骇人听闻的暴行。对于美军来说，与军事装备的现代化紧密关联的是其军事理论的陈旧，而这些过时理论的拥护者却正是那些年轻的少壮派军官。他们与其前辈一样，对变革均无一例外地抱以一种强烈的抵触情绪，尽管美军在作战部队的划分层面以及在部队内部均存在杂乱无章的现象[46]。除了这一阴暗的群体外，美军还实施了战争私有化战略，它是"雇佣兵"这一说法的现代版本：与现役部队和预备役部队一样，专业保安公司所提供的私人武装也践行着与正规军别无二致的军事策略[47]。反恐战争史无前例地动员了私营保安公司麾下的准军事武装力量，他们以合同兵的形式直接参与作战。然而其代价也是不菲的：从 2003—2008 年的 6 年间，仅五角大楼签署的保安合同金额就已超过了 1000 亿美元[48]。以凯洛格 · 布朗 · 路特（Kellogg Brown and Root）和黑水公司（后更名为 Xe, 而后为 Academi）为代表的 50 余家承包商组成了"伊拉克保安公司协会"，他们共同向伊拉克战场投放了数以万计的私人武装（前特种部队士兵居多）。这些士兵作为美军的补充或协助力量使用[49]，但他们却从不遵守战场纪律，甚至在他们的眼中法律极其简单[50]。这些准军事武装主要负责一些重要人士及石油设施的安保工作，他们也会担负对本地安保力量的培训工作并参与一些针对囚犯的强化审讯，此外，他们还要参加反游击作战[51]。他们中的部分人甚至也配备了诸如武装直升机之类的先进武器。然而，司法意识的淡薄使得这些雇佣兵产生了一种可以逍遥法外的感觉，同时还夹杂着一种由战争本身所引发的仇恨机制，使得他们在完全冷漠的心理下肆意做出暴力举动。那些恐怖分子“应该被打倒在地。向这些人开枪是一件很‘有趣’的事情，也就是说是‘很快慰’的[52]”，黑水保安公司在其2005年度的一份备忘录中如是说道。在这些私人武装的枪口下，伊拉克平民接二连三地被射杀，罹难者的数目至今仍无法得以确认，这表明了这些雇佣兵所谓的“有趣”不只是针对“恐怖分子”的。在多起惨案发生后，这些雇佣武装终于在2007年正式被纳入了美国军事审判法[53]的管控范围内。然而不管怎样，即便有军法约束，我们仍无法保证这些武装能够真正停止其残暴行为。

活体“第一人称射击游戏”：游戏兵工厂

“我还没有射杀伊拉克人，不过我的兄弟（……）倒是已经杀过3个了”，2003年4月，一名准备猛攻巴格达的美国海军陆战队队员在接受采访时说道。如果不是美军在战前逐步灌输了这种思想的话，那又如何解释这名年轻士兵的话语中所流露出的冷漠和仇恨，如何解释他们想要杀死距美国本土万里之外的他国平民呢？

首先要指出的是，这名陆战队员对自己尚未完成这一“入伙仪式”所表达出的遗憾之情，其实这种遗憾在任何一次战争中均有过体现，比方说让·穆兰后来的秘书——丹尼尔·科尔迪耶：1940年时，仅18岁的科尔迪耶在战争之初便表现出了要“杀死德国鬼子[54]”的强烈愿望。作为一名爱国者、一名极右派斗士和一名激进的反德人士，科尔迪耶身上正体现出了他所接受过的关于暴力的意识形态教育，而其他人则在向那些年轻的德国人开枪前犹豫不决，且多年后仍能回想起他们当年的踌躇。这里要说，第二次海湾战争的新异之处在于其所赋予参战士兵的技术便利，就像唐纳德·拉姆斯菲尔德在阿富汗战争之初激励士兵时所说的那样，要“尽可能多地消灭敌人”，应该说美军之前从未在其他战场上如此惬意过。

自从1991年海湾战争时起，美军的作战参谋部门便开始在其各军事基地中向官兵播放那些经过精挑细选的影片：或是宣传个人英雄主义，或是通过对作战武器计划的宣传来增强军队的不可战胜感，从而激励那些即将奔赴战场的士兵们。导演山姆·门德斯在搜集了大量资料的基础上于2006年推出了其电影《锅盖头》，电影所宣扬的是美军的集体主义信念，这是一种类似于竞技体育精神的热忱，一如著名电影《现代启示录》中的场面所激发的那样：映入这些即将参加“沙漠风暴”行动的士兵眼帘的，是美军的一个直升机小组对越南的一个村落发动进攻的场面，而与此同时，背景音乐《女武神的骑行》也随之响起，这一幕视听盛宴足以激发台下士兵们参战的斗志。而关于在前印度支那地区发动的战争究竟是否合法、以及由此所引发的一切灾难性的后果，此时此刻似乎都已不复存在，士兵们这时所关注的只是己方军队当年的英勇“表现”。2010年4月，“维基解密”公布了一段美军在战场上施暴的视频。这段视频于2007年7月12日由一部安装在美军直升机上的摄像机拍摄完成。网络和媒体披露了美军上述战前准备工作的效应：镜头内，8名被视作“败类”及危险分子的平民被随意射杀，只因为美军士兵误以为他们携带了武器，但其实那只是一部照相机。

为了给士兵创造出利于作战的精神状态，美军借助于大量的娱乐手段。进入新千年以来，音乐的运用可谓比比皆是：塞上耳机，大部分被卷进伊拉克战场的美军士兵都是在“Hardcore”这首摇滚乐片段的陪伴下度过作战时光的。除了这首歌之外，陪伴他们的还有一首内容更加暴力的嘻哈音乐：Bloodhound Gang乐队的“Fire Water Burn”，它在美国官方音乐排行榜上有不错的排名。该乐队这首节奏明快、唱音沙哑的和声曲在士兵们那里则被改编成了如下歌词：“大地(……)在燃烧，我们不需要水，烧死这帮蠢货吧”。与上述两首歌风格类似的还有Drowning Pool的“Bodies（Let The Bodies Hit The Floor）”，或者Outkast的“Bombs over Baghdad”[55]。在所有那些有关杀戮的音乐中，要属“重金属”风格的、或者说“死亡金属”风格的极端摇滚乐最受欢迎：强烈的节奏增强了士兵的勇气，低沉而饱和的和音更加重了乐曲的基调，尤其是其歌词中常常包含一些暴力词汇（“屠杀”“鲜血”“杀戮”等等），这便为眼下所执行的军事行动创设了一份悲怆的背景，一如某个游戏或者某部电影的原版碟片一样—在这之中，士兵们就是自己的英雄。

战争音乐的运用在远古时代和中世纪时期便已存在，并一直延续到了当代。“二战”时，为了在砥砺官兵士气的同时给敌人以震慑，音响的运用就已更进了一步，录音从此开始取代传统的军乐手：1944年时，美军的坦克兵出于自身的作战目的，在其长官的授意下使用了车载扩音喇叭。在此后的各次战争中，尤其是在越南战争中，士兵们在高层的默许下拥有了一定的“音乐”自由。2003年开始的伊拉克战争可谓是在这条路上进行了革命性的演进：随着微型化技术的进步，每名士兵都配有一部便携式收听装置。此外，军方指挥部还在某些突击行动中为部队配发了可接收广播信号的装备，借此希望对战场之敌施加影响。而那些安装在战车上的高功率扩音器也常常被调至最高音量，用以播放那些由特种部队指挥官或普通士兵剪辑的战争电影原声音乐[56]。2004年11月，在费卢杰战斗中被播出的音乐专辑中包括Metallica乐队的摇滚乐，还有AC/DC乐队的“Hell’s Bells”和“Shoot to Thrill”，后者在歌词中毫不掩饰地写道：“我不当俘虏，我毫不惜命”，“我要把你击倒（……），只要扣动扳机（……），开枪是为了颤抖、游戏是为了杀戮，我的枪就在一旁，我要大开杀戒……”如果军方的发言人将上述想法解释为一种旨在“迷惑敌人、使敌人产生错解[57]”的心理战手段，那么这些具有一定刺激和改善精神抑制功效的方法倒不会引发人们的议论。然而，与那些也许会被此类极端音乐和音响效果所震慑的敌人不同的是，美军士兵们却领会了这些歌词的含义，把它们当成一种信息，或者说是作战的命令。最终，无论美国的保守派人士如何指责这种音乐形式戕害了青年一代，它依旧在军方历次关键行动中（占领伊拉克、控制油气资源等）成为了代表性的军事手段，即便是那些向来轻视摇滚乐的人也均对此表示支持：要知道在2001年的“9·11”当天，AC/DC乐队的“Hell’s Bells”还曾在ClearChannel的广播备忘录中被列入了“不建议播放曲目”清单。

旨在提高士兵战斗力和作战效率的电子游戏更被美军视为是一种现代化、高效且极具特色的支持手段，成为第二次海湾战争的显著特点。它在一种纯打发时间的玩具和战争策略之间所起到的互补作用是十分惊人的。电子游戏于1979年被正式引入军队，然而其对作战的协同作用真正开始发挥效力还是在2000年左右。20世纪90年代，为了让新征士兵的作战能力达到最佳，军方试图利用电子游戏在这方面所实现的巨大发展展开三种规模的模拟器训练：借助于新式设备以及新型技能，美军国防部建模与仿真办公室（United States Department of Defense, Defense Modeling and Simulation Office）[58]在“训练”、“反馈获取”和“作战心理准备”这三方面重点进行了相关研究。同时正如我们所看到的那样，国防部同步引入了虚拟的娱乐部门，以便使年轻士兵更加符合军方需要，而几年后的阿富汗和伊拉克战场便成为了检验此前实验效果的试验场。

2003年3月，在美军于伊拉克展开进攻行动的最初几天里，许多战地记者都惊异于那些年轻的美国士兵随意开火的行为。“伽玛”图片社的摄影师范·德·斯托克仅在48小时内就亲眼见证了美军陆战队士兵射杀了15名伊拉克平民：“我看见这群美军士兵在毫无警告的情况下下向伊拉克平民射击（……），其中包括妇女、儿童和老人[59]”。如果战争总是伴随着这种罕见的残暴场面，那么诸多不同的因素便可解释这些年轻的新征士兵所展现出来的本领，实际上他们身上已少有“兵”的意味，并向那些并无敌意的对手和平民大规模施暴。作为对前述诸点的深层补充，残杀无辜以屠戮、道德失准和暴力界限丧失的状况为前提，面对这些，来自民主社会的美国人又如何解释其所谓的“抑制解除”行为呢？

当斯韦尔斯中士扣动机枪扳机射杀目标时，他感到“仿佛就是在玩角色扮演游戏一样（……）。我会本能地让敌人怕我，砰！砰！砰！砰[60]！”第二次海湾战争开辟了一个先河：对于那些在游戏手柄——有时是红外线游戏手枪——和纯打发时间射击游戏里成长起来的年轻一代来说，他们第一次被投向了真正的战场：2003年，美军现役部队中65.5%的官兵为30岁以下的年轻人，然而2003年3月31日美军230521人中就有85%被派到伊拉克[61]；此外，美军中25岁以下士兵的人数几乎占到了总兵力的一半（47.4%）[62]。这些从小就在各种影视剧中耳闻目染了各类极端暴力镜头的年轻人却是“伊拉克自由行动[63]”的中坚力量。对于他们来说，实际作战与电子游戏之间的界限一直就是模糊不清的。他们已习惯于在游戏屏幕里扮演全能模式的超级战士，这使得他们轻易就会越过虚拟和现实之间的界限[64]。与欧洲、日本的年轻人不同的是，美国政府允许年轻士兵把这些通过不同渠道学来的“暴力课程”投入实践。在伊拉克，大部分“婴儿杀手”重新找到了虚拟游戏中的相关准则，并将它们应用到了这些重新创设的游戏环境中，比如无论是在作战时还是平时带上耳机听音乐时，他们都会去听一些战争游戏的原声乐[65]。在其影响下，士兵们对于战争的描述时常也会是这样的:“跟着坦克一起打伏击，（……）这经历超有趣，超刺激。所有人都玩得很开心[66]。”

大型电游公司的兴起，他们与国防机构之间的合作，以及相关游戏产品的高仿真度，都为军队征兵部门甚至是军方本身提供了更多的选择。从20世纪90年代开始，作战模拟类操作游戏侵占了游戏控制器和单机游戏市场。很多超级玩家在经过反复操作后制定出了相关攻略，在理论和实践方面对接敌作战的原则进行了总结。一名参加“伊拉克自由行动”的年轻士兵对记者说：“当我第一次扣动扳机时，我丝毫没有犹豫（……），我瞄准后（……）开了20多枪，感觉就像是在家里玩‘火线猎杀’一样[67]。”有了这样的先期经验，再加上后来在军队中所接受的专业训练，新一代美军士兵自发捕捉目标的能力已经达到了惊人的程度：一份报告显示，“二战”时至多只有25%的美军士兵用武器杀过人[68]；而在后来的朝鲜战场上，这一比例上升到了55%[69]；随后在越战中，该比例又增加至95%[70]。这其中，左右这一数值的核心要素就是士兵的射击精准度。然而罗切斯特大学的研究人员发现，类似第一人称射击的“动作”游戏的狂热爱好者完全可以将其实际射击精准度提高20%[71]。

在新一代电子游戏的作用下，年轻人的观念更加向军队价值观靠近，同时这些游戏为年轻士兵们提供了早期的军事培训，是一种斯巴达式教育的“高新技术”变形：对于那些尚未到达参军年龄的孩子们来说，电子游戏教会了他们操作使用枪支武器的基础知识。要知道，如果一名游戏玩家忘记了城市战的基本技术（移动、速度、隐蔽，以及与其他‘玩家’之间的配合），或者说他做不到精确瞄准的话，那么他在《全能战士》里便根本坚持不了几秒钟。美国军队研究院博士斯科特·比尔指出：“对于高质量的训练来说，来自一名合格教官的指导并不一定是必要的[72]。”另一位来自步兵部队的长官进一步说道：“电子游戏可以帮助士兵们更好地训练，以便打赢未来的战争[73]”。此外还要看到，像《美国陆军》《全能战士》及其他与此类似的射击游戏，它们在具备作战培训功能的同时也更是一种宣传工具。除了能够培养玩家敏捷的身手，它们在深层次上也练就了这些玩家的“战士”精神，这些孩子从小开始就在媒体上目睹了大量的暴力镜头，根据一份发表于 1992 年的研究报告显示——那时电子游戏还没有市场化——一名 13 岁的美国儿童平均会在电视中目睹不下 10 万个暴力镜头，其中约有 8000 个镜头涉及凶杀[74]，这些暴力画面也助长了孩子们日后实施暴力的可能性[75]。从这个角度来说，电子游戏和战争一样，都是一种个人及社会情绪的发泄形式；现在的游戏画质高度逼真，由于在游戏中可以反复杀人，因此学会如何射杀也是非常容易的事。在现实中，战场环境带来的高压使得士兵们必须借助于通过数小时的虚拟环境训练所取得的常识和思考来谋求生存。同样地，在电子游戏的人机互动性和士兵们所装备的夜视瞄具之间，也有着一种令人困惑的持续互补关系：在夜视仪的镜头中，低分辨率的人影与游戏图像中模糊的敌人十分接近。2004 年时，美军新式“通用遥控操作武器站（CROWS）”投入部队使用，该装备代替了“旋转炮塔”里极易遭受攻击的士兵，将舱顶高架机枪替换为一部遥控击发装置，由车内的士兵通过车载摄像头和一个操作“手柄[76]”完成遥控射击。阿帕奇直升机的机载摄像头所传送的画面也已被很多游戏实现了高度仿真，尤其是《使命召唤：现代战争》，这款游戏其中一关正是要求玩家驾驶武装直升机完成任务。战场上的一个当地人被显示出来的只是一个人影，而他手中的一根木棍也会被误认为是一件武器。武器瞄具在这种情况下就变成了行刑者和受害者之间的一种补充过滤装置，尽管其精确瞄准范围已超过了 1.5 千米。“让我开火！（……）来吧，让我干掉他，妈的！”在 2010 年泄露出的这段视频中，一名炮手通过无线电向他的上级请求道。在此情况下，上级仓促下达命令，当士兵们用这个致命的手柄完成了射击后，他们又一如一个击中目标的玩家那样欢呼雀跃：同样是在上述视频中，杀死目标后的士兵们随即高喊着“Yeah！”，并伴着各种开心的尖叫和辱骂声。这个情形与《使命召唤：现代战争》中的“直升机”任务别无二致：尽情的开枪和杀人的乐趣已然成为了这部游戏的卖点，在它上市后的一年内便创下了 1500 万份的销售记录，其中一部分买家正是士兵[77]。

电子游戏所带来的影响类似于一种极为先进的思维灌输工具：由于游戏本身对部分暴力行为的鼓励，这让一些玩家从很小的年纪起便养成、固化了某些行为模式。对于一个年轻的新兵而言，无论是在游戏屏幕前还是真的置身于战场环境下，无论眼前的一切是虚拟的还是真实的，正如一名美国大兵所说的那样，他“都会做同样的事，那就是努力杀死别人。同时目标也都是一致的：（……）活下去[78]”。相关科学实验的结果表明，如果电子游戏的规则意在鼓励施暴，那么游戏本身的野蛮特质便会助长玩家的暴力行为[79]。就以《美国陆军》来说，只要玩家根据游戏中军方的目标进行战斗，那么随着游戏进度的推进，玩家所采取的暴力行为便会不断地得到实质性奖赏。通过这种对青年一代的思维灌输，军方将游戏中所宣扬的“开枪为杀戮”的观念正常化、标准化，也就是说让杀人成为士兵的准则。最后还要指出的是，这些游戏锻炼的不止是单纯的击杀，还要求玩家确保目标死亡[80]，以防止那些濒死之人继续动弹或者是发出惨叫。

作为一款由地面进行操控的空中作战武器，美军“捕食者”无人机驾驶员可谓是“现代”士兵的完美典范，它也对游戏与现实之间的这种混淆现象进行了极佳的展现：借助于高科技显控屏幕，这些在伊拉克上空进行巡弋并对敌军进行火力压制的无人机由位于内华达州内利斯空军基地的飞行员进行操控。尤其要指出的是，由于无人机本身与其实际操控平台之间的距离性，战争由此变得非物质化。在人类战争史上，它是第一种仅通过一块控制屏幕就能够完成打击的作战武器，而现代高科技战争所宣扬的“超越人类自身生理及机械能力[81]”的无情化作战逻辑，至此也达到了新的高度：战争的施暴者本人从此可以摆脱因实施暴力行为所带来的恐惧感，也不必担忧会遭到对手的报复，而杀戮行为本身所具有的负面影响几乎得以完全免除。

司法机构对游戏中所包含的这种好战式暴力倾向所持的是一种选择式容忍的态度，然而相关分级机构却密切注视着这种倾向的发展，比如《侠盗猎车手》这款游戏就被规定禁止向17岁以下的年轻人推荐。不过，如果这种游戏式的暴力是在虚拟的军事框架下进行的，那么问题相对而言便不是特别棘手。政府机构在此问题上所持的也是相同的态度，比方说在华盛顿州，曾有人向一个未成年人出售了一款含有攻击国家执法人员（警察、消防员[82]）内容的游戏，为此被处以500美元的罚款。相反，如果游戏中那些被杀死的人是被联邦政府公认的“美国的敌人”，那么上述出售行为便不构成犯罪。这便是美国几个世纪来一直所奉行的双重标准“哲学”，而先进的虚拟娱乐手段的应用，更赋予了他们前所未有的思想灌输特权。

负伤与阵亡：骗人的报告

2004年9月7日，美国国防部秘书承认已有1000名美军士兵在伊拉克战场上丧生，不过他同时也指出，他们当中一部分人的死是由各类事故造成的。然而在3个月后，这条备注便再也站不住脚了：这1000名士兵丧生在伊拉克战场是不争的事实[83]。

在2008年的美国总统大选前夕，美国官方公布的数据显示，伊战期间美军共有4193名士兵阵亡，30754名士兵负伤[84]。这一数据不包括66935名患有创伤后应激障碍综合征的士兵[85]，更没有将那些自杀的老兵统计在内。自2005年起，美国每年约有3万人自杀，而其中老兵人数便占到了20%[86]。除此之外，还有数千名甚至上万名士兵没有接受诊疗，他们所遭受的并不是外伤，而是脑损伤[87]：这是一种典型的因预埋爆炸装置起爆而造成的人身伤害，受其影响的士兵数不胜数，很难给出确切的数字。而在阿富汗战场上，仅“持久自由行动[88]”中就有上千名士兵阵亡，4949名士兵负伤。要知道，上述仅是官方披露的数字，实际人数可能会更多。

“很显然，我们在过去一周中所遭受的损失微不足道。”2003年4月15日，唐纳德·拉姆斯菲尔德对外宣称。那时，美军的阵亡人数不足100人。国防部长先生这种让人吃惊的坦率态度迅速登上了世界各大媒体的头条，不过，正如18个月后这一数字迅速攀升至四位数一样，这种态度实际上掩盖了更多的可怕数据。许多士兵的证言都可以表明，五角大楼在对待兵力损失这一问题时并没有坦诚相待。“我不相信CNN所报道的仅有12人阵亡是准确的[89]”，一位刚刚经历了一场伏击战的士兵如是说。而各大官方网站所公布的受伤者报告看上去也同样是不透明的：很长一段时间内，2003年3月—5月美军的伤亡人数一直是被分类处理的；然而，根据美军专职负责向安德鲁斯空军基地转运人员的运输官艾伦·德莱恩中校的估测，自“伊拉克自由行动”

开始到 2003 年 8 月，约有 8000 名各类军人（负伤人员、事故人员、病员，以及遭受心理疾病的人员）被运回国[90]，而同时期五角大楼和卡塔尔中央司令部所发布的负伤人员统计数字却分别只有 827 人和 926 人，仅为上述数字的 1/10。事实上，五角大楼在评估负伤人员名单时所采用的是极为苛刻的标准，按此标准，只有在“直接敌对行动中”受伤的人员才能够被认定为“负伤”，而其他或是被“友军误伤”，或是遭遇各类事故，或者罹患各种疾病的受伤人员却几乎没有被纳入过官方的正式统计，这样一来，这种武断的统计方式便造成了大量伤员在官方的正式报表上被消失的状况。

位于德国北部的拉姆斯泰因美军战地医院是冷战的遗留设施之一。在伊拉克战争打响后，该医院便开始了高强度运转：每天，都有数架军用直升机和运输机将一批批负伤程度不一的美军士兵运到医院来。在不到 10 个月的时间里，该医院的军医们便诊治了 9000 余名伤员，其中约有 1200 人被不同程度地截肢，而伤势最重的伤员则会被运回国，在那里其家人将会陪伴他们走完生命的最后一程。然而，这些被运回国内的而且常常是被诊断为临床死亡的重伤员并没有被计入到五角大楼的统计名单中，因此我们无法知道伤亡确切人数。

大量无法继续返回战场作战的伤病员会被转运至位于贝塞斯达或华盛顿的医疗机构继续治疗，它们是美军最大的军医院所在地。2004—2005 年时，在位于华盛顿的沃尔特 · 里德军医院中，96% 的病床都被这些来自战场的伤兵所占据。事实上，美军很多来自阿富汗或伊拉克的伤兵会经由位于德国兰施图尔的军医院、或经由位于西班牙大西洋沿岸的罗塔海军医院转运到这里继续治疗，然而此时已人满为患的沃尔特 · 里德医院已无法继续接纳这些新的伤员。由于医院每天的最大接待人数仅为 20 人，那些需要继续接受康复性治疗的旧伤员便不得不被转至市内的部分宾馆中，以便给新来的伤员腾出床位，而医院全部的 5500 个病床随即就会被迅速填满。事实上，该医院中的很多部门此前是专门诊治“普通病人”的[91]，但在现有的局面下，全部投入了伤员处置工作中来。根据该医院新闻发言人的介绍，全院 3900 名医护人员已在超负荷工作，但即便如此，人手仍不够用。大量的额外工作时间被用来处置伤员的骨折、取出子弹或爆炸弹片以及截肢手术[92]。由于伊拉克的游击队会在美军的巡逻路线上安置大量的预埋爆炸装置，以此制造的伤病员使得沃尔特·里德医院的整形外科部门在 2003 年夏末时的工作量达到了极限[93]。

媒体的报道更使得迷雾重重。如果说媒体每天都会持续报道美军的占领情况的话，这些报道其实只不过是美军官方新闻通报的翻版，其可信度无法得到保证。事实上，美军在伊拉克战场上平均每天都会有 10 人因被流弹、火箭弹或爆炸装置击中而负伤，其比例自 2003 年夏天便开始持续上升（8 月时已超过 35%），例如美军中央司令部（CENTCOM）只通报已造成 1 人或多人死亡的袭击的新伤员名单[94]。2004 年，战场局势升级使这一报表数据雪上加霜：士兵援助组织“美国自由英雄（AHOF）”于 2004 年 10 月公布的数字显示，在伊拉克和阿富汗战场已有 1 万名美军士兵“负伤或染病”并被运回至美国本土[95]。由于该组织贴近政府立场使得这些数据在一定程度上是可信的。但在另一个政治层面上，“海湾战争国家退伍军人中心”的统计数字则表明，截至 2004 年 9 月，美军共有 20245 名士兵撤出战场，其中 7500 人“在战场负伤[96]”。然而两个月后，仅美军的兰施图尔军事医疗基地就接纳了 17878 名伤兵[97]。不过即便如此，在美军于 2004 年 11 月公布的官方数据中，仍显示只有 8458 名伤兵。

大量相互矛盾的信息的存在已让公众变得麻木。如果说发布者的本意是为了控制舆论的落差，以期让公众对相关事件抱以正确的理解的话，他们本应该去诸如战地医院的地方进行报道、或者是去采访那些负伤的士兵。然而出乎意料的是，电视机构非但没有去关心这些本职工作，反而在 2004 年秋天动用了近 30 台卫星转播车去报道科比·布莱恩特的性侵案。在那些美军士兵回国的感人画面中，他们通常都是健康的正常人，或者脸上只稍有擦痕；他们的妻子此刻都会应景地流下自豪的泪水，而他们的孩子们也会激动地跳起来搂住“英雄”的脖子。

战争口号与流血之间是无法和谐共存的。国家总是会试图掩盖那些令人震惊的战场真相，然而那些直言不讳的伤员却会将此全盘托出。“他们简直再真实不过了[98]”，新闻人诺曼·所罗门评论说。而另一位记者对此更感慨万分，他曾和那些在伊拉克战场遭游击队袭击的伤员们共处过：“你们根本不愿看到（……），这太让人难过了，它令人心烦意乱、让人绝望、甚至令人震惊[99]”。1944 年，负责记录战场影像的美国陆军通讯兵团（Signal Corps）进行了自查，明令那些画面过于血腥的伤员图像不得出现在其胶片上。而当时间到了 2003 年时，那些刻意对战场信息进行限制的人已不再是受雇于美国军方的军队记者，不过他们却也继续秉持着同样的思维：就其整体而言，这些战地媒体依然深受“神圣同盟”的影响。报纸上无一例外地[100]对于阵亡士兵的报道仅限于庄重地列出他们的名字，并附上死者生前的黑白照片。而对于那些生还者而言，这些伤残士兵就是无情的战场事实的具体体现。在他们身上所留下的，就是美军在伊拉克和阿富汗战场上最直接的痕迹，尽管这些画面是国家根本不想公诸于众的。由于军事医疗手段的进步和步兵防弹背心的大量使用，海湾战争后因腿部负伤而跛脚的美军士兵人数相较其他历次战争而言都要多出许多。因为在国家看来，这些伤兵的画面会对民众的心理产生不良影响，并会使人具体联想到美军海外行动的失败，因此，这些士兵的遭遇仅在一些小众媒体和其他一些“他择性[101]”网站上有过相关报道。士兵们或是失明、或是瘫痪、或是只有借助于假肢才能行走，他们老生常谈的话题总与大规模杀伤性武器丑闻相关，在他们看来是普通民众每天都在剥夺他们的生存权利。这样的状况一直持续到了 2007 年，直到这年时，《华盛顿邮报》才以显要标题详尽报道了这些士兵的遭遇[102]。

作为战场上的幸运儿，这些伤兵的证言无情地揭露了那些久远的事件中所包含的冷酷现实：“我和其他 12 个弟兄一起守卫提克里特和摩苏尔之间的一所医院。（……）后来人们都叫我们十三亡灵，因为当时我们生还的概率微乎其微。”海军陆战队士兵洛佩兹·桑蒂尼对记者说道。当年在伊拉克战场，他们所驾驶的悍马车中途遭遇了炸弹袭击，他也因此而失明失聪。“我很害怕，我不知道人们如何议论我、如何想我”，希拉里奥·贝尔纳内斯也同样叹息着说，遇袭后，他被截去了双腿和一只胳膊。正如其他的同伴一样，他“根本没想过还能活下来[103]”。如果当年知道最终会是这样的结局，他还会那样义无反顾地奔赴伊拉克战场吗？为了使未来的征兵工作不至陷于这样令人沮丧的问题和说辞中，官方媒体的报道对此退避三舍：面对各界的批评，布什总统将亲自去医院慰问伤员，总统在这些不幸的士兵和“黑色星期二”之间进行了权衡；2003 年 9 月 11 日，美国总统首次前往战地医院慰问了伤兵。

2010年年末，美军的反恐战争已造成了逾5500名士兵阵亡，10万名士兵伤残。美军的死亡人数是越战时的1/10，伤残士兵人数是越战时的1/2。从这个角度来说，美军在新世纪的第一场战争可与朝鲜战争一较高下。细微差别在于：共有178.9万名士兵被投向了朝鲜战场，越战时则为259.4万人，而此次在伊拉克和/或阿富汗作战的美军士兵人数也达到了近160万人。然而要看到的是，这一次的反恐战争具有某种专一性，在战争管控层面所展现出的是一种全新的形象：大量的私人武装公司也加入到了战场中来。2006年年末，伊拉克战场上各类“保安公司”旗下的多国籍合同制雇佣兵人数已达到了10万人，仅比正规军少3万人，但和第一次海湾战争时相比却是当年的10倍之多[104]。而在阿富汗战场上，雇佣兵人数也同样不相上下，不过其总数却已超过了正规军[105]。作为占领军的补充力量，这些大型保安公司手下的武装人员一定程度上替代了那些每天被其家人朝思暮想的正规军士兵，对美军而言不失为是一种缓冲。不过，这些“合同制安保人员”在战场上也同样是要遭受损失的。至2010年末，仅在阿富汗就有1000名这类武装人员丧生，其中1/4是美国国籍。根据劳工部秘书处的相关数据显示，这些美国籍雇佣兵的确切阵亡人数是2230人[106]。然而在五角大楼一贯的信息障眼法作用下[107]，这一数值是不会被计入官方统计的。对于这些薪水要比正规军士兵高出许多的私人雇佣兵而言，他们中间是不需要被制造出什么英雄的，因此，他们的存在也就缓解了公众对于战争的不良感触。

与越战时的统计数据相比，美军此次的数据相对而言弱化了许多：当战争已变得不得人心时，仅在2005年就有1300名军人阵亡，而公众的接受能力由此也迅速地攀升到了极限。舆论敏感的神经被领导人所谓的“干净战争”的演讲所点燃，所有的信息工具都被质疑其来源所在。而与此同时，从战场回归的士兵的经历也引发了民众的关切，毕竟，他们的现身说法要比各种新闻报道更具说服力。

心理摧残

“对我来说（……），满脑子都是那样的画面（……）：婴儿的脑袋掉落在地上，很多人的头被打破，他们睁大嘴巴，眼眶空洞。我每天都会看到这样的情景（……）。从3月20日到4月7日，在前往巴格达的路上，到处都是烧焦的尸体[108]”，士兵安东尼·科布斯对记者说道。在对6000名士兵进行抽样调查后，一份美军官方的医疗报告显示，近1/6的美军士兵患有不同程度的精神疾病，“他们的精神健康问题是一个巨大的威胁[109]”。美军沃尔特·里德军事医学研究院精神病及行为学分部的医疗专家指出，这些士兵均患有重度抑郁、精神焦虑和外伤后紧张症。事实上，由战争而导致的精神疾病与战争本身一样，都有着古老的历史，但促使其广为人知的，还是越战期间著名的“创伤后应激障碍”，简称PTSD。20世纪60年代末，加拿大精神病专家哈伊姆·沙坦和“越南退伍军人反战组织”中的行动人士展开了合作，其成果推动了上述领域中相关研究工作的进行。

美军内部针对PTSD病例进行的统计，反映出了战争对于参战士兵造成的心理创伤：从入侵伊拉克开始到2003年9月，共有865名士兵因遭受精神或神经类疾病的打击而撤离战场[110]。如果将这一统计时长一直延续到2007年——经官方统计调查——涉及此类问题的士兵人数便已达到了39365人（包括在阿富汗参战的士兵[111]）。2010年，各类患病程度不一的士兵总人数又攀升至66935人[112]。这一颇令人震惊的结果表明，尽管对于强大的美军而言，现代战争已显得不再那么血腥，但战争给参战者留下的印记依旧是深刻的。

巴格达美军战地医院的精神科主任马龙上校也选择了放弃：“那时我感觉自己就像掉进了一个陷阱里，我要做的绝对应该是马上走人。如果我当时没走成的话，我宁愿选择去死[113]。”诱发这些精神疾病的原因，是各类充斥着死亡的冲突和战斗，持续在这样的环境下煎熬，没有人能够全身而退：频繁的交火、血腥的场面、置身于敌人的枪口之下、对死亡的恐惧、目睹战友被射杀，尤其是还要冒死为战友收尸，这些都是导致参战士兵精神崩溃的最直接原因。一名曾陷入敌军埋伏的士兵说道："到处都是可怕的爆炸声（……），就好像在好莱坞电影里一样。我当时怕得要死，已经完全不知道我怎么可以那么害怕。我觉得我的大限到了（……）：在我前面的那辆车被三枚火箭弹击中，那时，我的脚就已经踩不住离合器了，我失声尖叫了起来，开始胡言乱语了[114]。"

越战期间，美军士兵中罹患 PTSD 症的比例之所以很低，是因为该症状可能会在潜伏多年后才真正发作。然而，当年超过 50% 的已确诊老兵却表态不想接受进一步的跟踪治疗，他们害怕这样的治疗也无法遏制病情的恶化[115]。此外在很多时候，那些在军中被戏称为"神经病"的患病士兵常常是被其他人戏谑的对象，这也使得他们不想向医疗专家全盘托出自己的病情。因此在相关专家看来，第二次海湾战争的退伍老兵患病比例目前只能预估为 20%[116]。面对这个数字，五角大楼对那些已确诊的病例继续大加掩饰，并对负责分发相关抚恤金的美国退伍军人事务部的判定标准进行了变更[117]。

精神疾病所反映出的是美军在伊作战举步维艰的现实，这使得士兵们在向国家求助前，必须要提前 5~7 天接受一份平民生活再适应性训练，尤其是"家庭关系重塑训练[118]"。他们的亲人们曾目送他们去参加一场"人道主义战争"，前驻伊联军指挥官汤姆·弗兰克斯将军说道，他们本应是去"解放一个国家"，并阻止其独裁者向恐怖分子运送大规模杀伤性武器。然而，美军非但没有找到所谓的军火库，许多人反而因此而送命。由于在伊拉克并不存在真正的战线，因此驻伊美军中近 80% 的士兵都不同程度地遭遇过这种心理受创的状况。

正如过去从越南战场回国的老一辈士兵那样，那些在伊拉克历经枪林弹雨的士兵们回国后大多都选择了缄默不语，这也让他们的家人感到无法理解。一名从伊拉克萨德尔城撤回国的大兵对记者说："回到佛罗里达后，我一直睡不着觉（……），整晚整晚只能坐在镜子前看自己（……），镜子里面的我面部一直在颤抖。然而当白天我的家人（……）想看我时，我却又立即能睡上一整天。也许直到我死去，我都无法摆脱这份耻辱[119]。”30 年前，大量从越南回国的美军士兵都选择了在酒精和毒品中自我消沉[120]。而在伊拉克，很多饱受压力折磨的士兵选择服用镇定剂来缓解焦虑，这些药在随军药房中很好找，它们能帮助士兵们继续坚持作战。“我听说医院的精神健康部门会向那些被强制留下并超期服役的士兵们发放一些类抗焦虑的药物[121]”，士兵戈茨说道。

兴奋类药物自古以来便一直在军队中使用。为了应对士兵们在生理和精神层面的损耗，各个时代的军队指挥官们都会或正式或非正式地向士兵们分发各式各样的服用药，有时甚至是一些能够让人上瘾的药品：从罗马军团的葡萄酒开始，到“一战”时法军士兵的浓朗姆酒，酒精曾长期作为恢复军队战斗力、消除士兵恐惧心理的主要工具。从“一战”时开始，各类合成药物（包括可卡因、海洛因、美沙酮、安非他明）也相继加入了军方推荐的精神类药品清单。越战时，美军专门构建了向战场新兵运送此类药物的运输网络，这便是军方在制度层面鼓励服用兴奋剂的典型例子：那时的士兵们可以说不费吹灰之力就能弄到各类药品[122]，尤其是人工迷幻剂 LSD（麦角酸二乙基酰胺）——于 1938 年研制成功并在美军的军方实验室完成临床测试[123]——或其他重度药物。这些私下的毒品交易可谓在越南创造了一个黑色神话，其参与者包括约翰逊和尼克松的两届政府人士、以及当地的黑社会势力、美国中央情报局人员，还有美国航空公司。后者出于自身的盈利目的，战争期间向越南运送了大量的海洛因。在伊拉克，尽管美军名义上是在维护当地的法制，但这种所谓的“作战用”毒品依然大行其道：在药物疗法的名义下，海军医院（为海军陆战队士兵进行治疗的医院）和空军医院的军医们从第一次海湾战争时就不断地向士兵们开出一种名为“Go Pills（一种安非他明药品）”的药片：这是一种因在作战过程中所产生的副作用而备受争议的药物。同其他安非他明类药品一样，通过对人体神经系统的刺激，使服用者产生一种超强体能，并能在增强人的好斗性的同时，减轻人体的饥饿感、疲劳感和疼痛感[124]：通过这种对人体机能的作用，在一定程度上创造出一种“超级战士”；后者能拥有超出正常人生理水平的表现，由此便可以执行来自长官的各种高难度作战指令。

越战和伊拉克战争中，士兵们遭受的心理性创伤所具有的相似性，以及两个战争地都毗邻世界鸦片主产区的客观事实——叙利亚、黎巴嫩，尤其是阿富汗，后者在塔利班下台之后已取代金三角成为了世界头号鸦片产地[125]——会不会让美军在美索不达米亚平原上也一如当年在越南那样构建毒品运输网呢？几个世纪以来，毒品运输一直是西方列强对外施加其影响的工具：英国向中国进行的鸦片输送就分别导致了两次“鸦片战争”的发生（1839—1842 年，以及 1856—1858 年）；而在第二次世界大战行将结束时，美军不断借助于法国在印度支那地区构建的网络，将罂粟作为在东南亚地区实施反共战略的重要手段，比如，借助于贩卖罂粟所取得的收入，美国对已被赶出大陆的国民党政府给予了重要支持[126]。里根时期，美国的一家公司也同样借助于毒品运输，秘密地向尼加拉瓜反桑地诺游击队提供资金支持。而美国之所以从 2001 年开始与阿富汗当地的鸦片农场主结成联盟，很可能遵循的也是同样的逻辑。很多在 1970—1980 年执行过此类秘密行动的要人目前也在积极参与着伊拉克事务（拉姆斯菲尔德、切尼、波恩德克斯特、约翰·内格罗蓬特），因此可以设想，在美军占领阿富汗期间，当地的鸦片产量得到了“爆炸式”的增长。

另一个令人不安的现象，就是美军自杀人数持续增长：2004 年 7 月时，驻伊美军的月平均自杀人数为 5 人，已超出了自开战以来 2 人的月平均值。尽管美军整体的年度自杀率为每 10 万人中 10.5 人，但这一比例在 2004 年 1 月的伊拉克战场已达到了 13.5 人 /10 万人[127]。在奥巴马总统撤军命令的诱发下，该比例在 2008 年时更是超过了每 10 万人中就有 20 人自杀的高值[128]，创造了新的纪录。这样的比例推翻了美军的惯常解释，依据一位军方发言人的说法，传统上来说，士兵战时的自杀率应该是处于很低的水平的，“因为人体的肾上腺素（……）和求生本能此时会达到高峰[129]”。需要指出的是，这一数据还没有将那些回国后自杀的士兵考虑在内[130]，事实上，每年这类退伍士兵的死亡人数都会超过战争初期死亡士兵的人数：仅在 2005 年，就有 6256 名退伍老兵回国后自杀，而驻伊美军自 2003 年起实际损失的人数不过 2162 人之多[131]。要知道在作战部队中，一例自杀案件所造成的负面影响远比一名阵亡士兵带来的影响要严重的多，这也促使美军的参谋机关积极采取对策进行应对。从 2003 年 10 月开始，军方主管士兵健康的部门决定派遣随军医师，他们的主要任务就是向那些刚刚脱离战区的一线部队士兵适度派发抗抑郁和催眠药剂[132]。然而从事后统计结果上来看，这一措施并未取得令人满意的效果。

美军将另一个“希望”寄托于自动化：在不减轻既有火力的同时，减少向战场投放士兵的力度，这是一种一举两得的减少损失的方法——它既打消了舆论的反战疑虑，同时也减轻了参战士兵的战场后遗症。“让技术去完成这些工作吧[133]”，美国海军的一名战略家曾在 1992 年时这样说道。伊拉克战争首次开创了军用无人机实地作战的先河，其操控人员可以在位于美国本土的基地内驾驶无人机在巴格达的核心区域上空执行作战任务。然而出人意料的是，这些无人机驾驶员也同样遭受着压力袭扰，尽管很少有人指出这一点[134]，并且他们中也尚未有人选择自杀：这些士兵参与战斗，同时还可在工作结束后返回家中。依托于美军“国防部高等研究计划署（DARPA[135]）”的高科技支撑，无人驾驶武器会在 2030—2050 年之间的各类战争场合投入实战，而以无人驾驶坦克或步战车为代表的地面智能武器也会应战争发展之潮流而纷纷出现。毫无疑问，正是因为充分意识到了士兵们所遭受的心理摧残，DARPA 的高级领导人才会在战争支援力量刚刚开始削弱的 2001—2003 年将“自动化”武器系统的研发投入翻倍[136]。

伊战泥潭

从到达伊拉克的第一天开始，这些占领军就一直处于一种极度紧张的氛围之中。在美军防区内，很多类似日常巡逻一样的例行任务都会因伊拉克游击队的存在而让士兵们精疲力竭，而关于这支队伍的规模，军方一直无法予以估测。“电视上所报道的人数甚至连他们的一半都不到[137]”，2004 年，一名在萨马拉地区执行任务的陆战队士兵对记者说。在美军坦克或轻型装甲车队经过的路线上，每天都会发生数十起爆炸；一位前美军突击队队员形容说，“很可能每一个垃圾堆都会要了你的命[138]”。事实上，美军士兵随时随地都会成为那些隐蔽射手的射杀目标[139]。2004 年 10 月底时，在伊拉克平均每天都会发生80~100起针对美军的袭击事件[140]，敌人在完成攻击后随即就会混入人群中逃脱。美军驻伊部队退伍士兵罗宾逊在接受采访时说，“这是一场形态完全不同的战争，所有人都是你的敌人，根本就没有战线可言（……），危险无时无刻不在[141]”。那些致命的炮弹几乎每一夜都会在美军基地的工事外围爆炸，虽然很少能够直接袭击到士兵。游击队的火箭弹即便在休息时分也会不断射来，达到了进行心理威慑的目的：“又如何解释（……）当一枚火箭弹射中你房屋时的那种无法呼吸的恐惧呢[142]”，一名士兵就此悲叹道。哪怕是爆炸产生的一声巨响会让你觉得敌人无处不在，甚至让你以为他们会在营地里面对你的战友实施绑架[143]。2004年12月21日，一名身着伊拉克警察部队制服的自杀式袭击者进入了驻摩苏尔美军基地的食堂并引爆了腰带上的爆炸装置，本次事件共造成了14名士兵死亡，另有70人受伤[144]，而驻伊美军与伊拉克新军之间刚刚建立起来的信任关系就此破裂。

而在美军进驻那些“被解放”的城市后所发生的袭击事件，更是彻底粉碎了他们心中的幻想：此后，美军士兵不再被允许走进当地人的人群当中。尽管在执行任务时，军方鼓励士兵与当地民众进行对话，然而实际行动中的官方指令却再清晰不过：不准接受当地人送来的吃食，也不准喝他们递过来的亚力酒，甚至理论上禁止全体驻伊人员饮用酒精饮品。很多人开始相信伊拉克人是忘恩负义的一个民族：刚刚把他们从萨达姆的手中解救出来，他们就转而开始敌视自己的救命恩人；美军第3步兵师中士耐斯特·托雷斯说：“很快，他们就不需要我们美国人了[145]”，而另一名感同身受的海军陆战队士兵也表示说：“我再也不想帮他们了，我再也不想冲他们笑，也不想（……）对他们有一丝一毫的热情。”作为伊拉克人的“兄弟连”，他继续补充道：“现在，我非常恨这些伊拉克人，因为我们所做的明明都是在帮他们啊[146]”。越来越多的美军士兵开始对身边的这2400万伊拉克人抱以“仇恨”，对他们而言，这些伊拉克人中有许多人曾打死打伤了他们的同胞。此外，伊拉克恐怖分子滥杀无辜的行为也给他们提供了另一个理由。

以上便是美军陷入“伊战泥潭”的全部要素，然而美军在组织战争时却未曾对此予以充分考虑。

备战不足的部队

从 2003 年至 2006 年，以美军为主编制的驻伊联军面临着兵力不足及部队备战不充分的困境。在开战前夕，五角大楼主张“轻度”部署策略，然而这一政策随即便遭到了以陆军总参谋长埃里克 · 新关将军[147]为代表的军事专家的批评。远优于敌方的武器装备应大显神通。

在成功实现对伊拉克的军事占领后，美军从 2003 年 5 月开始逐步削减驻伊部队的规模。在军方看来，美军已在一些固定目标附近配置了必要数量的部队（实施“联盟”政策，以及控制能源等），且军方预想的阵亡士兵数量也不会很多，两者之间可谓达到了完美的平衡，因此理想情况下伊拉克战争不会对美国民众带来多大的影响。然而在兵源得不到进一步补充的情况下，越战的伤痛记忆会再次袭来。在伊拉克游击队的不断冲击下，军方发现自己打错了算盘，兵力的不足让美军随即陷入了重重困难之中，伤亡人数不断上升。无论国防部长先生如何巧言令色，大量的美军军官在战场上看到的却是自己的部队逐渐失势的现实[148]。2004 年 4 月，美伊陷入费卢杰恶战，美国参议院外交事务委员会主席理查德 · 卢格尔面对福克斯新闻台的采访时声称：“我们应该派更多的（部队）来（……），美军的声誉正在受到挑战[149]。”然而即便如此，五角大楼依旧毫不迟疑地坚持其既有政策，宣布将驻伊美军人数由 13.7 万人削减到 11.5 万人，以实现原定于 2004 年 6 月 30 日进行的向伊拉克的“主权过渡”。“在伊拉克，我们不只在预估暴动的问题上遭受了失败，甚至都没有找到合理的方式来应对这些紧随大规模袭击而来的暴动[150]”，施莱辛格委员会（由唐纳德 · 拉姆斯菲尔德负责的对伊拉克战俘状况进行调查的机构）就此评论道。在揭示出军队所存在的结构性问题的同时，前国防部秘书长施莱辛格指明了被布什政府此前所低估的问题所在。尽管在战前已有许多专家向总统提出了警告，但在长期占领期间军方依旧未能向驻伊部队提供“应对骚乱的手段，而正是在骚乱的情形下，战争将猛烈地冲击这个国家”。前五角大楼负责人用字斟句酌的表达提到：“部队被敌对的反抗力量所超越，且已处于失控状态[151]。”2005 年 1 月，在美国驻伊拉克总督布雷默规划的伊拉克过渡国民议会大选来临之际，美国的政治要员们再也无法对军方提出的要求坐视不管了。2004 年 9 月底，美军中央司令部副司令阿比扎伊德将军再次打破禁忌，提出向伊拉克增兵的建议，而正是由于这个提议，其前任弗兰克斯将军遭到了来自拉姆斯菲尔德的猛烈抨击。在军事观察家安德鲁·克雷皮内维奇看来，如果驻伊美军依旧延续 2004 年 8 月之前的占领模式，则美军的战争机器将永远衰耗下去[152]。更糟糕的是，军方的协调部门对于维持军队在伊的任务部署亦重重设阻，这使得问题雪上加霜，要知道此时的驻伊美军已然处于兵力不足的窘境[153]，他们至少需要增派一倍以上的兵力才能确保任务的执行。美军内部针对增兵问题所展开的争论显示出了军方高层已割裂为几大派别的现实。部分负责人与一些高级军官尽管已屈从于政治高层的意志，但他们日后依旧会针对军方的现行战略以及美军在阿布格莱布监狱制造的虐囚事件表达自己的不满[154]，甚至一些行将退休的人还会同时要求拉姆斯菲尔德一并辞职[155]。

美军士兵在战术上和心理上的准备不足是导致部队陷入困境的另一个主要因素，事实上，美军在非对称战争问题上所表现出的能力匮乏在越南战争期间便已充分暴露了出来。很多新兵在仅接受了 6 个月的训练之后就被派向了伊拉克战场：年仅 24 岁的年轻中尉赛斯·德沃林可以说就是一个在伊拉克战场上毫无经验的新兵，仅仅接受了一些技战术训练后，他就被派去执行高危任务了，而对于怎样执行这些极度危险的军事任务，他却几乎没有受到过任何专业训练：他需要沿着美军的巡逻路线行进，以便对那些遥控炸弹进行定位。“在他正呼叫工兵部队过来排弹时，他却被炸死了[156]。”德沃林的母亲悲愤地说道。2004 年 2 月 3 日，当德沃林正在伊斯坎德里耶的公路边拆除一枚炸弹时，炸弹突然爆炸，德沃林当场丧生[157]。

前期训练与现实任务之间的差距一直让士兵们颇有微词：2003 年 8 月间进行的一项由《星条旗报》发起的民调结果显示，有 40% 的受访者表示“他们在伊所执行的任务与此前接受的训练关系不大，甚至根本就没有联系[158]”。而不知是否是出于巧合，在美军的预备役士兵中，对此表达了同样立场的人也差不多是 40% 左右。由此可以看到这一备战不足的问题已经触及了美军的兵源构成问题：对于这些预备役部队的士兵来说，他们参军只是为了赚些钱改善一下个人的财务状况。按道理，这些“星期天大兵”必须要掌握一定的特种技能，以便在一些特殊环境下开展工作。然而现实情况是，这些人每月只会拿出一个周末的时间用来接受一些基本的士兵职业培训，大部分人都毫无实际作战经验可言，更不要说让他们去打游击队了。不过，一旦被投向了战场，这些菜鸟部队旋即便会被当成治安武装使用，用以替换那些正在执行任务的正规军。

对于以打败伊拉克常规部队为己任的驻伊美军而言，他们并不具备对占领区民众进行管理的能力。“我们并不是维和部队，（我们实际上）是作战专家”，下士安东尼·阿特亚加说道[159]。而中士莱特也说：“他们说要我们来只是为了打仗，只是为了打败伊军（……），后面的事会有其他人负责[160]”。“我们训练不是为了干这个的[161]”，基尼奥内斯中士亦补充道。特别要提的一个例子就是美军第124步兵团第1营的遭遇，自从2003年4月底该营进驻伊拉克以来，全营上下都感受到了那种所拥非所用的尴尬：此前，该营官兵正驻扎在约旦，执行“爱国者”反导系统的战备任务。然而紧接着，他们就被派往了伊拉克从事清剿叛军的行动。类似的窘境也同样出现在海军陆战队身上。作为美国海军卓越的特遣部队，他们也被派到伊拉克占领区执行治安任务。然而陆战队士兵日常训练的重心永远都是进攻性作战，也正是基于此，他们才能够在大多数作战情境下执行战术任务，而如果只是让他们负责一般的清点任务，他们却常常显得力不从心。

在经历了从越南战场上的溃逃之后，尽管后来又有所谓的“温伯格理论”和“鲍威尔理论”进行支撑，但美军的参谋长们却不再敢将部队投向那些非常规战场。一旦作战条件不利，正如1983年的黎巴嫩内战那样，那么快速撤军一定会是美军的首选[162]。无论那些新保守主义者会作出怎样的热情表态，美军对伊拉克的占领已经慢慢开始陷入泥潭，只是出于自身过度的乐观主义以及不令民众气馁的考虑，美军在越战后所采取的策略才没有被更改[163]。

一直被视为旧殖民者的英军，一直致力于减轻因其在部分城市的存在而与当地民众之间的紧张气氛，这些城市包括乌姆盖斯尔、巴士拉和卡尔巴拉，后者在战时曾进行了顽强的抵抗，但最终被英军攻下。与此同时，美军攻取的防区在不久后却变成了叛军的大本营。两相对比之下，我们自然便会对英军的老到而钦佩不已，他们与暴戾成性的美国盟友形成了鲜明的对比。很快地，英国女王的军队就顺利地从伊拉克撤走了其2/3的作战力量，剩余兵力仅有1万人，因为英军的辖区与美军相比小了2/3之多：英国士兵具有很强的判断力，确实，两国军队在军事文化上和武力实施标准上的差异最终导致了伊拉克中部和南部地区所出现的天壤之别：美军所奉行的一直是快速应对策略，士兵们所接受的训练一直以大规模使用武力为中心展开的，正如“美军新兵誓词”向每一名军队士官生所灌输的那样：“我是一名战士（……），我服务于美国人民（……），我随时准备接受召唤（……）并消灭美国的敌人[164]。”这样的观念充分解释了美军为何无法掌控现有的紧张局面——在其辖区内，到处都是生活方式与美国人截然不同的当地人。奈杰尔·艾尔温·福斯特是一名在伊拉克接受美军指挥的英军军官，他表示：“（美军）士兵所接受的作战教育以及所采取的作战行动无不充斥着优越感，所以根本不能指望他们通过（……）必要的‘自我控制’来赢得（伊拉克人的）人心[165]”。对此，另一名负责清点行动的美军低级军官也承认这种看法是公允的：下士理查森对记者说，“我们现在在做的是维和行动，一切都没有改变。对于那些不听从我们的人，我们总是向他们的头顶方向鸣枪警告[166]”。总而言之，武器一直都是最主要的沟通手段。对于那些早已厌倦了战争的当地人而言，他们饱受外军入侵的袭扰，根本无法辨读出美军的重点，因此这样的对话方式无益于改善山姆大叔（美军士兵）在当地人心目中的形象。相反，美军粗鲁的对待方式加剧了他们心中的积恨，催生出反抗的意志。

面对美军阵亡人数的持续上升，华盛顿开始参照朝鲜战争和越战的经验，逐步在反游击战部队中落实兵源的“本地化”。对于美军而言，使用伊拉克临时政府理论领导下的政府军来替换美军部队已迫在眉睫，尤其是在执行巡逻任务时，因为此时的美军士兵会经常成为那些隐蔽枪手的伏击目标，或者成为预埋炸弹的对象。2004—2005期间，美国向伊拉克临时政府提供了34亿美元的军事经费，以便后者能在最短的时间内向美国军事工业企业采购武器、重建“伊拉克本地”军队。这一措施的结果还是有说服力的：随着伊军介入战场能力的提升，美军逐步缩小了在伊的行动范围，损失也随之降低。在连通器原理的作用下，伊拉克安全部队在联军中的地位逐步提高，从 2008 年开始，美军也逐步在阿富汗开始了军队重建工作。

装备匮乏

士兵们几乎一直都对恶劣的战地生活条件充满了抱怨，对军方在装备保障问题上的无能也表达了激烈的批评。对于军事实力雄踞世界之首的美国而言，这样的状况着实令人震惊。

驻伊美军作战装备的匮乏是一件十分具有讽刺意味的事情，这样的状况在预备役部队和国民警卫队中尤为突出，而这两支部队总共集结了驻伊美军兵力的 40%。2003 年 10 月时，约有 3.2 万名士兵——驻伊美军总兵力的 1/4——仍未能领到使用“凯夫拉尔陶瓷”材料生产的防弹背心，该款防弹背心是一种能够抵御 AK-47 步枪射击的防护装备，而 AK-47 也正是伊拉克最常见的枪支[167]。一些新兵甚至到了 2004 年 6 月时才领到了这件迟来的装备[168]。2003 年夏天，也就是军中的不满情绪刚刚开始抬头的时候，M16 步枪的供应发生了中断。军需部门为了将现有装备平均地发放到每支作战部队中，原本能装 180 发子弹的弹夹却只能填满 30%[169]。面对敌军的突击行动，面对镇压暴动日趋密集的情况，军方再也无法充实军需供给。万般无奈中，五角大楼只得转而向以色列的军火商进行采购，后者自 2004 年开始，共计向美方出售了 3.13 亿发子弹[170]。也许都用不着拿士兵的阵亡数字说话，单单是军方的订货名册就足以说明一点：伊拉克的游击队非但没有变弱，反而已逐渐控制了战场。

唐纳德 · 拉姆斯菲尔德一直推崇的美军的“灵活性[171]”不足以掩盖一个事实，那就是美军的作战行动与伊拉克实战背景间的巨大差距。战争的性质已然发生了变化，它早已不再是军团之间的正面交锋。对于五角大楼的规划者们来说，他们所选择的政治策略完全低估了敌人的动员能力：M113 装甲车虽然是美军武库中最易操作的装甲车，但它们体积庞大，不适于在那些藏匿着伊拉克游击队的道路上操纵。此外，战车发动机隆隆的轰鸣声也会让游击队在美军到达前有充足的时间设伏，或者提前预埋炸弹，这些炸弹的威力往往是装甲战车无法抵御的。

另一个类似的例子与大名鼎鼎的“悍马”有关：对于这款具有毋庸置疑的突击能力的四驱战车而言，让它行使在洛杉矶炫酷街区——那里到处都是好莱坞红星——的柏油路上远比在伊拉克占领区容易得多：几个月来，驻伊美军全部的一万辆“悍马”中只有235辆加上了防护装甲，并且优先提供给部队的指挥官。传统的“悍马”使用塑料车窗，车身也只是用铝制材料和复合材料打造的，甚至早期车型的车顶都还是用篷布包裹的，因此在部队中也就有了“纸糊棺材[172]”的绰号。“悍马”供军方在非敌对的战线后方使用，所执行的也只是些“轻度”的巡逻任务，这样的性能无法让车内乘员抵御来自AK-47、火箭弹或是定时炸弹的攻击，可以说驻伊美军一半的伤亡事故都与“悍马”有关。万般情急之中，士兵们在驾驶舱内加装了胶合板和沙袋，防弹背心也被挂在了车窗上挡子弹用。2004年4月，当费卢杰激战正酣时，海军陆战队的士兵们自己为车辆焊上了防护板，然而这样一来，另一个问题又出现了：车辆本身的机械装置（发动机、制动装置和底盘）无法负担如此重的额外负载[173]。此外，当紧急运来的70吨金属配件用罄后，无奈的士兵们只得去搜寻那些伊军士兵丢弃的物资，以期能找到可回收利用的金属防护品[174]。作为一款单价达到了13万美元的全地形车（1991年，美军曾因为它而张狂不已），这些低效且原始的修补已无法让部队的士兵们安心乘坐，按他们自己的说法，一旦坐上了“悍马”，他们就变成了“泥鸽射击场上的泥鸽[175]”。而即便是那些已加装了防护装甲的“悍马”，由于其轴承无法承担过多的负重，改装后的“悍马”车也同样无法抵御B7级别的攻击（AK-47，地雷以及轻度爆炸装置）。全新型的“悍马”最早也要在2005年春天才能投入使用[176]，在等待新车入役的同时，军方转而寻求用“斯特瑞克”装甲车①作为替代用车。不过后者相对而言虽然牢靠，但也存在操控性不佳和无法适应高强度使用的弱点[177]。同样的问题也发生在了军用补给卡车的身上，由于在运抵伊拉克后被去除了防护装甲，该

① 原文是斯特瑞克履带式战车，但美军的这个车族全都是8x8轮式战车，故怀疑原文笔误而只翻译成了“装甲车”。——译者注

款车在以车队形式行进时必须依托“布拉德利”战车提供护卫[178]。此外在高强度使用的条件下，这种卡车也很快便会出现磨损迹象：车辆轴承和传动装置的使用寿命只有1300千米，在正常强度下可以使用一年，然而它们每月就要行驶2000千米左右。另一方面，无线电设备的缺失更让这款卡车显得脆弱不已：如果哪一辆车不幸被友军的飞机“误伤”了，车上的人甚至都没有办法通知其飞行员[179]。

出于对失去亲人的恐惧，很多美国家庭开始自费为他们在伊拉克作战的亲人购置装备，他们给“小伙子们[180]”运去了急需的无线电装备、防弹背心和对讲机。然而购置这些装备花费不菲（单单一件防弹背心的价格就达到了1400美元），很多贫困家庭无力负担这笔开支。在此情况下，民间组织“战场真相（Operation Truth）”联合士兵和他们的家人们一起向官方施压，国会参议院最终于2005年投票通过了一份财政法案，对上述这些家庭所花费的装备购置费进行补偿[181]。然而在接下来的几个月中，五角大楼却对这一结果表示反对：在其看来，这无异于是在对美军的后勤保障进行批评[182]，因此不惜一切代价阻止该法案生效。最终，在上述法案通过的7个月后，国防部才同意向这些家庭发放补偿申请表。在此期间，“战场真相”组织又创设了“美国伊拉克和阿富汗退伍军人”组织，后者是第一个为参与了反恐战争的美军老兵创建的组织。

即便是在驻伊美军内部，不同部队间待遇上的差异也在持续恶化。很多区别对待行为长期影响着部队：那些装备优良的正规部队一直是预备役部队的羡慕对象，后者时常会因手中“破旧的装备[183]”而深感受挫。来自田纳西州国民警卫队的齐默曼上校认为，装备质量上的差距足以将驻伊美军分割为截然不同的“两支部队[184]”。从社会学角度上来说，那些“装备较差”的士兵们还可以被细分为两个不同的等级：第一类士兵们虽然装备较差，但至少可以保证自卫；而另一些人则完全是为了补足储蓄亏空才赴伊参战的，他们自然也就成了这第二类士兵。在四分五裂的部队中，到底弥漫着怎样的气氛？基于社会地位上的差异，这些士兵们之间很难构建起“兄弟连”一样的情谊，他们自然也不会有同样的命运。尽管军事法规要求对每一名士兵一视同仁，然而在军队内部，这种社会生活固有的歧视还依然在发生着。

2004年3月，这一多次发生的奇怪现象引发了一起丑闻。面对来自舆论的严厉谴责，国防部随即介入，宣布禁止“布兰克角防弹衣公司”继续向平民出售最新一代防弹衣“拦截者防弹背心”（Interceptor™ OTV），并规定这款产品只能接受政府订货[185]。就在这种竞争持续发酵时，士兵及其家属们却已对军方完全失去了信心，在他们看来，军队连其最基本的义务都没有履行。很多人表示，美军高层根本就不重视他们的生命。更糟地是，尽管新式防护器具（陶瓷材料、凯夫拉尔材料）能够有效规避那些致命性的伤害，但伤残军人的数量依旧在上升，随之而来的就是抚恤费用的增加，在此情况下，美军为了节省经费而采取的一项冷血手段被揭露了出来：在没有防弹衣的保护下，中弹士兵几乎不会存活下来，这样一来美军便可以将抚恤金的开支降到最低。“我们就是在这样的(精神[186])状态下生活的”，驻扎在巴格达的国民警卫队员罗纳德·佩平悲叹道。在如此绝望情绪的折磨下，美军第3步兵师第2营的士兵们痛声斥责军方“像他们的装备一样糟烂[187]”。

在解释美军上述种种反常状况的问题上，我们还是不要很快地就将其归结为美国政府目光短浅为好。尽管在战前政府所表现出来的乐观态度成为了舆论猛烈抨击的对象，但这种抨击随后在全民的妥协下渐渐平息了。面对后萨达姆时代各种证据充分的假设，比如说伊拉克是否真的会进入一个混乱的时期，以及面对大量使人相信游击队可能存在的报告、记录和文献，布什政府选择不再维持战争胜利幻象的信任气氛：大规模采购弹药、装甲车和防弹衣的行为本就该被解读为一种处境艰难的标志。此外，英美联军不是曾经被伊拉克人视为“解放军”吗？他们不是曾被伊拉克人迫不及待地“张开双臂”欢迎吗？为什么还要冒险去击碎这些支持战争的民众的想象呢？

十二

决裂边缘的士兵

士气低落

作为民众支持的载体，士兵的形象在 2003 年 5 月 1 日的胜利通告发布后却逐渐背离了人们心中的主流印象。驻伊美军部队纷纷抱怨："萨达姆都被赶下台了，伊拉克人也希望我们离开，那我们还留在这儿做什么呢？"一名中士思忖道[1]。进入非对称战争阶段后，美军在装备上所存在的问题凸显了出来。此前，美国总统所进行的"主要作战行动已经结束"的表态曾激发了士兵们凯旋回国的热忱，然而现在，他们的悲观情绪反而更加严重了。美国官方曾公布了一份在几周内逐步将驻伊部队人数由 25 万人降至 13.7 万人的撤军计划，这让士兵们相信归国行动正在进行中，然而伊拉克战后的重建以及针对联军士兵所发动的各类袭击却使得军方作出了另外的选择："报纸上说剩余的部队（……）将撤回国（……），然而我们接到执行下一次任务的命令"，一些不愿透露姓名的士兵们抱怨说。2003 年 7 月 1 日，一些自称为"被遗忘和被背叛的第 3 步兵师第 2 营士兵[2]"在一封公开信中表达了他们深深的绝望："我们的士气不高也不低。我们根本就毫无士气可言[3]。（……）。你们曾两次告诉我们就要回家了，但我们却两次收到了继续待下去的命令。你们的话有什么信誉？军队的公正又在哪里[4]？”在这封写给媒体和民众的信中，士兵们发泄着他们的愤懑，同时这也是一封写给他们长官的信，乞求“将他们带回家”。该师部分士兵得容忍已经到达极限，要知道在1918年的马恩河战役中，该师定下的座右铭正是：“我们会一直待下去[5]。”

尽管超期驻留伊拉克被士兵们认为是一种不公正的行为，但很多人的服役期还是被迫延长了。2003年夏末，当得知自己的妻子流产后，预备役部队下士何塞·阿尔瓦雷斯向他的长官申请回国休假，然而上级最终驳回了他的申请，这一结果完全改变了他对军队制度的看法：“对我来说已经结束了[6]，该死的军队[7]！”他说道。抱同样想法的人有近一半之多。对于那些在出征前就发现自己的装备质量不尽如人意的士兵来说，反恐战争已经变成了他们的十字架，大多数情况下，他们只是一些由军队支付工资的雇员，所要做的也只是根据法律规定按期履行雇员的义务而已。然而对他们的妻子们来说，她们无法忍受与自己的丈夫如此长时间的分离：“我们这儿的兵有些是和妻子离了婚的，要不就是孩子得了病的”，中士伍顿对记者说道，超期驻伊的现实让他不得不推迟了婚期[8]。反复的家庭困扰和精神打击使得这些部队的氛围愈加沉重。

2003年8月，在美军自行宣布伊拉克“主要战事”已经结束的3个月后，一项由《星条旗报》在部队内部发起的调查[9]却公布了这样一组令人吃惊的数字：49%的受访士兵认为自己所在部队的士气“低落”，35%的人认为“一般”，而只有16%的人觉得“高昂[10]”。“我们已经应付不了了，我们疲惫极了，我们已经不堪大用了[11]”，在第671工兵连服役的士兵金·布莱德对记者这样说道。而在2004年8月，另一项调查的结果显示出士兵们的这种趋势正在加强：72%的受访士兵认为他们的士气“很差、极差”，同时超过一半（52%）的士兵倾向于选择同样的表述方式来定义自己的精神状态[12]。“我们没法再骗自己了，（……）我们中的很多人都已经到达极限了”，一名军官说，而他所在的第3步兵师全部16500名官兵仍一直要坚守岗位直到任务结束[13]。看到这样的调查结果后，我们可以了解到这样一个事实，即美军士兵在赴伊之初时便士气低落：战争很难将士兵们集结起来，他们肯定不是心甘情愿地上战场的（就像1914年的法国士兵一样，官方宣传为了鼓吹士兵们踊跃上阵杀敌的热忱，故意隐瞒了他们屈从于官方意志的事实）。这样的精神状态反映出美军在伊拉克游击队迅速壮大的这一年中实际上过得非常艰难。士兵们不想和那些不怕死的敌人交火，若不是因为这个原因，还有什么能让这些忧心忡忡的士兵们在战场上一心保护自己、只想要回国和家人团聚呢？“世俗生活对于我们而言一无是处，我们作战就是为了占领天堂”，在一段伊拉克游击队制作的宣传视频中，一群蒙面人颂扬道。一如当年的“越共”战士一样，所有派别的穆斯林战士肩并肩站在了这条自我祭献的阵线上。而对美国占领军来说，由官方谎言所引发的无力感造成了部队士气低落，对一名士兵来说，这是一种更为糟糕的感觉。如果说美军士兵和当地人之间的那条鸿沟还不足以让他们气馁的话，那么他们与军队高层之间的第二条鸿沟却让局面雪上加霜，毕竟后者所能做的只是无条件接受来自五角大楼的政治命令。而在这样的情境下，士兵们的暴力行为则不可避免地以曲线上升，这些行为封堵了未来可能的和平前景，也让白宫所描绘的“局势缓和”从此成为了幻象。“将军们说我们不需要援军，结果大家也看到了，我们没办法掌控局势[14]”，一名士兵叹息说。

如果说美军第一年的占领行动非常艰难，那么第二年的状况有过之而无不及。对于这些参加“伊拉克自由行动”的战士们而言，毫无疑问，接下来的几年里情况只会变得更糟。很快，他们就会同那些在被派往越南并于 1969 年接受军方历史学家委员会问询时的老兵们一样，表示军方应“把所有的船和飞机准备到位，装上全部的美国士兵后用最快的速度把我们送回家[15]”。2007 年，美国驻阿富汗部队的士气接近崩溃——这或许是驻阿美军第五次遭遇这样的情形——密集的交战消耗了部队的战斗力，总有士兵在冲突中丧生。在这一年，只有 10.2% 的“持久自由行动”参战士兵认为美军士气“高昂”，而仅仅两年后，这一数字更是降到了 5.7%[16]。

这种急速的士气下滑是否很不正常呢？参照朝鲜战争[17]和越战的经验后我们就会发现，这实际上也不完全是异常情况：美军在上述两次战争中所遭遇的困境，也导致了士兵们的士气在几个月内迅速下降的情况。艾森豪威尔曾这样写道：“长官们将部队士气看作是最重要的事情之一，在这一点上，他们能够也必须要采取行动[18]。”作为一名在战场上久负盛名的老兵，艾森豪威尔深知一支士气低落的部队不但会影响军事行动的开展，而且从中短期来看也会影响选民对自己的支持。在平衡关系的作用下，那场准许美国男女兵开赴前线的运动遭遇了阻力：在战场上，士兵们不断向公众诉说着自己的遭遇和失望。1951 年 1 月时，也就是朝鲜战争爆发的 7 个月后，大部分美国民众都认定美军当初的参战是个错误的选择。同样地，舆论对于越南战争的谴责也从 1967 年开始日渐激烈，并最终在 1968 年夏天形成了与朝鲜战争时一致的结论[19]：这年 1 月，北越军队发动了大规模的“春节攻势”，此役过后，美军士兵全然明白了他们的处境已毫无安全可言。士兵的证言紊乱了国家的宣传，同时也引发了民众的反战浪潮，而那些在军旗的引领下不得不来到越南参战的小伙子们也普遍开始对战争持抗拒态度。美国可谓在伊拉克创造了历史，这是美军第一次在海外部署职业军队——也就是志愿兵——进行长期作战，尽管这其中的“志愿”意味并不是那么明显。

志愿部队……被抓去当兵的人

为了在伊拉克战场最大程度地维持在役兵力，美军动用了一切手段来拒绝履行士兵服役合同所规定的相关义务：从 2002 年 11 月—2004 年 9 月，五角大楼先后 4 次启动了“停止损失（stop-loss）”程序，该程序使那些在外服役期满、甚至是即将退役的士兵们能够再超期驻留 90 天。2002—2008 年的 9 年时间里，超过 5.8 万名军人被强制在外超期服役[20]。这是一种非常打击官兵士气的不得人心的做法。此前，美军对这一政策的使用一直持审慎态度——自越战后，美军只在 1990 年时动用过一次——，只当五角大楼暂无法集结足够的士兵来替换那些行将离开的部队时，才会考虑采取这一措施。在伊拉克，“停止损失”的命令正是被当成了这样一种弥补新兵亏损的手段：面对那些已对军队失望透顶并执意要回国的士兵，军方却依然不为所动。这样一来，五角大楼无论在前线还是在“大后方”的局面都变得更加复杂了。

数千名不得不继续留在军旗下的男兵、女兵已不再是所谓的志愿军。又 3 个月的超期驻留已经改变了他们的属性，使他们虽心怀不满但却只能屈从于上级的意志继续执行战斗任务。士兵戈茨就是他们中的一员，他说：“我原本的驻守期只有 7 个月，且不提这个，这已经是我第二次来伊拉克了。（……）并不是只有我一个人会在这里发火。2003 年我们在这里的时候，很多人就已经开始不满了，只不过还没上升到仇恨的地步[21]。”2004 年 12 月，8 名因“停止损失”的实施而被迫超期留守伊拉克的美军士兵提起了诉讼，他们控告五角大楼强制延长士兵服役期的政策[22]。这是美国国防部历史上第一次因这样的理由而接受司法传讯，然而此事最终以失败而告终：军方的相关制度早已对此类情况进行了规定。

根据美军《个人预备役法》（IRR）的规定，不论个人的原始合同服役期是几年，全体美军士兵都有履行 8 年有效服役期的义务。2004 年，美军为落实上述法律条文的内容，在现役部队中进行了广泛的动员，这也是自 1990 年海湾战争后动员力度最大的一次[23]。从 2003 年至 2008 年，约有 2 万名训练水平低下的驻伊美军士兵[24]被强制要求接受为期 18~24 个月的超期服役，而他们中的的一些人实际上从 1996 年 7 月时就已离开部队回归平民生活，面对这样的情况，我们是否还依旧能说他们是“志愿”服役的呢?

而伤兵回归战场可以说是美军兵源吃紧的另一个表现。面对兵力匮乏，军方认定那些“创伤后应激障碍症”的患者和伤口愈合不良的伤兵符合再入役的要求。承受着重重压力，并在违背医疗规定的情况下，这些已无法执行正常任务的伤兵不得不重返部队，尽管他们内心并不想回归[25]。可以说自“南北战争”到“巴拉圭战争（1864—1870）”，乃至到后来的两次世界大战——这期间沙皇俄国、以及后来的苏联、法西斯德国和日本都曾对伤兵进行过动员——动用那些理论上已失去作战能力的伤兵参战都反映出了当时战事的紧急以及战争的“全面化”。

这种对士兵的压榨行为事实上并没有法律上的限制。正如士兵们的服役合同上所列明的那样，“国防部保留对相关军事法律法规（……）进行修订的权力而无须对军人进行事先通知”，并可以“将军人的服役期限推延 24 个月以上[26]”。换句话说，这一规定使得军方决策机构有权回避士兵服役合同中的相关条款，这些具有追溯效力的条文让每一名士兵和每一个退伍老兵都成了任人摆布的工具。

有了这样一些因自身命运而变得乖戾的士兵，美军的强权特色便进一步强化了，也使得伊拉克和阿富汗民众的反美情绪更加尖锐。美军从未像现在这样以一种“泥脚巨人”的形象示人，正如一种分析所言：尽管作战能力强悍，但长期占领还是暴露出了美军此前试图极力掩盖的“人性”缺失的问题。

美军的超期服役政策，一如伤亡人数持续上升的问题一样，迅速产生了一种负面效应：自 2003 年夏开始，已有 49% 的出征士兵表示日后不会继续服役[27]。与此前的历次战争相比，这一比例明显已高出许多，它显示出了美军在征兵问题上所存在的严重问题。

美军的阵亡比例——与之前的几次战争相比很低——并不影响参战士兵的更替：2004 年时，五角大楼声称征兵办公室已“几近饱和[28]”，然而事实上，他们所宣称的在役士兵人数的轻度富余（587 人）只是一个虚构的事实：这一乐观数据的得来，实际上是在“延期服役计划”下所使用的一个统计伎俩而已。列入该计划范围的士兵会提前草签一个服役合同书，写明会在签字之日起一年后正式加入现役[29]。显然在生效之日来临前的任何一个时间点，该条款都可以导致合同作废[30]。

自 1973 年征兵制结束以来，五角大楼还从未遇到过如此棘手的问题。期间只有 1979 年时或有不顺，但彼时的情形远没有现在严重。为了应对当前的状况，军方采取了一系列激励措施：为了降低退伍老兵高居不下的失业率[31]，国防部对那些从伊拉克或阿富汗战场退役后再入伍的老兵给予 2 倍甚至 3 倍的津贴[32]。而那些“首次入伍”的新兵也会获取从 2 万～4 万美元的酬金。如果一名新兵还能够介绍另一人入伍的话，军方还会向其发放 2500 美元的额外奖励；而如果他进一步放弃了“延迟入役”条款的保护，则还有另外 9000 美元的补偿在等待着他。国防部长其实并不是慈善家，如果征兵任务能够顺利完成的话，恐怕军方也根本没必要准备这份额外支出。面对官方发布的有关保留经验丰富的退伍士兵的政策，一些匿名人士却并不这么看。一名负责征兵的工作人员就对记者表示：“我们也需要像打仗一样工作，尤其是在招募预备役士兵和国民警卫队士兵的时候。军方高层一直否认这个现状，然而（……）现实工作却从未像现在这么艰难过[33]。”2004 年时，国民警卫队的实际招募人数与额定目标间的缺口达到了 5000 人之多[34]，成为了自“9 · 11 事件”以来所出现的首次回潮。为了避免兵源继续流失，美国国会应五角大楼的要求将上述两个武装分支的最高入伍年龄由 34 岁提高到了 39 岁[35]。然而尽管这一举措被认为能够向军方提供多达 2260 万人的潜在兵源，但它却未能取得如期效果。美国陆军在 2005 年所遭遇的征兵失败也陆续引发了预备役部队和国民警卫队的征兵危机[36]，于是在接下来的 2006 年，五角大楼随即宣布将武装部队的年龄限制再次提高到 42 岁，同时表示这一政策的适用对象不止包括预备役部队和国民警卫队，同时也包括美军现役部队，这就意味着此前已被美军执行了 36 年之久的现役部队征兵禁令宣告解除[37]。不过，军方的这一风险举动也考虑到了当下的经济现状和失业形势。比较走运的是，经济危机的到来使得军方在 2007 年的征兵工作进展得非常顺利。然而作为为解决问题而采取的紧急措施，上述手段也极大地增加了军方的开支：征兵预算从 2004 年的 34 亿美元上升到了 2008 年的 77 亿美元[38]。

作为一支忠于传统的军队，美军在“9 · 11 事件”后也开始向持绿卡的外国人敞开了怀抱：此前，获取美国公民资格的程序依然繁琐，此后，得益于 2002 年 7 月签署的一份总统令，征募使得这些程序得以简化。只要在美军现役部队待满一日，任何外国人都可以申请入籍。此外，2004 年版《国防法》通过对有关移民和国籍问题的相关条款进行修改，亦加速了这一进程。而一旦一名外国士兵在美军现役军队服役期间死亡，则他的配偶和子女也会自动获得美国国籍[39]。这一旨在服务于战争目的的法律变更对于那些希望获取美国国籍的人而言无疑极具诱惑：平均每年约有 8000 名外国人申请入伍[40]。2003 年时，已有近 4 万名外国士兵在美军服役，其中数量不明的来自南美国家的士兵被整体投向了交战区[41]。尽管如此，士兵数量仍无法满足军方的要求：2006 年时，负责人力资源事务的国防部副部长曾建议对那些接受过美国初等及中等教育并愿意参军的年轻无证居民提供入籍便利。第二年，一项被认为是给美军的征兵工作者和外国移民“圆梦”的法律条文出现在了美国的《梦想法案》，也就是《外籍未成年人的发展、援助和教育的议案》中：只要在美军现役部队服役 2 年，且无污点，外籍士兵申请人便可以入籍[42]。这样一来，一部分非法移民的合法化整治工作就首先由军队起头，这种通过参军服役获取国籍的方法，完全参照了罗马帝国末期的旧例[43]。然而在提交国会进行审议后，这份法案并未得到通过，不过五角大楼仍将其视为优先处理的工作事项[44]。

至于美国自己的年轻人，军方在校园内部宣传征兵的做法一方面遭到了“自由”人士的反对；另一方面，美国社会自身的结构问题也成为了征兵工作的障碍：约 30% 的美国年轻人患有肥胖症，且因注意力不集中和多动症而需接受跟踪治疗的青少年更达到了数百万人之多，甚至许多年轻人自身的“异常”行为（吸食大麻成瘾、在 21 岁前饮用酒精饮料）都已进入了刑事范畴并获得了相应的司法备案，由于以上原因，潜在兵源数量实际上在大幅减少[45]，尽管军方负责征兵的官员一直在努力掩饰着这些困难。此外，应征者普遍低下的学历水平也使得他们当中很多人无法通过相关能力测验（在入伍前进行）：2004—2009 年，约有 25% 的应征人员因此而被淘汰[46]。受上述各类因素影响，2009 年度美军 17~24 岁应征人员的强制淘汰率就高达 75%[47]。不过，尽管这些人有着各种各样的问题——战争环境下，作战准备不足、头脑不清晰，以及更为普遍的代际后遗症（暴力成性、丧失社会基准）——，军方却还是进行了大规模的征召。在“9 · 11 事件”后的好战宣传影响下，过去 3 年中大量年轻的美军士兵开赴伊拉克和阿富汗前线。新兵在战场上的一系列反应是与其此前所树立的战争意识直接相关的，因此，他们的到来也只能加剧这种混乱的局面。

士兵的不满

出征部队中的不满情绪导致了各种违反纪律现象的发生。正如我们所看到的，士兵们纷纷表达了拒绝再战的意愿，而这些诉求应该说均是违反军纪的行为。需要指出的是，那些针对装备状况和生活条件所展开的猛烈批评并不总是导致军人参战意愿下降的原因，至少不是直接原因。在大多数情况下，士兵们自参战以来一直集中抗议的只是他们的超期服役问题。从 2003 年夏天开始，他们便通过各种各样的方式表达着自己的不满。

2003 年 7 月 16 日，4 名中止履行预备役士兵职责的士兵在美国广播公司的一档人气节目《早安美国》上公开表达了自己的怨恨，向外界传达了他们心中不同的声音：“他们之前跟我们说，要想快点回家，必须经过巴格达，我们这么做了。但现在，我们依然还在这里”，中士维加说道。他的部下也补充说：“如果拉姆斯菲尔德在这儿的话，我会要求他辞职[48]”。在战场上，士兵的抗议行动也同样比比皆是，正如一张照片所记录的场景：在一名预备役士兵所驾驶的军卡的挡风玻璃上，凌乱地涂鸦着一句话：“每月才有一个周末，去他的吧！”这些标语与其说是给他们的长官看的，倒不如说是留给那些媒体摄影师的，一旦在媒体上曝光后，他们的心声也就坦露给了公众。2004 年 5 月，拉姆斯菲尔德对伊拉克前线进行了视察，然而这次到访却遭到了来自部分士兵的强烈抵制。“他乘坐的总统直升机刚一落地”，一名中士的母亲说道，“大部分的士兵就去了基地的咖啡厅。这是一种无声的抗议，因为所有人都厌恶他[49]”。事实上，每一次有高官到访时，军方都会特意挑选出一些士兵作为他们的听众，而那些没被选中的士兵则会接到禁止和这些“大佬[50]”们交谈的命令。不过，尽管这些仪式都是被精心润色的，它们也会有卡壳的时候：在拉姆斯菲尔德对科威特驻军进行视察期间，一群士兵质问为何给他们发放那些“废弃”的武器，并要求军方解释那些“不公正”的超期服役行为[51]，这些咄咄逼人的问题让国防部长先生坐立不安。2004 年 11 月，面对那些自朝鲜战争后即将第一次被大规模部署到海外的田纳西州国民警卫队队员[52]，一家媒体准确地捕捉到了拉姆斯菲尔德脸上尴尬的神情。这些毫无作战经历的新兵已经对自己未来所担负的任务充满了不安。焦虑的士兵充斥着这支士气低落的部队，他们巧妙地通过了事前审查后，出现在了对部长先生的提问环节并发出了上述质疑。2005 年 10 月，一些负责对总统主持的视频会议进行展播的工程师不小心泄露了一个事实，即与总统进行对话的指挥官们无不接受着严格管控：在经过事先准备以及多次练习后，士兵们所提出的问题以及总统所提及的话题无不展现出了积极乐观的前景，但却丝毫没有反映出战场的真实状况[53]。从此之后，一些失望至极的士兵们便开始用那些军方禁止的表达方式发泄自己的不满[54]。

之前所引述的几个例子都是与《统一军法典》第 134 条内容相冲突的行为。在军事法庭上，军方会以“纪律缺失，扰乱秩序”和“有损军队名誉”为名对涉事士兵进行处罚。在大多数情况下，涉事士兵所接受的都是“非司法性处罚”，也就是所谓的“NJP”（Non-judicial Punishment）。根据《法典》第15条的规定，“非司法性惩罚”理论上只是一些轻微处罚：它们由一名指挥官实施，且惩罚名目常常是“遣送回基地”“罚款”“降衔”，甚至有时也会被“禁食三天”。部分判决所具有的侮辱性并不妨碍军事法庭在正式司法审判中作出程度类似的判决[55]，而非司法审判的优势就在于其非正式性与灵活性：将案子正式诉诸军事裁判官的话，后者只会官方定性事件的严重程度，并且会引发媒体的关注。尽管那些被指控的士兵们有权要求开庭审理，但出于对事态严重化的担忧，很少有人会真的这么做。此外，这一为《法典》第15条所支持的处置方式可以确保对士兵的相关惩罚不被记录在案，因此他们的案底不久后就会被大家忽略。然而作为士兵情绪的晴雨表，这些处罚结果在实际操作中却引发了士兵的极大不满。2003年，美军共有8万例“非司法性处罚”事件[56]，然而在这些根据《法典》第15条而实行的处罚中，却无法明确辨明其中哪些触犯了“共同权力”或哪些进行了“非授权抗议”。这样一来，“非司法处罚”实际上就被当成了一种合法的手段而使用，成为了秘密惩罚的工具。值得注意的是，受罚士兵的人数在增多：从2002年至2007年，仅海军陆战队中接受过NJP处罚的士兵就已经翻了一倍。这一数值尽管在2008—2009年有所下降（得益于参战士兵“伊拉克本地化”政策的实施），但与战前的水平相比仍高出了30%之多[57]。

对军队士气大发议论之人几乎难以逃过处罚：“军方（……）希望展示出一种一切正常的面貌，然而（……）实际情况却不是这样的。士兵们不应该只因向个别人透露了这里所真实发生的一切就受到处罚[58]”，一位不具名的军官遗憾地说道。高层的宽容是有限的，这一点在对原101空中突击师士兵蒂姆·普雷德默尔的处置问题上表现得非常充分。2003年8月，普雷德默尔给他家乡所在城市的日报《皮奥里亚星报》写了一封信，该信的内容在9月17日被《洛杉矶时报》转载，此后又被多家国内外媒体引用。在这篇名为《在伊拉克，我们正在面临无谓的死亡》的信中，作者呼吁结束对伊拉克的占领，同时揭露了美军的伪善和暴行[59]。不久后，普雷德默尔就遭到了《法典》第15条的严惩并接受了"非司法性惩罚"；类似的故事还发生在2004年9月20日，一家具有自由主义倾向的网站上线了一篇充满敌意的专栏文章，其署名人为洛伦茨中士。不到一周后，这名驻伊低级军官便被以"不忠罪"和"背叛罪"论处。上述这两项罪名均会对涉事军人处以20年的有期徒刑[60]，但它们从1970年开始便再也没有出现在军法典的年鉴之中了。这篇名为《我们为什么无法取胜》的文章以说教性的笔法，详尽阐述了作者心目中那些导致美国必然战败的原因，这显然是在与官方的说辞唱反调。阿尔·洛伦茨写道："出于政治阶层的考量，我们（……）应该给那些越战越勇的伊拉克游击队贴上'恐怖分子和罪犯'的标签。（……）刚来到这里时，我们曾天真的以为当地人（……）会向我们抛撒玫瑰花瓣（……）。（然而他们）不止在心中对我们愈发充满了敌意，（……）越来越多的人已将这种敌意付诸了实践。（……）他们对我们说，伊拉克人不会因为敌对的国家军队（……）占领了自己的国家而恼火，他们也不希望由我们来帮他们选出新的领袖（……）。（敌人）补充兵源的速度比我们快很多。这种情况在反游击作战中已成为了常态，尤其当针对这些武装分子所制定的战术完全围绕着如何消灭他们（……）而不是如何解除他们的后援时。每当我们使用'智能炸弹'消灭了一名敌人，却也在同时杀害了更多的平民（……）。这种由我们所激发的（……）愤怒感使得更多的人加入到了游击队中，也扩大了游击队在民众中的支持度。"洛伦茨并不是唯一揭露美军镇压政策的人，在那些参与了反游击作战的士兵口中我们也常常能听到这样的话：为了不失去民心并进一步孤立伊拉克的常规部队，我们应该有选择地进行报复行动。然而每次对"疑似有恐怖分子藏匿的建筑"进行打击后，总有平民成为了"旁带"受害者，这样的事实证明了此前的命令并没能得到贯彻。此外，洛伦茨中士务实地强调指出："（敌人的）通信链条（比美军的）更短（……）也更不易遭受攻击"，而美军一切所需的作战装备都不得不依靠进口。游击队也会就地进行补给，这会让我们联想到他们对美军补给车队发动的攻击，以及针对与美军签订了工作合同的外国运输司机实施的绑架行动均是为了切断美军的补给线。每当一家运输公司宣布为了解救其被绑架的卡车司机而退出伊拉克时，游击队就获得了一次胜利，而连结美军各基地之间的空中运输线的增加，更显示出了美军对于伊拉克地面设施的控制是多么的不力[61]。最后，阿尔·洛伦茨中士又指出了敌人所具有的心理优势，他认为游击队拥有来自“其家庭成员、朋友和宗教的支持[62]”。与那些因伊拉克战场的混乱局势而深感沮丧的新兵不同的是，这篇分析文章的作者是一名已拥有 20 年服役资历的老兵，按他自己的话来说，他也曾相信美军一定会胜利。这里更要明确指出的是，阿尔·洛伦茨并不是常常为共和党人所攻击的“自由派”或“戴高乐派”人士，相反，他曾是政治路线非常保守的“宪法党”的成员，该党在美国政治版图中属于极右派范畴，很多联邦政权的反对者都出自这一阵营。洛伦茨的这篇文章在战场局势困难的情况下很容易地便流传了开来，高层开始对这种失败论表达了担忧。于是，这名低级军官也如其他人一样被判处接受“非司法性惩治”，这显示出军方高层誓将反战军人的一切说辞无声无息地消灭在萌芽状态的态度。

在自己的军旅生涯进入到了第 24 个年头时，来自第 343 勤务连的巴特勒中士却在驻伊美军的年鉴中成为了标志性的人物。2004 年 10 月 13 日，这名预备役部队军人和该连的大部分士兵因违抗军令罪被起诉——这是为军纪所不容的几项重大罪名之一，而事情的起因是由于他们拒绝为靠近纳西里耶的一处美军基地进行油料补给，因为在他们看来，他们所驾驶的油料车不仅速度慢，而且防护差，根本没法在那样一条敏感的路线上执行任务。巴特勒的妻子对记者说：“几个月来，所有人都在向上级抱怨车辆的问题（……）[63]。”而面对高层的缄默，这 18 名预备役士兵质疑执行这样一份任务无异于是让他们去“自杀”，不过他们的质疑并没有触及战争的合法性。作为一名在 1991 年入伍并多次受到嘉奖的老兵，迈克尔·巴特勒并不在乎自己这一行为的后果。军事法庭并没有开庭审理他们的罪行。在正式调查尚未形成结论的时候，一切突然中止了。事件的敏感性让政府部门畏手畏脚，后者巨大的国防开支也不允许他们保护自己的士兵，这使得军方决定伺机进行裁决[64]。在国内总统大选的大背景下，一旦军方草草了事的宣判行为被媒体曝光，前总统的形象肯定会受到牵连，而此时约翰·克里也对这些不服从命令的军人进行了声援，宣称这一切都是因为其竞争对手在驻军伊拉克问题上漫不经心的准备而造成的。后来，乔治·布什成功连任，这些士兵也统统被降级，同时他们受到了“非司法性处罚”而非被移交军事法庭[65]；军事法院的审慎让人觉得违抗军令是一种说得过去的行为，也是可以被宽恕的。然而，问题远未就此结束。迈克尔·巴特勒或许还会不乏其追随者。在命令下达的 3 天后，美军随即决定大规模使用军用运输机向在伊各基地运送补给品[66]，这一决定很可能正是为了消除上述隐患。

另一些抗命事件的发生是基于对伊拉克战争合法性的质疑，这些涉事人也经受了相关军事审查：2006 年 6 月，中尉瓦塔达成为了第一位拒绝前往伊拉克服役的美军军官，他随即接受了军事法庭的审判[67]；而根据“向拒绝参战的部队提供支持[68]”的“反抗勇气”组织的统计，截至 2010 年 11 月时，拒绝服从命令的普通美军士兵也已达到了 130 人，下士亨德森便是其中之一。在迈克尔·摩尔的执导电影《华氏 9-11》中，亨德森身着军装宣读了他拒绝返回伊拉克的决定。他的这一做法足以让他接受军法处罚[69]，然而又有多少人选择了秘而不宣呢？这并不重要，说白了，其他违抗军令的士兵认定了这是一场无意义的、危险的战争，因此他们会故意“破坏”自己的行动任务，或者尽量避免投入战斗[70]。

更为重要的是，这些违抗命令的士兵的人数与越战初期时不相上下，但五角大楼却对此估计不足。不过，战场局势的恶化与士兵们这种反抗心理之间的因果关系还是让军方高层深感忧虑。越战时，为了处置那些因陷入作战困境而违反军纪的士兵，军方会选择将他们召回。国会众议员保罗·麦克洛斯基在 1971 年时观察指出：“很多士兵（……）不想再服从命令，像今天这样发布进攻命令只会招致他们的反抗。导致（士兵们）和他们的长官间直接发生冲突的风险在增加[71]。”一份官方调查结果显示，2003—2009 年，共有 5 名美军军官在伊拉克被自己的士兵杀害[72]，而谋杀的手法——手榴弹或者炸弹——也与当年越战时如出一辙[73]，只不过越战时这种行为发生了数百次。那个时候，士兵们杜撰出了一个词“fragging”（指炸弹“碎片”）来形容这种行为。也许在反恐战争的情势下，这一事态远没有当年严重，不过它的再次发生却引起了媒体的广泛关注：部队士气与“fragging[74]”行为间的关联性足以令所有人反思。

而对于那些迷茫的士兵来说，他们的良知已被分割成了好多碎片，既有应该服从命令的觉悟，也有自身求生的本能。除此之外，还有战友情谊，以及那份沉重的自责感。

拒服兵役者、逃兵……和战士

美国军队的职业化并未对士兵们因宗教或道德原因拒服兵役的行为予以禁止，而后者从1917年起就已正常化。每年，都会有几十名到数百名志愿兵提交申请，然而他们当中很少有人会成功。根据官方统计，2003年仅有30人的申请最终获批[75]，而在2004年，受战争影响，申请人数迅速翻倍到120人[76]，与2003年统计的2771名逃兵的数量形成了鲜明的对比[77]，并且也足以对此作出解释：负责对申请人的诚意进行评判的军事委员会常常会驳回他们的申请诉求，这使得士兵们只得选择当逃兵，或者30天“未经允许擅离职守[78]”，也就是所谓的AWOL。

“伊拉克自由行动”中的拒服兵役现象引人注意。对于一支职业化部队的军人来说，他们的这种态度很是让人无法理解，除非我们真的能够区分出这些在伊拉克和阿富汗作战的士兵们究竟在多大程度上是心甘情愿来此参战的。当年在越南战场，因不想打仗而提出此类申请的军人数量达到了20万人，占美军总兵力的2.2%[79]。我们知道在“9·11事件”后，神圣同盟的新闻媒体便很少再去向士兵们介绍战场上的各种艰难困苦了。媒体的再度权衡改变了局面。对于那些在伊拉克和阿富汗战场上等待回国的人而言，无论他们真的如其宣称的那样“因道德而拒服兵役”，还是只是想逃离战场，他们对战争的看法都经历了根本性的变化：他们从前坚信的参战理由在现在看来已变得不再合理，他们自己亦觉得没必要在这里献出生命。此外，更没必要刻意去区分哪些人是“合理”的拒服兵役者，又有哪些人是想以此为借口脱离苦海并一去不复返。士兵们拒绝战斗的想法并不是突然形成的，它经过了一个漫长的发酵的过程；驻伊美军中士梅吉亚所在的部队在拉马迪南部地区陷入了伊拉克武装的伏击，在组织反击的过程中，他所在的班又造成了数名无辜平民死亡。于是，这名来自佛罗里达国民警卫队的预备役士兵成为了“伊拉克自由行动”开始以来第一名正式以“因道德顾虑拒服兵役”为名离开战场的美国军人[80]。

军方负责人员管理的官员们对部队的逃兵现象一直密切关注，他们要求美军的社会行为学研究部门定期向他们发送其研究成果[81]。从 1993 年开始，美军逃兵人数持续增加，仅陆军内就从当年的 1203 人上升到了 2001 年时的 4795 人[82]；而在 1997—2001 年，美军逃兵总人数就达到了 12277 人之多[83]。尽管从 2001 年开始，这一数字开始小幅下降：根据五角大楼提供的数据，2002 年美军的逃兵为 4000 人，2003 年为 2600 人，2004 年时为 2450 人，然而从 2004 年开始，逃兵人数重又开始攀升。从伊拉克战争开始之初到 2004 年 11 月，美军登记的逃兵人数为 5000 人，而到了 2006 年年初时更是达到了 8000 人之多[84]，占美军总人数的 1%。不过在五角大楼发言人埃奇库姆少校看来，这一数值与 1971 年时的 3.7%[85] 相比，乍看上去还是比较可以接受的。对于这一表态，我们也许可以作出两种解读：要么是士兵对战争的认同可以支持美国继续将战争打下去，要么就是五角大楼的官方数字对实际情况作了隐瞒，一如他们在越南战争期间所做的那样。不过在深究这一问题之前需要看到的是，从 2003 年 12 月开始，由五角大楼的法务部门所发布的有关逃兵问题的指示性文件开始显著增多。如果说上述法律条文真已有效解决了问题的话，美军又为何矢口否认这些法律文件的存在呢？

暂且将官方的报告放置一边，有很多小道消息表明在 2004 年 3 月的两星期时间内，驻伊美军中共有 600 名士兵利用休假或休息的时机脱逃[86]。更令人触目惊心的是，2002—2007 年因脱逃行为而接受军事法庭审判的士兵人数与 1997—2001 年相比翻了 3 倍[87]，也就是说其总人数——还不包括为军法第 15 条所禁止的“未经允许，擅离职守”的人员——在 5 年内至少达到了 3.6 万人之多。在此情况下，一直都将官方数字维持在极低水平的五角大楼时而也会承认其统计上的错误[88]，一如 2007 年时那样，与此同时，美军用于迅速抓捕逃兵的预算却在 2004—2006 年时激增了 60%[89]。如果暂且相信上述信息真实的话，那么可以推算美军在 2002—2010 年的逃兵率已达到了 2.5%，也就是说以保守估计来看，驻伊美军的逃兵率还是没有超过越战时的水平，军方的长官们还是取得了胜利的。

士兵脱逃行为对军事和财政均带来不良后果：要知道美军培养一名士兵的平均花费是 3.8 万美元，而逃兵中有 3/4 已经完成培训[90]。军方每年用在替换这些士兵上的费用至少有数千万美元之多。更令美军深感困扰的是，逃兵现象也会对其所在部队的士气构成不小的打击，甚至也会对整个国家带来影响；已有几名逃兵鼓起勇气进行了表态：在结束了5个月的逃亡生涯后，士兵梅吉亚于2004年3月向军方自首，并且在一个和平组织的所在地“和平修道院”里召开了新闻发布会。面对当天前来采访的满大厅的记者，梅吉亚解释了导致他逃离部队的深层次原因。镜头的背景是“和平修道院”，旁边还有一尊甘地的雕像，而在雕像的另一侧，梅吉亚用画图的形式向大家展示了他在逊尼派三角地带的日常工作：7个月来的巡逻任务中，他们经常会遭遇伏击，目睹了大量的平民在交叉火力中丧生。他亲眼见到了一名伊拉克人被冲锋枪打掉了脑袋，他所在连队1/4的士兵也在交火中负伤[91]。总而言之，每天都有人毙命，这就是他所经历的战争。“对死亡的恐惧将士兵们变成了杀人机器。在我来到伊拉克（5个月）后我也变成了一个暴力工具。但现在，我想变成一个和平的工具[92]。”

一些士兵的潜逃行为最终被冠上沉重的象征性罪名，其中最主要的原因在于一些逃兵——比如杰雷米·希兹曼或布兰登·休伊——最终躲到了加拿大，后者自越战以来已接纳了成百上千名美军逃兵来此避难[93]。在接二连三的新闻采访和记者会中，希兹曼和休伊以及其他在此汇合的逃兵们对美军在伊拉克进行的战争进行了言辞激烈的抨击，而这种抨击正是本地媒体所赞赏的，随后也引起了美国民众的广泛关注。斯蒂芬·芬克是另一名新近逃往加拿大的美军士兵。还在接受军事训练期间，这名年仅20岁的前海军陆战队队员便得出了伊拉克战争是“不道德的和非正义的[94]”的结论。当他在2003年9月6日拿到派遣通知单时，芬克拒绝服从命令，随后便从部队消失了。47天后，芬克重新露面，宣称自己“因道德顾虑而拒服兵役”。然而军方认定他是一名不折不扣的逃兵，他也因此而被关监禁，等待军事法庭对他的案件开庭审理。不过在得知上述消息后，美国国内主要的和平组织纷纷展开了活动，他们通过媒体对芬克进行声援，同时还组织了示威游行活动。2004年3月14日，芬克的案件被转送至反战法庭审理，陪审团最终作出了如下判决：此前针对其逃兵罪名进行的指控被判无效，但同时因其“擅自缺勤”而被判6个月监禁[95]。事实上，“因道德顾虑而拒服兵役者”和真正的逃兵之间无论有何异同，两者的行为都旨在向高层施压并努力使民众认同其行为的合法性。通过对他们所认为的美军“非法”军事介入行动的揭露，这一小撮“逃兵役者”最终引发了一场政治运动：他们拒绝接受一切以“叛逃”和“胆怯”罪名对他们进行的指控，并努力寻求在战争合法性问题上打开突破口。他们激进的态度通过每一次表态时的语气和犀利的用词展露无疑：“这就是一场石油战争，并且我不认为士兵们来此服役时就已清楚他们将要为石油而战[96]”，梅吉亚中士掷地有声地说。在对驻伊美军的一系列丑闻进行披露的同时，比如美军在伊使用了贫铀弹的暴行[97]，这些前“伊拉克自由行动”的退伍老兵们的介入也得到了来自媒体的同步回应，其所展开的民意调查显示出了民众对伊拉克战争所持的怀疑态度与日俱增。接受军事法庭审判时，这名低级军官最终被判一年监禁，并同时处以军衔降级和开除出军队的惩罚。事实上，美军中还有上千名士兵有着与他同样的遭遇：作为一名南美裔美国人，一心想赚钱挣学费的梅吉亚于 1995 年加入佛罗里达国民警卫队服役。驻伊期间，梅吉亚中士也是美军中少数“拉丁裔”士兵的代表之一。应该说，这个相对严厉的判决结果并不能阻止士兵们日后继续效仿梅吉亚的举动，而通过这件事也反映出了这样一个事实，即在“因道德顾虑而拒服兵役”和道德危机之间，其实只有一步之遥。

当回顾这些事件时会发现，在因道德顾虑而逃脱或有组织的逃脱行为迅速增多的情况下，军方在下达判决书的伊始便很难不赋予卡米洛 · 梅吉亚和斯蒂芬 · 芬克一个角色身份：美国现有的大量退伍军人组织，如“反抗勇气”“伊拉克退伍军人反战组织”（前身是越南退伍军人反战组织）“退伍军人常识组织”“公民士兵”以及由克拉克将军创办的“为了安全的美国”组织，还有“退伍军人安全民主联盟”（或 VoteVets.org），他们中部分是“9 · 11 事件“后成立的，也有很多组织的历史更为久远。尽管这些组织成立的动机不尽相同，且很多已在常年的发展中被渐渐边缘化，但美国不时发动的对外战争却让它们依然能维持运转。冷战时期，美国的这种尚武政策被认为旨在号召民众防范共产主义威胁，但其宣传效果其实并不理想。而另一方面，虽然反战的传统在美国社会并非主流，但它还是深深根植于美国的历史中。作为一个宗教性质的团体，1917 年成立的“美国教友会”，1923 年成立的“反战者同盟”和从 1948 年起开始活动的“拒服兵役者中央委员会”进行了联合，并与其他 20 余个团体共同组建了“美军士兵权益网络”。从 1994 年组建之初开始，该组织便致力于就士兵权益问题向他们提供咨询建议服务；从 1940 年开始，另一家士兵权益机构“良知 & 战争中心”也开始向数以千计的美军士兵提供服务，并且服务对象大多是预备役士兵；从 2003 年 10 月开始，在“美军士兵权益网络”中占重要地位的“标准士兵权益热线”每月更是会接到 3500 个求助电话，这一数字相比 2003 年 8 月时的数据增加了 75%[98]。如果这一数字没有被夸大的话，那么对于美国其他同类机构而言，其结果又会是怎样的呢？很多拒服兵役的申请人会在休假时给他们打来电话，还有很多人甚至还没有听完些许的建议就挂了电话。一些士兵会从伊拉克直接拨来电话，他们都是些绝望至极的人，其中就包括那个为了离开战场而不惜朝自己的脚面开枪的士兵[99]。

越南局势既有对社会的憧憬也有对无用战争的排斥，同时还有一些不大激进的趋势从中推波助澜，对于这些军人权益组织而言，越南战争是导致它们步入历史舞台的唯一动因。20 世纪 90 年代末发生了与越战时相似的状况：诞生于越战时期的和平主义运动的命运表明，这些来自拒服兵役者的声音是多重因素共同作用的结果：民众对战争的感知已经上升到了一个新的层级，相较于对阵亡士兵人数的关注，反而是军方的一些行为触及了他们的心理“容限”，而这些行为与媒体的客观性以及其自身的心理准备程度相关。作为闪电战的经典范本，美军在 1991 年所执行的军事行动因其快速性而并没有招致反战组织的抨击。不过一旦部队所执行的是长期任务，民众对于战争的支持率便会持续下跌，尤其是对大部分民众来说，他们显然已经知道了军方在这场打着国家旗号进行的战争中动用了与其所捍卫的原则相冲突的作战手段：一如因 B-52 投掷的凝固汽油弹而浑身起火的越南孩子的影像，又如 2004 年 4 月为镇压伊拉克逊尼 - 什叶派暴乱而在阿布格莱布监狱发生的虐囚事件，这些都使得民众对于伊拉克战争的支持态度大为扭转。那些“退伍逃兵”声称，他们见证了“伊拉克人民所遭受的苦难，他们的国家已是满目疮痍（……），并且受尽了外国占领军突袭行动、战地巡逻和火力压制的凌辱[100]”，而对这些亡命天涯的逃兵而言，道德的旗号也提高了其自身的合法性。他们所表达的一切也具有强大的感召力，使得那些曾经支持战争的人也不得不承认：“一开始我是支持战争的，我甚至丝毫没怀疑过”，逃往加拿大后，布兰登·休伊向媒体透露，“那时如果谁有异议的话，我肯定会认为他是叛国者和胆小鬼”。为了强调那时的他是如何成为一名战争支持者的，他接着补充道：“然而，我们没找到所谓的大规模杀伤性武器，（……）也没有找到他们与基地组织有关的证据，此后我就明白了我们只是在这里进行无谓的牺牲而已[101]。”休伊的上述讲话被大量网站转载[102]，并由此在媒体层面引发了新一轮报道的高潮：2004年3月，CBS电台的明星记者丹·拉瑟采访了梅吉亚中士。在拉瑟递出的话筒前，梅吉亚宣称：“我认为我在这儿打仗不是为了帮助这些伊拉克人，（……）（也不是）为了让美国和整个世界变得更加安全、（……）（更不是）为了反恐。我找不到一个好的理由来解释自己为什么来这儿，来解释自己为什么朝这些人开枪，而自己的头顶上也一样是枪林弹雨[103]。”由于害怕遭到报复，这些栖身于加拿大的逃兵们于2004年7月向加拿大政府申请政治避难[104]。他们的这一举动实际上是将美国政府同样视作了独裁政府，一切与该政府意见不和的反对派人士都会遭到追捕，甚至还会收到死亡威胁，因此他们不得不逃往一个民主国家栖身，在那里他们不但可以安全地活着，同时也拥有言论自由。这些逃兵援引了法律的条文——政府只对那些在其所在国受到迫害的外国人给予难民身份——声称他们回国后会被处以死刑（只在1941—1945年间暂停使用）或会遭到其它可能的报复，正如他们在其个人网站上所收到的死亡威胁那样[105]。

加拿大政府此前因拒绝加入美国所倡导的反导系统并拒绝出兵伊拉克而在华盛顿眼中颇不受待见，当下的做法只能让这个国家陷入更加不利的境地：尽管前司法部发言人、并于1967年当选政府总理的皮埃尔·特鲁多曾表态“欢迎”美军逃兵来到加拿大这个“反战避难所”的话，但事实上他所领导的政府却从未停止过对美军的战争行为提供支持；1964—1973年，加拿大共计向美国出售了价值125亿美元的弹药装备，其中包括由位于安大略省埃尔迈拉市的化工厂向美军提供的橙剂[106]。这样一来，约翰逊政府及后来的尼克松政府便再也找不到理由加剧与其邻国之间的紧张关系了，尽管后者热情接纳美军逃兵的行为——部分上是出于平衡内政的考虑——依旧很让美国人不悦。在出兵伊拉克的问题上，让·克雷蒂安政府明确地表达了坚决反对的态度，这也让他的继任者保罗·马丁——尽管他本人有着支持战争的倾向[107]——最终转变了立场。而更让布什政府担心的是，五大湖对面的国家会继续向那些逃兵敞开怀抱。美国福克斯电视台节目主持人比尔·奥莱利指出，如果加拿大赋予美军的伊拉克“逃兵”以难民身份的话，那么加拿大商品在美国便可能会有遭到抵制的风险。不过在他看来，这是一种“对美国的侮辱”，因他客观地指出：“加拿大经济是完全不依赖美国的自主经济[108]”；然而依据美国官方发言人的说法：“破坏美军全球反恐战争的基础并对逃兵予以庇护的行为就是一种敌对行为[109]。”因此可以想到的是，2004年11月30日两国元首——布什总统和保罗·马丁总理——在渥太华的会面是几乎不可能只针对那些简单的商业纠纷问题的。而与此同时，加拿大官方负责就美军逃兵问题进行调查的“移民与难民身份委员会”（CISR）也将于一周之后开始首次审理。不过在庭审当天，由联邦政府任命的法官们[110]所组成的上述委员会却宣布将最终判决结果推迟到2005年公布，而最终结果却是，加拿大政府驳回了美军士兵的避难申请。2007年11月，加拿大的司法机构对上述判决予以确认[111]。

加拿大司法界人士所表达的“支持倾向”是否主宰了布莱恩·古德曼大法官的最终裁决呢？在最终判决中，古德曼法官以极富外交意味的辞令指出“他的职权范围（……）不允许（他）就美国政府出兵伊拉克的决定进行裁决[112]”（尽管，联合国国际法学家委员会认定美国的这一决定属“违法”行为[113]）。由此，希兹曼因认为美军所进行的是“非正义战争”而拒绝服从命令的这一核心论点并没有被法庭所采纳，从而也从根本上动摇了那些后续申请人的避难请求，尽管他们曾对自己的辩争理由进行了深入的挖掘。为了对上述结论的得来进行说明，古德曼认为“（美军所采取的）那些措施是为了减少对平民的伤害”，并指出美军是已经采取了“纪律性措施”的，然而对于那些确凿无疑的过度使用暴力的事实，法官未予认可。对有关驻伊美军曾在48小时内就杀害了30名平民的暴力事件，美国官方多次表态称：“这些人当时是坐在一些汽车里，而这些汽车在路过一个检查站时并没有停车（……），尽管士兵们已经多次开枪警告[114]。”可以说，古德曼大法官的裁决等同于为美军对伊拉克的占领进行了辩护，他无形间充当了五角大楼辩护律师的角色，而该委员会的上述裁定实际上也是受到了当时马丁政府的影响。

网络上的美军士兵

美国的南北战争是历史上第一次有照片记录的战争，越南战争是第一次登上了电视荧屏的战争，而伊拉克战争则是第一次有网络参与的战争。

在现代战争中大规模兵力作战开始之初，部队士气低落的因素以及前线官兵与“后方”的联系方式——尤其是书信联络——便已经成为了参战各方指挥机关忧心的对象，他们害怕相关情报信息会在这样的传递过程中泄露给敌军。从南北战争开始，大量参战士兵就已在往来书信上和个人日记中给士兵画像，这使得后续的历史学家们将不得不花上一个世纪的时间进行还原[115]。“一战”期间，从前线寄出的信件受到了管控，然而严格的军事管制仍未能阻止全部的“破坏性”信件流出。每一次战斗结束后，这些写在一线战壕里的书信内容不日便会被公布出来[116]。2000 年之后，在新型战争的背景下，“伊拉克自由行动”首度通过网络来传递一线信息，不仅传输量巨大，而且用时非常之短，这是这次战争所引入的一项变革。此前几个月、几年甚至几十年收集而来的珍贵资料从此可以同步对外发送，这对士兵们的学习和环境都产生了影响：士兵们现在的“语音通信”可以通过电子邮箱快速发送给家人，而电子邮箱是绝大多数士兵与亲人们进行沟通的手段[117]。当伊拉克的局势被证明比此前预想的更复杂的同时，士兵的家人们也将信件中的内容披露给了相关媒体和团体，甚至是像迈克尔 · 摩尔这样的活动人士——当士兵家属们在网站上纷纷披露战地信息时，摩尔从 2004 年开始将这些信息改编成书，并命名为《他们还相信我们吗？战地家书》[118]。

从 2003 年夏开始，驻伊美军就分裂为了两派，一派人准备接受他们的命运[119]；而另一部分人则选择通过网络来揭露他们的遭遇，比如之前提到过的第 3 步兵师的士兵们，他们就在网上公开发表了一封抗议信。那些被强行要求延期服役的士兵们于 2003 年夏天自发地掀起了一场“网络”运动，由此所引发的媒体反应更证明了其影响之大[120]。在士兵们眼中，各大网站、论坛和聊天平台就是他们进行倾诉的媒介，而这些脱离了主线的网络平台也成了让高层倍感头疼的所在。作为美国最著名的退伍军人之一，哈克沃什上校（1930-2005）的网站在某种程度上就是一本谴责美军战地行为的“备案录”。作为“士兵真相组织”的发起人和官方发言人，这名年逾古稀的老人因当年在朝鲜战场和越南战场上的“英雄”事迹而闻名美国，而他对时政尖锐的批评所带来的影响亦不遑多让[121]。然而他的功勋也证明了其在军事问题上的合法性和影响力，这使他成为了一名颇受欢迎的观察家并常常出现在各类评论秀节目中，同时他也是一些新闻杂志的例行约稿人。从2003年夏开始，他的个人网站平均每天都会收到500封来自伊拉克一线士兵的电邮[122]。对于想获取不同视角信息的媒体而言，该网站不异于一个信息宝库。

很多信息表明，一线士兵的真实状况与白宫及其他政府部门所描绘的状态之间存在不小的差距：“你们可能会感到很吃惊，不过我的连队中的确有非常多的小伙子们相信，总统之前号称萨达姆拥有大规模杀伤性武器的说法完全是在扯淡，发动这场战争的真实目的就是为了钱[123]。”下士巴顿说道，“这场所谓的解放之战（……）就是一场为了控制别国石油而发动的战争（……），这才是我们在这儿的唯一原因”。士兵蒂姆·普雷德默尔也持类似观点。他所在的第101空中突击师驻扎在位于摩苏尔的美军基地[124]，而该师的官兵表示很理解伊拉克人的暴乱行为。美军打着战争道义的旗号推翻了伊拉克的旧体制，然而这种做法现在却遭受着抨击，一名海军陆战队士兵曾自问：“要我们去告诉别人如何进行自治又如何去生活，谁给了我们这样的权力[125]？”就这样，网络成为了一线士兵们自我表达的渠道，一份同样的证言往往能够被许多网站接连转载，这样的情况一如作家罗曼·罗兰当年所说的那样：“这是一种辛辣的表达，尽管他们描绘出了一幅常规景象，然而却与其背后好战分子的本色形成了鲜明对照[126]。”

不过，网络对于民意的影响还无法被过高估计，至少在战争正在进行的当下还做不到这一点：除非在少数特殊情况下，否则这些被战争引向歧途的一线士兵的书信很难通过网络被公之于众，因为网络信息的取得事实上所依靠的是网友的好奇心和坚持不懈的态度，但美国网民的数量（2004年6月的统计数字为138805566人[127]）却是远远低于电视观众的数量的。国内的各大电视台向观众所提供的都是那些经过精心遴选和分级后的“直接消费式”信息，在这样的新闻节目中是几乎看不到这些战地书信的。当然也不是没有例外，不过唯一的例外却恰恰正印证了这一管制：2003 年秋，在布什政府的授意下，首批来自前线的书信被各大媒体大规模报道。在这些信件中，美军第 503 步兵团的士兵们见证了“（伊拉克）民众伸开双臂欢迎美军”“孩子们的笑容”和他们“友好的举动”，事实上这些都是在卑劣地作假，其做法与 19 世纪时那些描绘殖民地百姓的“幸福生活”或是法西斯德国从 1941 年开始宣传“东线家书”的做法如出一辙[128]。卡拉乔洛中校是驻伊美军中专事负责杜撰这些“美国自由军”光荣家信的人士，他所发布的书信内容会在第一时间内被各大主流媒体和地方新闻机构所采用。一旦成文后，部队高层就会立即找一些士兵来签名，就好像每名士兵都是这封信的作者一样[129]。这样一来，全国各大电视台、广播和报纸便会反复转载同样一封信：它们的遣词造句都一模一样，只是落款签名的却是不同的士兵，其实，这样所谓的“前线”来信也恰恰折射出了士兵们士气低落的现实。

“我不知道我为什么在这里，就像我不知道自己什么时候能离开这儿一样”，士兵迈克 · 普利斯纳这样写道。像他一样，有很多士兵都是在“9 · 11 事件“后加入军中服役的，他们“渴望为祖国效力”。然而一年后，他们的理想就随着被毁悍马车和坦克的浓烟一样灰飞烟灭了：“当到了服役年龄后我就报名参军了”，普利斯纳接着说道，“然而现在，我却在试着理解自己为什么要参军[130]……”另一些人加入部队是因为失业或者无法继续完成学业，对他们来说，除了参军之外别无选择，他们也不清楚这一选择最后可能会要了他们的命，然而征兵部门则会毫不犹豫地口头接受这些从没上过战场的人[131]。来自第 124 步兵团的预备役中士格林伍德忿忿地说：“当年我以为加入国民警卫队是去救灾的、去抵御飓风的。我从没想过在现在这份混蛋合同上签字！[132]”其实在签署服役合同前，合同上的一段话本应该可以给这些失望的士兵们提前打一针预防针：“未在本合同上列明的承诺可能不会被兑现[133]。”

在 2003 年夏天部队的不满情绪刚刚抬头时，鉴于前期对相关人员进行警告的做法并未见效，五角大楼认为是时候在部队内部重新确立行为规范了。从 1967 年开始，当美国最大的几家电视台 90% 的新闻报道均是关于越南战争时，士兵们面对 5 万电视观众对战争所进行的抨击更是直接左右了民众的人心向背[134]。不过在“伊拉克自由行动”的主导人士心中，这样的事情绝不应再次发生。2003 年 7 月，升任驻伊联军总司令的阿比扎伊德将军强烈谴责了第 3 步兵师士兵公开发表抗议信的做法：“身着制服的军人不能够随便（……）谴责国防部长和总统[135]”，他反复斥责道。随后，美军发布了新的军事管理制度：从 2003 年 12 月 1 日起，军方的一道命令对部队内的抗议行为进行了框定，一如当年在越南战场做的那样[136]：这些规定对美军于 1969 年发布的战地管理规定进行了深入挖掘和更新，那些被认为发表了破坏性言论的士兵们（国家机构的人员也包括在内）将接受严厉的审查：2003 版的制度规定，一切事先未经官方批准的出版物都将被厉行禁止流通。然而自占领行动开始后，由于美军的营地内部配置了网络设施，军方的管理与网络的扩散效应之间便一直发生着激烈碰撞。

为了便于士兵们与家人进行沟通，更为了给他们提供一种全新的娱乐方式，驻伊美军各基地均配置了与外界相连的网络设备，这是一项具有历史意义的举措。于是，乌托邦式理想的“地球村”和将人类各个社区间进行无束缚式连接的构想便在军事基地这样一种封闭式的环境下被建立了起来。不管是深处大漠还是在巴格达的郊区，士兵们已不会像他们的前辈那样与自己的大后方完全隔绝开来。不管距离有多远，许多士兵们都可以在雅虎美国的“军队之家”或其他聊天平台上上线聊天，在那里他们可以同任何人说话，介绍其所在国家发生的新闻，并且通过分享一些文字、视频和照片，表达出自己对于战争的看法。不过，这种网络沟通的方式慢慢地开始由纵向向横向变化，甚至到了很夸张的程度：起初，士兵们上网的目的并不是为了浏览那些贴有敏感信息的网站，也不是为了进行反战抗议。跟随一支美军部队进行战地采访的《世界报》记者伊夫·欧德斯在 2003 年 11 月说：“普通的士兵们根本不关心战场外发生的事情，他们不想看电视，也不想读报纸，当他们上网时，他们首先浏览的是体育类或音乐类网站，（……）这样多少能让他们忘掉一点脑海中的伊拉克[137]。”然而这一情况在正式占领开始几个月后便稍稍发生了变化。从那时开始，士兵们的失望情绪开始弥漫开来，同时随着内心愤懑情绪的高涨，无视战地纪律的行为也显著增加。伊夫·欧德斯也针对此情况进行了报道，他指出这些被派往伊拉克的士兵们“特别想知道自己家乡的状况[138]”。而当后者变成了主要的反战游行地时，士兵们就会在网络上提出那些问题，正如我们所看到的那样。尽管与全体驻军人数相比，士兵当中真正具有政治意识或者说为此积极活动的人并不是很多，然而他们所造成的影响却是不能忽视的。几个月后，五角大楼对于规范驻军言行的命令接踵而至，便足以说明问题。

那些当初决定在美军基地安装网口的人——可能是出于减少邮递纸质信件的成本考虑——肯定没能完全顾及这一选择的全部后果，或者说，他们低估了士兵们心中的不满倾向：这场战争显示出了新式通讯技术（网络和多媒体）所蕴含的信息潜力是如何超越以往数次战争的。越南战争期间，正如在大规模交战阶段开始后不久所规定的那样，美军士兵主要通过纸质书信的形式与国内的亲人朋友进行联络，部分人在极特殊情况下也能够给他们打电话。然而这样的沟通手段却在一定程度上限制了信息的传递，因为出于战争审查的目的，军方会对上述信息进行筛选。不过自从网络投入使用后，以往军事审查中仅有的小小缺口就马上变成了大的漏洞，大量的信息纷纷流出。这些“美军制造”的战地信息跳过了那些长期以来一直对官方趋炎附势的传统媒体，直接对舆论施加了其影响力，同时也对战争进程本身造成影响。尤其要指出的是，这种影响力是相互的：那些旨在进行抗议宣传的口号也从没有像现在这样轻易就能在部队中间流传开来。

电子杂志《美军特刊》，也就是后来的《军事抵抗》杂志，是那些通过网络进行流通的新军事媒体形式之一。这本由反战组织“不要以我们之名”编撰的日常文汇杂志通过电子邮件的形式进行分发，正如其首页标题上所写明的那样，每个人都有权进行“刊印和传播”[139]。那些经由杂志编撰人评论和注释过的电子文章拥有无限的传播潜力，因为只需“点击两下鼠标”，你就可以完成对文章内容的拷贝。

在战争爆发后的几年中，没有什么能够阻止士兵们获取相关信息。尽管他们并不关心时政，但是他们知道布什政府与那些积极参与战后重建的大企业之间的关系，他们也知道贫铀弹的危险之处，他们还知道美军在伊拉克的伤亡状况。此外，他们对于获取“因道德良知而拒服兵役者”身份的全部技巧也了如指掌。这样一来，我们前面所提到的布兰登·休伊事件的原委便再清晰不过：还在接受相关军事训练时，这名年轻的新兵就想搞清楚为什么美国政府要把他派出去打仗。通过上网浏览时事新闻以及在各类反战网站的不断影响下，他得出了“伊拉克大规模杀伤性武器”并不存在的结论。通过不断地浏览相关网页，布兰登·休伊与一家由越战老兵创办的和平网站保持着密切联系：后者建议他逃往加拿大，于是休伊便迫不及待地将这些建议付诸实践[140]。

越战时那些反战士兵在基地内秘密组建的小团体[141]如今在网络上再次复现，它们充分利用了互联网这一手段：绝大部分情况下，那些为军方所严密监控的发行物已实现了虚拟化、数字化，无论审查部门如何进行阻挠和过滤[142]，他们都无法真正将其掌握。于是在第一时间内，军方的司法人士转而又选择将那些过时的制度搬了出来：军方关于“军内抗议行为”的相关规定禁止“军人加入那些被高层认定为有损军队秩序和纪律的组织”。如果我们顺着这段模糊的表述理解下去，那么所有的和平运动、反战组织、“反布什”人士及其他的左派团体都很可能被牵扯进来，因为它们的网站上都开辟有“建议”士兵们申请“因道德良知而拒服兵役”资格的专栏，并且正如我们之前所说的那样，也建议士兵们转移到加拿大[143]。上述这些网站“很聪明地推动着士兵们的改变”，同时他们的相关指导也成为了士兵们拒绝服役的理由。一名向某反战网站的管理员透露了其联系方式的士兵是否能被算作该组织的一员呢？另外，如果接受了某一抗议团体的调查问卷，或者说将自己的一些个人信息录入了他们的数据库的话，这样的士兵会不会就成为了上述规定的惩治对象呢？最终，由于缺乏有效的管控手段，这一规定只慢慢地退化成了对涉事人员的原则性警告。

2004 年 8 月 2 日，美军又发布了一项针对“军队人员政治活动”的新通知[144]，该通知与此前的规定相比有过之而无不及，只不过最后也没有得到实质性执行。作为起草新规定的参考性文件，1990 年 6 月所发布的预防性规定的内容在这里被进行了一定程度的修改，以便对部分士兵公开发表谴责行为造成的影响进行回应：原文中“士兵权力”一栏的有关表述，即“士兵向（……）报社写信、以军人的视角透露其对公共问题和政治候选人的看法”这一节被军方进行了删减[145]。

然而在士兵们与其家人之间几乎已全部使用电邮进行沟通的当下[146]，这些制度都已过时了。

多媒体上的战争：士兵 2.0

越战期间，美国的各届政府都低估了一种潜在的影响力，那就是那些走遍了越南战场的战地记者们发回的报道文字和图片所具有的号召力。将时间推移到伊拉克战场，五角大楼在应对这方面问题上仍显得捉襟见肘：那些令人头疼的信息并不只是来自外部——比如媒体，他们的新闻策略使得他们的报道总与战场现实隔有一定距离——很多时候都是直接来自那些体制内人士的。

2003—2004 年，由于士兵们普遍都持有一些功能强大的信息工具，因此上述信息披露所需要的时间也大为缩短。一如美莱村事件那样，美军在阿布格莱布的暴行以及士兵们随意行刑的视频都让人们对于战争的支持态度产生了裂痕：在数字时代，一切都变得更快，包括士兵们的抗议。在以前，这种抗议往往要花上几年的时间才会慢慢酝酿成熟。

美军的虐囚丑闻只是这一现象中比较明显的一个方面。几乎所有的美军基地都通过网络与外部世界相连接。通过网络，士兵所记录下的文字、所拍摄的照片，甚至是他们用自己的便携摄影机或数码相机所拍摄的视频统统都会发布出去，他们用这些设备记录下了大量的战地资料，尽管其视角非常野蛮和残忍。士兵们的这种新面貌与此前人们对他们的看法相融合，并为战争的表现形式带来了新的变革。这些资料的价值并不只局限于我们所看到的那样：这些照片是一些显现出某种敏感性的历史遗产。那些记录下了伊拉克人死亡场面的底片——有时也会配有士兵们肮脏的或戏谑的评论，正是他们精神状态的沉重写照：2004 年，Under Mars.com 网站的图片库中出现了一张照片，内容是一条被炸飞了的腿，而照片作者用疑问的语气在其小标题上写道“妈的！其他的部分去哪儿了？”而另一些同样以伊拉克人残肢为内容的照片则被以一种黑色幽默和挖苦的方法进行了旁注（“这是我的头吗？”“他们在我身上打了一个洞”……）。如果这些照片没有被放到网上的话，那么士兵们的这种行为很可能会被理解为他们面对恐惧时的一种防卫反应。从 2003 年 2 月到 2008 年，仅在 Under Mars.com 网上就有超过 1000 幅类似的图片被发布了出来，它们大部分都标注了时间并配了注解，而其内容既混杂着士兵们的娱乐倾向，又有他们作为军人的惬意感，更不乏他们在战场上的种种病态。

士兵们的这种态度早已有之：一战期间的一幅照片就曾记录下了这样一个场景：一名年轻的法国士兵指着一位德国军官血淋淋的手，脸上布满笑意[147]。这幅令人震惊的战地照片无法再行流通，也不适合再让更多的人看到。如果说"二战"、越战和阿尔及利亚战争都是以战地照片多而著称的话，伊拉克战争则更甚。2003 年，大量来自战地一线的照片猛烈地冲击着美国社会，面对士兵们在异域他乡所实施的种种暴行、无耻行径以及大量道德沦丧的行为，美国民众应接不暇，于是，此前的各种有关"干净战争""英雄战争"及"彰显着人性庄重"的战争神话便统统被颠覆。

士兵们所发布的战地照片能够传递出多重信息：比如一幅照片就定格了这样一个场景——在一辆军卡的挡风玻璃上涂着一句抗议标语，涂鸦人言辞激烈地抗议军方强制超期服役的行为，他写道"每月一个周末，去他的吧！"这实际上是变相揶揄了国民警卫队的征兵口号："每月一个周末，每年两个星期"，同时也等同于对制度进行了抨击。由此可以看出，这幅照片不只反映出了士兵们是怎样表达心中的不满的，同时，它更加表达了士兵们想发泄不满的意愿。同样的话也被涂在了一架美军军用货机的纸模型上以及其他许多地方，借助于网络的力量，它们均清晰地展现在了我们的面前，甚至可以说，网络就是这些士兵们进行创作的动力。除了将自己的不满情绪图像化之外，"士兵报道员"的现象也从 2004 年开始在报刊杂志上烙下印记，后者从这些士兵那里汲取了大量有关部队日常生活的第一手资料[148]。然而这些报刊杂志一直对其提供的内容无法满足读者的要求而深感不安，于是，它们便将这一现象推向了顶峰[149]。"地球村"里充斥着大量新鲜的一手信息，而它们的提供者无不是那些在前线作战的士兵们。士兵们这种随意发声的现象前所未有，惹恼了唐纳德·拉姆斯菲尔德，2004 年他曾表示："他们拿着数码相机到处闲逛，并把拍到的那些难以置信的图像发布了出去（……），让我们吃惊的是，这些照片也流向了媒体。"在这些新式信息源的吸引下，大部分报纸机构都在其网站上鼓励士兵们向他们发送照片，比方说《华盛顿邮报》从

2004年开始就鼓励“驻伊美军士兵（……）提交（他们自己的）日常照片[150]”。然而，来自那些大型媒体的出版限制常常使得这些贴近战场现实、有时甚至是充满了极度血腥意味的照片影像无法得以发布，于是这些照片便更多地出现在了那些专为伊拉克战争创建的“网络照片库”上[151]，以及士兵们的个人主页上[152]。他们经常光顾的网站、论坛、博客[153]和“聊天室”已经多得数不清，在这些自由空间中，士兵们渴望与别人分享自己的战争经历。五角大楼曾出于自身的目的（宣传、军事训练）积极在新一代士兵群体中推动信息化，但上述现象算是它的负面后果吧。

当网络博客风于2004年中期兴起的时候，美军的各大基地也紧随这股风潮。博客是一种数字化的个人日志，可以让读者一览博客作者从过去到现在的日常点滴。然而在战争氛围下，由博客这种文化现象所引发的社会效应、政治效应和历史效应却变得非常特殊了。对一个网民或是一名驻伊美军士兵而言，尽管都可以通过博客记录自己的生活并向任何人分享，但他们也许有着各自不同的理由。事实上，博客早在阿富汗战争时就已在军中兴起了，而在“伊拉克自由行动”中，博客更是得以快速流行。士兵们每天都在充实着他们的博客页面，他们以第一人称的视角忠实地记录着战场上的各种见闻，并会对相关文字配以图片，甚至还会有一些简短的影像。无论这些博客以怎样的形式出现——呼吁性的还是谨慎描述性的，看破世事型的还是民族主义者、爱国人士型的，匿名的还是非匿名的，这些由士兵们自己撰写的数字“报纸”从起初的数百份开始迅速发展到了数千份[154]。在一条长长的大链环下，博客在互联的模式下进行运作，在一个博客的页面上也会有其“好友”博客的链接列表，只需点击一下就可以进行访问[155]。此外迅速发展的战地博客已不满足于只拥有上百位的读者粉丝，它们也成为了那些报刊杂志的信息来源，因为后者一直苦于找不到真实可靠的报道材料。他们会像看“电视剧”一样一直跟踪士兵们的生活片段，也会近乎病态般的充满了好奇，但这种好奇更多地是对博客主人命运的不确定——他们明天还会活着吗？由于在博客上可以自由地敞开心扉，可以通过评论的形式展开互动，并能够以传统新闻记者发现不到的全新视角审视这个世界，这些博客的主人受到了广泛的欢迎，也让他们的博客更加专业（mudvillegazette.com, My War, Iraqfiles.com……），更使得他们大获成功：“我从来没受到过这么多的表扬，(我不知道会有)这么多人在关注(我)[156]”，丹尼尔·戈茨——博客运动的“明星士兵”——惊讶地说道。

在产生破坏性作用之前，士兵们的发声行为都是自发的。由于受不了新闻媒体对自己战地生活的胡乱报道，这些网络一代的士兵们便开始运用新式的传媒工具向人们介绍另一个视角下的战地实况，久而久之，这种行为就演变成了对战争的控诉和反抗。究其本质而言，他们的原始动机与当年越战时期士兵的抗议行动是一样的，后者在美军驻全球各大基地内秘密地创建了130多份反战报纸[157]。而有了博客后，士兵们省去了印刷和分发的麻烦：由于所有人都能够参与其中，信息得以快速地传递到各个地方。这样以来，“数字报纸”或自媒体报纸代替了《厌倦杂志》《联盟》等由士兵们自己创建的“地下”期刊。

一些士兵博主，比如科尔比·布泽尔和杰森·哈特利，甚至获得了出版合同[158]。在这样的一出谬戏中，作为士兵博客运动的先锋，这些丝毫不忌惮军纪的年轻网络写手们自成一格，在不恭的表象下，暗藏的是他们不满的心。他们书写了自己的“成功故事”——美国式成功的典范——并且成为了各大电视节目秀所争相抢夺的明星人物。在民众渐渐远离战争并对媒体越来越不信任的这个十字路口，他们正可谓生逢其时。在这股潮流下，各大出版社的主编们也争前恐后与他们签约，那些以博客命名的出版物在第一时间内刊印并投向了市场，这样一来，这些文字就慢慢地从网络走向了纸质平台并逐渐充斥了书店的货架——这些“伊拉克自由行动”的见证者还是著述颇丰的[159]。

战争对文学作品的影响在“一战”时（1914—1918）的法国就已出现。在战事正焦灼的时候，就有了亨利·巴比斯的《火线》，阿德里安·贝特朗的《大地呼唤》(1916年)，亨利·马勒布的《拳火》以及莫里斯·热纳瓦的《在凡尔登》（1917年）。从1916年8月开始，《火线》一书预先在《作品》报进行了连载，短短几个月中便发行了近20万册[160]，并一举获得了龚古尔奖，显示出了人们对于揭露战争暴行的作品所给予的关注。尽管该书所描述的部分片段不可避免地接受了相关审查，然而却无法阻挡它在读者中所引起的反响，即战争已经“偏离了轨道”。自 1916 年开始，这些描写战地景象的书籍开始快速地在“后方”传播开来，然而它们对战争进程所起到的反响却是不甚明显的：1917 年对于参战各方而言、尤其对于法国而言都是极为厌战的一年，各国的强制征兵政策以及对士兵们所进行的深度思想灌输让人们对战争的态度由缄默彻底走向了不满。不过，这些战争作品却在战后的和平运动中发挥了作用。

在今天的美国，战地实况信息的大众化传播、广大的读者人数，以及传播手段的多样化，并非无关紧要：军队的征兵工作以及战争在民众中的形象都因此而受到了不同程度的打击。最终，大众传媒的联运作用将那些“在线的”免费资源变成了书本上的内容，这一作用得益于战争向文化领域的蔓延并改变了战争的传播方式：人们不再需要前往书店去了解那些战场真相，仅需一个网络的调制解调器就可以将那些有着共同关注点的人们相互连接在一起，即将那些想要搜寻信息的人互联起来。博客的成功案例很快便辐射到了全媒体领域：国家广播公司（NPR）和其他的传媒机构每天都在关注着《科尔比·布泽尔痛恨战争[161]》（*CBFTW*）的更新，记者们会节选出众多篇章进行报道，而各大电视台的关注重点则是这些博客作者本身。舆论对于这些“网络日志”表现出了越来越浓厚的兴趣，没有人可以再对此坐视不理。作为一种全新的“新闻-真相”的发起者和提供者，这些“士兵博主[162]”们拥有着一种无法想象也无法控制的社会-媒体介入能力：这些博客以一种新闻报纸的补充信息源的形式出现，在长期处于监管真空后，最终被战争的支持者们指控“抹黑”了驻伊美军的形象。作为一种史无前例的革命，士兵及抗议者的博客运动以其自创的并颇有看破一切意味的语言，延续了越战时“Radio First Termer”电台的“附带现象”理念——该电台由拉比特中士于 1971 年在南越创建，曾连续播出了 20 天之久。而博客的听众们亦不受那些“消息发射区”的限制，他们中既有军人也包括普通平民，大家均充分享受了网络时代信息传播的潜力。

士兵通过博客分享他的心理状态，而阅读博客便能让读者与博主之间建立起各种虚拟而又现实的联系，人们会非常想认识这个人。而当这名“士兵博主”阵亡时，这一噩耗的影响力也会超出其亲友的范围而感染更多的民众。士兵弗朗西斯科·马丁内斯的遭遇正是这样一个例子，这名年仅 20 岁的年轻士兵在更新完博客的 1 小时后就在拉马迪丧生[163]。因为每个“军人博客”各自有着大量的忠实读者，因此一名士兵的阵亡对他们而言，已远远超出了统计表上的一个数字或名单底部的一个名字那么简单，此前政府一直认为可以接受的伤亡程度在民众眼里也变得愈加不可接受。事实上，他们与士兵之间所建立起来的关系是与布什政府对战争不假思索的鼓吹态度大相径庭的，而那些真实的战地消息与军方征兵官员口中的美好愿景之间的潜在冲突，也导致了从 2004 年开始发生的征兵危机。

五角大楼和社交网络

面对此前采取的不力措施所带来的负面影响，五角大楼花了一定的时间研究对策。在经历了制度的无的放矢和对网络放任自流的 2 年后，五角大楼的法学人士终于在 2005 年 4 月出台了针对“驻伊美军士兵所经营的网站”的专项规定[164]。其目的在于：将国防部于“阿帕网络”（Arpanet）时代所制定的相关管理规定进行更新，以弥补其在互联网时代时所表现出的各种不足[165]。根据上述规定要求，任何一名希望开通博客的士兵都必须提前通知上级，以便后者统计出那些活跃的博主名单。这种事先知会的要求同时也具有劝阻的意味：在知道自己已经进入名单后，这些“在线报纸”的主人们将会控制一下自己的言行。然而，这些措施来得太晚了：“军人博客”或者说“军博”的数量已经获得了爆炸式增长，而军方的技术管控手段至今仍未见效。在没有精细过滤系统的情况下，如何能够对成百上千的军人的网络行为进行辨别呢？另一方面，就算是让军队的信息工程师强行关闭了部分博客，也无法阻止网民们上网浏览其内容，因为它们早已被大量的“民用”网站或“镜像”网站进行了转载。军方高层人士对此忧心不已：2005 年 8 月，詹姆斯 · 斯库梅克将军在一次向全体高级军官进行的讲话中，正式通知了驻伊美军违纪士兵追查专家组[166]“网络风险评估军事小组”（AWRAC）的成立事宜，该小组于当年 7 月 15 日正式成立[167]。

同年夏天，美军决定在其内部杀鸡儆猴：7 月 19 日，驻巴格达国民警卫队士兵、著名“军事”博主伦纳德·克拉克接到了来自军方高层的降衔处罚命令，同时处以 1640 美元的罚款。官方定罪的依据是“泄露了有关部队调度、部队位置、（对游击队）发动攻击以及军方战略的信息[168]”，但实际上，这些报复手段也曾对丹尼尔·戈茨，另一位知名博主，使用过，意在令其他人收手：他所发布的博客无不透露出了他心中的苦涩以及对高层的愤恨：“如果我对政治说三道四的话，（……），那我就会受到来自军内的报复”，戈茨这样写道。最终，他还是没有逃过相关军事审查的雷霆打击。他的博客被强行关闭了，上网时间也受到了限制[169]。在他最后一次的博客更新中，戈茨否认了之前所写的全部内容，尽管这种表态根本说服不了读者，他说：“我正式宣布，我是政府及其政策的支持者，我拥护反恐战争并支持在伊拉克执行任务。我清楚自己在上述任务中的角色，并且也接受这一角色。我承认曾签署过正式的服役协议，也承认这一协议已规定了‘停止损失’行为的合法性，现在我收回此前全部的抗议言论（……）。我对高层的指挥能力深信不疑，这归功于布什总统及尊敬的国防部长先生的英明领导（……）。如果因我此前所写的什么（……）而导致了（……）大家的理解歧义的话，请将本篇内容视为对此前内容的完全撤回[170]。”不过在写下这段忏悔文字之前，戈茨特意告诉读者接下来的文字反映了他的“正式”立场，换句话说就是在迎合军纪的要求。这样的忏悔行为显示出了军方高层对士兵们所施加的压力：为了免遭像伦纳德·克拉克那样的重罚，所有曾犯过错的士兵们都应该进行“在线”自我批评，并努力迎合军方的正式宣传。最后，上述举措也避免了新闻媒体为反对惩罚博主而引起轩然大波。

在保护前线人员的名义下，美军于 2005 年 9 月又发布了“网络安全及行动安全”令，要求各大网站的管理员及相关的博主设置主页访问密码。通过这样一种限制“不轨人员”上网的做法，五角大楼希望能将此前那种敏感信息的传播行为控制在一个内部圈子中，并将那些把自己日常生活发布到网上的行为视为非法：“所有的网民对美国而言都不是爱国者（……）。注意那些坏人们（恐怖分子、间谍、罪犯）都准备好了，他们正视图从你们公布到网上的消息中获取（……）有关我军士兵和军用设施的敏感信息（……）[171]”。在那份列举了各类保密事项的长长的“敏感信息”手册中，那些拍摄到敌军对美军造成的损毁状况（炸弹、袭击）的照片首当其冲，这些照片此前已被大量发布到了网上，它们细致展示了世界头号强国美国的军队也可以被那些手持劣质武器的武装人员所击毁的现实，而这对于战争所需的支持极为不利。

然而这些规定的规诫效应却没有达到预期效果：2005 年 10 月，法裔国民警卫队中士让-保罗·博尔达创建了主页 Milblogging.com，其中汇总了上百个甚至上千个的军人博客的链接。这一汇总不但便利了公众，也便利了五角大楼，仅仅 18 个月后，五角大楼便向全军各部队下发了一系列限制命令：2007 年 4 月 19 日，一项军内命令要求士兵们不得在未经其指挥官或作战安全军官（OPSEC）提前审阅的情况下在自己的博客上发布任何消息，该限制令的覆盖范围包括了各类电邮、网络论坛和即时聊天软件，比如 MSN，从此以后士兵们不许再继续使用。此外，士兵的家属们也要遵守来自 OPSEC 的命令[172]。然而电子邮件是士兵们与其家人之间进行沟通的主要方式，实现普遍化的管控会显得异常艰难，甚至是不可能的。2007 年初，军方负责执行审查的部门 AWRAC 宣布，他们已经筛选出了 500 个未经官方许可的博客和网站[173]，而筛选的基数却远远超过 1000 个。尽管从数据上来看军方的控制率可以达到 50%，但这一未经证实的统计数字应该说起到的主要还是威慑作用。与此同时，美军还专门为军队成员开设了官方的聊天论坛。不过士兵们登录论坛却不是为了真正的交流：正如其他的“民间”论坛一样，该论坛的管理员也会对在线交流内容是否合规进行监控，这使得其吸引力大为下降：如果说古代时那些对圣象不敬的人会被流放的话，那么在这里那些不合规矩的士兵则会遭到军事处罚。

不过，这些措施随即便引发了不满，甚至招致了三名参议员的检举[174]，在此情况下，五角大楼显然意识到了这些手段不具操作性，便收回了此前的命令：5 月 2 日，美军的一项通报宣称，依据《美国宪法第一修正案》规定，士兵们不再需要将其邮件内容以及博客更新的内容提交审查，同时，士兵的家人们也无须再接受来自 OPSEC 的“网络”限制[175]。不过，这样的做法却无力改变其他新的、不太引人注目的规定继续存在的现实：在 2007 年 4 月 19 日发布的命令中，一例条款专门规定“任何未经授权试图获取敏感信息（……）的行为（将）被视为颠覆性行为和间谍行为[176]”。在这样的逻辑下，记者便很可能被纳入这一“非授权人员”的范围内，而任何准备提供这样信息的士兵理论上也将接受最严厉的处罚。

从2005年开始，互联网进入了“网络2.0”时代，社交网络也登上了历史舞台，这些新事物的出现又提出了新的问题：在新式的免费通讯工具的帮助下，如Myspace、Youtube、Dailymotion、Facebook、Twitter和Flickr，任何人都可以在极短的时间内将照片、视频和讯息发布到网上，其他网民也可以就此发表自己的评论。2007年5月14日，美军封闭了伊拉克和阿富汗基地与11大社交网站的网络连接，理由是登录这些网络会占用为军方服务器配置的带宽，而视频交换和视频审查又是这其中最为浪费资源的行为[177]。这一做法随即遭到了YouTube网站负责人的抗议[178]，事实上，军方的此种做法只是害怕士兵们将美军一些见不得人的视频传播出去，比如说美军的直升机透过武器瞄具射杀平民的镜头，自2004年被泄露出去后已被成千上万的人观看。另外的矛盾之处在于，一些非常占用带宽的在线游戏，比如“美国陆军”却没有被封。此外，这一限制令也没有完全禁止上述资源的流出，它所起到的只是延迟作用，比如说如果一个士兵拍摄了一个有关作战的视频，在得到了许可的情况下，他也可以把它发布到网上。

问题的核心是信息战：2006年初，拉姆斯菲尔德承认国防部此前在有关网络的问题上遭遇了失败，网上各种对布什政府和美国不利的网页数量远高于那些对敌人声讨的页面数量。在他看来，“联邦政府才刚刚开始适应21世纪。这是我们在进入电邮时代、博客时代、手机时代、（……）即时信息时代和数码相机时代后第一次参与的战争（……）[179]”。整体来看，在一份向五角大楼主要执事人员发送的备忘录中，“国防部的网络政策”——这里沿用的还是早期的称呼——已经被纳入了“战略通讯”的视角下进行管理[180]。新理论出台后，网络问题便被美军视为“国家实力至关重要的问题”，需要“积极地对21世纪的媒体能力（视频网站……）进行识别并为我所用[181]”。紧接着在2007年年中时，另一份备忘录明确了此番用意的性质：五角大楼将投入300万美元[182]，以便展开在军方授意下的“网络互动行为”。后者被军方定义为“向公众发布信息（……）的核心手段（……），它须以情感、说理和互动的方式取得民众对战争的支持”。在这样的目的下，由军方组织的网络人员频繁登录各大社交网站，他们须“使用目标人群所常用的语言和表达方式，引导网络的互动行为[183]”。以网上的年轻人为例，军方会参照他们平时喜欢的电游和电影制作大量的短片对他们进行渗透宣传，同时也会聘用一些知名艺术家参与其中，比如说马克·艾沙姆[184]，经他之手制作的原声带就超过了80张之多。

此外，在大规模运用网络2.0的一项政策中，五角大楼将封阻社交网站作为其新通讯战略的首个目标。在2006年的程序介入行动期间，拉姆斯菲尔德号召“尽快在各海外战场部署最高效的军事通讯手段[185]”。军方不满足于占领别国领土，他们亦在各大社交平台上抢夺空间。2006—2007年，五角大楼各官网页面上都配有相关链接，只要点击注册后，便可登录那些在伊拉克和阿富汗基地无法登录的社交网络界面。事实上，在美军各联合指挥部、驻伊美军、各集团军、各团、各营的官方主页上都新增了这些通往YouTube、Facebook、Twitter、Flickr以及一些官方博客的链接，而很多高级军官甚至开通了Facebook账户，这其中就包括驻伊多国部队司令官雷·奥迪耶诺将军[186]，他的“脸书”已被几万人加为“好友”。官博和个人博客之间唯一的、但却非常重要的区别在于：军方这些措施的目的在于使相关信息成为“互动对象”之前首先成为宣传品，意在向那些虚拟的受控网络社区灌输经过加工后的信息，而灌输的途径就是这些社交网站，尽管此前它们留给军方的印象一直都是破坏性的。2007年9月4日，海军陆战队在YouTube网站开辟了官方频道[187]，网页上的标题有《陆战队员接受召唤》《最后的战士》，或者《时刻准备着》，而页面上的影视短片也在宣传贯彻着同样的军队价值观。开通3年后，该“频道”已经有了近400万名“网络观众”，并获得了几万条评论，虽然这些评论尽是些积极的话，但至少说明观众们踊跃地进行了留言。这样的管制解释了为什么这些官方YouTube频道的访问量会低于普通的YouTube网站；而且官方频道都是以为军队进行宣传辩护为核心使命的，这样的宗旨也加剧了这种差距。

美军的网络占领策略可以说带来了多方面的利益：对于官网的注册网民、尤其是那些年轻的网民而言，他们会在上面获取到那些在传统媒体上看不到的视频影像，这正是一种宣传上的补充。同时，网民们也可以通过这样一种极为流行的方式了解政府及军队的相关立场，这比直接去看五角大楼官网的效果要好得多。此外，大家也可以很轻松地将这些视频复制后发布到其他网络平台上去，这样一来，这些资料就会像病毒一样在网络上快速传播开来。现代化的尖峰时刻：从 2009 年夏天开始，那些驻阿富汗美军官方 Twitter 的“关注者”们便几乎可以在第一时间内获取到敌军阵亡人数信息[188]。作为一种对军队作战进展测评的手段，越战时美军开始实施的敌军阵亡数字统计，或者说“人数统计”（Body Count），在当下可谓找到了全新的表达方式。传统上，这些数据都要经由媒体在稍后进行发布，然而现在军方选择跳过了媒体直接将信息传递到个人。这样一种人性化的信息传递方式拉近了彼此之间的信任距离。

驻伊美军的高层军官都拥有其专属的博客，毫无疑问，这些旨在发布信息的平台平时都是由专门的信息专家团队打理的，与之相对的是，那些由士兵们或退伍士兵创建的博客则又成为了新一轮研究的对象：相关行动从 2006 年开始由空军内部发起，随即又推广到了其他军种。2008 年 10 月，美军发布了第一份有关网络 2.0 时代相关挑战的备忘录[189]，强调了对“新型网络工具的运用”。此后的几周内，官方又向全员发布了后续的概括性操作指南[190]，其目的在于通过命令的方式，使官兵们更好地领会如何与那些不同意识形态的人、和平主义者、持批评态度的国民或其他人打交道。军方将那些标准答案以表格的形式进行了罗列，根据人员性质的不同，无一例外地将士兵们的行为向“通知上级”的方向上引导，并同时指引他们依据从军方官网上下载的视频或者从突出“空军的丰富传承”角度来为军队进行辩护。空军专事网络事务的部门负责人卡尔德维尔上校强调指出：“我们希望我们的 33 万名官兵都能投身到公共关系的改善中去[191]。”最终，那些颇具影响力的自由博主受到了来自军方不同方式的请求：2008 年年末，前美军士兵、现在已转型为军事制度评论记者和博主的迈克尔 · 杨就被军方邀请陪同现任国防部长罗伯特 · 盖茨一起视察阿富汗前线[192]，事后，这些网络记者们的博客页面上也就自然而然地出现了由国防部一手提供的“材料”。

总之，网络和社交网站对美军而言就是一种辐射其价值观的工具，使他们的价值观能触及更广泛的人群并在他们当中扎根。当军方再度允许士兵们登录社交网站时，这种意图就表现得很明显了：为了再次登上上述网站，士兵们必须点击军队官网主页上的链接，这样军方就可以对他们发布的资源和留言进行监控。尽管 Facebook 一直以来就因其曝光个人生活的运作模式而饱受非议，不过在五角大楼看来，这却是个极佳的宣传和管控工具。这种类型的网站能够广泛聚集各网络社区的人员，因此通过创建军队的官方账号，美军就可以将士兵们、家属们、亲友们以及其他想让自己的“好友”列表中出现一名军人的网友们拉拢到自己的宣传旗下。

谷歌的参考引用系统让美军深为受益。这是一款小有霸道意味的搜索引擎，它可以以链接的形式将那些最受关注的和点击率较高的网页进行分级显示，这样一来，那些由五角大楼创建的网站就成了美军“数字化宣传”的中继站，得益于其“2.0”时代的地址索引，这些网站的地址均能够在最前几页显示。此外，谷歌系统也会主动地让官方的相关网站“升到”首页显示，因为他们认为这些网站更具可靠性。当我们在谷歌的检索栏输入“伊拉克”“战争”“美军”这样的关键字时，最常进入我们视线的就是那些带有军事宣传性质的官方网站，而士兵们所创建的“地下”网页也因此而被湮没。在经过了 3 年的投资运作后，五角大楼的行动开始取得了成效，尽管那些“民间”网站和批判性的网站也同样方兴未艾。此外如果消息属实的话，美军的技术部门正在研发一种更为灵便、更具传送性的卫星连接系统，旨在让那些远离基地的士兵们也能够连接上网[193]。

第四部分：倒退的战争文化

IV. LA CULTURE DE GUERRE EN REFLUX

十三

振作的反对者，全新的抗议

伊拉克战争：痛苦的模糊回忆

任何一个试图将自己的国家卷入一场战争的政府都要考虑民众是否会接受。如果战争常常是服从于某个民主国家经济或战略需求的行为的话，后果将会更为危险。一旦与民众达成一致后，主战的政权便会优先实现给军队制定的目标，以期在民意的反转束缚自身行动之前达到目的。在越战局势升级之前，美国中央情报局局长约翰·麦肯恩(1961—1965)便宣扬要在“美国公众、新闻媒体、联合国和国际舆论等各方(……)要我们停止轰炸的压力[1]”变成重大阻力前对北越进行集中猛攻。作为一名坚决支持布什政府的新保守主义者，对此情况心知肚明的理查德·珀尔于2005年7月13日表示：“问题的关键在于美国舆论的态度。如果民众对战争的支持态度发生了转变，结局将是灾难性的[2]。”从2004年11月开始，鹰派的噩梦一直与战争的现实同在。在珀尔进行表态的同一日，一份民调结果显示伊拉克战争已成为了萦绕在美国人脑海中的最为忧心的问题[3]。2005年9月，另一份调查结果首次表明已有超过一半的美国人希望美军在伊拉克迅速撤军[4]。在2006年的国会中期选举时，恶果终于降临了：共和党失去了在国会参众两院的多数席位，要知道在布什总统首个任期内的2002年，他们曾在中期选举中双双取胜，这种局面极不寻常。导致这一不可逆转结果的原因在于：战争已变得不得人心，美国自身也感受到了战争的恶劣反响：2007 年 3 月，几乎有一半的美国人表示，认识至少一个曾因伊拉克和阿富汗战争而遭受创伤的家庭[5]。

作为美国历史上投入时间较长的战争，反恐战争为美国招来了大量的批评声音，而这正是美国政府不惜余力希望避免的事态：对于半数以上的美国人而言，美国当年在越南所遭受的首次惨败当下正在伊拉克重演，而阿富汗的状况相比之下则更为严重[6]。尽管越南与中东战场在地理条件和战略态势上存在很大的差异，然而 30 多年前的创伤依然断断续续地出现在人们的眼前：越战时，在乡村地区进行活动的游击队在广袤的丛林中与美军交战，而今在中东战场，虽然游击队的行动，尤其是在城市地区的行动并不会制造出当年那样的杀伤力，但美军却也不得不投入极高比例的预备役士兵和国民警卫队士兵进行应对，其意义与此前在前印度支那地区的绝对投入是等同的[7]，要知道那时美军动员参战的尽是些新兵。尽管国人整体上没有意识到这一点，但越战的惨痛记忆却依然是根深蒂固的，这就为后来的不利局面埋下了伏笔，比如 20 世纪 80 年代在向萨尔瓦多派兵的问题上以及此后的历次冲突过程中，美军在派遣部队时均遇到了阻力。对于曾经经历过越战并失去了5万名士兵的美国人来说，越战是“空前绝后的”，因此当他们面对美军在伊拉克占领期间所出现的各类问题时，他们本就敏感的神经变得更加敏感起来。

“这次战争和越战越来越像了[8]”，一名曾经参战的老兵在谈及伊拉克问题时说道。另一名老兵也说道：“所有的一切都被毁坏了。（……）到处都是尸体，并且大部分都是平民的尸体。硝烟夹杂着臭气，感觉就像是在恐怖片中一样（……）。我们觉着随时都可能发生什么事，就好像他们会冲出屋子并从各个方向朝我们开枪。（……）还有尸臭！人人都能闻到那股味道，好像我们正在吃的就是死人一样[9]”，一边说着这样的感受，他一边努力重建着自己的记忆，那些零散的画面和词语总是突然出现。2005 年 8 月，亨利·基辛格在接受 CNN 采访时表示说，目前的伊拉克局势导致了与“美国因越战而分裂的相同的因素[10]”，让他产生了“讨厌的感觉”。这名诺贝尔和平奖得主拿自己的亲身经历进行了对比：越战时，基辛格曾反复向民众保证，美军很快就将取得对胡志明支持者们的胜利，然而今天，类似的话却再次出现在了领导人们的口中。与此同时，共和党参议员约翰·麦凯恩——自视为2008年总统大选中值得信赖的候选人——也以自身的参战经历与越战进行对比[11]，而这次参战经历从2002年开始便成为了他一直坚持的反战理由。

从1973年到现在，这是美军第一次参与的一场旷日持久的战争。这场战争建立在谎言之上，战争爆发时第一没有国会的声明，第二没有联合国的授权，第三也没有得到像法国这样的盟国的支持，后者已经因越南问题而饱受批评了。与两次世界大战所不同的是，美国后来对于"美国的敌人"的定性绝非是名正言顺的，因为无论是越南还是伊拉克，它们都没有对美国发动攻击。美国曾指责越南在北部湾攻击了两艘美军驱逐舰，又妄称伊拉克拥有大规模杀伤性武器，同时更阴险地栽赃伊拉克与"9·11事件"有联系，然而这些愚弄视听的手段的终极目的都只是想改变现状。此外，1965年和2003年的这两次战争之间还有另一个相似之处：在政府的日程中并没有撤军方案[12]，与此同时，军方更接连不断地进行了一系列军事行动[13]，并且参战士兵人数一再增加——"增加"已是一个很委婉的形容了——这一切都是以官方"最后一刻钟"的说辞为大前提的，根据他们的说法，2005年，胜利对美军而言已是唾手可得了[14]。

如果想把一次战争推销出去的话，那就应该提前保证军队可以快速取胜，并保证让对象国人民在不受到伤害的同时更加受益于战争，恐怕没有什么能比这种手段来得更有效了，而"干净战争"的说法正是在这样的设想下被提出的，与之相伴的是在朝鲜战争（1950—1953年，造成了大量平民丧生）时提出的"精确"打击理论，这一理论1955年时被时任国务卿的约翰·福斯特·杜勒斯再度提出："强大的新型精确打击武器（……）可以在摧毁敌方军事目标的同时使对方平民免受伤害"，面对刚刚经历过两年前那场战争的美国民众，杜勒斯如是说道。然而美军有关使用智能炸弹的谎言却在1991年的海湾战争时达到了顶峰，约有40%的投射炸弹偏离了目标[15]。过去几十年中，美军对因自身军事介入而产生的后果（屠杀平民、使用贫铀弹、实施禁运）极力进行掩盖，然而这却只是让现实变得更加残酷而已。与之相悖的是，在官方通讯极力对战争进行粉饰的同时，美国民众却一再目睹了那些来自战地的血腥画面，这加剧了他们内心的敏感度。借助于互联网革命，大量反映伊拉克战场现实的照片和视频不断地流向了网络，这对美军而言又是沉重的一击：2003 年 10 月，大多数美国民众认为驻伊美军的阵亡人数“不可接受[16]”，而此时官方发布的数字还不到 400 人。不过要知道，在 1968 年的越南战场上，军方每次在伤亡人数达到 2.8 万人时才会对外发布这样一份大打折扣的战损通报。2005 年初，当伊拉克战争已招致民众的普遍反对时，触动最深的加利福尼亚州宣告 169 名来自该州的士兵在伊拉克丧生[17]，出于一种几乎是本能的反应，人们会在战争的数字统计变得无法收场之前极力进行抵制，他们会把一切与伊拉克和阿富汗战争有关的问题（阵亡士兵人数、逃兵、“攻击长官”、游行、媒体的觉醒以及抗议运动）都与越战联系起来，尽管两者之间的破坏程度不可同日而语，至少对参战部队而言是这样。反战人士也踏上了这股批判的浪潮，以便能够在社会上带来更多的反响：比方说，与 1971 年的旧称谓一脉相承的“伊拉克退伍军人反战组织”便组织了新式的“冬季战士”运动：与过去一样，这一系列的研讨活动——第一届于 2008 年 3 月 13 日—16 日在马里兰州的银泉市召开——均是在媒体的关注下通过召集战争的部分亲历者（老兵、现役士兵、阿富汗和伊拉克平民）来揭露战争的各种影响的[18]。除了在美国，“冬季士兵”活动还在其他国家一共举办了 12 次之多[19]。

美军在战争期间所制造的大量平民伤亡与一连串的暴力行径使得这支军队在人们眼中丝毫没有彰显出美国此前所一直宣传贯彻的价值观，而 1972 年时的情景也如出一辙，尤其是当那些被凝固汽油弹烧伤的越南孩子的画面出现在报纸和美国家庭的荧屏上时。虽然那些年轻的伊拉克受害者的照片可以在网络上引起同样的轰动，但美国的媒体人士却在这些照片的使用问题上一直保持着缄默，比如说，美军在费卢杰战役中使用了凝固汽油弹和白磷弹的行为便被少数媒体以一种不平等的方式进行了报道[20]，事实上没有几家媒体真正想将这些行为的后果展现给读者和观众。

由于美军在越南的所作所为已经成为了人们衡量这支军队道德水准的基石，因此后续所发生的各种暴行也就自然而然地会与人们记忆中的那些暴力事件相比较。“哈迪赛屠杀事件”——2005 年 11 月 19 日，一队美国海军陆战队队员在面对 20 多名伊拉克平民男女和孩子时所制造的暴力杀戮事件——就让人们直接想到了“美莱村”惨案：1968 年 3 月 16 日，一支美军部队在南越美莱村屠杀了 350~500 名越南妇女、儿童和老人。该事件随后在 1969 年 12 月 12 日由记者西摩 · 赫什在《纽约客》上进行了首次披露。一周后，这些拍摄自越南的“奥拉杜尔村”的照片被公布到了克利夫兰当地的一份日报《克利夫兰实话报》上，但却没有取得像阿布格莱布虐囚事件的照片流布到网上或各大媒体上时那样的效果。每一回实施了暴力后，美军都会极力通过各种谎言消除事件的影响，这反映出了在当下这个时代，美国公民信条的根基已经在不断动摇。

这场根本无法打赢的战争的荒谬性已经越发明显了，而美军为了走出泥潭所采用的方法也已尽人皆知：尽管官方很少正式提及，但美军显然是想借助于升级本地武装——无论是“越南部队”还是“伊拉克部队”——的做法来摆脱困境，而这些军队平时所遭受的失败也常常会见诸报端，这使媒体记者们经常遭受一种指控，即他们只会报道负面消息，就像拉姆斯菲尔德所指出的那样，而报社的这种行为在当年驻越美军最高指挥官（1964—1968）韦斯特摩兰上将看来，则是一种“不忠”的行为。上述两次战争之间的共同点绝不能仅限于在历史的框架下去考量，而应在各种纷繁的画面、感受和态势中去寻找。2004 年 4 月，阵亡美军士兵的棺椁在国旗的覆盖下被运回美国本土，这一图片一经发布立即在美国国内引起了剧烈的震动：在运输机的机舱内，士兵的棺椁们笔直地排成一列，这一震撼的场面随即又勾起了人们的回忆。从 1991 年开始，美军禁止一切有关越战主题的照片继续流通，然而这种做法只会加重战争在人们心目中的印记。在美军从越南彻底溃退之前，那些军方“阵亡英雄”的回归仪式都意在通过他们的死亡来增强生者的爱国主义思想和集体意识。然而一旦这种仪式开始不断重复，却更进一步地导致了民意的反转。2003 年 3 月，军方的一纸命令规定对这种军事葬礼的宣传范围进行限制，然而历史却在不断重复着，当人们再次看到年轻的美国士兵“被装在塑料盒子里运回国”时，他们心中所关注的已不再是事件本身，而是所有那些代表着越战旧事的记忆。还有一些越战时的“底片[21]”也加重着这种对比：贝尔公司的 AH-1G 休伊眼镜蛇武装直升机在巴格达上空超低空盘旋着，它的侧翼大开，露出了一挺 7.62 毫米机载机关炮；而 2004 年共和党总统提名大会会场外激烈的抗议声也与1968年的场景相类似——在民主党提名大会门外爆发了骚乱和游行。在这两次事件中，当权政府实际上都是在与民众不断上升的对立态度相抗衡，这也使得仅被逮捕的游行示威人员就达到了1000人之多。“伊拉克门”和“特工门[22]”丑闻——都与所谓的伊拉克大规模杀伤性武器有关——的出现，都因其“门”字的后缀而多次成为了“水门事件”的衍生品，要知道当时已经被战争搞得精疲力竭的尼克松正是因为这一丑闻而辞去了总统职务。

所有那些有关伊拉克占领军和“伊拉克前线”阵亡情况的报道都使得美国电视新闻节目的气氛变得异常沉重：在2004年总统大选的紧张时刻，一则关于卡洛斯·阿雷东多自杀的报道却成为了新闻专栏节目的核心事件。阿雷东多是美国海军陆战队士兵亚历山大的父亲，后者在一次于纳贾夫的交火事件中不幸被萨德尔武装击中身亡，年仅20岁。当阿雷东多在家门口发现有三名面色懊悔的军人到访时，立刻就明白了他们此行的目的，并随即开枪自杀。这一事件事实上是复制了诺曼·莫里森当年的行为：1962年11月2日，有感于越南僧侣释广德不惜自焚来反战的壮举，这名和平主义者也通过自焚表达了自己的心声，这一绝望的行动随即震撼了整个美国。

上述几个事例只是困扰美国另一场战争的几个代表性事件而已。“我们都已看过这场电影了，我们这些人[23]”，老兵们说道。2004年夏天，坊间盛传美国将恢复过去的征兵制，无论是真是假都让人们不由在心中比较一番。这一想法首先由以拉姆斯菲尔德为代表的一些高层人士提出[24]，同时共和党与民主党的代表们也多次建议解决驻伊美军兵力不足的状况，恢复兵役制的做法在这时被抛出来，很可能正是为了试探民意的反应。然而这一想法一经传播，便引发了舆论本能的强烈反弹，即便白宫一再否认，但也不足以平息这场风波，这使得无论是在2004年11月的大选之前还是大选之后，这一不得人心的措施都不可能被付诸实施。1973年，美国的反战运动正如火如荼地进行着，同时由年轻的美国士兵不断阵亡所引发的校园骚乱也正愈演愈烈，在此情况下，美国适时地取消了兵役制，也正是因为此，上述事件的主要动因才就此被解除，也使得日后的新兵们不会再在军队内部因一时的不满而发动有组织的抗议。对于布什政府而言，“9·11事件”之后的那段时间是其唯一有机会讨论恢复征兵制的时期[25]，错过了这个“机会”后，便再也无法用这样的决定来激怒那些反战人士了，因为这无异于是在政治自杀。不过另一方面，这种抗议运动却丰富了人们崇拜“英雄”士兵时的内涵，它与旧时的军人盛装游行一样让人欣羡，只不过后者在越战结束后因各种原因而不再成为必要的仪式。作为实践征兵制的法理基础和基本工具，《义务兵役法》要求年轻的美国公民在达到法定年龄后必须参军服役。在这样一种行政框架下，没有人能肯定美国的兵役制会不会有一天真的被恢复，正如实施《义务兵役法》的主管机构五角大楼宣称的那样，“这些行动旨在向国防部提供（……）兵源以应对可能的紧急事态[26]”。在这种情况下，这种“乔装打扮的兵役制”实际上依然是有效的，军方会通过大规模动员预备役人员以及到那些社会底层人士家中登门动员的方式间接实现这一目的，尽管军队有时也会向那些来自富裕家庭的子弟提供便利以免除他们的兵役，或者说让他们“遁形”，但在越战时期，军方是不提供这种便利的。最后，在这些记忆的底片中，也不要忘记了那些“索马里的回放镜头”：在伊拉克费卢杰战役中，4 名黑水保安公司的雇佣兵被焚尸后，尸体也被吊挂在了一座桥上，该手法与 1993 年在摩加迪沙阵亡的美军士兵的遭遇一模一样。

民众多元化抗议的增加

正如一开始的战争动员演讲一样，民众的反战抗议也逐渐变得多元化并在全社会中扩散开来。在那些心灰意冷的支持总统派人士加入抗议派的第一时间，民众的抗议浪潮被再次点燃，他们对政府所采取的各种行动都进行了严密的筛选，尤其是在网络上，民众的敏感神经会集中于一系列的论战议题：“9 · 11 事件”、调查的延迟和缺失、世贸中心遗址周遭的毒气侵袭、《爱国者法案》对人身自由的监控、伊拉克武器问题、战后管理问题、占领军的罪行问题、阵亡士兵问题，以及重建市场瓜分问题使得“神圣同盟”——因入侵伊拉克的构想而创立并随着2003年3月的战端开启而正式形成——分崩离析。借助于网络革命的兴起，很多像 9 · 11Truth.org（“9 · 11”真相组织）或者 Halliburton Watch（哈里伯顿观察）这样的反战组织开始在网上进行广泛的动员。

作为“神圣同盟”的晴雨表，布什总统的支持率在伊战爆发前不断下跌，只在正式开始了“伊拉克自由行动”后有所改善：当美军正在向巴格达逼近的同时，支持率也一度高达 73%，虽然此后出现了持续的下滑，但当美军于 2003 年 12 月 13 日正式搜捕到了萨达姆·侯赛因后，该数值便止住颓势并再次回升至 60%。不过这也只是暂时的回光返照，很快布什的人气曲线便完全坍塌：在驻伊美军的占领行动开始的一年后，总统的支持率便因其战争行为而首次跌破 50%。

布什总统因为伊拉克战争而聚攒了大量的支持者，然而同样也是因为伊拉克战争，他的支持率风光不再，这场战争聚合了民众太多的谴责之音，这不得不让布什忧虑不已。正如“一战”和越南战争结束时那样，大量的民众对美国的政治失去了信任——差不多 50% 的民众引起了两党中至少一党的重视，同时也对政府秉持孤立主义进行撤军的意愿表达了怀疑[27]。而眼下，一个在政治和文化领域出现的新的反对现象亦显现了出来，且形势似乎更加急迫，其规模也是自 20 世纪 60 年代越战结束后所再未见到过的。为了扩展其影响力并让更多的人听到自己的声音，这一运动同样借助了互联网这一新式工具的发展：“网中网”是一种具有联合性质的运动，人人都可以参与其中，它为那些异见人士——自 2001 年以来就已不断成长壮大——抒发心声提供了一个表达空间，在维持着抗议浪潮的同时也撼动了传统媒体的架构。这其中就有由拉斯·基克于 2002 年创建并于 2009 年关闭的“记忆洞”网站（The Memory Hole），该网站在 2004 年 4 月公布了一组摄有 288 具美军阵亡士兵棺椁的照片，在美国上下引起了巨震。凯克援引《信息自由法》并利用空军在这个问题上的疏忽大意得到了这组图片，随后这些图片便被各大新闻媒体大量转载。

成千上万的不具名民众或是首次加入其中，或是再次参与到了这一反抗运动中来，该运动在美国无处不在：人们以个人名义在网上发言、辩论，同时开设了大量网站和博客。有些新闻博客在这股运动浪潮中也变得更加专业化，比如 TalkingPoints Memo，其月访问量从一开始的几千人发展到了 2003 年年末时的 6 万人，而到了 2008 年，人数更是上升到了 70 万人[28]，而另一个被誉为时事负面新闻先锋的博客 AlterNet，其关注度更是经历了大幅度的提升。总体来看，类似这样的新闻博客得到了蓬勃发展，它们的数量由几十个扩展到了几百个，尽管或多或少都属于地下性质，并且其报道质量也是良莠不齐，但它们确确实实地受到了网民的追捧：其中最典型的代表有“坏蛋和骗子”（Crooks and Liars），它创建于 2004 年夏天，是一份属于媒体时事解读性质的博客，而另一个人气博客“Information Clearing House”（信息清洁室）则是以新闻和报纸回顾的形式出现在读者面前的。总之，这些态度不甚鲜明的反战宣传博客正变得越来越多，它们同其他信息平台一起引发了“网络反响”。无论是在民主党的首轮党内提名期间还是在总统大选期间，参议员奥巴马——美国国内少有的几名反战政治人士之一，从 2002 年 10 月起便宣布反对伊拉克战争[29]——的虔诚的支持者们都发起了类似的声援活动。

很多聚集了抗议民众的反战组织都有着一定的历史 [“美国自由公民联盟”（ACLU）、“人权观察”（Human Rights Watch）、“国际特赦组织”（Amnesty International）、“反站者联盟”（The War Resisters League）、“美国教友会”（American Friends Service Committee）、“因道德拒服兵役者中央委员会”、“青年与非军事接触方案”（Project on Youth and Non-military Opportunities）]，此外还有一些新近创立的组织（Moveon.org，1998 年在官方启动了对比尔 · 克林顿总统的弹劾程序后创建）以及一些偶然得以成立的组织，比如“不要以我们之名”（Not In Our Name）、“和平正义联合会”（United for Peace and Justice）、“粉色代码”（CODE PINK）、“世界不再等待”（The World Can’t Wait）、“军人家庭说出来”（Military Families Speak Out）、“军人家庭要和平”（Military Famillies for Peace）、“立刻行动停止战争以及终结种族歧视同盟”（ANSWER）、“校园反军事主义同盟”（The Coalition Against Militarism In Our Schools），以及“退伍军人和平组织”（Veterans for Peace）等。此外还包括一些更为大型的组织，比如“非战争取胜”（Win Without War），它组建于 2002 年，旗下联合了 40 余个环保、宗教、家庭和退伍军人的小型组织 [“绿色和平”（Greenpeace）、“非战争取胜艺术家联盟”（Artists United to Win Without War）、“美国家庭”（Families USA）、“退伍军人和平组织”（Veterans for Peace）[30]……]。上述这些组织都将自身定位为反战的信息源，有时也是反战的动员地。在当下这个恶性的政治文化大环境下，政府将对人身自由的侵犯上升到了国家行为层面，然而上述组织的成功却见证了民众坚定的反战走向：2004年的8—9月之交，正当共和党召开其党内总统提名大会时，反战民众举行了一场声势浩大的抗议活动，前来参加抗议的民众数量和规模甚至与当年反对越战的抗议高峰时刻不相上下[31]。今天的情形正如过去一样，浩荡的抗议人群意在向国内的主战派和观望者们表明：拒战行动已不再是“自由”知识分子的专利。参加抗议游行的有刚刚走出家门的人们，也有上述反战组织的成员，他们的抗议行动不止让共和党提名大会——史上第一次在纽约举行——引起了轰动，也让共和党异地举行的其他活动陷入了广泛的公愤之中，而这些活动的举办日也因此留在了人们的记忆里。2004年10月2日和2005年9月25日的抗议活动是本次风潮中最后两次大规模示威活动：只是因为宪法规定了布什总统无法第三次连任，前来参加抗议的人员数量才没有更进一步膨胀。在这后两次活动中，那些随时准备进行抗议并用“死亡示威”的方式表达诉求的人们只有几千人之多，不过2007年9月15日的示威人数却达到了几万人。

网络已经渗透到了美国民众日常生活的各个社区和街道之中。在“退伍军人和平组织”的发起下，人们从2004年开始后的每个星期日都会在加州圣莫妮卡海滩上笔直地竖起十字架和大卫星，象征着所有那些在伊拉克和阿富汗战争牺牲的士兵，每一块人造的墓碑上都刻着他们家人寄来的名字和墓志铭。另一次类似的纪念活动就在白宫的正对面举行，人们用一个个小盒子代表着阵亡士兵们的棺椁。同样是在2004年，美国教友会——创建于一战时期——的成员们于当年1月举办了一次名为“睁大双眼”（Eyes Wide Open）的巡回展出活动，他们在公共场所公开展示了一双双军靴，每一双靴子都代表着一名在伊拉克或阿富汗战场上阵亡的士兵[32]。反战人士们通过在网上发起无数次类似的活动——正如“一千副棺椁”组织在其内部发起的那样——努力地唤醒着民众们因为“神圣同盟”的建立和在军国主义氛围的笼罩下渐渐丧失的道德意识。

作为对旧金山联合广场上国债计算牌的回应，一块显示着“伊拉克战争成本”的巨幅显示屏从2004年8月25日开始出现在了往来于纽约时代广场上的人们的视野中，而它的旁边就是美国海军陆战队的征兵办公室[33]。在这块牌子竖起那天，美国所投入的战争花费便已经达到了1345亿美元。牌子上的屏显数字以平均每天1.77亿美元的速度实时更新着，也就是说，美国平均每小时就要为伊拉克战争支付740万美元的战争成本，再细化一点说就是平均每分钟122820美元。竖立这块牌子的想法是由成立于2003年的“广告牌计划”协会提出的，它旨在提醒路人一点，即伊拉克战争带来的影响并不只是造成了上千名士兵和数万名平民死亡那么简单，它同样也给国家带来了沉重的财政负担，而3年后爆发的“次贷危机”更是让美国经济雪上加霜。2010年年中，根据美国国会统计，美国在伊拉克战争上的投入（以定值美元计算）将会超过越南战争：越战时美军的战争总成本为7380亿美元，而伊拉克战争的花费将会达到创纪录的7840亿美元，此外如果从反恐战争总花销的角度来看，那么这一数字还会继续上升到11470亿美元[34]。这块成本显示牌的出现不断激起人们对战争的愤怒，并号召行人们有所行动，这让我们想起了1969年音乐家约翰·列侬和小野洋子在时代广场租下的那块广告牌——和这块数字牌一样，它也位于广场主干道旁差不多的位置——上面印着从二人的圣诞单曲中誊下的句子“战争结束了！如果你想要它”，仿佛是在向所有的纽约客进行呼喊。无论是在纽约还是在其他地方，我们都能看到反战者租用公共空间进行的反战广告宣传，当然，其花费也自然不菲。不过抗议行动本身就是一种利用意识形态武器挑战既有秩序的行为，因此出于政治目的租用广告位的做法——1967年3月12日，反战运动人士首次在《纽约时报》上租位进行宣传——也自然就是其中的一种方式。

作为“9·11事件”后最具代表性的议题之一，关塔那摩监狱问题起初只是部分捍卫人身自由的团体的声讨对象，后来则演变成了被美国舆论不断谴责的议题。2005年6月，国际特赦组织的年度报告[35]中有一章内容是有关关塔那摩问题的，一经发布，该组织官网的访问量迅速激增了6倍。与此同时，美国民众向无政府组织发起的捐款额也增加了4倍[36]，这显示出民间反对团体开始重新关注这类问题。在形式上看来，布什政府的反对者们借鉴了此前共和党内部分沟通专家的成功经验，尤其是发布一些颇具冲击力的口号，并保留那些可能会引发争执的概要性内容。这一战术首先被迈克尔·摩尔系统照搬，随后更是得到了广泛套用：在“伊拉克自由行动”开始前，部分主战人士提出了一系列冷战行动构想，这些构想随着战争的进行均得到了实践。而通过将关塔那摩看守所和美军在世界其他地方所建立的秘密机构比喻为“当代集中营”的方式，国际特赦组织也实践了这种等效的联想式类比法，并在民众中间引起了强烈反响。这一称谓背后所透射出的是美国政府的一种思考，即通过上述这种颇具强权意味的行动来对“邪恶帝国”进行回应。而新闻媒体在面对美国政府在全球各地建立的这些秘密拘禁基地时，自发地引用了亚历山大·索尔仁尼琴最负盛名的著作的名字“群岛[37]”来加以形容，在民众中产生了极大影响。此外，军内的反战和抗议群体对布什政府的质疑也变得越来越坚决：难道现行的战略不会导致反美情绪的激增并在未来再次引发新的“9·11”式恐怖袭击吗？正是这样的一些疑问和说法在一个9月的早上彻底埋葬了伊拉克的“神圣同盟”的存在。另一方面，陷入了自己圈套中的布什政府不断有要人出面对国际特赦组织相关言论的“严谨性和客观性[38]”愤怒地进行批评，他们纷纷表示该组织的这份报告是“挑衅的”“不负责任的”或“该受谴责的”[39]。尽管上述反应表面上看依旧是官方例行的，但却也表明了布什政府内部所发生的一个实质性变化：如果是在以前，国际特赦组织说不定会被美国政府以“支持恐怖主义”的罪名进行起诉。

一如此前好战言论在美国社会四处传播一样，一种对现政权批判的声音在2005年也以不甚友善的方式突然出现了：与学生们的夸夸其谈和激烈的抗议行为不同的是，美国的两位昆虫学家——昆廷·惠勒和凯利·米勒——走的是一种中间路线，他们把新近发现的昆虫（三种蜣螂属昆虫）用现政府内三位政治高层的名字命名，分别是：甲虫布什（Agathidium bushi）、甲虫切尼（Agathidium cheneyi）和甲虫拉姆斯菲尔德（Agathidium rumsfeldi）[40]。这一做法并没有逃过美国媒体的眼睛[41]，而且这种做法看似正中了这些研究专家的下怀，让他们看上去就像讽刺大师一样：“我们非常欣赏我们的领导人对自己深信不疑的勇气以及在自由和民主的原则下积极行动的能力（……）[42]”，惠勒说道。这种将领导人的名字拉丁化后与食粪昆虫的名字并行排列的做法是非常大胆的，或者说是未必合适的，然而它却显示出了各社会专业领域的人们反战的意志，对于这些生物学家而言，他们也只是表达了自己的个人想法而已。

美军再次深陷战争泥潭最终引发了各式各样的社会大辩论，比如一个有关环保的议题就引起了争论：因美国总统拒绝签署《京都议定书》使得伊拉克战争给人以“石油战争”的形象，这正好给环保主义者提供了武器，他们声称美国每年几百万部四驱车和皮卡车的销售量已给环境带来了灾难性的影响：在相关电视节目中，那些耗油量极高的运动型多用汽车（SUV）的车主们经常被视为“支持恐怖主义的人”，因为这些通常排量极高且售价不菲的车辆正是通过战争取得的石油资源来维持运行的。2004 年，这一状况终于导致了一个颇具讽刺意味的专业术语的出现，人们模仿“邪恶轴心”（Axe of Evil）创造了“邪恶车轴”（Axles of Evil）。借助于这一巧妙的文字游戏，这种环保和反污染的标语其实还有其反战的一面，“不要再为石油而流血”，那些一如“气候危机同盟”一样的环保组织的成员们掷地有声地高呼道。在对四驱车进行了猛烈的抨击后，反对者的批评之声继续向更深的层次延展：四驱车只是在推翻萨达姆后得以保留下来的“美式生活方式”的代表之一，然而即使算上了这一时期，它们的销售额也遭受了持续的滑坡，加之 2008 年的经济危机和油价高涨，四驱车的销售前景更为黯淡。

正如越战在当时的年轻人中引发了社会改革的呼声一样，伊战泥潭也让这 4 年内受够了“布什主义”的美国民众彻底觉悟。和平主义者的示威活动正是全社会范围内广泛抗议风潮的写照，人们痛斥战争，揭露为维持高额的战争预算而持续削减社会开支的行为。此外，共和党的反对者中还有那些同性恋人士和自由堕胎权的捍卫者们。很多人将“嬉皮士文化”时代的反战行动理想化，认为当下的抗议行动也应该有所借鉴，而现状正好给他们提供了帮助：正如 1968 年的民主党总统提名大会一样，2002 年共和党提名大会的数万抗议者们也被大量的纽约警察重重包围了起来。大约有近 2000 名示威者被捕并被关押在了哈德逊河边的一个经过改造的仓库里。这一创纪录的逮捕人数本身就具有一种象征意义，其数字是 1968 年芝加哥骚乱的 3 倍，并且由该事件引发的风潮直到 2004 年才渐渐平息。然而与抗议者口中所揭露的战争性质一样，这次逮捕行动是“预防性的”。

士兵的家庭

在战争泥潭的中心，来自阵亡士兵父母们的声音对政府的战争巧辩构成新的一击。为了抑制民众与部分军内人员对于战争的抗议，美军总是将阵亡士兵颂扬成“为自由献身”的人，然而这样的赞颂却遭到了他们父母的驳斥。对这些以泪洗面的家长来说，他们内心的伤痛早已变成了绝望和愤怒。

对于美军在占领期间所遭受的伤亡后果，所有人都感同身受。在这种冲击的影响下，数据显示截至 2003 年 3 月末，约有 70% 的受访民众表态不希望他们的军队遭受这样的损失[43]。那些不幸的家庭所遭受的痛苦已通过电视荧屏和其他方式深入了人们的日常生活中来，这些失去亲人的父母们向政府的高官们提出了质问：苏 · 尼德雷尔和辛迪 · 希恩是这场运动中的代表人物，也是“军人家庭说出来”协会内的活跃人士，该组织于 2010 年创立，集合了 3400 个有同样遭遇的美国家庭[44]。与“军人家庭要和平”组织一样，类似这样的和平组织都是从当年越战时的反战组织演变而来的。2004 年 9 月 17 日，身着一件印有“布什总统，你杀害了我的儿子”标语 T 恤衫的尼德雷尔闯入了劳拉 · 布什在新泽西州汉密尔顿的一场竞选演讲的现场，并使得该演讲一度中断。在被安保人员驱逐出会场后，这位反战母亲迅速成为了各大媒体争先报道的对象。她一直想找到一个答案：“为什么那些参议员、众议员（和）国会议员们不把他们自己的儿子派到伊拉克去”，却让她的儿子——赛斯 · 德沃林中尉，2004 年 2 月在巴格达阵亡，年仅 24 岁——丧身战场。擅闯演讲事件发生后不久，尼德雷尔就被秘密警察包围了起来——这种做法多少超出了他们的的职权[45]——随后在媒体的注目下，她被警察拷上了手铐并以藐视司法的罪名而逮捕[46]。同样是伤心于儿子的死亡，辛迪 · 希恩选择了到布什总统在得克萨斯州的私人农场安营示威，时间是 2004 年 8 月。想必在任何一个国家，希恩的这种行为都会因为其不懈的坚持而让人感动，同时总统本人的冷漠也会招致人们的愤怒。同这两位母亲一样，数万名美国父母都生活在这样一种恐慌的世界中，他们生怕在新闻上和电话里接到自己孩子的死讯，甚至一声极微弱的电话铃声也会瞬间将他们惊醒。最后，我们还要指出另一个非常重要的事实，那就是美国民众对这样一种故事轨迹的迷恋，即一个不知名的小人物起身与大人物所制造的司法不公之间进行抗争，并紧接着引发新闻界的论战。一位热心网民为了颂扬“那些在光荣的战场上倒下的英雄们[47]”的“牺牲”，专门将人们发来的唁信整理好发布到了网上。这些唁信内容不仅仅充溢着对于那些“第一夫人”们的支持，更直抒胸臆地表达了他们心中的愤恨，如“苏，继续说出真相”“这场战争让我苦恼”“对您所表达出的痛诉战争的勇气，我致以深深的感谢”“您是我们所有人的榜样”“这场战争该停手了”“为这个政府感到羞耻”“不要让这场建立在谎言基础上的战争继续制造亡灵了”[48]。在所有这些于 2004 年 9 月底公布到网上的唁信内容中，表达了同样情感的文字占到了大多数，剩下的唁信中，还有 10 余封是对已故士兵“捍卫了自由”的义举表达的“感谢”，另有 15 封信表达了同情之意，但字里行间所显露出的不问政治的态度使得他们的立场看上去是完全中立的。

作为一种国殇，阵亡士兵们既是抗议的源头，也是抗议的动力：那些遭受游击队袭击身亡的士兵的葬礼成为了抗议者自发集聚的舞台，而政府对于这种群体性行为也意在禁止。为了使这些葬礼上的抗议者与那些越发倾向于与之互动的媒体相远离，共和党阵营投票通过了《美国遇难英雄法案》。根据该法案规定，所有参加类似军人葬礼的抗议者将最高被处以 10 万美元的罚款和一年的监禁[49]。如果说该法案意在阻止在这座“堪萨斯教堂[50]”上演的诡计的话——在墓地，信徒们将士兵们的死亡看作是神明对于美国容忍同性恋行为的惩罚——那么这部法案所具有的模糊性则使得它可以被应用在对各类抗议行为的限制上。利用那些由边缘教堂的信徒、完整主义者和新纳粹主义者所起到的反衬效果，议员们期待着言论自由，而媒体化的进行——苏·尼德雷尔和辛迪·希恩也成为了他们的对象——显然也并不奇怪，因为自从政府与反对团体之间展开了激烈碰撞后，媒体便显示出了另一种面貌，他们开始集体表现出一种职业意识，并且他们中的一些人已意识到了自己此前并未尽到身为记者应尽的职业义务。

新闻媒体的忏悔，“第四力量”的觉醒

新闻媒体的觉醒与美军所遭遇的军事失利和士气滑坡一样，都开始于2003年夏天，但却是发生于公众对战争支持态度的反转之前的。各种报纸标题和新闻栏目都逐渐地赋予了客观信息以应有的地位。通过对政治人物、知识分子、普通民众和美军士兵的采访，将他们对战争所表达出的消极态度传递给了更广泛的民众。

从2003年8月开始，以《星条旗报》为代表的美军官方新闻报纸用行动实践了其出版自由的承诺，它们所发布的有关伊拉克占领军低下士气的调查结果引起了舆论的轰动。而透过这一结果，该报纸也同样显示出了政府与军人之间所存在的引人注目的分歧。事实上驻伊美军士兵和他们的长官们已无法控制那块土地了，然而美国政府人士却对此矢口否认。

与越战的春节攻势相类似的是，2004年4月的费卢杰战役以及伊拉克游击队所发动的数次反击也导致了媒体口风的反转。越南“春节攻势”结束后，倾向于进行负面报道的媒体记者的人数与之前相比增加了3倍[51]，于是仿佛顷刻间，大量关于美军士兵和越南平民的暴力镜头便出现在了媒体平台上，尽管1969年像《纽约时报》这样的知名报刊依然拒绝登载自由记者西摩·赫什关于美莱村屠杀的独家报道[52]。整体看来，费卢杰战役与“春节攻势”一样都是一次遭受了挫折的行动，尽管美军赢得了军事上的胜利，但却遭遇了政治上的失败。与越战时的情形一样，士兵们的证言，以及那些开始进入公众视野的受伤者的画面，都显示出了媒体人对于伊拉克战争最终取胜已不抱信心的态度。尽管此前媒体曾在伊拉克大规模杀伤性武器的报道上有过失职，但他们现在口风的反转却表现出了数倍于前的热情，对于共和党而言，这不能不说是一个严重的阻碍。

美国媒体在越战期间的表现为他们赢得了无数的声誉，只不过这个好名声在“9·11事件”后相关报道的问题上被败坏了。20世纪70年代，媒体广泛披露了美国秘密机构一系列的非法行动，包括对“水门事件”的报道，都为他们在业界树立了

极高的威望。然而后来人却并没有继承前人的传统，导致这种威望在伊战战前彻底分崩离析。对于像《华盛顿邮报》《华尔街日报》《新闻周刊》，尤其是《纽约时报》这样的报业巨头而言，为了重新在业界寻回以往的正统地位与威信，它们在2004年5月底纷纷表示忏悔：“对于在2002年9月—2003年6月看过报纸的人来说，萨达姆·侯赛因拥有（……）一座恐怖兵工厂的消息（……）几乎就是板上钉钉的[53]”，一个社论作者“调解员”懊悔道。然而媒体的这种变化却无法对总统选举的结果产生决定性影响，尽管信息的再平衡和媒体人士对政治伎俩的过分追逐已经透射出了国家及其民众的两极分化。从此以后，这就变成了一种不可逆转的趋势：布什总统的再次连任印证了这一点，并且这一趋势在卡特里娜飓风事件和次贷危机过程中得以强化。

在费卢杰战役进行的同时，另一条重磅新闻被披露了出来。2004年4月26日，CBS电视台旗下的人气新闻栏目《60分II》首次对美军的虐囚丑闻进行了报道，4天后，西摩·赫什便在《纽约客》的官网上正式发布了相关消息。从他们所披露的消息中不难看出，尽管美军从2001年开始便对虐囚行为进行了制度化，然而这一丑闻的曝光最终还是依靠于媒体摄影师的关注以及媒体在伊拉克泥潭问题上的不断发力。阿布格莱布监狱丑闻对新闻记者而言可谓是一个突然出现的取之不尽的资源库，它的曝光也让人们对军队所抱有的理想主义色彩不复存在。阿布格莱布事件实际上是指美军与虐囚有关的一系列事件，包括关塔那摩监狱问题、向海外虐囚中心秘密转移囚犯问题，以及美军所有那些神秘的军事基地，这一系列问题都使得人们对反恐战争的解读方式产生了震动。过去曾为人们所信奉的很多事情现在都成了人们口诛笔伐的对象，而这一切的始作俑者就是拉姆斯菲尔德，因此在2004年5月初，《纽约时报》与《波士顿环球报》均不约而同地要求他辞职[54]。另一方面，在经历了与五角大楼之间长达18个月的诉讼官司后，美联社最终在2005年获得了在国防部官网上刊登关塔那摩监狱囚犯的审讯记录的权力，这些报告中详细记录了关塔那摩美军监狱人员对犯人用刑的方法。而2005年6月12日，援引了《信息自由法》相关有利条款的《时代周刊》完整地发布了（84页）穆罕默德·阿尔-卡赫塔尼的审讯备忘录，也就是我们知道的《第063号囚犯》[55]。上述这些可预见的披露事件使得布什总统的形象极大受损，这引发了布什政府的恐慌，也加剧了当局支持率在民调结果中的颓势。

从2007年2月18日开始，《华盛顿邮报》陆续发布了一系列发生在美军沃尔特·里德军医院内的丑闻事件[56]，使民众对那些受伤士兵在医院内所忍受的不良卫生条件、糟糕的医疗设施以及医护人员恼人的态度都有了直观的了解。事实上，有关美军战地医院各种失职情况的报道从2004年开始就已见诸报端[57]，只是经过了2年的时间，媒体的广泛报道才使得这些消息更深入地为民众所知悉。当此之时，共和党人士汤姆·戴维斯和比尔·杨建议将此事冷处理，以便不损害军队的利益[58]。然而这一处置措施所引发的后果使得整个事件都遭受了猛烈的批评。舆论的这种觉醒的脉冲与越战时期的新闻媒体也是不无联系的：那时的新闻媒体人一直在寻求战争的真相，而这种追逐行动随着1971年《纽约时报》对《五角大楼文件》的刊登而达到了高峰。该事件的“告密人”是一名内部人士——军事分析员丹尼尔·艾尔斯伯格，他所披露的这些秘密文件显示了美国政府在相关问题上一贯的撒谎手法。这次泄密事件的发生在机制上可谓与2010年底“维基解密”网站所发布的《战争记录》如出一辙：借助于网络信息工具的使用，同样是军事分析员的布拉德利·曼宁搜集并对外流出了大量机密资料，其数量与当年艾尔斯伯格的泄密文件相比足足有70倍之多。然而区别不只在于数量上，借助于网络的发展，现在的民众可以直接上网浏览这些新近披露的信息。为了应对这种过度的信息透明化行为，美国最高法院于2006年作出一项判决，旨在对联邦政府雇员自由披露其所亲历的非法行为的权力（这是为《美国宪法第一修正案》所认可的权力）进行限制[59]，然而美国于1989年出台的《举报人保护法》却是对联邦政府雇员民主的公民表达权进行保护的。此判决一经出台，一些旨在反对这种历史倒退的法案被提交，然而它们均未能取得任何进展，包括在此后的奥巴马时期。

媒体重新开始扮演了与政权对立的角色：当关于伊拉克大规模杀伤性武器问题的丑闻被曝光后，布什政府随即选择将全部的责任推给了中央情报局及其负责人乔治·特尼特身上。根据官方说法，特尼特本人曾对总统有关上述问题的发言内容进行过担保，然而根据CBS电视台和2003年8月10日《华盛顿邮报》相关栏目的报道，有证据显示中情局曾对有关伊拉克从尼日尔购买铀和使用铝管的情报的时效性保留了意见，只不过布什团队一直对这些保留意见置之不理[60]……

另一个新的论战议题与政府不断发布的恐怖预警有关：2004年8月3日，《纽约时报》和《华盛顿邮报》均刊文指出，政府已将恐怖袭击作为了其达到相关政治目的的工具使用。第二天，《基督教科学箴言报[61]》紧随其脚步发布了另一些相关内容：8月1日早，在美国国内家庭收视率的最高峰时刻，美国内政部长托马斯·里奇在电视镜头前向民众发布了有关恐怖分子将对美国本土部分金融设施发动"新一轮"袭击的情报。然而就在上述消息发布后的第二天，里奇的一名助理在接受电视采访时表示，新近发布的这些恐袭消息的时效性不会晚于2001年[62]。针对这一前后不一的表态，《纽约时报》和《华盛顿邮报》的记者亲自展开了调查，然而调查结果印证了这名助理相关言论的真实性。我们不妨将这些事件放置在当时的背景下进行考量：在本次恐怖袭击预警发布的前三天，民主党提名约翰·克里作为党内总统候选人，这一消息吸引了全部媒体的眼球。面对民主党越来越有利的竞选局势，当局便可能通过以在民众中散播恐怖消息的方式来取得对其竞争对手的优势，并且以此把社会舆论的焦点重新集中到反恐问题上来——这也是白宫唯一能够取得别人信任的领域了。

艺术家、知识分子和电影人反战……没有影响力?

随着在伊阵亡士兵人数的不断上升以及大量有损政府形象的丑闻的曝光，各种揭露美国的战争罪行及其始作俑者的行为便不断增多，从而形成了一股和平运动和抗议运动的潮流，并且从这些运动参与者的构成和表态来看，上述运动与越战时期在美国各地涌现出的反战运动是极其相似的。一切就好像是"9·11事件"后那些全知全能的意识形态枷锁顷刻间支离破碎，而长期以来被管制的言论正重获自由。

自2001年袭击事件发生以来，许多大事件便接踵而至。21世纪初的国际政治领域可以说在"短"时间内以罕见的密度爆发了众多的轰动性事件：阿富汗战争、塔利班垮台、有关"邪恶轴心"的讲话、白宫对伊拉克的蠢蠢欲动、战争竞赛、"闪电战"、萨达姆·侯赛因倒台、抵抗力量的快速发展、伊斯兰恐怖主义爆发……所有这些大事件均在不到2年的时间内发生了，因此如果说反战运动也随之以同样的节奏发展似乎也是必然的。这里我们依然还要强调一下反战运动的强大基础：2002年2月15日，成千上万的反战示威者冲上了纽约的街道，这其中就包括一些艺术界人士和电影明星。

很多左派音乐人纷纷打破了他们此前在媒体上所保持的沉寂。从2003年开始，反战阵营中便加入了约翰·梅伦坎普和安妮·迪弗兰科这两位新成员，他们通过自己的音乐来表达心中的反战意志。而作为2003年格莱美奖的得主，正值事业巅峰期的女歌手谢里尔·克罗也加入反战运动中来，她在自己的吉他上贴上了印有“不要战争”的贴纸[63]。此外，20世纪60年代反战活动中的许多领军人物也开始回归：著名流行乐歌手卢·里德和保罗·西蒙参加了反战组织“美国公民自由联盟”（American Civil Liberties Union）于2004年10月4日举办的“自由音乐会”。克理登斯清水复兴乐队（Creedence Clearwater Revival）前队长约翰·弗格蒂——他的那首《我们想停下这场雨》曾经是当年那些因战争而困惑的美军士兵的主旋律——也加入了和平老兵的队伍中来。57岁的莱斯利·卡根也是一样，作为知名团体“和平与正义联盟”（United Peace and Justice）的负责人，他的举手投足间仍显露着当年反战抗议活动组织者的气质。弗格蒂与歌手布鲁斯·斯普林斯汀、帕蒂·史密斯、韦克莱夫·让、“珍珠果酱乐队”一同参加了于2004年9月27日—10月13日在美国的几个“摇摆州”——即大选投票结果不明确的州——举行的名为“投票为改变”的巡回演唱会。他们的演出带来的成果却与其原本的目的大相径庭，因为这些州的选民倾向于支持当时任满的总统布什。而在2004年，一个来自加州的朋克乐团Green Day发表了概念专辑《美国白痴》（*American Idiot*），其中的歌词既表达了抗议情绪，又对共和党的总统进行了声讨，而该专辑在问世5年内便在全球范围内取得了1500万张的销售成绩，是美国白金唱片发行量的5倍之多，销量一直名列前茅。Rap歌手埃米纳姆也在2004年的大选前几天在网上发布了其政治单曲“Mosh”的视频，歌中他号召年轻人去参加投票，然而这一目的最终没能达成。这部视频的制作团队中包括“游击队新闻”网站的成员，它将一些当时存在的不公现象抽样呈现了出来：一名年轻的拉丁裔移民因为黑户身份而被赶出了住所，在被警察施暴后，从一名再次被投向伊拉克战场的士兵身旁走过。埃米纳姆的这首歌并不是通过传统途径发布的，而是以影像的形式在音乐电视网（MTV）上频繁播放；2005年年末，歌手尼尔·扬经过了72小时的连续录制，完成了新专辑《战火浮生录》（*Living with War*），这是一张完全关于伊拉克战争的专辑，其中的一些歌曲，比如“Impeach My President”，便鲜明地反映出了音乐人由“9·11事件”后支持共和党政府到最终反战的意识变化。

同时，一向被视为是美国自由主义支柱的好莱坞为支持反恐战争而进行广泛动员。有许多影星在战争爆发的第一时间便进行了抵制，他们当中有肖恩·潘、凯文·贝肯、马特·达蒙、丹尼·格罗弗、蒂姆·罗宾斯和马丁·辛。尽管他们起初的抵制声音很难被公众听见，亦招致了很多嘘声，但是他们还是继续开展反战行动：他们不会错过任何一个能够公开表达自己立场的机会，各种游行示威活动、音乐会，哪怕是普通采访和新片推荐会都会为他们所用。许多电影导演、演员和电影协会已组织了100多场各类游行示威、即兴演出和电影回顾，其中后者的名字尤为恰到好处《战争！美国的抗议1966—2004》。通过这种形式，越战给美国人留下的痛苦回忆再次被唤醒：“我们当然可以以20世纪60年代作为参考”，纽约著名平面设计师米尔顿·格拉泽说道[64]。对于那些已经迈入50岁年龄段的人来说，他们亲身经历了当年的抗议运动，在心中充满怒火的同时也承载着满满的希望，希望当年的抗议行动在今天能够重演。

许多政治类型的纪录片开始强势回归：2003年5月，由埃罗尔·莫里斯执导的纪录片《战争迷雾：麦克纳马拉人生的十一个教训》（*The Fog of War: Eleven Lessons from the Life of Robert S. Mcnamara*）正式上映：该片以“教训”的形式，讲述了越战期间美国国防部长所犯的11个错误，从而对美军在伊拉克展开号称“胜利”的战争行为进行警告；一年后，媒体评论记者丹尼·谢克特亦发表了其作品《大规模欺骗性武器》（*Weapons of Mass Deception*），作者用影片的形式对媒体人的职业良知展开了猛烈抨击；而迈克尔·摩尔《华氏9-11》的出现则被视为民意转向的一个明确的指向标。作为一部对布什严辞批判的纪录片，该片的拍摄旨在对2004年11月的大选施加影响。虽然其发行量仅有同时期上映的大众喜剧片的1/3，但这无法阻碍该片成为美国历史上第一部荣登票房榜首的纪录片。与之相比，摩尔的上一部作品《科伦拜校园事件》（*Bowling for Columbine*）——已算是此类作品中取得了巨大商业反响的影片了——取得了2200万美元的票房收入，然而这一成绩在《华氏9-11》上映的第一周内就被轻松突破，最终该片仅在美国本土院线就收入1.2亿美元[65]。这一份成绩的取得说明，对摩尔的作品持肯定态度的观众绝不仅限于其粉丝。观众们也非常留心摩尔的表态：这并不是他的首次尝试，2003年3月23日的奥斯卡颁奖典礼上——伊拉克战争刚刚开始的几天后——摩尔的那句反战讲话“为你感到羞耻，布什先生！”就已引起了一阵风波[66]，而摩尔后来的那些多少充满主观意愿的做法更加使得事态升级。事实上，在拿下了2004年戛纳电影节的金棕榈奖后，该片随即陷入了一场由发行商、布什的兄弟和竞选阵营三方制造的混乱之中：作为摩尔所在的米拉麦克斯影业公司的母公司，迪士尼公司拒绝在11月2日大选日之前上映该片。这一回，作为沟通大师的摩尔也成为了受害者。由于公司旗下的赚钱机器迪士尼公园在奥兰多营业，而奥兰多又身处佛罗里达州州长杰布·布什[67]的治下，因此迪士尼的老板们选择与州长一起对摩尔导演进行“审查”。然而在这种巧妙的广告效应下，上述这般曲折却反而让人们对这部让大人物们坐立不安的电影充满了好奇。在该片公映之前，因其保守主义倾向而闻名的影片评级机构“美国电影协会”（MPAA）[68]便禁止17岁以下的青少年在没有家人陪护的情况下观看该片，理由是“画面暴力令人震惊”且“语言风格不宜让青少年观看”[69]。其他的保守团体也都没有闲着：亲共和党的联合公民党就向该片的发行商施压，并且以破坏选举法的罪名向该片导演、制作人和发行商提起了诉讼[70]。不过，如果说观看了《华氏9-11》的观众们并不都是布什的反对者的话，他们的表现却明显地表达出了全体美国人对于当局现行政策的担忧：在正式发行的第一周，该片便在共和党的重点防区上映——在这些州内共和党代表曾在2000年的选举中取得了选民的多数支持[71]。另一方面，观众们对这部毫无独特卖点的影片的好奇心——这些“揭发”内容事实上长期以来就已经见诸报端了——更显示出了高层在是否公布这些有损其形象的问题上所表现出的犹豫态度。

除了上述提到的影片之外，还有一些反战纪录片也同样进入了公众视角，只不过它们的进攻意味相对而言则要弱化许多。2004 年出品的《伊拉克声音》（*Voices of Iraq*）就是其中的一部，该片以普通伊拉克民众的视角展示了这个被占领国家的现状。此外还有《伊拉克碎片》（*Iraq in Fragments*，2006），该片讨论的重点是战争带来的影响。而 2007 年上映的《直击伊拉克叛军》（*Meeting Resistance*）则是以反战人士的深入调查为基础摄制的，遗憾的是尽管该片获得了大量媒体的广泛报道，然而其最终的发行状况却非常不理想，否则仅凭它的片名就可以展现出相当一部分民意的变化情况。不过在新时代背景下，许多极富雄心的纪录片也得以凭借互联网和替代信息网站这样的平台公诸于众：2004 年，由“游击队新闻网”（2000-2009）的创始团队制作的纪录片《战场之帝国边缘 21 天》(*Battleground : 21 Days on the Empire's Edge*) 上映。该片以一名不堪忍受当年复兴党统治而流亡海外的伊拉克人的视角，描述了其回国后所目睹的伊拉克乱象，这部影片斩获了当年芝加哥国际电影节大奖。两年后，另一部作品《美国黑幕》（*American Blackout*）问世，这部主要讲述了佛罗里达州竞选骗局的纪录片也在当年的圣丹斯电影节上收获颇丰。然而与《华氏 9-11》相比，该片并未能引起媒体的广泛关注，因此并不是十分成功的。

与之相比，影视业人士与知识分子发起的反击更为强劲，他们的批评之音也更加直接和激烈，有时也会与整个艺术界相结合。2004 年是好莱坞传统复兴的一年，电影界人士针对时弊积极行动起来：他们用或直接或隐晦的方式默默将枪口对准了布什政府，而由此产生的相关作品也在一定程度上超越了单一政治电影的范畴：由乔治 · 卢卡斯导演执导的最新一部“星球大战系列”电影《西斯的复仇》（2005 年）便成为了对布什政府好战政策的讽喻工具：片中，布什曾说过的那句名言“不赞同我们的人就是在反对我们[72]”成为了“反派”人物达斯 · 维达的台词。布什总统这套幼稚的说辞一经好莱坞大片戏谑般的引用后，仿佛又回到了其襁褓之中，而襁褓内也一样充满了辛辣的讽刺。影片导演将美国政府对公民自由强加的限制——“民主在掌声中消亡”，片中的一个人物如是说道——转化成了对美国及其盟友的鲜明的讽刺。另一位美国电影界的巨匠斯皮尔伯格也在其执导的科幻类电影《少数派报告》（*Minority Report*）和《世界大战》[73] 中运用了相同的讽刺和警示手法，揭露了美国政府的好战思维和所推动的相关安全法律。另一位享此声誉的人士是伍迪·艾伦，作为一名坚定崇尚“自由”的纽约人，他于2003—2004年创作了剧本《赛末点》（*Match Point*），其中的一位主人公认为“今天，在世界各地，有太多无辜的受害者因为某一个上层利益而丧命，（而导致他们绝命的）凶手却依然逍遥法外[74]”。尽管这位主人公说得很隐晦，然而几分钟后，剧中的一名“受害者”便指出，他们的死是因为一位野心家为了保护其自身利益而导致的，而这里所指的就是伊拉克战争75。作为好莱坞新生代“自由人士”（还有马特·达蒙，史蒂文·索德伯格）的代表，身兼演员与导演双重角色的乔治·克鲁尼将自己的自由倾向在其两部作品中表现得淋漓尽致，而这两部作品的前期准备都是在伊拉克战争时期完成的：首先是《晚安，好运》（*Good Night and Good Luck*, 2006），该片充分展现了麦卡锡主义的歇斯底里，揭露了政府所实施的恐怖行径和媒体在相关问题上的默不作声。借助于如纪录片一样的精准手法，克鲁尼将资料图片和电影再现的方式相结合，借以向人们指出共和党参议员麦卡锡当年所倡导的那些反常做法已经回归。在该片发布后，紧接着进入人们视线的是他所执导的另外一部作品《辛瑞那》（*Syriana*, 2006）。该影片是关于当时炙手可热的时事新闻，它将美国意在控制中东石油的战略大白于天下。在影片的几条剧情主线中，有一条是讲述刚刚被一家石油公司解雇的年轻巴基斯坦青年最终慢慢地投向了伊斯兰极端组织的怀抱，这直接揭示了当下恐怖主义的源头正是美国所采取的相关政策的事实[76]。紧接着，2007年，影片《反恐疑云》（*Rendition*）问世，该片通过精心的角色布置展示了美国政府专制措施的危险性及其相关虐囚计划的恐怖性。尽管这部影片未能在商业层面取得很大成功，但从电影角度，这依旧是一部叫座的影片。于同年进行公映的还有影片《生死狙击》（*Shooter*），该片的主人公是一名前海军陆战队精英狙击手，然而这位新“兰博”却成为了CIA和秘密部门最扭曲、最残忍打击的受害者，而这些官方机构和部门也不惜通过实施各种非法暴行来实现美国的地缘战略利益。《生死狙击》对布什政府时期的各种罪行的揭露一再中断，但它还是沿袭了薛尼·波勒《秃鹰七十二小时》（1975年）中的“阴谋”思维，并且丝毫不惧怕使用 “政治正确”的那些说辞来表达自己的观点，而这些说辞也在“神圣同盟”内部产生了复杂的反响：“按下‘爱国主义’的按钮后，我便会站起身并对你说‘谨遵教令’。我并不会因此而自豪，也不会因此而羞愧”，主人公坦白道，他因“美利坚正被一名罪犯所领导”而失控。尽管该片中所展现的批评之声还算温和，但《生死狙击》及其反布什的演员阵容（丹尼·格罗弗，马克·沃尔伯格）仍旧在喜欢这一类影片［还包括《连锁阴谋》（*Complots*,1997），以及随后一年上映的《全民公敌》（*Ennemy of the State*）］的广大人群中获得了成功。不过，对破坏自由策略、扩张主义政策和战略财富的掠夺者进行集中刻画的还应属2009年上映的《阿凡达》，该片剧本由詹姆斯·卡梅隆在1997—2006年间创作完成[77]，一经问世，该片便创造了史无前例的票房成绩：公元2154年，富含自然资源的潘多拉星遭到了超强美军及海军陆战队的殖民入侵。在这样一种科幻故事情节的表象下，这部“全球票房之王”的影片所展现的其实是一种政治姿态[78]，指向的也是美军对伊拉克的入侵行动，而这一思路可以说是作者在完善剧本的过程中突然闪现出来的[79]。

当年有关越战题材的影片在经过三年的等待后才被搬上荧屏，而其最终引发影视舆论对越战的声讨则经历了更长的时间。与之相比，反恐战争则迅速成为影视作品的主题：2005年，由多次奥斯卡金像奖得主山姆·门德斯执导的《锅盖头》（*Jarhead*）上映，该片通过大量野蛮血腥的视角展现了“沙漠风暴”行动中年轻美军士兵的日常生活，以此来影射美军的“伊拉克自由行动”；另一部影片《狮入羊口》（*Lions for Lambs*）也意图在这一题材上做文章，这一回它所切入的是美军在阿富汗的行动，然而该片却并未赢得观众的认同；2007年上映的《哈迪萨报复行动》（*Battle for Haditha,Redacted*）和2009年上映的《拆弹部队》（*The Hurt Locker*）更像是两部无关政治的电影，它们所展现的是伊拉克战场上的恐怖、以及战争受害者和不知所措的美军士兵血腥的死亡画面；同样于2007年和2009年分别公映的《决战以拉谷》（*In the Valley of Elah*）和《兄弟》（*Brothers*）则侧重表现士兵们曾遭受的创伤和回国后所遭遇的打击，借以显示出战争对普通美国家庭带来的影响，并以此对布什政府的政策进行控诉；导演埃尔文·温克勒执导的电影《星条旗永不落》（*Home of The Brave*，2006）向我们讲述了美军退伍军人与家人之间的隔阂，以此告诉观众战争是如何对那些幸免于难的人施加影响的；而金伯利·皮尔斯的《拒绝再战》（*Stop-Loss*）

则以服役期满后再次被派往伊拉克的士兵为主题，讲述了他们拒绝重新回到战场的故事，尽管这部影片手法上略显不够精练，但对美军伪善的兵役制度依旧是沉重一击。整体而言，上述影片都没有取得很大的商业成功，比方说《拆弹部队》，尽管得到了评论界的认可并取得了不错的回报，但该片却是一部十足的“失败”作品：在“反恐战争”的大背景下，该片的意图——与冲突本身相比显得模棱两可——与人们的期待之间并没有产生化学反应。可以说除了《锅盖头》之外，有关阿富汗和伊拉克战争题材的影片在10年之内都没有达到20世纪70年代末上映的越战题材电影一样的高度［《猎鹿人》（*The Deer Hunter*），《现代启示录》（*Apocalypse Now*）……］。

有关反战的影视作品还有一系列的人气连续剧，比如说2005年开始上映的《六尺之下》（*Six Feet Under*）。当剧中的主角之一克莱尔看到在一部大型4x4越野车上贴着一张印有“支持我们的军队”标语的贴纸时，她激烈地表达了心中的不满以及对车主人的谴责：“‘支持军队？’真是蠢话连篇！那你为什么要开着这么一辆能吃油的大卡车呢？‘支持军队？’你自己就是个龌蹉的受益者吧！（……）伊拉克不是每天都有人死去吗？全世界都在恨我们！（……）未来100年里恐怖分子还会在我们的国家发动任何形式的袭击！而这姐妹儿在做的，却是在这车上贴了这么个混蛋标语！没有人去说我们的士兵们每天都有人会丢了命，而之所以做这一切就是为了给这么台破车加满油！[80]”类似这样的恶语独白在美国许多的连续剧中屡见不鲜，其中以著名“自由”电视台HBO出品的连续剧最甚；此外，由民主党人阿伦·索尔金担任编剧的电视剧《白宫风云》也于1999—2006年在NBC新闻台连续播出，该片精心描绘了政府内各机构的工作场景；另一部更为典型的连续剧是从2004年开始在ABC电视台播放的《波士顿法律》（*Boston Legal*），该剧讲述了身为律师的主人公阿兰·肖于2007年就关塔那摩监狱事件提请指控的故事：“将犯人定性为‘敌军士兵’（……）从而绕开日内瓦公约并对他们用刑？聪明极了！故意把牢营设在古巴来规避宪法的干扰？真是天才（……）。我们对犯人们用刑，我们对他们永久拘押，（……），没有理由、（也没有）司法程序，更没有律师在场，这一切都可笑至极。并且每当有人被折磨死了，我们都会将其定性为‘欺诈和自残’，这是一种‘非对称战争的行为’，这一切都太可笑了！实在是太可笑了！也许唯一让我们不再笑出来的原因就是那些‘小关塔那摩’已经开始在我们自己的国家出现了，新近已有证据表明FBI在执行《爱国者法案》时滥用职权，他们已开始借助于虚假指控和伪造证据的手段来针对我们美国公民自己了[81]。”另一些电视剧的针砭对象是美国福克斯新闻网或者是美国政府本身：从2006年开始在ABC电视台上映的《兄弟姐妹》（*Brothers and Sisters*）讲述的是一位母亲试图让他的儿子回心转意的故事，而他的儿子已准备好去参加美国组织的反恐战争。另一部类似题材的电视是《军嫂》（*Army wives*），这是发行商“时光”（Lifetime）制作公司自2007年以来所推出的成功剧集，该剧将视角延伸至军人配偶的日常生活，导演通过在士兵的英雄主义和反战批评之间谋求平衡的手法，以期尽量在更广泛的受众之中获得支持和好评。

2005年7月27日，电视剧《那时那地》（*Over There*）正式开播，其中一些描述美军士兵被杀的镜头因其尺度之大随即引发了争议[82]。该剧以驻伊美军第3步兵师（因2003年该师部分士兵所发表的一封言辞激烈的抗议信而出名）一支部队的任务为主线，前13集描述了战争对士兵及其家人们所带来的各种灾难性影响。然而随后，福克斯电视台便以“收视率不高”为由取消了该剧第2季的播放[83]。7集迷你连播剧《杀戮一代》（*Generation Kill*）基本上采取了与《那时那地》同样的视角，该剧于2008年7月13日—8月24日在HBO电视台播出。由于剧中展示了战场上大量的图片资料和美军士兵在执行任务期间所遭遇的困难，使得该剧成为了批判美军战前准备不足的声讨剧，正如剧中主人公们所激烈咒骂的那样。随着美国电视剧制作水平的发展，这些强烈反映时事新闻的电视剧成为了一种新式的传媒手段，这也使得其中的部分剧集导致了民意的分裂或遭遇了商业上的失败，比如前边提到的《那时那地》和《杀戮一代》。不过另外一些同样以不得民心的战争为题材的电视剧则有着不错的表现：比如1972—1983年在CBS电视台播出的《陆军野战医院》（*M*A*S*H*）以及1987—1990年的《霹雳神兵》（*Tour of Duty*），它们很直白地讲述了从朝鲜战争到越南战争期间美军的故事。此间同步上映的还有《中国海滩》（*China Beach*），不过该剧显然没能引起太多关注。在播出至最后一集的当天，《陆军野战医院》在美国取得了1亿零600万观众的收视成绩，这显示出了民众对于这场特殊战争所表现出的广泛兴趣。

这一现象可以用来解释“战争类漫画”之前所取得的成功，而当代的漫画家和漫画编剧也在不遗余力地寻求超越：2004 年年末，DC 漫画公司推出了其反战题材的作品《身份危机》。该作品重点强调了美国现行的激进政治所带来的致命后果，以及这种政治对国家及其军队 / 超级英雄们的心理所造成的动摇；2006 年 7 月—2007 年 1 月，漫威漫画公司连载的《平民战争》展现了自《爱国者法案》实施以来国家对公民信息登记造册及其所实施的监视行为，这也让蝙蝠侠发出了那句感叹“用自由去换安全，这是多么愚蠢的行为[84]”。2007 年，在独立出版商 Avatar 漫画公司出版的《黑夏》上，主人公刺杀了美国总统，理由是在他看来，美国总统是“建立在欺骗基础上的非法伊拉克战争”的始作俑者，他“在用‘美国人和伊拉克人的死’来为大公司牟利”，并且“偷窃了两次选举的果实”……

上面这些例子显示出美国这个消费型的社会已经卷入了一场政治大论战中。同过去一样，民众的诉求也是周期性的：“一战”结束后，更确切地说是在 20 世纪 30 年代，美国民众通过大量的报纸、文学作品和电影作品增强了对保持远离战火国家身份的意愿[85]，从而打破了自 1917 年开始的交战机制。正是基于这样的想法，那时的民众觉得自己此前被为金融家和军火商服务的宣传愚弄了[86]。30 年后，民众的意愿也与当年一样爆发了，因此可以说，今天美国媒体对于战争新闻的报道，民众对于战事消息的关注，以及相关分析评论和有关伊拉克问题的反思、或者说围绕着“反恐问题”进行的反思，都是民众心理的明确指向标。从 2003 年年中开始，美国各大连锁书店的文化类专柜上就塞满了等待新买家来热情采购的电影、纪录片和书籍——比如前美国政府反恐事务协调专员理查德 · 克拉克的书，该书在近 1000 本同类型书籍中脱颖而出，很快成为了畅销书[87]：这些出版物旨在帮助读者理解“9 · 11 事件”后国际地缘政治的背景，也为读者们提供了在“神圣同盟”时期一直被媒体所忽视的一些不同声音。而为了对这些与官方思维相悖的出版物进行逻辑上的反击，一些“反破坏”性质的出版物问世了，其中就有《迈克尔 · 摩尔恨美国[88]》。整体看来，这两类出版物在出版界和文化领域显示了美国民众在民意上的两极分化。

左右为难的政治阶层

2003年夏天，就在官方在“亚伯拉罕·林肯”航空母舰甲板上举办了五一“胜利庆典”的后几周，有关伊拉克是否拥有大规模杀伤性武器的论战就在美国国内爆发了。专门派到伊拉克进行实地调查的专家们并没能对官方曾经的警告说辞提供一丝一毫的证明。大卫·凯是美国“伊拉克调查小组”1400名专家的负责人，在深入伊拉克进行了10个月的调查后，他的突然辞职引起了广泛的轰动。此前，布什总统曾一再要求凯坐实伊拉克拥有大规模杀伤性武器的证据，换句话说，要求他为美军的入侵提供理由，然而凯公布的结论却是“这些根本都不存在[89]”。与此同时，民主党也重新找回了攻击的动力，他们资助了一系列电视短片的拍摄，并在片中对布什总统冠以“骗子[90]”的称号。可以说，是政府的这一系列行为重新激起了民愤。五角大楼曾制定过一个“反恐期货市场”的计划，希望各路买家以下注的方式对各种暗杀和颠覆行为的可能性进行预测。然而2003年7月，两名民主党参议员罗恩·维登和拜伦·多根对这一计划的问世表达了强烈的愤慨[91]。最终，忌惮于强烈的舆论风暴，五角大楼收回了这一计划。

当伊拉克问题持续升温时，许多政治人物开始对布什政府的选择再次表达了质疑，这种声音甚至已扩散到了布什自己的阵营内部：作为2000年总统大选的党内对手，落败的约翰·麦凯恩参议员就坚定地表示布什总统在伊拉克问题上“并不诚实”。由于麦凯恩自己在越战期间就有被囚禁的经历，因此在国会对《拘禁者待遇法》进行投票表决时，麦凯恩与政府代表间发生了激烈的交锋，他的这一举动被认为是意在阻止国家使用囚刑。2004年夏，内布拉斯加州的共和党议员道格·贝罗伊特在一封写给其选民的信中表达了深深的自责，他后悔当初曾表态支持美国开战，在他看来，这就是一场“不正当的战争，（和）代价高昂的混乱[92]”。9月，共和党参议员查克·哈格尔警告说：“糟糕（……）的是我们还沉浸在已经赢得了（伊拉克）战争的幻像中，（……）我们根本没有走在获胜的路上，局面正在恶化[93]。”而即将到来的国会中期选举（投票选出国会议员、1/3的参议员以及36个州的州长）也让共和党议员选择与政府决裂：

部分共和党国会代表提出了在伊拉克逐步撤军的构想[94]，但却并没有将其付诸立法程序。在随后的2005年，这种决裂已更彻底：在接受ABC新闻台的采访时，前国务卿科林·鲍威尔在面对有关“自己的名声被败坏”这一话题时坦白了自己内心深深的不安，他承认，自己于2003年2月5日在联合国发表的有关“萨达姆·侯赛因的巨大威胁”的演讲其实是骗人的，在他看来，这一行为是其政治生涯的“污点”。而当面对“情报界人员既骗了他，又骗了国家”这一事实时，作为前参谋长联席会议主席的鲍威尔最后也承认，美国派往伊拉克的兵力“不足”[95]。

很快地，从2003年夏开始，众议院和参议院迅速展开了一系列调查：美国在执行反恐战争过程中所涉及的一切事项都成为了议会特别委员会的调查内容，然而政府在调查进行过程中却表现出了犹犹豫豫的不配合态度。从最终的结果上来看，国会调查委员会的报告明显地与政府相关文件的用词划清了界限：比如在2004年出具的一份分析报告中，调查人员摒弃了官方此前所一直使用的“反伊拉克人武装”的说法，而是将与美国占领军进行作战的当地武装力量称为“伊拉克抵抗力量[96]”。类似这样的做法已明确地显示出议会希望将被“9·11事件”打破的权力平衡重新拉回正轨的态度。2003年6月20日，正当有关伊拉克武器的话题在媒体上升温之际，由共和党议员查尔斯·帕特里克·罗伯茨和民主党议员洛克菲勒共同领导的参议院情报特别委员会正式宣布展开调查。该委员会确定了很多调查对象，包括查实“有关伊拉克与恐怖组织的关联及该国藏匿大规模杀伤性武器相关情报的数量和质量”，核查“美国情报机构相关结论的客观性、（……）独立性和精确性”，并且要调查“是否有部分外部力量对（……）上述结论的形成施加了影响，使得该结论的得出达到了相关政治目的[97]”。2004年7月9日，最终调查报告正式公布[98]，其结果显示美国在上述问题上犯下了难以容忍的错误。除此之外，美军关塔那摩监狱虐囚问题及其海外非法设立囚禁地问题也招致了广泛的批评，民主党参议员约瑟夫·拜登（后来成为了美国副总统）主持了这项从2005年6月间开始的调查工作，并且在调查结论中直截了当地要求政府关闭这些海外非法设施[99]。另一名民主党议员亨利·威克斯曼也在积极运动着，尽管他曾在伊战问题上投票支持开战，但借助于后来的特别调查委员会，威克斯曼亦对政府在伊战问题上的所有欺骗行为进行了集中揭发和清理[100]。

每一次调查都会催生出新一轮的抗议活动，同时也让战事越显非法。随着一件又一件丑闻的披露，政府内部人士也因这种负面新闻的增多而逐渐走向分裂：由于不满于政府此前违背民主传统和无视自由的做法，许多政府公务员和士兵以匿名的形式给媒体写信，泄露出了大量机密资料信息，极大地动摇了美国政府表面上从容镇定的形象。

在地方层面，已有100多个城市在2003年年初投票通过了相关反战决议，而现在，又有许多城市的市议员加入了他们的队伍。他们反对布什政府的相关政治决策、控告政府在有关伊拉克大规模杀伤性武器问题上的欺骗行为，并呼吁让士兵们回家。在国家层面，上述这些城市组成了“城市呼唤和平，带战士们回家”（Cities for Peace. Bring the troops home）行动的城市网络。该活动通过举办一系列会议和辩论，对这场战争的合法性进行声讨，以此来为当前社会的相关问题寻找解决途径[101]。

上述这些行动也唤醒了美国的立法机构，它亦寻求通过采取相关行动来彰显自己的大权。不过，要求立法机构严格地回归到正常状态也是不现实的：很多在反恐战争初期制定的法案不但没有得到复议，反而继续延续了下去：《爱国者法案》依然适用，无论是对于2006年众议院选举结束后的民主党多数，还是对于2008年大选结束后的参议院民主党多数。

立法机构的这种态度在有关对总统撤职的问题上达到了顶峰：2005年，数十名民主党议员提请对布什总统进行弹劾，不过这种旨在对现任总统进行指控的司法程序放眼美国历史来看[102]——尼克松总统曾遭到过弹劾调查，不过他在正式程序启动前便自行离职；克林顿总统也曾遭遇过弹劾，不过他最终在参议院和民众的挽救下得以幸免——却从未成功过，至少在20世纪是没有成功过的。尽管布什总统的罪行要比“莫妮卡门①”事件严重得多，但这位“反恐战争的总指挥”却丝毫不为自己的撤职危机而感到担忧，也丝毫没有理会这一有损其人格的司法指控。需要看到的是，当年对克林顿总统的弹劾实际上是共和党的拥护者对其发动的一种攻击[103]，与之相比，在对布

① 指时任总统比尔·克林顿与白宫实习生秘书莫妮卡·莱温斯基的性丑闻案。——译者注

什提出指控的问题上，这回站在其对立面上的却是美国民众：2005 年底，超过半数的美国民众认为“如果布什在伊拉克大规模杀伤性武器问题上撒了谎[104]”，就会支持对他的弹劾。不过，尽管证据比比皆是，但立法机构的官方报告却始终坚持对总统本人的保护，转而让另一些政府“高官”成为替罪羊，这其中就包括前中情局负责人理查德·特内特，他在这次的情报问题上完全充当了保险丝的角色。同样作为替罪羊的还有路易斯·利比，辞职时他的身份是副总统办公室主任。此外对于白宫而言，它还有另一个意想不到的先天优势，那就是许多民主党领袖的不作为，这其中就有众议院议长南希·佩洛西。尽管她的其他党内同僚并不赞同布什留任，但南希本人却对启动这一复杂的司法程序没有表现出太强烈的意愿：在经过了多次的闪烁其词后，众议院终于在 2008 年 6 月 10 日——也就是布什总统的任职末期——在另一名民主党议员丹尼斯·库辛尼奇的带头下启动了第一阶段的弹劾程序，弹劾理由涉及非法入侵行为、战争行为、虐囚行为、指使国家安全局进行非法监听、在袭击事件中的无能表现以及妨碍司法调查[105]。这项在以民主党为主的众议院中多次提出的计划本可以毋庸置疑地提交至同样是以民主党为多数的参议院中进行审议，然而其最终的结果却是陷入了伊战“神圣同盟”的后遗症中，很多人均误入歧途。

当下反战行动的沸腾与过去几次的大型战争相比——比如第一次世界大战、尤其是越战临近结束时——是一个明显的转变。过去因白宫的各种政治行为而组建的调查委员会不仅数量众多，而且更具进攻性，其背后有各类旨在平衡权力关系的法律作为支撑：比如美军于 1970 年年初在越南执行的“凤凰行动”就因其残暴而招致了参议院特别听证会的举行[106]，随后第二年，参议院又对越战时期美军所实施的虐俘行为再行召开了听证会[107]。此外，为了对政府在越战初期的优势地位进行限制，美国又于 1973 年投票通过了《战争权力决议案》（*War Powers Resolution*），规定国民代表有权在未经国会投票的情况下要求撤军。显然，民意发生了变化：1964 年，密歇根大学民意研究中心对大量民众进行了调查，要求他们就“政府（是否曾）（……）落入大型经济利益集团之手，变成了为他们自身利益服务的工具”这一问题进行回答，结果显示有 26% 的受访者对此深信不疑。然而到了 1976 年，赞成这一说法的受访民众比例已翻倍至 52%，是 1972 年结果的 2 倍[108]。同样在 1976 年，吉米 · 卡特当选后对几位前任的不良作风进行了纠正，并着手实施了“人权政治”——卡特本人的政治主线，尽管部分决定也会经常性地受到其另一些矛盾做法的玷污。然而卡特总统所确立的政治良知在里根执政初期的几年内却未能浇灭国内民族主义派的火焰。总体来看，美国总统的执政措施和道德品行在呈周期性变化，且其活力也日显下降：2005—2008 年，布什政府及其本人尽管犯下了重大的政治和道德罪行，然而他们除了受到民众的声讨外，却安然无恙。

法制：多重对抗，重振权威

作为美国最高级别的司法机构，美国最高法院也参与了对战争文化的瓦解进程中来。2003 年 11 月 10 日，美国高法宣布启动司法调查程序，对美军在关塔那摩监狱中针对“非常规”作战人员的囚禁行为进行调查。2004 年 6 月 28 日，最高法院大法官桑德拉 · 奥康纳对美军此前成立的特别军事法庭作出裁定，认定“战争并不是总统手中的空白支票”。此番裁决过后，所有被关押在关塔那摩看守所内的犯人等于都拥有了一道《人身保护令》，即有权就美军过度囚禁的行为向美国任意一家联邦法院提出诉讼：联邦司法系统宣称有能力对关塔那摩监狱的囚禁原则进行裁决[109]。在这份判决书中，女法官亦想在司法层面一并取消此前被布什政府窃取了的行动自由权。鉴于政府此前的做法违反了《军法典》与日内瓦四项国际公约的规定，最高法院于 2006 年 6 月 29 日作出的最终判决认可了这一转折性的做法[110]。这一裁决的下达促使了法制的回归，同样也是对美军相关特别军事法的专制性进行的审判。

最高法院并不是唯一与布什政府的相关措施进行对抗的司法机构，此前已有不少联邦法院对关塔那摩监狱的囚犯作出了有利裁决，这其中就包括哥伦比亚特区法院大法官罗伯特森应也门人萨利姆 · 艾哈迈德 · 哈姆丹的要求进行的审判。此外在最高法院下达了在押犯人有权对拘禁行为进行申诉的判决后，2005 年 1 月 31 日，华盛顿民事法庭联邦法官乔伊斯·汉斯·格林亦作出裁决，认定美军此前设立的“审讯敌方军事人员的特别法庭”违宪。

此外，军方在与教育系统交流过程中所遇到的困难也显示出了教职员工、学生家长以及参与此类纠纷的司法人员对战争的反对态度。此前，反战运动的浪潮并没有波及到教育界，然而现在，后者也积极行动了起来：各大中学与大学校园都禁止军方征兵部门的人员入内，此举为五角大楼的征兵计划带来了巨大影响，使得后者不得不将校园征兵宣传的任务交予新的部门来承担[111]。此外，教育界也发起了多重抵制活动：部分活跃的民权团体与反战抗议者相联合，针对各种强制校方与军方征兵机构进行合作的法案展开了多场揭发运动[112]。2004 年，成立于洛杉矶的“校园反战联盟”（The Coalition Against Militarism In Our School），与“青年与非军事计划”“退伍军人和平组织”“非战主义者中央委员会”“美国教友会”以及“反战者联盟”一样，与“国家少年预备役军官训练营”针锋相对，进行了激烈的交锋。他们将军方的征兵官员拒之门外，重新点燃了 20 世纪 60 年代的校园反战热情[113]。不到 3 年时间内，这些校园反战组织的战斗热忱——当然，目前只是一些局部性的且仅限于国内的一些进步地区——便取得了成功，他们使得 JROTC 在洛杉矶学区内的征兵率下降了 24%[114]。2006 年，通过民主选举产生的“旧金山教育委员会”以微弱的多数优势投票通过了旨在在其辖域校园内驱逐 JROTC 人员的决议[115]。尽管从此后的 2007 年开始，该委员会同意让步，然而这一激进决议的制定依然反映出了一个问题，即军事问题在美国这个号称自由堡垒的国度究竟会招致多大程度的敌意。

2004 年 6 月，部分与捍卫民权自由的组织结盟的大学发起了一系列针对政府的司法行动，他们让 6 位政府部长接受了传讯，目的在于让官方认可他们有权拒绝征兵人士进入校园。根据 1996 年表决通过的《所罗门修正案》规定，阻挠军方征兵工作的高等教育机构将立即失去由政府拨付的联邦预算。受此影响，各大学都选择失声，直到一个胆大的团体（由教师、大学和联合会组成）最终发起了反抗运动。这场旨在阻止政府对青年学生征兵的挑战运动最终在 2004 年年末以大学阵营的胜出而告终，参与这场运动的学校除了斯坦福大学和乔治城大学外，还有一些美国知名高校的代表……这些学校在1968年的抗议浪潮中也展现了自己的身影，比如加州大学伯克利分校和其他一些知名学府[116]。而作为对保守派政府最后的戏谑，原告方大学的辩护律师们援引了此前有关驱逐权的判例：根据《美国宪法第一修正案》规定，童子军组织有权对同性恋人士进行驱逐。正是在此法的规定下，五角大楼才将同性恋人员清除出了军队（除非他们没有表现同性恋的倾向），而大学自然也有权依据相关条款将官方所有与教职工诉求不符的歧视性政策驱逐出校园[117]。这里要指出的是，即便是2010年，即便有关同性恋问题的改革具有进步意义，但美军关于"同性恋"的禁忌依然没有摘除。

在此期间，我们也不能将费城上诉法院于2004年年底所作出的一项判决孤立到大气候外进行看待：直至2003年3月战争爆发前，美国的大学们一直行事低调，或者说一直没能让全社会听到他们的声音。此外，联邦法院也从未就政府的战争行为作出过不利判决。为了使司法判决符合"神圣同盟"意图，奥尔迪泽特法官——因其另外两位同事而成为少数派——未认可一项判决结果，理由是"这一结果在战争时期是不合时宜的[118]"。然而在经历了一个对美军而言无比血腥的夏天后，随即到来的2004年成了反战人士集中对政府反攻的一年：10月12日，650名大学教授聚集到"学术界关于安全事务的智慧外交政策"这个新组织，并以公开信的形式对总统发动伊拉克战争的行为进行声讨。值得注意的是，很多大学是以匿名身份加入这个组织进行活动的，这显示出了他们对于联邦政府报复行为的惧怕，同时这一举动还表达出了他们的担心——对父母们依据"9·11事件"后爱国主义法规的要求将子女送去部队的担心。

而部分大学则以更具象征性的方式表达了他们的不满：2006年5月，波士顿学院的师生在国务卿康多莉扎·赖斯——这所天主教学院的前寄宿生——的到访仪式上进行了公开抗议[119]。一如"伊拉克自由行动"中那些在拉姆斯菲尔德的直升机落地时公然背身以对的士兵一样，波士顿学院的师生们用来迎接外交部长驾到的礼物也是他们的后背。

反战抗议行动席卷全国，并一直波及美国电影协会（MPAA）这个评级建议机构身上：《炮火下的宫殿》（*Gunner Palace*）是一部被定性为17岁以下青少年不宜观看的战争纪录片，讲述了一支炮兵小队被派往巴格达执行任务的故事。在片方的呼吁下，该片的限制年龄最终被调至13岁以下[120]。一经上述调级后，该片便得以广泛地传播开来，这一现象反映出了电影导演们和其他MPAA呼吁委员会的业界组成人员对于可能参军的年轻人在信息知情问题上的忧虑。尽管在此前的一段时间内，政府曾要求协会对一些具有“爱国主义导向”的影片给予支持，然而MPAA最终在2006年选择了与政府的期待背道而驰的做法。经其评定，讲述了4名被无辜拘禁人士故事的影片《关塔那摩之路[121]》得以公映。透过这件事的表象，我们可以看到其背后强烈的政治意味。镜头中犯人被捆并被带上头套的画面对世人而言并不陌生，因为这样的镜头在伊拉克战争期间已经屡见不鲜了。问题的双重性在于，如果“审查”执行者口中所表达的动机并不与政府意志相违背的话，那么这种审查就会被看作一种对布什政府的支持，然而MPAA对这部影片的最终意见是“展示了与美国价值观毫不相容的酷刑场面[122]”，这也使得协会最终摆脱了原负责人杰克·瓦伦蒂的政治监控，从而以一种不言自明的方式加入了反战大军的行列中来。

战争和卡特里娜飓风：蝴蝶效应

对战争支持者的仁慈一击是通过两个同时发生的事件共同完成的：2005年8月，卡特里娜飓风席卷美国，同年8月，驻伊美军阵亡人数超过了2000人。如果说“9·11事件”造成的数千人伤亡的场景让美国民众紧紧地团结在了总统周围的话，那么卡特里娜飓风所造成的巨大破坏则使得总统的支持率暴跌：此前，深陷各种尖刻批评风潮中的布什政府一直将“恐怖威胁”作为自己最后的保护墙，使得民众在对待政府的态度上越来越犹豫不决。然而在飓风面前，布什的这最后一件武器也彻底失去了效力。飓风引爆了一次人道主义的危机，它所引发的灾难——这里的灾难性后果完全与天灾无关——也将恐怖主义重新推回到了它此前应有的地位上：恐怖主义是当前的“次要问题”，约翰·克里强调说，他的这一评判引发了共和党阵营的抗议之声。卡特里娜飓风事件让美国人认清了一点，即基地组织对他们而言是次要的，重要的是政府面对这次巨大天灾时所表现出的只有冷漠——“9 · 11 事件”刚发生时也是一样。同期调查显示，支持从伊拉克迅速撤军的美国民众已经超过了 50%[123]。

飓风事件所导致的恶果在救灾预算被削减后更进一步放大，而导致削减的直接原因就是维持军费开支：为了修复那些在风灾中被冲毁的大坝，新奥尔良市需要 7 亿美元的财政支援。然而联邦政府为了维持海外占领军的军费，却在救灾的紧急关头只批准了 1.24 亿美元左右的预算，仅占总需求款的 1/4 左右。此外，官方救灾力量的行动迟缓，尤其是国民警卫队的延迟部署都是显而易见的。这支原本就是为应对各类灾害而设立的队伍却在风灾到来时显得人员紧缺：队员们已被大规模地调往了伊拉克，仅路易斯安那州就有 38% 的人员被征调。一名市民就此说道：“面对飓风的灾难（……），国民警卫队本该来帮我们，然而他们此刻却是在伊拉克，我觉得我们再也不会有安全感了[124]。”布什此前在竞选总统时的核心论点之一——带给美国人以“安全感”，已显得空洞无物。在各种烦扰的循环往复中，风雨飘摇的美国注定了在伊拉克战场上的失败，因为此刻士兵们所关心的只有他们受灾后的家园。当初，他们在以保护美国公民为使命的服役合同上签下了自己的名字，然而现在，他们却要在离家万里远的土地上为了谎言而搏命[125]。对于布什而言，尽管“9 · 11 事件”让他把自己树立成了反恐运动的召集人和总指挥，但当飓风过境后，他却对灾难后果选择了回避，这一对比异常鲜明：“9 · 11 事件”后，他迫不及待地赶到了世贸中心的废墟前对全体美国人发表了讲话，然而当他这一次前往佛罗里达视察灾情时，他却拒绝与视察队伍两侧的脱险民众交谈。

“9·11 事件”发生当天，布什正在一间幼儿园的教室里听课，当他获悉恐袭发生后，惊慌失措之情溢于言表，不过媒体的相关报道刻意回避了总统失态的样子。然而这一回，当卡特里娜飓风席卷美国后，媒体却对总统的不当举动不再包庇：当圣迭戈的演讲结束后，布什嘴角扬笑，卖弄着刚刚从一名乡村歌手手中接过的吉他。大坝被冲毁的消息与总统快活的神情一并被作为新鲜时讯推送到了观众眼前，由此产生的舆论旋涡导致了布什的反对者与支持者之间的彻底分裂，而支持者人数更是开始持续减少。作为批评运动的一员，演员乔治 · 克鲁尼精准地嗅到了当下的政治空气：“卡特里娜解放了（记者们），也改变了美国的氛围，如果我们现在提出什么问题的话，再也不会被认为是不爱国了[126]。”

在“传送带”效应的影响下，争相希望取悦观众的媒体记者们又纷纷开始了对漫不经心的政府的声讨：与此前集体合力挺布什时一样，现在的记者们又全情投入了“痛击布什”的浪潮中来：在对时局进行了分析总结后，《华盛顿邮报》甚至打出了《布什时代终结[127]》的标题，此外《时代周刊》《新闻周刊》以及各大电视台也纷纷加入到“倒布”阵营中来。目睹了飓风所带来的各种毁坏场面以及各式各样须由他们进行置评的不幸事件，同时又愤怒于政府的不作为，各大电视台的政治新闻主持人用严厉的言辞对布什予以谴责，甚至一直以来都以亲布什而闻名的保守派电视台福克斯新闻台这回也改变了此前的包庇态度。几个月后，此前已因关塔那摩监狱问题的不透明性而与官方展开了司法斗争的美联社又爆出了一条重磅新闻：一段视频显示，在卡特里娜飓风到来前，“联邦应急管理局”的负责人曾就“大型破坏性飓风[128]”问题向布什进行了告警。此消息一出，无异于是对布什的沉重一击。尽管布什此前承诺要宣扬美国的国力、广施美国的仁慈，然而那些惨痛的画面——饥饿的人群纷纷涌向超市，贫苦的流浪汉置身于那些行将腐烂却无以包裹的尸体中间——却给予了这种美国式的傲慢以深深的打击。美国人的脑海一直激荡着这样一个问题：如果在伊拉克坚持“强国论”政策的代价是要降低国人自身的生活水平、社保水平、国家扶持度和安全感的话，那么这一政策——本身就是有待商榷的——又有什么用呢？当另一场战争——卡特里娜飓风事件就是一场社会领域的战争——毁灭了数百万的国人时，它又有何用呢？

飓风的到来彻底吹开了此前长期被反恐问题所掩盖的社会危机。在人道问题上的惨败让整个国家都陷入了对从里根时代开始就已达到巅峰的美国式价值观所进行的反省之中：布什政府宣扬的反国家干涉主义论，以及他所颂扬的地方自决原则和个人主义原则都通过在本次风灾问题上的低效管理暴露出了明显的局限性：本次受灾的民众中绝大多数都是穷人，他们都是布什政府维持战争预算和降低作为社会支出所用税收这两个政策的牺牲品。相比之下，飓风“卡米尔”在1969年夏天也袭击了美国同样的地区——尽管其等级不敌“卡特里娜”，但也属于特级飓风的范围——造成了256人死亡及数十亿美元的损失，不过当时的尼克松政府已做好了相关预案，因此得以快速应对[129]。可以说，卡特里娜飓风事件正是对“9 · 11”爱国运动的不平等的反击：“9 · 11”恐怖袭击的受害者包括从女佣到高级干部在内的各类人等，可以说是一次无差别式的袭击，然而本次风灾中的遇难人员首先是、或者说基本上都是新奥尔良市内那些没条件转移且很快就被大水困住了的贫困人群。在各类画面中，那些挤在“超级巨蛋”内的受灾人员几乎都是黑人，这不禁使人联想到种族歧视至今仍在分裂着美国，从这个角度来看，1968 年的政治背景也是一样的：在战争已失去民心的大背景下，社会矛盾日渐激化。不过时任总统的约翰逊随即采取了“伟大社会”的改革措施来缓和矛盾。然而现在，一部分不怎么倾向于接受《京都议定书》的美国人——美国总统一直强烈反对签署——已通过卡特里娜飓风印证了大气污染对气候失调所产生的影响，这种影响关系也在第一时间内得到了《科学》杂志的印证，其内容更是为各大媒体所广泛评论[130]。对布什而言，尽管“9 · 11”恐怖袭击改变了他的首个总统任期并让他成为了战争的大首领，然而在这 4 年内的每一天里，他的所作所为却并不是在进步，而显然是在倒退。

然而尽管已处于个人政绩的最低谷，布什却依然继续打着“神圣同盟”的牌，他仿佛念咒语一般重复着他的战争论调，尽管这个咒语早已失去了魔力：“我们正在进行的是一场反恐战争，我们一直处于战争状态[131]”。此后不久，布什便遭遇了其总统生涯内最后一次棒击：由次贷危机所引发的社会退步再一次导致了其支持率的滑坡，在 2008 年大选前的最后一个月，布什的支持率下滑到了 28%，这是盖洛普咨询公司成立 70 年来所统计过的最低值[132]。对于此时的奥巴马而言，可能只有他在恐怖主义问题上所表现出的不熟练、或者说是他在竞选时并不被看好的反恐战略还尚能被称作是一些障碍，除此之外，已经没有什么能够阻挡他走向白宫的脚步。

美国民众内心中对于经济和社会事务的关心永远都会取代对战争的关注。战争对他们来说只能远远进行观望，尽管战争代价十分沉重，但仍旧无法与当年遭受过大量战争伤亡的欧洲民众相提并论。战争的附带后果与社会的日常问题之间几乎完全隔绝，直至新奥尔良市的大坝被冲毁后，人们才在这种蝴蝶效应的影响下回忆起了战争的真正分量。20 世纪 70 年代初，刚刚走出越战泥潭的美国又遭遇了新一轮的经济打击，后者彻底搅乱了各类国家事务的优先级，并在一大部分民众的内心深处凿开了一道与军队之间的鸿沟。不过这一次，民众的思想根基却是坚固的。

全知全能的战争阵营

尽管伊拉克战争已经受到了人们的斥责、批评和遗弃，然而为其辩护的势力却依然存在。

2004 年 3 月，当有关美军占领行动的争论正在升温时，一场名为“为士兵塑像”的运动再次唤起了人们对阵亡士兵的回忆，仿佛后者注定要以铜像的形式留存在人们记忆中一般。这种为人铸像的“艺术”表现方式过去只是用于纪念伟人或纪念某些事件，作为与五角大楼关系紧密的协会组织之一，SOS 基金会逐一清点了阵亡士兵的案例，让他们不再只成为“无名英雄”，这一做法被认为是在国家层面将士兵们此前的贡献通过塑像的形式具体化。此外，这一旨在将士兵们“不朽化”“永驻化”的仪式在表达了爱国意愿的同时，也为美军此前“干净战争”的言论进行了消毒。这些被 SOS 基金会塑造的铜像首先被竖立在了阿灵顿美军公墓内，身着整洁的阅兵礼服的铜像士兵们在这里获得了永生，与当年牺牲时血腥的战场环境形成了鲜明的对比：军装会让人们对士兵的牺牲产生爱国主义情结，而铜像随即也会被送往该士兵所在城市的公共设施内进行展出，以彰显其无上的荣光[133]。不过奇怪的是，这一做法却让我们联想到了中国的秦始皇，想到了他在公元前 3 世纪敕令建造的庞大的皇陵，以及陵墓内暗藏的 8000 名兵俑。尽管美军的这一措施的规模无法与之相比——直到 2009 年 6 月，在建的士兵铜像也仅有 1800 尊，还有 4313 尊铜像“待建”——但却不能排除美国这个充满了士兵献身事迹的国家试图记录下这一“皇家”壮举的意愿，以便人们能够进行大规模的悼念。这种集体悼念活动在“一战”后的欧洲达到了顶峰，当时的人们组织了“为国捐躯者”的悼念仪式，这与当下美国官方组织的反恐战争牺牲士兵影像追忆活动是很像的。不过，尽管这些与“为士兵塑像”活动相类似的纪念活动获得了五角大楼的积极支持，但同时，任何拍摄那些从阿富汗和伊拉克战场运回国的士兵棺椁的行为依旧是被依法禁止的。此外还要看到，“为士兵塑像”这一活动的运作并不是民众在慷慨解囊、或者说与普通民众资助的关系不大（尽管该活动的官方网站也曾试图获取民间赞助），其运作资金几乎全部是由国内的石油和能源企业捐赠的[134]，就好像他们一方面在为给死者塑像而操心，而另一方面却不希望战争结束。每建造一座铜像的成本是1万美元[135]，目前这项活动的总投入成本已经超过了1800万美元，而如果进展顺利的话，该项活动的总投入金额将超过5000万美元。事实上，大型企业赞助这种纪念活动的现象早在2001年10月11日——更确切地说，是在经过了一个月的轰炸、美军正式对阿富汗发起地面进攻的几个小时后——就已出现了，当时的活动名称为“阵亡士兵的脸庞，美国艺术家向美利坚的英雄致敬”。这项从2003年开始的巡回展出活动共展示了由200名美国艺术家完成的1319名美军阵亡士兵的画像[136]。不过，该活动同样得到了来自国防部和众多大企业的资金支持，如“通用汽车基金”、固特异轮胎公司和军火企业洛克希德·马丁公司[137]，这些跨国企业均在“9·11事件”后获得了数千万美元的合同。

就在美国发布2005年用于国防的财政预算法案时，布什总统还在竭力试图将局面恢复到“神圣同盟”的那个时期、那个曾让其支持率达到了巅峰的时代：“在武装冲突和对抗时期，整个美国都在军队的保护下[138]”，布什激动地说道[139]。除了这句话外，总统将剩余全部的发言内容都统统交给了他的撰稿人们。而面对其民主党对手约翰·克里关于政府拖延伊战进程的指责，布什则表示：“支持我们军队的作战并不复杂[140]”，以此希望用爱国主义来缓和各方对其占领政策的攻击。其实在克里身后真正让布什总统感到了犯罪感的，是民众越来越激增的反战情绪，然而从2004年开始日渐活跃的反战行动却并没有舍弃对军队的支持，这一点是与1967—1968年的反战运动所不同的。20世纪70年代初，美军的休假军人和退伍老兵拒绝接受军方对越南平民所实施的暴力行动。然而在当前的形式下，即便是对美军占领行动最恶毒的中伤者也觉得，如果他们选择攻击驻伊美军士兵的话，他们就会丧失民意的归附。许多像迈克尔·摩尔和苏·尼德雷尔一样的人士都一致将对政府的批评和对军队的批评明显地区分开来。作为反战运动的代言人，他们均高声表达了“支持军队的必要性”，以免与自己的阵营之间产生对立。在伊拉克牺牲的德沃林中尉的母亲苏·尼德雷尔坚称，希望“（士兵们）回家，他们回国后会受到如英雄一样的对待[141]”。作为“神圣同盟”及其麦卡锡主义式的偏离的不可避免的恶果，这些说教式的预防措施给所有在军事入侵问题上的批评声音都贴上了“支持我们的军队”的必要标签：“现在带他们回家，支持我们的军队”同盟所强调的是爱国主义情结的渗透程度和分量，至少对大部分美国民众而言。由于反战批评者一直将外遣士兵们列入国家“英雄”的行列，因此他们的批评实际上并没有脱离与当下战争文化之间的联系。士兵是在为所有人作贡献——2006 年 3 月，就在最高法院宣布废止军方征兵人士进入大学进行宣传的禁令后，该院随即又作出了利于士兵获取上述评价的判决[142]。这样一来，“所罗门修正案”与《不让一个孩子掉队法》（No Child Left Behind）中的黩武条款均不再构成违宪。

面对各种能引起回忆的图片的集中迸发，传统的共和党支持者阵营决计发声，要展示一下他们对待时局的态度，尽管这种态度是自相矛盾的。作为一线活动之一，许多福音会教堂一如既往地支持布什。他们召集了数万名信徒进行集会，而在集会过程中投放到会场屏幕上的却是政治短片。这些运用了电视剧制作技巧的小电影罗列了一组组一成不变的画面：诺曼底登陆的场面与 2003 年 4 月的进攻画面被糅在一起，完全无视真正的历史，中间交叉显示的是士兵们为了寡妇和孤儿而战的画面。听过了“上帝引领美利坚的寄语”后，这些离开集会的信众会坚定军队是国家救世主的信念，脑海中挥之不去的是一支被部署在他乡为捍卫自由而战的军队的画面。布什总统有关“整个美国的历史就是一部正在行进的自由史，（……），这是美国的立国之基（……）”的讲话在教徒中间所引起的反响并不令人意外：总统的讲话中所引用的是长期以来便根植于美国式想象中的词语，而这种想象又一直为与共和党紧密联合的宗教团体视为己有。不过，教会在伊战士兵的阵亡问题上并没有采取遮遮掩掩的态度，反而导演了士兵的棺椁回归祖国的仪式：在他们的葬礼上，这些“勇敢”的士兵们受到了英雄般的礼遇。参加葬礼的军人们统一执行着各种如“礼拜仪式”一样的规定动作——稍息、脱帽、低头、手扣胸前，这种所有人都必须服从的仪式与由教会组织的传统的家庭式葬礼有着很大的不同，它拒绝由死者家人为其单独举办葬礼，也无视阵亡士兵的家人们心中的痛苦。在官方看来，如果由其家人单独为亡者举行葬礼，这只会在这些家庭内激化由战争引起的混乱，更会引发家庭成员对战争的声讨，并会进一步否认战争的合法性。相反，集体式的葬礼会使得葬礼本身淡化对士兵个体的关注，也会让他们的牺牲被看成是对自由的献身。

在长期的武装冲突过程中以及在冲突结束后的时间里，人们通常会忘记单个士兵所遭受的创伤。这一现象在越战结束后越发表现了出来，正如当年的一个老兵所叹息的那样，“那个时代的人已经说不出（他们）那时的想法了[143]”，而这一状况在“一战”结束后的欧洲也是如此。“为国捐躯的士兵们”组成了为国家所独有的“国家回忆”，官方会极力宣扬他们所遭受的苦难，并将其视为增强国民团结的工具。这种对士兵的“奉献”所进行的集体式的缅怀几乎只在那些宣扬爱国主义的教育仪式上才会出现，然而这种被限制在宣传仪式和伦理框架内的葬礼却不会引起民众的任何反思——民众不会从这数千名年轻士兵的死亡身上收获任何政治教训，因为在这样的仪式上，他们的死已经被演绎成了一种对国家必要的贡献。

2001—2003 年的好战式狂热在美国的电视界留下了众多的宣传毒瘤。福克斯电视台就是这些宣传平台的忠实代表，而与之相比更甚的则是 ABC 电视台于 2007 年 3 月 4 日开播的一部电视真人秀节目《彻底改变之家庭再造》（*Extreme Makeover: Home Edition*），它堪称是优秀的战争动员片的典范：该档节目以一支慈善性质的建筑装修队为主线，他们遍访美国各地，主要帮助那些遭遇不幸的家庭改善他们落后的居住条件。经他们之手后，那些原本条件极差的住房就会变成非常舒适的宜居之家。来自坦帕（佛罗里达）的泰特一家的房子曾在一次坠机事故及其随后引发的大火中严重损毁，而他们家的儿子莱恩则是一名曾在伊拉克战场作战的海军陆战队队员。于是，节目安排的“心灵建筑工”们一路飞到了坦帕对他们施以援手，在帮助的同时，也没忘了通过队长泰·潘宁顿之口表示说：“莱恩是个好人，他所作的贡献并不只是为了你们，而是为了所有人”。透过电视画面我们可以看到，尽管泰特家的房屋已3/4被摧毁，但在房屋的一面上却飘动着一面完好的军旗；而在莱恩被焚毁的卧室里，观众们也会在残破的储物架上发现一本整洁的弗兰克斯将军（“伊拉克自由行动”中美国中央司令部总司令）的自传。此外，节目组也在没有事先通知的情况下，安排了其他一些陆战队士兵来到家中帮他们搬运家具：这些精英士兵们“是永远忠诚的”。最后，莱恩的母亲对着镜头说道：（她的儿子）当年上战场是为了他的兄弟姐妹们，如果当初他没去，那么战场上所发生的一切终有一天会落到他（她）们头上[144]。这一表态可谓一字不差地照搬了布什政府全新的捍卫者阵营的字句。在其他剧集中，节目组也一直延续了该阵营的路线，并重点强调了另一些人的贡献，包括有士兵吉列特，他在战争中失去了一条腿；还有“崇高”的古丁一家，他们的女儿在阿富汗战场遇难；以及杰西卡·林奇，一名被刻意塑造成了“现实版兰博”的弗吉尼亚女兵，她同时也参加了为其好友洛瑞·皮尔斯特瓦的家人特别录制的一期节目——洛瑞于2003年3月23日在伊拉克阵亡。在泰·潘宁顿看来，这些人的事迹“值得”他的队员们从全国各地赶来施以援手。另一档充满军事色彩的“真人秀”节目——参演选手都是节目组精挑细选的——是《单身汉》（*The Bachelor*）。在其2007年的一期节目中，节目组安排了一名海军军官在25名候选佳丽中挑选一人作为自己的终生伴侣。对于支持这档节目的五角大楼来说，每一期栏目都是宣传美国海军“人性化”一面的好机会，然而节目制造出来的“明星嘉宾”也只是一名普通的医生。类似这样的杜撰节目还有很多：2003年4月22日——正值“伊拉克自由行动”战事紧张期——电视剧《海军犯罪调查处》（*Navy Criminal Investigative Service，NCIS*）在CBS电视台正式开播，且自播出伊始便持续获得高收视率。该剧以美国海军一支特别行动小组的经历为主线，在展现了反恐战争大背景的同时，也经常向士兵们致以敬意，比如在第5季第10集中，一名NCIS的主人公就说了这样一句话：“我支持那些参战的士兵们”。类似的思想在另一部热播剧《实习医生格蕾》（*Grey's Anatomy*）中也有体现，只不过其表现手法更为精细。该剧讲述的是在西雅图一家虚构的医院内几名主人公之间的故事。在ABC电视台于2009年5月14日播出的第5季第23集中，一名刚刚从伊拉克战场运来的伤兵因为疼痛难忍而主动要求截肢，以便能尽快回到战场上和兄弟们一起战斗。在该集播出之时，美国正逐步从伊拉克战场撤出军队，与剧情恰恰相反的是，绝大部分士兵此刻期望的都是能尽快回家。然而这一基本事实却被该剧的创作人员否认了，他们所描绘的只是极少数热衷成为理想军人的士兵。在该季的最后，这名实习医生选择进入部队做一名外科大夫，他的这一举动也得到另一名同事的赞许："乔治的做法是危险的，有些吓人但也充满了勇气。他将要为国家服务，他将要冒着生命危险以便（让我们）能够睡得安稳。（……）乔治是一个爱国者，他是个英雄。"在一段感人的背景音乐的映衬下，这名医生又接着提到了一点——她的哥哥就是"躺在棺材里"被从伊拉克送回国的。应该说导演之所以安排这样的情节，用意是很明确的：即便失去了一位亲人，也无法阻止我们对军队的支持。《识骨寻踪》（*Bones*）是福克斯电视台推出的一部挺战热播剧，该剧导演在 2010 年 9 月末播出的第 6 季的一集中也安排了一个宣扬爱国主义的桥段，着力表现了英勇的美军士兵帮助一名阿富汗翻译在塔利班的魔爪下救出其孩子的英雄事迹。从 2011 年 10 月起在"娱乐时间电视网"（*Showtime*）开播的《国土安全》（*Homeland*）集聚了越来越多的粉丝，这部有前《反恐 24 小时》（*24 hours*）制作人加盟的人气剧甚至还受到了奥巴马总统本人的追捧[145]：该剧主要展示了处于战争状态的美国所深陷的各种幻象和矛盾，其主人公——一名海军陆战队员——秘密地皈依了伊斯兰教，经基地组织策反后准备回国发动相关恐怖袭击事件。此外，在 2009—2010 年，位于洛杉矶的"空军娱乐事务联络处"就大手笔投资了 3 部大片（《钢铁侠 2》《变形金刚 2》和《终结者 2018》）、两部连续剧（《军嫂》和《星际之门》）、一档竞技赛车爱好者电视选秀节目《超级汽车对决》以及一档烹饪真人秀节目《超级大厨[146]》，五角大楼以此继续扩大了其在视听领域不断扩张的影响力：为了继续对青年人施加影响，2012 年 1 月 4 日，国防部长亲自与知名电子游戏配件商 CTA Digital——其旗下最新的产品为"美国陆军精锐突击步枪"——签署了合作协议。从此以后，那些第一人称射击游戏——如《使命召唤》《战地 3》——的玩家们就可以把原来的操控手柄换成一支红外线突击步枪了，一如 CTA Digital 公司总裁所表示的那样，"这是一款完全依据美军官方样式设计的游戏产品"。

而在2005年6月27日签署的一份备忘录中，五角大楼进一步明确了对于上述产品的特许政策：此刻，深陷伊战泥潭的美军正苦于如何撤军，但与此同时，其著名兵种（美国陆军、美国海军、美国空军及海军陆战队）却依旧因其强势形象而成为了各大消费产品和娱乐产品的商标。“为了使民众支持国防部的英名和声誉，接受军方的安排”，同时为了“便于征兵工作和维持（海外驻军）的稳定性”、创造实体性收益，国防部副部长戈登·英格兰签署了一份旨在确定特许经营合同和特许协定范围的命令，以期增加相关游戏产品在美国市场以及在国际市场上的销量[147]。而随着CTA Digital新系列产品的问世，美国陆军相关品牌也创造了该公司的销售记录，尤其是那些旨在培养玩家不可战胜感、甚至是能够为军方的未来征兵工作提前打基础的军事模拟类游戏。

此外，众多美国的大型企业也纷纷加紧与国防部签署合作协议，为五角大楼“招募国民警卫队和预备役士兵”的工作提供支持，维持应召人员的收入水平：2005—2009年间，签署上述合作协议的企业数量增加了4倍，从10909家上升到了54965家[148]，经济领域可以说已经逐步动员了起来，以期为当前和未来的参战人员减轻经济负担。另一方面，为了更快地对应征入伍的“小伙子们”提供支持，这些企业同时通过一些慈善活动和广告来表达他们“对英雄的感激之情”：与通用汽车公司的“军人折扣价”一样，迪士尼主题公园也专为军人提供了特价票，同时采取类似优惠措施的还有贝斯特韦斯特和万豪国际酒店连锁集团。作为NASCAR的官方赞助商，Checkers Drive-In集团——美国本土规模最大的快餐企业——还在2006年举办了为期一年的“爱国致谢”活动：除了征集向士兵们致敬的签名外，集团还在全国范围内的800家连锁网点进一步收集这些签名信，并在DHL快递公司——同样也是该活动的合作商——的协助下将这些装有感谢信的包裹送到士兵们手中。在与凯马特集团完成合并后，西尔斯控股集团（此前已经为《彻底改变之家庭再造》节目提供过赞助）又推出了“英雄在家计划”，旨在为那些从战场归来的无法生活的伤残军人从物质和精神上提供帮助。而作为零售业的领军企业，沃尔玛集团也通过基金资助了一系列类似的活动计划，“以期通过持续的支持对军人们的付出和牺牲进行表彰[149]”：在2008年的“老兵日”当天，沃尔玛向各大机构出资 360 万美元以便后者接纳老兵们继续学业。此外在 2009 年 11 月 11 日的“老兵日”那天，美国航空公司赞助了一部分伤残退伍军人前往拉斯维加斯，以“感谢他们为国家作出的贡献和牺牲[150]”。而其竞争对手联合航空也推出了自己的“英雄里程[151]”计划，该计划承诺将为所有在沃尔特·里德军医院接受过救治的士兵的家属提供免费机票。与美国航空不同之处在于，联合航空是通过积攒“里程”的手段提供支持的——家属们需要将积分累积到自己的会员卡中，从而获得特价机票和免费旅行的机会——航空公司会时不时地提供这样的机会：这实际上是美国民众对这些军人家属的慷慨解囊，只不过是航空公司为他们实现了这一目的。广告行业也在一丝不苟地落实着这样的军事宣传思想：2005 年度的“超级碗”总决赛一如既往地吸引着数以千万的观众的关注，在这个盛况空前的决赛之际，著名啤酒企业百威公司按现行价位出资 400 万美元播出了一则广告片[152]：在小提琴的背景声中，画面中出现了一个机场大厅，不多时，大厅内慢慢响起了掌声，全体旅客不一而同地嘴角扬笑，用充满感激的目光注视着一队刚刚归国的士兵。美国航空公司也同样投资拍摄了两部叙事性质的广告短片：一名空姐邀请一名年轻的女兵首先登机，但这名女兵却有些不安，生怕会给那些已经排了队的旅客们带来麻烦。然而她错了，因为就在这时，旅客们纷纷散开，所有人的脸上都充满了理解的笑容。一位老人向她做了一个立正的姿势，说道：“为国服务的人优先，我们很自豪为他们服务”，而最后这句话也正是航空公司对这部短片主旨的总结。在另一部以“谢谢你”为题的短片中，一名美军小伙子正在机场内准备登机，他每到一处手续柜台前都礼貌地对大家说谢谢，直到他最终登机时，在舱内迎接旅客的机长打断了他并对他说：“不，应该感谢的是你”。与此同时，福特公司也投资拍摄了一部时长为 5 分钟的爱国宣传短片，该片沿用了其他军事爱国宣传片的惯用题材，并且同样得以广泛展播：一名健康归国的美国士兵收到了亲人和路人们热情而真挚的欢迎和感谢，他不但得到了全社会的认可，其地位更上升到了“英雄”的高度。通过这个桥段可以看出，该片想表达的主题是不变的，即士兵们的行为配得上全社会毫无保留的感激。说到这里，必须还要提到的一点是，此时的美国退伍军人数量已经占了全国总人口的 9%，但他们当中仍有 23% 的人居无定所[153]，然而这一事实却被那些反复播出的、一心只强调士兵荣誉的同质化宣传所掩盖了。

这里不得不提到的还有一点，那就是美国的国民乡村歌手们在 2005—2010 年的音乐创作，通过这些音乐，他们向民众表达了自己对于相关事件的不同观点。尤其在恐袭事件发生后的 5 年里，这一类型的音乐创作达到高峰，差不多有 100 首歌曲登上了《公告牌》杂志的榜单：2005 年，歌手特雷斯 · 阿德金斯推出了歌曲“Alington”——歌名灵感来自阿灵顿美军公墓，在一块从李将军手中收回的土地上建立的公墓。这首歌运用了此前常用的手法，表达了一位九泉之下亡灵的心中所想，以此来对反战抗议者表达谴责之情：“人们因为我们的贡献而高兴，我们也为此高兴 / 我们可以安息于此，因为我们是被选中的人 / 在阿灵顿，我们这样做了（……）/ 不要为我们而哭泣（……）”。这首在卡特里娜飓风危机来临之际发布的歌曲占据了乡村歌曲销售榜的第 16 名。只有蒂姆 · 麦格罗在 2007 年发布的单曲“I'm already home”曾一举拿下了乡村热曲榜的第 3 名和“公告牌 100 单曲榜”的第 41 名，并在长达 20 多周的时间里一直保持着这一名次。不过显然，尽管官方一直在宣扬美式价值观，但那些以阵亡士兵的悲伤和他们对家人的道白为主线的歌曲已不可能再创造出辉煌的销量。歌手阿兰 · 杰克逊的“Small Southern Town”，2008 年度保持三周排名第 1 的“乡村”歌曲），罗德尼 · 阿特金斯的“It's America”和扎克 · 布朗乐团的“Free”（2009 年的冠军歌曲）是这其中少有的成功之作，但剩下的同类歌曲则大范围地遭受了失败。科里 · 布伦森的“Red、White and Blue”（2006 年）和戴安娜 · 纳吉的“Where Freedom Flies”（2007 年）甚至都没能入围榜单。不过，大众乡村音乐的核心团体依然接受了挑战，其中包括 Breaking Benjamin 乐队的“Unknown Soldier”（2006 年）和 Field of Gray 乐队的“Angels in Fatigue”，后者展现的是士兵们与家人分别的情形——一种在宗教信条和爱国主义信仰中所必须接受的情感缺失。此外，萨利 · 穆德的“Honor The Fallen”（2007 年）、由汉克 · 布里克演绎的“Honor The Fallen/The Soldier Song”以及由基督教歌手雷 · 博尔茨演唱的“Fallen Not Forgotten”（2008 年）也加入这类音乐的行列。汉斯 · 布瑞克的另一曲《谢谢你》（2006 年）、“民谣”歌手 Everlast 的“Letter Home From The

Garden of Stone”和科里 · 布伦森的“We Know You Are Out There（A message to our troops）”更是其中的杰出代表。此外 2006 年，迈克 · 帕里什应一名阵亡士兵粉丝的邀请，为所有阵亡的美军士兵写下了“Ain’t We Got It Good”；作为一名阵亡士兵的父亲，乔 · 蒙托在 2007 年编写了歌曲“Here On This Battlefield”以“感谢”儿子的贡献。尽管从 2005 年开始大部分美国民众都已认为这场战争是非正义的，然而那些为国殉难的士兵们却依然被定性为“为正义而献身”。当阵亡士兵的人数已经在民众中间引发了极度痛苦时，歌手 Five For Fighting 适时地推出了单曲“Freedom Never Cries”，与它类似的歌曲还有科林 · 雷伊的“A Soldier’s Prayer”、Citizen Reign 乐队的“Fight For Me”、丽莎 · 珍奈特的“In The Name of Freedom”（2007 年）、梅森 · 道格拉斯的“Home Free”（2009 年）……所有这些歌曲都与重金属乐团“皇后杀手”在 2009 年推出的概念专辑《美国士兵》一样，属于一种特殊的音乐类型，该专辑取得了销售榜第 25 名的成绩。另一个重金属风格乐队“Disturbed”也于 2008 年推出了其新专辑《不可摧毁》（*Indestructible*），后者在“公告牌 200 金曲”雄踞榜首，并占据该位置长达 67 周之久。实际上，Disturbed 乐团此前的 3 张大碟也取得了同样的成功，只不过这一回，粉丝们所领略的是重度的爱国主义风格，而每一首歌曲的曲名所指向的也正是士兵们。

此类风格的音乐在不断重复着（如 JD · 丹纳乐队的“Thanks to the Brave”、Cowboy Crush 乐队的“He’s Coming Home”、克里斯 · 多特里乐队的“Home”），其中歌曲集 *Voices of a Grateful Nation* 最终成为了所有这一类“感谢”歌曲的集大成者，各曲目中所宣传的思想也在各大学校中广为流行。在这本歌曲集的编者看来，所有参加了反恐战争的士兵们都配得上这些感谢，他们在伊拉克所经历的危险已经让美国民众受益，因此，入侵伊拉克的行为也自然是合法的。然而与支持战争的传统论点所不同的是，这一音乐或广告性质的宣传集却遭遇了不断的贬值。客观地讲，这本专辑本该是一本针对民众的选择性失明和政府的“过失行为”进行道歉的“道歉集”，正如 1977 年时任总统的吉米 · 卡特在面对越南逃兵问题时所采取的做法那样 [154]。

这些战争作品永恒的概述预示了士兵们即将迅速撤回的现实，要知道美军在伊拉克和阿富汗战场的阵亡士兵人数一直都处在上升过程中。在旧“神圣同盟”阵线的引领下，上述这些战争歌曲应该不会被军方宣传所抛弃，尽管它们不会一成不变地永远挂上五角大楼——永远支持对战争机器甚至是对战争文化进行宣传的部门——的标志，但它们很可能会被配上那些由后者制作的短片一起进行宣传。虽然广告本身是一种“商业宣传”手段，但这里的广告却是一种政治传播工具。在民族主义者满满的感激和酷爱中，这种对媒体空间的割据抑制了类似越战时期那样的反战行动的开展。在这里，广告所要求的是爱国主义标准。如果我们可以相信那些调查结果的话，就会发现这种广告手段其实是有用的：2010 年夏，89% 的美国人表示对军队非常“自豪”[155]，尽管他们在战场上做下了各种犯罪行径。另一方面，作为社区和民族的英雄，老兵们所享有的社会地位和声誉都是令人艳羡的，这就导致了很多说谎成性的人会谎称自己作出了贡献并以此来博得人们的注意：他们也会身着制服，佩戴各种奖章，然而实际上他们却从未上过战场。说到这里，我们就不得不对五角大楼的政策产生质疑，因为这些政策非常有利于军人们荫功和获勋：由于官方允许民间人士“自由选购”军装，这就使得在民间出现了越来越多的身着“卡其色”军服的人。2006 年，社会对冒牌退伍军人的指控取得了实质性的进展——国会投票通过了《反军事荣誉窃取法案》（*Stolen Valor Act*）。该法案旨在对所有窃取了军事荣誉的犯罪人员予以严惩，不过许多联邦法院后来却认定该法案“违宪”且“侵害了公民的言论自由”。这样一来，那些冒牌老兵们又可以自由地混迹在真正的退伍军人中间了……

十四

奥巴马幻象

引人注目的行动……及它们的局限

2008年11月4日，奥巴马成功当选美国总统，他的上任引起了舆论的一致反响。在这些千篇一律的表达中，认为他的到来会引发一场众望所归的“变革”的声音轻松占到了大多数[1]。一切都让这名年轻的总统——进步派民主党人士，2004年以前还不为大众所知晓，但却在民众的选票中以及在非裔美国人群体中获得了广泛的支持——与他的前任形成了鲜明的对比：上任总统只是一名被权力过度侵蚀的领导人的典型，他身负多重丑闻，所引发的伊拉克战争也是史上最不得人心的战争之一。

新官上任之初，贝拉克·奥巴马就立即废除了布什政府的一些不当措施：其中，继续捍卫“9·11事件”后遭到了重创的《信息自由法案》（从1966年起开始实施）就成了新政府的头等大事。在就任仪式结束后的第二天，奥巴马总统就在一份向全体阁员推送的公文中强调了“公开透明[2]”的民主“责任”，并宣布上届政府于2005年发布的旨在限制现行《信息自由法案》实施的行政命令就此失效[3]。在象征性的表象下，这一举措其实有着更为深远的意义：官方从此不再禁止人们对那些用军机从战区运回国内的士兵的棺椁进行拍照。这就意味着，作为战争文化核心要义的非肉身化原则，以及对战损士兵及其家属的回避原则，都不在奥巴马总统的政策范畴之内。

后“9 · 11”时代的另一桩核心丑闻就是美国不顾相关国际公约规定秘密转移囚犯的行为。乔治 · W · 布什任内的这些行为是与其父老布什和随后的克林顿总统的政策一脉相承的，只不过在小布什任内这些措施成倍加强。在上任两日后，奥巴马总统又签署了《确保审讯合法》的行政令，此令一出，意味着布什时期制定的所有与日内瓦公约相违背的法令随即宣告废止。理论上，美国已无法再实施“强化审讯”的行为，中情局所设立的“黑”监狱也必须要关闭，而虐囚行为同样也必须废止[4]。然而实际情况要比我们想的复杂……

总统对以往褪色的国家形象的关注也同样让军队从中受益，尤其是对军内的征兵工作而言。这一回，尽管奥巴马在《所罗门修正案》和军方进入大学校园征兵的问题上保持了缄默，但他却在 2010 年提名了前哈佛大学法学院院长艾琳娜 · 卡根出任美国最高法院大法官，要知道卡根曾是上述法案最坚定的反对者之一，因此对她的提名可以说是对这些法案的基石予以了沉重一击，这一做法自然也遭到了共和党阵营的强烈反对[5]。此后，法院认定军方此前所执行的同性恋歧视政策“合法”，不过这一判决从某种角度看更像是一种庭前调解：尽管最高法院针对教育界就《所罗门修正案》和《不让一个孩子掉队法》所提出的抗议进行了判决，但判决的核心论据却已发生了变化。难道总统真的已经推翻了黩武主义此前在社会中的支配地位了吗？也许是的，但这也是出于对国家利益的考虑，只需浏览下面一组数字就可以更好地理解其用意所在了：2010 年，政府将此前庞大的征兵预算削减了 11%（即 8 亿美元[6]），然而军方制定的扩员征兵的指标却得以完成了，甚至是超额完成了[7]，原因是在社会整体经济环境恶劣的大背景下，参军服役依旧具有很强的吸引力。这样看来，国家削减相关支出的措施可谓恰逢其时并且可以继续下去，直到未来的征兵官员或者总统提出抱怨为止，甚至可以一直继续到下一次战争威胁来临之时。

“布什主义”的相关标志已被逐渐剔除。2009 年 3 月，美军此前“反恐战争”的说法被新的“海外应急行动[8]”的称号所取代了：这一具有地域分区含义的说法去除了旧称谓中的救世主色彩，但却保留了其“应急”的特质。与此同时，新一届政府进一步加强与国际刑事法庭之间的密切联系[9]，并且，奥巴马总统于2009年6月4日在开罗发表的演说被解读为美国向“穆斯林世界”（幅员广阔且成分复杂的地域）伸出了友谊之手——这一举动是与前政府所释放出的信号明显不同的。此外，另一些的政策决裂表现在美国官方在拥核问题（《核态势评估报告》、削减核武）的立场上，或者更宽泛地说，表现在对国家安全问题的态度上：布什2002年曾在西点军校树立了“预防性战争”的理论，而8年后的奥巴马同样是在西点军校强调要在“国际合法性[10]”基础上的多边主义原则框架内、通过联合国外交途径发展“新式合作伙伴关系”，并“重新开始（……）与穆斯林世界的关系”：“我们应该更正对武力的使用方式”，面对着台下美军未来军官们，奥巴马如是说，他同时也确认了美军将于2011年夏天开始从阿富汗正式撤军的计划。他表示：“美国将通过结束战争和及时制止战争的方式展现出它的意愿”，同时应“赋予（美国式）价值观以活力”。面对着这些即将在未来几十年内指挥世界上最强大军队的指挥官们，奥巴马正式作出了表态。

新政府所采取的大量变革措施彻底激怒了对手，反对派人士纷纷前往福克斯电视台表达自己的不满，而他们的表态也得到了福克斯电视台旗下明星艺人的倾力支持，后者甚至组织了“茶会”活动表达对政府的反对之声。作为宣传美国极端保守主义和战争意识形态的代表性机构，福克斯电视台在2009年公开发表了对总统及其团队的批评，并同时通过小型记者发布会的形式号召对总统进行抵制。自从奥巴马正式进入公众视线以来，他就一直是各种恶意中伤、种族主义暗示和一系列谎言的受害者，而其支持率也从入夏前的62%开始按周下滑[11]，直至最终在中期选举中落败——在罗斯福之后的12任总统中，共有9人拥有着与他一样的经历[12]。不过白宫也没有示弱，它通过其官方博客中的“事实核查”专栏系统地揭穿福克斯电视台编织的谎言：经过精心训练的写手们以大量资料数据为依据，对该电视台在医疗体系改革和其他社会议题上的欺骗行为[13]一一进行了证实，可以说，保守派媒体和“自由派”媒体之间的紧张关系已经一触即发。福克斯电视台所捍卫的是以思想激进、暴力，且充满主观主义和民族主义情绪的一派阵营，它忠于布什主义的核心原则。总统身边的高官们将福克斯电视台视为“共和党的喉舌”[14]，而后者实际上正是一扇展示其所支持政策的橱窗，只不过大部分的美国民众都对其持坚定的反对态度而已。对于现任政府而言，它也致力于通过反击和攻击这两种手段来严格区分它与前届政府之间的不同，不过我们后面也将看到，它们间的区别实际上也不是系统性的。尽管观众对福克斯电视台的信任度一直在下降，然而其收视率却一直要比其他竞争对手要高，尤其在一系列重大事件的问题上——比如2013年4月15日发生的波士顿马拉松爆炸案[15]——福克斯电视台依然被视为头号新闻参考机构。

而在对待海湾战争综合征的问题上，奥巴马政府的处置政策中却没有对布什任期内相关措施予以否定：2010年7月，美国政府正式承认了使用贫铀武器和避蚊胺（DEET）等杀虫剂给士兵们带来的病害。在缺乏相关统计数字的情况下，政府决定给受害老兵提供必要的医疗服务和抚恤金[16]，然而就此断定此事已得到解决还为时尚早：从2005年开始，驻伊美军中也出现了一定程度的人员感染[17]，其中仅癌症和先天性畸形的发病率就在持续增加[18]。不过，由于媒体对此问题的报道甚少，因此这一丑闻事件仍不足以对军方使用放射性弹药的行为进行质疑：2010年12月8日，联合国大会就一项旨在提高放射性武器使用透明度的决议案提请投票表决，要求持有上述相关武器的国家“提供有关其使用地点的最详尽的信息”。共有148个国家投票表示支持该决议，28个国家弃权，而投了反对票的国家仅有4个：除了伊拉克战争的主要参战国美国和英国外，一直依赖美国军事技术生存的以色列也加入了反对阵营，除此之外还有法国[19]。

还有一件事也载入了美国史册：2010年8月6日，在广岛和长崎举办的原子弹爆炸遇难者集体悼念仪式上第一次有了美国官员到场——美国驻日本大使。这一举动与奥巴马总统此前在布拉格演讲时所发出的“无核世界[20]”的呼吁可谓相得益彰，展示出了美国总统在核武器问题上所进行的全新思考。一经媒体报道[21]，上述做法便会成功地对大部分民众施加影响，使他们对这一战略所带来的严重后果有一个更好的认识，从而巧妙地推动他们观念上的变化，这也许才是新总统真正的用意所在。在奥巴马总统2010年11月访日期间，有5位诺贝尔和平奖得主一起邀请他前往广岛，只不过这一回，同样也是诺贝尔和平奖获得者的奥巴马婉拒了其同仁的邀约[22]。

作为对美国历史上相关欺骗行为的回击，奥巴马总统同样是在西点军校对台下的学生军官们阐述了他对越战根源的全新官方理解，尽管这种阐释只是一种近乎平淡的说教。面对一些人将越南战争与阿富汗战争两相比较的做法，总统驳斥道："这一观点是基于一种对历史的错误解读：（……）与越南战争不同的是，阿富汗战争开始以来，美国人民受到了严重的攻击"。这就等于是通过总统之口，以一种全新的、明晰的方式承认了约翰逊政府当年一手炮制了"马多克斯"号驱逐舰被袭事件的事实。早在 2001 年，一份由历史学家罗伯特·汉约克署名的国家安全局内部文件被曝光，该文件针对上述事件也得出了同样的结论，只不过出于保护作者的考虑，该文件直到 2005 年才正式在《纽约时报》上公之于众[23]：官方对这一行为的正式承认本可能会引发与伊拉克大规模杀伤性武器事件的对比，然而对于此刻的奥巴马而言，这一一反常态的举动其实是为他的一个政策服务的，那就是阿富汗战争。

尽管有时会被其发起人所否认，有时也仅会被部分承认，但这些措施在整体上都只是象征性的。从长远来看，它们却埋下了对战争基础进行反思的种子。对日常相关事务的管理以及对战争的记录都属于非常传统的处置方式，或者说都是一些墨守成规的方式。

延续与传统

依仗其创纪录的投票率，奥巴马的当选整体看来已昭示了与布什时代的决裂，尤其是在外交事务层面。经历了单边主义和曲解国际法的 8 年时光后，美国终于迎来了缓和时期，其标志就是逐步从伊拉克撤军。

不过上述分析未免过于简单化了。新一届政府及其领导人的真正意图在于实施彻底的变革，而不在乎各种限制、压力或心照不宣的承诺——后者是政治献金的前提，白宫的各位主人均须服从于此。因此，奥巴马政府根本没有改变美国海外作战的本质面目，结束了对伊拉克的占领后，美国转而强化了对阿富汗战略要地和富庶地区的军力部署，美军的行迹遍布天然气管线经由地、稀有矿石产区以及阿富汗与伊朗和巴基斯坦接壤的地区。事实上，前总统布什已经启动了将驻阿美军人数由 2002 年的 5200 人增加到 2008 年的 30100 人的增兵计划[24]，只不过相比之下，奥巴马的投入力度要大了许多。

至于伊拉克，与其说美军是从伊拉克撤出了军队，倒不如说是强化了布什任内的“伊拉克本地化”计划。截至 2010 年 8 月，伊拉克占领军的“作战任务”已经完成，然而美军对伊拉克军队的培训和干部选拔工作却仍在进行。在官方看来，此前由美军士兵亲力执行的作战任务充满了风险且缺乏目的性。现在，尽管只有不到 5 万名常驻士兵投入部署（其中 4 万人是伊拉克联邦警察[25]），在人数上不足以保证对伊拉克实施有效管控，不过这支部队的战斗力对于确保部分具体设施的安全而言还是足够的。此外别忘了，美国从 2010 年开始便决定招募 20.7 万名“私人”合同兵加入阿富汗和伊拉克战场，这一做法一方面印证了自伊战开始以来美军“私有化”程度的不断提高，同时也完善了“伊拉克本地化”进程：至 2010 年夏天，部署到伊拉克和阿富汗的私人武装人数占美军全部派遣军人数的 54%[26]。这些私人安保力量的“合同内的”工作内容是前往上述地区执行一些外围任务，以便让美军正规部队腾出手来去执行其他任务。截至 2010 年，仅在伊拉克执行这些单一安保任务的雇佣兵就达到了 11610 人，他们依然是仅次于美军正规部队的第二大武装力量[27]。不过，考虑到五角大楼在初次评估时已经低估了75%的人员数量，因此这一数字肯定还需要谨慎地再行评价。2011 年 12 月 18 日，驻伊美军撤出了最后一批常规部队，私人安保武装从此开始接替正规军执行一如保卫大使馆等具体的作战任务。不过，用雇佣兵替换正规军的这种把戏并没能遏止民意对于阿富汗战争的反对态势，尽管这种反对趋势在新总统上任之初曾短暂中止过：2009 年期间，大部分美国民众均表态不支持阿富汗战争。截至 2010 年底，民众对这场在美军从未经历过的持久战争的不支持率已经与“伊拉克自由行动[28]”中的最低点不相上下。而恐怖威胁的具体回归，比如发生在阿姆斯特丹—底特律航班上的未遂袭击（2010 年 12 月 25 日）和计划在时代广场实施但也最终失败的恐怖袭击事件（2010 年 5 月 1 日）继续在民众中引发了短暂的战栗，这又为支持战争提供了借口[29]。不过发生在 2013 年 4 月 15 日的波士顿爆炸案——共造成了 3 人死亡，264 人受伤——却没能产生同样的效果，但总统仍旧会将这一事件与阿富汗联系起来。2011 年 5 月，本·拉登最终被美军击毙，这一事件在给美国人带来了欣慰的同时，也加强了他们心中结束战争的必要性：举国欢庆的场面严格意义上来讲也是在庆祝一场伟大的军事胜利，换言之，美军应该有计划地结束各类行动并撤回“小伙子们”了。不过我们都清楚，抓获奥萨马·本·拉登从来就不是美军在阿富汗维持兵力部署的根本原因。本·拉登被击毙的当晚，奥巴马在对民众的讲话中说道：“保卫（这个）国家安全的任务还没有完成”。这一继续在阿富汗维持驻军的轻描淡写的表态随即便在对本·拉登的“胜利”上引起了反响[30]。对于民众而言，高伤亡率总会抵消军事胜利的意义，尤其是对于一场极具象征性的胜利而言：2003 年年底，萨达姆的被俘仅仅让民众对于伊战的不支持暂缓了数周，此间一过，抗议声甚至一度爬升到了顶点。难道时期不同了，民众的心态也会不同吗？可能吧。2010 年 3 月，反战人士在华盛顿组织了近 1 万人参加示威游行[31]，完全再现了约翰逊时代白宫门前的情景……这也就是为什么美军在也门的军事行动（2009—2010）会选择以秘密批准的方式进行的原因了[32]，同一时期美军也以同样的“地下”模式在中亚、中东和非洲之角执行了多次类似行动[33]。这一切就仿佛是回到了 20 世纪 70 年代—80 年代，一个美军以秘密部署著称的时代，只为了规避民众抗议的声音。2011 年 3 月，美军以“局部军事行动”且出于“人道主义”目的为前提对利比亚发动了空袭，然而这一行动招致了 60% 的民众的反对[34]。至于在利比亚展开地面行动的议题——奥巴马已明确表态不会实施——民众反对的比例更是高达 76%[35]。尽管表面上看利比亚军事行动的主导方是法国——在美军于利比亚边境部署部队的几周后，法国确定将领导利比亚行动，这也尽可能地避免让美国直接牵扯到战事中来——然而民众依然表现出了一如在南斯拉夫战争问题上一样的反对态度。不过，得益于愈加先进的无人机的使用，军方可以在确保士兵安全不受威胁的前提下对既定目标实施攻击，这种手段自然就不会招致民众的反感。2013 年 3 月的一份调查结果显示，约有 65% 的受访民众支持这种新式作战武器的使用[36]。这一策略同样让奥巴马政府深受其益：到2013年夏天，表态阿富汗战争“合法”的受访者人数已将将超过了50%[37]，现在看来，这些支持者之所以持这样的立场，可能是受到了政府决定提前撤出剩下的6.8万名驻守士兵的影响。

同其前任们一样，奥巴马也在不遗余力地表达着优先维持国防事务的意愿，我们很难设想他会与这条路背道而驰。政府对军事工业领域所给予的支持——后者对民主党候选人表现出了极大的慷慨——可以通过如下的数字予以体现：2010年与2011年，政府的国防预算[38]分别增加了4%与2%。如果不是国会后来驳回了政府的最初提案，白宫的出手本可以更加阔绰——2011年度的国防预算增长率原本是5.8%[39]。尽管军方在驻伊美军军费增加的问题上精打细算，但节省下来的军费却统统转移到了阿富汗战场：根据国会的数据显示，2009—2010年驻伊美军的月平均花费从72亿美元下降到了54亿美元，下降了33%；与此同时，美军用在“持久自由行动”上的月平均开支却从35亿美元增加到了57亿美元，增长率超过了62%[40]。此外，总统为实施军事体制改革计划而投入的经费数额也与每年拨付给五角大楼的军费数额相当[41]。尽管总统团队的专家们经常提及政府会在5年时间内削减1000亿美元的军费作为一种对国家作出的“牺牲[42]”，但实际上如此严苛的削减计划从未进入过政府的议事日程。表面上看，军费是在减少，然而这种“牺牲”却是相对的：在发布2012年的国防预算时，五角大楼表示已将当年的预算费用降至了2009年的水平（即便在当年也已是创纪录的数字了，只不过这一数字随即在2010年和2011年又继续被超越了），即6700多亿美元[43]，然而这一数字依旧是2001年的2倍，也已超过了国民经济计划在2007年制定的军费上限（6000亿美元）。经历了布什时代的无限上涨，这一庞大的军费开支只能通过循序渐进的方式进行缩减，并且要在明确削减对象的同时（在自动化武器研究上的经费投入依旧维持原来的水平[44]）控制下降比例：纵观美国历史上的历次战争（朝鲜战争、越南战争、冷战和海湾战争），战争期间的庞大开支水平都是花上几年、甚至是10年左右的时间才慢慢回归正常的。对于2010—2020年这10年，在21世纪初提出的“新美国世纪计划”的规划下，并根据新保守主义智囊人士曾提出的建议，政府全然不顾2012—2013年采取的军费限制措施，将这10年间的军费开支保持在原有水平的两倍左右。此外，尽管美国于2013年宣布了17%的陆军常规兵力削减计划[45]，但可以肯定的是，这一计划的制定是得益于当下大规模战争停止的大环境的，尽管这种停止可能只是暂时的。

奥巴马真的决心要与美国的本质政策相脱离吗？这一点值得怀疑：从他重新启用前国务卿詹姆斯·贝克这一做法来看，他在这一问题上也并不是那么的坚定[46]。贝克在萨达姆·侯赛因的问题上表现出了矛盾的一面，应该看到老布什总统时期——奥巴马在2013年7月15日对他表达了强烈的敬意[47]——对政策的选择一直延续到了里根时代。因此可以认为，奥巴马在外交事务上的政策主线是与其各位前任制定的基调别无二致的，这其中也包括小布什总统，尽管他在执政末期收到的都是骂声。循着这样的逻辑来看，新政府对罗伯特·盖茨的续用也就不难理解了。奥巴马为了秉持其在选举期间所展现出的两党统一者的形象，可以说完全无视了舆论对于盖茨本人——利用自己当年执掌中情局的经验（1991—1993），在拉姆斯菲尔德于2006年11月8日黯然辞职后接替了前者继任美国国防部长一职——可能与当年“伊朗门”事件有关的怀疑，尽管盖茨自己至今仍被这一质疑所困扰。作为向伊拉克继续增兵的支持者，盖茨将自己的这一态度转移到了阿富汗战场上。此外，他也亲自监督实施了美军反导计划——布什所强烈推崇的计划——的升级，并曾承诺在进行一定变革的基础上继续完善这一计划[48]，而在他之后上位的共和党籍国防部长查克·哈格尔——2013年1月上任——也继续实施了这一旨在阻止北朝鲜和伊朗发动核打击的计划[49]。

至于关塔那摩问题，却是奥巴马政策中比较令人失望的一个环节：这里还要再次回顾一点，即奥巴马上任之初便迅速宣布关闭关塔那摩监狱和放弃军事特别法庭的做法确实具有非常特殊的意义，如果我们将上述这些设施看作布什政府对其对手进行非人道审判的手段的话，也就更能理解奥巴马坚持将其废止的原因了。面对这些必须被消灭[50]在“老鼠洞[51]”中的“恐怖分子寄生虫”“不吉利的人”“坏人中的坏人[52]”，对他们采取一些非常规的手段似乎也是可以接受的，甚至是必要的：政府过去曾通过媒体的宣传展现出了军方对待敌人的坚决性和报复性，而对于新政府来说，它则倾向于等待时机，随即再与强烈反对关闭上述设施的国会达成妥协，最终通过将审讯手段常规化的方法将这一反恐措施彻底保留下来：而这些非法拘禁设施，不论它们被称为“X- 射线”营还是后来的“三角洲”营，实际上都是一种粗暴政治语言的具体表现，并且终将一直延续下去，因为 2011 年的国防议案实际上已经让任何替代这些措施的做法都变得不再可能[53]。

重新颁布了《人道监禁标准》、重设了《人身保护令》、中止军事法庭的运行[54]……这些措施让奥巴马看上去与其前任的合法专制的做法相对立。然而，如果我们正视一下新闻记者们在采访过程中顺带进行的调查的话，就会发现这种向正常状态的回归不过也只是表面现象[55]：在政府内部，反对给那些疑似基地组织“恐怖分子”的人员正式赋予身份的声音一直存在，与从前一样，这些被怀疑的对象目前也同样未经任何司法程序就被关在那些黑监狱中[56]。就凭这点来看，新政府所发布的相关命令也仅停留在了宣传层面上：针对阿富汗巴格拉姆监狱问题——根据不同渠道的信息显示，截至 2010 年 2 月，该监狱自行关押了 750 名犯人，并从其他监狱转移来了数百名其他囚犯，巴格拉姆可以说就是另一个关塔那摩——现任政府就没有拿出过明确的态度：如果说关塔那摩监狱的在押人数还在持续减少的话，巴格拉姆监狱的被囚人员却不降反升。“美国公民自由联盟”最先披露了巴格拉姆监狱的司法问题[57]，这个由布什政府于 2002 年设立的秘密营地施刑的残暴程度丝毫不逊于关塔那摩，被押囚犯所遭受的非人对待甚至进一步加强：由于采用了外聘人员进行施刑，便最大程度地减轻了美国政府的责任，因此当部分酷刑的受害者控告拉姆斯菲尔德对包括美国公民在内的囚犯用刑时，以保守见称的联邦最高法院驳回了上述指控[58]。因为这正是问题的关键所在：2009 年初，一家英国法院拒绝审理一名曾遭受美军酷刑的囚犯提出的上诉，而与此前呼吁信息权的举措大相径庭的是，奥巴马政府对这家法院的做法表示了赞赏；此外，针对西班牙就前副总统切尼可能参与了虐囚犯罪所展开的调查，美国官方也密集施加了外交压力，最终使得切尼本人免于责难[59]。同样地，当比利时法院 2003 年援引《万国管辖权法》意图对布什政府的相关高层进行审判时，出于对这一耻辱事态的畏惧，美国政府又故技重施，最终让这一风波再度平息。而奥巴马总统本人也在 2009 年 5 月就一项对“美国公民自由联盟”——后者发布了美军士兵在伊拉克和阿富汗的相关拘押机构虐囚的图片——有利的司法判决表示了反对，但实际上，2004 年的布什和拉姆斯菲尔德除了这件事之外什么都没有做……在奥巴马时代，各种泄密工具都要比以往的方法有效得多，而维基解密就是所有这些工具中最高效的一个，只不过其反差令人失望不已：作为通过维基解密泄露了大量机密文档的泄密人，布拉德利 · 曼宁被美国政府视为国家的敌人并被判处死刑，其命运与爱德华 · 斯诺登可谓如出一辙：这名前国家安全局雇员于 2013 年 6 月向外界公开了美国政府实施“棱镜计划”——对全球数百万人的通讯进行数字监听——的事实，他本人也因此被布什政府的一些高官以及部分民主党要员视为“叛徒”和“罪犯”[60]。不过，这一丑闻已有之前发生的诸多事件为预示，并因后“9 · 11”时代的法规使成为可能，所以并没有激发民众的愤怒，在许多受访民众看来，斯诺登首先是一个“预警人”而不是一个“叛徒”，其做法也是对民主有益的[61]。不过与此同时，另一些民意调查却显示出了不同的结果[62]：自冷战时代开始的核心辩论中，任何侵入公民隐私生活的行为都有导致民意分裂的危险。

导致这种双重标准的原因其实很简单：尽管伊拉克战争已经结束，但战争还在阿富汗继续进行着，正如奥巴马本人所说的那样：“我们的工作还远未结束[63]”。在此期间，美军又开辟了其他战场，在战争背景下的各种例外措施反而占据了首要地位，这种状况与其说是一种战术手段，其实更是一种心理手段，因为民众还会像新总统上位时一样沉浸在那些美好的说辞中。在国家秘密的掩蔽下，美国的专制主义还在继续，尤其在曾经资助基地组织的问题上[64]，这等同于在事实上认可了布什政府时期的法学家们有关伊拉克的说辞，只不过这回是在针对其邻国的问题上而已：作为“反恐战争的主战场[65]”，阿富汗在基地组织领导人被击毙后获得了前所未有的关注，甚至在一些人看来，美军之所以能获得本 · 拉登的情报信息也是“强化审讯”的结果。总体而言，战争时代还在继续，而一些布什时期专属的战争词汇也依然在奥巴马的口中不断重复着，比如在他看来，“基地组织的一些高级领导人和塔利班头目的死亡[66]”是一个“进步”。2010 年 7 月 30 日，当副总统拜登接受 NBC 电视台的采访时，再次以 2001—2008 年重复了不下千次的表述说到，美国军队正竭力“寻找和消灭”恐怖组织的头目们[67]。而新近被奥巴马提名为美军中央司令部总司令的詹姆斯 · 马蒂斯将军更是成为了美军新军事战略的代表人物，从他上任之初，公众便从他口中熟知了各种粗暴不堪的说辞。马蒂斯自诩为专家：2005年，这名海军陆战队高级将领在阿富汗表示“杀人是一件很有趣的事[68]”。在此后接受国会军事委员会的听证时，他又以一种典型的“拉姆斯菲尔德式”的论调表示，将通过把“反叛战略转型成为根除（……）恐怖分子战略”的新手段来处理阿富汗问题。几天后，马蒂斯本人官复原职，由此可见，类似这样的粗暴用语已经深入了美国政治的骨髓中，并已通达到了国家的高层人士。

另一些极富野心的国防计划旨在于2010年全力扩充军队的规模[70]，军队需要新兵。在这样的视角下，奥巴马延续了有关军队的说辞，表示说：“身着军装的美国公民心怀勇气与决心为国家服务；作为他们的总指挥”，奥巴马明确地表示，“我对于他们的承诺深感自豪。并且如全体美国人一样，我要向他们及他们的家人的奉献致以深深的敬意[71]”。奥巴马忠于士兵们无可指摘的信条，并坚信士兵忠于祖国，所以从未对他们的战争行为进行过指责，也从未停止过对于军队的永恒感谢，更没能让人明白为何这种机械式的感谢会让军队在谎言的法则下发动了战争。恰恰相反，军队对于奥巴马而言是“国家航船的龙骨”。此外，对“军事 - 公民”理论坚信不疑的奥巴马夫妇更是在2009—2010年加入到了1.2万名“感谢行动”的志愿者行列，亲自给在伊拉克和阿富汗前线作战的士兵们寄去了感谢信。显然，总统夫妇既没有手段也没有意愿去摆脱美国传统的军事主义正统思维：尽管这一活动彰显了仁慈，然而一线士兵后援机构却并非是非政治性的：“（这一活动）向士兵们传递了一个强烈的信息”，“感谢行动”的创始人卡洛琳 · 布拉谢克女士说道，“它表达了数百万美国民众对于士兵们的感激、支持、尊敬和爱意（……）[72]”。这些干瘪的鼓励措施旨在强化士兵们心中的一个信念，即国家正在身后支持着他们，并且在一定程度上，这种做法也可以提振士兵们的士气、提升他们的战斗力。此外，2011年5月美军对本 · 拉登在巴基斯坦藏匿处的成功突袭也给美军在阿富汗的庞大驻军罩上了前所未有的光环：“所有参与了本次行动的士兵们（……）展现出了无与伦比的职业素质、爱国情怀和无畏勇气，他们为全体军人树立了典范”，总统如是强调说。不过，这次行动的成功却也映衬了其他行动的苦涩：在苏联占领期间，美国在阿富汗编织了危险的网络，然而这一行动至今未能取得进展，因此也不会有人再去提及。

2002—2003 年，当时的奥巴马曾站在了对时任政府进行揭露的头排行列，然而在经历了漫长的演进后，已成为总统的他于2010年夏天在白宫椭圆形办公室发表了演讲：“在伊拉克的士兵们已完成了身上肩负的使命，他们颠覆了一个对自己的人民进行恐怖专制的政权，并同所有的伊拉克人及我们的盟友一道付出了巨大的牺牲。我们的军队一间房一间房地清剿着敌人，只为了帮助伊拉克人拥有一个更好的未来”，针对美军对伊拉克的入侵，奥巴马宣称，只不过这样的表态我们此前已早有耳闻。此外他还表示，“我们认为在这个文明摇篮里，战争灰烬可以迸发出新的活力[73]”。这个“我们”不但将自己包含在其中，同时也显示出了全体美国人在此问题上的一致态度，这种双重意义其实是很明确的：奥巴马意在表明，他所继承的是一个他此前极力反对的战争局面，而他将通过务实的举措来带领伊拉克实现民主和繁荣。我们同时也可以这样理解，即战争是一种富含民主“冲动”且极具先进性和救赎性的先决手段。不管与“文明摇篮”这一词的真实意义之间有多少殊同，这番表态本质上将欧洲列强于 19 世纪、20 世纪对伊拉克发动的战争合法化了，也同时认可了美国此后对这个国家的数次入侵行为。此外依旧是在这篇演说中，他强调“最近 10 年”的战争应“帮助美国向世界传达出这样一个信息，即美国决定维持并强化（其）领导力[74]”。

白宫所经历的变化没有脱离美国整体的构想、意识形态和现实主义原则。作为美国的总统，他又如何能够摒弃国家传统外交政策的根基呢？为了与沙特签署一份高达 600 亿美元的巨额军售合同——一份史无前例的的武器出口合同——美国又怎能不铤而走险地去实施“中东平衡”计划呢[75]？尤其是对将“美国梦”具体化的总统而言，难道他会亲自去戳破这个国家神话吗？

“9 · 11”和第二次海湾战争的 10 年：奥巴马的印记

2011 年 9 月，美国政府决定从伊拉克全面撤军，这一举措大概也可以被认为是一种象征性的配合：10年后，伊拉克军事行动的终结终于给布什政府所开启的阴暗篇章——在战争废墟之上书写的篇章，随着其发起者的离去而永远留在了人们的印记里——画上了句号。如果斟酌细节的话，这10年前后的反差也是非常鲜明的：过去10年中的各类纪念活动对奥巴马而言也是令其印象深刻的，前政府所殷勤留下的官方记忆遗产也继续为新政府所用。10年后，这样的纪念痕迹已经无所不在，在国家的各个角落，建起了各种各样的纪念设施：在一些城市，比如新泽西州的切里希尔，人们通过募捐的形式建起了一座纪念碑[76]，这一做法与"一战"后的法国很像，那时无论是在城市还是在乡村，刚刚经历了战火的人们纷纷为阵亡者竖起了纪念碑。此外在大量知名乡村歌手、高级官员、著名老兵和其他各界人士的支持下，"为英雄画像"活动募集了大量资金并在美国各州开办了巡展，而画像的主题则是"9·11事件"中首批参与救助并殉职的403名救护队员。另一个露天展览活动名为"与英雄同行"，它选择了在纽约的中央公园进行展出[77]。同样作为"9·11事件"10周年纪念活动之一，一项名为"壮举"（Tour de Force）的慈善自行车赛于2011年9月8日—11日进行，赛事组委会特别将比赛线路选定在了各历史纪念碑和能够展示美国国防实力的标志性建筑之间：选手们的骑衫上统一印有一枚结合了五角大楼和世贸中心双子塔的徽标，他们一路上经过了费城的自由钟、海军学院，然后穿越首都华盛顿来到了阿灵顿美军公墓，最后回归线路起点城市纽约[78]。

面对政府机构"为美国服务"（United We Serve）引领的这一纪念现象的规模，对新的纪念活动地及活动形式进行一番研究就显得尤为必要。经统计，在全国范围内类似的纪念活动有近10万次之多[79]。透过这些活动，我们会推断出这样一个事实，即隐藏在这些活动中的核心思想都是一致的：对英雄和逝者的崇敬永远都是各类纪念仪式的核心主题，而政府的失败以及由战争所导致的历史倒退却远离了人们的关注。而政府方面，关键之处却不在此。对于被认为是与乔治·W·布什截然不同的奥巴马而言，他又是如何理解这一态势的呢？

事实上，总统不同的讲话内容已佐证了他内心深处所发生的一种变化。2007年8月1日，奥巴马在伍德罗·威尔逊国际学者中心发表了竞选演讲，那时的他将

“9 · 11 事件”调查委员会的工作誉为“在混乱时期的明确声音[80]”，以此含沙射影地对政府在面对巨大威胁时的懈怠态度及其将国家灾难当作为伊拉克战争进行服务的工具的行为进行了抨击。他的这一立场实际上认可了调查委员会的全部工作，尽管后者在着手调查期间也存在很多不合法行为，甚至部分调查员还与那些试图极力掩藏相关资料的政府机构合作过。由此不难看出，当时作为总统竞争者的奥巴马之所以作出了这样一番表态，其目的只是为了尽可能多地迎合其支持者。此外在官方正在组织相关纪念活动的时期，奥巴马也相应地拿出了一种顺应时局的态度以避免在一些敏感议题上制造纷争：2007 年，当纪念恐袭事件中遇难者的“爱国者日”来临时，奥巴马决定与其竞争对手约翰 · 麦凯恩一起暂停竞选活动，使 6 年前出现的“神圣同盟”再度复现。在成功当选后，奥巴马也对其前任所采取的纪念性措施表达了认可，并不遗余力地对这种国民集会行为——这种盲目的集会对政府实施战争阴谋而言再好不过了——进行颂扬：“2001 年 9 月 11 日，美国人民所展现出的坚定意志和爱国情怀是令人瞩目的。（……）我们要为所有的遇难者哭泣，我们也会将他们对所有美国人的付出铭记于心”，在 2009 年 9 月 11 日的“9 · 11”纪念仪式上，总统如是说道。的确，这一激荡全国的团结运动是值得称赞的，然而也要看到，这一行动的果实却也在奥巴马本人的授意下被政府攫取了。他再一次用布什式的口吻说道：“9 · 11 事件让我们坚定了一点，（……）即当我们对我们的立国之本——平等、公正、自由和民主——进行捍卫时，我们的民主本身也在得到强化。”然而，在战争开始后的日子里，我们所看到的却尽是法外措施对平等原则的冲击——尤其是对美国籍穆斯林教徒的特别甄别，公正变成了专制，自由不断受限，而民主本身也长期处于瘫痪状态：可以说面对这一座对普世价值（比如《爱国者法案》还在一直沿用）进行不断扭曲的司法大厦，白宫的新主人没有展现出一丝一毫誓将其摧毁的意志。同时，出于政治利益的考虑——尤其是为 2012 年的大选作准备——一心要在自己周围“重新激发出团结气息”的奥巴马对 2011 年“9 · 11”纪念活动中各类仪式的举办极力支持，以此来维持既有的神话。加之出于对“周年日”时再度遭遇恐袭的担忧，这些纪念仪式与以往相比又更显沉重：在出席“93 号”航班袭击纪念碑的落成仪式时，身处“爆心投影点”并面向五角大楼的总统只能再次就这段不朽的历史进行宣扬。此外在教育层面，当局也推行了“9·11教育计划”，他们通过精心选取的图标、影像和故事直接向学生们进行宣传：《不死之树》所描述的是在“爆心投影点”中心发现并重新栽植的一棵树，除此之外，还有《不倒的小教堂》《耻辱日》——让人不禁想起了《珍珠港》《一部消防员书写的历史[81]》等。2011年5月1日，美国宣布通过突袭行动击毙了奥萨马·本·拉登，这一通告再次在美国国内激起了一场团结运动，并通过政治媒体的视角展现给了全世界：人们自发地聚集在一起，他们挥舞着不计其数的国旗，纷纷涌向纪念碑、纪念地和政府机构的门前。这是一场爱国主义者的欢庆，它所展现出的也是一种集体式的和家庭式的欢腾，只不过在所有这些参加庆祝的人群中却看不到“美国土著”的身影，这些印第安族群不满美国政府用他们阿帕切的民族英雄“杰罗尼莫”的名字来命名这场抓捕美国历史上头号敌人的做法。而其他美国人则纷纷用“欣慰”“正义”甚至是“复仇”等词汇表达心中的畅快心情。怀着这样的心情，民众一方面会多少有些惋惜，惋惜没能通过一场正式的审判来了结这名匪首，另一方面也让一些人坚定了对政府的支持，尽管这一支持非常有限。此外，美军的这一行动也给女导演凯瑟琳·毕格罗带来了极大的灵感。在官方的秘密支持下[82]，她所执导的《猎杀本拉登》在2013年1月获得了当年奥斯卡金像奖的提名。这部好莱坞大片详细讲述了美国军方围捕及最终击毙奥萨马·本·拉登的全过程，同时亦没有忘却对美军所实施的虐囚行为进行辩护。最终，这部具有记录性质的电影在业界广受好评，也使导演毕格罗获得了空前的成功，不过该片却未能引爆票房——在美国本地院线的票房成绩并没能超过1亿美元。

作为在重要程度上不亚于“珍珠港”的袭击事件，“9·11事件”后来又被总统恰如其分地当作参照物：2010年4月20日，英国石油公司（BP）在路易斯安那外海的一座钻井平台发生了漏油事故，而奥巴马本人应对这次危机时的表现也深受诟病。为此，深陷漏油风暴中心的总统在白宫椭圆形办公室发表了正式讲话，其间亦对上述两次事件进行了对比：“‘9·11事件’决定了我们的外交政策，正如我们看待自身的脆弱性一样，我认为这次的灾难也会对我们如何看待环境问题产生影响（……）[83]。”不管这是一种多么巧妙的构思，这样的比较——在总统发表上述讲话的一个月前，《纽约时报》评论员托马斯 · 弗里德曼就已作过类似的对比[84]——随即便在那些曾将“黑色星期二”工具化的一线报业阵营间引发了论战，同时也引起了部分共和党人士的争论，尽管后者本身就是歪曲记忆的行家里手。此外，各大媒体也从自身的视角主观性地报道这种不恰当的比较[85]。一经媒体的断章取义，总统讲话中的一些表达（这次事件催生出了一个全新的生态范例）便大大失去了其自我反省的意味，而且这些表达仍不失其激进的一面：一如奥巴马总统不断地声讨英国石油公司的负责人一样，媒体也在本次漏油事件和“9 · 11 事件”之间建立了联系，将这家石油企业视为环境领域的恐怖组织。2012 年 9 月 11 日，奥巴马拒绝将美国驻班加西领事馆火箭弹袭击事件定性为敌方的进攻：尽管这一事件导致了史蒂文斯大使身亡，但美国官方却一直将它视作是一次失控的自发游行事件，这便给了共和党充足的口实展开攻击，正如后者所说的那样，“民主党面对恐怖主义毫无可靠性”。

奥巴马对“9 · 11”悲剧的态度已经发生了转变。正如他在其他方面所面临的困境一样，总统总在坚持旧做法和重新探讨这一事件之间摇摆不定：入主白宫后，奥巴马接受了布什时代 8 年中所确定的爱国主义原则。伊拉克战争的 10 周年纪念日并不是悄无声息地度过的：暂且抛下那些“自由派”新闻机构不谈，各大媒体也纷纷就这一旷日持久的战争进行了总结。根据官方数字显示，这次战争中美军共有 4409 人阵亡，31925 人负伤[86]，此外还要加上数万名正在经受各种后遗症折磨的老兵。与此同时，认为伊拉克战争是“错误战争”的民众人数却在减少，仅有 53% 之多，与 2008 年 4 月的反战最高峰相比下降了 10 个百分点[87]。国家就此分裂为了两大阵营，在由共和党代表的一方阵营中，有 3/4 的人认同这场战争，而民主党的一方中反对伊战的人达到了 3/4。这样的形势没有让白宫处于不利地位，而奥巴马本人也改变了其在 2002 年的讲话中所表达的初衷：当年还是伊利诺伊州的参议员时，他曾表示入侵伊拉克是一场“愚蠢的战争”。而升任总统后，他便改口称伊拉克战争并非是历史的倒退[88]，并在多个场合认同了布什政府的相关政策：2011 年 12 月 14 日，当最后一批驻伊美军士兵回国时，总统此前的模糊态度终于变得清晰。在布拉格堡基地，面对台下那些身着军装的支持者，奥巴马将这次战争称作是“美军历史上最辉煌的篇章之一”，他说：“正是由于你们——你们为了一个民族作出了如此大的牺牲，然而你们自己却没有意识到这一点——伊拉克人才有机会规划属于自己的命运。这使得我们——我们美国人——变得有些特殊。与过去的旧帝国相比所不同的是，我们做这一切并非为了他们的土地和资源。我们之所以这么做，完全是正义使然[89]”。2013 年 3 月 19 日，奥巴马又用几乎同样的说辞发表了另一篇演说，重申了美国在伊拉克问题上救世主的身份，却绝口不谈那些在伊拉克受益颇多的美国石油公司，如埃克森美孚和雪佛龙公司[90]。整个国家都在纪念“伊拉克自由行动”的 10 年历程，此时，任何批评都是不合时宜的，而奥巴马所援引的“历史”也就这样被改写了。

这一在首个任期结束前的妥协态度是否真的帮助奥巴马赢得了对其对手——信誉不佳的米特·罗姆尼——的胜利了呢？这一点无法证实。不过对于一名美国总统而言，选择延续国家的传奇故事，包括其新近的、广受争议的篇章，首先都会为其后续继任者扫清障碍，同时也会将其自身载入这一荣耀的进程中来——那就是美国的神话，那个无法与战争相割离的美国神话。

结 论

从“9 · 11”开始，战争、对士兵的崇拜、对国家敌人的厌恶以及战争文化便在美国人的生活中如影随形：对于一个美国人来说，早上醒来后，他第一时间听到的就是最新的恐袭预警，出门后街道两侧挂满的也都是国旗。车载收音机里播放的是颂扬战士和国家的歌曲，报纸专栏作家笔下的文章，要么是关于民众与总统团结一致的话题，要么就是对最新的袭击警报进行评论。当他将自己的子女送去学校后，又发现自己的工作场所也被象征着国家的颜色装饰着。要知道那些身着华丽制服的征兵人士便是在学校这样的场所寻找未来的新战士的。当一天结束后，这位美国人可能会去逛一下卖场，而进门大厅里会布满了向军人们致敬的画像。至于购物，一些特别的商品会映入眼帘，它们的商标上也会体现出对军人的支持，这些商品自然就会被我们的主人公所青睐。终于，夜晚到来了，是时候慢慢放松自己了。当他打开电视收看新闻时，扑面而来的尽是那些在政府授意下播出的宣传片。即便是换到一档娱乐节目、一部电视剧、一部电影或者索性去玩一会儿电游，他也会受到那些或明或暗的武力宣传和政治倾向的影响。此外在体育节目中他更会发现，在田径运动员的运动衫上和赛车的贴标上也同样有“美国陆军”的标志，即使是在一场比赛开赛前，赛会举办方也会播出一些海军的宣传片或者是军方征兵的广告，这一切都为军队塑造了积极的形象。无论在什么样的情况下，也无论是在怎样的节目中，类似这样的广告宣传片都会任意插播进来。随着对军队的认识或多或少地加强，那些支持军队的电视观众们也会越来越多。与此同时，他们正在接受中级教育的孩子们手里正拿着那些阿富汗战场士兵的小人玩偶玩耍，而年纪稍大一些的孩子们则会沉迷在那些传递着同样意识信息的虚拟军事游戏中。这种系统性地对社会进行控制的官方机构其实是由20世纪初的欧洲国家首先发展并扩充起来的，而作为世界上头号大国和军事强国的美国则将全数运用这些手段。

每天，各种各样的宣传——无论是公开的、秘密的、单一的、多方位的还是具有侵略性的——都在持续进行着，而官方组织的各类纪念活动以及诞生于以往数次战争中的民间机构则为这种宣传活动提供了沃土：在2001—2003年，美国国内一共出现了两次结盟运动。第一次结盟运动是“9·11事件”的产物，它属于一种由民众自发形成的团结运动，并迅速偏离到了军事行动的轨道上去。在国内政界、经济界和媒体的联合推动及作用下，这一同盟运动最终在伊拉克战争前夕解体，其未来走向最终也没能再次取得各界的共识。正是由于各种敌意的产生，随即便出现了第二个同盟：它同样是在“9·11事件”的影响下诞生的，其最终的出现也是基于对既有战争历史——直至2001年10月的阿富汗战争——的思考，只不过它依旧只是个传统的短命同盟。

在此期间，另一个声音破空而出：民众的抗议活动起初只能在部分十字路口稀稀拉拉地出现，此后，抗议者庞大的行伍却慢慢形成了。新闻记者、知识分子和艺术界人士纷纷以或是激进，或是委婉的方式对政府的选择进行了谴责，他们当中的一些人也因为激怒了政府而相应地付出了代价。他们的作品透露出了对官方战争行为的反对态度，至少，那些以往为政府所信任的报社机构这一回并没有代表官方展开反击。此外，网络作为一种新兴的传媒工具开创了一种前所未有的模式：在网络上，反战人士们创建了数量庞大的虚拟平台，纷纷涌入各大城市，这在以往的历史上是绝无仅有的。这种难于调节和管控的网络反战行为尽管已开始受到了部分法律的限制[1]，但它依然便利了言论的自由表达，并且通过运用各种文字、声音、图像和互动手段，形成了一股强大的规劝力量。渐渐地，持反对态度的民众占据了上风，他们的行为也得到了那些来自战地一线的士兵们和部分体制内人士的声援——后者实在无法忍受他们所目睹的一切。或多或少地借助了文化产品这一手段，反战的批评声音开始广泛传播开来，而力量的对比也最终逆转——一种新式的反战范例就这样诞生了。

上述例子也正是美国民主气息的表现。得益于其法律制度和赋予公民的自由权力，各种隐秘的文档和被隐瞒的真相才可以在第一时间为公众所知悉，尤其是在当今的网络时代，一切都已变得更加可视化。事实上，这种状况在越南战争期间便已经出现了，它看上去更像是一种周期性的现象，需要依靠民众的敏感程度，同时也会受到一定限制。如果缺乏一个高效、客观并且是以提高分析能力为中心的制度体系，民主的机器就会产生空转，因为民众从此便无法从大量的信息中提取到其客观公正的那一部分。

战争的发起者和受益人已经达到了他们的目的，他们一方面发动了军事行动、占领了土地，另一方面又让参与战争的大型企业主们鼓足了腰包，而这一切都是在一个专制体制的框架外实现的：一旦需求出现了（军事需求、战略需求或者是经济需求），民主体制就会受到各种打压以便更好地适应这些需求，并且会进一步让位于一种暂时性的“民主”，后者比起一个真正的专制来显然会更容易让人接受一些。可以说，美国社会的军事化转型正反映出了一种极权体制的回归，一旦得以实现，这一态势便会一直持续下去，尤其是在反恐战争的大背景下。

从 2003 年夏天开始，美国社会的神圣同盟开始缓慢瓦解，这也使得“9 · 11”时代全民团结一致的状况变成了永远没有结局的结局。社会各界对于伊拉克战争的声讨以及对于布什政府各种标志性做法的批判，乃至共和党在 2006 年、2008 年及 2012 年三个大选年所遭遇的挫败，均应被视作是诞生于 20 世纪 60 年代的反战运动的继续，同时，它们也是对布什在 2000 年那个充满争议的胜利的逆转。那些在布什政府的谎言面前大惊失色的犹豫选民和谨慎的共和党人士纷纷转而加入了批判的阵营，使得抗议阵营进一步壮大，直至在 2008 年 11 月的大选中形成了一股全新的弃选力量。然而，新上位的奥巴马政府也是令人失望的。除了辜负了那些本就难以实现的社会期望之外，总统针对过去的战争传统也只是用一些早就预设好的辞藻进行了抨击，除此之外再无建树。对于那些曾对他抱有幻想的人而言，奥巴马的做法实际上已明确地表达出了一个意思，即这名年轻总统的使命并不在此。相反，奥巴马不但为“反恐战争”更换了名字，将战争的中心从伊拉克转移到了阿富汗，并且继续依靠“军事 - 公民”的理论根基将这一社会观念植入他的政策中去。他曾经的对手约翰 · 麦凯恩会不会也这么做呢？结果是肯定的。应该说，奥巴马的个人魅力及其参选行为——由各种富于远见的经济利益所支持[2]——恰恰使他本人成为了一个延续国家既有政策的理想化人选，只不过在他的任内，上述这些政策需要改头换面，这样才能更易为人所接受。

拒绝野蛮战争是面对各种揭发事件时产生的一种人道主义的反应，然而这种反战行为只是局部的：国家的价值根基——即美国是一个仁慈的国家——依旧是社会的主流。2008 年，作为反种族隔离政策的具体体现和美国神话的一部分，一个致力于与过去决裂的非裔美国总统入主白宫似乎正是对这种主流价值观的印证。与此同时，社会对于英雄军队的崇敬之情并未得到消减，这与越战泥潭曾给人们带来的“厌军”心理是截然不同的。

尽管一切都做得不露痕迹，但是布什时代所不断发展的战争文化至今仍在美国社会中占据重要地位。从此以后，向参战士兵致以爱国式的敬意便成了公民生活的必须，虽然很多时候这种“奉献”的说法实际上是不甚合适的。作为对战争进行支持的核心手段，这种战争文化可谓左右了各种军事行动：在布什总统第二个任期结束时，伊拉克战争已造成了 4000 名美军士兵死亡，实际负伤人数也远比官方统计的 3 万 ~ 4 万人要多出许多。此外，战争行为的组织及战争的合法化、战争所面临的问题，以及反对者的抗议行为，这些方面都应成为伊战数据总结的题中应有之义。在 2001—2011 年的 10 年间，由各场战争所引发的混乱局面——或者换个角度说，美国在各场战争中的投资——已经消耗了总计 12915 亿美元的经费开支[3]。尽管国内赤贫阶层的生活依然拮据，然而在这种战争文化的作用下，纳税人也只能接受自己的钱被打了水漂的事实。

如果对美国国内的斗争现象进行概括，我们可以总结出如下两种相互对立的趋势：一种是当下狂热的战争文化，另一种则是与之相对的和平文化，或者说是一种道德文化。在反战人士眼中，社会应不断减除战争文化的影响：在没有大型战争出现的局面下，对民众进行战争动员的做法是没有任何意义的，面对黩武主义的破坏性，民众应竭力维护社会的道德底线。然而事实上，这种战争文化却依然继续着：尽管已经失去了以往的垄断地位，但它依然向人们释放着好战的讯息，并且与过去相比有过之而无不及。在一些社会领域中，尤其是在娱乐界，这种战争的味道又开始越发浓烈：它们从现在起就开始了对未来战争的准备。至于这样做的目的，其实与伊拉克战争和历史上的历次帝国战争一样，依旧并且永远都是控制别人的自然资源和获取战略基地。随着石油资源的消耗和大型石油企业的扩张，另一些因石油引发的战争已在所难免，尤其是针对伊朗的战争，后者已经激发了美国国内新保守主义势力的贪欲[4]。美国目前已将以往用于伊拉克的做法全盘转移到了伊朗身上：以伊朗正在跟进的核能计划为借口，美国在对其施加经济制裁的同时也实施了石油禁运，这显然是轻松照搬了当年安在萨达姆头上的“大规模杀伤性武器”的罪名，并且和当年的伊拉克一样，伊朗也从2011年12月22日起遭到了“直接支持‘9 · 11’恐怖袭击”的法律指控：根据三位匿名的伊朗叛逃人士的说法，一家美国法院最终认定“已有不可辩驳的证据表明伊朗深度参与了这起密谋的恐袭事件[5]”。目前，美国正在积极向民众灌输这一说法。

慢慢地，伊朗的国境之侧也遭到了美军的包围，一如1991年时的伊拉克一样。除了在东西两侧分别处于阿富汗和伊拉克的钳形攻势中，美军在位于伊朗北部的部分原苏联国家——哈萨克斯坦、阿塞拜疆和乌兹别克斯坦也建立了新军事基地。面对这样的不利局面，伊朗选择了效法朝鲜——尽管后者曾不断挑衅国际社会，但相对而言其局势还是平静的，因为与伊拉克和伊朗不同的是，这个选择在地下进行核试验的国家并不出产石油——的做法发展核武器，而这一做法恰恰又成了美国计划出兵的理由，至少是发动大规模打击的理由，这种观点也已为大多数美国人所接受[6]。

美国政府是与国内的经济界人士相联合的，后者可以通过间接施压或者直接“打广告”的方式要求政府展开军事行动，这样一来，政府就需要有人去打仗。这实际上是一种自给式的模式：经济活动首先会自然地导致一些衣食无依的人群出现。对于后者而言，他们会周期性地选择参军入伍，虽然他们实际所捍卫的并不是自己的利益——

官方宣传一再鼓吹士兵利益——但在经济低迷时，他们除了加入军队外也别无他法。当 1973 年官方恢复征兵制后，参军入伍这一行为便失去了其志愿性的成分。为了抵消征兵的强制性色彩，官方开始了战争文化的宣传。这是一种强势的文化，尤其在面对那些无法接受士兵阵亡这一事实的民众时更显得极为重要，因为它的逻辑就在于使民众在其影响下慢慢变得健忘。渐渐地，已成为各种战争丑闻受害者的民众在部分关键时刻中也会表达出对战争的支持态度，尽管这些丑闻都有负面影响，但却不足以影响他们的选择。

从 2001 年开始，美国的战争文化与国内政界和经济界之间的相互依存关系得到了空前的加强，后两者为这种战争文化提供了给养，以便其能够更好地为他们服务。如果没有它，帝国就不复存在；然而有了它，帝国也会迷失：战争文化与其反对者之间的核心纷争正在于此。2011 年，那些与战争文化相对的反战文化的胜利者们也最终为人所知晓。

在当下的这个世界里，每一个世纪与以往相比都更加血腥。这种战争文化与那些以自毁为目的的武力的并存，对世界是一种前所未有的巨大威胁。

注释

导言

1. 2001 年底，时任若斯潘政府外交部长的于贝尔 · 韦德里纳创造出这种说法。
2. 德怀特 · 艾森豪威尔的演说，选自《艾森豪威尔》，斯蒂芬 · 安布罗斯，巴黎，弗拉马利翁出版社，1986 年，第 597—598 页。
3. 埃马纽埃尔 · 托德，《帝国之后——论美国体系的瓦解》，巴黎，伽利玛出版社，2002 年。
4. 塞巴斯蒂安 · 里卡尔，《西奥多 · 罗斯福和为帝国主义辩护》，艾克斯，普罗旺斯大学出版社，1986 年；《西奥多 · 罗斯福：外交原则及外交实践》，艾克斯，普罗旺斯大学出版社，1991 年。
5. 唐纳德 · 卡根、加里 · 施密特、托马斯 · 唐纳利，《为新世纪重建美国的防务：为新世纪的策略、军力和资源》，“新美国世纪计划”，2000 年 9 月，第 14 页、第 23 页、第 28-29 页；尼尔 · 麦凯，“布什‘颠覆伊拉克政权’的计划形成于成为总统之前”，《星期日先驱》（Sunday Herald），2002 年 9 月 15 日；另见 1997 年 6 月 3 日和 1998 年 1 月 28 日唐纳德 · 拉姆斯菲尔德、保罗 · 沃尔福威茨、约翰 · 博尔顿、理查德 · 阿尔蒂奇、罗伯特 · 佐利克、扎梅尔 · 哈利扎德、弗朗西斯 · 福山、罗伯特 · 卡根和威廉 · 克里斯托尔共同署名，致克林顿总统的两封公开信（“原则的阐述”），http://www.newamericancentury.org/iraq-clintonletter.htm，2004 年 9 月 18 日，http://www.newamericancentury.org/letterstatements.htm，2004 年 9 月 12 日。
6. 新美国世纪网站，唐纳德 · 拉姆斯菲尔德传，http://www.bushpresident2004.com/rumsfeld.htm，2004 年 10 月 28 日。他的观点中所表露出的坦率令人惊讶不已，其中透露出来的信息将有人用相对化甚至平庸化去解读，将被解释成政府的操控意愿，用以粉饰披露者，撕碎包裹丑闻的光环。哥伦比亚广播公司（大卫·马丁的报道，“进攻伊拉克的计划始于‘9·11事件’”，CBS新闻，2002年9月4日）、前乔治·布什反恐战争顾问理查德·克拉克尤其会作出这样的解释。

7. 对于素有威望、数次作为顾问进入乔治·布什总统内阁的新保守党人罗伯特·卡根来说，国家元首换成一位“与佩尔韦兹·穆沙拉夫站在同一条战线上的伊拉克将军”一时间替共和党政府找到了他们一心寻求的解决办法（参见托德·S·珀德姆，“民主令战争计划复杂化”，2003年3月16日—17日《纽约时报》）。
8. “战争文化”这个概念是历史学家安妮特·贝克和斯特凡娜·奥杜安-鲁佐在研究第一次世界大战时规定的。本文的研究角度更加宽泛。
9. 罗曼·罗兰，《战胜岁月志：1914—1919》，巴黎，阿尔滨·米歇尔出版社，1952年，第32—33页。
10. 乔治·W·布什的演讲，《参众两院联席会议演说》，华盛顿，2001年9月20日。
11. 亚历克西斯·赛杜，《美国在索马里的溃败》，2002年。
12. 1994年10月10日《陆军时报》；乔伊斯中校，“最少的遗忘，詹姆斯·凯西·乔伊斯”，艾灵顿军人公墓官方网站，http://www.arlingtoncemetery.net/jcjoyce.htm，参阅于2004年8月20日。
13. 美国有线电视新闻网与《时代周刊》联合进行的民意测验，1995年12月6日—7日，引自斯图尔特·M·巴特勒和吉姆·R·霍姆斯的《96大事记：候选人简报》，美国传统基金会，1996年。
14. 哥伦比亚广播公司进行的民意测验，1999年3月28日，引自《有关北约大规模空袭的报告》，皮尤研究中心，1999年3月29日。
15. 《新闻周刊》与普林斯顿调查研究中心联合开展的民意测验，2001年10月11日—10月12日。
16. 加里·雅各布森，《布什任期与美国选民》，“初评乔治·W·布什总统任期”研讨会会刊，普林斯顿大学伍德罗·威尔逊学院，2003年4月25日—4月26日，第22—24页。
17. 美国有线电视新闻网、《今日美国》与盖洛普共同开展的民意调查，2002年8月22日，译自题为“可能发生在伊拉克的战争”的辩论，沃尔夫·布利策主持的节目《最新消息》，2002年8月25日。
18. 哥伦比亚广播公司新闻台与《纽约时报》联合开展的民意调查，2003年1月28日，“伊拉克与联合国调查报告”，http://www.cbsnews.com/htdocs/CBSNews_polls/irap_back0123.pdf，2003年5月30日。
19. 让-雅克·贝克，《1914——法国人是如何走进战争的》，巴黎，法国国家政治科学基金会，1977年，第132页和第159页。

20. 帕特里克·贾罗，《在伊拉克问题上赞同乔治·布什的只占一小部分》，2003年11月4日《世界报》。
21. 托尼·卡伦，“在华盛顿，有关巴格达的论战升温”，《时代周刊》，2004年4月4日。
22. 美国有线电视新闻网、《今日美国》与盖洛普公司共同开展的民意调查，2003年4月10日，引自杰弗里·M-琼斯，“战争临近尾声之时，公众认为美国还有很多工作要做”，盖洛普新闻服务，2003年4月11日。
23. 哥伦比亚广播公司新闻台与《纽约时报》联合进行的民意调查，2001年10月—2002年1月。
24. 琼·迪迪翁，《美国‘新常态’下的政策》，《纽约书评》，第51卷，第16期，2004年10月21日。

第一部分
新神圣同盟，新战争

一、政治—媒体的渗透

1. 参见概括性文章“1993：世贸中心的炸弹吓坏了纽约”，BBC新闻，1993年2月26日。
2. 专门为“世贸中心爆炸”召开的新闻发布会，与会者有第一市长助理诺曼·斯特塞尔，港务局局长斯坦利·布里兹诺夫，纽约警察局长雷蒙德·凯利，以及纽约州和新泽西州州长马里奥·科莫和詹姆斯·弗罗里欧。
3. “1993：世贸中心的炸弹吓坏了纽约”，同1。
4. 美联社，“飞艇炸弹死亡者为亲属赚得2万美元”，1946年3月2日《华盛顿邮报》；杰瑞·麦克马伦，“当日本炸弹在美国北部爆炸的时候”，《自由杂志》，1946年5月4日；大卫·J·罗杰斯“第二次世界大战中，地质学家如何破坏日本利用气球炸弹复仇的谜团”，密苏里-罗拉大学；约翰·迈克菲，“战争气球，碎石页”，《纽约客》，第46期，1996年1月29日，第52—60页。
5. “美国弹道导弹威胁评估委员会的行政总结”，1998年7月15日，依据公共法201条，第104届国会；委员会成员由众议院议长、参议院多数党党魁以及参众两院反对党领袖任命。
6. 参见让-查尔·布里萨尔和纪尧姆·达斯基耶《本·拉登——未披露的真相》，巴黎，德诺埃尔出版社，2001年。

7. 詹姆斯 · W · 洛温,《老师告诉过我的谎言：你们美国历史书所说的一切都是错的》，新媒体，纽约，1995 年（2008 年再版）。
8. 威廉 · J · 克林顿的讲话，“总统广播讲话”，1993 年 2 月 27 日。
9. 威廉 · J · 克林顿，联合国上的讲话，新闻秘书办公室，1994 年 1 月 25 日。
10. 迈克尔 · 韦夫多卡，“2001 年 9 月 11 日及其后续事件的思考”，《地中海汇编》，第 40 期，2001—2002 年冬。
11. 共和党的计划，“一起改变美国的意图”，2000 年 8 月。
12. 山姆 · 塔纳豪斯，采访保罗 · 沃尔福威茨，《名利场》，2003 年 5 月 30 日。
13. 乔治 · W · 布什的讲话，“布什总统概述伊拉克威胁”，辛辛那提博览中心，俄亥俄州，2002 年 10 月 7 日。
14. “对 3/4 的美国人来说，所有的一切都与从前不同了：美国变了”，益普索 - 里德公司（IPSOS-Reid）调查报告，2001 年 9 月 11 日夜至 12 日所作的调查。
15. 威廉 · 尤里奇奥，“电视会议”，2001 年 9 月 16 日，http://web.mit.edu/cms/reconstructions/interpretations/tvconventions.html，查阅于 2009 年 4 月 25 日。
16. 阿莱特 · 卡恩，援引自“阿莱特 · 卡恩致谢解放者”，2009 年 3 月 11 日《法国西部报》（Ouest-France）。
17. 马克 · A · 舒斯特、布莱德利 · D · 斯坦、丽萨 · H · 杰科克斯、瑞贝卡 · L · 柯林斯、格兰特 · N · 马歇尔、马克 · N · 埃利奥特、安妮 · J · 周、大卫 · E · 卡努斯、詹尼娜 · L · 莫里森、桑德拉 · H · 贝瑞，“有关 2001 年 9 月 11 日恐怖袭击之后的压力反应的全国性调查”，《新英格兰医学期刊》(New England Journal of Medicine)，第 345 册，第 20 期，第 1507—1512 页。
18. 杰西卡 · 汉布伦，“‘有关恐怖袭击的新闻报道对观看者的影响’，国家创伤后精神障碍中心，字幕新闻”，http://www.ncptsd.va.gov/ncmain/fact_shts/fs_media_disaster.html，查阅于 2009 年 4 月 13 日。
19. 理查德 · 帕特森（主编）“‘9 · 11’之后：电视新闻与跨国观众”，开放大学 / 诺丁汉 · 特伦特大学，2002 年，第 13 页，http://bfi.org,uk/education/conference/after9 · 11-report.pdf，查阅于 2009 年 4 月 27 日。
20. 斯图尔特，CBS 新闻，是第一个提到本 · 拉登的记者。
21. “找本 · 拉登”，《前线制作》，联合《纽约时报》与雨点媒体公司，2001 年 9 月 12 日在美国公共电视网播映，http://www.pbs.org.americaresponds/，参阅于 2009 年 6 月 11 日。持赞成意见的日报有《洛杉矶时报》《波士顿环球报》《纽约每日新闻报》《纽约时报》《落基山新闻报》（Rocky Mountains News）以及《太阳哨兵报》（The sun Sentinel）。
22. “本 · 拉登的藏身处仿佛一座宾馆：目击者”，美国广播公司在线新闻，2001 年

9 月 28 日，http://www.abc.net.au/news/newsitems/200111/s427167.htm；“粉碎本·拉登的蚂蚁农场”，哥伦比亚广播公司，2001 年 9 月 28 日，http://www.cbsnews.com/stories/2001/11/28/terror/main319419/shtml，参阅于 2009 年 4 月 18 日；提姆·拉瑟特对唐纳德·拉姆斯菲尔德的采访，“与媒体见面”，全国广播公司，2001 年 12 月 2 日。

23. 阿瑟·H·米切尔，《希特勒山：领袖、萨尔茨堡与美国占领贝尔特斯加登》，麦克法兰公司，杰斐逊，2007 年，第 74—77 页。
24. 斯蒂芬·安布罗斯，同上，第 230 页。
25. 凯莉·艾瑞娜、苏珊·坎迪奥蒂、艾伦·奥康纳，“联邦调查局局长：没有恐怖袭击的‘警告信号’”，CNN，2001 年 9 月 17 日。
26. 卡特·伯韦尔，“精心策划的战争”《哈珀杂志》，2004 年 2 月。
27. 乔尔·罗伯特，“进攻伊拉克的计划始于‘9·11’”，CBS 新闻，2002 年 9 月 4 日。
28. 阿兰·萨勒，“股东压力下的美国报业”，2005 年 12 月 1 日《世界报》。
29. 参见理查德·克拉克，《对抗所有敌人：美国反恐战争内部》，纽约，自由出版社，2004 年；以及阿里·弗莱舍，《取暖：总统、新闻界和我在白宫的日子》，威廉·莫罗，纽约，2005 年。
30. 比尔·塞蒙，《打回去：布什的白宫中走出的反恐战争》，华盛顿，莱格尼里出版社，2002 年，第 92 页。
31. 阿里·弗莱舍，同前（29），第 141 页。
32. 吉尔·盖斯勒，《广播新闻的每分每秒》。
33. 大卫·D·柯克帕特里克，“从‘9·11 事件’的回应看麦凯恩理论”，2008 年 8 月 16 日《纽约时报》。
34. 霍华德·斯特恩，K-ROCK 电台，2001 年 9 月 11 日。
35. 兰斯·莫罗，《盛怒之下，惩罚之时》，《时代周刊》，2001 年 9 月 12 日。
36. 比尔·奥莱利，“奥莱利因子”，福克斯新闻台，2001 年 9 月 17 日。
37. 安德鲁·罗森塔尔，“美国怎样才能打赢这场战争”，2001 年 9 月 14 日《纽约每日新闻》。
38. 援引自诺曼·所罗门，“恐怖主义、电视和复仇热”，《自由新闻》，2001 您 9 月 13 日，http://www.freepress.org/columns/display/5/2001/407，参考于 2009 年 5 月 1 日。
39. “有关恐怖主义的新闻报道提升了新闻媒体的形象”，皮尤研究中心人民与报刊研究，2001 年 11 月 28 日，http://people-press.org/report/143/terror-coverage-boost-news-medias-images，参阅于 2009 年 5 月 20 日。
40. 沃尔特·惠特曼，《鹰》，援引自霍华德·津恩，《美国通史：1492 年至今》，马赛，阿贡内出版社，第 184—185 页。

41. 9月11日《波士顿先驱报》。
42. 9月11日《达拉斯早间新闻报》。
43. 9月12日、14日及16日《洛杉矶每日新闻》《纽约每日新闻》。
44. 9月12日及9月13日《塔克马新闻论坛》《阅读记录探照灯报》《里士满时间派送》《邮递论坛报》《洛厄尔太阳报》《今日》《拉斯维加斯综述报》《刘易斯顿太阳报》《哈特福德新闻报》《信使邮报》《水牛城新闻报》《圣何塞水星新闻》《奥古斯塔纪事报》《密尔沃基哨兵报》《塔尔萨世界报》《安克雷奇每日新闻》。
45. 9月14日《纪事论坛报》。
46. 安托万·莫里斯，“2001年9月11日：媒体事件的构图”，纳沙泰尔大学，2002年，http://www2.unine.ch/webdav/site/journalisme/shared/documents/Questions_journalisme/maurice11septembre.pdf，参阅于2005年3月5日。

二、乔治·W·布什——“重生总统”，因战争而荣耀

1. 布鲁斯·斯普林斯汀，“有关约翰·克里的一切都已上演”，2004年8月8日—9日《世界报》。
2. 分析基于盖洛普的民意测验，CBS新闻/《纽约时报》、《洛杉矶时报》、NBC新闻/《华尔街报》，益普索-里德/库克政治报告以及福克斯新闻/动态观点民意测验，援引自雅克布森·加里，《布什的总统任期与美国选民》，同前，第5—6页及第36页。
3. “布什与民主党的议事议程”，CBS新闻与《纽约时报》联合问卷调查，2001年6月14日—18日。
4. 同上。
5. 访问丹·拉瑟：“大卫·莱斯曼秀”，2001年9月17日。
6. 唐纳德·卡根、加里·施密特、唐纳利·托马斯，《重建美国防务》，同前，第50—51页。
7. 本尼迪克特·鲁尤，“美国各大研讨会上的恐惧与激动”，L'Intern@ute，2001年9月12日，http://www.linternaute.com/0redac_septembre/010912forumsusa.shtml，参阅于2004年3月20日。
8. 加里·雅各布森：《布什的总统任期与美国选民》，同前，第6页。
9. 益普索民调，“对于3/4的美国人来说，以往的一切都将不复存在”，2001年9月11日，http://www.ipsos.fr/CanalIpos/articles/262.asp?rubId=19&print=1，参阅于2003年3月15日。

10. 本尼迪克特·鲁尤，同前。
11. 同上。
12. 乔治·W·布什的演讲，“总统告全国声明”，新闻秘书办公室，华盛顿，2001 年 9 月 11 日。
13. 同上。
14. 同上。
15. 本尼迪克特·鲁尤，同前。
16. 益普索民调，“对于 3/4 的美国人来说，以往的一切都将不复存在”，同前。
17. 本尼迪克特·鲁尤，同前。
18. CBS 新闻台与《纽约时报》联合民意测验，2001 年 9 月 20 日—23 日，援引自“11/09/01-11/09/02：冲击波减弱”，http://ipsos.fr/CanaIpsos/articles/1005.asp，参阅于 2004 年 3 月 14 日。
19. 参见桑德拉·西尔伯斯坦，《文字战争：语言、政治和“9·11”》，伦敦，路特雷奇出版社，2004 年，第 15—20 页。
20. 乔治·W·布什的演讲，“致参众两院联席会议及美国人民书”，新闻秘书办公室，华盛顿，2001 年 9 月 20 日。
21. 伊夫-亨利·诺埃拉，《美国与世界：从 1898 年至今》，巴黎，阿尔芒·柯林出版社，1997 年，第 271 页。
22. 马克·A·舒斯特、布莱德利·D·斯坦、丽萨·H·杰科克斯、瑞贝卡·L·柯林斯、格兰特·N·马歇尔、马克·N·埃利奥特、·安妮·J·周、大卫·K·卡努斯、詹尼娜·L·莫里森、桑德拉·H·贝瑞，同前。
23. 巴里·科斯明、埃贡·迈尔、艾里奥拉·凯萨尔：《美国宗教身份认同研究》，纽约城市大学学位中心，2001 年，第 10 页和第 13 页，http://www.gc.cunv.edu/faculty/research_briefs/aris.pdf，参阅于 2009 年 5 月 5 日。
24. 第 107 界众议院第 1 次会议，众议院共同决议案 223 号：“批准就国会圆形大厅用作守夜祈祷，纪念在 2001 年 9 月 11 日事件中丧生的人”。
25. 总统宣言，“国家祈祷暨纪念 2001 年 9 月 11 日恐怖主义袭击死难者日”，新闻秘书办公室，华盛顿，2001 年 9 月 11 日。
26. 乔治·W·布什演讲，“告萨达姆”，2003 年 3 月 17 日。“和平”和“和平的”这两个词重复出现了 12 次。
27. 尼古拉·欧分斯塔特，“上帝的和平与人的和平：中世纪之后的政治行为”，《政治与社会科学杂志》，2002 年第 15 卷，第 58 期第 61-81 页。同样不能忘记 1984 年乔治·奥威尔写的《战争，就是和平》。
28. 参见克里斯蒂安·萨尔蒙《讲故事——制造故事和塑造人物的机器》，巴黎，发现出版社，2007年。

29. 援引自克里斯蒂安·萨尔蒙，《讲故事的机器》，《外交世界》，2006年11月。

30. 曼纽埃尔·佩雷斯-里瓦斯，“布什发誓铲除‘作恶者’的世界”，CNN，2001年9月16日。

31. 桑托·延加和唐纳德·R·坎德，《重要新闻：电视与美国舆论》，芝加哥，芝加哥大学出版社，1989年，第27页。

32. 劳里·麦尔罗伊，“克林顿1993年进攻伊拉克与世贸中心第一次爆炸有关”，2002年10月18日，Newsmax.com；劳里·麦尔罗伊是比尔·克林顿在伊拉克问题上的亲信幕僚。

33. “世界反恐战争远征及服役勋章”，行政命令第13289号，2003年3月12日。

34. 查尔斯·菲利波纳采访奥利维耶·蒙欣，“《精神》杂志社主编眼中的后‘9·11’时代”，2001年11月16日《信使报》。

35. 乔治·W·布什的演讲，《总统告全国人民声明》，新闻秘书办公室，华盛顿，2001年9月11日。

36. 肖恩·汉尼蒂在FOX新闻台的讲话，援引自“媒体报告：媒体向战争进军”，《报道的公平与准确》，2001年9月17日。

37. 有关这个问题在冷战背景下的概述，见米歇尔·M·伊斯特，“演讲中的自由：1952—2004年美国总统竞选演说中的自由”，《诗学》2008年8月第36卷，第4期。

38. 弗雷德里克·默克，《昭昭天命与美国历史中的使命》，剑桥，哈佛大学出版社，1963年（1995年再版）。

39. 同上，第24页-60页。

40. 乔治·W·布什演讲，《总统告全国人民声明》，新闻秘书办公室，华盛顿，2001年9月11日。

41. 温斯顿·丘吉尔的演讲，“一个艰难的时刻”，1941年4月27日BBC播送。

42. 《华盛顿邮报》民意调查，援引自“2001年9月11日—2002年9月11日：冲击波减弱”，http://www.ipsos.fr/CanalIpsos/articles/1005.asp，参阅于2001年9月20日。

43. 乔治·W·布什的演讲，《告参众两院联席会议及美国人民书》，新闻秘书办公室，华盛顿，2001年9月20日。

44. “国会发出团结之声，为袭击复仇”，CNN，2001年9月12日。

45. “呼唤战争，团结被袭击惊醒的伤者”，CNN，2001年9月11日。

46. 乔治·W·布什的演讲，《告参众两院联席会议及美国人民书》，新闻秘书办公室，华盛顿，2001年9月20日。

47. CNN直播时的评论。

48. 皮特·布拉什，“切尼警告民主党”，CBS 新闻台，2002 年 5 月 17 日，http://www.cbsnews.com/stories/2002/05/17/politics/main509395.shtml，参阅于 2009 年 5 月 23 日。
49. 见洛克希德·马丁及词条“洛克希德·马丁”，《保持负责任的合作》，http://www.corpwatch.org/article.php?list=type&type=9，参阅于 2010 年 8 月 16 日。
50. 例如，《社会党宣言》（1914 年 8 月 28 日）。宣言编纂者朱尔斯·盖德和马塞尔·桑巴以国防代表的身份进入政府机构。
51. 依据《1947 年国家安全法案》创立并按此法案管理。
52. 劳伦斯·B·威尔克森，“白宫阴谋集团”，《洛杉矶时报》，2005 年 10 月 25 日。
53. 劳伦斯·B·威尔克森，在一场受“新美国基金会，美国战略计划”指使的政治辩论上的讲话：“衡量布什当局国家安全决策程序的独特性：美国民主的恩惠或是危险？”，www.thewashingtonnote.com，华盛顿，2005 年 10 月 19 日（http://www.thewashingtonnote.com/archives/wilkerson%20Speech%20WEB.htm）
54. 劳伦斯·B·威尔克森，“白宫阴谋集团”，同前。
55. 西摩·赫什，“内部辩论”，《纽约客》，2002 年 3 月 11 日。
56. 综合盖洛普、CBS 新闻台 /《纽约时报》、《洛杉矶时报》、NBC 新闻台 /《华尔街日报》以及《公共舆论战略民意测验》民意调查的结果，http://www.pollingreport.com，2003 年 1 月 27 日。
57. 本尼迪克特·鲁尤，同前。
58. 克雷格·昂格尔，《布什家族的衰落：有关一群相信真相的人如何抓住行政部门，开始伊拉克战争，并且仍然危及美国未来的秘密故事》，纽约，斯克里布纳出版社，第 220—221 页。
59. 理查德·F·格里梅特，“准许针对‘9·11 袭击’的责任人动用军事力量（公法 107—40 号）”，立法程序记录，CBS 国会报告，2007 年 12 月 16 日。
60. 弗雷德里克·道格拉斯，《北极星》，1848 年 1 月 21 日，援引自霍华德·津恩，同前，第 184 页—185 页。
61. 沃尔夫·布利策采访吉姆·英霍夫，“可能打响的伊拉克战争”，CNN《最新消息》节目，2002 年 8 月 25 日，http://transcripts.cnn.com/TRANSCRIPTS/0208/25/le.00.html，参阅于 2009 年 5 月 23 日。
62. “批准动用军事力量对抗伊拉克的决议，2002 年”，公法 107-243 号，116 号成文法 1498 条，2002 年 10 月 16 日。
63. 帕特里克·贾罗，“美国试图通过提出与 30 个国家结盟来打破隔离状态”，2003

年3月20日《世界报》。

三、控制另一个美国

1. “我们的旗帜”，美国国会联合委员会印刷，第108届国徽，第一次会议，2003年。
2. “9·11事件”之后第一部在纽约拍摄的电影，《第25小时》，斯派克·李导演，举此例说明。
3. 乔·丹吉洛，“超级男孩、迈克尔·杰克逊、吹牛老爹、玛丽亚·凯莉共聚华盛顿D.C.的演唱会”，mtv.com，2001年10月22日，http://www.mtv.com/news/articles/1450229/20011022/n_sync.jhtml，参阅于2010年7月11日。
4. 阿曼达·巴尼特，“向恐怖主义受害者致敬的航天飞船任务”，CNN，2001年10月11日。
5. 雅克·布奥布和阿兰·弗拉松采访阿特·施皮格尔曼，“阿特·施皮格尔曼，站在死亡高塔旁”，《世界报（二）》第29部，2004年9月4日—10日，第60页。
6. 利拉·沃克和李岩，“当甚至古老的荣誉都要变成中国制造的时候”，2003年7月1日《基督教科学箴言报》。
7. 美国人口普查局数据，美国旗帜制造联合会引用（Flag Manufacturers Association of America），美国旗帜制造联合会主页，http://www.fmaausa.com/resources_links/usflag_statistics.php，参阅于2010年8月18日。
8. 第107届国会第1次会议，众议院共同决议案第225号令：“传达众议院主张如下，鼓励每位美利坚公民展示美利坚国旗，作为2001年9月11日美国发生恐怖袭击事件后团结的象征”。
9. 同上。
10. 同上。
11. 众议院决议239号令：“2001年恐怖主义罹难者纪念旗帜决议”。
12. “恐怖新闻报道提升了新闻媒体的形象”，皮尤美国发生研究中心针对人民和媒体进行的一项调查，2001年11月28日，http://people-press.org/report/143/terror-coverage-boost-news-medias-images，参阅于2009年5月20日。
13. 援引自亚历山大·雷威与弗朗索瓦·比干戈，“‘9·11事件’发生之后，美国媒体在爱国主义的影响与自我审查之间备受折磨”，“无国界记者”官网，http://en.rsf.org/united-states-between-the-pull-of-patriotism-and-11-10-2001,02533.html，参阅于2010年8月18日。
14. 盖洛普民调分析，“费卢杰战役失败了，美国人怀疑能否在伊拉克取得最终胜利”，盖洛普公司，2004年11月23日，http://www.gallup.com/poll/content/

print.aspx?ci=14113，参阅于 2005 年 12 月 2 日。

15. 约翰·哈奇森、大卫·多姆克、安德烈·比约多和菲利普·加尔朗，《“9·11”后美国的国家身份、政治精英及爱国媒体》，纽约，泰勒·弗朗西斯出版社，2004 年，第 46 页。
16. “恐怖新闻报道提升了新闻媒体的形象”，同 12。
17. 同上。
18. 援引自亚历山大·雷威与弗朗索瓦·比干戈，同 13。
19. 皮特·哈特与赛斯·阿克曼，“爱国主义与审查制度。有些记者被禁言，另外的记者似乎自己乐于保持沉默”，《报道的公平与准确》，2001 年 9 月—10 月，http://www.fair.org/index.php?page=1089，参阅于 2010 年 8 月 18 日。
20. 詹姆斯·道和埃里克·施密特，“一个发生变化的国家：心灵与思想；五角大楼努力影响海外的感受”，2002 年 1 月 19 日《纽约时报》。
21. 罗杰·莫里斯，“深耕 40 年的暴君”，2003 年 3 月 14 日《纽约时报》。
22. 皮特·哈特与赛斯·阿克曼，同前。
23. 亚历山大·雷威与弗朗索瓦·比干戈，同前。
24. 范例参见罗伯特·格林沃尔德的记录片，《解密福克斯：默多克的新闻界战争》，2004 年。
25. “美国政府诉微软公司案”，哥伦比亚特区联邦地区法院，民事诉讼第 98—1232 号，2002 年 11 月 1 日。
26. 大卫·巴斯托和罗宾·斯坦，“布什治下，电视新闻预先包装的新时代”，2005 年 3 月 13 日《纽约时报》。
27. 同上。
28. 大卫·巴斯托，“电视分析家背后藏着五角大楼的手”，2008 年 4 月 20 日《纽约时报》。
29. 《美国信息与教育交流法》（公共法第 402 号）或称“史密斯·蒙特法案”，1948 年通过。
30. 吉姆·伍顿，《今夜世界新闻》，ABC，2001 年 9 月 12 日，“媒体咨询：媒体战争竞赛”，同前。
31. 援引自塞莉斯泰恩·波伦，“智囊团：纽约恐怖主义智囊团，语言也是武器”，2009 年 9 月 29 日《纽约时报》。
32. 苏珊·桑塔格，“城市之言”，2001 年 9 月 29 日《纽约时报》。
33. 同上。
34. 诺姆·乔姆斯基，“硬派沙文主义权力的附属品”，tanbou.com，2001 年 9 月 22 日，http://www.tanbou.com/2001/fall/JingoistRightChomsky.htm，参阅于 2009 见

6 月 11 日；泰德 · 拉尔，《往返阿富汗，戏剧文学、2002 与油气战争——美军阿富汗行动背后的真相》，纽约，环球出版社，2002 年。
35. 加里 · 雅克布森，《布什的总统任期与美国选民》，同前，第 6 页。
36. 本尼迪克特 · 鲁尤，同前。
37. 同上。
38. 同上。
39. 桑干 · 纳、亚伦 · S · 文斯特拉、达万 · V · 沙，《互联网与反战激进主义：信息、表达与行动案例研究》，《计算机媒介传播》杂志，12（1），2006 年，第 12 篇，http://jcmc.indiana.edu/vol12/issuel/nah/html，参阅于 2011 年 1 月 18 日。
40. 约翰 · 维达尔，“被计算在内的其他联盟”，《保护人》，2001 年 11 月 19 日。
41. 帕特里克 · 奥尼尔，“数千次集会打破战争的沉默；天主教参与者排斥主教‘不体面地’支持美国的轰炸行动”，2002 年 5 月 3 日《天主教国家纪事报》。
42. 埃里克 · 莱赛，“士兵家属表达自己的怀疑遭受压力和凌辱”，2003 年 3 月 14 日《世界报》。
43. 大卫 · 格伦，“（乔希）马歇尔计划：打破新闻、连点成线、保持小型化”，《哥伦比亚新闻评论》，2007 年 9—10 月刊。
44. 弗雷德里克 · 罗贝尔，《60 年代的美国持不同政见者》，巴黎，椭圆出版社，1999 年，第 72 页。
45. 查克 · 斯夸齐格利亚、纳内特 · 阿西莫夫、米歇尔 · 卡巴纳端、鲍勃 · 厄格罗、凯文 · 费根、乔 · 加罗福利、雷切尔 · 戈登、朱利安 · 格思里、阿纳斯塔西亚 · 亨德里克斯、亨利 · K · 李、艾琳 · 雷奥查克、斯蒂夫 · 鲁本斯坦、卡特里娜 · 凯瑟琳 · 塞利格曼、卡特里娜 · 凯瑟琳 · 莎莉文、贾克森 · 万德尔贝肯、吉姆 · 赫伦 · 萨莫拉，“抗议引发旧金山街头严重交通堵塞”，《旧金山论坛报》，2003 年 3 月 20 日；肖恩 · D · 哈米尔和大卫 · 海茵茨曼，“芝加哥反战游行使整座城市瘫痪”，《芝加哥论坛报》，2003 年 3 月 21 日；米歇尔 · 鲍威尔，《全球抗议继续；20 万人占领纽约街头》，2003 年 3 月 22 日《华盛顿邮报》。
46. 美国联合通讯社，“纽约市议会发表声明反对伊拉克战争”，2003 年 3 月 14 日。
47. 苏 · 福克斯，“洛杉矶市议会通过决议反对联邦政府入侵伊拉克”，2001 年 2 月 22 日《洛杉矶时报》。
48. 同上。
49. 贾尔斯 · 弗雷泽，“马丁 · 路德 · 金之精神——美国教堂准备采用公民不服从反对战争”，2003 年 1 月 24 日《卫报》。
50. 弗雷德里克 · 罗贝尔，同前。
51. 珍妮特 · 德尔 · 贝德罗希安，“公立大学学费预计将大幅提升”，《今日美国》，

2009 年 4 月 22 日；罗伯特 · 加里 - 鲍勃与阿兰 · 特拉努瓦，“有必要提高大学注册费用吗？”，《法国经济杂志》，2005 年，第 19 卷，第 19-3，第 189—237 页。

52. “33 年来学费和费用的趋势：德克萨斯州立大学奥斯汀分校入学费用”，UT Watch，2002 年。获得的数字始终以美元为单位。

53. 更多细节详见：肯尼斯 · J · 海涅曼，《校园战争：越南战争时期美国州立大学的和平运动》，纽约，纽约大学出版社，1992 年。

54. 德尼斯 · 拉瓦，“对抗学校征兵中卡根所扮演的角色”，美国联合通讯社，2010 年 5 月 12 日。

55. 2002 年，歌手发行唱片《Let It Rain》。这张专辑充满了对美国新的政治方向毫不客气的歌曲。

56. S · C · 乔尔“苏珊 · 桑塔格是个懦夫”，《纽约客》，2001 年 9 月 25 日。

57. 查尔斯 · 克劳萨莫，“感觉迟钝的道德之声”，2001 年 9 月 21 日《华盛顿邮报》。

58. 皮特 · 哈特与赛斯 · 阿克曼，“爱国主义与审查制度。有些记者被禁言，另外的记者似乎自己乐于保持沉默”，《报道的公平与准确》，2001 年 9 月—10 月，http://www.fair.org/index.php?page=1089，参阅于 2010 年 8 月 18 日。

59. 援引自亚历山大 · 雷威与弗朗索瓦 · 比干戈，“‘9 · 11 事件’发生之后，美国媒体在爱国主义的影响与自我审查之间备受折磨”，“无国界记者”官网，http://en.rsf.org/united-states-between-the-pull-of-patriotism-and-11-10-2001,02533.html，参阅于 2010 年 8 月 18 日。

60. 大卫 · 巴萨米安，《权力速记员：媒体与宣传》，门罗，共同勇气出版社，1992 年，第 105 页。

61. 帕特里夏 · 奥夫德海德，“爱国主义疗法与及其他”，Television Archive.org，2002 年 1 月 28 日。

62. 可敬的詹姆斯 · 福布斯，援引自“美国的政治生活依旧受到‘9 · 11’事件的影响”，采访翻录，“新闻时间在线版”，http://www.pbs.org/newshour/bb/terrorism/july-dec06/impacts_09-11.html，参阅于 2009 年 6 月 11 日。

63. 莫林 · 法雷尔，“Clear Channel 之争，为期一年的‘为什么霍华德 · 斯坦恩的悲痛成了你们的不幸’之争”，同上。

64. “Celiberal 黑名单，欢迎来到 Celiberal！”，Celiberal 网站的宣言，http://www.celiberal.com，参阅于 2004 年 9 月 8 日。

65. 查克 · 克洛斯特曼，“更幸福：Radiohead 回归”，Spin，2003 年 6 月 29 日，http://www.spin.com/articles/fitter-happier-radiohead-return，参阅于 2010 年 3 月 2 日。

66. 菲利普 · 马诺夫采访汤姆 · 约克，《摇滚 & 民间音乐》，第 431 期，2003 年 7 月。

67. “公共眼中的伊拉克战争”，《美国企业公共舆论研究》，2008 年 7 月 24 日，第 175 页（CBS 新闻台与 NYT 联合开展的问卷调查）。
68. 普林斯顿调查研究协会 / 研究中心，2001 年 11 月 1 日—3 日。
69. 转录理查德·珀尔接受采访，“沃尔夫·布利策主持的 CNN 栏目《最新消息》——最后的胜负对决：伊拉克”，2003 年 3 月 9 日。
70. 西摩·赫什，《美莱 4 小时：大屠杀及其后果的报告》，兰登书屋，1970 年。
71. 深受统一口径毒害的新闻中，还有几位笔锋辛辣的笔杆子找到自由发挥的空间。例如鲍勃·赫伯特，“与魔鬼共舞（谁更不爱国，南方小鸡还是哈里伯顿 - 巴夫）”，《纽约时报》，2003 年 5 月 22 日。
72. 例如西摩·赫什，《与主席共进午餐，理查德·珀尔为什么会见阿德南·卡舒吉？》，《纽约客》，2003 年 11 月 27 日。
73. 格林·贝克，援引自“格林·贝克的节目”，3005 年 8 月 15 日和 5 月 17 日。
74. 援引自米歇尔·高柏，salon.com，2002 年 9 月 30 日，http://www.salon.com/news/feature/2002/09/30/campus/print.html，参阅于 2010 年 3 月 15 日。
75. 本内迪克特·鲁尤，同前。
76. 梅拉尼·埃弗斯利，“钱布利斯因对穆斯林品头论足而道歉”，《亚特兰大日报组织》，2001 年 9 月 21 日。
77. “我爱纽约”logo 的设计者。科林·莱纳的采访，2004 年 8 月 26 日《世界报》。
78. 参见阿纳托尔·利芬，《美国的新民族主义》，巴黎，伽利玛出版社，“页码资料”，2006 年。
79. 《巴黎人》，1991 年 2 月 15 日。
80. 支持我们的军队，“索引”，http://troopssupport.com，参阅于 2010 年 8 月 5 日。
81. 内森·威廉姆斯，“战争进攻发起与禁锢媒体自由同时发生的情况是如何贯穿我们国家的历史的？”，2001 年 10 月 12 日，《历史新闻网》，乔治·梅森大学，http://www.hnn.us/articles/392.html，参阅于 2010 年 1 月 8 日。
82. 阿特·施皮格尔曼，《在死亡之塔的阴影下》，巴黎，卡斯特曼出版社，2004 年，第 4 页。
83. 埃里克·莱赛，“优先考虑‘道德价值’给乔治·布什带来了好处”，2003 年 11 月 5 日《世界报》。
84. 年均家庭数据，“非制度性人口中的平民雇佣情况，1940 年至今”，劳动统计局，2009 年，ftp://ftp.bls.gov/pub/special.requests/lf/aat1.txt。参阅于 2010 年 7 月 18 日。
85. 可以参考奥利维耶·弗雷赛的“反恐战争的代价：阿富汗、伊拉克和美国”，《大陆之外》杂志，2005 年四月（第 13 期），第 93—111 页。

86. “贫困和贫困率数字：1958—2008年”，美国人口普查办公室，《当前人口调查：1969—2009年，年度社会和经济增刊》。
87. 尼尔·施特劳斯，“恐怖之后，电台推出一些歌曲”，2001年9月19日《纽约时报》。
88. 乔纳斯·阿克伦德执导，2003年。
89. 作“这是我的一撮”，同时还可以译作“这就是我的布什！”，片名表明了该剧的基调。
90. 拉里·芬克，“被禁止的图片”，2001年。这里所描述的摄影名为《向乔治·格罗兹致敬》。
91. 拉里·芬克，“被禁止的图片：政治画家——拉里·芬克”，以艺术家的身份办展，展出于理海大学，2003年12月4日。
92. J·罗伯特·丽莉，《美国大兵不为人知的面孔》。《二战期间美国士兵在法国、英国、德国犯下的强奸罪行》，巴黎，贝约特出版社，2004年。
93. 乔治·安东尼·韦勒，《进入长崎第一人——审查日本原子弹爆炸及日本战俘情况报道》，纽约，兰登书屋，2006年。
94. 受“研究委员会医疗科学分部”领导，并在能源部的资金支持下，“原子弹伤亡委员会”于1986年开启1947—1982年的一部分档案（http://www7.nationalacademies.org/archives/ABCC_1945-1982.html）。
95. 史蒂夫·罗斯曼，“在《纽约客》上发表‘广岛’一文”，埃弗雷特·门德尔松（主编），哈佛大学，1997年，http://www.herseyhiroshima.com/hiro.pdf，参阅于2011年3月27日。
96. “法国炸薯条重回众议院菜单”，BBC，2006年8月2日。
97. 亵渎不列颠逝者的遗物或许是这种思想的导火索。
98. 帕特里克·贾罗，“美国军队拒绝取消2002年10月与法国索迪斯公司签订的合约”，2003年4月1日《世界报》；埃里克·莱赛，“自从战争开始以来，怨恨转入另一个方面”，2003年4月4日《世界报》。
99. “报道：奥斯卡影后玛丽昂·科蒂亚尔认为‘9·11事件’是一场阴谋”，福克斯新闻台，2008年3月2日；法新社，“奥斯卡影后玛丽昂·科蒂亚尔质疑‘9·11袭击’”，ABC新闻台，2008年3月3日；“另一位‘9·11’阴谋论者”，《标准周刊》，2008年3月3日；“玛丽昂·科蒂亚尔——我们为什么痛恨法国人”，TMZ，2008年3月3日，http://www.tmz.com/2008/03/03/marin-cotillard-why-we-hate-the-french/，参阅于2011年2月4日。
100. “玛丽昂·科蒂亚尔：取决于语境的‘9·11’事件言论”，《纽约每日新闻》，2008年3月2日。
101. 里克·莱曼，“好莱坞讨论战争中所扮演的角色”，2001年11月12日《纽约时报》。
102. 阿纳托尔·利芬，同前，第339—345页。

103. 参见让-米歇尔·瓦伦廷《好莱坞、五角大楼与华盛顿：全球战略的三位演员》，巴黎，另类出版社，2003年。
104. 美国国防部，美军电影、电视节目、音乐录影带摄制军事援助，http://www.defense.gov/faq/pis/pc12film.html，参阅于2010年10月15日。
105. 官方网站：美军公共事务，美军公共关系西方部，http://www.army.mil/info/institution/publicAffairs/ocpa-west/faq.html，参阅于2010年10月15日。
106. 美国联合通讯社，"五角大楼支援好莱坞"，《今日美国》，2001年5月28日，http://www.usatoday.com/life/movies/2001-05-17-pentagon-helps-hellywood.htm#more，参阅于2010年10月15日。还可参见玛利亚·皮亚·马斯卡洛的《好莱坞与五角大楼：危险的联络》，档案，2003年。
107. 美国国防部，"美国国防部援助非政府组织，电影、电视及音乐录影带摄制娱乐导向"，第5410.16号令，1988年1月26日。
108. 诺姆·乔姆斯基和爱德华·哈尔曼，《制造共识：媒体的民主宣传》，马赛，阿贡内出版社，1988年（2008年再版）。
109. 雷诺·雷维尔和德尼·罗萨诺，"好莱坞有多少分区？"2005年10月4日《快报》。
110. 法语电影网站，"电影周边"专栏，http://topgun-lefilm.com/index_2.htm以及额外的DVD，"汤姆·克鲁斯采访实录"，参阅于2005年9月5日。
111. 参见大卫·L·罗布《好莱坞行动：五角大楼如何塑造和审查电影》，纽约，普罗米修斯图书公司，2004年；劳伦斯·H·绥德，《勇气与荣耀——电影中美军形象的塑造》，肯塔基大学出版社，2002年。
112. 辛瑞那，斯蒂芬·加汉导演（2006年）；托马斯·索迪内尔与乔治·克鲁尼对话，2006年2月22日《世界报》。
113. "我们承认在选举中作弊"，利比里亚总统（原型是查尔斯·泰勒）宣称，"面对佛罗里达州发生的一切和最高法院滑稽的模仿秀，美国人民同样除了默不作声什么也做不了"，《战争之王》台词节选，安德鲁·尼克尔，2005年。
114. 罗伯特·比安科，"'肖像'发现ABC电视台脱离现实"，《今日美国》，2003年2月26日。
115. ABC新闻台/《华盛顿邮报》联合调查，2008年9月5日—7日，www.pollingreport.com/terror.com，参阅于2009年2月12日。
116. 总统宣言，"国家祈祷暨纪念2001年9月11日恐怖主义袭击死难者日"，2001年9月13日；"美国总统在线发布美国救援和响应工作"，2001年9月18日；"总统在五角大楼举行的纪念仪式上致辞"，2001年10月11日；三个月的时间过去了，乔治·W·布什在椭圆形办公室介绍战士纪念邮票："总统公布'9·11'纪念邮票"，新闻秘书办公室，2002年3月11日。

117. 唐纳德·拉姆斯菲尔德的讲话，华盛顿纪念仪式，2001年10月11日。
118. 众议院决议案第3054号，《真正的美国英雄法案》，2001年10月5日。
119. 众议院共同决议案第243号："国会明确表明，公共安全官英勇勋章应该奖赏给那些牺牲了的公共安全官以及那些在2001年9月11日恐怖分子袭击美国的余波中表现出高于或超过自身使命召唤的英勇，因此配得上特殊奖赏的其他的公共安全官"；另外还有几份法案再三强调被卷入袭击范围的不同行业必须获得"荣誉"——从秘密机构的成员到哥伦比亚特区的国民卫队，再到空中管制人员（众议院共同决议案第378号，众议院决议案第309号、第384号、第385号、第424号、第492号，参议院共同决议案第110号）。
120. 乔治·布什的演讲，"告国会联席会议及美国人民书"，新闻秘书办公室，华盛顿，2001年9月20日，http://www.whitehouse.gov/news/release/2001/09/20010920-8.html，参阅于2004年3月4日。
121. 娜塔莉·勒维萨勒，《匹兹堡：93号航班之谜》，2001年9月14日《自由报》；由于找不到飞机黑匣子中的录影带，只能从打给牺牲者家属的电话中获取信息：威廉·邦奇，"录音中有三分钟的分歧"，2002年9月16日《费城每日新闻》；有关一家F-16战斗机出现在波音飞机周围："60分钟II：家园空战"，CBS新闻台，2001年11月14日。
122. 路透社，"93号航班上的乘客可能与劫机分子进行过搏斗"，2001年9月12日。
123. 公法107-226，第107届国会，"93号航班国家纪念碑法案。准许树立国家纪念碑以缅怀93号航班的乘客和机组人员于2001年9月11日勇敢地牺牲自己的生命，阻止一次针对我国首都和其他目标的有计划的袭击"，2002年9月24日。
124. 93号航班国家纪念基金，c/o国家公园基金会，邮编17394，巴尔的摩，马里兰州21298-9450。
125. 公法107—226，第107届国会，同前。
126. 保罗·默多克建筑事务所，"93号航班国家纪念园"，http://www.nps.gov/flni/upload/Design%20presentatioN2.pdf，参阅于2010年1月15日。
127. "第219号公路更名为'向93号航班致敬'"，宾夕法尼亚州州政府网站，2007年9月8日，http://www.dot.state.pa.us/Internet/pdNews.nsf/772afb60d785515285256bf1004a1be6/a0fe48f91d27f6ea85257333004978f9?OpenDocument，参阅于2010年7月10日。
128. 乔治·W·布什向警察、消防员和救护人员发表的演讲，"布什总统在纽约向英雄们致敬"，纽约，新闻秘书办公室，2001年9与人14日。
129. 约瑟夫·戈培尔在乌帕塔尔发表的演讲，1943年6月18日。"在最前排：在艾伯菲尔德的城市悼念集会上的讲话"，纳粹党中央出版社1944年版，第323—330页。

130. “总统发布‘9·11’盖戳邮票”，华盛顿，2002年3月11日，http://www.whitehouse.gov/news.releases/2002/03/20020311-4html。
131. “国土安全总统3号令”，2002年3月11日。
132. “布什向所有人提供天花疫苗”，美联社，2001年12月12日。
133. 白宫新闻通稿，“布什赴沃特尔·里德陆军医院看望伤员”，2003年9月11日。
134. “布什总统宣布9月11日为爱国者日”，2002年9月4日，华盛顿特区；2001年12月4日，国会通过决议(115 STAT.876，公法第107-89号，第107届国会)设立官方纪念日。
135. 参众两院联合法案第25号：《2001年国家纪念日法案》，2001年10月11日。
136. “布什总统宣布9月11日为爱国者日”，同前。
137. “海军部长确定用纽约来命名新军舰”，美国国防部，国防部长助理办公室，2002年9月6日，http://www.ussny.org/，参阅于2009年6月9日。
138. USS纽约号官方网站，http://www.ussny.org/，参阅于2009年6月9日。
139. 乔治·W·布什演讲，白宫新闻发布会，2001年10月11日。
140. 不超过1500篇。参见艾德林·沃纳“小写的生命，典型的人生：个人的故事与新闻——2001年‘9·11事件’发生后，《纽约时报》出现的《悲恸的群像》案例”，《网络》杂志第132期，第93—110页。
141. 乔·丹吉洛，“超级男孩、迈克尔·杰克逊、吹牛老爹、玛利亚共聚华盛顿D.C.的演唱会”，同前。
142. 尼尔·扬偶尔也会坚定地支持共和党总统——他认为里根懂得“恢复美国的骄傲”——后来，第一次海湾战争期间，他采取了一种更为暧昧的姿态，翻唱了鲍勃·迪伦的“Blowin'in the Wind”。尼尔·扬版的背景音乐中充斥着隆隆的爆炸声。最终，他选择了批评布什政府的立场，并因此受到极端共和党人士排斥，被重新列入所谓的“自由派”名人序列。
143. 安·库尔特，“行动起来，而不是滚到一边”，anncoulter.com，2005年8月10日，http://www.anncoulter.com/cgilocal/article.cgi?article=69，参阅于2010年7月12日。
144. 苏珊·德克尔，“从‘震撼’中寻求趁机获利”，2003年5月12日《洛杉矶时报》。
145. 皮特·珀尔，“受崇拜的地方”，2002年12月5日《华盛顿邮报》。
146. “伊拉克——让我们行动吧？”2002年8月1日《纽约时报》，http://www.nytimes.com/2002/08/01readersopinions/01DEBA.html?pagewanted=1&pagewanted=print，参阅于2010年4月12日。
147. 詹姆斯·塔兰托，“让我们滚到一边去”，2009年9月11日《华尔街日报》。
148. 《93号航班》，A&E有线电视台播出；《抗争的航班》，探索频道纪录片。

149. 票房魔咒网，《93 航》，http://boxofficemojo/com/movies/?id=united93.htm，参阅于 2010 年 7 月 10 日。
150. 票房魔咒网，《世贸中心》，http://boxofficemojo/com/movies/?id=wtc.htm，参阅于 2010 年 7 月 10 日。

四、恐惧因子

1. 乔治 · W · 布什的演讲，2003 年 3 月 17 日。
2. 唐纳德 · 拉姆斯菲尔德的电视采访，援引自“以从前的慕尼黑污点为鉴”，2002 年 9 月 2 日《多伦多明星报》。
3. 安东尼 · C · 萨顿，《华尔街与希特勒的上位：有关美国金融家经济援助纳粹的惊人真相》，英国弗瑞斯特，克莱维尔图书公司，2010 年。
4. 杰弗里 · 雷科德，“退休的希特勒与绥靖政策——国家安全大辩论”，美国陆军战争学院，2008 年 6 月 22 日，第 91 页。
5. 哈里 · S · 杜鲁门，《杜鲁门回忆录》，第二卷，《审判与希望的岁月：1946—1952》，纽约，双日出版集团，1956 年，第 335 页。
6. 艾森豪威尔致温斯顿 · 丘吉尔的信件，援引自杰弗里 · 雷科德，同前，第 92 页。
7. 西奥多 · 索伦森，《肯尼迪》，纽约，哈珀 & 罗出版社，1965 年，第 703 页。
8. 多瑞斯 · 卡恩斯，《林登 · 约翰逊与美国梦》，纽约，哈珀 & 罗出版社，1976 年，第 252 页。
9. 罗纳德 · 里根的演讲，“就国防开支问题广播告全国书”，1983 年 2 月 19 日。
10. 乔治 · 布什的演讲，“就向沙特阿拉伯派遣美国军队问题告全国书”，1990 年 8 月 8 日。
11. 吉尔 · 劳莱斯，“乔治 · 温斯顿 · 布什？”，美联社，2002 年。
12. 布兰登 · 比格罗，“林博用纳粹卐字符比喻奥巴马的新医保标示”，2009 年 8 月 6 日《洛杉矶时报》，http://latimesblogs.latimes.com/washington/2009/08/rush-limbaugh-compares-news-helth-care-logo-to-nazi-swastika.html，；亚瑟 · 卡普兰，“医保辩论因纳粹的比喻变恶劣”，MSNBC，2009 年 8 月 11 日，http://www.msnbc.msn.com/id/32372258，参阅于 2010 年 4 月 20 日。
13. 参见亚历山大 · 莫克契耶里《影响的艺术——操纵术分析》，巴黎，阿尔芒 · 柯林出版社，2000 年（2004 年再版）。
14. “伊拉克的军事设施”，Global Security.org，同前。
15. CBS 新闻台 /2001 年 9 月 13 日—14 日《纽约时报》联合民意调查，援引自“11/09/01-11/09/02：余波渐消”，http://ipsos.fr/CanalIpsos/articles/1005.

asp，参阅于 2004 年 3 月 14 日。
16. 威廉·M·阿金，《概述不可想象的秘密计划》，2002 年 3 月 10 日《洛杉矶时报》。
17. 参见“20 世纪城堡有限责任公司”网站，这是一家专门出售“地下房屋”的不动产机构（http://www.missilebases.com，参阅于 2011 年 4 月 3 日）。
18. 伊夫 - 亨利·诺埃拉，同前，第 166 页。
19. 迈克尔·文斯，“海湾对抗：美国探索限制大规模杀伤性武器的新战略”，1990 年 9 月 30 日《纽约时报》。
20. 国会最终报告，“波斯湾战争的实施”，1992 年 3 月，第 4 页；http://www.ndu.edu/library/epubs/cpgw.pdf， 2010 年 8 月 3 日。
21. 援引自“留给莫斯科的讯息”，《时代周刊》，1981 年 2 月 9 日。
22. 加里·雅各布森，《布什的总统任期与美国选民》，“布什的总统任期：早期评价”研讨会汇编，普林斯顿大学，2003 年 4 月 25 日—26 日，第 6 页、第 36 页和第 50 页。
23. 盖洛普民调 /CNN 电视台 /《今日美国》联合调查，2003 年 3 月 14 日—15 日以及 2003 年 3 月 22 日—23 日。
24. 可以参阅科里·罗宾的《恐惧——政治观念史》，牛津大学出版社，2004 年。
25. 媒体与社会研究小组，“限制公民自由、伊斯兰观点与美国的穆斯林”，科内尔大学，纽约，2004 年 12 月。
26. “美国炭疽调查”，联邦调查局网站，http://www.fbi.gov/anthrax/amerithraxlinks.htm，参阅于 2010 年 7 月 15 日。
27. 日常提醒的范例：联邦安全局局长里奇以及美军医疗研究中心主任，帕克少将召开的新闻发布会，“政府人士里奇与医疗权威探讨炭疽问题”，新闻秘书办公室，白宫，2001 年 10 月 25 日。
28. 同上。
29. “炭疽恐怖打击了司法部门”，美联社，2001 年 10 月 9 日；“丹佛通过邮件抗议选举工作人员提前做好预防措施”，福克斯新闻台，2001 年 10 月 23 日；“印第安纳波利发现病毒孢子”，2001 年 12 月 31 日；泰瑞·舒尔茨及美联社，“炭疽两次袭击美国大使馆”，福克斯新闻台，2001 年 10 月 31 日。
30. “炭疽袭击国务院——全国性邮政服务大检查”，同上，2001 年 10 月 26 日。
31. 斯蒂芬·莱万多斯基、沃纳·G.K·斯提克、克劳斯·奥伯劳尔以及迈克尔·莫拉莱斯，“有关事实、虚幻和错误信息的记忆”，《心理学》，第 16 卷，第 3 篇，2005 年，第 190—195 页。
32. 美联社，“布什向全美公民提供天花疫苗”，2001 年 12 月 12 日。
33. 同上，“史无前例：政府必须保护食品供应”，2001 年 11 月 25 日。

34. 乔治·W·布什的广播战，“总统广播告全国书”，新闻秘书办公室，华盛顿，2001年11月3日；总统新闻发布会，“总统宣称恐怖分子不会改变美国人的生方式”，新闻秘书办公室，2001年11月23日。
35. 帕特里克·贾罗，“副总统迪克·切尼把化学功击与‘9·11袭击’联系起来”，2001年10月23日《世界报》。
36. 众议院决议案第2884号：“2002财年恐怖主义罹难者法案”，2002年1月23日。
37. 众议院共同决议案第378号：“嘉奖哥伦比亚特区的国民卫队、国民卫队办公室以及国防部各部门协助国会山的警察和国会应对2001年9月和10月的恐怖主义袭击及炭疽病毒袭击”，2002年4月12日。
38. 众议院决议案第3348号：“提高美国防御、准备及回应生物恐怖主义和其他公共健康紧急状态的能力”；另见公法第107—188号，2002年6月12日，“2002年公共健康安全及生物恐怖主义准备和回应法案”。
39. 《沃伦委员会报告》，纽约，Barnes&Noble，1964年（2003年再版），第265页。
40. 詹姆斯·戈登·米克，“白宫官方要求联邦调查局把炭疽病度的恐慌怪到基地组织头上”，2008年8月2日《纽约每日新闻》。
41. “炭疽病毒的源头：是伊拉克在美国释放生物武器吗？”，2001年10月15日《华尔街日报》。
42. 科林·莱纳，“被美国联邦调查局怀疑实施了2001年的炭疽病毒袭击——一位美国科学家自杀身亡”，2008年8月2日《世界报》。
43. “司法部和联邦调查局正式宣布2001年炭疽病毒袭击案调查结束”，美国司法部，公共事务办公室，2010年2月16日，http://www.justice.gov/opa/pr/2010/February/10-nsd-166.html，参阅于2010年7月15日。
44. 芭芭拉·斯塔尔，“拉姆斯菲尔德批准军事协助追捕‘狙击手’”，CNN电视台，2002年10月15日，http://edition.cnn.com/2002/us/south/10/15/sniper.pentagon/，参阅于2010年9月1日。
45. 大量的例子：大卫·约翰斯顿，《一个受到挑战的国家：调查——移位，官方认为炭疽病毒事件有可能与本·拉登有关》，2001年10月16日《纽约时报》。福克斯新闻台也不吝使用来源模糊的引用，例如“解密”系列纪录片。
46. 约瑟夫·戈培尔，《戈培尔博士日记》，巴黎，法国飞马出版公司，1948年，第104页。
47. 凯利·R·巴克，安德雷·E·罗斯、马丁·F·维斯科夫、卡里亚·M·利物浦，《入伍过程中筛查潜在的恐怖分子》，国防部入伍政策局，个人安全防卫研究中心，2005年4月。
48. 理查德·切尼在得梅因接受采访，艾奥瓦州，2004年9月2日。
49. 富兰克林·德拉诺·罗斯福，“第一次就职演讲”，1933年3月4日。

50. 埃里克·莱赛，“恐怖主义、伊拉克与恐惧”，2004年10月25日《世界报》。
51. 大卫·P·埃森曼、黛博拉·格利克、迈克尔·翁、周琼、曾驰宏、安纳·朗、乔纳森·菲尔丁、斯蒂文·阿什，“多种族都市人群与恐怖主义相关的恐惧和回避行为”，《美国公共卫生杂志》，2009年1月，第99卷，第1篇，第168-174页。
52. 布里奇特·L·纳考斯、耶里·布洛赫-艾尔肯、罗伯特·Y·夏皮罗，“美国后9·11时代的恐怖主义威胁、新闻报道及公众认知”，《冲突与暴力国际周刊》，第1卷，2007年，第105—126页；马修·斯坦纳德，“布什的策略瞄准恐怖主义分子”，2006年9月7日《旧金山纪事报》。
53. 盖洛普/CNN电视台/《今日美国》联合民意测验，2002年9月5日—8日与2002年9月13日—16日。
54. 同上，2005年6月29日—30日，2005年7月7日—10日，2005年7月22日—24日。
55. 奥利维耶·诺克斯，“带有美国‘恐怖预警’色彩的政策：布什前助手”，法新社，2009年8月20日。
56. 琼·迪迪翁，“美国‘新常态’时期的政策”，《纽约书评》，第51册，第16篇，2004年11月21日。
57. 谷歌，研究趋势帮助中心，“国土安全警报系统”，从2004年至2010年。
58. 随便举几个例子：“意识与准备”（http://www.health.state.nd.us/EPR/reources/BioterrorPreparednessguide.pdf），“联邦雇员家庭准备指南”（http://www.opm.gov/emergency/TEXT/DCAreaFamilyGuide.txt），“准备好了吗？”（http://www.whitehouse.gov/news/releases/2003/02/20030207-10html），参阅于2004年3月24日。
59. http://www.ready.gov/index2.html，2004年9月11日。
60. 援引自菲利普·拉布罗，“战前的纽约”，2003年3月4日《世界报》。
61. 科雷森·卡尼，《核战争生存技巧》，橡树山国家实验室，美国能源部，1979年。
62. 简·迈尔，“无论是何代价：《24小时》幕后人的策略”，《纽约客》，2007年2月19日。
63. “《24小时》与反恐战争中的美国形象：事实、虚幻，哪样重要？”，2006年6月23日，http://www.heritage.org/Press/Events/ev062306.cfm，参阅于2010年1月26日。
64. 选自一次现当代史研讨会的题目，让-玛丽·吉隆（主席），“专制的普遍化：战争时期的拘禁——1838—1946年的法国及1955—1962年的阿尔及利亚”，2004年3月16日，MMSH，艾克斯-普罗旺斯。
65. 法布里奇奥·卡尔维、大卫·卡尔-布朗，《联邦调查局：探员讲述的调查局历史》，同上，第 VII 页 -viii 页。

66. 凯利 · R · 巴克、安德雷 · E · 罗斯、马丁 · F · 维斯科夫、卡里亚 · M · 利物浦，同前，第 VII 页 -VIII 页。

67. 埃里克 · 利希特布劳，“联邦调查局敲打政治麻烦制造者”，2004 年 8 月 16《纽约时报》日。

68. 詹姆斯 · 瑞森、埃里克 · 利希特布劳及巴克利 · 沃尔什，“布什下令美国非法监听电话”，2005 年 12 月 16 日《纽约时报》。

69. 亚历山大 · 雷威和弗朗索瓦 · 比干戈，“‘9 · 11’事件发生之后，美国媒体在爱国主义的影响与自我审查之间备受折磨”，“无国界记者”官网，2001 年 10 月 11 日，http://en.rsf.org/united-states-between-the-pull-of-patriotism-and-11-10-2001,02533.html，参阅于 2010 年 8 月 18 日。”

70. 莱斯利 · 考利，“国家安全局拥有数量庞大的美国人的电话数据库”，《今日美国》，2006 年 5 月 11 日。

71. 《1974 年隐私法案》，《美国法典》第 5 卷，第 552 节第 1 条。

72. ChoicePoint 官网，http://www.choicepoint.com/about/overview.html，参阅于 2006 年 5 月 17 日。

73. 美国政府问责办公室，“个人信息：代理商和分销商坚持关键隐私原则：美国审计总署 -06-421，议会委员会报告”，2006 年 4 月；另参见参议员莱希的采访，“参议院司法委员会副主席，帕特里克 · 莱希参议员的反应，证券交易委员会与联邦贸易委员会就 ChoicePoint 公司展开调查，ChoicePoint 改变产品的供应”，2005 年 3 月 4 日，http://www.leaty.senate.gov/press/200503/030305b.html，参阅于 2006 年 5 月 7 日。

74. 美国政府问责办公室，“个人信息”，同上。

75. 盖洛普民调，2002 年 1 月。

76. 侯赛因 · 伊比什和安尼 · 斯图尔特，“痛恨犯罪与歧视阿裔美国人报告：后 9 · 11 时代高涨。2001 年 9 月 11 日—2002 年 10 月 11 日”，美国 - 阿拉伯反对歧视委员会（ADC），2003 年，http://www.adc.org/PDF/hcr02.pdf，第 4 页；“暴力对抗穆斯林”，2008 年，痛恨犯罪调查，人权第一，http://www.humanrightsfirst.org/pdf/fd/08/fd-080924-muslims-web.pdf，2010 年 10 月 4 日。

77. 众议院共同议案第 227 号，“谴责因恐怖分子袭击纽约产生的针对阿裔美国人、美籍穆斯林和南亚裔美国人的固执和暴力，纽约与华盛顿 D.C.，2001 年 9 月 11 日”。

78. 亚历山大 · 雷威和弗朗索瓦 · 比干戈，同前。

79. ACLU 报告，“ACLU 警告‘自愿’询问计划的复活；阿拉伯和穆斯林团体不应该成为种族形象定性的目标”，2004 年 6 月 22 日，ACLU 网站，http://www.aclu.org/

SafeandFree/SafeanFree.cfm?ID=15993&c=206，参阅于2004年9月28日。

80. 法布里奇奥·卡尔维和大卫·卡尔-布朗，同前，第758页。
81. ACLU报告，“获批准的偏见：‘9·11事件’之后的种族形象”，2004年2月，http://www.aclu.org/FilesPDFs/racial%20profiling%20report.pdf，参阅于2010年10月5日，第5页。
82. 同上。
83. 同上，定性“ACLU警告‘自愿’询问计划的复活；阿拉伯和穆斯林团体不应该成为种族形象定性的目标”，同前，第1—2页及第21页。
84. 同上，“ACLU警告‘自愿’询问计划的复活；阿拉伯和穆斯林团体不应该成为种族形象的目标”，同前。
85. ABC电视台/《华盛顿邮报》联合民意调查，“民意测验：如何看待伊斯兰教”，2010年9月8日。
86. 法布里奇奥·卡尔维与大卫-卡尔·布朗，同前，第39页。
87. 凯文·斯科特·王，《美国人优先：美籍华裔与第二次世界大战》，剑桥,哈佛大学出版社,第6页、第33—34页;另见妮科尔·巴沙朗,《美国黑人——从棉田到白宫》,《Tempus》文集，巴黎，佩兰出版社，2010年。
88. 援引自霍华德·津恩，同前，第493页—494页。
89. 同上，第486页—487页。
90. ABC电视台/《华盛顿邮报》联合民意调查，“民意测验：如何看待伊斯兰教”，同前。80%的受访者反对建造中心社区。
91. 《库巴克反情报审讯指南》，1963年7月，共128页。
92. 同上，第82页-104页。
93. 同上，第87页
94. 同上，第90页。
95. 同上，第98页。
96. 同上，第93页。
97. 同上，第103页。
98. 《人力资源开发手册》，1983年，共114页。
99. 同上，第5页。
100. 罗伯特·巴瑞，“罗纳德·里根的虐待”，《历史新闻网》，乔治梅森大学，2009年9月8日,http://hnn.us/roundup/entires/116650.html,参阅于2009年1月28日。
101. 洛塔尔·格鲁赫曼,《第三帝国的司法：1933—1940》,奥尔登堡,慕尼黑,2001年,第703—718页。
102. 美国国防部，《军事和相关术语词典》，合著出版物1-02，2001年4月12日，

2006 年 11 月 9 日修订。先前的修订本中未涉及任何有关虐待的定义。

103. 亚伦·德萧维奇，“想要虐待？说出正当理由”，《旧金山纪事报》，2002 年 1 月 22 日。

104. 玛丽 - 莫妮克 · 罗宾，《死亡大队：法国派》，巴黎，发现出版社，2003 年（2008 年再版），第 250 页。

105. 托马斯 · E · 瑞克斯，“有关反恐战争提出的新侵略性战略”，2002 年 8 月 3 日《华盛顿邮报》。

106. 比尔 · 奥莱利采访唐纳德 · 拉姆斯菲尔德，福克斯新闻台，2004 年 12 月 2 日。

107. 简 · 迈尔，“无论是何代价：《24 小时》幕后人的策略”，同前。

108. 克里斯蒂安 · 萨尔蒙，“‘杰克 · 鲍尔’式的法律原则”，同前。

109. 简 · 迈尔，“无论是什么代价：《24 小时》幕后人的策略”，《纽约客》，2007 年 2 月 19 日。

110. 同上。

111. 参见人权优先的纪录片，“黄金时段的虐待”“电视里的虐待情节增多，作战中开始模仿”，http://www.humanrightsfirst.org/us_law/etn/primetime/index.asp，参阅于 2009 年 11 月 28 日。

112. 克里斯蒂安 · 萨尔蒙，“‘杰克 · 鲍尔’式的法律原则”，同前。

113. 大卫 · 汤姆森，《惊魂时刻：阿尔弗雷德 · 希区柯克是如何教会美国人热爱凶手的》，纽约，基本书局，2009 年。

114. “2002 年 2 月 7 日，布什总统签署命令，概述对待基地组织和塔利班劳教分子的方式”，正文包含 6 个部分：“反恐战争引入新的范式……我们的国家承认这种新的范式……引入新范式的并不是我们而是恐怖分子……有关战争的法律需要新的思维”。

115. 乔治 · W · 布什每周广播讲话，2008 年 3 月 8 日，feed://georgewbush-whitehouse.archives.gov/rss/radioaddress.xml，参阅于 2010 年 1 月 25 日；丹 · 埃根，“布什宣布否决水刑禁令”，2008 年 3 月 8 日《华盛顿邮报》。

116. 同上。

117. 援引自 1956 年 5 月 30 日《世界报》。

118. 柯林 · 弗里茨，“杰克 · 鲍尔会怎样做？——加拿大法学家推动国际司法小组就电视剧《24 小时》使用虐待问题展开讨论”，2007 年 6 月 16 日《环球邮报》。

五、从“黑色星期二”到伊拉克

1. 亚历山大 · 阿德勒，《我看见旧世界终结》，巴黎，格拉塞出版社，2002 年。
2. “布什总统强调伊拉克威胁”，辛辛那提，俄亥俄州，2002 年 10 月 7 日，http://

www.whitehouse.gov/news/releases/2002/10/20021007-8.html。

3. 第105届国会，第二次任期，众议院决议案第4664号，《伊拉克自由法案》，1998年10月31日。
4. 比尔·克林顿的演讲，1993年1月7日。
5. 唐纳德·卡根、加里·施密特、托马斯·唐纳利，《为新世纪重建美国的防务：为新世纪的策略、军力和资源》，同前，第14页。
6. 肯尼斯·卡茨曼，“伊拉克：美国政府为改变而作出的努力及后萨达姆时代的统治”，国会研究服务局，2004年1月7日。
7. 众议院决议案第4664号，《伊拉克自由法案》，第105届国会，第二次任期，1998年10月31日。
8. 同上。
9. 唐纳德·卡根、加里·施密特、托马斯·唐纳利，《为新世纪重建美国的防务：为新世纪的策略、军力和资源》，同前，第26页。
10. 1996年12月9日联合国安理会第986号决议授权。
11. 皮埃尔-让·吕扎尔：《伊拉克问题》，巴黎，法亚尔出版社，2002年（2004年再版），第151页—152页。
12. 让-夏尔·舍巴，“石油战争：道达尔·菲纳·埃尔夫、德士古与卢克，谁将在伊拉克获胜？”，2003年1月25日—26日《比利时自由报》。
13. 阿福萨内·巴希尔·布尔，“伊拉克律师在联合国安理会上连赢数阵”，2000年3月26日《世界报》；马克·博叙，“经济制裁对履行人权造成的不幸结果”，联合国经济和社会委员会，人权委员会，2000年6月21日。
14. 拉姆齐·克拉克、迈克尔·拉特纳、弗朗西斯·凯利、布莱恩·贝克、保罗·沃克、乔伊斯·西迪亚克：“提交国际战争犯罪法庭调查委员会有关联合国在伊拉克所犯战争罪的报告”，国际战争犯罪法庭调查委员会，1992年。
15. 拉姆齐·克拉克，“联合国安理会报告”，国际行动中心，2000年1月26日。
16. 皮埃尔-让·吕扎尔，同前，第328—332页。
17. 在此期间，法国公司变成“道达尔”公司，并且获得了这个国家开采储量最大的Nahr Uman油田和Majun油田的“关键”特许权（《比利时石油财务公司年度全体大会》，1999年5月17日。道达尔集团新闻通稿；侯赛因·法赫德，“石油地缘政治——变化中的均衡”，《海湾新闻》，2000年8月20日）。中国石油天然气集团公司获得鲁迈拉北部油田的优先特许权，卢克石油公司获得价值35亿美元的库尔纳西部油田的合约（让-夏尔·舍巴，《石油战争》，同前）。
18. 英国、荷兰和美国公司实际上集中了IPC 3/4的财富。IPC组建之际，法国石油公司获得了23.75%的股权。

19. 罗杰·莫里斯，“深耕40年的暴君”，2003年3月14日《纽约时报》。
20. 奥德利·布罗伊和杰拉德·亨格曼，《海湾战争内幕》，60分钟的美国纪录片，2001年；另见皮埃尔-让·吕扎尔，同前，第74页。流放归来以后，艾尔·巴亚提获得伊拉克伊斯兰革命最高委员会发言人的职位。
21. “沃尔福威茨副部长在国际战略研究所亚洲安全会议会后的问答”，2003年5月31日，美国国防部，国防部副部长办公室（公共事务），新闻通稿，http://www.defense.gov/Transcripts/Transcript.aspx?TranscriptID=2704，参阅于2010年1月14日。另见乔治·赖特“沃尔福威茨：伊拉克战争的关切就是石油”，2003年6月4日《卫报》。此后，沃尔福威茨否认了自己讲话的含义。
22. 白宫发言人阿里·弗莱舍的新闻发布会翻录，“阿里·弗莱舍的简短新闻发布会”，http://georgewbush-whitehouse.archives.gov/news/releases/2003/03/20030324-4.html，参阅于2010年8月2日。
23. 比阿特里斯·莱昆贝里，“巴格达大破坏中，石油部大楼是最安全的建筑”，法新社，2003年4月16日。
24. 布什总统电视讲话，“布什总统告全国书”，2003年3月19日，华盛顿。
25. 米歇尔·韦里，“伊拉克：1991年战争从未结束”，和平安全信息与研究集团（GRIP）发布的文件，布鲁塞尔，2003年2月14日。
26. “禁飞区第三天袭击”，CNN电视台，2003年3月9日。
27. “B-1B轰炸伊拉克雷达站”，2003年3月15日《先驱太阳报》，只有美国空军才拥有B-1B机群。B-1B是一种超音速轰炸机，单价造价高达2亿美元。
28. “布什：伊拉克打击了部分‘战略’”，CNN世界电台，2001年2月17日。
29. 情况就是如此，尤其是2001年8月10日（《美军战机攻击伊拉克》，法新社），50余架飞机飞离“企业号”航空母舰打击伊拉克南部地区。
30. 克林顿总统的讲话，“克林顿宣布‘沙漠之狐’行动开始”，1998年12月16日，白宫。
31. 法新社，“伊拉克南部地区：1位公民死亡、2人受伤”，2000年12月22日。
32. 综合法新社、美联社和路透社的电讯。
33. 保罗·斯通，“‘沙漠之狐’的目标攀升至超过75处伊拉克地点”，美军情报机构，1998年12月20日；雅克·伊斯纳尔，“密集轰炸令伊拉克屈服”，1998年12月21日《世界报》。
34. 米歇尔·韦里，“伊拉克：1991年战争从未结束”，同前。
35. 通过这样的选择，美国的战略家们展示了由盟军和德国代言人塑造的隆美尔神话的活跃。因为，埃尔温·隆美尔远不像传说中描述的那样是一位正直的伟人。他是纳粹的狂热支持者，希特勒青年团的缔造者以及对塞内加尔俘虏犯下战争罪的部队指挥官

（参见多米尼克 · 洛米耶：《隆美尔：神话的终结》，巴黎）。

36. “伊拉克空袭造成 8 人死亡”，BBC 新闻台，2001 年 9 月 10 日。
37. “伊拉克防空设施再次遭受打击”，BBC 新闻台，2001 年 9 月 20 日。
38. 马克 · 博叙，“经济制裁对履行人权造成的不幸结果”，同前。
39. 如果只列举最近的例子的话，那么可以提一提 2000 年 10 月和 12 月的情况（“石油价格受伊拉克影响”，2000 年 10 月 28 日《世界报》；多米尼克 · 加卢瓦，“工业化国家再次出现石油冲突的恐惧”，2000 年 12 月 31 日《世界报》），这些情况出现在 10 月 13 日和 10 月 30 日以及 12 月 7 日和 12 月 22 日发动的袭击以后；2000 年 2 月和 4 月（穆纳 · 奈姆，“面对美国的威胁，伊拉克当局祭出强硬态度”，2002 年 4 月 16 日《世界报》；“石油——每桶价格平稳”，2002 年 4 月 24 日《世界报》）；然后还有同年 9 月（伊夫 · 马穆，“分离萨达姆 · 侯赛因有可能会令石油价格下降吗？”，2002 年 9 月 17 日《世界报》），分别回应了 1 月 6 日、28 日，4 月 16 日、20 日，9 月 5 日、9 日、14 日、23 日、25 日和 29 日的攻击（来源：“美国爆炸监视”，档案网站，始自通讯社报道轰炸伊拉克行动的快讯；http://www.ccmep.org/usbombingwatch/2002.html，参阅于 2005 年 5 月 31 日）。
40. 阿尔弗雷德 · B · 普拉多斯，“伊拉克——与美国的军事对抗：从过去到最近”，《国会问题摘要》，外事局，国防部和贸易部，2002 年 9 月 6 日，国会图书馆，第 13 页。
41. 同上，第 3 页。
42. 山姆 · 塔纳豪斯，采访保罗 · 沃尔福威茨，《名利场》，2003 年 5 月 30 日。
43. 同上。
44. 老布什总统电视讲话，“就宣布在波斯湾开展联合军事行动告全国书”，1991 年 1 月 16 日；克林顿总统电视讲话，“克林顿宣布实施‘沙漠之狐’行动”，1998 年 12 月 16 日，华盛顿（任务是……摧毁伊拉克的核、化学和细菌武器计划）。
45. “新美国世纪计划”至克林顿总统公开信，1998 年 1 月 26 日。
46. 威廉 · 克里斯托尔和罗伯特 · 卡根，“仅轰炸伊拉克已经不够了”，1998 年 1 月 30《纽约时报》日。
47. 同上，“对伊拉克的‘伟大胜利’”，1998 年 2 月 26 日《华盛顿邮报》。
48. 玛德莱娜 · 奥尔布赖特的讲话，俄亥俄州立大学，1998 年 2 月 18 日。
49. 南希 · 佩洛西在众议院的讲话，“美国的声明引发军事打击伊拉克”，1998 年 12 月 16 日，http://www.house.gov/pelosi/priraq1.htm，参阅于 2009 年 6 月 28 日。
50. 美联社，“克林顿团队在市政厅讥讽对手”，《今日美国》，1998 年 2 月 18 日，http://www.usatoday.com/news/index/iraq/iraq172.htm，参阅于 2009 年 6 月 28 日。
51. 卡尔 · 莱文、汤姆 · 达施勒、约翰 · 克里，《致克林顿总统公开信》，1998 年 10 月 9 日。

52. 威克斯曼的报告，“伊拉克报告：布什政府在伊拉克问题上发表的公开申明”，众议院，政府改革委员会，特别调查局，2004 年 3 月 16 日。尽管此类声明可以追溯至更早的时期，但研究的目标阶段为 2002 年 3 月 17 日—2004 年 1 月 22 日。
53. 总统讲话录音，“总统宣布萨达姆·侯赛因必须于 48 小时之内离开伊拉克”，新闻秘书办公室，白宫，华盛顿，2003 年 3 月 17 日。
54. 威克斯曼的报告，“伊拉克报告：布什政府在伊拉克问题上发表的公开声明”，同前，第 6 页、第 7—20 页、第 21 页。
55. 中情局和国防情报局：“伊拉克生物战制剂移动制造工厂”，2003 年 5 月 28 日。
56. CNN 电视台《沃尔夫·布利策报告》，“威胁等级降至黄色；彼得森家族不合”，CNN 电视台，2006 年 5 月 30 日。
57. 美国众议院，特别情报委员会，2006 年 6 月 21 日。
58. 吉姆·安格与莎仑·凯内缪·利斯，“报告：伊拉克发现数百件大规模杀伤性武器”，福克斯新闻台，2006 年 6 月 22 日。
59. 约瑟夫·戈培尔，“意志与方法”（稍后改为“我们的意志与方法”），《意志与方法》，德意志宣传领导小组，第一期，1931 年，第 2—5 页。
60. 罗恩·苏斯金德，《世界之路——极端主义时代真相与希望的故事》，纽约，哈珀出版社，2008 年。
61. 马克·波特，“前联合国武器观察员：伊拉克与炭疽的可能联系”，CNN 电视台，2001 年 10 月 15 日。
62. “炭疽之源：伊拉克是否在美国释放了生物武器？”，2001 年 10 月 15 日《华尔街时报》。
63. 援引自迈克尔·梅森“新闻观察”，2001 年 11 月 12 日《民族报》。
64. 约翰·塔贾布鲁，“一个受到挑战的国家：恐怖主义的痕迹；没有可疑的证据证明布拉格的会面”，2001 年 10 月 20 日《纽约时报》。
65. 贾勒特·墨菲，“美国不能强制接种疫苗”，CBS 新闻台，2003 年 12 月 22 日，http://www.cbsnews.com/stories/2003/12/22/national/main589812.shtml，参阅于 2010 年 7 月 25 日。他承认，半数军人拒绝接种疫苗：大卫·鲁普，“半数美国军人拒绝接种炭疽疫苗”，《环球安全新闻专线》，2005 年 5 月 6 日，http://www.nti.org/d_newswire/issues/2005_7_7.html#9B34DCC5，参阅于 2010 年 7 月 25 日。

66. 乔治·W·布什白宫新闻发布会，2003年3月6日星期四。
67. ABC电视台/《华盛顿邮报》联合民意调查，2003年4月9日。

第二部分
透视混乱

六、让敌人泯灭人性

1. 《科林·鲍威尔访谈》，《国防新闻周刊》，1991年4月8日。
2. 同上。
3. 安东尼·莱克，《对付敌对国家》，《外交事务杂志》，1994年3月—4月。
4. 乔治·沃克·布什的演讲，《国情咨文》，华盛顿，2002年1月29日。
5. 专访柯蒂斯·李梅，引自迈克尔·雪莉《美国空军的崛起：创作世界末日》，耶鲁大学出版社，1989年，第287页。
6. 大卫·蒙哥马利，“最佳防御；唐纳德·拉姆斯菲尔德在公共关系方面展现出压倒性的力量”，2001年12月12日《华盛顿邮报》。
7. 塞泽尔·德·海斯特巴赫，《对话奇迹》（编纂于1219年至1223年期间），Strange出版社，科隆-波恩-布鲁塞尔，1851年，第一部第二卷，第307页，雅克·柏辽兹译，“杀光所有人，上帝认可他们的罪行”，《塞泽尔·德·海斯特巴赫记十字军镇压阿尔比派》，加龙河畔波泰镇，卢巴蒂埃出版社，1994年。
8. “专访唐纳德·拉姆斯菲尔德”，2002年1月4日《波士顿先驱报》。
9. “专访基恩将军”，2002年5月26日《波士顿环球报》。
10. 唐纳德·拉姆斯菲尔德的演讲，《纪念仪式》，华盛顿，2001年12月11日。
11. 唐纳德·拉姆斯菲尔德的演讲，《国防部新闻简报—唐纳德·拉姆斯菲尔德与梅尔斯将军》，美国国防部，国防部助理秘书处（公共事务），2003年3月20日，http://www.defense.gov/Transcripts/Transcript.aspx?TranscriptID=2072，查阅于2010年5月21日。
12. 美联社报道，“布什“叫板”袭击美军者”，《今日美国》，2003年7月2日。
13. 梅尔斯将军新闻发布会，2004年4月15日。
14. 法新社报道，《梅尔斯将军在美国参议院军事委员会面前的证词》，2004年4月24日。
15. “顶级美国海军将领，‘杀人的乐趣’”，美国全国广播公司，2005年2月2日。
16. 同上。

17. 坎迪·克劳利，《美国有线电视新闻网：适合杀人》，2003年10月26日播出的新闻报道录音稿。
18. 蒂姆·瑞安中校，“帮助和煽动敌人：伊拉克媒体”，blackfive 2005年1月14日。
19. 法新社报道，《拉姆斯菲尔德在秘密文件中加入宗教引文》，2009年5月18日《解放报》。
20. 威廉·M·阿金，“五角大楼释放出神勇武士”，2003年10月16日《洛杉矶时报》。同样也参见让·齐格勒，《羞愧的帝国》，巴黎，法亚尔出版社2005年版（于2008年再次出版袖珍书），第67—68页。
21. 9月11日总统的演说中同样也引用了《圣经·诗篇》第二十三篇。
22. 联邦调查局反恐部门，“自9·11事件以后军事人员中招募的白人至上主义者”，联邦调查局，《智力评估》，2008年7月7日。美国联邦调查局的此次调查起源于经过训练后的军人和退伍老兵所表现出的危险性，以蒂莫西·麦克维的形象为代表，这位曾参加过1991年海湾战争的军人四年之后在俄克拉荷马城犯下血腥的暴力行为。
23. 同上。美国联邦调查局提出的数据为203人。
24. 沃尔特·哈德森，“军队中的种族极端主义”，《军事法律评论》，第159卷，1999年3月，第1至86页。
25. 凯利·R·巴克、安德雷·E.罗斯、卡里亚·M·利物浦，同前文引用的书目。这份文件概括了整个现行法规。关于文身的部分，可参考书中第34—35页。
26. 马特·肯纳德，《新纳粹分子现在在军队里；为什么美国军方无视自身的法规并允许白人至上主义者加入其行列》，Salon.com，2009年6月15日，http://www.salon.com/news/feature/2009/06/15/neo_nazis_army，查阅于2011年1月10日。
27. 搜集于2001年11月13日的总统法令中，《反恐战争中的拘留、处置和审判》以及其他政府通报。
28. 《美国军人保护法》，第二章，第2008款，a。
29. 援引自诺姆·乔姆斯基的“美国，‘流氓国家’”，《外交世界》，2000年8月。
30. 参见阿纳托尔·利芬，上文提及的作品中，以及阿兰·弗拉松，丹尼尔·韦尔内特，《新保守派的美国。救世主的幻想》，巴黎，佩兰出版社，“时光”公司，2010年。
31. 阿尔弗雷德·B.普拉多斯，《伊拉克：从前与最近和美国的军事对峙》，上文引用过的文章，第8页。
32. 法新社报道，《伊拉克总统萨达姆·侯赛因继续与美国对抗……》，2001年9月13日。
33. 路透社报道，《萨达姆·侯赛因向西方要求停战》，2002年9月15日。
34. 乔治·沃克·布什的演说，《总统向全国发表的讲话》，新闻秘书办公室，华盛顿，2001年9月11日。

35. 请着重参考：埃里克·洛朗，皮埃尔·萨兰热，《海湾战争》，巴黎，奥尔邦出版社，1990年。
36. 1990年8月《新闻周刊》的一项统计明显可以看出有80%的人反对军事行动。1991年1月7日，哥伦比亚广播公司/纽约时报的另一项调查显示47%的受访民众赞成这一行动。之后不到10天，仍旧是这两家公司发起的民意调查表现出了明显的变化，有78%的群众支持打仗。
37. 《贩卖战争》，电视节目"第五阶层"中播出的纪录片，加拿大广播公司，1992年12月。
38. 1990年9月7日，源自路透社新闻快讯。
39. 克林顿总统的演说，《致美国国民书》，华盛顿，1993年6月26日；《就伊拉克问题致国会书》，1994年3月3日；大卫·冯·德赫利，杰弗里·R.史密斯，《因谋杀布什计划，美国袭击伊拉克》，1993年6月27日《华盛顿邮报》。
40. "萨达姆爆炸案"，1995年1月18日《波士顿环球报》。
41. 专访詹姆斯·伍尔西《前线——寻找萨达姆》，美国公共广播电视公司，2001年10月。
42. 西摩·赫什，《没有结束的案子》，《纽约客》，1993年11月1日。
43. 克林顿总统的演说，《致美国国民书》，华盛顿，1993年6月26日。
44. 参见：例如劳里·麦尔罗伊的"反美战争：萨达姆·侯赛因和世贸中心袭击案"，《复仇研究》，上文中提及的作品。
45. 迈卡·莫里森，"与伊拉克相关：萨达姆卷入了俄克拉荷马城事件和世贸中心爆炸案了吗？"，2002年9月5日《华尔街日报》。
46. 亨利·威克斯曼，《伊拉克记录》，上文中提及的作品，第21至22页。
47. 科林·鲍威尔在美国参议院的演说，内容关于国务院的年度预算（2003年2月11日），在联合国安全理事会的会议上他又重新介绍了大概内容。
48. 鲍勃·比克内尔，《法庭判决：基地组织与伊拉克的联系》，哥伦比亚广播公司新闻，2003年2月11日，http://www.cbsnews.com/stories/2003/05/08/uttm/main552868.shtml，理查德·威灵，《法律诉讼判定伊拉克要为"9·11事件"负部分责任》，《今日美国》，2003年5月7日，http://www.usatoday.com/news/nation/2003-06-07-9·11-judge-awards_x.htm，查阅于2010年2月27日。
49. 莫妮卡·戴维，"美国大兵家庭因悲痛而团结，因战争而分裂"，2005年1月2日《纽约时报》。
50. 吉姆· 加拉蒙，《对伊拉克人来说叛徒不是英雄》，美国军队信息处，2005年1月14日。
51. 埃里克·莱赛，《在美军法庭面前的阿布格莱布监狱丑闻》，2004年8月6日《世界报》。
52. 专访托尼·劳根瑞尼斯，"审讯策略。前军队专家讲述曾任伊拉克审讯员的经历"，《与克里斯·马修斯一起刨根问底》，微软全国有线广播电视公司，2006年1月17日，http://www.msnbc.msn.com/id/10895199/ns/msnbc_tv-hardball_with_chris_matthews/，查阅于2010年10月25日。

53. 总统演说，《布什总统宣布伊拉克的主要战事结束》，新闻秘书办公室，亚伯拉罕·林肯号航空母舰，圣地亚哥附近海域，2003年5月1日。
54. 唐纳德·舒特上校，“迈阿密最疯狂的海军陆战队；陆战队预备役指责巴格达，一路战斗”，《雇佣兵》，2005年3月1日。
55. 美国广播公司新闻台／《华盛顿邮报》统计结果，2005年3月10日至13日，http://www.pollingreport.com/iraq.htm，查阅于2005年2月8日。
56. 《华盛顿邮报》统计结果，2003年8月7日至11日。
57. 《时代周刊》/美国有线电视新闻网统计结果，2001年9月13日，援引自达纳·米尔班克、克劳迪娅·迪恩，《侯赛因和9·11事件的关系萦绕在很多人脑海里》，《华盛顿邮报》，2003年9月6日。
58. 《驻伊美军：72%的人说要在2006年结束战争》，佐格比国际调查机构，2006年2月28日；调查开展于2006年1月18日至2月14日，在伊拉克各个地区的944名官兵受访；http://www.zogby.com/templates/printnews.cfm?id=1075，查阅于2010年2月27日。
59. 安德鲁·戴兹，《米尔堡海军在伊拉克战场摆出阵型悼念“9·11事件”》，2003年9月13日《（罗克希尔）先驱报》。
60. 丽奈特·克莱梅森，《铭记历史，实现飞行梦》，2003年3月17日《纽约时报》。
61. 《军队与伊拉克设施》，Global Security.org，同上，http://www.globalsecurity.org/military/facility/iraq.htm，查阅于2006年6月9日。
62. 让-保罗·马里，《一个谎言，两桩杀人案》，调查报告，无国界记者组织，2004年1月，第15页。
63. 《军队与伊拉克设施》，同上。
64. 节选自克利夫顿·希克斯的博客，发表在“操纵真相”的博客上，2005年10月21日。http://www.musicforamerica.org.blog/9411?from=0，查阅于2005年10月27日。
65. 《军队与伊拉克设施》，Global Security.org，同上。
66. 保罗·马尔马萨里，《坦克上的标记》，出自《战争词典》，弗朗索瓦·科歇和雷米·波特编辑，巴黎，罗贝尔·拉封出版社，“旧书”丛书，2008年，第686页。
67. 萨金特·马帕姆，《为了考文垂》，1941年11月27日，《1942年在北非的英国军队，二战战争办公室收藏》，帝国军事博物馆，第18557号照片。
68. 德温·弗里德曼，《这是我们的战争：一个士兵的摄影集》，艺匠出版社2006年版。
69. 节选自丹尼尔·戈茨的博客，转载自“操纵真相”的博客，2005年11月14日，

http://www.musicforamerica.org/blog/9411?from=0, 查阅于 2005 年 11 月 27 日。
70. 唐纳德·舒特上校，同上。
71. 《当致命暴力撞击心灵与思想》，《经济学家》，2004 年 12 月 29 日。
72. 坎迪·克劳利，《美国有线电视新闻网：适应杀人》，2003 年 11 月 26 日播出的一档电视节目中转述。
73. 大卫·皮尔森少校，《天生就是杀手——扭转战局》，《军事评论》，1999 年 5 月至 6 月。
74. 帕特丽夏·龙勃罗梭专访吉米·梅西，《宣言报》，2005 年 3 月 3 日。
75. 唐纳德·桑多上校和汤姆·邓普西上校，《兄弟连——武士精神、单位作战效能和初级入门培训的作用》，美国陆军大学战略研究项目，美国陆军战争学院，2004 年 5 月 3 日，第 6 页。
76. 同上，第 5 页。
77. 《海军陆战队价值观：给争论领导者的用户指南》，海军部，美国海军陆战队司令部，1998 年 11 月 28 日，第 358 页。
78. 戴夫·格罗斯曼中校，《教孩子们去杀人》，“国家论坛：国家荣誉协会学报”，2000 年。
79. 唐纳德·桑多上校和汤姆·邓普西上校，同前，第 10 页。
80. 同上，第 III 页。
81. 同上，第 5 页。
82. 国防部，《区域和国家现役军人的人力统计》，（309A），华盛顿总部信息业务和报告服务部，2003 年 3 月 31 日。
83. 《海军陆战队价值观，给争论领导者的用户指南》，同前，第 250 页。
84. 海军陆战队制度第 1510.32D，海军部，美国海军陆战队司令部，海军附录 2，华盛顿，2003 年 8 月 25 日，第 1 页。
85. 《海军陆战队通用技能手册》,《课本 1A，适用于所有海军陆战队队员，个人训练标准》，2001 年 5 月。
86. 海军陆战队研究所制度第 1550.14 条，《出版手册，美国海军陆战队——基本主题》，美国海军陆战队，海军陆战队研究所，阿灵顿，1983 年 8 月 1 日，第 1 至 3 页。
87. 《海军陆战队价值观，给争论领导者的用户指南》，同前，第 11 页。
88. 《海军陆战队通用技能手册》，同前，第 23 至 28 页。
89. 《海军陆战队价值观，给争论领导者的用户指南》，同前。
90. 《海军陆战队通用技能手册》，同前，第 213 页。
91. 参见《联合参谋长，服役人员的个人防护指南：打击恐怖主义的自救手册》，1996 年 7 月。
92. 美国海军陆战队，《为了解恐怖主义和在恐怖主义袭击下幸存的个人指南》，海军部，美国海军陆战队总司令部，华盛顿，2001 年 9 月 18 日，第 11 页。

93. 让 - 玛丽 · 吉隆，《恐怖主义，恐怖主义分子》，摘自弗朗索瓦 · 马尔科、布鲁诺 · 勒鲁、克里斯蒂娜 · 里维斯 - 图泽，《二战时期法国抵抗运动历史词典》，巴黎，罗贝尔 · 拉封出版社“旧书”丛书，2006 年，第 984—985 页。

94. 美国海军陆战队，《为了解恐怖主义和在恐怖主义袭击下幸存的个人指南》，同上。出于同样的观点，2004 年 3 月 11 日马德里袭击事件发生，何塞 · 路易斯 · 萨帕特罗出任西班牙首相并决定撤回驻伊拉克的西班牙部队，在美国看来此举更像是对基地组织的屈服：“西班牙人民遭到了恐怖袭击，众议院共和党领导人宣布道。他选择改变政府来安抚恐怖分子。”

95. 在教科书《演习和仪式》中我们找不到任何痕迹。

96. 海军陆战队制度第 1510.32D，同上，第 4 页。

97. 援引自《全金属外壳》，斯坦利 · 库布里克，1987 年。

98. 参见《海军陆战队辞典》，devildogcorps.com，《美国海军陆战队辞典》，http://www.devildogcorps.com/，查阅于 2010 年 12 月 20 日。

99. 海军陆战队制度第 1500.58，《海军陆战队指导计划》，海军部，美国海军陆战队司令部，海军附录 2，华盛顿，2006 年 2 月 13 日。

100. 爱丽莎 · 所罗门，《抗战者去北方》，2004 年 12 月 16 日《民族报》。

101. 军事论坛“军事行情”包括一个版块专门留给《朱迪的命令》。

102. 简 · 迈尔，“无论是何代价：《24 小时》幕后人的策略”，同前。

103. 同上；汤姆 · 雷根，“《24 小时》鼓励美国审讯人员刑讯“逼供”囚犯了吗？”，2007 年 2 月 12 日《基督教科学箴言报》。

104. 《世界报》论坛驻会记者伊夫 · 欧德斯的报告，2003 年 11 月—12 月。

105. 美国国防部，2011 年度国防预算估计，国防部部长办公室（审计署），2010 年 3 月，第 33 页。同上，2013 年度，第 260 页（19.7 万名常备军与 4 万名预备役军人）。

106. 海军陆战队制度第 1510.32D，同前，第 1 页。

107. 拉德利 · 巴尔科，《战士警察的崛起： 美国警力军事化》，《公共事务》，纽约，2013 年；同一个作者的《小题大做：武警部队在美国的兴起》，加图研究所，2006 年 7 月 17 日，http://www.cato.org/publications/white-paper/overkill-rise-paramilitary-police-raid-america，查阅于 2013 年 7 月 23 日。

七、 第二次海湾战争，第二次综合征

1. 截至这一天，183629 名退伍老兵拿到“医学机能不全”的档案（奥德利 · 布罗伊和

杰拉德·亨格曼《海湾战争内幕》，引用）；迈克·巴伯，“海湾战争依然号称延续着”，2006 年 1 月 16 日《西雅图邮报》。

2. 迈克·巴伯，同上。

3. 2003 年，还有大约 18 个国家拥有这种类型的武器：除了之前提到的这些国家，我们要专门提到法国和俄罗斯，因为这两个国家不仅制造贫铀武器，而且还向所有对贫铀武器感兴趣的国家敞开大门。

4. “贫铀武器的生产”，《法国核武器观察者》，第 5 册，2000 年 10 月，第 8 页和第 21 页。

5. 《巴格达市中心，战争最开始的 24 小时》，地图，巴格达的 37 个轰炸目标，美国中情局档案，解密，1991 年；“海湾战争后遗症国防部副部长特别助理办公室”，“贫化铀在海湾（II）”，华盛顿 D.C，2000 年，援引自丹·费伊，“有关贫铀弹药问题辩论的兴起与衰落：1991—2004 年”，2004 年 6 月 20 日，第 8 页。

6. 根据消息来源的不同估值会发生变化：其中 2003 年 5 月 15 日《基督教科学箴言报》（斯科特·皮特森，“有毒弹药残骸散布伊拉克”）披露第一次海湾战争共计使用 320 吨 ~1000 吨这种弹药；2003 年 8 月 4 日《西雅图邮报》（拉里·约翰逊，“使用贫铀武器的健康方面的关切挥之不去”）报道有 375 吨。

7. 伊夫·欧德斯在参加《世界报》预订者论坛时接受的采访，2003 年 11 月—12 月。

8. 埃里克·莱赛，“海湾战争退伍老兵担忧美国士兵的命运”，2003 年 3 月 11 日《世界报》。

9. 约翰·菲亚尔卡，“权衡与贫铀有关的主张”，2003 年 1 月 2 日《华尔街日报》。

10. 韩康、卡罗尔·麦吉、克莱尔·马汉、李庆、弗朗西斯·墨菲、雷拉·杰克逊、吉纳维芙·马塔诺斯基，“美国海湾战争孕育的结果：3 万退伍老兵的民意调查”，《流行病学年鉴》，第 11 册，第 7 期，第 540—511 页。

11. 全球通信办公室，《谎言装置——萨达姆的误导和宣传：1990—2003》，2003 年 1 月，第 18 页。

12. 荷兰外交部长夏侯雅伯致议会的一封信，Volgens Amerikaanse opgave is gedurende het laatste conflit in al-Muthanna niet geschoten met DU-Houdendee munitie, 2003 年 6 月 18 日。

13. 以“国家海湾战争资源中心”和“军事有毒物质计划”为例。

14. 罗伯特·詹姆斯-帕森斯，“‘干净战争’的巨大谎言——从贫铀武器的真相说开去”。《外交世界》，2002 年 4 月。

15. 阿盖尔·W·阿布-恰尔和默罕默德·阿布-多尼亚，“贫铀——日渐增长的关切”，药理学与癌症生物学系，杜克大学医学中心，《应用毒物学期刊》，2002 年 5—6 月，http://www3.interscience.wiley.com/cgi-bin/abstract/93519516/ABSTRACT。此外，这篇文章还提醒道“贫铀残骸对环境的影响将持续数千年”。另见邓肯·格雷姆-

罗和罗布·爱德华，“贫铀阴影投进伊拉克的和平”，《新科学家》，2003 年 4 月 15 日。这份档案展示了贝塞斯达（美国）军方研究机构放射生物学家亚历山德拉·米勒有关生物毒性与贫铀辐射联合作用导致染色体突变的研究成果；联合国环境规划署（UNEP），“UNEP 建议对伊拉克贫铀问题展开研究”，阿曼 / 内罗毕，2003 年 4 月 6 日。

16. 斯科特·皮特森，“有毒弹药残骸散布伊拉克”同前。
17. 标语例如“贫铀武器杀死我们所有人 / 杀死我们战士”。
18. J.D. 埃德蒙兹、D.J. 布拉班德尔与 D.S. 科尔曼，“黑色山毛榉中铀的摄入和流动：被贫铀污染的地下水的生物探测器指示”，《臭氧层》，第 44 期，2001 年 8 月，第 790 页—791 页。
19. 关于弹药效果的联合技术合作小组，“特别报告：贫铀的医学和环境学评估”，贫铀工作组，1974 年，第 1 卷，第 96 页。
20. 伦纳德·迪茨，化学实验室第 434 号，“近期空气过滤收集及其他环境样本中观察到的过度活动的调查”，1980 年 1 月 24 日；解密科技报告，诺尔原子能实验室，斯克内克塔迪，纽约 12301 号；根据《信息自由法案》获得，橡树岭国家实验室，DOE/OR/21950-1022 号报告，“反应性总结：工程学评估 / 付费分析”，第 70 页—89 页，1997 年 1 月，援引自伦纳德·迪茨，“贫铀污染波斯湾战争退伍老兵以及其他人”，《原子科学家公报》，纽约，1996 年 7 月 19 日。
21. 胡安·冈萨雷斯，“贫铀毒杀了美国大军？”2004 年 4 月 3 日《纽约每日新闻》。请注意：15 年后，伦纳德·迪茨再度工作并且推动了研究工作的进展，研究结果以“贫铀污染波斯湾战争退伍老兵以及其他人”的形式呈现，1996 年 7 月 16 日。
22. 大卫·罗斯，“自我毁灭武器”，《名利场》，第 532 期，2004 年。
23. J·C·埃尔德与 M·C·丁克，“贫铀的氧化反应与高温下的喷雾散布”，洛斯阿拉莫斯国家实验室，LA-8610-MS，1980 年 12 月；J·A·格里斯迈耶与 J·三岛，“XM774 炮弹测试性燃烧时空中传播的铀的特征表述”，太平洋西北实验室，PNL-2944，里奇兰（华盛顿州），1979 年。
24. 有毒物质与疾病登记机构，公共健康评估与公共健康咨询，http://www.atsdr.cdc.gov/hac/pha/pha.asp?docid=178&pg=1，参阅于 2010 年 11 月 21 日。
25. M·E·达内西，“动能穿甲弹长期战略研究”，美军武器、弹药、化学品指挥部，1990 年，皮卡汀尼兵工厂，新泽西州，1990 年，附录 D，第 2 卷，第 3—4 页。
26. “贫铀武器的生产”，《法国核武器观察者》，第 5 册，2000 年 10 月，第 8 页。
27. 《橙剂法案》，1991 年，公法第 102-4 号，第 102 届国会，第一次会议。
28. 莎拉·波士利，“著名肿瘤科学家从化学公司领取报酬长达 20 年”，《卫报》，2006 年 12 月 8 日。

29. 斯科特·皮特森，“有毒弹药残骸散布伊拉克，《箴言报》发现美军穿甲弹遗留的高数量级的辐射”，2003年5月15日《基督教科学箴言报》。

30. 斯科特·皮特森，同前，陆军部，手册700-48，“后勤：受贫铀污染的器材或受辐射的日用品处置程序”，陆军总部，华盛顿D.C，2002年9月27日，第33页。

31. 罗伯特·詹姆斯·帕森斯，“受联合国庇护的谎言——禁谈贫铀规则”，《外交世界》，2001年2月。

32. 医疗铀研究中心代表团初步调查结果，援引自高坂奈央，“前军医谴责使用贫铀武器”，2003年11月22日《日本时报》。

33. 奥德利·布罗伊和杰拉德·亨格曼：《海湾战争内幕》，引用。

34. 克里斯·霍克（美联社），“与海湾战争大火有关的肺癌”，CBS新闻台，2004年12月20日，http://www.cbsnews.com/stories/2004/12/20/health/main662010.shtml，参阅于2010年12月10日。

35. 美国总会计师事务所，“军方并未做足准备处理贫铀”，GAO/NSIAD-93-90，1993年7月，第15-16页。

36. 丹·费伊，“有关贫铀弹药问题辩论的兴起与衰落：1991—2004年”，2004年6月20日，第11页。

37. 皮特·菲利普，《回顾1997：没有新闻价值的新闻——年度前二十五大回顾新闻故事》，图书销售与区域集团，1997年。

38. 海湾战争后遗症国防部副部长特别助理办公室，《年度报告》，美国国防部，华盛顿，1998年1月8日，第30页。

39. 《年度报告》，海湾战争退伍老兵疾病委员会咨询报告，2002—2008年。

40. 琳达·D·卡扎因，“美国国防部推行贫铀训练”，海陆空三军新闻局，1999年8月；同上，“贫铀：剩下的故事”，同前。

41. 汉·K·康与蒂姆·布尔曼，“波斯湾战争美军退伍老兵死亡率：7年随访”，《美国流行病学期刊》，第154卷，第5期，2001年，第399—405页。研究或许获得了退伍军人秘书处的资金支持（参看第404页）。

42. 《领先报道》，“贫铀医学随访”，联邦军事顾问小组#：1998244-0000006，1999年3月1日。3页纸的打字和手写文稿，解密，删节版。

43. 记录备忘录，“主题：1999年10月15日，会见梅丽莎·麦克迪尔米德医生及其全体团队人员，讨论巴尔的摩贫铀随访及拓展计划”，联邦军事顾问小组掌控#2000089-0000005 03，1999年10月15日，打字文稿，2页，8项。

44. 伯纳德·罗斯特克的第三份年度报告，国防部副部长兼海湾战争综合征问题特别助理，2000年。另见，伯纳德·罗斯特克，“书面声明”，参议员预算委员会上发表的陈述文本，2000年10月12日。

45. 克洛德·塞尔法蒂，“世纪之交美国军事工业体系的再生”，安全与和平信息研究集团，布鲁塞尔，2002 年。
46. 国防部副部长办公室，国防预算，华盛顿。
47. 研究、开发、测试和评估预算项目调整表（R2- 展示），0604327F，“坚固目标弹药，644641 计划，任务说明书”，2000 年 2 月，第 593 页。
48. 罗斯特克，援引自琳达·D·卡扎因，“贫铀：剩下的故事”，同前。
49. 防御转化委员会，“调整消耗”，华盛顿，1992 年 12 月。
50. 美国发展中心，“退休人员出售 4700 万美元股份”，2004 年 5 月 14 日，http://www.americanprogress.org/site/pp.asp?c=biJRJ8Ovf&b=70999，参阅于 2005 年 6 月 12 日。
51. 雷声公司，2002 年度回顾，政府与防务，第 5 页。
52. Open secrets.org，“美国通用动力公司”，《最顶尖捐助者名录》，http://www.opensecrets.org/orgs/list.asp。游说：http://www.opensecrets.org/lobbyists/indus.asp?Ind=D，参阅于 2005 年 6 月 12 日。
53. 例如，为平衡表面水平舵使用贫铀材质的配重元素（“客机上使用的贫铀”，《科学与未来》，2001 年 2 月）；此后，麦克唐纳·道格拉斯公司被波音国防兼并，空间与安全。
54. 我们仅汇总了行业内主要参与者的献金数额，例如通用动力公司、洛克希德·马丁公司、雷声公司和波音公司；http://www.opensecrets.org/lobbyists/indus.asp?Ind=D，参阅于 2015 年 6 月 12 日。
55. 杰米·林肯·基特曼，《铅的历史》，巴黎，阿利亚出版社，2005 年。
56. 斯科特·皮特森，“有毒弹药残骸散布伊拉克”，同前。
57. 陆军部，手册 700-48，“后勤：受贫铀污染的器材或受辐射污染的日用品处置程序”，陆军总部，华盛顿 D.C，2002 年 9 月 27 日。2000 年 2 月 29 日，美国陆军部长行政助理乔尔·B·哈德森签署了这份 48 页的文件，文件革新了 385-10 号规定（《陆军安全程序》）的内容，只字未提与贫铀弹药相关的风险。
58. 斯科特·皮特森，“有毒弹药残骸散布伊拉克”，同前。
59. 同上。
60. “要求核准对 DA 3078 BE 单元指挥官的无端质疑”，08-15-102000Z，1991 年 3 月，第 2 页。
61. 把所有与贫铀危险性相关的文件登记造册毫无意义。这些文件盘点了军方领导层掌握的确切情报。以 1990 年 9 月 8 日（参见 1990 年 9 月 CG MCRDAC 062140z），海军参谋部执行沙特阿拉伯沙漠试射任务后编纂的备忘录为例。备忘录的作者写道“另外还让人担忧的是，炮弹使用过后残留的辐射会引发风险”。
62. GTA3-4-1，1997 年 6 月 2 日，GTA3-4-1A，1999 年 7 月 1 日，“贫铀意识”，

美国陆军演习支持中心，指挥部，陆军部。

63. 陆军部，手册700-48，同前，第8页、第12页和第16页。
64. 罗恩·切佩修克，“贫铀的致命毒性——成为伊拉克的健康灾难”，《每日星报》2004年9月8日。
65. 斯科特·皮特森，“有毒弹药残骸散布伊拉克”，同前。
66. “雅虎通”上的对话，“军事版”（经由这种方式搜集到的证词的可靠性可以通过与对话者电子邮箱相关联的IP地址进行验证）。
67. 吉姆·加拉蒙，“研究发现贫铀微粒带有轻微的危险”，美国军队信息处，2004年10月29日。
68. 同上。
69. 尤其是美军反射生物学研究所的放射生物学家亚历山德拉·米勒的结论，类似辐射及环境科学中心（都柏林）出具的关于贫铀污染及其毒性影响导致染色体变异的结论（“贫铀阴影投进伊拉克的和平”，《新科学家》，2003年4月15日）。
70. 克里斯·卡西迪，“土壤抽样从Starmet公司开始”，2004年9月30日《和谐日报》。
71. “贫铀武器的生产”，《法国核武器观察者》，第5册，同前，第9页。美国共计拥有60余处制造、存储及试验这种弹药的场地（军事有毒物质计划，“贫”铀弹药——充当武器的核废物，《信息说明》，2003年6月，第9页）。
72. 简·麦克休，“患病的警卫指责贫铀武器”，2004年4月9日《陆军时报》；胡安·冈萨雷斯，“贫铀毒杀了美国大军？”，同前。
73. 罗恩·切佩修克，“贫铀的致命毒性——成为伊拉克的健康灾难”，同前。
74. 从2003年5月底开始，4名英国士兵似乎患上了同样的综合征。他们遵循该问题专业律师的建议，准备控诉本国国防部（法新社，“罹患‘第二次海湾战争综合征’的首批病例”，2003年5月27日）。
75. 大卫·罗斯，同前。
76. 陆军部，手册700-48，同前，附录F。
77. 罗恩·切佩修克，“贫铀的致命毒性——成为伊拉克的健康灾难”，同前。
78. 众议院决议案第1483号：《贫铀弹药研究法案》，2003年3月27日。
79. 胡达·阿马什，“有毒污染、海湾战争与制裁”，援引自安东尼·阿诺夫与阿里·阿布尼玛（主编），《包围下的伊拉克：制裁和战争的致命影响》，剑桥，South End Press出版社，2000年，第169页。这家出版社还出版诺姆·乔姆斯基以及其他一脉相承的作家的作品。
80. 伊拉克调查小组，“中情局局长伊拉克大规模杀伤性武器特别顾问的全面报告”，2004年10月7日公诸于众，共计918页。
81. “五角大楼：有‘炭疽夫人’之称的伊拉克女子被收监”，CNN电视台，2003年5月5日。

82. 根据 2003 年 3 月 12 日英国政府下达的最后通牒所言。
83. CBS 电视台 /《纽约时报》联合民意调查，2005 年 1 月 14 日—18 日，统计结果显示支持这一观点的人仅以极其微弱的优势领先（占全部被调查者的 56%）。
84. 美联社，“细菌先生和炭疽女士被释放”，2005 年 12 月 19 日。
85. “可供使用的新闻”，《国民警卫队家庭计划》，健康专栏，2004 年 4 月 6 日，第 18 页。
86. 陆军部，手册 700-48，同前，附录 G。
87. 2004 年 11 月 1 日，中央司令部的网站上出现了一份长达 735 页的调查报告。这本报告已经解密并且经过删减，内容涉及类似 A-10“疣猪式”飞机这样的事件，http://www.centcom.mil/CENTCOMNews/Investigation%20Reports/Default.asp，参阅于 2005 年 1 月 3 日。
88. 大卫 · 布什内尔，“铀清除行动优先”，2006 年 1 月 1 日《波士顿环球报》。
89. 《起草废弃金属出口指导方针》，2004 年 2 月 28 日。
90. 维基解密战争记录：IDF Attk On_AR IVO:INJ/DAMAGE，2005-11-04。
91. 乔尔 · 罗伯特，“美国向伊拉克电视台投下‘E 炸弹’——已知的首次使用这种试验性武器”，CBS 新闻台，2003 年 3 月 25 日。
92. 安德雷 · 菲格雷多医生，“伊拉克的疟原虫疟疾”，《柳叶刀》，2003 年 8 月 1 日。
93. 卡伦 · 弗莱明 - 迈克尔，“沃尔特 · 里德在伊拉克治疗了 500 名利士曼原虫病患者”，陆军新闻处，2004 年 3 月 4 日。
94. 《武装部队瘟疫管理局技术指南》，第 36 期，“军方个人保护自己免受昆虫和其他节肢动物侵犯的措施”，AFPMB，信息服务部，2009 年 10 月，第 3 页。
95. 派往伊拉克的海军陆战队用品说明书，2014 年。
96. 马克 · 埃利斯，“辩论继续围绕使用 DEET 作为臭虫驱除剂展开”，2003 年 8 月 8 日《哥伦比亚电讯报》。
97. 大卫 · 奥林杰，“研究人员说是与战争病相关的工作导致他被开除”，1997 年 1 月 11 日《圣彼得堡时报》。
98. 阿布 - 多尼亚，《毒理学与实验健康杂志》，1996 年 5 月，第 48 卷，第 35—36 页。爱荷华州立大学和德克萨斯州立大学发布了相似的结果，http://www.duke-news.duke.edu/news/newsrelease652d.html?p=all&id=872&catid=2，参阅于 2004 年 3 月 20 日。
99. “杜克大学药理学家认为，DEET 大脑作用的动物研究确保了未来的测试”，杜克大学，http://www.duke-news.duke.edu/news/newsrelease652d.html?p=all&id=872&catid=2，参阅于 2004 年 3 月 20 日。
100. 文森特 · 科贝尔、玛利亚 · 斯坦科维奇、塞德里克 · 佩纳捷、迪迪耶 · 福尼尔、儒尔 · 斯托扬、埃马纽埃尔 · 吉拉德、米特科 · 季米特洛夫、乔迪 · 摩尔戈、让 - 马克 · 乌加尔和布鲁诺 · 拉皮耶，“DEET 驱虫剂对昆虫和哺乳动物神经系统中胆碱酯酶的抑制作用”，《BMC 生物学》，第 7 卷，2009 年 8 月 5 日。

101. 奥斯米兹与墨菲,《与使用DEET除虫剂有关的神经病学影响》,35(5),1997 年第 435—441 页。http://chemistry.about.com/cs/howthingswork/a/aa042703a.htm。

102. C. 谢弗和 P.W. 皮特斯，《暴露在避蚊胺环境下的子宫与胎儿的后果》，6，1993 年，第 175—176 页，http://dmd.aspetjournals.org/cgi/content/full/30/3/289， 参阅于 2004 年 3 月 21 日。

103. G.P. 舒尼戈、T.G. 奥斯米兹、K.L. 加布里埃尔、R. 哈特纳格尔、M.W. 吉尔和 E.I. 戈尔登塔尔，“DEET 的慢性毒性和致瘤性评估”，《毒物学》，第 47 册，第 99—109 页，毒物学公司，1999 年，毒物管理处，公司，夏洛茨维尔；阿布 - 多尼亚教授，《神经病学实验》，第 172 卷，第 153 页 -171 页，2001 年以及《毒理学与环境健康杂志》，第 64 卷，第 373 页 -384 页；M.B. 阿布 - 多尼亚、A.M. 戴什科夫凯亚、L.B. 戈尔茨坦、A. 阿卜杜勒 - 拉赫曼、S.L. 布尔曼、W.A. 肯，《暴露在吡啶斯的明、DEET 和 / 或苄氯菊脂环境下引发运动感觉缺失以及大脑中乙酰胆碱酯酶活跃度变化》，病理学与癌症生物学系，杜克大学媒体中心，达勒姆，2004 年 2 月。

104. 赛利娜·加里耶比、路易斯·朗贝尔、帕纳伊奥塔·马克里索 - 普洛斯、约瑟·马西科特、朱莉·皮卡德，“西尼罗病毒导致的传染病”，《环境健康信息公告》，第 12 卷，第 4—5 期，2001 年 7 月 -10 月，http://www.inspq.qc.ca/bulletin/bise/2001/bise_12_4-5.asp?Annee=2001，参阅于 2009 年 7 月 8 日。

105. 美国环境保护局，“重新注册 DEET 决定的资格”，1998 年 9 月，第 21—22 页。

106. 美国环境保护局，“环境保护局促进更安全地使用 DEET 驱虫剂”，1998 年 4 月 24 日，http://yosemite.epa.gov/opa，参阅于 2004 年 3 月 21 日。

107. 布莱恩·卡贝尔，“研究表明：海湾战争退伍老兵长期暴露在化学品环境中，造成大脑损伤”，CNN 电视台，1999 年 11 月 30 日，http://www.cnn.com/HEALTH/99 · 11/30/gulf.war.syndrome/index.html，参阅于 2003 年 3 月 21 日。

108. 美军货物批发公司，“美国大兵除虫剂”，http://www.afmo.com/product_page.asp?pid=1387，参阅于 2004 年 3 月 20 日。网站的详细说明书明确产品含有 30% 的 DEET。应该从这则谎言中看出消费者敏感的证明吗？

109. 国防部副部长办公室，军方害虫管理局，沃尔特·里德军队医疗中心，森林溪谷部，华盛顿 DC，“AFPMB 第 174 次会议”，2003 年 11 月 21 日。

110. “药品与化学制品”，FBO#0031，2002 年 1 月 2 日，http://www.fbodaily.com/archive/2002/01-January/02-Jan-2002/68-awd.htm, FBO Daily 是一个数据基地，储存了联邦政府签约的所有合同。

111. 美国发展中心，“退休人员出售 4700 万美元股份”，2004 年 5 月 14 日，http://www.americanprogress.org/site/pp.asp?c=biJRJ8Ovf&b=70999，参阅于 2005 年 6 月 12 日。

112. 布伦丹·沃森，“外包密苏里州工作的CEO们支持布什”，http://digmo.org/news/story.php?ID=9176，参阅于2004年9月8日。
113. 《3M公司商业行为策略》，2004年，第14页。
114. 美国国防部副部长办公室，AFPMB，“医学昆虫学委员会西尼罗病毒附属委员会报告”，2003年11月17日，第27页。
115. 洛里·格兰特与迈克尔·麦卡锡，“零售商目睹驱虫剂销售井喷”，《今日美国》，http://www.usatoday.com/news/health/2002-08-08-repellent_x.htm，参阅于2011年4月20日。
116. 雅虎美国采访一位海军陆战队员，2004年10月8日。
117. 总务管理局，联邦供应服务部，“3M驱虫喷雾，联邦科学委员会第73小组，合同编号：GS-07F-0394J，合同期限：2009年9月1日—2014年8月31日”。
118. 3M公司官方网站，“民用驱虫喷雾™产品”，http://solutions.3m.com/wps/portal/3M/en_US/Ultrathon/Products/Personal-Insect-Repellant/，参阅于2010年11月19日。

八、 政治和社会军国主义

1. 2004年12月7日，正值感恩节之际巡查伊拉克部队，以此作为一个鲜明的例子。
2. 乔治·沃克·布什于2002年2月4日的演说，《在佛罗里达州沃尔顿堡海滩对埃格林空军基地军队的演讲》。
3. 除了乔治·沃克·布什之外，唯一的美国总统穿着军队制服的模范事例就要属1794年威士忌暴乱事件中乔治·华盛顿的着装了。
4. 马克·诺勒，《一位战争总统的和平奖》，（美国）哥伦比亚广播公司，2009年12月7日，http://www.cbsnews.com/8301-503544_162-5928954-503544.html，参阅于2010年3月30日。
5. 2004年9月8日《波士顿环球报》，“布什不符合警卫员考勤的要求——记录显示未履行其诺言”。http://www.boston.com/news/politics/president/bush/articles/2004/09/08/bush_fell_short_on_duty_at_guard/，参阅于2004年9月13日。
6. 在选举期间，民主党派或共和党派附属协会四处活跃，这种类型的协会利用税法第527条条款的模棱两可，在党派的资金支持方面钻了法律的空子；这一条款准许无限地征收资金用于形象推广的活动，唯一的条件是这些组织不可以明确地呼吁为一个或另一个候选人投票。所以经常会有一些最为不堪的诋毁行为。
7. SwiftVets.com，约翰·克里服兵役的真实故事，短片名为《他们曾为国家服役》，时长1分钟，http://www.swiftvets.com/，参阅于2005年7月5日。

8. 约翰·克里，参议院外交事务委员会上的证词，1971年4月22日于华盛顿。这位未来的马萨诸塞州参议员参与了“冬日战士调查”，这是一个由越战老兵反战组织支持的方案，旨在统计士兵的证词，以便让大众了解在印度支那半岛上所犯下的战争罪行。
9. “我们为什么不能忘记越南战争”，《美国军团杂志》，2003年7月。
10. 迈克·德龙将军访谈，《战地指挥所》，2004年9月24日。
11. 《布什不符合警卫员考勤的要求——记录显示未履行其诺言》，同前。
12. 彼得·菲弗与理查德·科恩，《军人与平民：军民差距与美国国家安全》，剑桥大学，麻省理工学院出版社，2001年。
13. 米尔德里德·埃默，“第109届国会成员：概述”，《国会研究服务部的报告》，2006年11月29日。
14. 利奥·谢恩三世，《9名阿富汗和伊拉克战争退伍老兵入选国会》，2010年11月3日《星条旗报》。
15. 克里斯托弗·戈尔皮与彼得·菲弗，“说话要温和，但手中拿着棍棒？政治精英中的退伍军人和使用武力的美国人”，《美国政治学评论》，第96卷第4期，2002年12月，第779—793页，第783页。
16. 凯伦·库御，“在两个前线服役。跟踪报道少数国会议员送子女入伍）”，2004年9月13日《圣地亚哥联合论坛报》。
17. 克里斯托弗·戈尔皮和彼得·菲弗，同上，第782页。
18. 这句台词粗体字。
19. “准备好，志愿者和有能力的人，来拿联合电脑公司的解决方案吧”，联合电脑公司广告，2003年，这句台词用粗体字。
20. 参见阿尔及利亚战争爆发前后，《笑声》杂志上刊登的广告。
21. “变强大、变善良、变智慧、变勇敢”，“勇敢的战士”官方网站的标示和介绍，http://www.brave-soldier.com/1/main.php，参阅于2006年3月25日。
22. 莱斯·克里斯蒂，“发展中的生意”，CNNMoney.com，2005年4月29日。
23. 凯瑟琳·唐纳森-埃文斯，“广告演员的政见为MCI招来非议”，Foxnews.com，2003年5月13日，http://www.foxnews.com/story/029338666700.html，参阅于2010年11月25日。
24. OASD-RA (ESGR)，负责预备役事务的国防部长办公室，雇主支持国民卫队和预备役，国会答复，众议院决议案第108-187号，2004年3月31日，第3页。
25. 同上，第1页；雇主支持国民卫队和预备役，“我们都服役……在ESGR”，http://esgr.org/site/AboutUs/tabid/72/Defaut.aspx，参阅于2010年8月13日。
26. 《2009年美国陆军态势报告》，“军人配偶雇佣合作计划”（ASEP），http://

www.army.mil/aps/09/information_papers/army_spouse_employment_partnership.html，参阅于 2010 年 8 月 13 日。

27. 戈利 · J · 吉尔摩，“VFW、YMCA、AT&T 支援持久自由部队的家庭”，美军情报局，2003 年 3 月 13 日。

28. 新闻公报，“洲际酒店集团捐献政府评估收入的 1% 支援美军，捐款帮助军人和军人家庭”，2003 年 4 月 29 日，集团新闻处。

29. 玛格丽特·麦肯齐，“配偶雇佣合作计划欢迎新伙伴”，陆军新闻局，2005 年 10 月 3 日。

30. 维多利亚 · 帕默，“男孩 & 女孩俱乐部敞开支持支持军人子女”，美国人集体工作，美国国防，美国国防部有关反恐战争的新闻；“美国自由部队发动‘在大后方’行动”，白宫，2003 年 3 月。

31. 西尔斯控股公司，“军事支援、社区延伸与紫色行动”，http://www.searsholdings.com/communityrelations/hero/military.htm，参阅于 2010 年 8 月 13 日。

32. “退伍老兵，‘退伍老兵纪念日’获得承认并纪念服役的男人和女人，VFW，沃尔玛超市有限公司，致敬现役以及曾经为我们国家军队服役的人的团队”，美通社，2002 年 10 月 31 日，http://www.veteransadcantage.com/cms/content/walmart，参阅于 2010 年 10 月 15 日。

33. “谷歌：税务研究冠军”，2010 年 10 月 27 日《鸭鸣报》；杰西 · 德鲁克，“谷歌：2.4% 比例显示税务漏洞如何丢失 600 亿美元税收”，2010 年 10 月 21 日，http://www.bloomberg.com/news/2010-10-21/google-2-4-rate-shows-how-60-billion-u-s-revenue-lost-to-tax-loopholes.html，参阅于 2010 年 10 月 25 日

34. 戈利·J·吉尔摩，“VFW、YMCA、AT&T 支援持久自由部队的家庭”，同前；“AT&T 加入‘美国支持你’团队”，美军情报局，2005 年 6 月 8 日，http://www.americasupportsyou.mil/americasupportsyou/Content.aspx?ID=20357720&SectionID=1，参阅于 2009 年 10 月 15 日。

35. 第一次海湾战争期间，法国这个同样好战的国家又一次准许并赞美国家大企业的类似行动：例如，欧莱雅公司向参与“幼鹿行动”的战士们提供 44m³ 的洗发水和洗漱产品。“巴黎水”公司向军事基地发送了 500 万瓶水，同时公司为参加“幼鹿”行动的战士制作了 12000 吨羊乳干酪。

36. 新闻公告，“Jeep 与‘感恩行动；协会进行深度合作”，Jeep 新闻，戴姆勒克莱斯勒新闻部，2005 年 9 月 21 日，http://www.jeep.com/jeep_life/news/jeep/operation_gratitude.html。

37. 辛西娅 · 内利斯，“军事时尚——时尚独家新闻”，《女性潮流》，2001 年 1 月。

38. 亚历山德拉·巴尔代，《时尚中的交流：一种被打上媒体化标签的关系》，弗朗索瓦·奥尔指导的结业论文，2012 年 6 月，里昂政治学院。

39. 美国专利与商标局。
40. 苏珊·德克尔，“寻求靠‘震慑与恐吓’赚钱”，2003年5月12日《洛杉矶时报》；罗伯特·朗利，“专利局遭遇‘震慑与恐吓’袭击”，About.com，2003年10月27日，http://usgovinfo.about.com/cs/censusstatistic/a/shockandawe.htm；艾格尼丝·丘萨克，“美国公司因‘震慑与恐吓’的版权问题斗得不可开交”，澳大利亚广播节目《今日世界》翻录，2003年5月16日由ABC本地广播播出，http://www.abc.net.au/worldtoday/content/2003/s856964.htm，参阅于2010年3月17日。
41. 妮科尔·巴沙朗，同前。
42. 托马·拉比诺，“多样性、音乐和战争歌曲”，《最后一场战争的历史》，第11篇。
43. “爱国主义歌曲在广播中复活”，《公告牌》，2001年9月29日。
44. 玛高·惠特迈尔，“《Shock'n Y'All》或许会震撼一些人”，《公告牌》杂志，2004年10月29日。
45. “乡村音乐表演满足了歌迷对爱国主义音乐的渴望”，《公告牌》杂志，2003年5月3日。
46. 奥斯卡·哈默斯坦二世，“音乐的战争行动”，《公告牌》杂志，1944年（年度版）。
47. 哈默·E·凯普哈特，“唱片公司慢慢加速录制新的战争歌曲”，《公告牌》，1942年1月3日。
48. 杰夫·梅菲尔德，“遍布全国”，《公告牌》，2001年11月3日。
49. 哈罗德·汉弗莱，“战时音乐”，《公告牌》，1942年1月31日。
50. 《美式致敬：国家精神》（2002年）、《上帝保佑美利坚：壮观的星条旗》（2002年）、《美国最受欢迎的爱国歌曲》（2002年）、《上帝保佑美利坚》（2002年）、《上帝保佑美利坚：爱国歌曲终极合集》（2002年）、《从大海到闪亮的大海：美国军队的音乐典礼》（2003年）、《美丽的美利坚》（2003年）、《爱国乡村歌曲》（2004年）等。
51. “军人家庭调查”，《华盛顿邮报》/凯撒家庭基金会/哈佛大学，2004年3月。
52. 国防部（DOD），国防部人事与预备役副部长办公室，年度报告概括，2002年10月—2005年9月。
53. 劳军联合组织官方网站，“我们的支持者、伙伴以及赞助人”，http://www.uso.org/whoweare/oursupporters/partnerssponsors/，参阅于2010年9月8日。
54. 切特·德尔西格诺，“歌手鼓励新入伍的战士保持专注”，空军招募服务中心公共事务部，2007年7月20日，http://www.af.mil/news/story.asp?id=123061431，参阅于2010年8月16日。
55. 奥斯卡·哈默斯坦二世，同前。另见：凯瑟琳·E·R·史密斯，《上帝保佑美利坚：“锡盘巷”走向战争》，肯塔基大学出版社，2003年。
56. 在一长串例子名单上，让我们以篮球超级巨星迈克尔·乔丹为例，他把自己一年的薪水都捐给了牺牲者的家庭。

57. 马克·纽曼，“棒球纪念‘9·11事件’——9块棒球球场为此专门举行赛前仪式”，MLB.com，2006年9月12日。
58. 威廉·塞尔比，“美国职棒大联盟全明星对军队表示敬意和支持”，美国国防部现场直播，2010年7月13日。
59. 马克·纽曼，“欢迎退伍老兵，支持军队”，MLB.com，2010年5月28日。
60. 斯蒂芬·唐纳德·史密斯，“NASCAR在晚宴上向负伤军人致敬事件”，美军新闻处，2006年9月22日。
61. “加利福尼亚的NASCAR车迷支持军队”，美军新闻处，2006年9月5日。
62. “固特异努力推广‘支持我们的军队’系列产品”，NASCAR.com，2010年7月13日。
63. 马克·D·法拉姆，“美国海军终止赞助NASCAR”，2008年7月11日《海军时报》，2008年时达成的撤销公告。
64. 杰夫·舒格尔，“海军陆战队停止暂时NASCAR的Busch系列大赛”，2006年10月29日《星条报》。
65. “美国陆军竞速车队车手——带着骄傲和荣誉驾驶”，http://www.goarmy.com/army-racing/nascar-cup-series/driver.html，参阅于2011年2月16日。
66. 格雷姆·汤普逊，“风雨中的莱德杯”，《观察家》，2004年9月5日。
67. 萨曼塔·L·奎格利，“军队找到感恩，印第安纳波斯利500大赛的娱乐项目”，美军新闻处，2006年5月26日。
68. 最终与2010年法国军队采纳的口号——“变成你自己”差别并不是太大。
69. 詹姆斯·C·罗伯茨，“棒球走向战争：第二次世界大战时的国家娱乐”，《美国退伍老兵中心杂志》，2007年冬。
70. 美联社，“前美国国家足球联盟球员杰里米·施塔特被派往伊拉克战场”，2007年3月22日。
71. 美国国家足球联盟官方网站，“美国国家足球联盟与军队有密切关系的球员名单”，2007赛季，https://www.nfl.info/nflmedia/kickoff%20weekend/2007/FINAL%20PDFs/Page%2033.PDF，参阅于2011年2月13日。
72. 约翰·赖安，“军队与美国国家足球联盟关系密切”，2010年12月22日《陆军时报》。
73. 有关这一话题参见旺达·艾伦·维克菲尔德，《游戏中取胜：体育与美国军队：1898—1945》，奥尔巴尼，纽约州立大学出版社，1997年。
74. 马克·纽曼，“欢迎退伍老兵，支持军队”，同前。
75. 杰克·F·威廉姆斯，“体育行业的收入革命正在来临”，转引自艾米塞巴·高斯，《体育营销的动力》，海德拉巴，印度金融分析师专业大学出版社，2008年，第672页。
76. 援引自莱斯·卡朋特，“美国国家足球联盟下令放弃战争比喻”，《华盛顿邮报》，

2009 年 2 月 1 日。
77. 2009 年，美国国家足球联盟官方宣布不再使用军事专用词汇进行交流。若想判断一个并不是由这项运动的民间代表作出决定是否有效，还需要再等上几年。
78. 理查德 · H · P · 希雅，“H · 诺曼 · 施瓦茨科普夫将军：战争方法上的聪明者”，1991 年 3 月 10 日《巴尔的摩太阳报》。
79. 乔 · 拉普安特，“滚石登上 NFL 的舞台”，2006 年 2 月 3 日《纽约时报》。
80. 迈克尔 · J · 卡登，“NFL：军队延续超级碗的传统”，美军新闻处，2009 年 1 月 29 日。
81. “哈德森、约翰逊、麦德森、马里昂和帕克获得 NBA 社区援助奖”，NBA.com，2003 年 7 月 31 日。
82. 道格拉斯 · A · 诺维尔和劳伦斯 · E · 齐瓦科茨，《他们玩的游戏：美国历史上的体育：1865—1980》，NelsonHall 公司，芝加哥，1983 年。
83. 泰勒 · 麦克劳德，“乌鸦队贮备支持为军队鲜血”，《巴尔的摩乌鸦队新闻》，2010 年 9 月 30 日。
84. 克里斯蒂娜 · 里弗斯，“钢人队和 NFL 庆祝‘退伍老兵日’并且支持军队”，《主考官》，2010 年 11 月 9 日。
85. “行家大战特种部队：付出一点点，为那些付出很多的人”，美国劳军联合组织，2011 年。
86. “从‘战士的甜心’日历走出来的前 NFL 拉拉队长”，2008 年 1 月 4 日。
87. 无畏的阵亡英雄基金会，“致敬并支持那些为国牺牲的英雄”，基金会历史，http://www.fallenheroesfund.org/About-IFHF/Fund-History.aspx，参阅于 2011 年 2 月 16 日。
88. 约翰 · 霍林格，“史蒂夫声明——小牛队球星发声反对伊拉克战争”，Sports Illustrated.com，2003 年 2 月 7 日；埃里克 · 史密斯，“海纠纷直击猛龙队要害”，raptors.com，2003 年 3 月 21 日。小牛队球员是加拿大人；阿尔斯通效力于多伦多猛龙队，在宣传栏上稍稍吐露心声。

九、 年轻人：当前的冲突与未来的冲突

1. 欧内斯特 · 拉维斯，《法国史：初级班》，巴黎，阿尔芒 · 柯林出版社，1913 年，第 159—第 161 页。
2. 参见斯特凡纳 · 奥杜安 - 鲁佐，《孩子们的战争：1914—1918》，巴黎，阿尔芒 · 柯林出版社，1993 年；奥利维耶 · 卢贝，《祖国的学校——幻想破灭的历史：1914—1940》，巴黎，佩兰出版社，2001 年。
3. 欧内斯特 · 拉维斯，同上，第 168 页。

4. 沃尔特 · 李普曼，“没有文化的教育”，《共和国》，第 33 期，1940—1941 年，第 323 页；安 · L · 克罗基特，“糖果 vs 学习”，《周六晚间邮报》，第 29 期，1940 年 3 月 16 日，第 105—106 页。援引自马里 · 蒙塔古泰利，《美国教育史》，巴黎，佩兰出版社，2000 年，第 203 页。
5. 同上。
6. 罗尔德 · 坎贝尔、卢文 · 坎宁安、罗德里克 · 麦克菲，《美国学校的组织与控制》，查尔斯 · E · 梅里尔出版公司，哥伦比亚，1965 年，第 347 页，援引自马里 · 蒙塔古泰利，同前。
7. 詹姆斯 · W · 洛温，同前；琼 · 代法托尔，《约翰尼不应该读什么——美国教科书审查制度》，耶鲁大学出版社，1994 年。
8. 詹姆斯 · W · 洛温，同前；克莱尔 · 布吕耶尔，“美国教科书：各条阵线上的出版商”，《源头》，2008 年秋季，第 83—100 页。
9. 大量作者使用这种说法：刘易斯 · H · 拉帕姆，《闭嘴法案》，纽约，企鹅出版社，2004 年版，第 103 页，援引自克莱尔 · 布吕耶尔，同前，第 84 页。
10. 大卫 · 皮尔彭特 · 加德纳（主编），《危险中的国家：教育改革势在必行》，面向全国和国会教育部长有关教育优点的报告，1983 年 4 月；洛里 · 蒙塔古泰利，同前第 265 页—290 页。
11. 伊夫 - 亨利 · 诺埃拉，同前，第 204 页。
12. 詹姆斯 · 拉姆齐 · 巴特勒，“全志愿兵武装力量”，《教师学校记录》，73-1，1971 年 9 月，第 27—39 页。
13. 写给中学校长的信由“退伍军人部”主席詹姆斯 · R · 尼克尔森操刀，国家老兵退伍日委员会，2005 年 11 月 11 日。
14. “学校如何参与‘自由的教训’”，转引自“‘聚焦老兵退伍节——自由的教训’”，同前。
15. “美国总统讲话”，2005 年 8 月 24 日，华盛顿，转引自《“退伍老兵日”2005》，《教师资源指南》，第 III 页。
16. “退伍老兵事务儿童版，5 岁以下儿童，儿童学习退伍老兵相关事务”，http://www.va.gov/kids/k-5/index.asp?intSiteID=2，参阅于 2004 年 1 月 22 日。
17. 同上，“旗帜相关知识：美国国旗的故事——合适的旗帜展示方式”，同前。
18. 美国教育部，“退伍军人部”与“退伍老兵日”全国委员会，“尊敬所有为国服役者，教师资源指南，退伍老兵日”，2005 年 11 月 11 日，第 2 页、第 4 页和第 5 页。
19. “退伍老兵事物儿童版，5 岁以下儿童，退伍老兵事物儿童游戏 & 活动”，http://www.va.gov/kids/k-5/games_activities.asp，参阅于 2004 年 1 月 22 日。
20. “退伍老兵事务儿童版，6~12 岁级别，游戏与活动——填字游戏”，http://www.va.gov/kids/6-12/jumble.asp，参阅于 2004 年 1 月 22 日。

21. “聚焦老兵退伍节——自由的教训”，为小学设计的程序，http://www.thegateway.org/news/spotlightarchives，参阅于 2004 年 3 月 22 日。
22. “我怎么会知道是否有祖先当过兵？”援引自《军事纪录，教师指南》，同前。
23. 《军事纪录，教师指南》，滥用针对教育者的命令，http://www.pbs.org/kbyu/ancestors/teachersguide/episode9.html，参阅于 2004 年 3 月 22 日
24. “聚焦老兵退伍节——自由的教训”，同前，“退伍老兵的生活，采访一位退伍老兵，从他的眼中读出历史”，《生活课——中学社会学课程理念》，苹果信息公司官网，http://ali.apple.com/ali_sites/ali/exhibits/1000925；网页上同时展示了公共教育职责与私人部门间在教育方法联合领域建立的默契。
25. “家庭纪录，教师指南，简单的口头历史采访问题”，http://www.pbs.org/kbyu/ancestors/teachersguide/episode2.html，“建议性问题列表”，参阅于 2004 年 3 月 23 日。
26. “退伍老兵历史计划——研究退伍老兵及其支持者的信件、日记和照片”，研究得到国会图书馆资助，http://www.loc.gov/vets///，参阅于 2004 年 3 月 22 日。
27. 汤姆 · 维纳，《战争之声：后方和前线服役》，退伍老兵历史计划，2004 年；《永远的战士：战时服役的难忘故事》，国家地理出版社，2005 年。
28. 汤姆 · 维纳作品介绍，《战争之声》，同前，“退伍老兵历史计划”，http://www.loc.gov/folk-life/vets///，参阅于 2004 年 3 月 22 日。
29. 汤姆 · 维纳，《战争之声》美瞳前，查克 · 哈格尔的证词，第 18—19 页、第 39 页、第 52—53 页。
30. 同上，约翰 · 恩曼的证词，第 172 页、第 178 页—179 页；罗纳德 · 温特的证词，第 312—313 页。
31. 同上，第七章“反思”简介。
32. 同上，《战争之声》，同前，第四章。
33. 同上，作品简介。
34. 斯特凡纳 · 奥杜安 - 鲁佐，《孩子们的战争：1914—1918》，巴黎，阿尔芒 · 柯林出版社，1993 年；奥利维耶 · 卢贝，《祖国的学校——幻想破灭的历史：1914—1940》，巴黎，佩兰出版社，2001 年。
35. 国家退伍老兵意识周，参见“退伍老兵日：2004——美国总统公告”，新闻秘书办公室，华盛顿，2004 年 11 月 9 日。
36. “退伍老兵日：2004——美国总统公告”，同上。
37. “莱克星顿号：海湾博物馆”官方网站，巡回教育，http://www.usslexington.com/index.php?option=com_content%task=view&id=208&Itemid=37，参阅于 2010 年 11 月 1 日。

38. 同上，“整夜宿营”。
39. “华盛顿 D.C. 的阿灵顿公墓——孩子友好地走过历史”，http://www.kid-frendly-family-vacations.com/arlington_cemetery.html，参阅于 2010 年 4 月 5 日。
40. 游戏，“找词游戏——基础 1”，http://www.cia.gov/kids-page/games/word-find/basic-1.html，参阅于 2010 年 8 月 4 日。
41. “儿童页面”，http://www.cia.gov/kids-page/index.html，参阅于 2010 年 8 月 4 日。
42. 黛娜·普利斯特与威廉·M·阿尔金，“隐藏的世界——控制下的成长”，2010 年 7 月 27 日《华盛顿邮报》。
43. “美国的 Cryptokids，未来的规则制定者与规则破坏者”，2005 年 12 月 19 日提交的品牌，登记编号 3365689，http://www.trademarkia.com/americas-crptokids-future-codemakers-codebreakers-78776192,html，参阅于 2010 年 8 月 4 日。
44. 罗恩·索德吉尔，“战争课”，《时代周刊》，2002 年 3 月 4 日。
45. 《联邦管理法规（电子版）》：标题 32，国防，第 3 册，第 5 章，副标题 A，国防部：陆军部，副章节 C—军事教育；542 部分，学校与学院（宗旨），http://ecfr.gpoaccess.gov/cgi/t/text/text-idx?c=ecfr&tpl=/ecfr-browse/Title32/32tab+o2.hpl，参阅于 2010 年 7 月 19 日。
46. 科林·鲍威尔：以前海、陆、空三军将军的身份引述，JROTC 官方网站，“美国陆军军官学员指挥总部赋予未来的军官领导美国陆军的能力并且激发年轻人成为更好的公民的动机”，http://www.rotc.usaac.army.mil/faqs/，参阅于 2004 年 3 月 23 日。
47. 斯图尔特·W·华莱士少将：陆军部，美国陆军军官学员指挥总部，ATCC-ZA（145-1），1999 年 3 月 30 日，备忘录；琼斯将军听证会（海、陆、空三军委员会，众议院，《国防授权法案》，2001 财年——众议院决议案第 4205 号，http://commdocs.house.gov/committes/security/has041000.000/has041000_0f.htm；阿维斯·托马斯-莱斯特，“招募压力导致聚焦 JROTC”，2005 年 9 月 19 日《华盛顿邮报》；美国陆军少年预备役军官训练营，“历史”，http://www.suaarmyjrotc.com/jrotc/dt/2_History/history.html，参阅于 2010 年 7 月 19 日）。
48. 琳达·D·科济林，“‘招工’告示：国防部征收 JROTC 教练”，三军新闻中心，美国国防部，2001 年 3 月 26 日，罗恩·德索吉尔，同前；国防部长办公室，“行动及维护总结”，2007 财年预算评估，2006 年 1 月。
49. 芭芭拉·A·比克斯勒与丽莎·G·诺兰，“招募全志愿兵军队：招募资源需要进行持续投资——更新”，《战略分析》，2009 年 12 月，第 13 页。
50. 索尼娅·纳扎里奥，“加利福尼亚学区的积极分子发起反对 JROTC 的运动”，2005 年 2 月 25 日《洛杉矶时报》。
51. “军队职业倾向测试”（AVSVAB），职业测试计划，http://www.asvabprogram.

com/index/cfm?fusaction=home.main，2006 年 3 月 31 日。

52. 美国部队招募司令部，《训练——校园招募计划手册》，同前。

53. 《美国法典》，第 18 部，第 3 部分，第 303 章，第 4046 条，《冲击监禁计划》（b）（1）。

54. 美国部队招募司令部，《训练——学校招募计划手册》，USAREC 小册子 350-12，2004 年 9 月 1 日；另见 USAREC 小册子 446 与 USAREC 小册子第 1256 款。

55. 美国部队招募司令部，《学校招募计划手册》，同上。

56. 五角大楼报告，援引自大卫·古德曼，“没有一个儿童不被招募”，MotherJones.com，2002 年 11—12 月，http://www.motherjones.com/news/outfront/2002/11/ma_153_01.html，参阅与 2003 年 1 月 20 日。

57. 《所罗门修正案》（1996 年），《美国法典》第 10 部，副标题 -A，第 2 部分，第 49 章，第 983 节；《哈德森修正案》（2002 年），第 503c 节，《美国法典》第 10 部，“进入中学”。

58. 伊翁·希恩，“学校注册——学生的学校和经济特征：2003 年 11 月”，“人口特征”，《人口趋势报告》，美国人口普查中心，2005 年 5 月。

59. 《所罗门修正案》，（f）、（a）、（b）、（d）。

60. 邮件类型，威廉·D·汉森（驻教育部代表）与大卫·S·休（国防部副部长），“教育副部长或副部长签署的关键性的政策信”，美国教育部，美国国防部，2003 年 7 月 2 日，（http://www.ed.gov/policy/gen/guid/secletter/030702,html），2004 年 1 月 25 日。

61. 《不让儿童掉队法案》，“军方招募官进入学校并存取学生招募信息”，第 IX 部，E 部分，第 9528 节，第 559 页。

62. 卡门·德·纳瓦斯 - 沃特、伯纳黛特·D·普洛克与李·谢丽尔·希尔，“美国的收入、贫困与医疗保险”，美国人口普查中心，美国贸易部、经济部与统计部，2005 年 8 月 30 日，第 9 页；贫困线确定为每人每年 9645 美元或者每个四口之家每年 19307 美元。

63. 阿皮·G·克里斯蒂安，《工人阶级：美国战斗士兵与越南》，1993 年，北加州大学，教堂山。

64. 五角大楼操控极端保守的兰德公司提交了一份报告：贝斯·J·阿施、瑞贝卡·吉尔伯恩与雅各布·科勒曼，《在大学范围内吸引年轻人参军：关于新招募政策选择权的发展》，1999 年，兰德公司报告，MR-984-OSD。同一家公司还做了几份时间上距离我们更近一些的报告：《大学市场军事招募的政策选择：国家性调查的结果》，2004 年。

65. 简·克吕泽尔与弗朗索瓦·蒂博（主编），《军兵种与公民入伍：1997 年 11 月 28 日法律的关键》，法国大学出版社 2004 年版，第 52 页。

66. “青少年态度跟踪研究”由军队人力资源中心管理，通过电话调查实施，被纳入五角大楼体系（雪莉·佩里与杰瑞·莱赫穆斯：“青少年态度跟踪研究——青少年儿童的深度采访：方法概括”，WESTAT&国防人资资源中心，1998年1月—1998年4月）。

67. 美国教育部政府信息定位服役记录——国家学生数据借出系统（NSLDS），美国教育部，ED0008，2004年3月3日；这项创制权的依据是《法典》第四部和《高等教育法案》。
68. “公关与市场营销研究探索委员会”网站，“欢迎来到公关与市场营销研究探索委员会”，http://www.jamrs.org/，参阅于2010年11月5日。
69. 上诉法院（美国第3巡回上诉法院，D.C.，民事诉讼第03-4433号）针对“学术与机构权利论坛”带领“美国法律教师协会”、罗格斯同性恋协会、“女同性协会”、“平等联合会”等多家教机构以及帕姆·尼基舍、莱斯利·费希尔、迈克尔·布洛希尔德、埃尔温·谢米兰斯基、西尔维亚·劳等个人诉讼案件作出判决。
70. 伯内特新闻公告，“美军在四则广告的帮助下达到营销效果，最近的努力是鼓励未来士兵的父母‘帮助自己的孩子找到长处’，就像《一人之军》中表现的那样”，芝加哥，2005年4月18日。
71. “美军选择了麦肯·埃里克森公司”，2005年12月9日《世界报》。
72. “JAMRS主办了2004年度营销研讨会和市场营销与公关委员会（JMAC）会议”，市场营销与公关研究探索委员会，JAMRS，2004年4月。
73. 《家庭教育权利与隐私法案》(FERPA)，20 USA 1232g; CFR第99部分，1974年。
74. 国防部副部长职员问题办公室，“军队职员人力资源——战略计划改变1”，国防部，2002年8月，第2页（注意：报告完成与2001年9月28日，直到约10个月后才得以发表）。
75. 国防部副部长职员问题办公室，“军队职员人力资源——战略计划改变1”，同上。
76. 《所罗门修正案》，（d）、（B）。
77. 同上，（2）、（e）、（1）。
78. 教育部，《预算文件》，2003年（开支595亿美元）；国防部，《预算文件》，2003年（开支3582亿美元，不含预算附加款）。
79. 弗朗索瓦·泰默，《玩具》，巴黎，法国大学出版社，1996年，第6页。
80. “NPD funworld报告显示，2001年传统玩具零售额达到2500万美元，可动玩偶增长势头最为强劲”，NPD集团市场营销调查，2002年2月12日，http://www.npd.com/dynamic.releases/press_020212.htm，参阅于2005年6月20日。
81. 恐龙模型公司。
82. 例如选择工业公司和他们的游戏——“伊拉克自由行动的美军英雄游戏牌”。
83. “2001年9月11日”“营救”“世界支持美国”“军事干涉”“美国团结一致”“国家领袖”“捍卫自由”——Topps公司生产了90张收藏卡的系列。该公司的竞争对手“美国棋牌贸易有限责任公司”紧随其后，推出80张同样主题的收藏套装，其中特别包括出现乔治·W·布什形象的“自由英雄卡”。

84. 美国棋牌贸易有限责任公司官方网站的系列简介。

85. “拿破仑——传奇图片”，2003年5月4日—2003年9月14日，图片博物馆展览，埃皮纳勒；佩尔兰工厂1796年产品，行业真正的创始人。

86. 兰德尔·彼得沃克筛选的纳粹宣传材料，加尔文学院教授，大急流城，密歇根州；“德国青年战争图书馆”，http://www.calvin.edu/academic/cas/gpa/kbuch.htm，参阅于2005年6月22日；联合王国方面，参见爱德华·约翰·凯肯德尔，《“无名战争”——青少年流行的战争小说与盎格鲁-日耳曼冲突：1939—1945》，南加州大学，2002年。

87. 皮埃尔·珀西格尔，“大战中的孩子”，“第一次世界大战国际研究协会”，同名展览会介绍文章，《大战史》，佩罗讷，2003年7月7日。

88. 哈森菲尔德兄弟公司的产品，哈森菲尔德兄弟公司是孩之宝公司的前身。

89. 汤姆·恩格尔哈特，“G.I.Joe总统（战争玩具的意义）”，《新网络史》，乔治·梅森大学，2004年12月21日。

90. “会说话的乌萨马”（参见HB0016）、“会说话的双面乌代”（参见HB0033，会说话的模型。“帮帮我，我……我还活着，但是我被打得遍体鳞伤！谁能帮我给我爸爸打个电话吗？”人偶模型操着略带阿拉伯口音的英语苦苦哀求道。随着一声致命的爆炸声，萨达姆长子的录音带再也没有声音了）、“巴格达屠夫萨达姆”（参间HB0004）、“被捕的萨达姆”（参见HB0035），玩具总统公司、英雄塑造者公司和维科尔公司（成立于2002年2月的公司，公司领导人是共和党支持者）出品。

91. “会说话的乔治·W·布什可动玩偶”“壮志凌云版乔治·W·布什可动玩偶”“会说话的唐纳德·拉姆斯菲尔德可动玩偶”，会说话的总统公司出品，18科技，欧文；这家小公司曾恶意推出一款产品，既能满足最虔诚的爱国者也能满足“反对布什”的人。反对布什的人喜欢玩偶的喜剧潜力。因为它代表了总统的形象，而这些人指责总统不过是军工联合体操纵的傀儡而已。

92. 美联社，“布什总统玩偶销售一空”，2002年12月13日。

93. 凯文·安德森，“达不溜玩偶卖空货架”，BBC新闻台，美国部，2002年12月10日。面对一窝蜂的热潮，其他的公司开始模仿会说话的总统公司，相继向市场推出自己的类似产品：维科尔公司的子公司“英雄塑造者”推出“可活动的政治人物玩偶”。

94. “壮志凌云版乔治·W·布什”和“火鸡宴会版乔治·W·布什”，会说话的总统公司，18科技；前面提到过的蓝色盒子公司也有自己的化身产品（飞行员部队精英：乔治·W·布什——美国总统与海军飞行员——12款可动玩偶）。

95. 美联社，“布什总统玩偶销售一空”，同前。

96. 国际多样性，“安·库尔特——美国的真正行动英雄”，2004 年。
97. 美泰公司官方网站，http://www.barbiemedia.com/?img=626，参阅于 2010 年 3 月 8 日。
98. 南希·丹，“伊拉克战争催生新款玩具”，《每月玩具目录》，2003 年 8 月。
99. “库玛战争：真正的战地新闻，真正的战争游戏”，任务列表，http://www.kumawar.com/Mission.php，参阅于 206 年 4 月 3 日。
100. 米歇尔·曼森，《永恒的玩具——从古代文明到启蒙时代》，巴黎，法亚尔出版社，2001 年。
101. 永远闪耀工业公司，“从这个极度复杂的战区开始领导你的士兵。一盒 75 个部件，包括……身着作战服，手拿武器、美国国旗、支架等物品的玩偶。尺寸为：81、28×40、64×81、28 厘米……从 5 年前开始”，玩具目录，JC. 佩妮，2002 年圣诞节，第 486 页；其他一些生产商也商业化了同样的产品，例如 M&C 玩具中心出品的“作战指挥部 II：新闻总部”。
102. 同上。
103. “斯达克斯俯冲式轰炸机”，德国游戏（1940 年），源自失败的中国版游戏，游戏的盒子上印着德国飞机的炸弹轰炸城市，建筑物熊熊燃烧的画面（兰德尔·L·彼得沃克，《德国宣传档案》，“斯图卡攻击”，http://www.calvin.edu/academic/cas/gpa/stuka.htm，参阅于 2005 年 12 月 20 日）。
104. 弗朗索瓦·泰默，《玩具》，同前，第 101 页。
105. 蒂姆·肖罗克，“保罗·沃尔福威茨：睁一只眼闭一只眼的人”，2001 年 3 月 21 日《亚洲时报在线版》。这位唐纳德·拉姆斯菲尔德的副手离开岗位进入政府。
106. 迪恩·塔卡哈西，“游戏认真起来”，《红鲱鱼》，2000 年 12 月 18 日。
107. 创新性技术研究院，虚拟现实与计算机仿真研究中心，http://www.ict.usc.edu/，参阅于 2005 年 12 月 21 日；乔斯·安东尼奥·瓦尔加斯，“虚拟现实帮助士兵为真正的战争作好准备——年轻的战士表示射击类电子游戏帮助他们磨练技术”，《华盛顿邮报》，2006 年 2 月 14 日。
108. 《预见《美国陆军》的团队》，MOVES 研究院，海军研究生学校，http://www.moveinstitute.org/team.html，参阅于 2006 年 3 月 31 日。
109. 《美国陆军》游戏开发副主任，钱伯斯少校，援引自韦恩·伍利，“陆军的最新招募工具——电子游戏——大获成功”，《纽斯豪斯新闻服务》，2003 年 9 月 8 日。
110. 汤姆·洛夫特斯，“战争时代的战争游戏”，MSNBC，2004 年 7 月 18 日。
111. “领导的信”，http://www.americasarmy.com/intel/anni05_letter.php，参阅于 2005 年 10 月 17 日。
112. 微软娱乐评定理事会，ESRB 游戏评定，研究结论，http://www.esrb.org/search_

result.asp?key=america%27s+Army&type=game&validateSearch=1，参阅于 2006 年 3 月 28 日。四年的互联网“生命”结束后，《美国陆军》进入游戏厅平台。该款游戏此后开始收费，但可操作性得到了改善。

113. 五角大楼采集个人信息的能力在这款游戏的背景下体现得淋漓尽致：鉴于某些作弊并且篡改游戏参数为自身利益服务的玩家的盗版行为，《美国陆军》游戏执行官——菲尔·德·卢卡强势威胁违禁者，宣称他们的行为属于“破坏军事程序……部队产业的网络违法行为”，后者“收集大量数据……追踪痕迹并鉴别过错……把数据全部转交给司法部……和联邦调查局”（约翰·德·卢卡，官方网站论坛，2005 年 1 月 11 日）。从这个游戏开始到设想建立注册会员的文件档案只有一步之遥……并且文件只需要与据《不让儿童掉队法案》条款收集的名册相匹配就够了。

114. 凯莉·安·泰勒，“冒险大篷车帮助招募平民”，训练与条令司令部新闻服务部，圣·安东尼奥，2005 年 1 月 21 日。

115. 每位注册玩家在官方网站上注册《美国陆军》时都会收到一封电子邮件。

116. “互联网、游戏与社会主义化”研究日会刊，2002 年 12 月 5 日—6 日，巴黎，电信学院集团。

117. “美国陆军——与陆军有关”，美国军队官方游戏网站，http://www.americasarmy.com/army/，参阅于 2005 年 12 月 127 日。

118. “加入一支常胜之师吧！”，陆军宣传片，www.infantry.army.mil，参阅于 2005 年 12 月 27 日。

119. 米歇尔·马尔科齐亚，“线上群体就是语言群体”，“互联网、游戏与社会主义化”研究日会刊，同前。

120. “账户管理”，美国军队官方游戏网站，http://login.americasarmy.com/views/login.php，参阅于 2005 年 12 月 25 日。

121. 斯科特·比尔，“使用游戏训练部队长官：问题与教训概括”，《陆军研究院时事通讯》，第 16 卷，第 1 期，2006 年 3 月，第 8—11 页；《全能指挥官》和《快速决策训练师》分别瞄准战斗指挥官与排长。

122. 尼克·图尔斯，“五角大楼入侵你的 Xbox”，2003 年 12 月 16 日《洛杉矶时报》。

123. 《库玛战争：真正的战地新闻，真正的战争游戏》，“任务 58，概况，进攻伊朗”，http://www.kumagames.com/assaultoniran/overview.php，参阅于2006年4月3日。

124. 斯蒂芬妮·迪克曼，“英雄与超级英雄”，2004 年 4 月 24 日《卫报》。

125. 鲁道夫·朱利亚尼撰写的序言，援引自《沉默时刻》，纽约，漫威漫画公司，2002 年。

126. 美国漫画杂志联盟准则公司，1954 年 10 月 26 日。

127. 托马 · 拉比诺，“将要作战的超级英雄”，《最后一场战争的历史》，同前，第 28—31 页。
128. 参见罗伯特 · C · 哈维，《漫画书的艺术：审美史》，华盛顿大学出版社，1996 年；理查德 · 雷诺，《超级英雄：现代神话》，密西西比大学出版社，1992 年；布拉德福德 · W · 赖特，《漫画书国家：年轻人的文化在美国的传播》约翰霍普金斯大学出版社，2001 年。
129. 参见查尔斯 · C · 坦西尔，同前，沃尔特 · 米利斯，同前，赫尔穆特 · C · 恩格尔布雷希特与弗兰克 · C · 汉尼根，同前。
130. 援引自霍华德 · 津恩，同前，第 495 页。

第三部分
从完美战争到现实战争

十、 “好莱坞”式战争：“五角大楼”版大片

1. 大卫 · E · 邦宁，史蒂文 · M · 钱普林，蒂莫西 · S · 科利《越战老兵：一段被疏漏的历史》，纽约普雷格出版社，1984 年，第 4 页。
2. 玛丽亚 · 皮亚 · 马斯卡洛《好莱坞和五角大楼：危险关系》，纪录片，2003 年。
3. 乔治 · W · 布什的演讲。
4. 洛朗 · 韦雷和阿涅斯 · 德 · 萨西《把战争拍成电影：歌颂英雄的摄影机》，纪录片，2002 年。
5. 国防部长通函《有关在未来可能的作战行动 / 美军中央司令部（CENTCOM）责任区域（Area of Responsability, AOR）中嵌入媒体的公共事务指南（PAG）》，华盛顿，2003 年 2 月，第 1 页。
6. 同上。
7. 出处同上，第 8 页。
8. 记者伊夫 · 欧德斯对《世界报》用户论坛的浏览，2003 年 11 月至 12 月。
9. 埃里克 · 莱赛《在美国媒体眼中，“这是一场解放伊拉克的战争”》，2003 年 3 月 21 日《世界报》。
10. 为科林 · 莱纳于 2005 年 10 月 21 日《世界报》的文章《乔西 · 拉辛，半岛电视台的海军陆战队员》所引用。离开军队后，拉辛中尉被半岛电视台所雇用。
11. 一项由 CNN/《今日美国》报 / 盖洛普调查公司于 2003 年 4 月 10 日发起的民调，

由杰弗里·M-琼斯在2003年4月11日发表于盖洛普新闻社的文章《民众认为战争即将结束》所引用。

12. 塔里克·卡法拉，《半岛电视台：新闻中的新闻频道》，2003年3月29日发表于BBC新闻。
13. 吉安·努杰姆，《控制室》，纪录片，2004年。
14. 《失踪士兵获救》，美国国防部，（公共事务）副部长办公室，2003年4月1日，http://www.defense.gov/Release/Release.aspx?ReleaseID=3713，2011年2月1日参阅。
15. 《国防部新闻简报——国防部副部长维多利亚·克拉克和麦克里斯特尔少将》，2003年4月2日，美国国防部，（公共事务）副部长办公室，http://www.defense.gov/transcripts/trans-cript.aspx?transcriptid=2236，2011年2月1日参阅。
16. 苏姗·施密特和弗侬·勒布，《她曾殊死奋战》，2003年4月3日发表于《华盛顿邮报》。
17. 美联社，《杰西卡给家中打了电话：她已筋疲力尽、站立不稳、饥饿难忍，但是已经脱险》，2003年4月3日《福克斯新闻》。
18. 胡安·O·塔马约，《伊拉克的告密人因战争犯（POW）待遇而愤怒》，2003年4月3日《奈特里德报》。
19. 道格拉斯·耶赫尔和杰森·布莱尔，《伊拉克营救行动以及西弗吉尼亚的一次"大轰动"》，2003年4月3日《纽约时报》。
20. 《他们强暴了杰西卡》，2003年11月6日《纽约每日新闻报》；里克·布莱格《我也是一名士兵：杰西卡·林奇的故事》，沃特维尔，桑代克出版社，2003年。
21. 《国防部长拉姆斯菲尔德在星期天福克斯新闻里的发言》2003年5月4日，美国国防部，（公共事务）副部长办公室，http://www.defense/gov/transcripts/transcript.aspx?transcrip-tid=2571，2003年2月1日参阅。
22. 阿普丽尔·维特罗《前战争囚犯杰西卡·林奇收到了大量的礼物》，美联社，2003年4月8日。
23. 美联社，《杰西卡给家中打了电话：她已筋疲力尽、站立不稳、饥饿难忍，但是已经脱险》，前文引述。
24. 《五角大楼会议；国防部长唐纳德·拉姆斯菲尔德的评论》，2003年4月17日，美国国防部，（公共事务）副部长办公室，http://www.defense.gov/speeches/speech.aspx?speechid=370，2011年2月1日参阅。
25. 约翰·普夫纳，《营救林奇的故事"有纰漏"》，BBC新闻，2003年5月19日。
26. 布莱恩·惠特曼《CNN国际频道对惠特曼副部长的采访》，2003年5月23日，美国国防部，（公共事务）副部长办公室，http://www.defense.gov/transcripts/

transcript.aspx?transcriptid-2668，2011 年 2 月 1 日参阅。
27. 《杰西卡 · 林奇：“我并不是英雄”》，ABC 新闻，2003 年 11 月 6 日。
28. 政府监督与改革委员会听证会《误导战场信息》，美国众议院，第 110 届国会，序列号 110-54，2007 年 4 月 24 日，第 21 页。
29. 2011 年 2 月，www/jessica-lynch.com/ 论坛上就有 12000 条留言。
30. 《杰西卡 · 林奇》，2010 年 11 月 13 日发表于“音乐角”，http://fortminorfansite.com/jessica-lynch.html，参阅于 2011 年 2 月 1 日。
31. 巴瑞 · 莱文森，1997 年。
32. 吉尔 · 考夫曼，《杰西卡 · 林奇民谣：前战争囚犯的家乡朋友们如是说。19 岁的林奇在参军前曾是一位选美明星和高中垒球队员》，MTV，2003 年 4 月 23 日，http://www.mtv.com/news/articles/1471481/former-pows-hometown-friends-talk.jhtml，2011 年 2 月 1 日参阅。
33. 原型是乔治 · P · 科斯马图斯执导的电影《第一滴血 2》（First Blood Part II，1985）。也可参见电影《谍报战龙》（Good Guys Wear Black，1978）、《长驱直入》（Uncommon Valor，1983），或者《越战先锋》（Missing in Action，1984）。
34. 美国参议院，《战争囚犯 / 任务失踪人员事务特别委员会报告》，第 103 届国会，1993 年 1 月 13 日。
35. 苏姗 · 施密特和弗侬 · 勒布，《她曾殊死奋战》，前文引述。
36. 鲁迪 · 马茨克，《ESPN 的罗马：蒂尔曼的悼词是我一生中最大的荣幸》，2004 年 5 月 4 日《今日美国》。
37. 莫妮卡 · 戴维和埃里克 · 施密特，《士兵阵亡两年后，家人们向军方开战》，2006 年 3 月 21 日发表于《纽约时报》。
38. 埃米尔 · 巴尔 - 列维，《蒂尔曼的故事》，纪录片，2010 年。
39. 政府监督与改革委员会听证会，《误导战场信息》，前文引述，第 2—3 页及第 12—69 页。
40. 奥迪 · 墨菲，《百战荣归》，纽约，2002 年（1949 年版再版）。
41. CBS 新闻台，劳拉 · 洛根的评论，2003 年 4 月 9 日。
42. 劳拉 · 米勒和谢尔顿 · 兰普登《五角大楼信息战：兰登公司的救援》，PRWatch，2001 年，第 8 卷，第 4 号。
43. CBS 新闻台，劳拉 · 洛根的评论，2003 年 4 月 9 日。
44. 大卫 · 祖奇诺，《军方指挥的推倒侯赛因铜像的行动》，2004 年 7 月 3 日《洛杉矶时报》。
45. 格雷戈里 · 方特诺特上校，E.J. 德根中校，大卫 · 索恩中校（汤米 · 弗兰克斯将军作序），《关键时刻：伊拉克自由行动中的美军，2003 年 5 月 1 日》，2004 年 6 月，第 6 章《体制坍塌》——“推倒雕像——军方心理战部队为海军陆战队第一远征军提供了支持”和丹尼斯·卡希尔中校于2003年5月31日对布莱恩·普莱希奇，美军第305心理战连第1153心理战术小队队长进行的采访。

46. 一个很好的概括：皮埃尔·让·路易扎德，前书引用，第286—305页。
47. S.2763，《防止种族屠杀法》，第100届国会，1988年9月8日。
48. 琳达·D·卡扎因，《游戏牌帮助军队识别现政权最想抓住的通缉犯》，美军新闻处，2003年4月12日。
49. 三级军士长道格·桑普，《“通缉犯”纸牌背后的面孔们》，美军新闻处，2003年5月6日。
50. 其他一些企业：美国游戏牌公司（United States Playing Card Company）或者捷马科游戏牌公司（Gemaco Playing Card Company）。
51. 三级军士长道格·桑普，前文引述。
52. 利萨·博杰斯，《买家注意：真正的伊拉克“通缉要犯”纸牌仍在等待发行》，2003年4月17日发表于《星条旗报》。

十一、 战场真相

1. 哈伦·K·厄尔曼和詹姆斯·P·韦德，《震撼与威慑，达成快速控制》，美国国防大学，国家战略研究所，先进理念和技术研究中心，华盛顿，1996年，第19页。
2. 同上。
3. 同上，第10页。
4. 朱利奥·杜黑，《制空权》，伯努瓦·史密斯 & 让·罗梅耶（译），巴黎经济出版社，1921年（2007年再版）。
5. 法新社，《费卢杰：美军困难前进》，2004年9月9日法国《世界报》。
6. 哈伦·K. 厄尔曼和詹姆斯·P. 韦德，同前，第27页。
7. 同上，第51页。
8. 同上，第20页、26页和45页。
9. 同上，第51页。
10. Sue Chan，《伊拉克面对美军的密集导弹攻击》，CBS 新闻，2003年1月24日，http://www. cbsnews.com/stories/2003/01/24/eveningnews/main537928. shtml，参阅于2010年4月4日。
11. 《“震撼与威慑”正在伊拉克进行》，CNN，2003年3月22日，http://www. cnn.com/2003/ fyl/news/03/22/iraq.war/，参阅于2010年4月6日。

12. Sue Chan，同上。
13. 《“震撼与威慑”正在伊拉克进行》，同前。
14. 乔治·W·布什“在国会参众两院联席会议上的讲话”，白宫新闻秘书办公室，华盛顿，2001 年。
15. 乔治·W·布什演讲稿，华盛顿，1991 年 1 月 16 日。
16. 安·库尔特，《穆斯林咬狗》，anncoulter.com，2006 年 2 月 15 日，http://www.anncoulter. com/cgi-local/printer_friendly.cgi?article=100，2010 年 8 月 5 日参阅。
17. 大卫·祖奇诺，《迅雷行动：攻占巴格达的装甲突袭》，纽约，大西洋月刊出版社，2004 年，第 15—16 页。
18. 格雷戈里·方特诺特上校，E.J. 德根中校，大卫·索恩中校（汤米·弗兰克斯将军作序）《关键时刻：伊拉克自由行动中的美军》，2003 年 5 月 1 日，同前。
19. 吉姆·加拉蒙《记住第三步兵师的迅雷行动》，美军新闻处，2004 年 3 月 18 日，http://www.defense.gov/news/newsarticle.aspx?id=27039，2010 年 5 月 24 日参阅。
20. 雷米·乌尔丹，《为了进入市区，装甲兵采用了“地狱纵队”的方法》，2003 年 4 月 8 日《世界报》。
21. 美军《卡里帕里报告》，2005 年 3 月，第 18 页；《戡乱行动》，陆军司令部，2004 年 10 月，第 35—36 页。
22. 同上；大卫·祖奇诺，同前；克里斯托弗·阿亚德《美军一些过失行为且未受惩罚》，2005 年 3 月 7 日《自由报》。
23. 亚当·勒舍，《三个臭皮匠的 10 小时战斗》，2003 年 4 月 13 日《星期日电讯报》。
24. 乔纳森·马库斯，《分析：美军刺入巴格达》，BBC 新闻，2003 年 4 月 5 日，网址：http://news. bbc.co.uk/go/pr/fr/_2/hi/middle_east/2921035.st，2010 年 5 月 24 日参阅。
25. 加布里埃尔·柯尔克，《战争剖析：越南、美国，和现代历史体验》，纽约，哈珀柯林斯出版集团，1986 年；内部评论：柯蒂斯·L·威廉姆森三世少校，美国海军陆战队，《美国海军陆战队联合行动计划（CAP）：为越战提出的替代策略》，2002 年。
26. 法新社，《费卢杰，年轻的陆战队员因恐惧和复仇的渴望而聚集》，2004 年 4 月 15 日。
27. 富兰克林·D·罗斯福的演讲《对国民的圣诞祝语》，1934 年 12 月 24 日。
28. 贝特朗·瓦莱尔中校（dir.）《赢得民心和他们的精神，阿富汗战场现行观念的历史根源》，理论研究手册，军事应用理论中心，实验研究及反馈处，法兰西共和国国防部，陆军，2010 年，第 64 页；http://www.cdef.terre.defense.gouv.fr/publi-cations/cahiers_drex/ cahier_recherche/Gagner_coeurs.pdf，参阅于 2010 年 10 月 18 日。
29. 西摩·赫什，《灰色地带，五角大楼的秘密计划是如何降临阿布格莱布的》，

2004年5月15日《纽约客》；帕特里克·贾罗《五角大楼因囚犯丑闻而接受调查》，2004年8月26日《世界报》；杰弗里·R·史密斯《军方报告显示文件帮助散播虐囚行为》，2004年8月30日发表于《华盛顿邮报》；威廉·J·海恩斯二世，法律总顾问，《纪念行动》，国防部法律总顾问，国防部长办公室，华盛顿，2002年11月27日，由拉姆斯菲尔德签署。

30. 皮埃尔·德·卡斯特拉内侯爵，《非洲从军记》，《两个世界月刊》，t.4（《阿拉伯人只懂得暴力，他们只屈服于此》）。
31. 西摩·赫什，《灰色地带》，2004年5月24日《纽约客》。
32. 同上；拉斐尔·巴泰，《阿拉伯精神》，纽约，斯克里布纳出版公司，1973年。
33. 诺维尔·B·德阿特金，《回到阿拉伯精神》，《中东季刊》2004年春季版，第47—55页。
34. 戴安娜·E·瑞沃中校，军法官，《有关反抵抗战略的法律声明》，国防部，联合特遣部队170，关塔那摩湾，古巴，2002年10月11日，第5页。
35. 帕特里克·贾罗，《五角大楼的特种行动方向正组织投射一场"阿尔及尔之战"》，2003年9月9日《世界报》。
36. 迈克尔·T·考夫曼，《五角大楼从"阿尔及尔之战"中看到了什么？》2003年9月7日《纽约时报》。
37. 索菲亚·瑞迪，《大卫·彼得雷乌斯希望这部法国小说重新刊印！》，2011年1月27日《Slate》杂志；罗伯特·卡普兰，《与阿富汗对抗的人》，2010年4月20日《大西洋月刊》。
38. 外交事务委员会听证会，《民间活动和乡村地区发展支持计划》，美国参议院，第91届国会第2次会议，1970年2月17日—20日，3月3日—4日，3月17日和3月19日。
39. 《伊拉克乱象与战争病毒》，2004年12月4日《世界报》，为雷米·乌尔丹所引用。
40. 法新社，《美国特种部队实施了与越战一脉相承的策略》，2004年6月24日。
41. 由贝特朗·瓦莱尔中校引述（dir.），同前，第75页。
42. 大卫·加卢拉（1919—1967）这一名字多次出现在美军反叛乱行动的军事文档中。比如在美国陆军部司令部于2006年12月发布的《反暴行动》中的第10页、43页、51页、243—244页及255页。
43. 《反暴行动》，陆军部司令部，2004年10月，第14页。
44. 《费加罗报》记者雷诺·吉鲁对斯坦利·麦克里斯特尔的采访，2009年9月29日。
45. 埃里克·施密特和卡洛琳·马歇尔，《特遣部队6-26，秘密部队的"黑屋"，美军虐囚的阴森画像》，2006年3月19日《纽约时报》。
46. 《炮声匹配》，2005年3月《战术理论》杂志特刊。

47. 摩西 · 施瓦茨，《伊拉克和阿富汗战争期间国防部的承包商：背景及分析》，国会研究机构 2010 年 7 月 2 日出版，第 18 页所引用：《国防战略》，国防部，2008 年 6 月出版，第 19 页；《战争合同支持，联合出版 4-10》，参谋长联席会议主席，2008 年 10 月 17 日。
48. 摩西 · 施瓦茨，《伊拉克和阿富汗战争期间国防部的承包商：背景及分析》，同前，第 2 页。
49. 同上；詹尼弗 · K · 艾尔西，摩西 · 施瓦茨和科侬 · H · 中村，《伊拉克战争中的私人安保承包商：背景、法律身份及其它问题》，《国会研究机构报告》，2008 年 8 月 25 日发布。
50. 详见《联军临时政府 17 号令，联军身份，外国联络团，人员及承包商》，2003 年 6 月 26 日出版。
51. 马克 · 马泽蒂《中情局向黑水公司求助打击伊斯兰武装》，2009 年 8 月 19 日《纽约时报》；同一主题还可参照彼得 · W · 辛格《公司化战士：私人武装行业的兴起》，伊萨卡，康奈尔大学出版社，2004 年。
52. 马克 · 汤森：《对“杀人取乐”备忘录的愤怒》，2005 年 4 月 3 日《观察家杂志》。
53. 参阅 2007 年财年《国防部授权法案》，《统一军法典》，第 10 章 802a（10）节，副标题 E, 军法事务, 第 551 节《统一军法典对海外派遣军人中消极训练人员的规定》；第 552 节《统一军法典适用性的解释》。
54. 作者在《最近一次战争的历史》一书中对达尼埃尔 · 科尔迪耶的采访，同前。
55. 同上。
56. 莱恩 · 德格雷戈《翻滚的伊拉克》，2004 年 11 月 21 日发表于 tampabay.com 网站，http://www.sptimes.com/2004/11/21/Floridian/Iraq_n_roll.shtml，2010 年 7 月 19 日参阅。
57. 同上。
58. 国防部建模与仿真办公室，DMSO，http://www.dmso.mil/public/；《国防部建模与仿真词汇汇编》，DoD 5000.59-M，1998 年 1 月发表，全文共 177 页，本出处内容出现于原文第 83 页和第 115 页。
59. 克里斯托弗 · 阿亚德,《美军从未遭受过惩罚的暴行系列》, 2003 年 3 月 7 日《自由报》；米歇尔 · 戈兰《我目睹了这支部队向伊拉克平民开枪》, 2003 年 4 月 13 日《世界报》。
60. 乔斯 · 安东尼奥 · 瓦尔加斯，《虚拟现实为士兵们投入实战进行了准备》，2006 年 2 月 14 日《纽约时报》。
61. 国防部，《国家及地方现役军人力量》（309A），2003 年 3 月 31 日，华盛顿总部服务处，信息作战和报告指挥部，第 5 页。
62. 《2003 年度民主报告》，第 2 章，2.27，《现役年龄》，第 20 页。

63. 埃文·怀特，《美军战地记者伊拉克战争亲历记》，普特南成人出版公司，2004年。
64. 《夏洛特观察家报》文章：《电竞游戏被用于吸引新兵》，2005年3月7日被military.com网站刊载。
65. 参见乔治·吉托斯2005年的纪录片《战争原声》。
66. 坎迪·克劳利《CNN现场：适合杀戮》，改编自2003年10月26日播出的一档节目。我们也可以参阅其他一些军事论坛的资料，比如military.com，其中关于《第一手杀戮材料》的信息交流很多。
67. 乔斯·安东尼奥·瓦尔加斯《虚拟现实为士兵们投入实战进行了准备》，前文引述。
68. S.L.A.马歇尔将军《面对敌火：未来战争中的战地指挥问题》，华盛顿步兵日报出版社，1947版（再版，彼得·史密斯，格洛斯特，1978），第56—57页，由大卫·S·皮尔森少校引用，前文引述。
69. 同上，第9页。
70. 戴夫·格罗斯曼，《杀戮：在战争和社会中学会杀戮的心理学代价》，波士顿，利特尔&布朗出版公司，1996年，第177—185页，由大卫·S·皮尔森少校引用，前文引述。
71. 乔纳森·舍伍德，《动作类电游提高了20%的视力》，罗切斯特大学，2006年6月2日，http://www.rochester.edu/news/show/php?id=2764，2011年2月18日参阅。
72. 斯科特·比尔，《通过游戏训练军队领导人》，前文引述。
73. 同上。
74. 阿莱莎·C·休斯顿（dir.），《媒体暴力对青年人的影响》，美国心理学会，第4卷第3号，2003版，第81—100页和第101页。该内容被克莱格·A·安德森、莱奥纳德·伯克维茨、爱德华·多纳斯坦、L·罗威尔·休斯曼、詹姆斯·D·约翰森、丹尼尔·林茨、尼尔·M·马拉姆斯和艾伦·瓦尔特拉所引用。
75. 克莱格·A·安德森等人，前文引述。米尔格拉姆的试验结果同样也具有启发性。
76. 《侦查/光学有限公司R-400型CROWS遥控武器站》，2007年发表于《防务更新》杂志，http://defense-update.com/products/c/CROWS/htm，2011年2月18日参阅。
77. 一等兵阿德里安·穆埃，《战争视频游戏对参战士兵的冲击》，2010年5月1日发表于“恐怖战争新闻”网站，网址为http://waronterrornews.typeapd.com/home/2010/05/combat-video-game-huge-hit-with-deployed-soldiers.html，2010年12月3日参阅。
78. 乔斯·安东尼奥·瓦尔加斯，前文引述。
79. N.L.卡耐基&C.A.安德森（2005），《暴力电游中的奖励和惩罚效应对进攻性、认知和行为的影响》，《心理学杂志》，16（11），第882—889页。

80. 海伦·菲利普斯，《暴力电游使大脑反应对暴力行为警觉》，2005 年 12 月 12 日 NewScientist.com。
81. 洛朗·亨尼格尔，《战争的工业化和机械化，极权主义（19-20 世纪）的主要源泉》，2004 年 7 月 15 日《星报》。
82. 玛丽·劳·迪克逊，华盛顿州议员，第 36 立法区《要求电子游戏经销商知会消费者有关游戏评级系统的内容》，2005—2006 年度地方政府财政记录，网址 http://hdc.leg.wa.gov/ menbers/dickerson/，1366 S HB，参阅于 2006 年 3 月 30 日。
83. 安德鲁·班康《上周美国在战争中失去了第 1000 名士兵，为什么没有人注意到这一点？》，2004 年 12 月 12 日《独立报》。
84. 国防部，《伊拉克自由行动（OIF）美军伤亡及事故情况：美国东部时间 2008 年 11 月 3 日早 10:00》。
85. 哈纳·费希尔《美军战损情况统计：黎明行动、伊拉克自由行动和持久自由行动》，国会研究机构报告，2010 年 9 月 28 日，第 2 页。
86. 艾利·克里夫顿，《退伍军人自杀率上升》，国际新闻通讯社，2010 年 1 月 13 日，http://ipsnews.net/news.asp?idnews=49971， 2010 年 11 月 1 日参阅。
87. 克里斯蒂安·达文波特，《脑外伤会遗留下一个经常无形的、改变人生的创伤》，2010 年 10 月 3 日《华盛顿邮报》。
88. 安妮·利兰和玛丽·雅娜·奥勃罗萨纽，《美国战争及军事行动伤亡：名单和统计》，国会研究机构，2010 年 2 月 26 日，第 13—15 页；国防人力数据中心，统计信息分析处文件：http:// siadapp.dmdc.osd.mil/personnel/CASUALTY/oefwia.pdf 和 http://siadapp.dmdc.osd.mil/ personnel/CASUALTY/oif-total.pdf.。
89. 节选自科尔比·布泽尔的博客《我的战争》，cbftw.blogs-pot.com。
90. 朱利安·博格《未报道的战损情况：至少 827 名美军士兵受伤》，2003 年 8 月 4 日《卫报》。
91. 比尔·伯克维茨，《在伊拉克负伤，回家后被抛弃》，前文引述。
92. 乔恩·瓦尔德，《战损情况超出了瓦尔特里德医院的接收能力》，2003 年 8 月 4 日《华盛顿时报》，当此之时，游击战依然只是局部的，且时不时也会有停火发生。
93. 弗农·勒布，《行动中的伤员人数上升》，2003 年 9 月 2 日《华盛顿邮报》。
94. 同上。
95. “美国自由英雄”负责人作者苏珊·布鲁尔《向所有那些为了我们的自由而爱国地、无私地、英雄般地冒着生命危险的人致敬》，该组织是所有支持共和党总统的组织中的一员（彼得·罗夫《合众国际社协议手册》，2004 年 8 月 30 日《华盛顿时报》）。
96. 丹·兹沃德林，《伊拉克伤兵隐瞒了数以千计的溃退》，2004 年 9 月 30 日通过全国公共广播电台“面面俱到”节目播出。

97. 安德鲁·班康，《上周美国在战争中失去了第1000名士兵，为什么没有人注意到这一点？》，同前。
98. 诺曼·所罗门、利兹·厄里什、霍华德·津恩，《目标伊拉克：新媒体不会告诉你的事实》，Context Books 出版社，2003年。
99. 杰夫·赛德尔和理查德·约翰逊《在一家陆军医院中学会重生》，2004年9月22日《底特律自由报》，http://www.freep.com/news/protraitsathome/reed.htm，参阅于2004年10月30日。
100. 马克·汤普森，《伤兵回家了》，2003年11月3日《时代周刊》。
101. 杰夫·赛德尔和理查德·约翰逊，同前。
102. 达纳·普利斯特和安妮·赫尔，《士兵们被疏于照顾，陆军顶级医疗部门遭遇挫折》，2006年12月5日《华盛顿邮报》。
103. 杰夫·赛德尔和理查德·约翰逊，同前。
104. 雷纳·默尔，《伊拉克战争共有10万家承包商参与其中》，2006年12月5日《华盛顿邮报》。
105. 沃尔特·平卡斯，《一名国会代表表示，似有超过5.6万家承包商参与了阿富汗战争》，2009年12月15日发表于《华盛顿邮报》。
106. 美国劳动部，国防基地法情况统计，《劳工赔偿计划办公室（OWCP）》（2001年9月1日—2010年12月31日）。
107. 摩西·施瓦茨，《伊拉克和阿富汗战争期间国防部的承包商：背景及分析》，国会研究机构2010年7月2日出版，第12页。
108. 克里斯·汤姆林森，《美军正在伊拉克的烈日下作战，忍受着游击队的攻击》，2003年6月17日《波士顿环球报》。
109. 2004年7月1日发表于《新英格兰医学报》。2004年7月3日，让·伊芙·诺在《世界报》中的文章《每6名在伊拉克参战的士兵中就有1人被精神疾病所困扰》中进行了引用。
110. 这一数字比此前所透露出的其它数字都要小。马克·本杰明《伊拉克战场的4000名非战斗撤退士兵》，2003年10月3日发表于合众国际社。此外亦可以参阅弗农·勒布《行动中的伤员人数上升》，前文引述：在该篇文章中，作者指出，在已登记的6000名撤出人员中，有1124人受伤，301人因事故撤退，4285人遭受了“身体和精神”上的创伤。鉴于此类信息的敏感性，作者并未就该统计数字进行细化。
111. 哈纳·费希尔，《美军战损情况统计：黎明行动、伊拉克自由行动和持久自由行动》，国会研究机构报告，2010年3月25日，第2页。
112. 同上，《美军战损情况统计：黎明行动、伊拉克自由行动和持久自由行动》，国会研究机构报告，2010年9月28日，第2页。

113. 彼得 · 博蒙特，《精神疾病困扰着驻伊美军》，2004 年 1 月 25 日《观察家报》。
114. 节选自科尔比 · 布泽尔的博客，该内容亦被另一个博客转载（《伙计，海滩在哪儿？我的顺风车全球指南》，http://tmmkkt22.blogspot.com/2004_09_01tmmkkt22_archive.html，参阅于 2005 年 10 月 29 日）。
115. 让 · 伊芙 · 诺《每 6 名在伊拉克参战的士兵中就有 1 人被精神疾病所困扰》，同前。
116. 彼得 · 博蒙特，《精神疾病困扰着驻伊美军》，2004 年 1 月 25 日《观察家报》。
117. 丹尼斯 · 卡迈尔《伤残检查可能导致应激反应结果恶化》，2005 年 11 月 9 日发表于《陆军时报》；斯科特 · 拉里，《患有创伤后应激障碍综合征的退伍士兵面对各种误导、不实消息和彻头彻尾的谎言》，2006 年 1 月 3 日《OpED 新闻》。
118. 桑德拉 · 埃利斯，美军利堡基地发言人，2004 年 8 月 5 日在埃里克 · 莱赛发表于《世界报》的《回国后，第 372 连的士兵们受到了同样热烈的欢迎》一文中所引用。
119. 节选自克里夫顿 · 希克斯的博客文章，该博文 2005 年 10 月 21 日出现于《行动真相博客》网站（http://www.musicforamerica.org.blog/9411?from=0），2005 年 10 月 27 日参阅；杰夫 · 赛德尔和理查德 · 约翰逊《在一家陆军医院中学会重生》，http://www.freep.com/ news/protraitsathome/reed.htm，参阅于 2004 年 10 月 30 日。
120. 米歇尔 · 吉波，《越战期间士兵们反抗的觉悟及反抗行为》，博士论文，玛丽安娜 · 德布奇（dir.），巴黎八大，1994 年。
121. 节选自丹尼尔 · 戈茨的博客（goetzit.blogspot.com），该博客自 2005 年 10 月 22 日关闭。
122. 迈克尔 · 赫尔《该死的死亡》，巴黎奥利维耶出版社，1996 年版再版。
123. 皮埃尔 · 阿尔诺 · 舒维和洛朗 · 拉涅尔，《从违禁药物的地缘政治说起》，《希罗多德杂志》，第 112 期，2004 年第 1 季度，第 7—26 页。
124. 帕特里克 · 洛尔、德尼 · 理查德、让 · 路易 · 瑟农、西尔万 · 皮鲁，《精神刺激类药物和安非他明》，toxibase 资料，1999（1），第 1—16 页。
125. 法新社，《联合国对阿富汗鸦片产量激增深感不安》，发表于 2004 年 11 月 18 日。
126. 阿尔弗雷德 · 麦考伊《东南亚的海洛因政策，中情局参与了全球毒品交易》，劳伦斯 · 希尔图书公司，1972 年（1991 年再版）；皮埃尔 · 阿尔诺 · 舒维和洛朗 · 拉涅尔《从违禁药物的地缘政治说起》，前文引述；P · 斯科特和 J · 马歇尔《中美洲地区的可卡因政治、毒品、军队和中情局》，伯克利，加利福尼亚大学出版社，1991 年。
127. 彼得 · 博蒙特，《精神疾病困扰着驻伊美军》，2004 年 1 月 25 日《观察家报》。
128. 哈纳 · 费希尔，《美军战损情况统计：黎明行动、伊拉克自由行动和持久自由行动》，国会研究机构报告，2009 年 3 月 25 日，第 3 页；安 · 斯科特 · 泰森《军方调查西点军校自杀事件。军队死亡率上升》，2009 年 1 月 30 日《华盛顿邮报》。

129. 迈克尔·马丁内斯，《驻海湾地区美军自杀人数非正常高升》，2003年12月25日发表于《芝加哥论坛报》；
130. 西奥拉·拉贝，《伊拉克的自杀，回家后的问题》，2004年2月19日《华盛顿邮报》。
131. 汤姆·鲍德温，《美军曾经经历过创伤的老兵们开始了自杀的风潮》，2007年11月15日《泰晤士报》。
132. 桑德拉·荣茨，《自杀报告推动军队改革》，前文引述。
133. 伯纳德·C·特瑞纳，《地区安全：再次集结》，1992年5月发表于第118期《美国海军学会会刊》，第44页。
134. 威廉·T·汤普森和安东尼·P·塔瓦利亚纳斯，《一项针对空军倒班工人疲劳程度的调查》，美国空军，第311人力系统中心，2006年3月；安东尼·P·塔瓦利亚纳斯、威廉·普雷特、加莱布·斯威格特、杰森·科尔班克、尼塔·L·米勒：《一项针对MQ-1捕食者无人机机组人员轮班工作疲劳程度的调查》，海军研究生院（蒙特利，加利福尼亚），作战研究部，2008年3月。
135. 保罗·J·科恩将军，参议院军事委员会突遇威胁及应对分委员会成立前任职美国陆军装备司令部司令官，《美军国防实验室和科技能力概述》，第108届国会，2003年3月31日。
136. 国防部，2001财年《预算预估、研究、发展、测试及评估，防御范围》第1卷，国防高等研究计划署，2000年2月。
137. Yahoo.us网站于2004年10月10日发表的一篇采访。
138. 彼得·博蒙特《精神疾病困扰着驻伊美军》，前文引述。
139. 鲍勃·格拉汉姆《我刚刚扣动了扳机》，2003年6月19日发表于《伦敦旗帜晚报》。
140. 理查德·A·奥贝尔《反叛武装的袭击造成了18名伊拉克平民死亡和美军士兵受伤》，2004年10月24日《纽约时报》。
141. 彼得·博蒙特，《精神疾病困扰着驻伊美军》，同前。
142. 节选自丹尼尔·戈茨的博客，该博文亦被《行动真相博客》转载，2005年10月14日。
143. 一名塞拉菲游击队领导人的证词，雷米·乌尔丹在其2004年7月17日发表于《世界报》的《从费卢杰到贝鲁特，哈桑下士的秘密冒险之旅》一文中进行了引用。
144. 路透社，《一名人弹在摩苏尔制造了袭击》，2004年12月23日。
145. 丹尼尔·威廉姆斯和拉维吉·钱德拉斯卡兰《美军在伊拉克受挫》，2003年6月20日发表于《华盛顿邮报》。
146. 一名陆战队士兵的证词，节选自格雷瓜尔·德尼奥的报道《在伊拉克大火炉中》，2004年5月7日在《星期一调查》节目中播出。
147. 杰德·巴宾，《太子党的清洗？》2004年8月14日发表于《国家在线评论》。
148. 《拉姆斯菲尔德质疑一项调查》，2006年1月25日在CNN播出。

149. 帕特里克 · 贾罗，《共和党人催促布什继续增兵》，2004 年 4 月 13 日《世界报》。
150. 詹姆斯 · R · 施莱辛格、哈罗德 · 布朗、蒂莉 · K · 富勒、查尔斯 · A · 霍纳、詹姆斯 · A · 布莱克维尔：《国防部拘押行动独立审查小组的最终报告》，第 11 页，该报告内容于 2004 年 8 月 24 日公开。
151. 帕特里克 · 贾罗，《五角大楼因囚犯丑闻而遭到质疑》，2004 年 8 月 26 日《世界报》。
152. 安德鲁 · F · 克雷皮内维奇，《细细的绿线》，战略和预算事务中心，2004 年 8 月 14 日。
153. 同上。
154. 塔古巴将军，《第 800 宪兵营的 14-6 号调查报告》，联军地面司令部副指挥官，2004 年 5 月 27 日。
155. 大卫 · S · 克劳德和埃里克 · 施密特，《越来越多的退役将军要求拉姆斯菲尔德辞职》，2006 年 4 月 14《纽约时报》。
156. 伊丽莎白 · 威尔 · 格林伯格对苏 · 尼德雷尔的采访，2004 年 5 月，http://www.counterpunch. org/weill 05222004.html，参阅于 2004 年 9 月 20 日。
157. 伊拉克自由行动牺牲英雄组织，《陆军第二名赛斯 · 德沃林中尉》，http://www.fallenheroes-memorial.com/oif/profiles/dvorinsethj.html，参阅于 2004 年 9 月 23 日。
158. 布拉德利 · 格拉汉姆和达纳 · 米尔班克《有关伊拉克的民意调查显示，许多士兵们非常不满》，2003 年 10 月 16 日《华盛顿邮报》。
159. 丹尼尔 · 威廉姆斯和拉维吉 · 钱德拉斯卡兰《美军在伊拉克受挫》，2003 年 6 月 20 日《华盛顿邮报》。
160. 克里斯 · 汤姆林森《美军正在伊拉克的烈日下作战，忍受着游击队的攻击》，2003 年 6 月 17 日《波士顿环球报》。
161. 鲍勃 · 格拉汉姆，《我刚刚扣动了扳机》，2003 年 6 月 19 日《伦敦旗帜晚报》。
162. 安德鲁 · F · 克雷皮内维奇《细细的绿线》，战略和预算事务中心，2004 年 8 月 14 日，第 2—3 页；《伊拉克 & 越南：似曾相识？》，战略和预算事务中心，2004 年 7 月 8 日。
163. 安德鲁 · F · 克雷皮内维奇《细细的绿线》，同前，第 3 页。
164. 美国陆军《士兵的贪婪》。
165. 奈杰尔 · 艾尔温 · 福斯特《为平叛行动改变军队》，《军事学术》2005 年 11—12 月刊。
166. 鲍勃 · 格拉汉姆《我刚刚扣动了扳机》，2003 年 6 月 19 日《伦敦旗帜晚报》。
167. 泰德 · 斯特里克兰《伊拉克观察》，国会记录，第 108 届国会，第 2 次会议，众议院，2004 年 9 月 8 日，www.house.gov/delahunt/iraqwatch_9-16-03.htm，2004 年 9 月 25 日参阅。同时可参考美联社《伊拉克士兵们依旧在自费购买防弹衣》，2004 年 3 月 26 日发表于《今日美国》。
168. 美联社《驻伊美军现在拥有了防弹衣》，2004 年 6 月 8 日发表于 military.com。

169. 由大卫·哈克沃什收集的证词《弹药依然不够》，www.hackworth.com，2004 年 3 月 8 日参阅。
170. 安德鲁·班康《每射杀一名叛匪须消耗25万发子弹，美军不得不从以色列进口弹药》，2005 年 9 月 25 日《独立报》。
171. 唐纳德·H·拉姆斯菲尔德，致总统和国会的年度报告《作战风险，我们拥有合适的军队吗？》，第 41 页，华盛顿，2003 年。
172. 罗兹·艾布拉姆斯、厄尼·阿纳斯托斯和约翰·博拉里斯《士兵们缺少防弹衣、电台和子弹》，CBS2 台——纽约新闻下午 5 点档，2004 年 10 月 31 日，http://cbsnewyork.com/top-stories/ topstries_story_305195404.html，2004 年 12 月 2 日参阅。
173. “军人家庭说出来”组织的游行，对“第 343 勤务连拒绝接受危险行动命令的举动”进行声援，2004 年 10 月 18 日。
174. 埃里克·施密特《军队的质疑让拉姆斯菲尔德进行了自我辩护》，2004 年 12 月 9 日《纽约时报》。
175. 克莱格·戈登，《运输车面对武装人员缺乏防护》，2003 年 12 月 18 日《纽约新闻日报》。
176. 杰·普莱斯，《防护型悍马短缺，驻伊美军需要更多的改型车辆》，2003 年 10 月 27 日《新闻观察家报》。
177. 埃里克·米勒，《陆军的斯普莱克：旋转门和紧急部署的麻烦混合》，2004 年 1 月 7 日《政府监督项目》报告，http://www.pogo.org/p/defense/da-040101-stryker.html，参阅于 2004 年 2 月 2 日。
178. 乔·加洛韦，《伊拉克库存防弹衣不足》，2003 年 9 月 17 日发表于 military.com。
179. 妮拉·班纳吉和阿里埃尔·哈特，《士兵们将拒绝视为他们的最后立场》，2004 年 10 月 18 日《纽约时报》。
180. 美联社，《伊拉克士兵们依旧在自费购买防弹衣》，2004 年 3 月 26 日《今日美国》。
181. 《对由 / 或者为参与紧急部署行动的士兵购买的防护、安全、健康设备进行偿付的提案》，康涅狄格籍民主党参议员克里斯托弗·多德提交，公共法案 108-375，第 351 节，2004 年 10 月 29 日。
182. 五角大楼《多德修正案 -SA3312，允许对伊拉克自由行动、持久自由行动和黎明行动中士兵出于防护、安全和健康原因所采购装备进行偿付的建议》，2004 年 6 月 13 日。
183. 埃里克·施密特《军队的质疑让拉姆斯菲尔德进行了自我辩护》，2004 年 12 月 9 日《纽约时报》，同前。
184. 同上。
185. 《布兰克角防弹衣》，http://www.pointblankarmor.com/interceptor.asp，参阅于

2004 年 6 月 15 日。

186. 罗兹·艾布拉姆斯、厄尼·阿纳斯托斯和约翰·博拉里斯《士兵们缺少防弹衣、电台和子弹》，同前。

187. 第 3 步兵师第 2 营士兵《敬启者》，http://www.join-snafu.org/enlisted/letters/brig2inf3.htm，参阅于 2005 年 3 月 4 日。

十二、决裂边缘的士兵

1. 丹尼尔·威廉姆斯和拉维吉·钱德拉斯卡兰《美军在伊拉克受挫》，2003 年 6 月 20 日《华盛顿邮报》。
2. 第 3 步兵师第 2 营士兵《敬启者》，前文引述。
3. 同上。
4. 安·泰森·斯科特，《驻伊美军士气“触底”》，2003 年 7 月 7 日《基督教科学镜报》。第 3 步兵师的解脱在 2003 年底结束了，2004 年 11 月，这些士兵们被重新部署。
5. 托马斯·凯伍德，《第 3 步兵师的士兵们依然在酣战》，2003 年 4 月 1 日《波士顿先驱报》。
6. 伦纳德·格林，《AWOL 的精神状态：孤注一掷决心离开伊拉克的士兵们打来的不计其数的热线电话》，2003 年 10 月 6 日《纽约邮报》。
7. 布拉德利·格拉汉姆和达纳·米尔班克《有关伊拉克的民意调查显示，许多士兵们非常不满》，2003 年 10 月 16 日《华盛顿邮报》，网址 http://www.washingtonpost.com/ac2wp-dyn/A32521-2003Oco15?language=printer，2009 年 12 月 9 日参阅。
8. 罗伯特·沃什，《在伊拉克超期服役打击了士兵们的士气》，2003 年 7 月 19 日《纽约时报》。
9. 由于受到了五角大楼的资助，美军的这份日报实际上毫无出版自由。本次调查是从 50 多个军营中抽取了 1916 名士兵进行的。
10. 由布拉德利·格拉汉姆和达纳·米尔班克所引用，同前。
11. 保罗·哈里斯和乔纳森·富兰克林《带我们回家：士兵们的厌战邮件涌向美国》，2003 年 8 月 10 日发表于《观察家报》。
12. 桑德拉·荣茨《自杀报告推动军队改革》，《星条旗报》欧洲版，http://www.

military.com/NewsContent/013319/FL_improve_032904，00.html，2004 年 3 月 29 日。本次调查是在 2004 年 8 月 27 日—2004 年 10 月 7 日间抽取了 756 名士兵进行的，他们当中有 82% 的人曾参加过战斗。

13. 安·泰森·斯科特，《驻伊美军士气“触底”》，前文引述。
14. 保罗·哈里斯和乔纳森·富兰克林《带我们回家》，前文引述。
15. 詹姆斯·刘易斯，《抗议和生存：越战时期的士兵地下报纸》，韦斯特波特出版社、普雷格出版社 2003 年，第 9 页。
16. 雷切尔·马丁，《军队研究显示驻阿富汗部队士气下降》，2009 年 11 月 15 日，ABC 新闻。
17. 罗伊·K·弗林特，《史密斯特遣队和第 24 师：1950 年 7 月 5 日—7 月 19 日的延迟和撤军》，查尔斯·E·海勒和威廉·A·斯托夫特（dir.）；《美国的早期战争 1776—1965》，劳伦斯，堪萨斯大学出版社 1986 年版，第 266—299 页；埃德温·P·霍伊特，《从殖民时代至今的美国战争和军事冲突》，纽约，达卡波出版社，1987 年，第 424—447 页；菲利普·奈特利《最初的伤亡：从克里米亚到科索沃的战地记者——英雄和造梦人》，巴尔的摩约翰斯·霍普金斯大学出版社，2002 年，第 366—367 页。
18. 斯蒂芬·安布罗斯，同前。
19. 大卫·W·摩尔《尽管取得了费卢杰胜利，但美国人依旧怀疑能否在伊拉克取得最终成功》，盖洛普新闻服务，盖洛普调查公司，2004 年 11 月 23 日（针对朝鲜战争和越南战争展开的调查）。
20. 汤姆·范登·布鲁克《国防部数据：士兵们更可能是被强迫留在军中》，2008 年 4 月 23 日发表于《今日美国》。
21. 节选自丹尼尔·戈茨的博客，2005 年 10 月 14 日。
22. 《美军士兵控告在伊拉克服役》，BBC 新闻，2004 年 12 月 7 日。
23. 乔·博拉斯《陆军准备征召 5.6 万名个人准备预备役士兵》，military.com 网站，陆军新闻专栏，2004 年 7 月 1 日。
24. 德里克·斯图尔特《军队人员和行动需要提高对预备役人员的动员效率》，人力资源分委会报告，参议院军事委员会，美国审计总署，2003 年 8 月，第 36—42 页。
25. 苏姗妮·戈登伯格《受伤的美军回家后面临更大的问题》，2004 年 4 月 3 日《卫报》。
26. 美军入伍 / 重新征召文件，C.9（5）b，和 C.10（1），2001 年 1 月。
27. 布拉德利·格拉汉姆和达纳·米尔班克《有关伊拉克的民意调查显示，许多士兵们非常不满》中引用，前文引述。
28. 美联社，《伊拉克的伤亡并没有影响征兵》，2004 年 5 月 20 日；约翰·亨德伦《国民警卫队征兵数量下跌》，2004 年 12 月 7 日。

29. 伊莱恩·莫纳汉，《美军正受逃役和士气下降的折磨》，前文引述。
30. 美国陆军征兵法规第 601-56 款《个人取得放弃入伍、延迟入伍和无效入伍的处理流程》，美国陆军征兵司令部，1997 年 10 月 1 日。
31. 美国劳动部，《退伍军人就业情况综述》，2004 年 7 月 24 日。
32. 汤姆·斯奎蒂耶里，《军方扩大了“停止损失”的范围以留下士兵》，2004 年 1 月 5 日发表于《今日美国》。
33. 一名军方征兵人士的证言《军方征兵人士有麻烦了？》，2004 年 10 月，通过哈克沃什上校的网站披露，http://www.hackworth.com，参阅于 2004 年 6 月 4 日。
34. 伊莱恩·莫纳汉，《美军正受逃役和士气下降的折磨》，同前。
35. 吉姆·加拉蒙，《陆军预备役部队提高了入伍准入年龄限制》，美军新闻处，2005 年 3 月 22 日。
36. 罗伯特·伯恩斯，《征兵未达标》，美联社，2005 年 10 月 1 日。
37. 路透社，《五角大楼希望提高征兵年龄限制》，CNN，2004 年 7 月 22 日。
38. 史蒂夫·沃格尔，《军方征兵面临预算削减》，2009 年 5 月 11 日《华盛顿邮报》。
39. 公共法第 109-136 款《2004 年财年国防授权法》，标题十七——《对于军事人员及其家庭成员在入籍和其它移民问题上的福利措施》，2003 年 11 月 24 日。
40. 朱思九，《尊敬的国防部副部长（人力和战备）、朱思九先生准备的说明》，参议院军事委员会，2006 年 7 月 10 日。
41. 朱思九，前文引述；詹姆斯·古德《近 4 万名美军一线士兵并非美国公民》，2003 年 9 月 1 日，半岛电视台；考杜拉·梅耶《美军通过承诺赋予公民身份这一手段吸引外国人》，2007 年 10 月 19 日发表于《明镜周刊》。
42. 有关外国未成年人的发展、援助和教育的法律建议案。
43. 蒂特里夫，第 42 卷，27-3。
44. 国防部人力和战备副部长办公室《2010—2012 财年战略计划》，2009 年 12 月 30 日。
45. 美联社，《大多数美国人都不适合加入》，military.com，2006 年 3 月 13 日。
46. 克里斯蒂娜·赛奥卡斯，《将军事拒之门外：今天的大学教育并不意味着你已对今日军事作好了准备》，教育基金组织，2010 年 12 月，第 3 页。
47. 威廉·克里斯特森、阿米·道森·塔盖特、泰德·埃斯梅尔和索伦·梅斯纳·齐德尔，《准备好服役、希望服役却不能服役：75% 的年轻美国成年人无法参军；为保证国家安全，需要在宾夕法尼亚州进行早期教育》，“任务：战备—青年军事领袖”组织，2009 年。
48. 苏·普莱明，《美军士兵们抱怨在伊拉克的低下士气》，路透社，2003 年 7 月 16 日。
49. 安尼克·柯琴《苏珊参军去了》，2004 年 5 月 23 日—24 日《世界报 2》杂志。
50. 布拉德利·格拉汉姆和达纳·米尔班克《有关伊拉克的民意调查显示，许多士兵们非常不满》，同前。

51. 杰瑞·吉尔莫《拉姆斯菲尔德在市民会议上处置棘手问题》，美军新闻处，2004年12月8日。
52. 霍尔布鲁克·默尔《谢尔比军营组织仪式向驻伊拉克军队致敬》，2004年11月12日《海军时报》。
53. 沃尼·韦斯和马克·马泽蒂，《布什与军队的聊天招致了批评》，2005年10月14日《洛杉矶时报》。
54. 军法（《统一军法典》）第138条。
55. 美联社，《美国预备役士兵免遭军事法庭制裁》，2004年12月6日。
56. 瓦妮莎·布鲁姆，《军法审理伊拉克虐囚丑闻》，2004年5月19日《法制时代》。
57. 《军事法律委员会年度报告，包括联邦军事上诉法庭部分，美军法律总顾问》，2008年10月1日至2009年9月30日。
58. 大卫·哈克沃什，《压制士兵言论不是什么新鲜事》，military.com，2004年10月12日；同时可参阅布拉德利·格拉汉姆和达纳·米尔班克《有关伊拉克的民意调查显示，许多士兵们非常不满》，同前。
59. 蒂姆·普雷德默尔，《我们正在伊拉克面对无谓死亡》，2003年9月19日《卫报》。
60. 《统一军法典》，第18章，第2388节。这里要注意洛伦茨中士也同样被接纳，他所写的一封信也被迈克尔·摩尔收录到了他的《他们还会相信我们吗？》一书中，该书在其被控后正式发行。
61. 布拉德利·格拉汉姆，《伊拉克地面行动的危险性导致了空中手段运用的激增》，2004年12月12日《华盛顿邮报》。
62. 阿尔·洛伦茨，《我们为什么无法取胜》，lewrockwell.com，2004年9月20日，http://www.lew-rockwell.com/orig5/lorentz1.html，2004年11月20日参阅。
63. 妮拉·班纳吉和阿里埃尔·哈特，同前。
64. 美联社，《军方表示，现在讨论犯错部队的纪律问题为时尚早》，2004年10月18日。
65. 同上，《美国预备役士兵免遭军事法庭制裁》，2004年12月6日。
66. 布拉德利·格拉汉姆，《伊拉克地面行动的危险性导致了空中手段运用的激增》，前文引述。
67. 哈尔·博尔顿，《刘易斯堡基地的一名军官认为伊拉克战争非法，并拒绝奉命前往》，2006年6月7日发表于《西雅图时报》。
68. “反抗勇气”组织官网，《反抗人物》，网址：http://www.couragetoresist.org/x/content/blog-category/39/86/，参阅于2010年11月5日。
69. 文斯·贝瑟尔《只是逃兵吗？》，2004年8月5日—9月2日《洛杉矶周报》。需注意的是，亨德森下士后来又“再犯”了，他在迈克尔·摩尔书中（《他们还会相信我们吗？》纽约西蒙 & 舒斯特出版公司 2004 年版，第 207—209 页）的一篇文章内签了字。

70. 达赫·贾梅尔，《反抗意愿：那些拒绝在伊拉克和阿富汗作战的士兵们》，芝加哥干草市场出版社，2009 年，第 35—36 页和第 45—48 页。

71. 保罗·麦克洛斯基，《美军要求撤离越南的精神实质》，1971 年 10 月 28 日，国会记录，第 92 届国会，第 1 次会议，117，pt.29 :38，082-84。

72. 保罗·冯·齐尔鲍尔，《认罪后，士兵洗白了致死事件》，2009 年 2 月 20 日《纽约时报》；曼努埃尔·罗伊格·弗朗西亚，《一名美军士兵因袭击战友而获罪》，2005 年 4 月 22 日《华盛顿邮报》；美联社，《军队“害了”这名杀人的士兵，他的父亲说》，2005 年 5 月 13 日，MSNBC 新闻。

73. 克里斯·赫齐斯，《关于战争每个人都必须知道的内容》，纽约自由出版社，2003 年。

74. 美联社，《“爆炸碎片”现象在伊拉克和阿富汗很罕见》，2007 年 10 月 18 日。

75. 苏珊娜·萨塔琳，《AWOL 的士兵们发誓再不参与战争》，2004 年 3 月 16 日《波士顿环球报》。

76. 文斯·贝瑟尔《只是逃兵吗？》，2004 年 8 月 5 日至 9 月 2 日《洛杉矶周报》。

77. 从 2002 年 9 月至 2003 年 9 月，迈克尔·马丁内斯，前文引述。

78. AWOL 士兵如果未经许可消失了 30 天以上就会被视为逃兵，军方就会认定为他们主观上不想再回归（统一军法典，第 85 款和第 86 款内容）。

79. 安妮·利兰和玛丽·雅娜·奥勃罗萨纽，《美国战争及军事行动伤亡：名单和统计》，国会研究机构，2010 年 2 月 26 日。

80. 阿德里安·山茨，《士兵们寻找道义身份》，美联社，2004 年 3 月 26 日。

81. 例见：彼得·F·拉姆斯博格、布鲁斯·D·贝尔、迈克尔·G·拉姆塞，《军队逃兵和领导人调查的结果和建议》，研究记录，2005-02，2004 年 12 月，美军行为和社会科学研究院。

82. 彼得·F·拉姆斯博格和布鲁斯·D·贝尔，《关于 AWOL 和逃兵现象我们该知道什么：对政策制定者和指挥官官方解读的回顾》，美军研究院，美军行为和社会科学研究院，《特别报告 51》，2002 年 8 月，第 4 页。

83. 同上，第 7 页。

84. 斯科特·佩里，《逃兵：我们不想回到伊拉克》，CBS 电视台“星期三 60 分”节目，2004 年 12 月 8 日；比尔·尼克尔斯《伊拉克战争中的 8000 例逃兵现象》，福克斯新闻台，2006 年 3 月 7 日。

85. 美联社，《军方统计显示逃脱服役责任的士兵在增多》，福克斯新闻台，2007 年 4 月 10 日。

86. 迈克尔·马丁内斯，《士兵们检验战争的道德标准》，2004 年 3 月 15 日《芝加哥论坛报》。
87. 保罗·冯·齐尔鲍尔，《美军针对逃兵的指控激增》，2007年4月8日《纽约时报》。
88. 同上，《军方将去年的逃兵人数向上修正为853人》，2007年3月23日《纽约时报》。
89. 2006—2007财年总统预算，M-1陈列，第2页。
90. 美国统计总署，《主要管理挑战和计划风险》，国防部，GAO-010244，华盛顿，2001年；彼得·F·拉姆斯博格、布鲁斯·D·贝尔，前文引述，第8页。
91. 丹·拉瑟对卡米洛·梅吉亚的采访《伊拉克的AWOL》，CBS电视台《60分II》节目，2004年4月31日。
92. 阿德里亚纳·卡莱拉，《拉美裔因道德原因拒服兵役者》，2004年4月1日《华盛顿时报》，http://www.washtimes.com/upi-breaking/20040401-051856-4812r/htm，参阅于2004年4月22日。
93. 加拿大广播电台资料《逃脱兵役者：不按时归队的士兵、逃兵和拒服兵役者》，http://ar-chives.radio-canada.ca/IDD-09-332/guerres_conflits/draft-dodgers/，参阅于2009年12月10日。
94. 斯蒂芬·芬克的声明，2003年6月26日，《不要以我们之名》，以及《斯蒂芬·芬克是自由的》，2004年3月15日，http://www.notinourname.net/funk/，参阅于2004年6月12日。
95. 乔·加洛福利，《反战英雄、因拒服兵役而获刑的陆战队罪犯现在回家了》，2004年3月14日《旧金山纪事报》，http://www.sfgate.com/cgibin/article.cgi?file=/chro-nicle/archive/2004/03/12/BAG855KDB71/DTL，参阅于2004年6月12日。
96. 阿德里安·山茨，《士兵们寻找道义身份》，美联社，2004年3月26日。
97. 路透社，《两名美军逃兵向加拿大寻求避难》，2004年7月8日*Le Devoir*。
98. 伦纳德·格林，《AWOL的精神状态：孤注一掷决心离开伊拉克的士兵们打来的不计其数的热线电话》，objector.org，2003年10月5日，http://www.objector.org/ccco/inthenews/ awolstate.htm，2004年6月12日参阅。
99. 盖伊·泰列费，《美军内部的道德危机》，2004年1月15日*Le Devoir*。伦纳德·格林，《AWOL的精神状态：孤注一掷决心离开伊拉克的士兵们打来的不计其数的热线电话》，前文引述。
100. 卡米洛·梅吉亚的新闻发布会，2004年3月15日，波士顿，为“公民士兵”组织转载，网址：http://www.citizen-soldier.org/CS07-Camilo Amnesty.html，参阅于2009年12月10日。
101. 斯科特·佩里，《逃兵：我们不想回到伊拉克》，CBS电视台“星期三60分”节目，2004年12月8日。
102. 作为例证，可以参考卡米洛·梅吉亚的主页（http://www.freecamilo.org/index.

htm），杰雷米·希兹曼的主页（http://www.freecamilo.org/index.htm），布兰登·休伊的主页（http://www. brandonhughey.org/index.htm）或者卡尔·韦伯的主页（http://www.carlwebb.net/），参阅于 2006 年 3 月 6 日。

103. 《伊拉克的 AWOL》，CBS 电视台《60 分 II》节目，2004 年 4 月 31 日。

104. 迈克尔·马丁内斯，《士兵们检验战争的道德标准》，同前。

105. 斯科特·佩里，《逃兵：我们不想回到伊拉克》，CBS 电视台“星期三 60 分”节目，2004 年 12 月 8 日。

106. 维克多·勒旺，《安静的同谋，加拿大参与了越南战争》，多伦多，between the lines 出版社，1986 年。

107. 希拉·科普斯，《值得去战》，多伦多，麦克莱兰和斯图尔特出版社，2004 年。

108. 美国消费了加拿大 85% 的出口产品。

109. 比尔·奥莱利，《加拿大正在为美军逃兵提供庇护》，福克斯新闻台，《论点》节目，2004 年 4 月 28 日。

110. 弗朗斯·乌勒和弗朗索瓦·克雷伯：《移民与难民身份委员会——斯格罗的建议并未能改变庇护的现状》，2004 年 4 月 7 日发表于 *Le Devoir* 报。2001 年 6 月 18 日，布里安·P·古德曼接受了时任政府公民与移民部长的埃莉诺尔·卡普兰的任命，加入了“移民与难民身份委员会（CISR）”（CISR 的任命通告，2001 年 12 月，http://www.cic.gc.ca/français/nou-velles/01/0112-f.html），2004 年 6 月 4 日参阅。埃莉诺尔·卡普兰自 1985 年起就是加拿大自由党的成员（安大略省议会网站资料《埃莉诺尔·卡普兰，前议员》，http://olaap.ontla. on.ca/mpp/daMbr.do?whr=Id%3D321&locale=fr，2004 年 6 月 4 日参阅。）

111. 移民与难民身份委员会，难民保护分部，TA4-01429/TA401430/TA4-01431，《难民申请人：杰雷米·希兹曼，阮氏娥，越南人阮廉·希兹曼》，2005 年 3 月 16 日，2005 年 3 月 24 日发表。

112. 移民与难民身份委员会，难民保护分部，同上，第 6 页。

113. 法国法律委员会通讯《国际法律委员会为入侵伊拉克的声明感到遗憾》，2003 年 3 月 18 日；《伊拉克——这场非法的战争应以合法的方式进行》，2003 年 3 月 20 日；http://www.icj.org/ news_multi.php3id_groupe=10&ik_mot=361&lang=fr，2009 年 12 月 9 日。

114. 移民与难民身份委员会，难民保护分部，前文引述，第 55、57 页。

115. 贝尔·欧文·威利：《比利·杨克的一生，联军的普通士兵》，路易斯安那巴吞鲁日大学出版社 1952 年出版（2008 年再版），约翰·基根在其著作《南北战争》（巴黎佩兰出版社 2011 年出版）中进行了引用。

116. 特别要参考斯特凡娜·奥杜安 - 鲁佐的作品《1914—1918，报纸上的战壕士兵》，巴黎阿尔芒·柯林出版社 1986 年出版。

117. 美军后勤部长克里斯蒂安森的声明，乔·加洛韦《伊拉克库存防弹衣不足》，military.com，2003 年 9 月 17 日。

118. 例如：布希·科斯格拉夫-马瑟《从伊拉克传来的士气低落的信。妻子们表示延迟归国让第 3 步兵师的士兵们士气下降》，CBS 电视台，2003 年 7 月 17 日，http://www.cbsnews. com/stories/200307/17eveningnews/main563-822.shtml；格雷格·佐罗亚《阵亡士兵的希望和恐惧中揭示的肺腑之言》，2005 年 10 月 25 日发表于《今日美国》，http://www.usa-today.com/news/world/iraq/2005-10-25-letters-iraq-cover_x.htm，参阅于 2010 年 10 月 24 日；比尔·库图利埃《最后的家书，来自伊拉克战场美军士兵们的声音》，2005 年的纪录片。

119. 可以参见格里姆斯中士和阿兰下士的例子，二人联名向《纽约时报》去信，信中，这两名被派往伊拉克的士兵对其同事的抱怨进行了批评（克雷·格里姆斯和杰西·阿兰《士兵的抱怨》，2003 年 7 月 18 日《纽约时报》）

120. 大卫·哈克沃什，《困惑的士兵不是什么新鲜事》，military.com，2004 年 10 月 12 日。

121. 1971 年，“哈克”曾在 ABC 电台断言西贡将在四年后被攻下（《大卫·H·哈克沃什中校》，1930—2005，美通社文章，2005 年 5 月 9 日转载于 military.com）。然而命运讽刺的一面在于，这名军官现在已开始对军方高层的选择和谎言进行揭露，比如军方在橙剂使用的问题上就与军事工业企业达成过妥协，然而这种制剂却让参战士兵们患上了典型性癌症。

122. 保罗·哈里斯和乔纳森·富兰克林《带我们回家：士兵们的厌战邮件涌向美国》，2003 年 8 月 10 日发表于《观察家报》；在哈克沃什去世后，已很难预言他的网站今后将会有怎样的结果（http://www.hackworth.com/index2.html，2005 年 5 月 13 日参阅）。作为其受欢迎程度的标志，接受网民——几乎都是军人——唁电的服务器已经饱和。在其去世后的 24 小时内便收到了超过 5000 份唁电。

123. 迈克尔·摩尔《部队来信》，前文引述。

124. 蒂莫西·普雷德默尔《我们正在伊拉克面对无谓的死亡》，2003 年 9 月 19 日。该文章最初发表于《皮奥里亚星报》，目前，它在该日报的网站资料中已经无法找到，不过在一些反战网站中还依然可以发现，比如 http://www.notinour-name.net/gi-special/1-99/86.pdf，参阅于 2004 年 3 月 4 日。

125. 迈克尔·摩尔《军队来信》，前文引述。

126. 罗曼·罗兰，同前，第 1124 页。

127. 尼尔森网络调查公司《引用数字：美国网民数目》，为《网络日报》所引用，http://www.journaldunet.com/cc/01_internautes/inter_nbr_us.shtml，参阅于 2009 年 12 月 2 日。

128. 沃夫冈·迪威格，《德国士兵看到了苏联，从东部前线的来信》，柏林威廉利姆帕特出版社，1941 年。
129. 马莎·拉达茨，《家书，士兵们在伊拉克的光辉成就都是由指挥官所写的》，ABC 新闻，2003 年 10 月 13 日。
130. 迈克尔·摩尔，《军队来信》，前文引述；此时，这名美国导演已经收到了数百封驻伊美军一线士兵的来信和电邮，他以此汇集成了一本书《他们还相信我们吗？战地家书》，同前。
131. 伊丽莎白·威尔·格林伯格对苏·尼德雷尔的采访《征兵官告诉她的儿子他不用参与战争；现在他却死了》，2004 年 5 月 22 日—23 日发表于 counterpunch 网站，网址：http://www.counter-punch.org/weill05222004.html，2009 年 12 月 2 日参阅。
132. 《低下的士气继续侵蚀着被困在伊拉克的军队》，2003 年 7 月 14 日《陆军时报》。
133. 美军入伍合同；克里斯·怀特《征兵工作的沮丧，一名前内部人士对外发声》，http://www. veteransforpeace.org/deceptioninrecruiting.htm，2002 年 1 月 6 日，参阅于 2005 年 3 月 6 日。
134. 大卫·E·邦宁、史蒂文·M·钱普林、蒂莫西·S·科利，同前，第 4—6 页。
135. 汤姆·山克，《美军指挥官表示常年巡逻是进行“游击队”战争的选项》，2003 年 7 月 17 日《纽约时报》。
136. 国防部，第 1325.6 号令《处理军队成员中持不同政见人士和抗议活动者的准则》，2003 年 12 月 1 日。
137. 记者伊夫·欧德斯对《世界报》读者论坛的浏览，2003 年 11—12 月。
138. 同上。
139. 《特别美军，占领新闻公告》。
140. 斯科特·佩里，《逃兵：我们不想回到伊拉克》，CBS 电视台“星期三 60 分”节目，2004 年 12 月 8 日。
141. 大卫·蔡格，《越战逃兵》，Displaced Films 电影公司 2005 年制作的纪录片。
142. 在 2003—2005 年间，美军的技术显示出了局限性，这里我斗胆举几个例子：有好多次，在 Yahoo.us 的“军事聊天室”中，和驻伊美军士兵之间的聊天都被突然中止，只因为所谈论的内容涉及了一些敏感的话题，比如军队的士气或者贫铀弹。这碰巧是因为与我对话的士兵累了？还是军方通过“关键词”过滤的方式施加了军事管制？无法判断……不过得益于信息扫描中的关键词定向技术，军方对电邮内容所实施的监控却一直都是可行的。
143. 其中的一个例子“因道德拒服兵役者中央委员会”，《委员会拒绝了黩武主义和草案》。
144. 国防部，第 1344.10 号令《现役军队成员的政治活动》，2004 年 8 月 2 日由保罗·沃尔福威茨签署。

145. 国防部，第 1344.10 号令，1990 年 6 月 15 日由唐纳德 · 阿特伍德签署，E.3.2.6。
146. 乔 · 加洛韦，《伊拉克库存防弹衣不足》，2003 年 9 月 17 日发表于 military.com。
147. 参阅路易 · 莫弗雷，《我曾是战壕内的医生》，巴黎，罗贝尔 · 拉封出版社，2008 年。
148. 艾伦 · 希尔蒙，《美军士兵的伊拉克博客生活》，美联社，2004 年 9 月 27 日；马克 · 梅莫特《“士兵博主”们正在复制他们的历史地位》，2005 年 5 月 12 日《今日美国》。
149. “我的战争”博客获得了巨大的成功，一些主要新闻媒体也加入了其读者的行列，下面仅列举部分媒体的名单，《旧金山纪事报》《今日美国》《新闻周刊》《娱乐周刊》《洛杉矶时报》《时尚先生》《滚石杂志》《芝加哥太阳报》《人物》……
150. 《在伊拉克服役》，http://www.washingtonpost.com/wpsrv/worlk/dutyiniraq/dutyiniraq2004/ html，参阅于 2006 年 3 月 15 日。
151. “在火星，在线士兵照片资料”网站为这一现象进行了生动的注释；这些恫吓性网页的匿名作者要求“对这些讲述战争经历的照片进行分享”，要求“去除管制”“无问政治”（http:// www.undermars.com/）。
152. 可以举国民警卫队士兵杰森 · 克里斯托弗 · 哈特利的例子《另一名士兵》，该网站拥有各类资料。（http://blog.justanothersoldier.com/，该博客已关闭）。
153. 2005 年 3 月 4 日《陆军时报》的头条新闻报道了那些内容涉及军人的士兵博客的快速发展；其中在 2005 年时点击率最高的几个博客有“小泥村报”“黑五（black five）”“美国士兵”“问题猫”“我的战争”“另一个士兵”“就像在女人军中”“铠甲戈登”“老 K”。
154. 马克 · 梅莫特，《“士兵博主”们正在复制他们的历史地位》，2005 年 5 月 12 日《今日美国》。
155. 《我的战争》网站依托于 30 多个驻伊美军士兵自建的博客（“我倒霉的枪手”“把它涂黑”“谁是你的巴格达父亲”“我在伊拉克的使命”“博客机器城”“伊拉克一日”“地狱问候”“观点公司”“茫茫荒野和地狱以外两公尺”“士兵女”……）。
156. 丹尼尔 · 戈茨，《糟糕至极》，2005 年 10 月 22 日，最新更新。
157. 詹姆斯 · 刘易斯，同前，第 5 页。
158. “我的战争”和“另一个士兵”博客的管理员；杰森 · 哈特利，《另一个士兵》；《在伊拉克土地上的一年》，哈珀 · 柯林斯，2005 年；科尔比 · 布泽尔，《我的战争，在伊拉克的杀戮时光》，普特南出版集团，2005 年。
159. J.K. 多兰《我是我兄弟的守护者，一名枪炮军士在伊拉克的日记》，斯尼兹费里；凯森出版社，2005 年；琼斯 · 克劳福德《我想讲述的最后一个真实的故事》，纽约，河源出版社 2005 年；纳撒尼尔 · C · 菲克《一弹而过：一名海军陆战队军官的成长史》，波士顿，霍顿米夫林出版社，2005 年；韦斯特 · 宾格《无誉之战：费卢杰战斗前线纪实》，纽约，邦坦出版社，2005 年；蒂姆 · 普里查德《伏击巷；伊拉克战争最不寻常的战役》，诺瓦托，普雷赛德罗出版社，2005年；凯拉·威廉姆斯&迈克尔·E·斯塔布的《爱我的枪胜过爱你：美军中的年轻人和女性》；约翰·考夫曼《麦考伊的海军陆战队员：巴格达阴暗的一面》，明尼阿波利斯，泽尼茨出版社，2005年；迈克·塔克《在伊拉克的士兵们：真正的刚毅，特种部队以及在摩苏尔和费卢杰的突袭行动》，诺瓦托，要塞出版社，2005年；肖恩·内勒《不是死亡的好日子："水蟒行动"中不为人知的故事》，纽约，伯克利出版社，2005年；杰森·康罗伊&罗恩·马茨，《沉重的奖牌：一个坦克连在巴格达的战斗》，杜勒斯约克，波托马克出版社，2005年；尼古拉斯·E·雷诺德《巴士拉、巴格达和超越：第二次伊拉克战争中的美国海军陆战队》，海军学院出版社，2005年……这一清单其实还很长！

160. 斯特凡娜·奥杜安·鲁佐，《亨利·巴比斯，一位愤怒的龚古尔》，1994年8月9日《世界报》。
161. 内森·霍奇，《士兵博客被关？斯特瑞克日记停止更新》，2004年9月11日《今日防务杂志》。
162. "军队"和"博客"之间的矛盾，该词已成为美国的媒体用词。
163. 吉娜·卡瓦拉罗瓦斯，《士兵博客之死》，2005年3月21日《陆军时报》。
164. 驻伊拉克多国部队指挥官（MNC-I）《部队和士兵已拥有和维护网站》，4页文档，2005年4月6日由比内斯中将签署。
165. 这里是指阿帕网（美国高等研究计划署），该网于1969年在国防部的主导下建立，旨在在其各大研究机构之间建立关联。
166. 斯库梅克将军，"陆军作战安全指导人员负责人"，P231903Z，华盛顿，2005年8月。
167. 军队网站威胁评估小组，参见陆军规定第25-1款，陆军知识管理和信息技术管理，2005年7月15日，第27页。
168. 安·布罗阿切，《军队惩罚士兵发布博客的行为》，CNET新闻网，2005年8月2日。
169. 10月22日，其网站已无法正常浏览；丹尼尔·戈茨《糟糕至极》，2005年10月22日，《国王所有的战马》，（goetzit.blogspot.com）http://66.102.9.104/search?q=cache:Mj-E8PrVMYswJ:goetzit.blogspot.com/+&hl=fr&lr=lang_en/lang_fr，参阅于2009年12月11日。
170. 丹尼尔·戈茨，《糟糕至极》，2005年10月22日，前文引述。
171. 作战安全和网络安全，OPSEC，五角大楼作战安全工作小组，2005年9月；利奥·谢恩《针对军事议题向战地博主的警告》，2005年10月1日《星条旗报》中东版。
172. 陆军规定第530-1款，作战安全（OPSEC），陆军司令部，华盛顿特别行政区，2007年4月19，第4、12和36页。
173. 威廉·J·布津斯基，《网络巡逻：小心你发布的内容》，军方新闻社，2007年2月9日，http://www.army.mil/-news/200702/09/1795-cyber-patrol-beware-of-

waht-you-post/，参阅于 2010 年 10 月 22 日。
174. 大卫·阿克斯，《明确博客制度的说明》，2007 年 5 月 4 日《连线》杂志，http://blog. wired.com/defense/2007/05/clarifying_the_.html，参阅于 2010 年 10 月 22 日。
175. 《事实表格，军方作战安全：未曾改变的士兵博客》，美国陆军公共事务，2007 年 5 月 2 日。
176. 陆军规定第 530-1 款，同前，第 5 页。
177. 利奥·谢恩三世和 T·D·弗莱克，《国防部封掉了 YouTube 和其它一些网站》，2007 年 5 月 13 日《星条旗报》。
178. 诺亚·沙赫特曼，《军方捍卫 MySpace 禁令》，2007 年 5 月 18 日《连线》杂志，http://www.wired.com/dangerroom/2007/05/military_defend/，参阅于 2010 年 10 月 23 日。
179. 唐纳德·拉姆斯菲尔德的讲话，外交关系协会，美国国防部，国防公共事务助理秘书办公室，纽约，2006 年 2 月 17 日，http://www.defense.gov/Speeches/Speech.aspx?SpeechID=27，参阅于 2010 年 10 月 22 日。
180. 国防部副部长，《2006 年：四年防务评估战略沟通执行路线图》，2006 年 9 月 25 日。
181. 同上，第 19 页。
182. 同上。
183. 国防部副部长，《国防部交互互联网活动政策》，2007 年 6 月 8 日。
184. 托马斯·尼克尔森上校，《军队的强大》，Army Mil.News，2006 年 11 月 9 日，http://www.army. mil/news/2006/11/09/568-the-making-of-army-strong/，参阅于 2011 年 2 月 13 日。
185. 唐纳德·拉姆斯菲尔德的演说，外交关系协会，同前。
186. 比如可以参考奥迪耶诺将军的 Facebook 账号：http://www.facebook.com/RayOdierno，参阅于 2010 年 10 月 23 日。
187. 美国海军陆战队“我们陆战队员”频道，http://www.youtuybe.com/OurMarines#p/u/4/ciLST-5zeMWE，参阅于 2010 年 10 月 23 日。
188. 内森·霍奇，《新推特特点：身体记数》，2009 年 6 月 2 日《连线》杂志。

189. 海军部信息主官，《运用新式网络工具》，2008 年 10 月 20 日。
190. 空军公共事务局，新兴技术处，《空军网络发布问卷评估》，2008 年。
191. 大卫·米尔曼·斯科特对卡尔德维尔上校的采访《美国空军和社交媒体：一次与迈克尔·卡尔德维尔上校的探讨》，2009 年 3 月 20 日发表于 Webinknow 网站，http://www.webin-know.com/2009/03/the-us-air-force-and-social-media-a-discussion-with-colonel-michaelcald-weli.html，参阅于 2010 年 10 月 23 日。
192. 凯瑟琳·洛佩兹对迈克尔·杨的采访《今日阿富汗》，2008 年 12 月 15 日《国家评论在线》，http://www.nationreview.com/article/226536/afghanistan-today/interview，参阅于 2010 年 10 月 23 日。
193. 伊莱恩·威尔逊，《“非洲猎豹”为派遣部队提供快速连接》，美军新闻处，2011 年 2 月 4 日。

第四部分
倒退的战争文化

十三、 振作的反对者，全新的抗议

1. 为霍华德·津恩所引用，同前，第 563 页。
2. 埃里克·勒布歇和赛尔日·马尔蒂对理查德·珀尔的采访，2005 年 7 月 13 日《世界报》。
3. ABC 新闻 /《华尔街日报》的民调，2005 年 7 月 13 日。
4. CNN/《今日美国》/ 盖洛普公司发起的民调《民意调查：少数人认为美军将在伊拉克取得胜利，大多数人认为国家应该加速撤军》，2005 年 9 月 22 日。
5. 《战争的代价打击了家庭》，佐格比国际民意调查公司，2007 年 3 月 2 日，http://zogby. com/news/ReadNews.cfm?ID=1257，参阅于 2010 年 10 月 23 日。
6. 有一系列民调：苏珊·佩姬《民意调查：美国对伊拉克的态度与越南时期一样》，2005 年 11 月 15 日《今日美国》；保罗·施泰因豪泽《CNN 民意调查：阿富汗会变成另一个越南么？》，CNN，“政治心脏”栏目，2009 年 10 月 19 日。
7. 安德鲁·克雷皮内维奇，《伊拉克 & 越南：再一次的似曾相识？》，战略和预算评估中心，csbdaonline.org，第 8 页。
8. 马克思·克莱兰，退伍军人和前乔治亚州参议员，由 J.M. 杜梅在其于 2004 年 9 月 14 日发表于《世界报》的《越南老兵的报复》一文中进行了引用。
9. 引自安德雷·卡斯皮《美国，抗议之年》，布鲁塞尔，康普莱克斯出版社，1998 年，第 23—24 页。

10. 沃尔夫·布利策对亨利·基辛格的采访，引自《基辛格在越南和伊拉克之间找到了相似之处》，2005 年 8 月 15 日 CNN，http://edition.cnn.com/2005/POLITICS/08/15/us.iraq/，2006 年 9 月 25 日参阅。
11. 《约翰·麦凯恩参议员首次将伊拉克局势与越南进行比较》，2003 年 10 月 26 日《新闻周刊》。
12. 参见大卫·E·桑格《遗产》，巴黎，柏林，2009 年。
13. 集合了数万名士兵后，美军在官方宣布战争结束后又发动了大量的军事行动。“半岛行动”“沙漠蝎子行动”“常春藤风暴行动”“常春藤风暴行动 2”“沙漠响尾蛇行动”以及“响尾蛇行动”，上述这一系列行动标志着美军占领行动的血腥升级，尤其是胜利的缺失。
14. 斯科特·谢恩，《美国新战术：尽可能让民众看到胜利 / 依据杜克教授的民调分析而建立的战争支持策略》，2005 年 12 月 4 日《纽约时报》。
15. 伊夫 - 亨利·诺埃拉，同前，第 196 页。
16. 《华盛顿邮报 -ABC 新闻民意调查》，2006 年 5 月 16 日《华盛顿邮报》。
17. 克劳迪内·穆拉尔，《一部加利福尼亚籍阵亡士兵的编年史》，2005 年 2 月 5 日《世界报》。
18. 史蒂夫·沃格尔《战争故事在这个冬天里回响》，2008 年 3 月 15 日《华盛顿邮报》。
19. 达赫·贾梅尔，同前，第 27 页。
20. 马丁·萨维奇，《保护伊拉克的石油供应》，CNN，2003 年 3 月 22 日；ABC 新闻调查小组，《伊拉克电视信条；知情人：日常调查报告》，2005 年 2 月 24 日 ABC 新闻；阿瑟·S·布里斯班，《在费卢杰有凝固汽油弹么？》2007 年 7 月 18 日《纽约时报》。关于凝固汽油弹或其“替代品”：西格弗雷多·拉努奇和莫里奇奥·托雷拉尔塔《费卢杰，被隐藏的屠杀》，一档于 2005 年 11 月 8 日从 RAI 电视台播出的纪录片。
21. 迈克尔·A·安德雷格，《虚构的越南，影视中的战争》，费城，天普大学出版社，1991 年。
22. 《CIA 泄密事件已被解释》，埃布拉莫斯报告，微软全国广播节目，2005 年 10 月 26 日，http://www.msnbc.msn.com/id/9828152/，参阅于 2010 年 5 月 7 日。
23. 马克思·克莱兰，退伍军人和前乔治亚州参议员，由 J.M. 杜梅在其于 2004 年 9 月 14 日《世界报》的《越南老兵的报复》一文中进行了引用。
24. 美国国防部《国防部新吹风会 - 部长拉姆斯菲尔德和迈尔斯将军》，2004 年 1 月 6 日。
25. 参见大卫·齐格勒于 2005 年推出的纪录片《长官！不长官！》。
26. 选征兵役制，《关于机构》，http://www.sss.gov/ABOT/HTM，参阅于 2010 年 11 月 5 日。

27. NBC/《华尔街日报》民意调查，大卫·布鲁克斯在其于2005年12月1日发表在《纽约时报》的《怀疑论时代》一文中进行了引用。
28. 大卫·格伦，前文引述；诺姆·科恩《没有睡衣的博主，耙粪和奖品》，2008年2月25日《纽约时报》。
29. 贝拉克·奥巴马的演讲，伊利诺伊州参议员，2002年10月2日。
30. “非战争取胜”，官网地址 http://www.winwithoutwar.org/pages/about，参阅于2011年1月25日。
31. 格拉汉姆·雷曼、林赛·菲博、达里尔·汗和卡伦·弗雷菲尔德《大规模抗议大多以和平方式进行》，2004年8月30日发表于《芝加哥论坛报》。
32. 美国教友会官网，《睁大双眼》，http://afsc.org/campaign/eyes-wide-open，参阅于2010年7月19日。
33. *Projectbillboard.org*，*home news billboards mission about contribute contact pictures ticker stuff*，http://www.projectbillboard.org/。
34. 史蒂芬·达格特《美国主要战争的代价》，国会研究机构，2010年6月29日。
35. 国际特赦组织，《世界人权状况报告》，2005年。
36. 科林·莱纳《美国人对关塔那摩集中营进行争论》，2005年6月7日《世界报》。
37. 在众多栏目中：霍华德·舒尔茨《滥权指控》，美国公共电视网，电视辩论录音，2005年6月3日。
38. 国防部长拉姆斯菲尔德的新闻发布会，2005年6月1日。
39. 尤其参见《切尼被国际特殊组织的报告激怒》，美联社，2005年5月30日。
40. 迈克尔·斯切尔博《布什、切尼和拉姆斯菲尔德被冠以泥虫的名字》，2005年4月14日“生命科学”网站。
41. CNN《布什被用泥虫的名字命名》，2005年4月14日《科学 & 空间》。
42. 《布什、切尼和拉姆斯菲尔德现在成了泥虫物种——但严格意义上讲是在向其致敬》，康奈尔大学新闻机构，2005年4月13日。
43. 埃里克·莱赛，《民调结果对布什有利》，2003年3月25日《世界报》。
44. “军人家庭说出来”组织《关于我们》，http://www.mfso.org/article.php?list=type&type=61，参阅于2010年11月1日。
45. 秘密机构理论上担负着保卫总统夫妇安全的任务。
46. 《劳拉·布什在一次竞选演讲期间遭到诘问》，CNN，2004年9月17日。
47. 在其网页上方，网站主人蒂姆·里维拉要求读者就那些“不合适”的信息告知他。
48. “阵亡英雄纪念”组织《简介》，http://www.fallenheroesmemo-rial.com/oif/profiles/dvorin-seth.html，参阅于2004年9月23日。
49. H.R.5037，《美国遇难英雄法案》，第109届国会第2次会议，2006年5月29日。

50. 韦斯特波罗浸信会，位于托皮卡。
51. 丹尼尔·C·哈林，《未经审查的战争：媒体和越南》，洛杉矶，加州加利福尼亚大学出版社，1986 年，第 170 页。
52. 西摩·赫什：《双边破坏，“反恐战争”的阴暗面》，巴黎，德诺埃尔出版社，2005 年，第 25 页。
53. 丹尼尔·奥克伦特，《大规模杀伤性武器？还是大规模娱乐？》，2004 年 5 月 30 日《纽约时报》。同年 8 月 12 日，《华盛顿邮报》的霍华德·库尔茨也发表了一篇相同的文章。
54. 《唐纳德·拉姆斯菲尔德应该离开》，2004 年 5 月 7 日《纽约时报》；《拉姆斯菲尔德必须走人》，2004 年 5 月 7 日《波士顿环球报》。
55. 亚当·扎戈林和迈克尔·杜菲，《对 063 号囚犯的审讯》，2005 年 6 月 12 日《时代周刊》。
56. 达纳·普利斯特和安妮·赫尔，《士兵们被疏于照看，陆军顶级医疗机构遭遇失败》，2007 年 2 月 18 日《华盛顿邮报》。
57. 尤其参阅林恩·哈里斯《被遗忘的受害者》，salon.com，2004 年 9 月 22 日，http://www.salon.com/mwt/feature/2004/09/22/ptsd/index/html；马克·本杰明，《对伤者的侮辱》，salon.com，2005 年 1 月 27 日，http://www.salon.com/news/feature/2005/01/27/walter_ reed/index/html，参阅于 2009 年 12 月 15 日。
58. 赛斯·斯坦恩，《人们已意识到沃尔特·里德医院的过失》，CQ.com，2007 年 3 月 7 日，http://public.cq.com/docs/cqt/news110-000002465100.html，参阅于 2009 年 12 月 15 日。
59. 美国联邦最高法院判例报告，第 547 卷，最高法院判例（2005 年 2 月 28 日至 2006 年 6 月 20 日），《加希提等人对勒巴罗斯的诉讼》，向第九联邦巡回法院控制上诉法庭发出的诉讼文件移送令，第 04-473 号，2006 年 5 月 30 日，第 410 页。
60. 帕特里克·加鲁，《美国另一项旨在为推翻萨达姆·侯赛因的攻击行动进行辩护的论据受到了质疑》，2003 年 8 月 12 日《世界报》。
61. 萨拉·B·米勒，《恐怖预警系统：它如何工作》，2004 年 8 月 4 日《基督教科学镜报》。
62. 西尔维·霍夫曼《布什先生可能将恐怖威胁当做了一张竞选“牌”》，2004 年 8 月 5 日《世界报》。
63. 科林·莱纳，《在联合国，反战明星们提交了请愿书》，2003 年 3 月 12 日《世界报》。
64. 科林·莱纳对米尔顿·格拉泽的采访，2004 年 8 月 26 日《世界报》。
65. 美国电影票房数字可参阅 http://boxofficemojo.com/movies/?id=fahrenheit9 · 11/htm。
66. 詹姆斯·波尼沃兹克《为你羞耻，摩尔先生！为你羞耻！》，2003 年 3 月 24 日《时代周刊》。

67. 迪士尼公司在佛罗里达州拥有一块游乐场，该公司希望能够从州长杰布·布什那里获得减税待遇。

68. 尤其参见雷诺·雷维尔和德尼·罗萨诺的文章《好莱坞，究竟有多少分化？》，2004年7月5日《快报》。

69. 美国电影协会网站，影评数据库，将《华氏9·11》定级为“R”级，http://www.mpaa.org/movie-ratings/search/index/htm。摩尔迅速地将这种限制转化为对体制的尖刻抨击，他迫不及待地对法律的荒谬性进行了揭露，指出法律一方面让年轻人远离其纪录片中的暴力片段，而另一方面却认为同一年龄段的年轻人有能力赴伊拉克参战（国防部第1304号命令，《应征、任命及就职的胜任标准》，1993年12月21日，1994年3月4日修订，E1.2.1；参见《美国民法典》，第10章，武装力量，510[a]款）。

70. 公民联合会主席、前共和党代表大卫·N·博西致“院线业主和经营者”的一封信；对迈克尔·摩尔、狮门电影公司、美国有线电视系统公司、彩虹传媒、独立电影频道公司、FAG公司、鲍勃和哈维·温斯坦公司、电视网和威亚康姆国际公司进行的控诉，2004年6月24日提交至联邦竞选委员会，指责上述人士和企业“违反了有关选战的联邦法律法规”并一并转交至司法部长约翰·阿什克罗夫特（http://www.citizensunites.org/moore.html）。

71. 《迈克尔·摩尔被布什……在电影问题上一击击倒》，2004年7月8日发表于第228期《挑战》杂志。

72. 由乔治·卢卡斯执导的《西斯的复仇》（2005）。这句著名的话由布什总统于2001年11月6日提出（布什的介入，《布什总统指出：“没有哪一个国家可以在这场纷争中保持中立”》，反恐会议，瓦索维）。

73. 《少数派报告》（2002），《世界大战》（2005），史蒂文·斯皮尔伯格。

74. 科琳娜·韦内对导演的采访，cinereporter.com，2005年5月12日，戛纳（http://cinereporter. com/pages/interview.asp?Id=8）。

75. 《赛点》，伍迪·艾伦执导（2005）。

76. 《晚安，好运》，乔治·克鲁尼执导（2006）；《辛瑞那》，斯蒂芬·加汉（2006）。

77. 杰夫·延森《伟大的期待，导演披露他是如何让福克斯为这部价值1.95亿美元的高技术影片开绿灯的》，2007年1月15日《娱乐周刊》，http://www.ew.com/ew/article/ 0,20007998,00.html，参阅于2010年3月8日。

78. 同上。

79. 本·霍尔《反恐战争成为了詹姆斯·卡梅隆执导的阿凡达的背景》，2009年12月11日《泰晤士报》。

80. 《六尺之下》，第5季第11集。

81. 《波士顿法律》，第 3 季第 22 集。
82. 约翰·考夫曼《有“那时那地”——也有真实的故事。曾在伊拉克服役的士兵们在电视节目上分享了他们的观点》，2005 年 8 月 30 日《旧金山纪事报》；罗伯特·比安科《“那时那地”把伊拉克战争带回了家》，2005 年 7 月 26 日《今日美国》；格洛莉亚·古德尔《电视剧“那时那地”将伊拉克战争戏剧化》；2005 年 7 月 22 日发表于《基督教科学镜报》；马克·佩泽《好好一战，或者也许没那么好。福克斯出品的一部新的关于伊拉克战争的电视剧故意拒绝去弥补不足》，2005 年 7 月 25 日《新闻周刊》。
83. 安德鲁·沃伦斯坦，《战争影视剧“那时那地”不再受福克斯电视台的待见》，路透社，2005 年 11 月 1 日。
84. 朱利安·桑切斯，《漫画的反叛》，2007 年 11 月 9 日发表于《美国前景》杂志。
85. 参见查尔斯·C·坦西尔，《美国走向战争》，格洛斯特，彼得·史密斯出版社 1935 年（1963 年再版）；沃尔特·米利斯《战争之路—美国，1914—1917》，纽约，霍华德·菲尔迪西出版社，1935 年（1970 年再版）；赫尔穆特·C·恩格尔布雷希特和弗兰克·C·汉尼根，《死亡商人：国际军事工业调查》，纽约，多德·米德出版社，1934 年；以及著名的《西线无战事》，埃里希·玛利亚·雷马克，1930 年被拍成电影。
86. 伊夫·亨利·诺埃拉，同前，第 128—129 页；斯梅德利·巴特勒，《战争是一个骇客》，纽约，圆桌出版社，1935 年。
87. 如果将此类作品做以全面统计的话未免显得过于乏味。我们可以在这几十部纪录片中列举一二：《揭秘—伊拉克战争的全部真相》（2003）和《智胜—鲁伯特·默多克的新闻战争》（2004），罗伯特·格林沃德；《布什的家族财产—最好的民主可以用金钱买通》，格雷格·帕拉斯特和史蒂文·格兰迪森（2004）；此外还有一些相关的书籍，比如丹尼·谢克特《内含：大规模欺骗性武器：为何媒体无法驾驭伊拉克战争》，华盛顿，普罗米修斯图书公司，2003 年；迈克尔·马兴，《现在他们告诉我们：美国媒体和伊拉克》，纽约，回顾图书公司，2004 年；合作作品《反恐战争和媒体》，布鲁金斯学院出版社，2003 年；匿名人士，《帝国的傲慢：为什么在西边正在输掉反恐战争》，该书由一位中央情报局人士编写，由此也展现了美国内部抗议的一个层面。
88. 迈克尔·威尔逊《迈克尔·摩尔恨美国》，在总统大选前夕以 DVD 的形式出现。
89. 路透社对大卫·凯的采访，2004 年 1 月 22 日，2004 年 25 日—26 日《世界报》。
90. 埃里克·莱赛，《伊拉克武器问题：乔治·布什意欲平息危机》，2003 年 7 月 15 日《世界报》。
91. 保罗·库森和史蒂夫·特纳姆，《狂怒，五角大楼扼杀了恐怖主义的未来市场。拳师认为该计划“非常恶心”》，CNN，2003 年 7 月 30 日。

92. 法新社，2004 年 8 月 19 日，2004 年 8 月 20 日《世界报》。
93. 查克·哈格尔，引自《NBC 新闻聚集媒体》，NBC 电视台，2004 年 9 月 26 日，http://msnbc. msn.com/id/6106292/，参阅于 2009 年 12 月 18 日。
94. 维基·艾伦和查尔斯·奥尔丁杰，《美国参议院支持伊拉克快速实现过渡》，路透社，2005 年 11 月 16 日。
95. 芭芭拉·沃尔特斯对科林·鲍威尔的采访《科林·鲍威尔关于伊拉克、种族和飓风救灾》，ABC 互联网台，2005 年 9 月 9 日。
96. 肯尼斯·卡茨曼，《伊拉克：美国体制改变了努力和前萨达姆的管制》，国会研究机构报告，2004 年 1 月 7 日，第 29—31 页。
97. 参议院情报选择委员会，新闻通讯，2003 年 6 月 20 日，http://intelligence. senate.gov/030620. hum，2009 年 10 月 19 日参阅。
98. 参议院情报选择委员会《美国情报机构伊拉克战前情报评估情况报告》，2004 年 7 月 7 日，参议院情报委员会，华盛顿，共计 521 页。
99. 美联社，《拜登强烈要求美国采取措施关闭关塔纳摩监狱》，2005 年 6 月 6 日《纽约时报》。
100. 韦克斯曼报告，《伊拉克纪录，布什政府对伊拉克的公开声明》，前文引述；美国众议院《布什政府的秘密》，政府改革委员会，少数员工专项调查科，2004 年 9 月 14 日。
101. 参阅“城市要求进步，一个要求社会变革的城市网络”网站，与之相伴的是“城市呼唤和平”。http://citiesforprogress.org/index.php?option=com_content&task=task=view&id=96& Itemid=62，参阅于 2010 年 1 月 6 日。
102. 弗朗索瓦·韦尼奥勒·德尚达尔，《对美国进行指控的宪法分析》，《法国政治学杂志》，第 50 卷第 1，2000 号，第 147—154 页。
103. 弗朗索瓦·韦尼奥勒·德尚达尔，同前，第 151 页。
104. 益普索调查公司，面向 1001 名美国成年民众展开的调查，2005 年 10 月 9 日。
105. 众议院第 1258 号议案《以高级犯罪和不当行为罪名对乔治·W·布什总统进行弹劾》，第 110 届国会，2008 年 6 月 10 日。
106. 外交关系委员会听证会《民间行动和农村发展支持计划》，美国参议院，第 91 届国会，第 2 次会议，1970 年 2 月 17 日—2 月 20 日、3 月 3 日—3 月 4 日、3 月 17 日、3 月 19 日。
107. 外交关系委员会国家安全政策和科学发展分委会，众议院，第 92 届国会，第 2 次会议，1971 年 3 月 23 日—3 月 25 日、4 月 1 日、4 月 6 日和 4 月 20 日。
108. 霍华德·津恩，同前，第 608 页。
109. 联邦最高法院《拉苏尔等人指控美国总统布什等》，2004 年 6 月 28 日。
110. 同上，《哈姆丹指控国防部长拉姆斯菲尔德等》，2006 年 6 月 29 日。

111. 《美军选择了麦肯世界集团》，2005 年 12 月 9 日《世界报》。
112. “和平同盟”“退伍军人和平组织”“非暴力资源中心”“美国民间自由联盟”“为变革和运动而工作组织”“放开我的孩子”运动，等等。
113. 弗雷德里克·罗伯特，同前，第 33 页。
114. 索尼娅·纳扎里奥，《活动人士在加利福尼亚学区声讨少年预备役军官训练营》。
115. 吉尔·塔克，《旧金山教育委员会投票放弃少年预备役军官训练营计划》。
116. 我们可以在“学会及宪法权力论坛”的团体背后发现它们，后者是声讨者阵营的一部分。
117. 联邦第三巡回上诉法院，第 03-4433 号，《学会及宪法权力论坛，一家新泽西州的会员公司；美国法律教师有限公司，一家来自纽约的公司；平等联盟，一个马萨诸塞州的协会；罗格斯男女同性恋社团，一个新泽西的团体；帕姆·尼基舍，一位新泽西居民；莱斯利·费希尔，一位宾夕法尼亚州居民；迈克尔·布洛希尔德，一位新泽西州居民；埃尔温·谢米兰斯基，一位加利福尼亚州居民；西尔维亚·劳，一位纽约居民，指控国防部长唐纳德·拉姆斯菲尔德、教育部长罗德·佩奇、劳动部长赵小兰、卫生和公众服务部长汤米·汤普森、交通部长诺曼•峰田和国土安全部长汤姆·里奇》，联邦新泽西州地方法院上述，联邦地方法院民事备案号 03-cv-04433，地方法官；约翰·C·利弗兰德，2004 年 11 月 29 日。
118. 亚当·利特克，《学校可以拒绝军方的征兵人士》，2004 年 11 月 30 日《纽约时报》。
119. 《赖斯的荣誉学位引发抗议》，WCBC-TV 电视台，2006 年 5 月 8 日，The Boston Channel.com。
120. 威廉·布斯，《战争的原声语言将不会通过 PG-13 电影评级》，2005 年 2 月 25 日《华盛顿邮报》。
121. 迈克尔·温特伯顿，2006 年。
122. 菲利普·肯尼科特，《MPAA 将电影海报定性为 F 级》，2006 年 5 月 17 日《华盛顿邮报》。
123. CNN/《今日美国》/ 盖洛普公司发起的民调《民意调查：少数人认为美军将在伊拉克取得胜利，大多数人认为国家应该加速撤军》，2005 年 9 月 22 日。
124. 让·保罗·马里 & 艾亚·斯万，《伊拉克，当士兵们死去》，纪录片，法国，2006 年，2006 年 5 月 30 日由德法公共电视台播出。
125. 艾伦·尼克迈耶，《部队回家后导致了另一场危机》，2005 年 9 月 2 日《华盛顿邮报》。
126. 托马·索迪奈尔对乔治·克鲁尼的采访，2006 年 2 月 22 日《世界报》。
127. E.J. 小迪奥尼，《布什时代的终结》，2005 年 9 月 13 日《华盛顿邮报》。
128. 玛格丽特·易卜拉欣和约翰·所罗门，《美联社独家：尽管在卡特里娜飓风前已有各种警告，但布什仍表态“我们已完全准备好了”》，美联社，2006 年 3 月 2 日。
129. 小罗杰·A·皮尔克、尚塔尔·西蒙彼得里和詹妮弗·奥塞尔森《凯米莉飓风项目报告，凯米莉飓风后的 30 年：经验和教训》，科罗拉多大学，1999 年 7 月 12 日，http://sciencepolicy. colorado.edu/about_us/meet_us/roger_pielke/camille/roport/html，参阅于 2011 年 1 月 31 日。

130. 彼得 · J · 韦伯斯特（dir.）、格雷格 · 霍兰德、朱迪 · 柯里、陈海如，乔治亚技术学院地球和航天科学院：《热带飓风数量的变化，变暖环境下的持续力和密度》，2005 年 9 月 16 日《科学》期刊第 309 卷，期刊号 5742,1844-1846。
131. 白宫新闻秘书办公室《总统在凯伦 · 休斯荣誉大使宣誓就职仪式上的致辞》，美国国务院，华盛顿特别行政区，2005 年 9 月 9 日，整理自凯伦 · 休斯就职典礼上的讲话。
132. CNN/《今日美国》/ 盖洛普公司发起的民调，2008 年 10 月 18 日—20 日。
133. 参阅 SOS 基金会网站：http://www.sosfund.us/index/html，以及史蒂文 · 唐纳德 · 史密斯《"为士兵塑像"纪念阵亡士兵》，美军新闻处，2005 年 6 月 6 日，http://www.defenselink.mil /news/newsarticle.aspx?id-16479，参阅于 2009 年 6 月 9 日。
134. 给 SOS 基金会创始人和总监克里斯 · J · 兰德里的电邮，2009 年 6 月 11 日，《我们的计划是活跃的，因为那些富有的石油 / 能源企业对我们进行了捐赠》。
135. SOS 基金会项目负责人埃里克 · 盖尔利的情况信件，2009 年 6 月 11 日接收。
136. "阵亡士兵的脸庞"官网，http://www.faceoffallen.org/index/htm，参阅于 2009 年 6 月 9 日。2003 年共展出了 1319 名士兵的画像。
137. "阵亡士兵的脸庞"、"捐赠者"官网，http://www.faceoffallen.org/donors.htm，参阅于 2009 年 6 月 11 日。
138. 法新社，2004 年 8 月 6 日。
139. 同上。
140. 科林 · 莱纳，《美国人放弃了冷战部署》，2004 年 8 月 18 日《世界报》。
141. 伊丽莎白 · 威尔 · 格林伯格对苏 · 尼德雷尔的采访。
142. 美国联邦最高法院《拉姆斯菲尔德，国防部长，及其他等人对学术及机构权力论坛等提起的诉讼》，联邦第三巡回上诉法院诉讼文件移送令，2006 年 3 月 6 日。
143. 马克思 · 克莱兰，退伍老兵 & 前乔治亚州参议员，由 J.M. 杜梅引用，前文引述。
144. 《彻底改变之家庭再造》，第 4 季，2007 年 3 月 4 日由 ABC 电视台播出。
145. 迈克尔 · 奥康奈尔和金伯利 · 诺达克，《艾美奖 2012："国土安全"的明星们迎来了他们的"最重量级"粉丝，奥巴马总统》，2013 年 9 月 23 日发表于《好莱坞报道》，http://www.holly-woodreporter.com/race/emmys-2012-homeland-claire-danes-damian-lewis-barack-obama-373235，参阅于 2013 年 7 月 21 日。
146. 空军娱乐事物联络处，《近期支持项目》，http://www.airforcehollywood.af.mil/index.asp，参阅于 2010 年 10 月 17 日。
147. 戈登 · 英格兰，《国防部品牌及商标许可计划》，国防部命令，2007 年 12 月 19 日。

148. 雇佣企业对国民警卫队士兵及预备役士兵提供的支持,《2008年年度报告》,第13页,以及《2009年年度报告》,第17页。

149. 沃尔玛基金,《军事支持》,http://walmartstores.com/CommunityGiving/216.aspx,参阅于2010年8月13日。

150. 美国航空公司新闻通讯,《美航带负伤士兵飞往拉斯维加斯》,2009年11月11日,http://joinus.aa.com/wounded-warriors-las-vegas,参阅于2010年8月13日。

151. 联合航空网站,《英雄里程行动》,http://www.google.fr/search?client=safari&rls=en&q=united+airlines+military+aid&ie=UTF-8&oe=UTF8&redir_esc=&ei=AnB1tjckc4yA-4Abhi6DeCg,参阅于2010年8月13日。

152. 200万美元30秒:朱利安·波尔迪耶《第41届超级碗》,L'Express.fr,2007年2月2日,http://www.lexpress.fr/culture/tele/le-41e-super-bowl_478496.html,参阅于2011年2月18日。

153. 无家可归的退伍老兵国家联盟,《事实和媒体,背景及统计》,http://www.nchv.org/background.cfm,参阅于2010年11月1日。

154. 白宫秘书办公室,《公告,美利坚合众国总统对1964年8月4日—1973年3月28日间违反义务兵役法行为的赦免》,1977年1月21日。

155. 美国人对军队的骄傲,独立日前的自由与旗帜,安格斯列特民意调查公司,2010年7月1日,http://www.angus-reid.com/polls/39214/army_freedom_and_flag_make_americans_ proud/,2010年10月20日参阅。

十四、 奥巴马幻象

1. 在谷歌搜索引擎中相关词条数目不低于10亿零50万个。

2. 《行政部门首脑备忘录。议题:信息自由法》,2009年1月21日。

3. 《行政令13392——改善行署信息披露》,2005年12月19日。

4. 《行政令13491——确保合法审讯》,2009年1月22日。

5. 德尼斯·拉瓦,前文引述。

6. 史蒂夫·沃格尔,《预算削减条件下的军队征兵》,前文引述。

7. 丹·布罗腾贝格,《所有兵种都完成了征兵目标》,2011年1月14日《星条旗报》。

8. 斯科特·威尔森和阿尔·卡门,《"全球反恐战争"有了新名字》,2009年3月25日《华盛顿邮报》。

9. 哈罗德·Hongju·koh,《奥巴马政府和国际法》,美国国务院,国际法体系下的美国社会年会,华盛顿,2010年3月25日。

10. 贝拉克·奥巴马总统的演讲《奥巴马关于阿富汗战争战略的演说》，前文引述。
11. 杰弗里·M·琼斯，《奥巴马的支持率在最近一个季度创下新低》，盖洛普调查公司，2010 年 10 月 21 日。
12. 自罗斯福后以来的 13 位总统中，约翰逊、卡特、里根和小布什均在执政两年后赢得了国会中期选举。这里需要注意的是前两位总统只有一任任期。
13. 杰西·李，《事实核查：将一个荣耀点转化成了耻辱瞬间》，白宫博客，《事实核查》，2009 年 9 月 30 日，http://www.wihtehouse.gov/blog/2009/09/30/reality-check-turning-a-point-pride-a-moment-shame，参阅于 2011 年 2 月 18 日。
14. 吉姆·鲁腾博格，《在白宫和福克斯电视台的斗争背后》，2009 年 10 月 22 日《纽约时报》。
15. 乔·弗林特，《福克斯新闻台在本周有关波士顿爆炸事件的报道中排名第 1 位》，2013 年 4 月 23 日《洛杉矶时报》，http://www.latimes.com/entertainment/envelope/cotown/la-et-ct-fox-news-20130423,0,1145174.story，2013 年 7 月 8 日参阅。
16. 《海湾战争回顾》，第 17 卷第 1 号，2010 年 7 月。
17. 鲍勃·爱德华，《清理伊拉克贫铀须花费 3000 万美元》，2013 年 3 月 6 日《卫报》。
18. 达赫·贾梅尔，《战争的癌症遗产》，半岛电视台，2013 年 3 月 15 日；也可参阅克里斯·巴斯比、玛拉克·哈姆丹和恩特萨尔·阿里亚比《伊拉克费卢杰 2005—2009 年的癌症率、婴儿死亡率和出生性别比率》，2010 年 7 月 6 日发表于《环境与公共健康调查国际报》。
19. A/RES/65/55，A/65/PV.60，2010 年 12 月 8 日，GA/11033，148-4-30，A/65/410，第 XI 号决议案，《使用贫铀武器弹药的影响》。
20. 贝拉克·奥巴马演讲，布拉格，2009 年 4 月 5 日，白宫，新闻秘书办公室。
21. 《美国大使参加广岛活动》，CNN，2010 年 8 月 5 日；《美国首次参加广岛纪念活动》，福克斯新闻台，2010 年 8 月 6 日，等等。
22. 美联社，《报道：奥巴马拒绝了来自广岛的邀请》，CBS 新闻台，2010 年 11 月 8 日。
23. 斯科特·谢恩，《越南调查，产生怀疑，依旧是秘密》，2005 年 10 月 31 日《纽约时报》。
24. 乔安妮·奥布莱恩和迈克尔·沃特豪斯，《在阿富汗美军》，国会研究机构，2008 年 7 月 15 日；艾米·贝拉斯科，《阿富汗战争和伊拉克战争的军队水平，2001-2012 财年：花费及其它潜在支出》，2009 年 7 月 2 日，第 9 页。
25. 伊恩·格拉汉姆，《政权过渡证明了伊拉克的稳定》，美军新闻处，2010 年 6 月 11 日，http://www.defense.gov/News/NewsArticle.aspx?ID=59588，参阅于 2010 年 8 月 3 日。
26. 摩西·施瓦茨，《伊拉克和阿富汗战争期间国防部的承包商：背景及分析》，国会研究机构 2010 年 7 月 2 日。

27. 同上，第 8 页。
28. 汤姆·范登·布鲁克，《民调：更多人将阿富汗战争视为"错误"》，2009 年 3 月 16 日《今日美国》。詹妮弗·艾吉斯塔和乔恩·科恩，《美国民意转向了对阿富汗战争的反对》，2009 年 8 月 20 日《华盛顿邮报》；CNN/ 意见调查公司，2006 年 9 月 22 日—2011 年 1 月 23 日。
29. CNN/ 意见调查公司，2009 年 12 月 2 日—2010 年 8 月 10 日。
30. 乔恩·特尔布什，《民意调查：本·拉登死后，美国人对阿富汗战争的态度更为支持》，Talkingpointsmemo，2011 年 5 月 3 日，http://tpmdc.talkingpointsmemo.com/2011/05/poll-after-bin-lades-death-americans-more-positive-on-afghan-war.php，参阅于 2011 年 5 月 5 日；山姆·斯坦，《政府因话题由本拉登转移到了水刑上而沮丧不已》，2011 年 5 月 4 日《赫芬顿邮报》，http://www.huffingtonpost.com/2011/05/04/administration-bin-laden-waterboarding_n_857529.html，参阅于 2011 年 5 月 5 日。
31. 凯瑟琳·谢弗，《在入侵伊拉克七周年之际华盛顿爆发了数千人的反战游行》，2010 年 3 月 21 日《华盛顿邮报》。
32. 达纳·普利斯特，《美国军事行动队和情报机构深深卷入了帮助也门应对罢工的行动中》，2010 年 1 月 27 日《华盛顿邮报》。
33. 马克·马泽蒂，《据称美国将扩大在中东地区的秘密行动范围》，2010 年 5 月 24 日《纽约时报》。
34. 安德森罗宾斯研究机构和 Shaw 研究机构展开的民调，2011 年 3 月 14 日—16 日；CNN/ 意见调查公司，2011 年 3 月 3 日—13 日；《福克斯新闻台民调：大多数投票人不希望派遣部队赴利比亚》，FoxNews.com，2011 年 3 月 17 日，http://www.foxnews.com/politics/ 2011/03/17/fox-news-poll-voters-dont-want-military-sent-libya/，参阅于 2011 年 3 月 20 日。
35. CNN/ 意见调查公司，2011 年 3 月 3 日—13 日。
36. 艾丽莎·布朗和弗兰克·纽波特，《在美国，65% 的民众支持使用无人机打击境外的恐怖分子。不到一半的美国人密切注意着无人机的新闻》，盖洛普调查公司政治专栏，2013 年 3 月 25 日，http://www.gallup.com/poll/161474/support-drone-attacks-terroristes-abroad.aspx，参阅于 2013 年 7 月 12 日。
37. ABC 电视台 /《华盛顿邮报》的民调，2013 年 3 月 7 日—10 日。
38. 2010 年国防预算，前文引述；2011 财年国防预算。
39. 帕特·托维尔，《国防：2011 财年授权及许可》，国会研究机构，2010 年 11 月 23 日。
40. 艾米·贝拉斯科，《"9·11"后美国在伊拉克、阿富汗及其他全球反恐战争中的花费》，国会研究机构，2010 年 9 月 2 日。

41. 《美国人在 21 世纪的军事》，贝拉克 · 奥巴马阵营官方网站，http://www.barackobama.com/ issues/defense/#invest-century-military，参阅于 2009 年 2 月 23 日。

42. 特拉维斯 · 夏普，《提前支出，2012 年国防预算》，新美国世纪中心，2011 年 2 月；詹姆斯 · 佩特库奇斯，《为了减轻赤字，华盛顿应削减军事预算》，2010 年 8 月 13 日《世界报》。

43. 国防部副部长办公室，国防部 2012 财年预算请求，概述，2011 年 2 月。只在朝鲜战争时期（1950—1953）才达到过同等水平。

44. 诺亚 · 沙赫特曼，《国防高等研究计划署避开了奥巴马的死亡预算射线，依旧维持了其 28 亿美元的预算规模》，Danger Room，2012 年 1 月 14 日。

45. 艾琳 · 班科，《陆军将在 5 年内减员 80000 人》，2013 年 6 月 25 日《纽约时报》。

46. 菲利普 · 格朗热罗，《贝拉克 · 奥巴马的美国》，2008 年 5 月 21 日《自由报》。

47. 贝拉克 · 奥巴马的演讲《奥巴马总统和乔治 · H · W · 布什总统在光点奖颁奖典礼上的讲话》，白宫，新闻秘书处，2013 年 7 月 15 日。

48. 《奥巴马摒弃了布什时代的导弹防御计划并代之以新计划》，CNN，2009 年 9 月 17 日。

49. 美国国防部，《导弹防御公告》，（公共事务）助理部长办公室，2013 年 3 月 15 日。

50. 乔治 · W · 布什，国情咨文讲话，2002 年 9 月 29 日。

51. 梅尔斯将军，引自法新社《伊拉克：袭击警方的攻击行动已造成 68 人死亡》，2004 年 4 月 21 日。

52. 宙比 · 瓦里克，《对关塔那摩失明？》，2008 年 7 月 12 日《华盛顿邮报》。

53. 帕特 · 托维尔，《国防：2011 财年授权及许可》，国会研究机构，同前，第 47—48 页。

54. 《行政令—对关押在关塔那摩湾海军基地内人员的复审和安置以及关闭拘禁机构》，2009 年 1 月 22 日，www.whitehouse.gov/the_press_office/ClosureOfGuantanamoDetention-Facilityes/，参阅于 2009 年 3 月 14 日。

55. 查理 · 萨维奇，《奥巴马的反恐战争在某些地方与布什很像》，2009 年 2 月 17 日《纽约时报》。

56. 同上，《奥巴马支持在阿富汗的拘禁政策》，2009 年 2 月 21 日；《纽约时报》；同上，《奥巴马团队在反恐策略上出现了分歧》，2010 年 3 月 28 日《纽约时报》。

57. 贾拉柴指控盖茨和瓦希德指控盖茨：巴格拉姆人身保护令案，aclu.org，2010 年 2 月 26 日，http://www.aclu.org/nationasecurity/jalatzai-v-gates-and-wahid-v-gates，参阅于 2010 年 3 月 29 日。

58. 美国联邦最高法院：《唐纳德 · 万斯和纳森 · 厄特尔起诉唐纳德 · 拉姆斯菲尔德》，备案号 12-976，2013 年 6 月 10 日。

59. 大卫 · 科恩，《奥巴马和共和党人协同努力来制止对布什酷刑的窥探》，2010 年

12 月 1 日《琼斯夫人》杂志。

60. 《监视事件：斯诺登并未上升到叛徒高度》，2013 年 6 月 11 日《纽约时报》；另可参阅《切尼为国家安全局项目辩护，并称斯诺登为“叛徒”，奥巴马“缺乏诚信”》，Fox News.com，2013 年 6 月 16 日。
61. 亚伦·布莱克，《斯诺登是一个预警者，并不是一个叛徒》，2013 年 7 月 10 日《华盛顿邮报》。
62. 艾米丽·斯万森，《爱德华·斯诺登的民调结果显示更多的美国人现在认为他做了错事》，2013 年 7 月 5 日《赫芬顿邮报》，http://www.huffingtonpost.com/2013/07/05/edward-snowden-poll_n_3542931.html，2013 年 7 月 14 日参阅。
63. 《参议员贝拉克·奥巴马的讲话，我们需要打赢的战争》，前文引述。
64. 《贾拉柴指控盖茨和瓦希德指控盖茨：巴格拉姆人身保护令案》，前文引述。
65. 劳拉·洛根对贝拉克·奥巴马的采访《面对国民。奥巴马：现在是时候从伊拉克撤退了》，CBS 新闻台，2008 年 7 月 20 日。
66. 贝拉克·奥巴马的演说《奥巴马就阿富汗战争策略的讲话》，美利坚军事学院，西点，纽约，2009 年 12 月 1 日。
67. 布鲁斯·麦奎因，《我们的战略真的在阿富汗发生了改变吗？》，2010 年 8 月 2 日《华盛顿观察家报》。
68. 《美国海军陆战队最高将官表示，“向一些人开枪是很有趣的事”》，前文引述。
69. 布鲁斯·麦奎因，前文引述；热罗姆·卡纳尔《向美国的阿富汗战略开火》，2010 年 8 月 4 日《鸭鸣报》。
70. 罗德·鲍尔《2008 财年撤军统计》，usmilitary.about.com/od/joiningthemilitary/a/08recruit.htm；《美国人的 21 世纪》，www/barackobama.com/issues/defenses/#invest-century-military；2010 年国防预算《国防部，资金亮点》，www.whitehouse.gov/omb/assets/fy2010_new_era/ Department_of_Defense.pdf，2009 年 4 月 20 日。
71. 贝拉克·奥巴马的演讲《伊拉克军事行动结束后总统对国民的讲话》，白宫，2010 年 8 月 31 日。
72. 马克·亚鹏卡，《感谢行动》，2006 年 3 月 30 日发表于《士兵杂志》。
73. 贝拉克·奥巴马的演讲《伊拉克军事行动结束后总统对国民的讲话》，白宫，2010 年 8 月 31 日。
74. 同上。
75. 芭芭拉·斯塔尔，《一名国防部官员表示，美国正准备与沙特阿拉伯签署巨额军售合同》，CNN，2010 年 9 月 14 日。
76. 切里希尔居民的签名倡议《我们建议应该在“9·11 事件”10 周年纪念日上在位于新泽西州的切里希尔树立一座“官方 9·11”纪念碑》。

77. 2011 年 9 月 11 日——10 周年——“50 人力量”活动《帮助我们在“9 · 11” 10 周年这天向曾经最先作出牺牲的英雄们致敬》，Heroportraits.org，《通过艺术致敬生命》。
78. 叙事页《10 周年，“壮举”自行车赛，2011 年 9 月 8 日—9 月 11 日：向 2001 年 9 月 11 日罹难的人们致敬》。
79. “为美国服务”组织，《不只是另一天》，为美国服务，国民和社区服务联合会，国民服务博客，2010 年 9 月 8 日，http://serve/gov/stories_detail.asp?tbl_servestories_id=425，2011 年 3 月 6 日参阅。
80. 《参议员贝拉克 · 奥巴马的讲话，我们需要打赢的战争》，2007 年 8 月 1 日，www.wilson-centerorg/events/docs/obamasp0807.pdf，参阅于 2009 年 3 月 20 日。
81. “9 · 11”国民服务日《“9 · 11”教育课计划》，http://9 · 11dayofservice.org/9 · 11-lesson-plans，参阅于 2011 年 2 月 23 日。
82. 丹尼尔 · 贝茨，《“我们太兴奋了”：秘密邮件显示奥巴马如何通过支持本 · 拉登的电影来为自己赢得连任的》，2012 年 8 月 29 日《每日邮报》，http://www.dailymail.co.uk/ news/article-2195346/Zero-Dark-Thirty-Secret-emails-reveal-Obama-backed-bin-Laden-film-help=win-reelection.html#ixzz2Z2I48CMM，2013 年 7 月 11 日参阅。
83. 罗杰 · 西蒙对贝拉克 · 奥巴马的采访《海湾漏油“重复了 9 · 11 事件”》，2010 年 6 月 13 日《政治》网站，http://www.politico.com/news/stories/0610/38468/html，2010 年 6 月 16 日参阅。
84. 托马斯 · 弗里德曼，《奥巴马和漏油》，2010 年 5 月 19 日《纽约时报》。
85. 可以参阅：肯尼特 · 巴齐内和拉里 · 麦克沙恩《奥巴马表示英国石油公司漏油事件的影响“是对 9 · 11 事件的重复”；世贸中心遇难者家属认为总统“大错特错”》，2010 年 6 月 14 日《纽约日报》；《奥巴马：海湾漏油事件“是对 9 · 11 事件的重复”》，2010 年 6 月 14 日《今日美国》；大卫 · S · 摩根，《奥巴马将墨西哥湾漏油事件与“9 · 11 事件”相提并论》，CBS 新闻台，2010 年 6 月 14 日。由于内容事关总统的表态，《今日美国》和《纽约时报》均是从《政治》网站上引用了上述标题，而总统正是在接受这家网站采访时将上述两个历史事件进行比对的。在这些报纸看来，总统认为《漏油引发的黑潮与“9 · 11 事件”遥相呼应》：鉴于总统本人的此番演绎，上述标题的使用却将这一番中肯的表态歪曲了意思。
86. 哈纳 · 费希尔，《美军战损情况统计：黎明行动、伊拉克自由行动和持久自由行动》，国会研究机构，2013 年 2 月 5 日。
87. 阿曼达 · 塔克，《伊拉克战争民调：10 年后，大多数人将当年的入侵视为错误》，

2013年3月18日《赫芬顿邮报》。
88. 露西·麦迪逊，《“历史将判断”伊拉克战争是否是一次“愚蠢的战争”》，CBS新闻台，2011年12月12日，http://www.cbsnews.com/8301-503544_162-57341524-503544/obama-history-will-judge-if- iraq-was-a-dumb-war/，参阅于2013年7月13日。
89. 白宫，新闻秘书办公室，《伊拉克战争结束后总统和第一夫人的讲话》，2011年12月14日，布拉格堡基地，北卡罗莱纳州。
90. 安东尼娅·尤哈斯，《为何伊拉克战争是为了石油而战》，CNN，2013年4月15日。

结 论

1. 查理·萨维奇，《美国希望将互联网监听变得更为容易》，2010年9月27日《纽约时报》。
2. 马修·莫斯克和萨拉·科恩，《大捐助者推动着奥巴马的资金优势》，2008年10月22日《华盛顿邮报》；《贝拉克·奥巴马的顶级赞助者》，OpenSecret.org-敏感政治中心，http://www.opensecrets.org/pres08/contrib.php?cycle=2008&cid=n00009638，2011年2月23日参阅。
3. 艾米·贝拉斯科，《“9·11”后美国在伊拉克、阿富汗及其他全球反恐战争中的花费》，同前，第3页。
4. 加里·施密特，《伊朗体制变革-至意见领袖》，新美国世纪计划备忘录，2004年2月24日，http://www.newamericancentury.org/iran20040224.htm，2011年2月23日参阅。
5. 本杰明·韦泽和斯科特·谢恩，《法庭文件宣称伊朗与“9·11事件”有关》，2003年5月19日《纽约时报》，http://www.nytimes.com/2011/05/20/world/middleeast/20terror/html，2011年12月30日参阅。
6. 《洛杉矶时报》/彭博新闻社的民意调查，2006年1月：57%的受访民众支持在伊朗持续实施核武器装备计划的情况下对伊朗进行军事干预；佐格比国际调查公司的民调，2007年10月：52%的受访人士支持美军发动攻击以阻止德黑兰装备核武器，而29%的受访人士表示反对；麦克劳克林&合伙人调查公司的民调，2009年5月：58%的受访民众支持“美军对伊朗生产核武器的核设施进行必要的毁灭性攻击”；皮尤研究中心民调，2009年10月：61%的受访民众准备好了“阻止伊朗发展核武器，且不惜以军事行动为代价”，而24%的受访民众倾向于“避免和伊朗发生军事冲突，尽管这样会使伊朗能够发展核武器”。

主要参考文献

美国刊物

American Forces Information Service

American Journal of Epidemiology

American Political Science Review

Anchorage Journal-Constitution

Augusta Chronicles

Billboard

Chicago Sun-Times

Chicago Tribune

Chronicle-Tribune

Courier Post

Defense News

Entertainment Weekly

Esquire Magazine

Foreign Affairs

Harper's Magazine

Hartford Courant

Information Clearing House

La Times Magazine

Las Vegas Review Journal

Lewiston Sun Journal

Los Angeles Daily News

Lowell sun

Military Review

Milwaukee Journal Sentinel

Mother Jones

National Catholic Reporter

New England Journal of Medicine

Newsweek

Psychological Science

Reading Record Searchlight

Richmond Times-Dispatch

Rocky Mountains News
Rolling Stone Magazine
San Jose Mercury News
Seattle Post Intelligencer
Slate
Soldier of Fortune
Tacoma News Tribune
Talking Points Memo
Time

The American Legion Magazine
The Army Times
The Baltimore Sun
The Boston Globe
The Buffalo News
The Christian Science Monitor
The Command Post
The Concord Journal
The Day
The Evening Standard
The Examiner
The Nation
The New England Journal of Medicine
The New Scientist
The New York Daily News
The New York Review of Books
The New Yorker

The Politico
The San Diego Union Tribune
The San Francisco Chronicle
The Sun Sentinel
The Wall Street Journal
The Washington Times
Tulsa World
USA Today
Vanity Fair

法国刊物和国际刊物

Confluences méditerranéennes
Der Spiegel
La Libre Belgique
Le Devoir
Le Figaro
Le Monde
Le Monde diplomatique
Le Parisien
Libération
Ouest France
Revue française d'économie
Rock & Folk
The Daily Star
The Globe and Mail
The Guardian
The Herald Sun
The Lancet
The Observer
The Sunday Telegraph

论证和论文

Clarke Richard, *Against ALL Enemies: Inside America's War on Terror*, Free Press, New York, 2004.

Doran J.K., *I Am My Brother Keeper, Journal of a Gunny in Iraq*, Caisson Press, Sneads Ferry, 2005.

Fleischer Ari, *Taking Heat: The President, The Press and My Years in The White House*, William Morrow, New York, 2005.

Goebbels Joseph, Le Journal du Dr Goebbels, Société française des Editions du Cheval ailé, Paris, 1948.

Rolland Romain, *Journal des années de guerre*. 1914-1919, Albin Michel, Paris, 1952.

Spiegelman Art, *A l'ombre des tours mortes*, Casterman, Paris, 2004.

Truman S. Harry, *Memoirs, vol. 2, years of Trials and Hope*. 1946-1952, Doubleday, New York, 1956.

美国历史

Ambrose Stephen, *Eisenhower*, Flammarion, Paris, 1986.

Bacharan Nicole, *Les Noirs américains. Des Champs de coton à la Maison-Blanche*, Perrin, coll. « Tempus », Paris, 2010.

Calvi Fabrizio et Carr-Brown David, *L'Histoire du Bureau par ses agents*, Fayard, Paris, 2009.

Kearns Doris, *Lyndon Johnson and the American Dream*, Harper and Row, New York, 1976.

Keegan John, *la guerre de sécession*, Perrin, Paris, 2011.

Kuykendall J. Edward, *the « Unknown War »: Popular War Fiction for Juveniles and the Anglo-German Conflict*, 1939-1945, University of South Carolina, 2002.

Nouailhat Yves-Henri, *Les Etats-Unis et le monde, de 1898 à nos jours*, Armand Colin, Paris, 1977.

Sherry Michael, *The Rise of American Air Power: The creation of Armageddon*, Yale University Press, 1989.

Sorensen C. Theodore, *Kennedy*, Harper and Row, New York, 1965.

Tocqueville, Alexis de, *De la démocratie en Amérique*, M. Ⅰ .et Ⅱ , Gallimard, coll. « Folio Histoire », 2010 (rééd.1835 et 1840).

Wiley Bell Irvin, *The Life of Billy Yank. The Common Soldier of the Union*, Bâton-Rouge, Louisiana University Press, 1952 (rééd.2008).

Zinn Howard, *Une histoire populaire des Etats-Unis de 1492 à nos jours*, Agone, Marseille.

两次世界大战

Audouin-Rouzeau Stéphane, *1914-1918, Les combattants des tranchées à travers leurs journaux*, Armand Colin, Paris, 1986.

Audouin-Rouzeau Stéphane, *La Guerre des enfants. 1914-1918*, Armand Colin, Paris, 1993.

Becker Jean-Jacques, 1914. *Comment les Français sont entrés dans la guerre*, Presses de la Fondation nationales des sciences politique, Paris, 1977.

Cochet François et Porte Rémy (dir.), *Dictionnaire de la Grande Guerre*, Robert Laffont, coll. « Bouquins », Paris, 2008.

Douhet Giolio, *La Maîtrise de l'air* (trad. Benoît Smith et Jean Romeyer), Economica, Paris, 1921(rééd.2007).

Gruchemann Lothar, *Justiz im Dritten Reich*. 1933-1940, Oldenburg, Munich, 2001.

Lilly Robert, *La Face cachée des GI's. Les viols commis par les soldats américains en France, en Angleterre et en Allemagne pendant la Seconde Guerre mondiale*, Payot, Paris, 2004.

Lormier Dominique, *Rommel, la fin du mythe*, Le Cherche-Midi, Paris, 2003.

Marcot François, Leroux Bruno et Levisse-Touzé Christine (dir.), *Dictionnaire historique de la Résistance*, Robert Laffont, coll. « Bouquins », Paris, 2006.

Marshall S.L.A (général), *Men against Fire: The problem of Battle Command in Future War*, Infantry Journal Press, Washington, 1947(rééd. Peter Smith, Gloucester, 1978).

Maufrais Louis, *J'étais médecin dans les tranchées*, Robert Laffont, Paris, 2008.

Mitchell H. Arthur, *Hitler's Mountain: the führer, Obersalzberg and the American Occupation of Berchtesgaden*, McFarland &Company, Jefferson, 2007.

Ricard Sébastien, *Theodore Roosevelt et la justification de l'impérialisme*, Publications de l'université de Provence, Aix-en-Provence, 1986.

Ricard Sébastien, *Theodore Roosevelt. Principes et pratiques d'une politique étrangère*, Publications de l'université de Provence, Aix-en-Provence, 1991.

Sutton C. Anthony, *Wall Street and the Rise of Hitler. The Astonishing True Story of the American Financiers Who Bankrolled the Nazis*, Clairview Books, Forest Row, 1976(rééd.2010).

Valentin Jean-Michel, Hollywood, *le Pentagone et Washington, les trois acteurs d'une stratégie globale*, Autrement, Paris, 2003.

Weller George et Anthony, *First Into Nagasaki. The Censored Eyewitness Dispatches on Post-Atomic Japan and Its Prisoners of War*, Random House, New York, 2006.

Wong Scott Kevin, American Firsts: *Chinese Americans and the Second World War*, Harvard University Press, Cambridge, 2005.

越南战争

Anderegg A. Michael, *Inventing Vietnam. The war in Film and Television*, Temple university Press, Philadelphie, 1991.

Appy G. Christian, *Working Class War: American Combat Soldiers and Vietnam*, université de Caroline du Nord, Chapel Hill, 1993.

Bonior E. David, Champlin M. Steven, Kolly S. Thimothy, *The Vietnam Veteran: a History of Neglect*, Praeger, New York, 1984.

Gibault Michèle, *Consciences révoltées et pratiques de résistance des soldats américains pendant la guerre du Vietnam*, thèse de doctorat, Marianne Debouzy (dir.), Paris-VIII, 1994.

Heineman J. Kenneth, *Campus Wars: The Peace Movement at American State Universities in the Vietnam Era*, New York University Press, New York, 1992.

Hersh Seymour, *My Lai 4: A Report on the Massacre and Its Aftermath*, Random House, New York, 1970.

Kolko Gabriel, *Anatomy of a War. Vietnam, the United States and the Modern Historical*

Experience, Harper Collins Publishers Ltd., New York, 1986.

Lewes James, *Protest and Survive: Underground GI Newspapers during the Vietnam War*, Praeger, Westport, 2003.

McCoy Alfred, *The Politics of Heroin in Southeast Asia, CIA Complicity in the global Drug Trade*, Lawrence Hill Books, 1972 (rééd. 1991).

Robin Marie-Monique, *Escadrons de la mort, l'école française*, la Découverte, Paris, 2003 (rééd.2008).

Scott Peter et Marshall James, *Cocaine Politics, Drugs, Armies and the CIA in Central America*, University of California Press, Berkeley, 1991.

反恐战争

Adler Alexandre, *J'ai vu finir le monde ancien*, Grasset, Paris, 2002.

Arnove Anthony et Abunimah Ali (dir.), *Iraq Under Siege, the Deadly impact of sanctions and war*, South End Press, Cambridge, 2000.

Bragg Rick, *I Am a soldier, Too: The Story of Jessica Lynch*, Thorndike Press, Waterville, 2003.

Brisard Jean-Charles et Dasquié Guillaume, *Ben Laden. La vérité interdite*, Deno ë l, Paris, 2001.

Frachon Alain et Vernet Daniel, *l'Amérique des néo-conservateurs. L'illusion messianique*, Perrin, coll. « Tempus », Paris, 2010.

Friedman Devin, *This is Our War: A Soldier portfolio*, Artisan Publishers, 2006.

Hutcheson John, Domke David, Billeaudeaux André et Garland Philip, *U.S. National Identity, Political Elites, and a Patriotic Press Following September 11*, Taylor &Francis, New York, 2004.

Lieven Anatol, *Le Nouveau Nationalisme américain*, Gallimard, coll. « Folio documents », Paris, 2006.

Luizard Pierre-Jean, *La Question irakienne*, Fayard, Paris, 2002(rééd.2004).

Mulroie Laurie, *The War Against America: Saddam Hussein and the World Trade Center Attacks. A Study of Revenge*, Harper Paperbacks, New York, 2000,

Sammon Bill, Fighting Back: *The War on Terrorism from Inside the Bush White House*, Regnery Publishing Inc., Washington, 2002.

Sanger E. David, *L'Héritage*, Belin, Paris, 2009.

Silberstein Sandra, *War of Words: Language, Politics and 9/11*, Routledge, Londres, 2004.

Singer W. Peter, *Corporate Warriors: The Rise of the Privatized Military Industry*, Cornell University Press, Ithaca, 2004.

Todd Emmanuel, *Après l'Empire. Essai sur la décomposition du système américain*, Paris, Gallimard, 2002.

Unger Craig, *The Fall of the House of Bush: The Untold Story of How a band of True Believers Seized the Executive Branch, Started the Iraq War, And Still Imperils America's Future*, Scribner, New York, 2007.

Wiener Tom, *Voices of War: Stories of Service from the home-front and the Frontlines*, National Geographic, The Library of Congress, Veterans History Project, 2004.

Wright Evan, *Generation Kill: Devil Dogs, Iceman, Captain America and The New Face of American War*, Putman Adult, New York, 2004.

Zucchino David, *Thunder Run: The Armored Strike to Capture Baghdad*, Atlantic Monthly Press, New York, 2004.

媒体和社会

Balko Radley, *Rise of the Warrior Cop: The Militarization of America's Police Forces*, Public Affairs, New York, 2013.

Bardet Alexandra, *La Communication dans la Mode : une relation placée sous le signe de la médiatisation*, mémoire de fin d'études sous la direction de François Ohl, Institut d'études politiques de Lyon, juin 2002.

Barsamian David, *Stenographers to Power: Media and Propaganda*, Common Courage Press, Monroe, 1992.

Chomsky Noam et Herman Edward, *La Fabrication du consentement, de la propagande médiatique en démocratie*, Agone, Marseille, 2008.

Cluzel Jean et Thibaut Françoise (dir.), *Métier militaire et enrôlement citoyen: les enjeux de la loi du 28 octobre 1997*, Presses universitaires de France, coll. « Cahiers des sciences morales et politiques », Paris, 2004.

Corey Robin, *Fear. The History of a Political Idea*, Oxford University Press,2004.

DelFattore Joan, *What Johnny Shouldn't Read. Textbook Censorship in America*, Yale University Press, 1994.

Feaver D. Peter et Kohn H. Richard, *Soldiers and Civilians: The Civil-Military Gap and American National Security*, MIT Press, Cambridge, 2001.

Grossman Dave, *On Killing: The Psychological Cost of Learning to Kill in War and Society*, Little, Brown and Co., Boston, 1996.

Harvey C. Robert, *The Art of the Comic Book: An Asthetic History*, University Press of Washington, 1996.

Herr Michael, *Putain de mort*, Editions de l'Olivier, Paris, 1996.

Iyengar Shanto et Kinder R. Donald, *News that Matters. Television and American Opinion*, University of Chigago Press, 1989.

Kearny H. Cresson, *Nuclear War Survival Skills*, Oak Ridge National Laboratory, US Department of Energy, 1979.

Kitman Lincoln Jamie, L'Histoire du plomb, Allia, Paris, 2005.

Kosmin A. Barry, Mayer Egon et Keysar Ariela, *American Religious Identification Survey*, The Graduate Center of the City University of New York, 2001.

Lapham H. Lewis, *Gag Rule*, The Penguin Press, New York, 2004.

Lavisse Ernest, *Histoire de France. Cours élémentaire*, Armand Colin, Paris, 1913.

Loewen W. James, *Lies My Teacher Told Me: Everything Your American History Textbook Got Wrong*, The New Press, New York, 1995(rééd. 2008).

Loubes Olivier, *L'Ecole de la patrie, histoire d'un désenchantement, 1919-1940*, Belin, Paris, 2001.

Montagutelli Malie, *Histoire de l'enseignement aux Etats-Unis*, Belin, Paris, 2000.

Mucchielli Alexandre, *L'Art d'influencer. Analyse des techniques de manipulation*, Armand Colin, Paris, 2000(rééd. 2004).

Phillips Peter, *Censored 1997: The News That Didn't Make the News-The Year's Top 25 Censored News Stories*, Consortium Book Sales &Dist., 1997.

Reynold Richard, *Super Heroes: A Modern Mythology*, University Press of Mississippi, 1992.

Rodd L. Davis, *Operation Hollywood: How the Pentagon Shapes and Censors the Movies*, Prometheus Books, New York, 2004.

Robert Frédéric, *l'Amérique contestataire des années 60*. Ellipses, Paris, 1999.

Salmon Christian, *Storytelling. La machine à fabriquer des histoires et à formater les esprits*, Paris, la Découverte, 2007.

Smith E. R. Kathleen, *God bless America: Tin Pan Alleg goes to the war*, the University Press of Kentucky, 2003.

Suid H. Lawrence, *Guts &Glory. The Making of the American Military Image in Film*, University Press of Kentucky, 2002.

Suskind Ron, *The Way of the World. A Story of Truth and Hope in an Age of Extremism*, Harper, New York, 2008.

Theimer François, *Les Jouets, « Que sais-je ? »*, Presses universitaires de France, Paris, 1996.

Thomson David, *The Moment of Psycho: How Alfred Hitchcock Taught America to Love Murder*, Basic Books, New York, 2009.

Wakefield E. Wanda, Playing to win: *Sports and the American Military, 1898-1945*, State University of New York Press, Albany, 1997.

Wright W. Bradford, *Comic Book Nation: The Transformation of Youth Culture in America*, The Johns Hopkins University Press, 2001.

致 谢

我谨在此对伯努瓦·伊威特先生给予我的信任表示感谢，同时也向我的出版商——夏洛特·利伯特-赫尔曼出版公司致谢。该社所展现出的耐心堪称典范，这是每一名作家所梦寐以求的，我也由衷感谢他们曾向我提出那些宝贵的建议。此外，我还要向尼古拉·格拉斯-帕杨、弗洛伦斯·米亚尔、玛丽·德拉特、赛利娜·德洛特、玛格丽特·德玛希亚克、卡米耶·库蒂尔、克莱芒·威克曼，以及所有参与了《美国战争文化》一书出版和"问世"工作的人们致以谢意。

皮埃尔·诺拉和马塞尔·戈谢曾在《辩论》杂志上收录了我的一篇文章，也正是此文引导了本书的问世。对于二人的开启之举和详细注评，我要献之以深深的感激。

在埃玛纽埃尔·托德先生的授意下，我很荣幸他成为了《美国战争文化》一书的首批读者之一，并为其题写了序言，对此殊荣，我感激不尽。就此要致谢的还有奥德·朗瑟兰，正是在他的帮助下，该篇序言方能在出版伊始发表于 Marianne.fr 网站上。

雅尼斯·卡达利和雅安·马埃常常向我分享他们在军事领域的相关见树，同样曾如斯帮助过我的人还有严厉且不乏激情的大学教授让·玛丽·吉永。对于他们的付出，我亦铭感不忘。

此外，大洋彼岸的许多人士，杰尼 · 怀特先生等人，也曾亲切地就我所提出的相关问题进行了解答，在此，我谨向他们致以谢意。

事实上所有曾给予过我帮助的熟人和朋友还有许多：塞巴斯蒂安和埃米莉、克里斯蒂安 · 吉鲁、托马斯 · 斯内加罗夫、让 · 弗朗索瓦、尼古拉 · 贝尔纳、安妮 · 图阿蒂、奥利维耶 · 德皮埃尔夫、让 - 克里斯托弗 · 朗德、奥利维耶 · 普洛、塞巴斯蒂安 · 朗贝尔、菲利普 · 勒鲁瓦、吉贝尔 · 施洛格尔、吉贝尔 · 卢加拉、弗雷德里克 · 库菲、亚历山大 · 埃罗托克里图、马里翁 · 戈捷、朱利安 · 邦谢蒂以及尼古拉 · 莱尔米特。

让 - 夏尔 · 吉拉尔也曾将他在历史领域所富有的激情传递于我，他亦对本书的完成做出了诸多贡献。

此外还有索菲亚，尽管我在她与本书的创作之间作出了不甚公正的时间取舍，但她总是给予我理解和支持，否则，这本《美国战争文化》也不会成书。

最后，我特别要感谢的还有我的父母，如果没有他们全方位且无可替代的支持，这本书或许也不会被写就。对他们，我也要致以我无尽的感激。

读者 Readers 回函表

WIPUB BOOKS

姓名：__________ 性别：____ 年龄：____ 职业：______ 教育程度：______

邮寄地址：______________________________ 邮编：________

E-mail：________________ 电话：________________

您所购买的书籍名称：《美国战争文化》

您对本书的评价：

书名：□满意 □一般 □不满意 | 故事情节：□满意 □一般 □不满意

翻译：□满意 □一般 □不满意 | 书籍设计：□满意 □一般 □不满意

纸张：□满意 □一般 □不满意 | 印刷质量：□满意 □一般 □不满意

价格：□便宜 □正好 □贵了 | 整体感觉：□满意 □一般 □不满意

您的阅读渠道（多选）：□书店 □网上书店 □图书馆借阅 □超市/便利店 □朋友借阅 □找电子版 □其他 ________

您是如何得知一本新书的呢（多选）：□别人介绍 □逛书店偶然看到 □网络信息 □杂志与报纸新闻 □广播节目 □电视节目 □其他

购买新书时您会注意以下哪些地方？

□封面设计 □书名 □出版社 □封面、封底文字 □腰封文字 □前言、后记 □名家推荐 □目录

您喜欢的书籍类型：

□文学-奇幻小说 □文学-侦探/推理小说 □文学-情感小说 □文学-散文随笔
□文学-历史小说 □文学-青春励志小说 □文学-传记
□经管 □艺术 □旅游 □历史 □军事 □教育/心理 □成功/励志
□生活 □科技 □其他______

请列出3本您最近想买的书： ________、________、________

请您提出宝贵建议： ________________________

____

★感谢您购买本书，请将本表填好后，扫描或拍照后发电子邮件至wipub_sh@126.com，您的意见对我们很珍贵。祝您阅读愉快！

图书翻译者征集

更多好书资讯，敬请关注

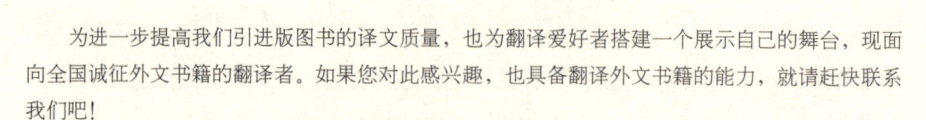